मार्क्सवाद और प्रगतिशील साहित्य

मार्क्सवाद और प्रगतिशील साहित्य

डॉ. रामविलास शर्मा

वाणी प्रकाशन

वाणी प्रकाशन
4695, 21-ए, दरियागंज, नयी दिल्ली 110 002

शाखा

अशोक राजपथ, पटना 800 004

फ़ोन: +91 11 23273167 फ़ैक्स: +91 11 23275710

www.vaniprakashan.in
vaniprakashan@gmail.com
sales@vaniprakashan.in

MARXVAD AUR PRAGATISHEEL SAHITYA
by Dr. Ramvilas Sharma

ISBN : 978-81-7055-183-6
Criticism

संस्करण : 1994, 2002, 2008
आवृत्ति 2017
मूल्य : ₹ 750

आर.टेक ऑफसेट, दिल्ली-110 032 में मुद्रित

वाणी प्रकाशन का लोगो मक़बूल फ़िदा हुसेन की कूची से

भूमिका

इस पुस्तक का सम्बन्ध उस वाद-विवाद से है जो समय-समय पर—विशेष रूप से 1950-53 में—मार्क्सवादी लेखकों के बीच उठता रहा है। यह विवाद 1950 से शुरू न हुआ था और 1953 में वह समाप्त नहीं हो गया। बहुत दिनों तक विवाद चलने का एक कारण यह था कि मार्क्सवाद, भारतीय राजनीति और साहित्य के बारे में इन लेखकों में तीव्र मतभेद था। दूसरा कारण यह था कि विवाद में युक्ति और तर्क के बदले सिद्धान्तहीन प्रचार और वितंडावाद से अधिक काम लिया गया। इसलिए वाद-विवाद से जितना लाभ होना चाहिए था, वह नहीं हुआ। आगे चलकर ऐसा वितंडावाद राष्ट्रीय और अन्तर्राष्ट्रीय मार्क्सवादी राजनीति में भी देखा गया। उसके सामने लेखकों का आपसी विवाद काफी मासूम जान पड़ता है।

विवाद की शुरुआत, मार्च 1937 के 'विशाल भारत' में प्रकाशित शिवदानसिंह चौहान के लेख 'प्रगतिशील साहित्य की आवश्यकता' से हुई। किसी मार्क्सवादी लेखक ने इसका समर्थन किया हो, याद नहीं; सामान्य हिन्दी लेखकों और पाठकों में इसके विरुद्ध तीव्र प्रतिक्रिया हुई, यह निश्चित है। विवाद के इतिहास में दूसरा मार्गचिह्न है सितम्बर 1947 के 'हंस' में प्रकाशित प्रगतिशील साहित्य से सम्बन्धित प्रश्न। यद्यपि ये प्रश्नमात्र थे, फिर भी उनमें कुछ इस तरह प्रस्तुत किए गए थे कि प्रश्नकर्ता की मान्यताओं के बारे में पाठक को थोड़ी-बहुत जानकारी हो जाती थी। इन प्रश्नों के बारे में और अन्य साहित्यिक-सामाजिक समस्याओं के बारे में मुझे उस समय जो कुछ कहना था, वह इस संकलन के प्रारम्भिक पाँच निबन्धों में है। ये निबन्ध 1947 में लिखे गए थे। इन निबन्धों की विचारभूमि से बाद के निबन्धों की विचारभूमि में मौलिक अन्तर नहीं है।

मार्च 1948 में कम्युनिस्ट पार्टी की दूसरी कांग्रेस हुई। इसमें पार्टी के भीतर फैले हुए सुधारवादी रुझानों की तीव्र आलोचना हुई और इससे मार्क्सवादी लेखक प्रभावित हुए। 1948-49 में सुमित्रानन्दन पन्त और रांगेय राघव पर 'हंस' में मेरे दो लेख प्रकाशित हुए। (पन्तजी वाला लेख दो भागों में, कुछ संक्षिप्त रूप में, **भाषा, युगबोध और कविता** नाम के निबन्ध-संग्रह में है, रांगेय राघव वाला लेख पुनः कुछ संक्षिप्त रूप में प्रस्तुत संकलन में है।) वाद-विवाद में इन लेखों का हवाला अक्सर

दिया गया है। मई 1949 में मैं अखिल भारतीय प्रगतिशील लेखक संघ का मन्त्री बना। उक्त दोनों लेख मेरे मन्त्री बनने के पहले लिखे गए थे।

जनवरी 1950 में अन्तर्राष्ट्रीय कम्युनिस्ट आन्दोलन के मुखपत्र 'फॉर ए लास्टिंग पीस फॉर ए पीपुल्स डिमॉक्रैसी' में भारत की राजनीतिक परिस्थिति से सम्बन्धित एक लेख छपा। इसके बाद कम्युनिस्ट पार्टी में जबरदस्त आन्तरिक संघर्ष आरम्भ हुआ। मार्क्सवादी लेखकों का आपसी विवाद इसी संघर्ष का एक हिस्सा था। इसीलिए 1950-53 में विवाद का सबसे उग्र रूप दिखाई दिया। मार्च 1953 में अखिल भारतीय प्रगतिशील लेखक सम्मेलन हुआ। उसमें मेरी जगह कृश्न चन्दर मन्त्री चुने गए। उसके बाद विवाद की उग्रता बहुत कुछ कम हो गई। इस संकलन के निबन्ध—संख्या 7, 8, 9 और 17—मेरे मन्त्रिपद से हटने के पहले लिखे गए थे, संख्या 6, 10-15, उस पद से हटने के बाद 1953-54 में लिखे गए थे। (लेखों के साथ मेरे पास प्रकाशन तिथि नहीं है, स्मृति के भरोसे लिख रहा हूँ।) संख्या 10 से 15 तक के निबन्धों से यह स्पष्ट होगा कि मार्क्सवादी लेखकों के आपसी विवाद से लाभ उठाकर कुछ लेखक सीधे मार्क्सवाद पर आक्रमण कर रहे थे। उस आक्रमण का जवाब इन निबन्धों में है।

1954 के बाद नई कविता का आन्दोलन जोर पकड़ रहा था और उससे अनेक मार्क्सवादी लेखक भी प्रभावित हुए थे। प्रगतिशील साहित्यिक आन्दोलन समाप्त-सा हो गया था। प्रगतिशील साहित्य की आवश्यकता पर जोर देते हुए और नई कविता के व्यावहारिक, सैद्धान्तिक पक्षों की आलोचना करते हुए कुछ निबन्ध मैंने 1955-59 में लिखे थे। वे यहाँ संख्या 18-20 और 22-27 के अन्तर्गत प्रकाशित हैं। इसी क्रम में निबन्ध संख्या 21 और 28 1969 के हैं। पिछले तीन दशकों में राष्ट्रीय और अन्तर्राष्ट्रीय स्तर पर मार्क्सवादी राजनीति में अनेक उतार-चढ़ाव आए हैं। कुछ मित्र यह जानना चाहते हैं कि उनके साथ मेरे लेखन में कितने उतार-चढ़ाव आए। इसलिए मोटे तौर से मैंने निबन्धों के लेखनकाल का उल्लेख कर दिया है। यशपाल से सम्बन्धित 29वाँ निबन्ध 1962 का है और अन्तिम तीन निबन्ध 1983-84 के हैं।

समाज और साहित्य के बारे में मार्क्सवाद की बुनियादी मान्यताएँ कौन-सी हैं, भारतीय इतिहास के विश्लेषण में मार्क्सवाद का उपयोग किस तरह करें, नए-पुराने साहित्य को परखने का मार्क्सवादी आधार क्या है, इस तरह की समस्याएँ पिछले दिनों हमारे सामने थीं, आज भी हैं और आगे भी कुछ दिन तक बनी रहेंगी। ऐसी समस्याओं की चर्चा इस निबन्ध-संग्रह में है। जिन्हें ऐसी चर्चा से दिलचस्पी है, उन्हें मेरे विभिन्न निबन्ध-संग्रह प्राप्त करने में कठिनाई होती रही है; वे बहुत दिनों से अमुद्रित और अप्राप्य रहे हैं। मार्क्सवाद और प्रगतिशील साहित्य से सम्बद्ध सामग्री उन संग्रहों से निकालकर मैंने यहाँ एकत्र कर दी है। कुछ निबन्ध यहाँ पहली

बार संकलित हैं। परिशिष्ट में प्रगतिशील लेखकों के अखिल भारतीय सम्मेलन (1953) में प्रस्तुत मेरा विवरण है, और कांग्रेस फॉर फ्रीडम तथा हिन्दी प्रयोगवाद (1955) से सम्बन्धित एक लेख है।

मार्क्सवाद और प्रगतिशील साहित्य से सम्बन्धित बहस भारत की अनेक भाषाओं में हुई है। हिन्दी में यह बहस बहुत दिनों तक चली और उसमें बहुत तीखापन भी रहा। भारत का जन-आन्दोलन किस गति से आगे बढ़ता है, यह बहुत कुछ हिन्दी प्रदेश के जन-आन्दोलन पर निर्भर है। उसी जन-आन्दोलन के सन्दर्भ में नए-पुराने साहित्यिक वाद-विवादों को देखना उचित है। कुछ समस्याएँ जो बहस से हल होती नहीं दिखाई देतीं, वे जन-आन्दोलन का प्रसार होने पर इतनी पेचीदा न रह जाएँगी। जन-आन्दोलन के प्रसार के लिए मार्क्सवाद का निरन्तर अध्ययन आवश्यक है, प्रगतिशील साहित्य के विकास के लिए भी।

–रामविलास शर्मा

दिल्ली,
12 अगस्त, 1984

विषय-सूची

1. स्वाधीनता आन्दोलन और साहित्य

देश में नए सांस्कृतिक और राजनीतिक जागरण के साथ-साथ आधुनिक हिन्दी का जन्म हुआ और उसका साहित्य क्रमशः विकसित होता गया। उन्नीसवीं सदी के उत्तरार्द्ध में गद्य के लिए ब्रजभाषा को त्यागना और खड़ी बोली को अपनाना एक सामाजिक आवश्यकता की पूर्ति था। 1857 के पहले और कुछ दिन बाद तक विकसित और पुष्ट गद्य के बिना भी साहित्य अधूरा नहीं माना जाता था। लेकिन अब परिस्थितियाँ बदल रही थीं। समाज में नए उच्च और मध्यवर्गों का जन्म हो रहा था। ये वर्ग पुराने सामन्ती वर्गों की जगह लेकर साहित्य और समाज दोनों का ही नेतृत्व करने के लिए आगे बढ़ रहे थे। इस परिवर्तन के फलस्वरूप जो नई-नई सामाजिक आवश्यकताएँ पैदा हुईं, उनकी पूर्ति के लिए गद्य-साहित्य अनिवार्य हो गया। भारतेन्दु हरिश्चन्द्र ने नवीन हिन्दी गद्य की प्रतिष्ठा करके एक ऐतिहासिक कार्य किया।

उस समय के साहित्य को देखकर कुछ लोगों को आश्चर्य होता है कि सन् '57 के विद्रोह पर कविताएँ या कहानियाँ क्यों नहीं लिखी गईं। जो कुछ लिखा गया है, वह बहुत ही कम है और उसमें भी विद्रोह का वही रूप नहीं दिखाई देता जो हमारी कल्पना में है। इसका एक कारण यह है कि उस समय की राजनीतिक चेतना का स्तर विप्लव और विद्रोह की भावना से बहुत दूर था। उच्च और मध्यवर्गों के लिए अंग्रेजी राज एक वरदान के रूप में था जिसने देश में फैली हुई अराजकता को शान्त कर दिया था। शिक्षित लोग अंग्रेजों से आशा करते थे कि वे सामाजिक कुरीतियों को दूर करेंगे और भारतवासियों का सहयोग लेकर समाज को सुधार की ओर बढ़ाएँगे। महारानी विक्टोरिया की घोषणाओं के ऊपरी रूप से भी लोग आकर्षित हुए। इसीलिए उस समय के साहित्य में अंग्रेजों के लिए प्रशस्तियों की कमी नहीं है।

ब्रिटिश साम्राज्यवाद और भारतीय पूँजीवाद में एक आन्तरिक विरोध था जो दोनों के मेल-जोल पर बार-बार प्रहार करता था। उच्चवर्गों के एक अंश ने यह बहुत जल्दी देख लिया कि अंग्रेजों के सहारे भारतवर्ष वह उन्नति नहीं कर सकता जिसे वे आवश्यक समझते थे। हिन्दुस्तान के अपने कल-कारखाने हों; वह खुद अपना

माल पैदा करे और तमाम धन विलायत न भेजे, यह भावना भारतेन्दु काल में पैदा हो गई थी। इसलिए इस युग के साहित्य में हमें दो मिली-जुली धाराएँ मिलती हैं, एक तो अंग्रेजों की प्रशस्ति करनेवाली है, उनसे सहयोग की इच्छा करती है और उसका तमाम प्रगतिशील चिन्तन समाज-सुधार के क्षेत्र में सीमित रहता है। इस धारा के सबसे अच्छे प्रतिनिधि राजा शिवप्रसाद 'सितारेहिन्द' थे। दूसरी धारा समाज-सुधार के साथ-साथ स्वदेशी और स्वाधीनता की चेतना को भी फैला रही थी। इस धारा के प्रतिनिधि भारतेन्दु बाबू हरिश्चन्द्र थे। यह सोचना गलत होगा कि पहली धारा का प्रभाव भारतेन्दु पर पड़ा ही नहीं। वे उससे भी प्रभावित हुए परन्तु उस पुरानी धारा को छोड़कर नई दिशा में बढ़ने का कार्य सबसे पहले उन्होंने ही किया।

सामाजिक सुधार नई धारा का एक आवश्यक अंग था। तभी से यह परम्परा चली कि स्वाधीनता आन्दोलन के नेता समाज-सुधारक भी हों और अपने राजनीतिक प्रचार में सुधारों की बात भी कहें। गांधीजी के स्वराज्य-प्रचार में हरिजन उद्धार को इसी तरह स्थान प्राप्त है। भारतेन्दु के जमाने में विधवा-विवाह का समर्थन करना अंग्रेजी राज को हटाने से कम क्रान्तिकारी नहीं था। इस प्रश्न को लेकर कई दशकों तक घनघोर युद्ध होता रहा। भारतेन्दु, राधाचरण गोस्वामी आदि ने विधवा-विवाह के साथ बाल-विवाह, स्त्रियों की अशिक्षा, धार्मिक अन्धविश्वास आदि का विरोध किया। यह समाज-सुधार की भावना स्वदेशी और स्वाधीनता की कल्पना से जुड़ी हुई थी। सन् '57 तक हिन्दी के साहित्यिकों में राष्ट्रीयता की कल्पना उभरकर न आई थी। भारतेन्दु काल में प्रत्येक सजग लेखक राष्ट्रीयता की नई कल्पना से प्रभावित दिखाई पड़ता है। प्रतापनारायण मिश्र, बालकृष्ण भट्ट, कार्तिकप्रसाद खत्री आदि-आदि की रचनाओं में यह नई भावना बार-बार प्रकट हुई है।

इस राष्ट्रीयता का एक उग्र और क्रान्तिकारी पहलू भी था। देश में अकाल पड़ते देखकर और सरकार को तटस्थ ही नहीं, उसके लिए उत्तरदायी मानकर, कई लेखकों में बड़ा क्षोभ उत्पन्न हो रहा था। वे देख रहे थे कि अंग्रेजी कूटनीतिज्ञ एशिया और अफ्रीका में अपना राज्यविस्तार करने के लिए भारत के धन-जन का दुरुपयोग कर रहे हैं। अपने जनगीतों, निबन्धों और नाटकों में उन्होंने इसका तीव्र विरोध किया है। ये लेखक गौरवमय अतीत को जगाकर ही सन्तुष्ट नहीं थे। वे एक कदम आगे बढ़कर सामन्ती अत्याचार का विरोध करते थे और गाँव से हर तरह का दमन खत्म करने के लिए हिन्दू-मुसलमान किसानों के संगठन की बात भी कहते थे। भारतेन्दु ने बलिया में दिए हुए अपने एक व्याख्यान में इस एकता पर काफी जोर दिया था। उनके शब्द इस बात के सूचक हैं कि आर्य और म्लेच्छ की भावना से आगे बढ़कर जनता दोनों के साम्राज्य-विरोधी संगठन की ओर बढ़ रही थी। भारतेन्दु ने कहा था—"घर में आग लगे तब जिठानी-दूयौरानी को आपस का डाह छोड़कर एक साथ

वह आग बुझानी चाहिए। बंगाली, मराठी, पंजाबी, मद्रासी, वैदिक, जैन, ब्राह्मो, मुसलमान, सब एक का हाथ एक पकड़ो। जैसे हजार धारा होकर गंगा समुद्र में मिली है, वैसे ही तुम्हारी लक्ष्मी हजार तरह से इंग्लैंड, फ्रांसीसी, जर्मनी, अमेरिका को जाती है। अफसोस, तुम ऐसे हो गए कि अपने निज के काम की वस्तु भी नहीं बना सकते। चारों ओर दरिद्रता की आग लगी है। अपनी खराबियों के मूल कारणों को खोजो। कोई धर्म की आड़ में, कोई देश की चाल की आड़ में, कोई सुख की आड़ में छिपे हैं। उन चोरों को वहाँ-यहाँ से पकड़-पकड़ कर लाओ, उनको बाँध-बाँध कर कैद करो। जब तक सौ-दो सौ मनुष्य बदनाम न होंगे, जाति से बाहर न निकाल दिए जाएँगे, दरिद्र न हो जाएँगे, कैद न होंगे, वरच जान से न मारे जाएँगे तब तक कोई देश भी न सुधेरगा।"

प्रगति की यह अन्तर्धारा साहित्य की वर्तमान प्रगतिशील धारा के अत्यन्त निकट है। भारतेन्दु ने 'कवि-वचन-सुधा' में प्रकाशित अपनी घोषणा में कहा था कि हिन्दी लेखकों में साधु-हिन्दी में रचना करने के साथ-साथ ग्रामीणों और अपढ़ किसानों और स्त्रियों के लिए भी उन्हीं की बोलियों में गीत आदि लिखना चाहिए—और इनका विषय स्वदेशी तथा समाज-सुधार होना चाहिए। इस प्रकार साहित्य को सामाजिक उन्नति का साधन मानकर उन्होंने वह आदर्श रखा जिस पर चलने से ही भारत के नए साहित्य और समाज का कल्याण हो सकता था।

ये सब बातें तब हुईं जब संगठित रूप से देश में कोई स्वाधीनता आन्दोलन न चला था। सदियों से चली आती हुई सामन्तशाही के प्रभुत्व को पहली बार धक्का लगा और उच्च और मध्यवर्ग के नेतृत्व में पहली बार भारत की जनता ने अपने सामाजिक और राजनीतिक स्वत्वों को पहचाना। समाज का ठहराव टूटा और उसकी नई हलचल से हिन्दी का यह जिन्दादिल साहित्य पैदा हुआ।

पहले महायुद्ध के बाद देश की गरीबी और बढ़ी। महामारी का प्रकोप हुआ। युद्ध में किए हुए वादे एक के बाद एक टूटते गए। यही नहीं, अपने शासन को जमाए रखने के लिए अंग्रेजों का दमन भी बढ़ता गया। राष्ट्रीय आन्दोलन के सुधारवादी नेतृत्व से असन्तुष्ट होकर उग्र विचार के कुछ युवकों ने सशस्त्र क्रान्ति के लिए छुट-पुट तैयारी शुरू की। जहाँ-तहाँ षड्यन्त्र पकड़े गए। पंजाब में रौलट-बिल और जलियाँवाला बाग के दृश्य दिखाई दिए। डायर ब्रिटिश साम्राज्यवाद का प्रतीक बन गया। वैसे ही जलियाँवाला बाग देश की उग्र साम्राज्य-विरोधी भावना का महामन्त्र बन गया। तब से लेकर आज तक न जाने कितने गायकों और कवियों ने जलियाँवाला बाग का आह्वान करके अपने राष्ट्रीय सम्मान की भावना को जाग्रत किया है। 1947 में अंग्रेजी कूटनीति के भुलावे में आकर हिन्दू-मुसलमान और सिक्खों ने जलियाँवाला की पवित्र भूमि को अपने ही रक्त में फिर डुबाने की कोशिश की। लेकिन पंजाब के इतिहास के साथ जलियाँवाला बाग और भगतसिंह ये दो नाम

ऐसे जुड़े हैं कि यह तमाम रक्तपात भी उनके गौरव को डुबा नहीं सकता। शान्ति और एकता के प्रचार के लिए जलियाँवाला नाम आज भी मन्त्र का काम करता है।

1920 के आन्दोलन में हिन्दू-मुसलमान एकता के अभूतपूर्व दृश्य देखे गए। उस एकता से साम्राज्यवादी कितना आतंकित हुए, यह उन्हीं की रिपोर्टों में अंकित है। 1947 के हिन्दुस्तान के लिए वह सब एक सपना है, परन्तु ऐसा सपना है जो कलकत्ता और बम्बई की सड़कों पर अब भी हमारे उज्ज्वल भविष्य की तरह झलक उठता है। सन् '20 की एकता, स्वाधीनता के लिए अद्भुत उत्साह, आजादी के आन्दोलन में विद्यार्थियों और स्त्रियों के पहली बार प्रवेश करने का प्रभाव उस समय के साहित्य पर भी पड़ा। नए-नए नाटक और गीत इसी भावना से प्रेरित होकर रचे गए। मूक जनता को अचानक जैसे नई वाणी मिल गई। सर्वश्री मैथिलीशरण गुप्त, त्रिशूल (सनेही), माधवशुक्ल आदि-आदि कवियों की वाणी ने इस नई चेतना को व्यक्त किया। उपन्यास क्षेत्र में प्रेमचन्द के रूप में यह भावना साकार हुई। सन् '20 के आन्दोलन ने प्रेमचन्द की कायापलट कर दी। जिस लक्ष्य की ओर वे धीरे-धीरे पैर उठा रहे थे, उसकी ओर अब एक झटके से दौड़ते हुए चल दिए। सन् '20 के बाद स्वाधीनता-आन्दोलन की परम्परा से उनका अभिन्न सम्बन्ध जुड़ गया। तिलस्मी और ऐयारी उपन्यासों की जीर्ण-शीर्ण परम्परा को छोड़कर उन्होंने कथा-साहित्य में देश की साधारण जनता को प्रतिष्ठित किया। उनकी सबसे बड़ी विशेषता यह थी कि साम्राज्यवाद के विरोध को उन्होंने ज्यादा गहराई से देखा। किसान और जमींदार की समस्या साम्राज्य-विरोध का ही एक अंग थी। अंग्रेजों ने अपने राज्य की जड़ जमाए रखने के लिए जमींदारों के रूप में उसका सामाजिक आधार कायम किया था। साम्राज्य का पूरा विरोध करने के लिए इस आधार पर भी आक्रमण करना आवश्यक था। प्रेमचन्द ने किसानों की समस्या को स्वाधीनता आन्दोलन का अभिन्न अंग बना दिया। शुरू के उपन्यासों में वे इस समस्या के सुधारवादी समाधान की ओर बढ़ते हैं परन्तु कुछ दिन बाद उस पर से उनकी आस्था उठ जाती है। जैसे-जैसे आजादी के आन्दोलन में खुद किसान आगे बढ़कर हिस्सा लेते हैं, वैसे-वैसे किसानों की शक्ति पर प्रेमचन्द का विश्वास भी बढ़ता जाता है।

प्रेमचन्द का स्वाभाविक विकास भारत के नए जनतन्त्र की ओर हो रहा था। सन् '30 के आन्दोलन के बाद उनकी यह धारणा पुष्ट हो गई कि अंग्रेजों के जाने के बाद हिन्दुस्तान में जनसाधारण का राज कायम होना चाहिए। उनके जनतन्त्र में देशी राज्यों के बड़े-बड़े सामन्तों और ब्रिटिश भारत के बड़े-बड़े ताल्लुकेदारों के लिए कोई स्थान नहीं था। सन् '20 के बाद उन्होंने जो कुछ लिखा था, उससे प्रतिक्रियावादियों में खलबली पड़ गई थी। सन् '30 के बाद उन्होंने जो कुछ लिखा, उससे सुधारवादी चौंकने लगे। सन् '30 के बाद हिन्दी साहित्य में समाजवाद की काफी चर्चा होने लगी। सोवियत रूस का नया साहित्य, जिसे साम्राज्यवादियों ने देश

से दूर रखने की भरसक कोशिश की थी, अब हिन्दी लेखकों तक पहुँचने लगा। प्रेमचन्द गोर्की की रचनाओं से विशेष प्रभावित हुए। राजनीतिक सुधारवाद से चलते हुए वे क्रमशः उस मंजिल तक पहुँचे, जहाँ से वे नई प्रगतिशील विचारधारा के प्रवर्त्तक कहे जा सकते थे।

सन् '20 के आन्दोलन के बाद हिन्दी कविता में एक नए युग का आरम्भ हुआ और यह युग छायावाद का था। छायावादी कविता से अनन्त और पलायन का विशेष सम्बन्ध जोड़ा जाता है। उसकी प्रारम्भिक अवस्था में उसके विरोधियों ने अनन्त के पक्ष पर विशेष रूप से जोर दिया। वास्तव में छायावादी कविता रीतिकालीन परम्परा की विरोधी थी। यद्यपि खड़ी बोली को कविता की भाषा मान लिया गया था, फिर भी लक्षण ग्रन्थों के आदर्श अभी साहित्य मर्मज्ञों के लिए बने हुए थे। छायावादी कवियों ने इन पर अचूक प्रहार किया। इसलिए विरोधी तिलमिलाकर उनके अनन्तवाद की खिल्ली तो उड़ाते रहे, परन्तु उनके विद्रोही पक्ष को जनता की दृष्टि से छिपा गए। यह कोई आकस्मिक घटना नहीं थी कि पन्त और निराला ने अपने गद्य-लेखों में दरबारी कविता की परिपाटी की निन्दा की। देश का स्वाधीनता आन्दोलन ही सामन्तशाही से विरुद्ध एक दूसरी दिशा में बढ़ रहा था। उसकी प्रतिक्रिया साहित्य के क्षेत्र में भी हुई और नए कवियों और लेखकों ने उस पुरानी परम्परा को चुनौती दी। इसका यह मतलब नहीं था कि वे समस्त प्राचीन साहित्य के विरोधी थे। पन्त और निराला दोनों ने ही सन्त साहित्य का समर्थन किया है।

समाज-सुधार के पक्ष को इन कवियों ने और गम्भीर बनाया। निरालाजी की 'विधवा' आदि रचनाएँ, पन्तजी की बाल विधवा के प्रति सहानुभूति–रँगे कलही हल्दी से हाथ–आदि समाज-सुधार की परिपाटी की ओर इंगित करती हैं। इन कवियों की विशेषता यह थी कि सामाजिक क्षेत्र में उन्होंने नारी की पूर्ण स्वाधीनता की घोषणा की। जाति और वर्गभेद से परे उन्होंने पूर्ण मनुष्यता की प्रतिष्ठा की। श्री रवीन्द्रनाथ ठाकुर के समान उन्होंने अपने साहित्य का आधार मानववाद को बनाया। जाति, वर्ग और प्रान्तों की ही नहीं, देशों की सीमाएँ भी पार करके परस्पर सांस्कृतिक आदान-प्रदान के लिए उन्होंने मार्ग प्रशस्त किया। स्वाधीनता-आन्दोलन संकीर्ण रूढ़ियों को छोड़कर स्वराज्य की जिस व्यापक कल्पना की ओर बढ़ रहा था, उसका विजय-घोष सबसे पहले छायावादी कविता में सुन पड़ा। द्विवेदी युग के सुधारवादी कवि क्रान्ति और विप्लव शब्दों से भय खाते थे। समाज में आमूल परिवर्तन करने की भावना छायावादी कवियों की अत्यन्त प्रिय भावना थी। इसी के अनुरूप भाषा, भाव, छन्द साहित्य के सभी अंगों में वे मुक्त कल्पना के सहारे नए रंग भरना चाहते थे। उन्होंने कुछ दुरूहता के साथ हिन्दी कविता को नई व्यंजनाशक्ति भी दी। अनन्त की कल्पना के साथ उनका उदात्त विद्रोही स्वर भी सुनाई देता है, इस बात से इनकार नहीं किया जा सकता। साम्राज्य-विरोध, किसानों की मुक्ति आदि की भावनाएँ

निरालाजी के विप्लवी बादल पर आरूढ़ होकर साहित्य के आकाश में आईं। उन्होंने लिखा—

यह तेरी रण तरी
भरी आकांक्षाओं से,
घन भेरी-गर्जन से सजग सुप्त अंकुर
उर में पृथ्वी के, आशाओं से
नवजीवन की, ऊँचा कर सिर,
ताक रहे हैं, ऐ विप्लव के बादल!
रुद्ध कोष, है क्षुब्ध तोष,
अंगना अंग से लिपटे भी
आतंक अंक पर काँप रहे हैं
धनी, वज्र-गर्जन से बादल!
त्रस्त नयन मुख ढाँप रहे हैं।
जीर्णबाहु, है शीर्ण शरीर,
तुझे बुलाता कृषक अधीर,
ऐ विप्लव के वीर!
चूस लिया है उसका सार,
हाड़ मात्र ही हैं आधार,
ऐ जीवन के पारावार!

यद्यपि यह विप्लव एक व्यक्ति के द्वारा होता है, वर्ग-संगठन द्वारा नहीं, फिर भी वह समाज के आमूल परिवर्तन की भावना को व्यक्त करता है। यह बात सूचित करती थी कि आगे चलकर राष्ट्रीय आन्दोलन पर क्रान्तिकारी विचारधारा का गहरा असर पड़ेगा और हमारे स्वाधीनता-संग्राम का लक्ष्य केवल अंग्रेजों को हटाना न होगा वरन् उनके जाने के बाद एक नए जनतन्त्र की स्थापना भी होगा।

छायावाद काल में लिखी हुई अपनी रचनाओं में पन्तजी ने प्रकृति के आलम्बनों के सहारे मानवसमाज की दुरवस्था का संकेत किया है। उसके गीतों की यह टेक बन गई कि प्रकृति सुन्दर है किन्तु मनुष्य परस्पर भेद और विद्वेष के कारण त्रस्त और व्यथित रहता है। इसी व्यथा से आन्दोलित होकर उन्होंने अपने मन को सौन्दर्य लोक में विलमाने की कोशिश की। 'ज्योत्स्ना' नाटिका में एक शान्त और सुखी मानवसमाज की रंगीन कल्पना है। नाटक रूप में 'ज्योत्स्ना' सफल नहीं है। नए मानवसमाज की कल्पना जो नाना वर्णों में चित्रित हुई है, वह उस युग के कवियों के मर्म को छूने वाली वस्तु थी। सामाजिक विद्रोह का यह दूसरा पहलू था जो पुरानी रूढ़ियों को नष्ट करने के बाद मनुष्य मात्र की समता के आधार पर एक नए समाज

का निर्माण करना चाहता था। निर्माण की यह कल्पना यथार्थ की भूमि से काफी ऊपर उठी हुई और अस्फुट थी। फिर भी वह इस बात को प्रकट करती थी कि हमारी जनता और साहित्यकार एक स्वाधीन जनतन्त्र के रूप में अपने भविष्य का स्वप्न देख रहे हैं।

सन् '33-34 के लगभग राष्ट्रीय आन्दोलन के सुधारवादी नेतृत्व से आस्थाहीन होकर अनेक लेखक गरम-दली विचारधारा की ओर बढ़ रहे थे। इस काल के साहित्य में यह मोड़ दिखाई देता है। साधारण जनता में से चुने हुए पात्रों द्वारा सामाजिक विषमता के प्रति लेखकों का असन्तोष प्रकट हुआ है। पहले की छायावादी कविताओं के असन्तोष से यह काफ़ी भिन्न है। वह अब एक गम्भीर सामाजिक रूप ले रहा है और उसकी जड़ें यथार्थ भूमि में और भीतर तक चली गई हैं। निरालाजी की 'अलक' में यह परिवर्तन स्पष्ट दिखाई देता है। किसानों की समस्या को हल करने के लिए वे पुराने सुधारवादी नेतृत्व को बिलकुल असमर्थ देखते हैं और एक नए क्रान्तिकारी किसान-नेतृत्व की कल्पना करते हैं। 'देवी', 'चतुरी चमार' आदि रेखा-चित्रों में उन्होंने एक नई यथार्थवादी व्यंग्यपूर्ण शैली के सहारे साहित्य के नए विकास की ओर संकेत किया। उनके पात्र जनसाधारण से लिए गए हैं। अनन्त की उड़ान के बदले उनमें ऐसी मांसलता है कि उस पर कोई भी यथार्थवादी कलाकार गर्व कर सकता है। इन नए रेखाचित्रों में छायावाद के अनन्तवादी पलायन पक्ष पर भी तीव्र आघात किए गए हैं। "मैं विलास का कवि, फिर क्रान्तिकारी", निरालाजी के ये शब्द उस अवस्था का सूचक हैं जिससे होकर हिन्दी के अनेक साहित्यिक गुजर रहे थे। राष्ट्रीय आन्दोलन के सुधारवादी पक्ष से उनकी आस्था हट रही थी और वे उसे एक वास्तविक साम्राज्य विरोधी आन्दोलन का रूप देना चाह रहे थे जो पुरानी सामाजिक व्यवस्था का आमूल परिवर्तन कर दे। राष्ट्रीय आन्दोलन में भी यह परिवर्तन दिखाई दे रहा था। अनेक राजनीतिक कार्यकर्ता सुधारवाद से आस्थाहीन होकर उग्र विचारधारा की ओर बढ़ रहे थे। कांग्रेस के भीतर एक अच्छा-खासा गरम दल बन गया था। किसानों और मजदूरों के संगठन की कल्पना यथार्थ रूप धारण करने लगी थी और इस बात की माँग की जाने लगी थी कि यह संगठित वर्ग राष्ट्रीय आन्दोलन में अधिक से अधिक भाग ले। प्रथम कांग्रेसी मन्त्रिमंडल बनने के बाद उग्र विचारधारा के लोगों में और भी आत्म-विश्वास पैदा हुआ और वे अपने नए समाज की कल्पना की ओर और भी तेजी से कदम उठाने लगे। जो परिवर्तन स्वाधीनता आन्दोलन में हो रहा था, उसकी झलक साहित्य में भी दिखाई देती है और काफी पहले दिखाई देती है, इसलिए कि अपनी मार्मिक सहृदयता के कारण उस परिवर्तन के चिह्न लेखकों को सबसे पहले दिखाई दिए थे। इन्हीं का संगठित रूप प्रगतिशील साहित्य के आन्दोलन में प्रकट हुआ। इस नए आन्दोलन के विरोधी यह भूल जाते हैं कि साहित्य की यह नई गतिविधि देश में एक बहुत बड़े परिवर्तन की

सूचक थी। स्वाधीनता आन्दोलन में जो परिवर्तन हुआ था, वह इसी साहित्यिक धारा में प्रतिबिम्बित हुआ। वे लोग देश के स्वाधीनता आन्दोलन और साहित्य की नवीन चेतना के प्रति बहुत बड़ा अन्याय करते हैं जो देश की सामाजिक और राजनीतिक पृष्ठभूमि को एकदम भुलाकर नए साहित्य को एक आकस्मिक और अनपेक्षित घटना के रूप में देखते हैं। पिछले चौदह-पन्द्रह वर्षों में—यानी सन् '30 का आन्दोलन खत्म होने से लेकर 15 अगस्त के राजनीतिक परिवर्तन तक—प्रगतिशील साहित्य ने स्वाधीनता आन्दोलन के साथ-साथ आगे बढ़कर उसकी चेतना को प्रतिबिम्बित किया है। इन वर्षों में यह नई विचारधारा एक महान् प्रेरणा और रचनात्मक शक्ति के रूप में हमारे सामने आती है। निरालाजी के रेखा-चित्र, पन्तजी की 'ग्राम्या', सुमन और दिनकर की ओजस्वी कविताएँ, नरेन्द्र की 'मिट्टी और फूल'; राहुलजी और यशपाल के उपन्यास आदि-आदि उसी भावना के परिणाम हैं जो राजनीतिक सुधारवाद से असन्तुष्ट होकर नई साम्राज्य-विरोधी क्रान्ति और उसके बाद समाज के नए निर्माण को अपना लक्ष्य बना रही थी।

1939 में युद्ध छिड़ने पर जनता की माँग थी कि नई राष्ट्रीय सरकार बने परन्तु साम्राज्यवादी इस माँग को बराबर अनसुनी कर रहे थे। फासिस्टों का आक्रमण यूरोप तक सीमित न रहकर एशिया के भी एक बहुत बड़े हिस्से को लपेट चुका था। हिन्द-एशिया, वियतनाम, बर्मा आदि दक्षिण-पूर्व एशिया के तमाम भाग जापानियों के अधिकार में आ गए। जापानी बम भारत के नगरों पर भी गिरने लगे। देश की रक्षा का कोई समुचित उपाय न हो रहा था। जापान आक्रमण करना चाहता था, यह बात निर्विवाद है। चीन, बर्मा और दूसरे देशों में उसने स्वाधीनता संग्राम नहीं छेड़ रखा था, यह भी निर्विवाद है। हिन्दुस्तान में कोई भी राजनीतिक विचारधारा या पार्टी खुलकर यह नहीं कहती थी कि जापान का आक्रमण होना चाहिए और उससे हिन्दुस्तान को आजादी मिलेगी, लुकछिप कर कुछ लोग चाहे जो प्रचार करते रहे हों। आजाद हिन्द फौज के मुकदमे और दूसरे बयानों से यह बात जाहिर हुई कि जापानी फासिज्म और आजाद हिन्द फौज की पटरी नहीं बैठती थी। फासिस्टों की कोशिश थी कि इस फौज को अपनी विजय का साधन बनाएँ। देश की स्वाधीनता चाहनेवाले साधारण सिपाहियों की इच्छा थी कि उनके चंगुल में न फँसकर अपने संगठन को स्वतन्त्र रखते हुए ब्रिटिश साम्राज्यवाद से मोर्चा लें। इस साम्राज्य विरोधी भावना के कारण—फासिस्टों से किसी गुप्त मैत्री के कारण नहीं—आजाद हिन्द फौज का प्रश्न आगे चलकर राष्ट्रीय आन्दोलन का एक महत्त्वपूर्ण प्रश्न बन गया। लेकिन इसके पहले, देश में बंगाल के अकाल की भीषण दुर्घटना हो चुकी थी। इस घटना ने हिन्दी के नए-पुराने प्रायः सभी लेखकों को आन्दोलित किया। नए लेखकों में रांगेय राघव ने अकाल-पीड़ित बंगाल की यात्रा की और रिपोर्ताज लिखे। अमृतलाल नागर ने 'महाकाल' उपन्यास लिखा जिसकी घटनाएँ उन्होंने चित्तप्रसाद आदि ऐसे लोगों से

एकत्र की थीं जो अकाल की विभीषिका से बहुत ही निकट से परिचित थे। काव्य-साहित्य में श्रीमती महादेवी वर्मा, बच्चन, दिनकर, सुमन, नरेन्द्र आदि ने स्मरणीय कविताएँ लिखीं। जो लोग साहित्य को युगविधायक सामाजिक घटनाओं से अछूता रखना चाहते थे, उन्हें मुँह की खानी पड़ी। छायावाद का विद्रोही सामाजिक पक्ष अधिक पुष्ट हुआ और प्रगतिशील विचारधारा से घुलमिल कर एक हो गया; उसका पलायनवादी पक्ष निस्तेज होकर धराशायी हो गया। छायावाद के समर्थक कुछ असमर्थ आलोचकों को छोड़कर छायावादी कवियों ने स्वयं पहले की काल्पनिक उड़ानों की निन्दा की और साहित्य में सामाजिक यथार्थ की माँग की। हमारे साहित्य में कौन-सा परिवर्तन हो रहा था, यह महादेवीजी जी की 'अपनी बात' (बंग दर्शन) में बहुत स्पष्ट दिखाई देता है। उन्होंने लिखा था–"आज ढाई करोड़ दरिद्र किसान और खेतों में काम करनेवाले श्रमिकों का वर्ग है भिक्षुक, आजीविका है भिक्षाटन, विनोद है व्याधि और लक्ष्य है मृत्यु। अपने उदर की पूर्ति करने में भी असमर्थ यह धरती के पुत्र जलने के लिए दौड़ आनेवाले पतिंगों के समान नगरों की ओर दौड़ पड़े। यहीं से मानो उनकी श्मशान-यात्रा आरम्भ हो जाती है। अब इन ग्रामीणों के हृदय में धरती से मिली स्वर्णराशि का उल्लास था, आँखों में आत्मविश्वास के चित्र थे, पैरों में कर्तव्य की दृढ़ता थी और हाथों में वरदान का बल था, तब भी नगरों ने उन्हें कभी हाथ भर छाया नहीं दी। फिर आज तो अट्टालिकाओं ने इन्हें डगमगाते पैरों, काँपते हाथों, सभीत आँखों और टूटे हृदयों के साथ उन भिक्षुकों की पंक्ति में बैठते देखा जो अपनी विकलांगता का प्रदर्शन करके ही जीविका प्राप्त करते हुए फुटपाथ के रंगमंच पर ही जन्म-मृत्यु अभिनय करते हैं।...

"आज के विराट मानव की व्यथा का समुद्र आज के लेखक को, जीवन का कोई महान् तथ्य, कोई अमूल्य सत्य न दे सकेगा, ऐसा विश्वास कठिन है। इस दुर्भिक्ष की ज्वाला स्पर्श करके हमारे कलाकारों, लेखकों की तूली यदि स्वर्ण न बन सकी तो उसे राख हो जाना पड़ेगा। किन्तु ऐसी कल्पना करना भी सच्चे कलाकार का अपमान करना है। यदि वह आधुनिक युगीन हिंसा के ज्वार में स्थिर रह सके, आज की भेद-बुद्धि का बादल उसकी चेतना को न ढँक सके और वर्तमान सामाजिक विकृति तथा साम्प्रदायिक संकीर्णता की धूल उसकी दृष्टि को धुँधला न कर सके, तो वह कल्याण पथ का पंथी न भ्रान्त होगा, न विचलित।"

विवेकशील पाठक देखेंगे कि ऊपर कही हुई बातें केवल भावुकता का परिणाम नहीं हैं। इनमें मनुष्य के प्रति सहानुभूति के साथ-साथ एक दृढ़ मनोबल भी है जो मनुष्य के ही प्रयत्न से इस दुरवस्था को दूर करके एक नई व्यवस्था को जन्म देने में विश्वास करता है। यहाँ पर साहित्य को कल्पना-विलास की वस्तु न मानकर समाज को उन्नति-पथ पर अग्रसर करनेवाली एक महान् प्रेरक शक्ति के रूप में देखा गया है। साहित्य की पुरानपन्थी विचारधारा से इस नई चेतना का अन्तर स्पष्ट हो

जाता है। साहित्य कुछ रसिकों और मर्मज्ञों की वस्तु न रहकर लेखक को चुनौती देता है कि मानव-व्यथा के समुद्र से वह जीवन का महान् तथ्य और अमूल्य सत्य निकाले। साम्प्रदायिक संकीर्णता और सामाजिक विकृति से अपने को बचाकर ही वह सिद्ध लेखक बन सकता है। ऊपर के वाक्यों में दुर्भिक्ष की ज्वाला के बदले यदि 1947 का जन-संहार लिख दें, तो ये पुरानी बातें आज भी हमारे लिए एक चेतावनी का काम करेंगी। सामाजिक संकीर्णता की बात पहले से सौ गुनी ज्यादा खरी उतरती है। इस युग में तो और भी लेखकों के लिए आवश्यक है कि वे अपने मानवीय आदर्शों की रक्षा करें और समाज को मध्यकालीन बर्बरता की ओर लौटने से रोकें।

बंगाल के अकाल के बाद कुछ दिन के लिए साहित्य में फिर ठहराव आया। साम्राज्य-विरोधी क्रान्ति का पथ धुँधला हो रहा था। देश में चोरबाजारी और मुनाफाखोरी नाम की व्याधियाँ फैल रही थीं। उच्च और मध्यवर्ग के लोगों का नैतिक धरातल बड़ा नीचा हो रहा था। देश में पूँजीवाद दिन पर दिन एक प्रतिक्रियावादी शक्ति के रूप में सामने आ रहा था। उसके हाथ में प्रचार और प्रकाशन के साधन थे और वह अपनी स्वार्थ-वृत्ति और असंख्य जनता को भूखा और नंगा रखने के अपराध को छिपा रहा था। नए मन्त्रिमंडल वनने के बाद भी अब तक चोरबाजारी और मुनाफाखोरी निर्मूल नहीं हो सकी। इससे पता चलता है कि समाज की आर्थिक व्यवस्था और उसकी नैतिकता पर कैसा घातक आक्रमण निहित स्वार्थों ने किया है।

नेताओं के छूटने के बाद जनसाधारण में नई आशा पैदा हुई। बड़े-बड़े प्रदर्शन हुए और यह विश्वास दृढ़ होने लगा कि अब गतिरोध मिट जाएगा और वर्षों बाद पुरानी स्वाधीनता की साध पूरी होगी। आजाद हिन्द फौज के बन्दियों को लेकर प्रबल आन्दोलन छेड़ दिया गया। देश के जोशीले नवयुवकों ने फिर पहले की तरह अंग्रेजी फौज और पुलिस की गोलियों का सामना किया। इस आन्दोलन से बहुत से लेखक प्रभावित हुए और आजाद हिन्द फौज पर अनेक कविताएँ, लेख, कहानियाँ लिखी गईं। इससे पता चलता है कि जनता की साम्राज्यविरोधी भावना कितनी प्रबल थी। इस भावना से लाभ उठाकर दक्षिणपन्थी नेताओं ने चुनाव में वोट लिए और वोट लेने के बाद आजाद हिन्द फौज की समस्या से तटस्थ हो गए। काफी दिन बाद बन्दियों को रिहा किया गया, लेकिन स्वाधीन भारत की फौज में उन्हें जो उचित स्थान मिलना चाहिए था, वह अभी तक उन्हें नहीं दिया गया।

इसी समय यूरोप और एशिया के अनेक देशों में युद्धोत्तर काल का उग्र राजनीतिक आन्दोलन सशस्त्र क्रान्ति का रूप ले रहा था। वियतनाम और हिन्द-एशिया—भारत के प्रान्तों जैसे—देशों ने भी डच, फ्रांसीसी और ब्रिटिश साम्राज्यवाद के खिलाफ हथियार उठा लिए थे। सुमन की कविता 'नई आग है, नई आग है' में एशिया की जाग्रत जनता का नया स्वर सुनाई देता है। उधर पूर्वी यूरोप के स्वाधीनता-आन्दोलन ने ब्रिटिश और अमरीकी पूँजी को निकाल बाहर किया।

पोलैंड, यूगोस्लाविया, चेकोस्लोवाकिया आदि देशों ने वास्तविक स्वाधीनता प्राप्त की। यूनान का प्राचीन देश पहले तुर्कों और बाद को अंग्रेजों का उपनिवेश बन गया था। वहाँ की प्रतिक्रियावादी शक्तियाँ अंग्रेजों से मिलकर जनता के स्वाधीनता आन्दोलन को दबाना चाहती थीं। इनके विरुद्ध जनवादी शक्तियों ने अपना नया मोर्चा बनाया और सशस्त्र लड़ाई छेड़ दी। दिनकर ने लिखा–

> "खड़ा हो, कि पच्छिम के कुचले हुए लोग
> उठने लगे ले मशाल,
> खड़ा हो, कि पूरब की छाती से भी
> फूटने को है ज्वाला कराल।"

इस तरह हिन्दी के उग्र-पन्थी कवियों ने यूरोप और एशिया के स्वाधीनता-आन्दोलन के प्रति भारतीय जनता की सहानुभूति प्रकट की। यह इस बात की सूचना देता है कि जो लोग राष्ट्रीयता के नाम पर ब्रिटिश या अमरीकी साम्राज्य से हिन्दुस्तान का गठबन्धन करना चाहते हैं और सोवियत विरोधी प्रचार करके अपने मनसूबों को ढँकना चाहते हैं, उनका विरोध हिन्दी के सभी सचेत लेखक करेंगे।

ब्रिटिश साम्राज्य के युद्धोत्तरकालीन संकट में हिन्दुस्तान की जनता ने स्वाधीनता के मोर्चे को मजबूत बनाया। फौज, पुलिस, डाक-तार आदि के विभागों में भी यह साम्राज्य विरोधी चेतना आग बनकर फैल गई। तमाम हिन्दुस्तान को हिला देनेवाली डाकियों की हड़ताल हुई। किसानों ने जमींदारी प्रथा को मिटाने के लिए खुद कदम उठाया। ब्रिटिश शक्ति के हिन्दुस्तानी अड्डों, देशों राज्यों में, वहाँ की प्रजा ने नए-नए आन्दोलन चलाए। विशेष रूप से शेख अब्दुल्ला के नेतृत्व में काश्मीर की जनता ने बड़ी वीरता से युद्ध किया। सबसे बड़ी घटना बम्बई का नाविक-विद्रोह थी। सन् '57 के बाद पहली बार हिन्दुस्तानी तोपों ने अंग्रेजी फौजों पर गोले उगले। बम्बई की तमाम जनता ने विद्रोहियों का साथ दिया। नाविकों ने नेताओं के कहने से आत्मसमर्पण किया। लेकिन अंग्रेजों को नहीं, भारत को। इन क्रान्तिकारी घटनाओं का साहित्य पर भी प्रभाव पड़ा। नए गीत, कविताएँ और कहानियाँ इन सब घटनाओं पर लिखी गईं। परन्तु साहित्य की यह क्रान्तिकारी धारा अच्छी तरह पुष्ट न हो पाई। दक्षिणपन्थी नेताओं के साथ सुलह की बातचीत करके अंग्रेज बराबर कोशिश कर रहे थे कि इस क्रान्तिकारी उठान को रोक ही न दिया जाए, वरन् हिन्दुस्तान को एक नए गृह-युद्ध की आग में झोंक दिया जाए। यह दाँव चलाने के लिए राज्यसत्ता की बागडोर उन्होंने कांग्रेसी नेताओं को सौंप दी। उसके बाद जो वह चाहते थे वही हुआ। भारत के बँटवारे की जिम्मेदारी उन्होंने हिन्दुस्तान के नेताओं पर डाली। फौज और पुलिस के भीतर घुसे हुए अंग्रेज अफसरों ने अपने सिखाए-पढ़ाए पुराने साथियों की मदद से बड़े पैमाने पर नरसंहार कराया। हिन्दू और

मुस्लिम राष्ट्रों का प्रचार जोरों से होने लगा। देश की सामन्ती और पूँजीवादी शक्तियाँ अल्पसंख्यकों को राजनीतिक दाँव-घात के लिए गोटी बनाकर खेलने लगीं। उनका यह प्रयत्न अब भी जारी है कि देश में अराजकता पैदा करके वे साम्राज्य-विरोधी ताकतों को बिलकुल निकम्मा कर दें और जिन अंग्रेजों की छत्रच्छाया में वे अब तक पलती रही थीं, उन हिन्दुस्तान के दुश्मनों को फिर यहाँ बुला लें। ये प्रतिक्रियावादी शक्तियाँ आज कितनी मुँह-जोर हो गई हैं, इसका पता इसी बात से लगता है कि राष्ट्रीय सरकार में ऐसे-ऐसे लोग घुस गए हैं जिनका स्वाधीनता-आन्दोलन से कभी कोई सम्बन्ध नहीं रहा। यही नहीं, अंग्रेजों से मिलकर वे स्वाधीनता-आन्दोलन का बराबर विरोध भी करते रहे थे।

आज यह किसी से छिपा नहीं है कि हिन्दुस्तान का स्वाधीनता-आन्दोलन एक बहुत बड़े संकट में है। इस संकट को गहरा करनेवाले खुद अंग्रेज, देशी राज्यों में उनकी कठपुतलियाँ राजे-महाराजे, बड़े-बड़े ताल्लुकेदार और मुनाफाखोर पूँजीपति हैं। हिन्दुस्तान से अंग्रेजों के जाने पर दूसरी मंजिल यह थी कि इन सबको खत्म करके एक ऐसा जनतन्त्र कायम किया जाए जिसमें कोई नंगा या भूखा न रहे, जिसमें जमीन किसानों की हो और बड़े-बड़े कारखानों पर राज्य का अधिकार हो। इस मंजिल तक पहुँचने से पहले ही जनता के दुश्मनों ने मिल-जुलकर एक गहरी खाई खोद डाली है। अंग्रेजों के तलवे चाटने वाले सामन्ती पिट्ठू आज अपने को निर्लज्जता से प्रताप और शिवाजी का वंशज कहकर हिन्दू धर्म के रक्षक बनकर सामने आते हैं। जिन मुनाफाखोरों ने देश की जनता को नंगा और भूखा रखा था, वे राष्ट्रीय पत्रों के संचालक बने हुए हैं। वे जमींदार जो अंग्रेजी अफसरों को दावत देते रहे और घूसखोर पुलिस के अफसरों के मित्र बने रहे, वे कांग्रेस के बहुत बड़े नेता बनकर हिन्दुत्व की रक्षा करने निकल पड़े हैं। इस संकट काल में प्रगतिशील शक्तियाँ त्रस्त होकर चुपचाप नहीं बैठ गईं। जहाँ-तहाँ उन्होंने शान्ति आन्दोलन आरम्भ किया है। हर रियासत में अल्पसंख्यकों का नर-संहार नहीं हो रहा है। मैसूर और त्रावनकोर की प्रजा ने बड़े-बड़े आन्दोलनों को जन्म दिया है। सबसे ज्यादा मजदूर आन्दोलन और कम्युनिस्ट पार्टी ने देश के सच्चे कर्णधारों के समान इस अराजकता की अग्नि को बुझाने का ऐतिहासिक प्रयत्न किया है। हिन्दी लेखकों ने अपने आपको साम्प्रदायिकता की धारा में बहने से रोका है। मासिक पत्रों में पच्चीसों कहानियाँ, कविताएँ आदि इस साम्प्रदायिक विद्वेष के विरुद्ध निकलती रही हैं। आज देशभक्ति और प्रगतिशीलता की कसौटी यही है कि अंग्रेजों के कूटनीति से छेड़े हुए इस गृहयुद्ध की ज्वाला से हम अपने स्वाधीनता-आन्दोलन को निकाल पाते हैं या नहीं। साम्प्रदायिकता का प्रचार करनेवाले पूँजीवादी पत्रों ने नए उत्साह से प्रगतिशील साहित्य के आन्दोलन पर हमला शुरू कर दिया है। वे जानते हैं कि साहित्य में यह नई विचारधारा ही उनके जहरीले प्रचार का खंडन करती है। वे कभी इस विचारधारा

को रूस से आई हुई बताते हैं; कभी उसे कम्युनिस्टों का षड्यन्त्र कहते हैं। कुछ और लोग दूर की कौड़ी लाकर उसका सम्बन्ध जिन्ना और मुस्लिम लीग से भी जोड़ते हैं। उनका लक्ष्य बहुत स्पष्ट है। वे शान्ति के आन्दोलन को निष्फल करके गृहयुद्ध को उसकी आखिरी मंजिल तक ले जाना चाहते हैं। प्रगतिशील साहित्य के विरोध में कितनी सचाई है, इसकी कसौटी यह है कि उसके विरोधी शान्ति आन्दोलन को कितना बढ़ाते हैं और साम्प्रदायिक द्वेष को कितना कम करते हैं। वे खुलकर अपनी साम्प्रदायिकता को राष्ट्रीय कहते हैं लेकिन उनकी इस राष्ट्रीयता का हमारे अब तक के स्वाधीनता-आन्दोलन से कोई सम्बन्ध नहीं है। प्रतिक्रियावादी शक्तियाँ और उनके मुख-पत्र शान्ति और स्वाधीनता के आन्दोलन को जितना कमजोर समझ बैठे हैं, उतना यह नहीं है। उसी के साथ हिन्दी का नया साहित्य जुड़ा हुआ है। उसकी पराजय निश्चित है क्योंकि साम्प्रदायिकता से राष्ट्रीयता बड़ी है, बर्बरता से मनुष्यता बड़ी है, अंग्रेजी कूटनीति से स्वाधीनता प्रेम बड़ा है, कठपुतली राजाओं और मुनाफाखोरों से भारतीय जनता की सम्मिलित शक्ति बड़ी है। इसीलिए साम्प्रदायिक विद्वेष और गृहयुद्ध का प्रचार करने वाले, हिन्दी भाषा और साहित्य को कलंकित करनेवाले इन पूँजीवादी पत्रों के अन्ध-प्रचार पर भी साहित्य की प्राणवंत नई चेतना विजय पाएगी।

2. लेखक और जनता

कुछ दिन पहले जैसे हिन्दुस्तान के विद्यार्थियों में यह एक बहस की बात थी कि राजनीति में हिस्सा लें या न लें, वैसे ही अभी तक कुछ हिन्दी लेखकों में इस बात की चर्चा चलती रहती है कि जनता से भी उनका सम्बन्ध होना चाहिए या नहीं। जनता से सम्बन्ध होने का बहुत सीधा अर्थ वह यह लगाते हैं कि साहित्य पर राजनीति का प्रभाव पड़ने लगेगा। लेखक और जनता का सम्बन्ध राजनीति का ही नहीं है परन्तु उस सम्बन्ध में राजनीति का बहुत बड़ा अंश है, इससे इनकार नहीं किया जा सकता। इसीलिए प्रगतिशील साहित्य पर अक्सर यह अभियोग लगाया जाता है कि उसने साहित्य को राजनीति की पोथी बना दिया है।

एक पराधीन देश की जनता अपने जीवन की हर घड़ी और क्षण में अपनी राजनीतिक स्वाधीनता के अभाव को महसूस करती है। राजनीति का प्रश्न उसके जीवन की तमाम समस्याओं में घुल-मिल जाता है। साम्राज्यवाद एक आर्थिक और राजनीतिक शक्ति है। देश में अपने पैर जमाए रखने के लिए उसने फौज, पुलिस, कचहरी, शिक्षालय, जमींदार, मुनाफाखोर आदि-आदि वर्गों और संस्थाओं द्वारा तमाम

समाज को जकड़ रखा था। समाज की काया साँस लेते ही इस लोहे के साँचे की सख़्ती का अनुभव करती है। पग-पग पर इसकी कठोरता का परिचय मिलता रहता है। उस मनुष्य को हृदयहीन समझना चाहिए जो इस पराधीनता को अनुभव न कर सके। कवि या साहित्यकार समाज का सबसे भावुक, विचारशील और सहृदय प्राणी होता है। दूसरे लोग पराधीनता के ताप को सहते-सहते भले ही उसके आदी हो जाएँ लेकिन कवि का सुकोमल हृदय तो उसके सम्पर्क से झुलस जाता है। वह अपने साहित्य में इस प्रतिक्रिया को व्यक्त किए बिना कैसे रह सकता है? लेखक और जनता या लेखक और राजनीति की समस्या स्पष्ट रूप से यही है।

जीवन की पूर्णता को चाहनेवाला, अपने साहित्य को समाज का दर्पण बनानेवाला, कवि और कलाकार समाज की सबसे कठोर वास्तविकता, राजनीतिक पराधीनता के प्रति उदासीन नहीं रह सकता। लोग मानते हैं कि साहित्य समाज का प्रतिबिम्ब है, लेकिन कुछ सज्जन इस प्रतिबिम्ब में अपनी रसिक आकृति के सिवा और कुछ नहीं देखना चाहते। साधारण जनता की नई राजनीतिक चेतना का प्रतिबिम्ब जहाँ साहित्य में दिखाई दिया कि उन्होंने कहना शुरू किया कि दर्पण ही फूट गया। यह सही है कि रसिक जनों की आकृति जितनी सुन्दर होती है, उतनी मिल में काम करनेवाले मजदूरों या हल जोतने वाले खे़तिहर किसानों की नहीं; लेकिन यदि रसिकगण दर्पण में अपना ही प्रतिबिम्ब देखना चाहते हैं तो उन्हें साहित्य की परिभाषा बदल देनी चाहिए। तब कहना चाहिए कि साहित्य वह दर्पण है जिसमें समाज के उन विशेष लोगों की ही शक्ल दिखाई देती है जो दुपल्ली टोपी लगाए, पान खाए, सुरमा रचाए इस दुनिया से दूर नायिका-भेद के संसार में विचरण करते हैं। इन साहित्य-मर्मज्ञों के हृदय इतने 'सहृदय' हो गए हैं कि जिस बात से चालीस करोड़ जनता के हृदय को ठेस लगती है, वह उनके मर्म को छू भी नहीं पाती। इनका कुसुम-कोमल हृदय नकली गर्मी से उगनेवाले पौधों की तरह एक कृत्रिम साहित्य की उत्तेजना पाकर ही विकसित होता है। ये लोग कहें तो ठीक ही होगा कि लेखकों को जनता से दूर रहना चाहिए।

दिन-प्रतिदिन संसार के इन विचित्र प्राणियों की संख्या कम होती जा रही है। लेखकों में बहुतायत उन लोगों की है जो अपने को समाज की गतिविधि से बँधा हुआ पाते हैं। समाज की हर धड़कन का असर उनकी लेखनी पर भी पड़ता है। यह असर एक यान्त्रिक रूप से नहीं पड़ता; ऐसा नहीं होता कि समाज के रथ में लेखक पीछे बँधा हुआ हो और उसके पीछे-पीछे लीक पर घिसटता हुआ चलता हो। लेखक सारथी होता है जो लीक देखता हुआ साहित्य की बागडोर सँभाले हुए उसे उचित मार्ग पर ले चलता है। प्रतिकूल भूमि पर भी वह नई लीक बनाता है। वह सिद्ध करता है कि 'महाजनो येन गतः स पन्थाः' लेकिन इसे सिद्ध करने के लिए वह रथ छोड़कर नहीं भाग जाता। उच्छृंखल कलाकारों की तरह यह सारथी समाज से दूर

खड़े होकर रथ से अपने पीछे आने का संकेत नहीं करता।

'वज्रादपि कठोराणि मृदूनि कुसुमादपि' यह उक्ति साहित्यकार पर भी लागू होती है। राजनीतिक पराधीनता के ताप से उसका कुसुम-कोमल हृदय झुलसता है और समाज के आकाश में वज्र-गर्जन करनेवाले बादल लाने की क्षमता भी उसमें होती है। वह लेखक पलायनवादी और निराश होता है जो इस आँच से सहमकर कल्पना के नन्दनवन में भाग जाता है या निराशा के बियावान में आठ-आठ आँसू बहाता रह जाता है। सामाजिक परिस्थितियाँ उसे जाँचती हैं कि हृदय कुसुम के समान कोमल होने के साथ-साथ वज्र की तरह कठोर भी है या नहीं। इस परीक्षा में सफल होना लेखक के जीवन-मरण का प्रश्न है। उसका साहित्य अमर होता है या क्षणिक, यह उसके नैतिक बल पर भी निर्भर है। जिसका मनोबल क्षीण हो गया है, जो जीवन-संग्राम को पीठ दिखाता है, जिसके कंठ से शत्रु के लिए ललकार फूटने के बदले आर्त्तनाद सुनाई देता है, वह अमर पद का दावेदार कैसे हो सकता है? अपने सामाजिक उत्तरदायित्व से बचना वास्तव में एक प्रकार की कायरता है। लेखक इस उत्तरदायित्व को निबाहता है या नहीं, यह साहित्यिक प्रश्न ही नहीं, लेखक के लिए उसकी नैतिकता का प्रश्न भी है। फरहाद ने कोह काटकर नहर निकाली थी। साहित्य की अमर सरिता भी आर्थिक और राजनीतिक उत्पीड़न के महापर्वत को काटकर प्रवाहित की जाती है। अपनी कुदाल फेंककर इस पर्वत की एक चट्टान के नीचे बैठा हुआ साहित्यकार कल्पना की आकाश-गंगा से धरती के हृदय को सरस नहीं बना सकता।

कवि क्या लिखे क्या नहीं लिखे, यह उसकी इच्छा के साथ-साथ परिस्थितियों पर भी निर्भर है। हर युग में, हर देश में उसको इच्छानुसार लिखने की स्वाधीनता नहीं रही। वास्तव में स्वाधीनतापूर्वक लिखने के अधिकार के लिए उसे बहुत बड़ा संघर्ष करना पड़ा है। जितना ज्यादा साधारण जनता पराधीनता-पाश में बँधी रही है, उतने ही ज्यादा बन्धन लेखक पर भी लगे रहे हैं। जैसे-जैसे सामाजिक विकास-क्रम में संगठित होती हुई जनता आर्थिक और राजनीतिक स्वाधीनता की ओर अग्रसर होती गई है, वैसे-वैसे कवि को भी साहित्य रचने की स्वाधीनता पहले से अधिक मिलती गई है। इसीलिए अपनी स्वाधीनता का हामी लेखक, समाज के प्रति अपने उत्तरदायित्व को भी खूब पहचानता है; क्योंकि वह जानता है कि समाज के संघर्ष से ही उसे यह स्वाधीनता मिली है और वह साधारण जनता की स्वाधीनता का एक अंग है।

एक युग वह भी था जब सारथी बनने के बदले अनिवार्य रूप से लेखक रथ के पीछे बाँध दिया जाता था। सामन्ती बन्धनों में जकड़ा हुआ कवि अपने आश्रयदाता का गुणगान करता था। उसके लिखने के अधिकार को एक छोटे-से सामन्ती वृत्त में सीमित कर दिया जाता था। उसी के भीतर रहकर वह उपमा, रूपक

और अनुप्रासों की छटा दिखाता था। घोड़ों और व्यंजनों के नाम गिनाने में वह अपनी कल्पना का प्रसार देखता था। शूरता और सौन्दर्य के अतिरंजित वर्णन में वह यथार्थ की भूमि से उड़ता हुआ आकाश से जा लगता था। वृत्त की सीमाओं को तोड़ा हमारे सन्त कवियों ने। वे सुन्दर पाग बाँधकर जागीरदारों के दरबारों में नहीं बैठे। उन्होंने साहित्यकार की सीमाओं को देखा, लेकिन उन्हें स्वीकार नहीं किया। वे समाज छोड़कर निर्जन वन में कुटी बनाकर योग साधने पर भी नहीं तुल गए। 'ऊधो, जोग जोग हम नाहीं'—सूरदास ने गोपियों के मुँह से मानो अपनी ही बात कही थी। संसार छोड़कर योग साधने वालों पर इन कवियों ने व्यंग्य और कटाक्षों की झड़ी लगाई है। चाहे निर्गुनिये सन्त हों, चाहे सगुणवादी उपासक हों, ये लोग समाज में रहकर और समाज में भी सबसे निम्न वर्गों में घुल-मिल कर, उन्हें प्रेम और एकता की बानी सुनाते रहे थे।

सन्त कवि पलायनवादी नहीं थे। मध्यकालीन साहित्य के वे एकमात्र क्रान्तिकारी कवि थे। सामन्ती जड़ता, जातीय विद्वेष और साम्प्रदायिक घृणा के विपरीत उन्होंने मानवता की भावना को उभारा। जो मनुष्यता गिर रही थी, उसे उन्होंने ऊपर उठाया। उनके साहित्य को पढ़कर निराशा, पराजय और दीनता के भाव नहीं उत्पन्न होते, बल्कि आत्मविश्वास और आत्मसम्मान की भावना ही पुष्ट होती है। निस्सन्देह उनके साहित्य में भी असंगतियाँ थीं। अन्धविश्वास और निराशा की झलक उनके गीतों में मिलती है, परन्तु यह उनके गीत का मूल-स्वर नहीं है। इस स्वर से उनके राग-विशेष का रूप स्थिर नहीं होता। कुल मिलाकर हम उन्हें जनता का कवि कह सकते हैं और इसका बड़ा प्रमाण यह है कि जनता के कंठ में अब भी उनकी वाणी गूँज रही है। जो लोग अपने को बहुत आधुनिक और विचारशील मानते हैं, जो समझते हैं कि पुराने अन्धविश्वासों से उनकी चेतना एकदम मुक्त हो गई है, वे इस बात पर भी विचार करें कि उनकी वाणी सन्त कवियों की बानी की तरह जनता के कंठ में क्यों नहीं उतर पाई। साहित्य को जनता तक पहुँचाने के साधन पहले से कहीं ज्यादा हमारे पास हैं; फिर भी हम उनसे पूरा लाभ नहीं उठा पाते तो इसका एक ही कारण है कि हम साहित्य के उद्देश्य को ही नहीं समझते। जन-साधारण को उन्नत करने, उसके जीवन को विकसित करने के बदले हम साहित्य को अपने क्षुद्र व्यक्तित्व के घेरे में ही बाँध कर रखना चाहते हैं। लेखक का व्यक्तित्व समाज के संघर्ष में ही विकसित होकर पुष्ट होता है। इस तरह का व्यक्तित्व समाज के लिए साहित्य रचने से मुँह नहीं चुराता। अन्तर्द्वन्द्वों की बात करके इस उत्तरदायित्व से वही लेखक बचने की कोशिश करते हैं जो संघर्ष की आँच लगते ही 'लाज से छुई-मुई-सी म्लान' हो जाते हैं।

भारतेन्दु काल में साहित्य के नए पाठक उत्पन्न हुए। साहित्य का संरक्षण दरबारों में सीमित न रहा। पुस्तकें छपने और बिकने लगीं; शिक्षित मध्यवर्ग के लोग

उनके पाठक बनकर साहित्य के नए संरक्षक बने। हमारे साहित्य में एक नया युग आरम्भ हुआ। प्रेस-ऐक्ट और साम्राज्यवादी दमन के बावजूद एक नई स्वाधीनता पानेवाले लेखकों ने उससे लाभ उठाकर साहित्य को दरबारी दुनिया से बाहर निकाला, रीतिकाल की परम्परा से युद्ध किया, जनता में देशभक्ति और स्वाधीनता की भावना जगाई। तब से वह क्रम चला आ रहा है। साम्राज्यवादी शोषण पहले से और गहन हो गया। इसलिए लेखकों के लिए भी यह स्वाभाविक था कि वे और सचेत होकर उसका मुकाबला करें। साम्राज्यवादी युद्ध शुरू होने पर हिन्दुस्तान के लेखक भी जेल गए, नजरबन्द रहे और अपने जीवन में उन्होंने इस बर्बर दमन के विरोध का परिचय पाया। कोई नहीं कह सकता कि इससे उनका साहित्य निर्बल हो गया और वे साहित्य देवता के सिंहासन से नीचे गिर पड़े।

पन्द्रह अगस्त के बाद देश में एक परिवर्तन हुआ है। साम्राज्यवाद का वह पुराना रूप बदल गया है। हम अब अपने देश को अपना कह सकते हैं और उसके नव-निर्माण का भार खुद अपने कन्धों पर उठा सकते हैं। लेकिन इसके साथ ही अपने आर्थिक और सैनिक प्रभुत्व को कायम रखने के लिए साम्राज्यवाद ने यहाँ की प्रतिक्रियावादी शक्तियों को इस तरह सुरक्षित छोड़ दिया है कि वे आए दिन निर्माण-कार्य को असम्भव बना रही हैं। निर्माण तो दूर, उन्होंने देश में वह ध्वंस कार्य किया है कि अब निर्माण के लिए सँभलते-सँभलते न जाने कितने वर्ष लग जाएँगे। यही नहीं, उत्तरी भारत में जो सर्वनाश की ज्वाला धधक रही है, उसकी लपटें सारे हिन्दुस्तान में फैलाने का आयोजन किया जा रहा है। ब्रिटेन और अमरीका के प्रतिक्रियावादी बड़ी सजग दृष्टि से इस जनसंहार को देख रहे हैं। यह अराजकता उनके प्रभुत्व को बनाए रखने के लिए एकमात्र आशा है। देशी रियासतों के बचे-खुचे सामन्त और मिलों और कारखानों के मुनाफाखोर मालिक परस्पर गठबन्धन करके जनता के खिलाफ एक फासिस्ट मोर्चा बना रहे हैं। वे पानी की तरह पैसा बहाकर हजारों की रैली करते हैं और उसमें हिन्दू धर्म या इस्लाम के रक्षक बनकर प्रकट होते हैं। लेखक की स्वाधीनता के सबसे बड़े शत्रु यही हैं। प्रकाशन की व्यवस्था पर अपना पंजा जमाकर उन्होंने लेखक को अपना क्रीत-दास बनाने का षड्यन्त्र रचा है। वे चाहते हैं कि लेखक या तो उनके जनहत्या और स्वाधीनता-विरोधी कार्य में सहयोग दे या फिर वह मौन रहकर नष्ट हो जाए। हिन्दी लेखकों पर यह उत्तरदायित्व है कि वे अपनी स्वाधीनता के लिए लड़ते हुए इस सामन्ती और पूँजीवादी गठबन्धन को तोड़ें।

पन्द्रह अगस्त के बाद देश की प्रगतिशील ताकतों को जहाँ आगे बढ़ने का मौका मिला है, वहाँ प्रतिक्रियावादी दल भी अपना अन्त निकट आता देखकर बौखला उठा है। वह एड़ी-चोटी का जोर लगा रहा है कि सर्वनाश की लपटें सारे हिन्दुस्तान में फैल जाएँ। अपने हिलते हुए सिंहासन को सँभालने का उसे एक ही उपाय दिखाई

देता है—हत्या और लूट। सबसे पहले इस हत्या और लूट के साथ देशी रियासतों में प्रजा के आन्दोलन को कुचला जा रहा है। इसके बाद ब्रिटिश भारत में घूसखोर अफसर और मुनाफाखोर मिल-मालिक इस बात की कोशिश में लगे हैं कि जनता की ताकत खत्म करके अपना प्रतिक्रियावादी शासन कायम कर लें। आज प्रश्न यह है कि जनता स्वाधीनता की तरफ बढ़े या अंग्रेजों और उनके पिट्ठू सामन्तों, पूँजीवादियों की गुलामी स्वीकार करे। हमारे देश में जिन्दगी और मौत की लड़ाई छिड़ी हुई है। सबसे पहले हमें जन-हत्या की लपटों को बुझाना है; उसके बाद अंग्रेजों द्वारा छिन्न-भिन्न की हुई अपनी आर्थिक, राजनीतिक और सामाजिक व्यवस्था पर ध्यान देना है। इस संघर्ष में लेखकों का क्या स्थान होगा? क्या वे इससे तटस्थ रहेंगे? क्या वे प्रतिक्रियावादी शक्तियों का साथ देंगे? दोनों ही तरह से जनता का भविष्य अन्धकारमय होगा और उसके साथ हमारा साहित्य और संस्कृति भी रसातल चले जाएँगे। हमें एक स्वाधीन देश का लेखक बनना है। हम एक ऐसे देश के लेखक हैं जो सदियों की गुलामी के बाद फिर से आजादी की साँस लेना चाहता है। इस साँस को बन्द करने के लिए बड़े-बड़े सामन्त और पूँजीपति अपनी उँगलियों से उसके गले को दबा रहे हैं। प्रत्येक स्वाधीन देश के लेखकों ने ऐसी दशा में इन प्रतिक्रियावादी शक्तियों का विरोध किया है। अपनी जान की बाजी लगाकर उन्होंने अपनी जनता और साहित्य के जीवन की रक्षा की है। हिन्दुस्तान के लेखक भी ऐसा ही करेंगे, इस बात की आशा की जा सकती है।

लेखक और जनता—इस समस्या का वास्तविक रूप यही है कि तुम आजादी के साथ हो या गुलामी के साथ, जिन्दगी के साथ या मौत के साथ, उज्ज्वल भविष्य के साथ या अन्धकारमय सामन्ती युग के साथ।

3. प्रगतिशील साहित्य पर कुछ प्रश्न

सितम्बर 1947 के 'हंस' में श्री अमृतराय ने प्रगतिशील साहित्य पर कुछ प्रश्न किए हैं और लिखा है कि प्रगतिशील संघ "अपनी कोई सुनिश्चित मान्यता स्थिर कर सके, इसके लिए आवश्यक है कि इन प्रश्नों पर संघ की शाखाओं में, पत्रों-पत्रिकाओं में, पुस्तकों-पुस्तिकाओं में खुलकर बहस हो और फिर उन सबके आधार पर संघ सामूहिक विचार-विनिमय द्वारा किसी एक निश्चित निष्कर्ष पर पहुँचे।" इस सुझाव का स्वागत करते हुए यहाँ पर संकेत में उन समस्याओं की विवेचना की गई है।

मोटे तौर से प्रश्न ये हैं—

1. प्रगतिशील साहित्य से क्या मतलब है? क्या प्रगतिशील होने से ही

साहित्य श्रेष्ठ हो जाता है या श्रेष्ठ साहित्य सदा प्रगतिशील होता है।

2. साहित्य और समाज में क्या सम्बन्ध है? क्या समाज का सीधा प्रतिबिम्ब साहित्य में पड़ता है या पड़ना चाहिए? क्या साहित्य को प्रचारात्मक होना चाहिए?

3. किसी कलाकृति में उसके रूप और विषयवस्तु का क्या सम्बन्ध होता है? प्रगतिशील आलोचना में कला के रूप पक्ष को कितना महत्त्व दिया जाता है?

4. वर्तमान काल में साहित्य पर फ्रायड का भी प्रभाव पड़ा है, उसके बारे में प्रगतिशील मान्यता क्या है? इस प्रकार अपने अन्तर्द्वन्द्वों का चित्रण करनेवाला प्रयोगमूलक कवि कहाँ तक प्रगतिशील है?

5. संस्कृति और परम्परा का क्या सम्बन्ध है? सन्तकाल और छायावाद के बारे में प्रगतिशील मान्यता क्या है?

6. संस्कृति और जातीयता का क्या सम्बन्ध है? भारत की एक अखंड संस्कृति है या बंगाली, मराठी, गुजराती आदि अलग-अलग संस्कृतियाँ हैं?

7. हिन्दुस्तान के बँटवारे का संस्कृति पर क्या असर पड़ा है? राष्ट्रभाषा और जनपदीय बोलियों के प्रश्न का निर्णय क्या है?

मोटे तौर से इन सात गुटों में श्री अमृतराय के उठाए हुए प्रश्नों को बाँटा जा सकता है। ये प्रश्न काफी पुराने हैं और अन्य देशों में भी उठाए गए हैं। यदि वहाँ की विवेचना से भी लाभ उठाया जाए तो इनका उत्तर देने में आसानी होगी। उस कार्य को दूसरे अवसर के लिए छोड़ कर इस बहस को शुरू करने के लिए यहाँ पर कुछ मोटी बातें कही जाती हैं।

1. श्रेष्ठ साहित्य सदा प्रगतिशील होता है—इस धारणा का समर्थन करने वाले अनेक साहित्यकार हो चुके हैं। अभी इलाहाबाद के पिछले सम्मेलन में ही पंडित अमरनाथ झा ने यह दावा किया था कि श्रेष्ठ साहित्य तो प्रगतिशील होता ही है, उसके लिए संघ रूप में प्रयास करने की क्या जरूरत है? इसका मतलब यह है कि बिहारी, मतिराम से लेकर तुलसी, सूर और प्रेमचन्द तक सभी बड़े-बड़े साहित्यकार प्रगतिशील थे। इसलिए वास्तव में प्रगतिशीलता की तो चर्चा ही निरर्थक हो जाती है, देखना तो यह चाहिए कि शुद्ध साहित्य यानी रस और अलंकार की दृष्टि से इनका महत्त्व क्या है।

प्रगतिशीलता की चर्चा इसलिए चलती है कि हम समाज पर भी साहित्य के प्रभाव को आँकें और उस प्रभाव के अनुसार नए और पुराने साहित्य का मूल्यांकन करें। रस और अलंकार की दृष्टि से जिस साहित्य को श्रेष्ठ माना गया है, वह सदा ही समाज के लिए हितकर नहीं रहा, उदाहरण के लिए हिन्दी कविता में रीतिकालीन परिपाटी का विरोध भारतेन्दु काल से आरम्भ होकर श्री सुमित्रानन्दन पन्त तक होता चला आया है। यह परिपाटी रस और अलंकारों के सहारे चलते हुए भी समाज-हितैषी साहित्य को जन्म नहीं दे पाई। इसलिए साहित्य की प्रगतिशीलता का प्रश्न वास्तव

में समाज पर साहित्य के शुभ और अशुभ प्रभाव का प्रश्न है। प्रगतिशील लेखक यह तो स्वीकार करते ही हैं कि समाज पर साहित्य का असर पड़ता है; इसके अलावा इस असर के महत्त्व को समझकर सचेत रूप से सामाजिक विकास के लिए वे उसका उपयोग भी करना चाहते हैं। इसीलिए उनके संघबद्ध प्रयास की जरूरत होती है।

प्रगतिशील साहित्य से मतलब उस साहित्य से है जो समाज को आगे बढ़ाता है, मनुष्य के विकास में सहायक होता है। जब यह प्रश्न किया जाता है—"क्या प्रगतिशील होने से ही साहित्य श्रेष्ठ हो जाता है," तो इसका मतलब शायद यह होता है कि साहित्यिक न होने पर भी कभी-कभी कोई कृति विषय-वस्तु के कारण ही प्रगतिशील और इसलिए श्रेष्ठ मान ली जाती है। उदाहरण के लिए बंगाल में अकाल पड़ा। बहुत से लोगों ने उस पर कविताएँ लिखीं। किसी विशेष कविता में मार्मिकता नहीं है, फिर भी वह तर्क-संगत समाज-हितैषी बात कहती है, तो क्या उसे श्रेष्ठ मान लिया जाए? इस प्रश्न का सीधा उत्तर यह है कि प्रगतिशील साहित्य तभी प्रगतिशील है जब वह साहित्य भी है। यदि वह मर्मस्पर्शी नहीं है, पढ़ने वाले पर उसका प्रभाव नहीं पड़ता, तो सिर्फ नारा लगाने से या प्रचार की बात कहने से वह श्रेष्ठ साहित्य क्या, साधारण साहित्य भी नहीं हो सकता।

प्रगतिशील होने से ही क्या साहित्य श्रेष्ठ हो जाता है—यह प्रश्न भ्रामक है। इसी तरह श्रेष्ठ साहित्य सदा प्रगतिशील होता है—इस धारणा का शुद्ध कला वाला आधार भी भ्रामक है। हमें ऐसा साहित्य चाहिए जो एक तरफ तो कला की उपेक्षा न करे; रस-सिद्धान्त के नियामक जिस आनन्द की माँग करते हैं, वह साहित्य से मिलना चाहिए, भले ही उसका एकमात्र उद्‌गम रसराज न हो, भले ही उसकी परिणति आत्मा की चिन्मयता और अखंडता में न हो। कलात्मक सौष्ठव के साथ-साथ उस साहित्य में व्यक्ति और समाज के विकास और प्रगति में सहायक होने की क्षमता भी होनी चाहिए। तभी वह अभिनन्दनीय हो सकता है, हम चाहे जिस नाम से उसे पुकारें।

2. साहित्य और समाज के परस्पर सम्बन्ध को विभिन्न रूपों में पूर्व और पश्चिम के विद्वान् आज से नहीं सैकड़ों वर्षों से मानते आए हैं। यह सम्बन्ध किस प्रकार का है, इसकी वैज्ञानिक व्याख्या मार्क्स ने की थी। यह व्याख्या मार्क्स की पुस्तक 'क्रिटीक ऑफ पोलीटिकल इकानॉमी' की भूमिका में स्पष्ट रूप से दी हुई है। सामाजिक उत्पादन के सिलसिले में मनुष्य ऐसे सम्बन्ध स्थापित करते हैं जो उनकी इच्छा और अनिच्छा पर निर्भर नहीं होते। ये उत्पादन सम्बन्ध किस तरह के हैं, यह इस बात पर निर्भर है कि उत्पादन की भौतिक शक्तियाँ किस हद तक विकसित हुई हैं। इन उत्पादन सम्बन्धों का जमाव समाज का आर्थिक ढाँचा कहलाता है। यही वह वास्तविक आधार है जिसके ऊपर कानून और राजनीति का महल खड़ा किया जाता है। इसी आधार के अनुकूल सामाजिक चेतना के विभिन्न रूप होते हैं।

समाज के भौतिक जीवन में उत्पादन की पद्धति क्या है, इसी से सामाजिक, राजनीतिक और मानसिक जीवन के क्रम निश्चित होते हैं। मनुष्य की चेतना उनके अस्तित्व का निर्माण नहीं करती; इसके विपरीत उसका सामाजिक अस्तित्व ही उसकी चेतना को निश्चित करता है। विकास की एक मंजिल तक पहुँचकर उत्पादन के मौजूदा सम्बन्धों में और उत्पादन की भौतिक शक्तियों में टक्कर पैदा होती है। दूसरे शब्दों में सम्पत्ति के जिन सम्बन्धों में बँधी रहकर ये शक्तियाँ काम करती हैं, उनसे उनकी टक्कर होती है। ऐसी दशा में सामाजिक क्रान्ति का युग आरम्भ होता है। आर्थिक आधार के बदलने पर ऊपर का विशाल प्रासाद भी बहुत कुछ जल्दी ही बदलता है। इस परिवर्तन पर विचार करते हुए एक भेद हमेशा याद रखना चाहिए। एक तरफ तो उत्पादन की आर्थिक परिस्थितियाँ बदलती हैं जिनके बदलने को भौतिक विज्ञान के नपे-तुले ढंग से आँका जा सकता है। इसके साथ ही कानूनी, राजनीतिक, धार्मिक, कलात्मक या दार्शनिक—संक्षेप में सैद्धान्तिक—रूप भी बदलते हैं जिनके द्वारा मनुष्य उस टक्कर का सामना करते हैं। किसी आदमी के बारे में हम अपनी राय इस बात से कायम नहीं करते कि वह खुद अपने बारे में क्या सोचता है। इसी प्रकार इस परिवर्तन के युग की चेतना क्या है, उसी से हम उस युग के बारे में अपनी राय कायम नहीं करेंगे। होना यह चाहिए कि भौतिक जीवन में जो असंगतियाँ हैं, उत्पादन-सम्बन्धों और उत्पादन-शक्तियों में जो संघर्ष है, उसके सहारे उस युग की चेतना को समझें।

साहित्य और समाज का परस्पर सम्बन्ध क्या है, यह ऊपर की बात से स्पष्ट हो जाना चाहिए। समाज की आर्थिक व्यवस्था के आधार पर संस्कृति का प्रासाद बनाया जाता है और इस आर्थिक व्यवस्था में देखना यह चाहिए कि उत्पादन सम्बन्धों से उत्पादक शक्तियों का विकास होता है या वे उसके विकास में बाधक हैं। सामन्ती व्यवस्था में उत्पादक शक्तियाँ किसान हैं। भूमि-व्यवस्था का आधार जागीरदारी या जमींदारी प्रथा है। जमींदार और किसान का उत्पादन सम्बन्ध उत्पादक शक्ति यानी किसान के विकास में बाधक होता है। दोनों की टक्कर होती है और यह टक्कर संस्कृति में भी झलकती है। पूँजीवादी समाज में उत्पादन सम्बन्ध यानी पूँजीपति और मजदूर का सम्बन्ध, पूरे समाज के विकास में घातक हो जाता है। दोनों में संघर्ष होता है और यह संघर्ष विभिन्न रूपों में संस्कृति में भी झलकता है। संघर्ष को संघर्ष के लिए बढ़ाना—'कला कला के लिए' वाले सिद्धान्त की तरह—किसी का उद्देश्य नहीं हो सकता। उद्देश्य होता है उस संघर्ष का अन्त करना। परन्तु उसका अन्त संघर्ष की तरफ से आँख मूँदने से नहीं होता। इसीलिए लेखक और कलाकार का कर्तव्य होता है कि वह उत्पादन-सम्बन्धों और उत्पादक शक्तियों की टक्कर को समझे और अपनी कला द्वारा विकासमान शक्तियों को सहारा देकर और उनसे स्वयं जीवन प्राप्त करके मनुष्य और समाज की मुक्ति की ओर अग्रसर हो।

इस आर्थिक आधार का बिल्कुल सीधा प्रतिबिम्ब साहित्य या कला पर नहीं पड़ता, यह तो मार्क्स के कथन में ही निहित है। एंगेल्स ने इस बात को अपने एक पत्र में और भी खुलासा कर दिया था। उन्होंने स्टारकेनबुर्ग को लिखते हुए बताया था—"राजनीतिक, कानूनी, दार्शनिक, धार्मिक, साहित्यिक, कलात्मक आदि विकास का आधार आर्थिक विकास है। लेकिन इन सबका एक दूसरे पर असर पड़ता है और आर्थिक आधार पर भी उनका असर पड़ता है। ऐसी बात नहीं है कि आर्थिक आधार ही एकमात्र और सक्रिय कारण हो और बाकी सब चीजों का असर निष्क्रिय होता हो। आर्थिक आवश्यकता के आधार पर इन सबका एक-दूसरे पर प्रभाव पड़ता है और अन्ततोगत्वा यह आर्थिक आवश्यकता अपने को मनवा लेती है।...इसलिए जैसा कि कुछ लोग बड़ी सरलता से कल्पना कर लेते हैं, आर्थिक आधार का प्रभाव यान्त्रिक रूप से नहीं पड़ता। मनुष्य स्वयं अपने इतिहास का निर्माण करते हैं। इस निर्माण के लिए कुछ परिस्थितियाँ होती हैं जो उस विकास को निश्चित करती हैं। पहले से ही कुछ सम्बन्ध स्थापित होते हैं जो इस निर्माण का आधार होते हैं। इनमें आर्थिक सम्बन्ध सबसे अधिक निर्णायक होते हैं और इन पर राजनीतिक और सैद्धान्तिक चाहे जैसा प्रभाव पड़े, उन्हीं के सहारे हम युग की चेतना को समझ सकते हैं।"

इससे जाहिर है कि किसी भी युग को समझने के लिए आर्थिक सम्बन्धों को जानना जरूरी है; लेकिन साहित्य या कला इन सम्बन्धों की छायामात्र नहीं है। वह स्वयं आर्थिक सम्बन्धों को भी प्रभावित करती है और सामाजिक जीवन का यथार्थ अपने संश्लिष्ट रूप में ही साहित्य और कला में प्रतिबिम्बित होता है।

जब हम पूछते हैं कि क्या समाज का सीधा प्रतिबिम्ब साहित्य में पड़ता है या पड़ना चाहिए तो इसके पीछे एक कल्पना तो यह होती है कि समाज स्वयं एक सीधी वस्तु है, उसमें असंगतियाँ नहीं हैं जिनका साहित्यकार पर प्रभाव पड़ सकता है। साहित्य में समाज के अन्तर्विरोध भी आते हैं, उसकी असंगतियाँ भी प्रकट होती हैं, तोल्स्तोय जैसे कलाकार रूसी किसान का असन्तोष और उसके धार्मिक अन्धविश्वास दोनों प्रकट होते हैं। समाजवादी व्यवस्था में असंगतियाँ मिटती हैं लेकिन इसका यह मतलब नहीं होता कि समाज अपने संश्लिष्ट रूप को छोड़कर एक सरल इकाई बन जाता है। इसलिए साहित्यकार को पहले तो समाज के सीधे होने का विचार छोड़ देना होगा। दूसरी कल्पना इस प्रश्न के पीछे यह है कि साहित्य में सीधा-सादा प्रचार किया जाए या नहीं। यदि हम सीधा-सादा प्रचार करते हैं, तो क्या साहित्य के उथला होने का भय नहीं है? असल में साहित्य का उथला या गहरा होना प्रचार या न प्रचार करने पर निर्भर नहीं है। उसकी कसौटी यह है कि हमने यथार्थ को उसके संश्लिष्ट रूप में कहाँ तक पहचाना है। प्रत्येक घटना अन्य घटनाओं से भी सम्बद्ध होती है। इस सामाजिक ऊहापोह को, घटनाओं की सम्बद्धता

को समझे बिना यथार्थ का चित्रण कैसे किया जा सकता है? इस ऊहापोह को परखते हुए यह आवश्यक हो जाता है कि समाज की पतनोन्मुख और विकासमान शक्तियों के परम्परा सम्बन्ध को भी हम देखें। इस सम्बन्ध को न देख सकने से अनेक तरह की प्रवंचना का जन्म होता है। उदाहरण के लिए किसी राज्य विशेष में पूँजीपतियों का आधिपत्य है। उनके हितों के अनुकूल सांस्कृतिक चेतना के विभिन्न रूपों का निर्माण हो रहा है, उन्हें शाश्वत, अमर रस का एकमात्र परिपाक करनेवाला बताया जाता है। तब देखना यह चाहिए कि यह आधिपत्य पतनोन्मुख है या उत्पादक शक्तियों के विकास में सहायक है। यदि इस यथार्थ को कोई सही-सही अंकित करेगा तो पाठक में अनिवार्य रूप से उस आधिपत्य के लिए श्रद्धा या घृणा अवश्य उत्पन्न होगी। ऐसा नहीं हो सकता कि हम उत्पादक शक्तियों पर पूँजीवादी आधिपत्य का चित्रण करें और उसका असर ब्रह्मानन्द सहोदर में लीन हो जाए। इस प्रकार साहित्य की प्रचारात्मकता का प्रश्न सामाजिक जीवन की यथार्थता की कसौटी पर हल किया जा सकता है। जो साहित्य मनुष्य द्वारा मनुष्य के उत्पीड़न को छिपाता है, संस्कृति की झीनी-बीनी चादर बुनकर उसे ढाँकना चाहता है, वह प्रचारक न दिखते हुए भी वास्तव में प्रतिक्रियावाद का प्रचारक होता है। जो साहित्य यथार्थ जीवन के इस सत्य को प्रकट करता है, वह वास्तव में गम्भीर साहित्य होता है और मनुष्य के हृदय में रस-सृष्टि करने के साथ-साथ उसे विकास की प्रेरणा भी देता है।

एक सच्चा कलाकार यथार्थ के बारे में किस तरह सोचता है, इसकी एक मिसाल सोवियत लेखक-संघ के भूतपूर्व मन्त्री तिखोनोव के एक लेख में मिलती है। क्रान्ति के बाद की घटनाओं को चित्रित करने में कितनी कठिनाई होती थी, इसका जिक्र करते हुए उन्होंने लिखा है—"वर्तमान जीवन में जितना ही गहरा मैं पैठता हूँ उतना ही लिखने का काम उलझा हुआ और मुश्किल मालूम होता है। हर कविता और कहानी में मैं चाहता हूँ कि युग की चेतना बोले और हर बार हाथ बेकाबू होकर रह जाता है। मैं चाहता हूँ कि इस तरह लिखूँ कि न सुख छूटे न दुख छूटे; मैं बिलकुल दूर न चला जाऊँ और साथ ही एक बने हुए ढाँचे के मुताबिक कहानी कहता हुआ सस्ती ख्याति के पीछे भी न दौड़ूँ। मैं चाहता हूँ कि मेरे लिखने में सादगी हो, साथ ही सधी हुई व्यंजना भी हो। मेरी लिखी हुई चीज मौलिक और प्रभावशाली हो।"

3. रूप और विषय-वस्तु का सम्बन्ध अभिन्न और अन्योन्याश्रित है। प्रगतिशील साहित्य रूप-सौष्ठव का तिरस्कार करके दो कदम आगे नहीं चल सकता। यह सौष्ठव कला को प्रभावशाली बनाने में बहुत बड़ा कारण है। काव्य कौशल की ओर ध्यान न देकर रचनाकार अपनी कृति को असमर्थ ही बनाएगा। परन्तु कला का यह रूप हवा में नहीं निखरता। फूल के रूप-रंग के लिए जिस तरह धरती की आवश्यकता होती है, उसी तरह किसी भी कृति के कलात्मक सौन्दर्य का

निखार उसकी विषय-वस्तु की सामाजिकता से जुड़ा हुआ है। जब कोई रचनाकार इस विषय-वस्तु के सामाजिक महत्त्व के प्रति उदासीन होकर कला के सौन्दर्य की ओर ही दौड़ता है, तो बहुधा उसे निराश होना पड़ता है। उदाहरण के लिए रीतिकालीन कवि बिहारी और कृष्ण की भक्त मीरा के छन्दों को ले लीजिए। बिहारी रस और अलंकारों के महान् ज्ञाता थे परन्तु उनकी विषय-वस्तु का सामाजिक आधार कमजोर था। 'हुकुम पाय जैसाह को' उन्होंने बड़े कलात्मक दोहे लिखे परन्तु उस कलात्मकता में मध्यकालीन समाज का मनुष्य पराधीनता के पाश में बँधकर रह गया है। उनके नैसर्गिक विकास या मुक्तिकामना की झलक उन दोहों में ही दिखाई पड़ती है। इसके विपरीत मीरा ने विभिन्न रूपों में इसी मुक्तिकामना की चेष्टा को व्यक्त किया है। इसी से उनमें वह आवेश उत्पन्न हुआ है जो उनके गीतों की श्रेष्ठ कला में प्रकट हुआ है।

क्या बिना आवेश और उत्साह के कलात्मक वैदग्ध्य उत्पन्न हो सकता है? क्या सामाजिक यथार्थ से आन्दोलित हुए बिना किसी भी कलाकार के लिए यह सम्भव है कि वह मार्मिक सौन्दर्य की सृष्टि कर सके? साहित्य का इतिहास बताता है कि आज तक ऐसा नहीं हुआ। जो इस शुद्ध सौन्दर्य के पीछे दौड़े और मनुष्यता के तकाजे को भूल गए—वे कागज का रंगीन फूल बनाने में तो जरूर समर्थ हुए परन्तु उनकी कला में गम्भीरता और व्यापकता न आ पाई, पानी में खिले हुए कमल की खुशबू वे न पैदा कर सके।

साहित्य को धार्मिक या नैतिक उपदेश का पर्यायवाची समझ बैठना प्यूरिटन मनोवृत्ति का परिचायक है। ऐसी मनोवृत्ति महारानी विक्टोरिया के समय के लोगों में पाई जाती थी जो मीठे-मीठे उपदेशों से अपने नैतिक पतन को छिपाते थे। उसी 19वीं सदी के उत्तरार्द्ध में 'कला-कला के लिए' की गुहार भी मची जो सामाजिक उत्तरदायित्व से बचने का प्रयास था। 'केवल रूप, केवल रूप' कहते हुए वे रूप के उपासक वास्तव में सामाजिक प्रतिक्रियावाद के पोषक बन गए। कलाकृति की विषय-वस्तु और उसके रूप का सामंजस्य इस प्रकार नहीं होता। यह सामंजस्य तभी हो सकता है जब हम गम्भीर सामाजिक प्रेरणा से सौन्दर्य की उत्कृष्टता का सम्बन्ध मानें। वाल्मीकि ने क्रौंच पक्षी के वध से क्षुब्ध होकर जिस श्लोक की सृष्टि की थी, क्या उस क्षोभ के बिना उस श्लोक के सौन्दर्य की कल्पना की जा सकती है? कवि ने बड़े सुन्दर ढंग से लिख दिया था—शोकः श्लोकत्वमागतः। जैसे वाल्मीकि का शोक श्लोक बन गया था, उसी तरह अपने चारों तरफ के वातावरण से, जिसमें उसका मानस भी शामिल है, प्रेरणा लेकर ही कलाकार रूप सौष्ठव को जन्म दे सकता है। इस प्रकार हम दोनों का अभिन्न और अन्योन्याश्रित सम्बन्ध देखते हैं।

4. अब हम प्रयोगमूलक साहित्यकारों की बात लेते हैं। यह इतिहास की मानी हुई बात है कि पूँजीवाद के पतनकाल में नई सामाजिक प्रेरणा न पाकर अमरीका

और यूरोप के अनेक कलाकारों ने केवल रूप और कौशल के प्रयोगों से इस अभाव की पूर्ति करने की चेष्टा की है। उदाहरण के लिए जेम्स ज्वायस नाम के उपन्यासकार ने अपनी कृति 'यूलिसिस' में अवचेतन मन का चित्रण करने के लिए एक नया कौशल और एक नई भाषा ही गढ़ डाली है। वास्तव में जिस समाज और जिस मनोवृत्ति का वह चित्रण करना चाहता है, वह सब भीतर से खोखली हो गई है। समाज की प्रगतिशील शक्तियों से उसे कोई सहानुभूति नहीं है बल्कि अपनी संस्कृति के ताने-बाने के लिए वे शक्तियाँ उनको भयावह मालूम देती हैं। टी.एस इलियट ने फ्रांस की प्रतीकवादी शैली और 17वीं सदी के धार्मिक कवियों की परम्परा को जोड़कर एक नई दुरूह शैली ईजाद की लेकिन उससे अंग्रेजी कविता में उस नए युग का अभ्युदय नहीं हुआ जिसकी कुछ लोग आशा करते थे। निबन्धों में तो अपने प्रतिक्रियावाद को उसने और उघार कर रखा है। वह पुराने अन्धविश्वासों और निरंकुश राज्यसत्ता का समर्थक है। आई.ए. रिचर्ड्स जैसे प्रोफेसर उसे हिमायती मिल गए हैं जो यह मन्त्र देते हैं कि अब कला दिन पर दिन दुरूह होती जाएगी और विशेषज्ञों के हाथ में पड़ कर कुछ दिन में थोड़े ही जानकारों के लिए रह जाएगी। इलियट ने यूरोप की परम्परा के बड़े गुन गाए हैं लेकिन वास्तव में उसका सम्बन्ध यूरोप के फासिज्म की नई परम्परा से अधिक है, यूरोप के महान् कलाकारों दांते और विक्टर ह्यूगो की परम्परा से कम।

इस पृष्ठभूमि को याद रखना इसलिए जरूरी है कि भारतीय और विदेशी पूँजीवाद के गठबन्धन के समय जब संगठित जनता की ताकत ही राजनीति के ठहराव को खत्म करके संस्कृति को नया बल दे सकती है, तब प्रयोग-मूलकता के नाम पर अनेक कलाकार सामाजिक उत्तरदायित्व से बचते हुए संस्कृति की प्रशस्त धारा से अलग हो जाते हैं। उनको अपना एकमात्र आदर्श पश्चिमी पूँजीवाद की उपज वहाँ की पतनोन्मुख साहित्यिक धाराएँ दिखाई देती हैं। हिन्दी के कई कलाकार भारतीयता के परम पक्षपाती होते हुए अचानक टी.एस. इलियट के भक्त बन गए हैं। यह कोई आकस्मिक घटना नहीं है। कलाकार के लिए प्रयोग करने की तो सदा छूट रहती है। वह नए छन्द, नए रूप, नए भावों और नई शैली से नए-नए आकर्षण पैदा करता है। परन्तु एक प्रयोग ऐसा हो सकता है जो जनसाहित्य की परम्परा के अनुकूल हो और दूसरा प्रयोग ऐसा हो सकता है जो उसके प्रतिकूल हो। प्रयोग मूलक कविता को परखते हुए यह देखना होगा कि साहित्यकार किस उद्देश्य की सिद्धि के लिए प्रयत्न कर रहा है। इसका जवाब कुछ लोग यह कहकर देते हैं कि जैसे वैज्ञानिकों को अपनी प्रयोगशाला में प्रयोग करने की छूट होती है, वैसे ही कला की प्रयोगशाला में उन्हें भी नए-नए प्रयोग करने की छूट होनी चाहिए। यह बहुत जल्दी जाहिर हो जाता है कि अपनी प्रयोगशाला के दरवाजे बन्द करके काम करनेवाले ये कलाकार अपनी असलियत को छिपाने की कोशिश करते हैं। वास्तव में वे जनतन्त्र

के विरोधी हैं, जनता से उनका विश्वास उठ गया है, आज के नरसंहार के पीछे उन्हें कहीं भी प्रतिक्रियावादियों का हाथ नहीं दिखाई देता, भारतीय संस्कृति उन्हें गधे जैसी मालूम पड़ती है जिसे हाँकते-हाँकते उनमें स्वयं गधापन आ गया है; संस्कृति के नाम पर शून्य हैं; अपनी हीनता, मानसिक कुंठा और निराशा का चित्रण करने में ही उन्हें साहित्य और समाज का उद्धार दिखाई देता है। इसीलिए इस प्रयोगशाला से एक ऐसा गीत, कहानी का एक ऐसा पात्र नहीं निकलता जिसे साधारण जनता अपना सके। यह कला का दिवालियापन है; उसमें मौलिक प्रयोग नहीं है। जो जनतन्त्र-विरोधी भावना इसका आधार है, वह वास्तव में संस्कृति के लिए घातक है।

ऐसे अवसर पर फ्रायड का मनोविज्ञान स्वभावतः सहायता के लिए आ जाता है। कुछ फ्रायडवादियों का कहना है कि असली प्रगतिशील तो हम हैं जो मन के सात पर्तों में पैठकर वहाँ से मातृरति (इडिपस काम्प्लेक्स) ढूँढ़ निकालते हैं। दमित कामवासनाओं से ही तो साहित्य की सृष्टि होती है। हम उस उद्गम का पता लगाते हैं। अवचेतन मन की इन गुत्थियों तक पहुँचे बिना संस्कृति का उद्धार असम्भव है। पूँजीवाद और साम्राज्यवाद को खत्म करने से क्या होगा जब तक अवचेतन मन के काले जल पर मातृ-रति की छाया तैरती रहेगी। इसलिए पूँजीवाद का विरोध निरर्थक है, साम्राज्यवाद का विरोध सिर्फ ऊपरी है। मानव-मन की विकृतियों का चित्रण करना अनिवार्य है।

फ्रायड का मनोविज्ञान चाहे सही हो चाहे गलत, साहित्यकार को उससे पहला फायदा तो यह होता है कि मनोविज्ञान के नाम पर वह उस तमाम गन्दगी का चित्रण कर सकता है जो बिना इस सहारे के अक्षम्य होता। यह मनोविज्ञान अलीबाबा की गुफा का वह दरवाजा है जहाँ 'खुल जाओ समसम' कहते ही काम-शास्त्र के अनमोल रत्न-आभूषण आँखों को दिखाई देने लगते हैं। सामाजिक संघर्ष से उदासीन कलाकार अपनी कुंठा और अन्तर्द्वन्द्व को लिए हुए इस गुफा में घुस जाता है और उन आभूषणों से मन-बहलाव करने लगता है।

कुछ लोग मार्क्सवाद को अधूरा बताकर उसे फ्रायड के मनोविज्ञान से भरा-पूरा बनाने का शुभ प्रयास करते हैं। उन्हें मार्क्सवाद से यह शिकायत होती है कि उसकी नजर ऊपरी दुनिया तक सीमित रहती है और मनुष्य के भाव-जगत् तक उसकी पहुँच नहीं होती। इस एकांगीपन को दूर करना हो तो फ्रायड के मनोविज्ञान से और अच्छा सहारा क्या मिलेगा जो कि भाव-जगत् ही नहीं, उससे भी गहरे पैठकर अभाव-जगत् का पता लगा लेता है।

मार्क्सवाद मनोविज्ञान का विरोधी नहीं है परन्तु वह फ्रायड के मनोविज्ञान को ही एकमात्र मनोविज्ञान नहीं मानता। उसका भाव-जगत् से कोई विरोध नहीं है और न उसकी नजर ऊपरी हलचल तक सीमित रहती है। यदि ऐसा होता तो दुनिया के बड़े-बड़े मार्क्सवादी लेखक बहुत ही हल्की चीजें दे पाते। प्रसिद्ध वैज्ञानिक हॉल्डेन

अपने प्रयोग बन्द करके सिर्फ ऊपरी हलचल को बढ़ाने-घटाने में अपना समय देने लगते। मार्क्सवाद भाव-जगत् और बाह्य घटनाचक्र के परस्पर सम्बन्ध को देखता है और दोनों में से किसी एक को भी अपनी दृष्टि से ओझल नहीं होने देता। लेकिन इसका यह मतलब नहीं है कि कामवासनाओं के चित्रण को वह साहित्य का ध्येय मानता है। मानव-समाज के बारे में जो वैज्ञानिक शास्त्र रचा जाएगा, उसी के आधार पर मनोविज्ञान की सृष्टि भी हो सकती है। जो मनोविज्ञान समाज को छोड़कर व्यक्ति के अन्तर्मन का विश्लेषण करने का प्रयत्न करता है, वह अपने विज्ञान को पहले ही अवैज्ञानिक करार दे देता है।

फ्रायड के अनुसार मनुष्य के अवचेतन मन में वे सब दमित इच्छाएँ एकत्र होती रहती हैं जिन्हें उसकी सजग सामाजिक चेतना अस्वीकार कर देती है। ये इच्छाएँ हार नहीं मानतीं और अनेक रूपों में चेतना पर आक्रमण करती रहती हैं। फलतः मनुष्य के विचारों और उसकी क्रियाओं में जो परिवर्तन होता है, उसका श्रेय उसकी सजग चेतना को इतना नहीं है जितना उन दमित इच्छाओं को जो अनजाने ही चेतना की गतिविधि को नियमित किया करती हैं। मार्क्सवादी विद्वान् टी.ए. जैक्सन ने अपनी पुस्तक 'डायलेक्टिक्स' में फ्रायड के मनोविज्ञान की दार्शनिक पृष्ठभूमि का उल्लेख करते हुए बताया है कि इसका मूलस्रोत कांट के दर्शन में है जहाँ पर एक तरफ तो सत्य को जाना नहीं जा सकता और दूसरी तरफ उसे मानसिक धरातल पर व्यक्तिगत ढंग से पेश किया जाता है (Unknowable Reality and Subjective Presentation in thought)। हेगल के विपरीत शोपेनहॉवर ने इस धारणा को और विकसित किया और निरंकुश इच्छा-शक्ति तथा व्यक्तिगत संकल्प के द्वन्द्व की सृष्टि की (Absolute Will and Subjective Idea)। फॉन हॉर्टमन ने 'अवचेतन मन का दर्शन' नाम की पुस्तक लिखी जिसमें बताया कि बौद्धिक चिन्तन एक मायाजाल है जिसमें पड़कर आदमी भटकता हुआ वास्तव में एकछत्र सम्राट् अवचेतन मन की ही इच्छाओं की पूर्ति करता है। इस सब चिन्तन का आधार आदर्शवादी दर्शन था। फ्रायड ने शोपेनहॉवर और हॉर्टमन की इस धारणा को अपना लिया कि इच्छा और बुद्धि में बराबर द्वन्द्व बना रहता है और उस धारणा में उसने लगभग कोई भी उलटफेर नहीं किया।

जैक्सन ने फ्रायड के मनोविज्ञान का आधार बताते हुए कहा है कि उसके अनुसार मानवीय अस्तित्व का मौलिक धरातल इच्छा है जो तमाम विचारों और भावों का तत्त्व है। चेतना के विभिन्न रूप इसी अवचेतन मन की इच्छा द्वारा नियमित होते हैं। चेतना के स्तर तक आने में दमित इच्छाओं को रोकने का काम नैतिकता करती है और नैतिकता से मूलतः अनियन्त्रित काम-भावनाओं का विरोध है। इसलिए अवचेतन मन एक ऐसा गोदाम है जहाँ नैतिक मन द्वारा अस्वीकृत तमाम कामवासनाएँ इकट्ठा कर दी जाती हैं। फ्रायड ने मूल इच्छा-शक्ति को 'लिबिडो' नाम

देकर इस धारणा की पुष्टि की कि मनुष्य की चेतना के भिन्न-भिन्न रूप वास्तव में कामवासना के ही मुँदे-ढँके रूप हैं। इन कामवासनाओं के आगे मनुष्य की चेतना पंगु बनकर रह जाती है। इस निराशावाद से बचने के दो मार्ग हैं। एक तो यह कि संसार को बुद्धि द्वारा तर्कसंगत ढंग से समझने की कोशिश ही हम छोड़ दें और इस आधिभौतिक कल्पना के आगे आत्मसमर्पण कर दें। दूसरा तरीका मार्क्सवाद का है जिसके अनुसार यह संसार सतत क्रियाशील है, उसके असंख्य क्रमों में परस्पर सम्बद्धता है, वह स्पष्ट और बुद्धिग्राह्य रूपों में निरन्तर विकसित हो रहा है, क्रान्तिकारी संक्रमण द्वारा वह ऐसे भविष्य की ओर बढ़ रहा है जिसके लिए इति कहना मनुष्य की शक्ति के बाहर है। इन दोनों में कोई समन्वय नहीं हो सकता। फ्रायडवादी दर्शन का वास्तविक आधार यही है कि खाओ, पियो और मौज करो, आखिर कल तो मरना ही है। जैक्सन के अनुसार इनके मरने से संसार का ज्यादा नुकसान भी न होगा। (Let us eat, drink and be lecherous, for tomorrow we die : and serve us bloody well right.)

युद्ध के पहले मार्क्सवाद के प्रति बड़ी हमदर्दी का इजहार करते हुए कुछ प्रयोगशील कवियों ने यह कहा था कि सामाजिक संघर्ष की जो व्याख्या कम्युनिस्ट करते हैं, वह एकरस हो जाती है। पूँजीवाद और क्रान्ति, पूँजीवाद और क्रान्ति—आखिर यह राग कब तक सुना जाए? इसलिए स्टीफेन स्पेंडर ने यह सिफारिश की थी कि आधुनिक दृष्टिकोण में फ्रायड का मनोविज्ञान मिलाने पर ही उसकी आधुनिकता पूर्ण होगी। सोवियत आलोचक मिर्स्की ने अपने एक लेख में (इंटरनेशनल लिटरेचर, अक्तूबर '36) इस धारणा की आलोचना करते हुए कहा है कि यह दर्शनशास्त्र में ठगविद्या जोड़ने का प्रयास है। क्रान्ति की ओर अभिमुख होकर एक सचेत धारणा को लेकर चलने के बदले स्पेंडर ने निष्क्रिय बने रहने की सिफारिश की है। मार्क्सवादियों की अपेक्षा फ्रायड की व्याख्या स्पेंडर को अधिक सरस मालूम हुई। इस सरसता का कारण यह है कि वह व्याख्या क्रान्ति का विरोध करती है। आधुनिक समाज में कामवासनाएँ दमित की जाती हैं। जब ये फूट पड़ती हैं, तो युद्ध होता है। क्रान्ति भी तो एक तरह का युद्ध है! दमित इच्छाओं के फूटने से क्रान्ति होगी तो इससे इच्छाओं की शान्ति कैसे होगी? इसलिए क्रान्ति निरर्थक सिद्ध हो जाती है। इस प्रकार विज्ञान-विरोधी धारणाएँ क्रान्ति को अस्वीकार करने के लिए मनोविज्ञान का चोला पहनकर सामने आ खड़ी होती हैं।

स्टीफेन स्पेंडर किसी जमाने में एक क्रान्तिकारी लेखक माना जाता था। उसने फासिस्ट-विरोधी मोर्चे में लेखक की हैसियत से काफी काम किया था। लेकिन उसके चिन्तन में बहुत बड़ी-बड़ी खामियाँ थीं। आखिर युद्धकाल में वे उसे ले डूबीं। मिर्स्की ने इसकी चेतावनी पहले ही दे दी थी। स्पेंडर ने युद्धकाल में एक छोटी पुस्तिका लिखी जिसमें उसने अपने पिछले साहित्य का खंडन करते हुए निष्क्रियता की इस भावना

का प्रतिपादन किया कि लेखक को सिर्फ प्रश्न पूछने चाहिए, उनका उत्तर देने की चेष्टा उसे न करनी चाहिए। एक विचित्र ढंग से शेक्सपियर से लेकर टेनसिन तक इंगलैंड के बड़े-बड़े कवियों को उसने प्रश्नसूचक चिह्नों के रूप में खड़ा कर दिया जिनके पास कहीं भी किसी प्रश्न का उत्तर नहीं है। हिन्दुस्तान के पाठकों और लेखकों को यह समझने में विशेष कठिनाई न होनी चाहिए कि फ्रायड और मार्क्स के गठबन्धन का यह प्रयास—जिसमें आगे चलकर स्वाभाविक रूप से केवल एक ही रह जाता है और वह फ्रायड—संसार के लिए कितना घातक सिद्ध हुआ है। यदि इंगलैंड के लेखक और कलाकार शेली और बायरन की परम्परा को निबाहते हुए अपने यहाँ के मजदूर वर्ग और ब्रिटिश साम्राज्य की औपनिवेशिक जनता के क्रान्तिकारी आन्दोलन का समर्थन करते तो वे आज अपने देश की संस्कृति को उस भयानक संकट में फँसा हुआ न पाते जिसमें कि वह आज पड़ी हुई है। मिस्र और यूनान में वहाँ की जनता की इच्छा के प्रतिकूल जो अंग्रेजी फौजें पड़ी हुई हैं, वे इतनी आसानी से वहाँ न होतीं। दूसरे महायुद्ध के बाद ब्रिटिश पूँजीवाद जिस तरह दुम हिलाता हुआ अमरीकी महाजनों के पीछे चल रहा है और कर्ज से लेकर साम्राज्य की ढहती दीवारों को लेसने-पोतने में लगा है, वह दशा भी न होती। इंगलैंड के क्रान्तिकारी साहित्यिक मोर्चे में फ्रायडवाद ने दरार डाली और उसका परिणाम इंगलैंड ही नहीं अन्य देशों की जनता के लिए भी अहितकर सिद्ध हुआ। वह प्रयास हिन्दुस्तान में भी अहितकर होगा और असफल भी होगा।

5. संस्कृति और परम्परा का क्या सम्बन्ध है?

प्रत्येक प्रगतिशील व्यक्ति और लेखक यह चाहता है कि मनुष्य के उत्पीड़न का अन्त करके एक नई संस्कृति का निर्माण किया जाए। प्रश्न यह उठता है कि इस नई संस्कृति का आधार क्या होगा और पिछले जमाने की संस्कृति से उसका क्या सम्बन्ध होगा? एक बात तो स्पष्ट है कि पिछली संस्कृति से नाता तोड़कर हवा में नई संस्कृति को जन्म नहीं दिया जा सकता। मार्क्स ने जब यह कहा था कि आर्थिक व्यवस्था के आधार पर संस्कृति का महल बनता है तो इसका यह मतलब नहीं था कि पिछली संस्कृति में ग्रहण करने लायक कोई बात ही नहीं होती। अपने आरम्भकाल में पूँजीवाद ने समाज में अनेक क्रान्तिकारी परिवर्तन किए। इन परिवर्तनों के साथ-साथ संस्कृति के क्षेत्र में भी युगान्तरकारी परिवर्तन हुए और स्थापत्य, शिल्प, साहित्य, संगीत, चित्रकला आदि में महान् कृतियों को जन्म दिया गया। आगे चलकर पूँजीवाद का ह्रास हुआ; इससे यह सिद्ध नहीं होता कि आरम्भ से साहित्य के क्षेत्र में उसने ह्रासोन्मुख प्रवृत्तियों को ही जन्म दिया। दूसरी बात ध्यान देने की यह है कि ह्रासकाल में भी बड़े-बड़े लेखक और साहित्यकार अपनी असंगतियों के बावजूद जनता की अनेक प्रगतिशील वृत्तियों को चित्रित करते हैं। प्राचीन परम्परा से सम्बन्ध जोड़ने का यह दूसरा कारण होता है। नई संस्कृति और

नई सामाजिक चेतना के भीतर पिछले युगों में जो सांस्कृतिक सम्पत्ति अर्जित की गई है, वह निहित होनी चाहिए। सामाजिक विकास में समाजवादी व्यवस्था जैसे पूँजीवादी कौशल का तिरस्कार नहीं करती वरन् उसका सुचारु उपयोग करके उसे विकसित करती है, उसी तरह और उससे भी बढ़कर, नए साहित्यकार और लेखकों का कर्तव्य होता है कि वे पुरानी संस्कृति के तत्त्व और रूपों को अपने भीतर समेट कर उन्हें अधिक पुष्ट और विकसित करें। इस विषय में स्वयं मार्क्सवादियों ने भ्रम की गुंजाइश नहीं रहने दी। यदि अब भी कोई यह दावा करे कि मार्क्सवाद प्राचीन संस्कृति का विरोधी है, तो इसका कारण मार्क्सवाद का अज्ञान ही हो सकता है।

मार्क्स ने प्राचीन ग्रीक साहित्य और 16वीं-17वीं सदी के रिनेसेंस साहित्य की भूरि-भूरि प्रशंसा की थी और मार्क्सवादी ढंग से ही की थी। यह सही है कि ग्रीक समाज में दास प्रथा थी परन्तु इसके बिना उस समय कृषि और उद्योग-धन्धों का श्रमविभाजन असम्भव था। इस श्रमविभाजन के आधार पर ही प्राचीन संसार की महान् ग्रीक-चेतना का जन्म हुआ (the flower of the ancient world, Hellenism—एंगेल्स, डूयरिंग मत-खंडन)। बिना इस ग्रीक संस्कृति के नए यूरोप का जन्म असम्भव था। एंगेल्स ने मार्क्सवाद की ऐतिहासिक आलोचना शैली का यह बड़ा अच्छा उदाहरण दिया है। उन्होंने लिखा है—"हमें यह न भूलना चाहिए कि हमारे तमाम आर्थिक, राजनीतिक और बौद्धिक विकास के आधार में एक ऐसी व्यवस्था रही है जिसमें दासता आवश्यक थी और सर्वमान्य भी थी। इस अर्थ में हम कह सकते हैं कि प्राचीन संसार की दासता के बिना आधुनिक समाजवाद का जन्म भी न होता। (without the slavery of antiquity, no modern socialism.)"

'क्रिटिक ऑफ पोलिटिकल इकॉनोमी' में मार्क्स ने ग्रीस की कला के बारे में लिखते हुए कहा है—"कठिनाई इस बात को समझने में नहीं है कि ग्रीस की कला और महाकाव्य वहाँ के सामाजिक विकास से जुड़े हुए हैं या नहीं। कठिनाई इस बात को समझने में होती है कि उनको देखने और पढ़ने से मनुष्य को आज भी रस क्यों नहीं मिलता है और आज भी एक हद तक उन्हें ऐसा आदर्श क्यों माना जाता है जहाँ तक हम पहुँच नहीं पाते?"

इसका उत्तर मार्क्स ने यों दिया है—"आदमी फिर बच्चा नहीं हो सकता जब तक कि वह बचकाना न हो जाए। लेकिन क्या वह खुद बचकाना हुए बगैर बच्चों की भोली-भाली बातों में रस नहीं लेता और क्या उन बातों की सचाई को एक ऊँचे धरातल पर प्रकट करने की कोशिश न करनी चाहिए? जो बच्चों पर लागू होती है, वह क्या पुराने युग की विशेषता पर लागू नहीं हो सकती? मानव जाति का सामाजिक बचपन जिस सुन्दर रूप में सबसे अधिक विकसित हुआ, हमारे लिए वह क्यों न आकर्षक हो, यद्यपि वह बचपन फिर लौटकर न आएगा। कुछ बच्चे कुसंस्कृत होते हैं; और कुछ बच्चे कुशाग्र-बुद्धि होते हैं। बहुत-सी पुरानी जातियाँ कुशाग्र-बुद्धि बच्चों

जैसी हैं। ग्रीस के निवासी स्वस्थ बच्चे थे। उनकी कला का आकर्षण उनकी समाज व्यवस्था के प्राथमिक रूप से टक्कर नहीं खाता जिससे कि वह पैदा हुआ था। यह आकर्षण तो इसीलिए पैदा होता है कि जिन अविकसित सामाजिक परिस्थितियों में यह कला उत्पन्न हुई थी और जिन परिस्थितियों में ही वह उत्पन्न हो सकती थी, वे अब फिर लौटकर नहीं आ सकतीं।"

ग्रीक संस्कृति के बारे में ही नहीं, भारत की प्राचीन संस्कृति के बारे में भी मार्क्स की ऐसी आस्था थी। हिन्दुस्तान के बारे में जो अपने प्रसिद्ध पत्र उन्होंने लिखे थे, उनमें भारत की संस्कृति को यूरोप के धर्मों और संस्कृतियों की जननी कहा था। इसमें कोई सन्देह नहीं रह जाता कि मार्क्सवाद वास्तव में सांस्कृतिक परम्परा का पोषक है और मनुष्य की अर्जित सांस्कृतिक निधि को कभी भी खोना नहीं चाहता। कम्युनिस्ट-मैनीफेस्टो के इटालियन संस्करण की भूमिका में एंगेल्स ने दांते को मध्यकाल का अन्तिम कवि और आधुनिक युग का प्रथम कवि कहा था। उन्होंने अपनी पुस्तक 'डायलेक्टिक्स आफ नेचर' में रिनेसैंस के नए सांस्कृतिक जागरण पर भी प्रकाश डाला था। "इटली में कला की ऐसी उन्नति हुई जिसकी कल्पना किसी ने स्वप्न में भी न की थी। मालूम होता था कि प्राचीन कला का यह नया अवतार है। उस सौन्दर्य तक यूरोप के लोग फिर न पहुँचे। इटली, फ्रांस और जर्मनी में एक नया साहित्य पैदा हुआ जो पहला आधुनिक साहित्य है और उसके कुछ दिन बाद ही इंगलैंड और स्पेन के स्वर्णयुगों का आरम्भ हुआ।" लेनिन ने मार्क्सवाद के लिए ठीक ही लिखा था कि "वह अपने में इतिहास की तमाम चेतना को समेट लेता है और उसे सर्वहारा वर्ग की चेतना बना देता है। पूँजीवादी युग की महत्त्वपूर्ण सांस्कृतिक विजय को वह खोता नहीं है। इसके बदले उसे वह आत्मसात् करके पुनर्विकसित करता है। दो हजार वर्ष तक मनुष्य ने अपनी चेतना और संस्कृति का जो भी विस्तार किया है, मार्क्सवाद उसे अपने में ग्रहण करता है। इस दिशा में और इस आधार पर ही काम करके नई संस्कृति का विकास, जिसमें शोषण के खिलाफ मजदूरों के पिछले संघर्ष का अनुभव भी जोड़ा जाएगा, सम्भव होगी।" (सोवियत पत्रिका 'नोवी मीर' के मई 1947 के अंक में उद्धृत)।

लेनिन ने स्वयं पिछले साहित्यकारों और विचारकों पर बहुत काफी लिखा है। 18वीं सदी के नए भौतिकवादी विचारकों की रचनाओं को पढ़ने की उन्होंने कई जगह सिफारिश की थी। जारशाही रूस के आलोचक बेलिन्स्की, चर्निशेव्स्की, हर्ज़न आदि पर काफी विस्तार से उन्होंने लिखा है और युग की सीमाओं के बावजूद उनकी क्रान्तिकारी देन की प्रशंसा की है। तोल्स्तोय पर उन्होंने अनेक बार लिखा था और उनके वे लेख मार्क्सवादी आलोचना के श्रेष्ठ उदाहरण माने जाते हैं। प्राचीन साहित्य के मूल्यांकन में कुछ लोग केवल अपनी श्रद्धा अर्पित करके उस कार्य को समाप्त कर देते हैं। परन्तु इन पिछले साहित्यकारों ने अपने युग के घटनाक्रम पर, उस युग

की विचारधारा पर, जो प्रभाव डाला था और ऐसा प्रभाव जो प्रगति की ओर ले जाने वाला था, उसका मूल्यांकन न करके वास्तव में वे प्राचीन साहित्य का अनादर करते हैं और उसकी शक्ति और प्रेरणा देनेवाली संवेदना के प्रति अन्याय करते हैं। इसके साथ ही युग की सीमाओं को परखना भी आवश्यक होता है। लेनिन ने तोल्स्तोय पर लिखते हुए उस कलाकार के महत्त्व को पूरा-पूरा स्वीकार किया है; परन्तु किसानों का जो अपाहिजपन, उनका धार्मिक अन्धविश्वास तोल्स्तोय की रचनाओं में प्रतिबिम्बित हुआ है, उसकी ओर भी ध्यान आकर्षित किया है। इस ऐतिहासिक दृष्टि से ही हम प्राचीन साहित्य और संस्कृति का सही मूल्यांकन कर सकते हैं।

इस पर कुछ लोगों को आपत्ति होती है कि इस तरह तो आलोचना में हर युग के लिए अलग-अलग मापदंड बनते रहेंगे और हमारे पास साहित्यिक मूल्य के लिए शाश्वत कसौटी न रह जाएगी। ऐतिहासिक दृष्टिकोण का यह मतलब नहीं होता कि साहित्य की अमरता को हम अस्वीकार करें या उसके युग-युग में जीवित रहने वाले सौन्दर्य का अनादर करें। ऐतिहासिक दृष्टिकोण का यह मतलब है कि सामाजिक पृष्ठभूमि में हम कला के रूप और विषय-वस्तु को पहचानें। मार्क्स ने ग्रीक साहित्य और कला के आकर्षण का उल्लेख करते हुए कहा था कि प्राथमिक समाज-व्यवस्था से वह उत्पन्न हुआ था और इससे उसका अभिन्न सम्बन्ध है। इसका यह मतलब नहीं था कि ग्रीक कला का अनादर किया जाए। मार्क्स ने बतलाया था कि यह कला कितनी आकर्षक है और प्राथमिक समाज-व्यवस्था से उत्पन्न होने के कारण उसका सौन्दर्य घटा नहीं बल्कि बढ़ गया है। लेकिन ऐतिहासिक दृष्टिकोण के अभाव में पूँजीवादी इंगलैंड के उन विचारकों को क्या कहा जाए जो अपने युग के संघर्ष से बचने के लिए ग्रीस की प्राथमिक समाज-व्यवस्था की ओर लौट जाना चाहते थे और समझते थे कि इस तरह वे एक महान् कला को जन्म दे सकेंगे! सुनने में बात बड़ी मूर्खतापूर्ण मालूम होती है लेकिन क्या हमारे देश में ऐसे लोगों की कमी है जो साम्राज्य और पूँजी की विभीषिका से बचने के लिए फिर वैदिक युग में लौट जाना चाहते हैं और समझते हैं कि एक बार फिर कविगण अग्नि और वरुण की उपासना करने लगेंगे? ऐतिहासिक दृष्टिकोण न होने से प्राचीन संस्कृति के साथ ऐसी ही खींचातानी होती है।

सन्तकाल और छायावाद की देन को भी इसी दृष्टिकोण से समझना होगा। सन्तकवियों की सीमाएँ थीं। उनके जमाने में जनता का कोई संगठित आन्दोलन न था, इसलिए सामन्ती उत्पीड़न से मुक्त होने की लालसा सीधे राजनीतिक रूप में प्रकट न होकर धार्मिक और अन्य सांस्कृतिक रूप लेती थी। केवल धार्मिक रूप होने से उसका क्रान्तिकारी तत्त्व कम नहीं हो जाता। युग की सीमाएँ इस प्रकार के बाह्य रूप कला पर थोप देती हैं, परन्तु मानववादी चेतना इनसे टक्कर लेती हुई साफ दिखाई देती है। इस युग में श्री रवीन्द्रनाथ ठाकुर ने सन्त साहित्य के इस मानववादी

पक्ष को सबसे पहले पहचाना था। शास्त्रीय कर्मकांड के विरुद्ध सन्त कवियों की मानववादी धारा से उन्होंने देश के नए सांस्कृतिक जागरण का सम्बन्ध जोड़ा था। एंगेल्स ने 'जर्मनी के किसान युद्ध' नाम की पुस्तक में मध्यकालीन समाज का विवेचन करते हुए मुएंजर आदि सन्तों के क्रान्तिकारी चिन्तन पर विस्तार से प्रकाश डाला था। इनके चिन्तन का बाह्य रूप धार्मिक था परन्तु उसका आन्तरिक तत्त्व जागीरदारी प्रथा का विरोधी था।

छायावाद भारत के नए राष्ट्रीय आन्दोलन के साथ उत्पन्न हुआ। राष्ट्रीय आन्दोलन की प्रारम्भिक अवस्था में पूँजीवाद किसी हद तक एक प्रगतिशील शक्ति के रूप में आया और उस आन्दोलन का नेतृत्व करता रहा। अपने सांस्कृतिक रूप में उसने सामन्ती परम्पराओं का विरोध किया और साहित्यकारों में नए प्रसार और विकास की भावना पैदा की। पश्चिमी साहित्य से और विशेष रूप से अंग्रेजी साहित्य से उन्हें परिचित कराकर साहित्य में नए-नए प्रयोग करने की प्रेरणा दी। उसने सामाजिक बन्धनों को तोड़ने और प्रगति को रोकनेवाली रूढ़ियों से विद्रोह करने की उदात्त भावना की सृष्टि की। यह छायावाद का प्रगतिशील विद्रोही पक्ष है। परन्तु जब तक राष्ट्रीय आन्दोलन में जनसाधारण अपने पूर्ण महत्त्व के साथ प्रतिष्ठित नहीं हुए यानी किसानों और मजदूरों का संघर्ष स्वाधीनता आन्दोलन का अंग नहीं बन गया, तब तक इस आन्दोलन की सीमाएँ छायावादी साहित्य में भी प्रतिबिम्बित हुईं। असन्तोष और विद्रोह के साथ पलायन और रहस्यवादी अस्पष्ट चिन्तन की प्रवृत्ति भी जागी। कुछ दिन बाद ज्यों-ज्यों देश का जन-आन्दोलन समर्थ होता गया, त्यों-त्यों यह बात साफ होती गई कि छायावादी साहित्य में या तो रहस्यवादी चिन्तन ही रहेगा या जनसाधारण को लेकर उसका विद्रोही पक्ष आगे बढ़ेगा। सन् '30 के आन्दोलन के बाद छायावादी कवियों में जो एक परिवर्तन दिखाई देता है उसका कारण देश का यह सामाजिक और राजनीतिक परिवर्तन है। अनेक छायावादी कवि प्रगतिशील साहित्य के नए आन्दोलन के साथ इसीलिए आए कि पुरानी सीमाओं में—सामाजिक असन्तोष और रहस्यवादी चिन्तन की असंगतियों में—आगे बढ़ना असम्भव था। युद्धकाल में हमारा राष्ट्रीय आन्दोलन किस संकट में पड़ा और देश में कैसा गतिरोध उत्पन्न हुआ, इसको सभी लोग जानते हैं। 1947 में राजनीतिक परिवर्तनों के साथ जो जनसंहार रचा गया, उससे जनवादी आन्दोलन को फिर ठेस लगी। ऐसी दशा में छायावाद की वे पतनोन्मुख प्रवृत्तियाँ जिन्हें स्वयं छायावादी कवियों ने तिलांजलि दे दी थी, आज फिर सिर उठाने लगी हों तो कोई आश्चर्य नहीं। परन्तु जिन सामाजिक परिस्थितियों में छायावादी साहित्य की रचना हुई थी, वे अब लौट कर नहीं आ सकतीं। इसलिए छायावाद को पुनर्जीवित करने का प्रयास व्यर्थ होगा। उसके विद्रोही पक्ष से नाता जोड़कर नया प्रगतिशील साहित्य आगे बढ़ेगा।

6. संस्कृति का उद्गम समाज है। मानव संगठन के बिना संस्कृति की

कल्पना नहीं की जा सकती। अपने जन्म से ही संस्कृति मनुष्यों के परस्पर मिले-जुले जीवन का प्रतिबिम्ब बन जाती है। मानसिक धरातल पर वह उनके भौतिक सम्बन्धों का प्रतिरूप उपस्थित करती है। सामन्ती युग का ह्रास आरम्भ होने पर नई भाषाओं और नई जातियों का अभ्युदय हुआ। मध्यकालीन यूरोप में इसी प्रकार इटालियन, फ्रेंच, स्पैनिश आदि भाषाओं के साथ नई जातियों का जन्म हुआ। हिन्दुस्तान में उससे कुछ आगे-पीछे बंगला, मराठी, गुजराती आदि भाषाओं का विकास हुआ। ये भाषाएँ नई जातियों के विकास की सूचक थीं।

स्तालिन ने जाति की व्याख्या करते हुए बताया है कि एक भू-खंड में साथ रहने, एक ही आर्थिक जीवन में बँधे रहने, एक सा मानसिक गठन (Psychological make-up) और एक भाषा तथा संस्कृति होने से जाति बनती है। जिस तरह फ्रांसीसी, इतालवी, जर्मन आदि जातियाँ हैं, उसी प्रकार तमिल, आन्ध्र, मलयाली, पंजाबी आदि जातियाँ भी भारत में हैं। अंग्रेजों ने अपने साम्राज्य को सुरक्षित रखने के लिए इन जातियों के सहज विकास में नई बाधाएँ पैदा कीं। हर जाति के ऊपर ताल्लुकेदार और जागीरदार बिठा दिए जो सामन्तशाही का बोझ उन पर लादे रहें। इसके अलावा देशी रियासतों और ब्रिटिश सूबों में अस्वाभाविक रूप से इन जातियों को बाँट दिया। इसीलिए भाषा और संस्कृति के आधार पर प्रान्त-निर्माण की माँग राष्ट्रीय आन्दोलन का एक अभिन्न अंग बन गई। इस अर्थ में भारत की एक अखंड संस्कृति नहीं है परन्तु भारतीय संस्कृति नाम की एक वस्तु अवश्य है जो इन अनेक खंडों से मिलकर बनी है। इसी तरह हम यूरोप की संस्कृति की बात भी कहते हैं जिसका अर्थ होता है वहाँ के भिन्न देशों की संस्कृति के एक मिले-जुले रूप से। सामन्तकाल में इस संस्कृति की एकता स्थापित करने में सबसे बड़ा काम सन्त कवियों ने किया। इसीलिए भिन्न भाषाओं का विकास करते हुए चंडीदास, नरसी भगत और दादू एक ही संस्कृति के विकास में तत्पर भी दिखाई देते हैं। बीसवीं सदी में बंगला में रवीन्द्रनाथ और हिन्दी के छायावादी कवि अपनी भाषा और साहित्य को अलग-अलग विकसित करते हुए भी उनमें एक मिली-जुली सांस्कृतिक चेतना भरते हुए दिखाई देते हैं। भारत के स्वाधीन जनतन्त्र बनने पर इन जातियों का रुका हुआ विकास पूर्ण होगा। भिन्न भाषाओं और उनके साहित्य की प्रगति में जो बाधाएँ रही हों, उन्हें हटाने के बाद इनका तीव्र गति से सहज विकास होना चाहिए। परन्तु भिन्न जातीय रूप होते हुए भी इनके आन्तरिक जीवन में बहुत बड़ी समानता होगी और इस समानता का आधार भारतीय जनतन्त्र होगा। बंगाल, महाराष्ट्र और आन्ध्र के किसान और मजदूर मध्यवर्ग के साथ मिलकर इस नई संस्कृति का विकास करेंगे जो भिन्न जातियों के कारण अलग-अलग जातीय रूप धारण करती हुई भी किसान-मजदूरों की एकता के कारण एक ऐसा मिला-जुला जनतान्त्रिक रूप लेगी जिसे हम फिर समूचे भारत की संस्कृति कह सकेंगे।

आज हिन्दुस्तान में जो लोग अपनी भाषाओं और संस्कृतियों के विकास में लगे हैं, उन्हें यह बात बार-बार ध्यान में रखनी होगी कि सभी जातियों के साहित्य और संस्कृतियों का तत्त्व एक हो—और यह तत्त्व न तो वैदिक हो सकता है, न मध्यकालीन हो सकता है, न छायावादी हो सकता है। साहित्य की विषय-वस्तु जनसाधारण की आकांक्षाओं, उनके संघर्ष और जीवन द्वारा नियमित होगी। उसका रूप जातीय होगा, आत्मा जनतान्त्रिक होगी।

7. हिन्दुस्तान का बँटवारा राजनीतिक और सामाजिक जीवन के लिए कितना घातक सिद्ध हुआ है, यह तो हम देख चुके हैं। अनिवार्य रूप से उसका सांस्कृतिक जीवन पर भी गहरा असर पड़ा है। अंग्रेजों ने जो आजादी दी, रजनी पामदत्त के शब्दों में, उसके साथ ऐसा टाइम-बम रख दिया जिसने फूटकर राष्ट्रीय आन्दोलन को भारी क्षति पहुँचाई। परन्तु यह न भूलना चाहिए कि अंग्रेजों ने राजनीतिक परिवर्तन तभी किया जब हिन्दुस्तान के जन-आन्दोलन ने क्रान्ति की ओर पैर उठाना शुरू कर दिया था। जहाँ-तहाँ देश के किसानों ने जमींदारी प्रथा के खिलाफ तीव्र आन्दोलन शुरू किया था। मजदूरों ने अपने अधिकारों के लिए राज्य की सशस्त्र शक्ति का मुकाबला किया था। कश्मीर और त्रावणकोर में रियासती जनता ने फौजी लड़ाइयाँ लड़ी थीं। बम्बई के नाविक विद्रोह में सेना और जनता के सम्मिलित मोर्चे का पहला निदर्शन मिला था। इन सब घटनाओं से हमारा सांस्कृतिक जीवन ह्रास की ओर नहीं, प्रगति की ओर बढ़ा था। उस शक्ति को बटोर कर हम इस टाइम-बम को भी विफल कर सकते हैं और कुछ भागों में जो आतंक छाया हुआ है, उसे दूर कर सकते हैं। जिस जन-आन्दोलन से ब्रिटिश साम्राज्य त्रस्त हो उठा, उसके आगे साम्राज्य की पाली-पोसी टुटपुंजिया शक्तियाँ घुटने टेकने पर बाध्य की जाएँगी। घटनाक्रम यह दिखाता है कि बँटवारे के बाद भी जन-आन्दोलन की शक्ति से ब्रिटिश कूटनीति को कैसे धक्का पहुँचाया जा सकता है।

15 अगस्त के बाद जहाँ भी जन-आन्दोलन सशक्त रहा है, वहाँ ब्रिटिश कूटनीति असफल हुई है और संस्कृति को आगे बढ़ने का अवसर मिला है। यह बात सबसे अधिक हम आन्ध्र में देख सकते हैं जहाँ का जन-आन्दोलन विच्छिन्न होने के बदले और भी वेग से आगे बढ़ रहा है और अपने सांस्कृतिक जीवन को भी इस प्रकार पुष्ट करता जाता है। बंगाल में शान्ति के लिए भगीरथ प्रयत्न किया गया और कम से कम अभी तक पंजाब का नाटक वहाँ नहीं खेला जा सका। इसका कारण यह नहीं है कि जनसंहार करानेवाली शक्तियाँ हार मानकर चुप बैठ गई हैं बल्कि यह कि वहाँ के शान्ति आन्दोलन ने उन्हें उभरने का मौका नहीं दिया। पूर्वी और पश्चिम बंगाल के दोनों ही भागों में बंगला को ही प्रान्त की भाषा माना गया है। यह एकता की बहुत मजबूत कड़ी है जो प्रतिक्रियावाद को परास्त करके बंगाल को फिर एक करने की क्षमता रखती है। बंगाल का सांस्कृतिक जीवन छिन्न-भिन्न नहीं

हुआ तो इसका श्रेय वहाँ के जन-आन्दोलन को है। इस बात से यह बहुत स्पष्ट हो जाता है कि सामाजिक जीवन ही संस्कृति का मूल स्रोत है और बिना संगठित और सशक्त जन-आन्दोलन के विकासमान संस्कृति की कल्पना भी नहीं की जा सकती। निस्सन्देह बंगाल का विभाजन वहाँ की मिली-जुली संस्कृति और भाषा के विकास में बहुत बड़ी बाधा है परन्तु इस बाधा को जनतन्त्र के आधार पर चलने वाला आन्दोलन दूर कर सकता है।

उधर पंजाब में राष्ट्रीय आन्दोलन की निर्बलता के कारण देशी-विदेशी कूटनीतिज्ञों को आशातीत सफलता प्राप्त हुई। सभी लोग जानते हैं कि वहाँ के जनसंहार से मानवी मूल्यों और नैतिक चेतना को भारी धक्का लगा है। जनसंहार रचनेवालों ने पूरी कोशिश की है कि मनुष्यता को ऐसा कुन्द कर दिया जाए कि पाशविकता के आधार पर फासिज्म कायम करने में कोई कठिनाई न हो। पंजाब की भाषा और संस्कृति एक है परन्तु राष्ट्रीय आन्दोलन के नेताओं ने जातियों के आत्मनिर्णय के अधिकार का बराबर विरोध किया और उसे पूरा-पूरा मानकर अपने आन्दोलन को सशक्त न बनने दिया। इसीलिए धर्म के आधार पर बँटवारा करने में अंग्रेजों को सफलता मिली और इसकी जिम्मेदारी उन्होंने राष्ट्रीय आन्दोलन के सिर पर मढ़ दी। आत्मनिर्णय के आधार पर ही भारत में एकता कायम हो सकती है और यह अधिकार जनतन्त्र के पूर्ण विकास से ही लागू किया जा सकता है।

आत्मनिर्णय का सिद्धान्त न मानने से अनेक नरमदली नेता भाषा और संस्कृति के क्षेत्र में भी धर्म और अन्धप्राचीनता-प्रेम को लागू करने में लगे हैं। इसका बहुत बड़ा असर राष्ट्र-भाषा के प्रश्न पर पड़ा है। अभी तक केवल कुछ अन्धविश्वासी 'रिवाइवलिस्ट' ही हिन्दी को संस्कृत का रूप देने में लगे थे। अब काफी नरमदली नेताओं ने इस सिद्धान्त को मान लिया है कि हिन्दी का विकास आम जनता की बोल-चाल की भाषा के रूप में न होकर कुछ पंडितों की लिखी हुई संस्कृत-बहुल भाषा की ओर हो रहा है। वह दृष्टिकोण हिन्दी के बड़े-बड़े लेखकों की परम्परा को भूल जाता है। भारतेन्दु और प्रेमचन्द ने वह धारा नहीं चलाई थी जिसका आज बहुत से हिन्दी के भक्त समर्थन करते हैं। हिन्दी जनता की भाषा है, पुस्तकों की भाषा नहीं है। जिस हिन्दी पर हम गर्व करते आए हैं और जिसे संसार की उन्नत भाषाओं में स्थान देने की हमारे हृदय में लालसा है, वह हिन्दी अमरनाथ झा और कन्हैयालाल मानिकलाल मुंशी द्वारा समर्थित भाषा नहीं है। वर्तमान संसार में किसी भी भाषा ने अपने जन-स्वीकृत रूप को छोड़कर क्लासिक्स के सहारे अपना स्थान ऊँचा नहीं बनाया।

हिन्दी और उर्दू के भेद-भाव के बावजूद उनकी परस्पर समानता को विकसित करने का जो प्रयत्न हो रहा था, उसे इस बँटवारे से भारी धक्का लगा है। लोग यह भूल जाना चाहते हैं कि दुनिया की कोई भी दो भाषाएँ परस्पर इतनी मिली-जुली नहीं हैं जितनी कि हिन्दी और उर्दू। ग्रामीण जनता अपनी बोलियों में जिस तरह संस्कृत

और फारसी के शब्दों को अपनाती है, वह इन दोनों भाषाओं की भावी एकता की ओर संकेत करता है। हिन्दी और उर्दू को बोलनेवाली दो नेशनैलिटी नहीं हैं। धर्म के आधार पर दो जातियाँ बनाकर हिन्दी और उर्दू को अलग नहीं किया जा सकता। ऐतिहासिक कारणों से बाध्य होकर दोनों के लिखने और बोलने वालों को एक जगह आना ही पड़ेगा और एक मिली-जुली भाषा बनानी ही पड़ेगी। राष्ट्रभाषा की समस्या का जो भी समाधान हो, वह इस भावी अनिवार्यता को दृष्टि में रखकर ही करना उचित होगा।

हर देश में मुख्य भाषा के साथ बोलियाँ भी होती हैं। हिन्दुस्तान में राष्ट्रभाषा के साथ मराठी, बंगला आदि भाषाएँ रहेंगी जो बोलियाँ नहीं हैं। इनके साथ इनकी बोलियाँ भी रहेंगी। हिन्दी बोली नहीं एक भाषा है। अवधी, ब्रज, बुन्देली, भोजपुरी आदि को हिन्दी की बोली कहा जाता है। उनको बोलनेवाले अलग-अलग नेशनैलिटी के नहीं माने जाते। उन्हें स्वतन्त्र भाषाओं के रूप में स्वीकार करना अभी एक विवाद का प्रश्न बना हुआ है। इसका यह मतलब नहीं है कि इन बोलियों में कुछ लिखा न जाए। आज भी इनमें गीत लिखे जाते हैं। सांस्कृतिक और राजनीतिक दोनों ही दृष्टियों से वे बहुत ही महत्त्वपूर्ण हैं। परन्तु शिक्षा और विज्ञान के प्रसार के लिए यह बिलकुल आवश्यक नहीं है कि इनके आधार पर नए प्रान्त बना दिए जाएँ।

इस प्रसंग में सोवियत संघ की बहुत गलत मिसाल दी जाती है। वहाँ पर जिन अविकसित भाषाओं को उन्नत किया गया है, वे किसी नेशनैलिटी की भाषा थीं। इतिहास के सहज विकास में जो जातियाँ बन गई थीं और जारशाही रूस ने जिनके विकास को रोक रखा था, सोवियत जनतन्त्र ने उन्हें फूलने-फलने का अवसर दिया, लेकिन कहीं ऐसा नहीं हुआ कि भाषाओं और बोलियों को आधार मानकर उतने ही नए प्रान्त बनाए गए हों। यदि ऐसा होता तो सोवियत संघ में जितनी भाषाएँ हैं, उनके बोलने वालों के उतने ही अलग-अलग प्रान्त बन गए होते।

हिन्दुस्तान का जनपदीय आन्दोलन यह बतलाता है कि किसान जनता अपनी दबी हुई सांस्कृतिक प्यास बुझाना चाहती है। वह राजनीतिक और सामाजिक जीवन में सक्रिय भाग लेकर अपनी संस्कृति को उन्नत करना चाहती है। इस कार्य में जनपदीय बोलियाँ उसकी सहायता करती हैं। इसके साथ ही हम यह भी देखते हैं कि प्रान्तों में भारतीय जनतन्त्र से भय खानेवाले लोग सामन्त और जागीरदार यह कोशिश करते हैं कि इस जनपदीय आन्दोलन की बागडोर अपने हाथ में ले लें। उनके इस प्रयत्न से सतर्क रहना चाहिए क्योंकि वह सांस्कृतिक एकता और जनतन्त्र के विकास में घातक सिद्ध होगा। दूसरी तरफ यह भी निर्विवाद सत्य है कि जनपदीय बोलियों से स्वयं हिन्दी को अपने विकास के लिए बहुत बड़ी शक्ति मिलेगी। इस परस्पर सम्बन्ध को समझकर हम हिन्दी और जनपदीय बोलियों के आन्दोलन को एक ही सूत्र में बाँध सकेंगे।

4. साहित्य में जनता का चित्रण

साहित्य और जनता, इन दो शब्दों को एक साथ देखते ही कुछ कलाप्रेमियों के कान खड़े हो जाते हैं। वे समझते हैं कि जनता रूपी व्याघ्र कलारूपी शावक को खा जाएगा और तब साहित्य के क्षेत्र में इस व्याघ्र का मात्र गर्जन सुनाई पड़ेगा।

जनता और कला में कोई बैर नहीं है। बैर भाव उन लोगों के मन में उठता है जिनके लिए जनता एक कल्पना है, अर्थात् जिनके निकट विभिन्न सामाजिक स्तरों में बँटी हुई, जीवन की बहुविध क्रियाओं में संलग्न, विकास पर बढ़ती या पिछड़ती हुई एक हाड़-मांस की जनता का अस्तित्व नहीं है बल्कि जो उसे अशिक्षा, कुसंस्कृति, अराजकता, कलाहीनता आदि का पर्यायवाची समझते हैं। जो लोग साहित्य में जनता का चित्रण करना चाहते हैं और जो नहीं भी करना चाहते, दोनों ही तरह के लोगों के लिए यह आवश्यक है कि वे जनता के इस रूप को ध्यान में रखें। जनता कोई सस्ता नुस्खा नहीं है जिससे राजनीति, अर्थशास्त्र या साहित्य की सभी समस्याएँ पलक मारते हल कर दी जाएँ। इसके विपरीत जब हम साहित्य में जनता का चित्रण करने चलते हैं तो हमारे सामने तरह-तरह की नई समस्याएँ उठ खड़ी होती हैं।

कुछ लोग साहित्य की धाराओं को बहिर्मुखी और अन्तर्मुखी इन दो रूपों में बाँट देते हैं। वे या तो इनमें से किसी एक को प्रधानता देकर दूसरी को उसका विरोधी मान लेते हैं या उदारतापूर्वक दोनों को अपनी-अपनी दिशाओं में बहने की अनुमति दे देते हैं। उनके अनुसार साहित्य की बहिर्मुखी धारा में बन, पर्वत, नदी, नाले, दृश्यमान गोचर प्रकृति और उसके साथ राष्ट्रीय आन्दोलन, किसान-जमींदारों का संघर्ष, मजदूरों की हड़तालें, दंगे आदि-आदि का चित्रण किया जाता है। दूसरी अन्तर्मुखी धारा में मनुष्य के अन्तर्द्वन्द्व, आत्म-चिन्तन, मनोवैज्ञानिक ऊहापोह, अन्तस्तल की निगूढ़तम भावनाओं का घात-प्रतिघात आदि-आदि होता है। दो दिशाओं में बहनेवाली ये दो धाराएँ इसीलिए दिखाई देती हैं कि जनता के विकास का मार्ग और कलाकार के अन्तस्तल की कोमल भावनाओं की दिशा अभी एक नहीं हो पाई। वास्तव में अन्तर्मुखी और बहिर्मुखी, इस तरह के भेद भ्रमपूर्ण हैं। साहित्य में लेखक का अन्तस्तल और दृश्यमान बाह्य जगत् एक-दूसरे में गुँथे हुए, संश्लिष्ट रूप में आते हैं। इनमें परस्पर विरोध हो,—इसका कोई प्राकृतिक या मनोवैज्ञानिक कारण नहीं है।

उदाहरण के लिए गीतात्मक कविता को लीजिए। सन्त-कवियों के पदों में उत्कट आत्मनिवेदन मिलता है लेकिन उसका सम्बन्ध दृश्यमान बाह्य जगत् से भी पूरा-पूरा है। गोस्वामी तुलसीदास के पदों में उनके जीवन-संघर्ष, समाज के

पीड़ित वर्ग की ओर उनकी संवेदना आदि-आदि स्पष्ट झलकती हैं। इसी प्रकार हिन्दी के सबसे बड़े गायक सूरदास के पदों में भी कृष्ण की बाललीला, गोपियों का प्रेम, उद्धव का उपदेश और गोपियों का प्रत्युत्तर—यह सब व्यापार साधारण मानवीय जगत् के व्यवहारों से गुँथा हुआ है। सूरदास की आँखें खुली रही हों चाहे बचपन से मुँदी रही हों, वे उस संसार को बहुत अच्छी तरह जानते थे जिससे कि उस समय का साधारण मनुष्य परिचित था। इसी प्रकार छायावादी कवियों ने अपने आत्मनिवेदन के स्वर को विश्वबन्धुत्व की भावना, समाज में समता की स्थापना, राजनीतिक पराधीनता और आर्थिक उत्पीड़न का विरोध आदि-आदि से सबल किया है। दिनकर, सुमन आदि कवियों में हम स्पष्ट देखते हैं कि कवि के भाव-जगत् में दिन-प्रतिदिन बाह्य सामाजिक संसार की छायाएँ घनी होती जाती हैं। युद्धकाल में यूरोप के कवियों ने कुछ बहुत ही आत्मीयतापूर्ण और गीतात्मक काव्य की सृष्टि की है। इन 'लिरिक' कविताओं का विषय देशप्रेम और फासिज्म का विरोध है; इनमें फ्रांस के कवि लुई आरागों ने विशेष ख्याति पाई है। उसकी रचनाओं में मार्मिक पीड़ा है और हृदय को छूने की अद्‌भुत शक्ति है। इसका कारण जर्मन आक्रमण से त्रस्त फ्रांसीसी जनता के प्रति उसकी उत्कट सहानुभूति है। आरागों ने अहम् का निषेध नहीं किया; वह नाटकीय ढंग से जनता का चित्रण भी नहीं करता। वह अपने ही मन में डूब जाता है लेकिन यह मन एक ऐसे व्यक्ति का है जिसकी आँखें और कान खुले हुए हैं और जो अपने आस-पास की परिस्थितियों के प्रभाव को इस मन से दूर रखने की कोशिश नहीं करता। दो महायुद्धों के बीच भारत के जिन महाकवियों ने राष्ट्रीय जागरण से प्रभावित होकर गीत गाए हैं, उनकी आत्मीयता अथवा गेयता कम होने के बदले और बढ़ गई है। श्री रवीन्द्रनाथ ठाकुर, महाकवि भारती और वल्लतोल इस नवीन गीतात्मकता के उदाहरण हैं।

यहाँ पर यह कहना अप्रासंगिक न होगा कि स्वयं जनसाधारण में यह गीतात्मकता बहुत बड़ी मात्रा में विद्यमान है। हमारे जनपदों की होली, फाग, कजरी आदि में गेयता और आत्मीयता दोनों हैं। कभी-कभी इनका अभिनव सौन्दर्य देखकर उच्चकोटि के कलाकार भी ऐसे चमत्कृत रह जाते हैं कि वे समझते हैं कि खुद उनका अपना प्रयास व्यर्थ ही रहा। जनगीतों की लोकप्रियता का कारण भाषा का अनगढ़ सौन्दर्य, अलंकारों की नवीनता और शैली में हृदयग्राही सरलता ही नहीं है। लोकप्रियता का सबसे बड़ा कारण यह है कि जन कवि हमारे कलाकारों की अपेक्षा बाह्य जगत् से निकटतर सम्पर्क में आते हैं। इस बाह्य जगत् में स्वयं उनके जीवन का सबसे महत्त्वपूर्ण स्थान है। उनके सामाजिक जीवन की विभिन्न क्रियाएँ ही उनके गीतों में उस वेदना और आत्मीयता की सृष्टि करती हैं जो पाठक को इतनी आकर्षक जान पड़ती हैं।

इसलिए यह समझना कि जनता के जीवन को निकट से देखने से कवि का भाव-जगत् धुँधला हो जाएगा या उसके अन्तस्तल की कोमल वृत्तियों का सर्वनाश हो जाएगा, एक प्रवंचना छोड़कर और कुछ नहीं है।

पिछले दो महायुद्धों के बीच जो नया साहित्य रचा गया है, चाहे वह हिन्दुस्तान में हो, चाहे पश्चिम के देशों में, उसे देखने से यह धारणा पुष्ट होती है कि जनता का चित्रण करके अपनी कला को अधिक विकसित करना और उसके विभिन्न रूपों को अधिक आकर्षक बनाना सम्भव है। हिन्दी साहित्य में प्रेमचन्द ने सामाजिक जीवन को आधार मानकर अपने लोकप्रिय उपन्यासों की सृष्टि की थी। जनता एक कल्पना नहीं, बल्कि एक ऐसा जीवित समुदाय है जिसमें यथेष्ट वैचित्र्य और विभिन्नता है, यह प्रेमचन्द के उपन्यासों में साफ झलकता है। उन्होंने 'कायाकल्प' के सामन्त-वर्ग से लेकर 'रंगभूमि' के किसानों और 'कफन' के चमारों तक समाज के भिन्न-भिन्न स्तरों और भिन्न प्रकृति के लोगों का चित्रण किया है। समाज का जीवन एक बहुत बड़े कारखाने की तरह है जिसमें तरह-तरह की मशीनें हैं और लाखों छोटे-बड़े कलपुर्जे हैं। एक तरफ तो हम यह जानना चाहते हैं कि इस कारखाने में कौन-सा माल तैयार हो रहा है और उससे किस आवश्यकता की पूर्ति होगी; दूसरी तरफ उसकी अलग-अलग मशीनों और लाखों कलपुर्जों की हरकत को भी हम देखना और समझना चाहते हैं। इसी तरह उपन्यासकार समाज की गति को पहचानता है; अपने पाठकों को बताता है कि समाज सही दिशा में आगे बढ़ रहा है या नहीं। लेकिन इसके साथ-साथ सामाजिक क्रम में जो हजारों लाखों मनुष्य लगे हुए हैं, उनके मानस को, संस्कारों को, परिस्थितियों के बीच उनकी प्रत्येक गति और स्पन्दन को वह देखता और परखता है। तभी उसके साहित्य में मांसलता आती है और वह सजीव रूप से पाठक को आकृष्ट करता है। जो साहित्यकार इन विभिन्न रूपों में ही उलझ कर रह जाता है और उनके फोटो-चित्र देकर ही सन्तुष्ट रह जाता है, वह कला के उत्कर्ष तक नहीं पहुँचता। दूसरी तरफ जो सामाजिक संघर्ष की मोटी-मोटी बातों को ही सूत्र रूप में लिख देता है, वह अपनी कला को सजीव नहीं बना पाता। प्रेमचन्द में एक और प्रगतिशील देशभक्त का दृष्टिकोण है जो विदेशी साम्राज्यवाद से अपने देश को मुक्त करके नए समाज का निर्माण चाहता है; दूसरी ओर समाज के विभिन्न वर्गों और हजारों व्यक्तियों के मानस और उनकी परिस्थितियों का ज्ञान भी उन्हें है। अपनी राष्ट्रवादी धारणा की सहायता से वे जो कुछ देखते हैं, उसमें परस्पर सम्बद्धता और कलात्मक सामंजस्य पैदा कर सकते हैं। उनकी कला उस फोटोग्राफर के लैंस की तरह नहीं है जिसमें बाह्य जगत् के चित्र इधर-उधर बिखरे हुए एक असम्बद्ध रूप में सामने आते हैं। उनकी कला बाह्य जगत् के चित्र खींचती है किन्तु उनमें परस्पर सम्बन्ध भी स्थापित करती

चलती है और इसका कारण उनका वह दृष्टिकोण है जिससे सामाजिक संघर्ष की मूल दिशा को वे पहचानते हैं। इसके प्रतिकूल बिना सम्बद्धता का विचार किए हुए जो साहित्यकार यथार्थवाद के नाम पर सामाजिक क्रियाओं या व्यक्तियों का असम्बद्ध चित्रण करेगा, उसका चित्रण ऊपर से देखने में सच्चा लगते हुए भी अवास्तविक होगा। उससे कला में अराजकता उत्पन्न होगी। पश्चिम के कुछ कलाकारों ने इस तरह के प्रयोग किए हैं और कुछ लोग समझते हैं कि उनकी अराजकता का कारण कला के बाह्य रूपों में उनकी आसक्ति है, टेकनीक पर जरूरत से ज्यादा जोर देकर उन्होंने ऐसे प्रयोग कर डाले हैं जिनमें विषय गौण बन गया है और कला का बाह्य रूप भी दुरूह हो गया है। वास्तव में सामाजिक जीवन के प्रति इन कलाकारों का दृष्टिकोण ही भ्रष्ट हो गया है। वे सामाजिक विकास की सम्बद्धता को भूल गए हैं और उसे ग्रहण करने में इसलिए असमर्थ हैं कि विकास-क्रम में उभरने वाली शक्तियाँ उनके निहित स्वार्थों की विरोधी हैं। उनकी कला में अराजकता इसलिए नहीं पैदा हुई कि वे कला के बाह्य रूप पर ज्यादा जोर देते हैं वरन् इसलिए कि उनमें एक व्यापक दृष्टिकोण का अभाव है जिससे कला का बाह्य रूप भी विकृत हो जाता है।

इसके विपरीत जिन लोगों ने इस व्यापक दृष्टिकोण को अपनाया है, राजनीतिक और सामाजिक उथल-पुथल को हृदयंगम किया है, सामाजिक संघर्ष से उभरने वाली शक्तियों को अपना विरोधी नहीं समझा है, उनकी कला में एक नया प्रसार और निखार आया है। यह प्रसार विशेष रूप से कथा साहित्य में दिखाई देता है। इस युग में सामाजिक जीवन की विचित्रता और बहुविध सजीवता सबसे अधिक उपन्यासों में प्रकट हुई है। जर्मनी में टॉमस मन, फ्रांस में आरागों, अंग्रेजी में प्रीस्टले, रूस में शोलोखोव कला के इस विस्तार के श्रेष्ठ निदर्शक हैं। उन्होंने अपने उपन्यासों में महाकाव्यों (एपिक) के गुणों को जन्म दिया है। बड़े-बड़े उपन्यास लिखने में यह खतरा रहता है कि जीवन की विविधता दिखाते हुए उसकी सम्बद्धता का लोप हो जाए। लेकिन इन कलाकारों ने बिखरे हुए वर्गों, व्यक्तियों, उनकी भिन्न-भिन्न परिस्थितियों, भावों, विचारों और कल्पनाओं को एक ही सूत्र में बाँधकर एक ऐसी समर्थ कला को जन्म दिया है जो समुद्र के समान असंख्य नदियों का जल समेटते हुए भी अपनी सीमाओं को यत्नपूर्वक बनाए रखती है। कला के इस प्रसार में व्यंग्य और हास्य, रौद्रता और आर्द्रता, बाह्य जगत् के यथार्थ चित्र और मनुष्य के अन्तस्तल की कोमल भावनाएँ–सभी के लिए स्थान रहता है। कुल मिलाकर जिस कलात्मक वस्तु का निर्माण होता है, वह जड़ न होकर सचेत और सम्बद्ध इकाई के रूप में हमारे सामने आती है।

सामाजिक विकास के नियमों को समझने से लेखक को क्या लाभ होगा? उसे समाजशास्त्र पर न भाषण देना है, न लेख लिखना है; फिर समाजशास्त्र की

पोथी पढ़कर वह समय का अपव्यय क्यों करे? सामाजिक विकास के नियमों को जानने से लेखक को वह पतवार मिल जाती है जिसके सहारे वह जनता के विशाल सागर में अपनी नाव खे सकता है। समाजशास्त्र की पोथी पढ़ने में थोड़ा समय लगाने से वह सामाजिक घटनाओं, व्यक्तियों और वर्गों को उनके उचित सन्दर्भ में देखने की योग्यता पा सकता है। लेखक चाहे किसी छोटी घटना का ही चित्रण करे, वह सफल कलात्मक चित्रण तभी कर सकता है, जब वह उसकी सामाजिक पृष्ठभूमि को समझ और उस घटना के तत्कालीन तथा भावी प्रभाव और महत्त्व को आँक सके। समाज गतिशील है और जिन भिन्न-भिन्न व्यक्तियों और घटनाओं के सामूहिक रूप में वह गतिशील है, उसे जड़ दृष्टि से देखा और समझा नहीं जा सकता। इसलिए छोटी से छोटी सामाजिक घटना भी एक असम्बद्ध, आकस्मिक या सीमित घटना नहीं है। उसका प्रभाव समाज के शेष जीवन पर भी पड़ता है। इसी प्रकार जिन घटनाओं को हम केवल आर्थिक, सामाजिक या राजनीतिक कहकर उनकी ओर संकेत करते हैं, वे अपने संश्लिष्ट रूप के कारण जीवन के प्रत्येक क्षेत्र को प्रभावित करती है। बंगाल का अकाल मूलतः एक आर्थिक घटना थी। अन्न की कमी हुई और लोग भूखों मरने लगे। सभी लोग जानते हैं, इस आर्थिक घटना ने सामाजिक जीवन को भी बुरी तरह हिला दिया था। 1947 का नर-संहार कभी धार्मिक और कभी राजनीतिक रूप ले लेता है लेकिन उसकी जड़ें हमारे नैतिक और पारिवारिक जीवन में भी दूर तक चली गई हैं। ये बाह्य घटनाएँ हमारी सामाजिक चेतना पर बहुत गहरा असर डाल रही हैं। इन बातों को संगत और सम्बद्ध रूप से देखने-परखने में सामाजिक विकास का ज्ञान हमारी सहायता करता है। यह दृष्टि मिलने पर हम गतिशील समाज की विभिन्न घटनाओं को जड़ रूप में देखकर सन्तुष्ट नहीं रह सकते वरन् उनके गतिशील रूप को भी, शेष सामाजिक जीवन पर उनकी प्रतिक्रिया को भी भलीभाँति पहचान सकते हैं।

ऐसे युग बीत गए हैं जब सामाजिक विकास की बागडोर सामन्ती और पूँजीवादी वर्गों के हाथ में थी। मध्यकालीन यूरोप और भारत में सामन्ती वर्ग ने चित्रकला, स्थापत्य, शिल्प और साहित्य की रचना में यथेष्ट योग दिया। फ्रांस की राज्यक्रान्ति के बाद यह नेतृत्व पूँजीवादी वर्ग के हाथ में आ गया। उन्नीसवीं सदी में विज्ञान का व्यापक प्रसार और साम्राज्य विस्तार इस वर्ग की देखरेख में हुआ। उन्नीसवीं सदी के उत्तरकाल और पहले महायुद्ध के बाद भारत में उच्च और मध्यवर्ग संस्कृति का नेतृत्व करने के लिए आए। जैसे-जैसे हमारे राष्ट्रीय आन्दोलन ने प्रगति की, वैसे-वैसे इस बात की होड़ होने लगी कि उस पर पूँजीवादी विचारधारा की छाप रहे या जनसाधारण की प्रगतिशील विचारधारा उस पर हावी हो जाए। यह होड़ अभी समाप्त नहीं हुई और 15 अगस्त 1947 के राजनीतिक परिवर्तन के बाद यह होड़

एक संघर्ष का रूप लेने लगी है। पूँजीवादी ही नहीं, उससे भी पिछड़ी हुई सामन्तशाही की प्रतिक्रियावादी शक्तियाँ साम्प्रदायिक विद्वेष की स्वाधीनता-विरोधी धारा में इस आन्दोलन को डुबा देना चाहती हैं। उनका प्रयत्न है कि इस नर-संहार द्वारा समाज की प्रगतिशील शक्तियों को इतना दुर्बल और क्षीण बना दिया जाए कि वे देश का सांस्कृतिक और राजनीतिक नेतृत्व करने में बिल्कुल असमर्थ हो जाएँ। इस प्रकार राष्ट्रीय आन्दोलन को प्रगति के पथ से मोड़कर वे उसे उल्टी दिशा में बहा ले जाएँ और तब बाहर की साम्राज्यवादी ताकतों के साथ मिलकर हिन्दुस्तान में अपनी प्रतिक्रियावादी सत्ता स्थिर कर सकें। वर्तमान भारत की इस सामाजिक पृष्ठभूमि में आज की प्रत्येक घटना को परखना चाहिए।

यह सोचना बिलकुल गलत होगा कि ये साम्प्रदायिक शक्तियाँ बेरोक-टोक बढ़ती चली जा रही हैं और वे बहुत जल्द हमारे जीवन को आक्रान्त कर लेंगी। वास्तव में पग-पग पर इन शक्तियों को बड़ी-बड़ी बाधाओं का सामना करना पड़ता है। प्रतिक्रियावाद मनुष्य की जघन्य, पाशविक प्रवृत्तियों को बार-बार उकसाकर भी मनचाही सफलता नहीं पाता और बाधाओं से तुरन्त न जीतकर और भी पागल होकर अपने बर्बर प्रचार में जुट जाता है। इसका पागलपन, अन्ध-प्रचार, गगनभेदी चीत्कार उसकी विजय का परिचायक नहीं है। साम, दाम के असफल होने पर ही मनुष्य दंडनीति का सहारा लेता है। प्रतिक्रियावादी शक्तियों ने भी जिस तरह मिथ्या प्रचार और उपद्रवों का सहारा लिया है, उससे उनकी उत्कट निराशा का विज्ञापन होता है। ये शक्तियाँ जानती हैं कि भारत का भविष्य यहाँ के किसानों और मजदूरों की स्वाधीनता का भविष्य है। कोई भी सामन्तवाद या पूँजीवाद, बाहर के किसी भी साम्राज्यवाद की शक्ति की सहायता से अधिक दिन तक यहाँ असंख्य श्रमिक जनता को दबाकर नहीं रख सकता। वह दिन शीघ्र आएगा जब इस असंख्य जनता के संगठित प्रयत्न से ये नरसंहारी अराजक शक्तियाँ परास्त होंगी और भारत की जनता अपने नए स्वतन्त्र जीवन का निर्माण करेगी। उस उज्ज्वल भविष्य के साथ हमारी संस्कृति और साहित्य का महान् भविष्य भी जुड़ा हुआ है इसलिए साहित्य में जनता का चित्रण करते हुए इन प्रतिक्रियावादी शक्तियों के खोखलेपन और प्रगतिशील शक्तियों द्वारा उनके विरोध को हमें आँखों से ओझल न करना चाहिए। आज की उथल-पुथल में अपनी जनता और साहित्य के उज्ज्वल भविष्य में विश्वास रखते हुए हमें मानवता के उन सिद्धान्तों की पुनः घोषणा करनी चाहिए जो हमारे नवयुग के जागरण का सम्बल रहे हैं। इस भूमि से आगे बढ़ते हुए अपने देश की जनता का चित्रण करके हम अपने साहित्य को भी उसी के समान अमर और विकासोन्मुख बना सकेंगे।

5. संस्कृति और फासिज्म

अपनी असंगतियों से छुटकारा पाने के लिए जब पूँजीवादी जनतन्त्र का नाश करके युद्ध की ओर बढ़ता है, तब उसका फासिस्ट रूप प्रकट होता है। यह कोई नया वाद, नई संस्कृति या नई समाज-व्यवस्था नहीं है। अपने विकास के लिए आरम्भ में पूँजीवाद जनवादी परम्परा को जन्म देता है, लेकिन बार-बार आर्थिक संकट पड़ने से जनवादी परम्परा द्वारा उसे अपना विनाश दिखाई देने लगता है। समाज के पीड़ित वर्गों को इन संकटों से बार-बार धक्का लगता है, वे उनसे बचने के लिए एक नई व्यवस्था की ओर बढ़ते हैं। जनवादी परम्परा इसमें सहायक होती है। इसलिए फासिज्म सबसे पहले नागरिकता के अधिकारों को खत्म करता है, जनवादी विधान को नष्ट कर देता है, हिंसा और दमन के जरिए वह समाज पर बड़े-बड़े महाजनों और पूँजीपतियों की तानाशाही कायम करता है। इसीलिए फासिज्म जनतन्त्र का सबसे बड़ा दुश्मन है।

यह तानाशाही कायम करने के लिए समाज की प्रतिक्रियावादी शक्तियाँ तरह-तरह के भुलावे पैदा करती हैं। एक भुलावा जाति, नस्ल या खून का है। जर्मन फासिस्टों ने अपने अनुयायियों को बताया कि हम संसार की सर्वश्रेष्ठ जाति हैं और हमें ईश्वर ने इसलिए बनाया है कि संसार की क्षुद्र जातियों पर शासन करें। जीव-विज्ञान और समाजशास्त्र को इस तरह तोड़ा-मरोड़ा गया कि जर्मन-रक्त की यह विशेषता वैज्ञानिक रूप से सिद्ध हो जाए। इसी तरह इटली के फासिस्टों ने अपने रोमन पुरखों के गीत गाए और दूसरों पर शासन करने के योग्य एकमात्र अपनी जाति को घोषित किया। जापान में इन्हीं के भाई-बन्दों ने अपने को सूर्य की सन्तान बताया कि इस आधार पर एशिया के नेता बनने चल पड़े। इस तरह की कल्पनाएँ विज्ञान और इतिहास के बिल्कुल विरुद्ध हैं, परन्तु इनके प्रचार से अन्धविश्वासों को जगाया गया और उसी अन्धेपन के सहारे फासिस्ट नेताओं ने अपनी और बाकी दुनिया की जनता को युद्ध की आग में झोंक दिया।

रक्त या नस्ल के भुलावे से जुड़ा हुआ एक दूसरा भ्रम ईश्वरी प्रेरणा का है। फासिस्ट नेता बुद्धि या तर्क के सहारे अपना रास्ता नहीं देखता; उसे तो सीधी ईश्वर से प्रेरणा मिलती है। उसके नेतृत्व का आधार जनवादी निर्वाचन या जनता का दिया हुआ कोई अधिकार नहीं है। उसे तो इलहाम होता है और इसी के सहारे वह जनता का नेता है, उसे नई परिस्थितियों में राह दिखाता है। इस प्रकार फासिज्म विचार-क्षेत्र में अवैज्ञानिकता, बुद्धिहीनता, अतार्किकता को जन्म देता है। जो बात तर्क से सिद्ध नहीं हो सकती, उसी को वह ऊपर उठाता है। मानो ईश्वर की कल्पना लूट और हत्या का समर्थन करने के लिए ही की गई है।

तीसरा भुलावा फासिज्म का युद्ध सम्बन्धी प्रचार है। युद्ध को वह सामाजिक

जीवन का एक आवश्यक अंग मानकर चलता है। वह यह नहीं बताता कि आर्थिक संकट से निकलने के लिए, अपने माल की खातिर नए बाजार कायम करने के लिए युद्ध अनिवार्य हो जाता है। हकीकत पर पर्दा डालकर बड़े-बड़े सामरिक प्रदर्शनों द्वारा फासिज्म पाशविक बल के महत्त्व को घोषित करता है। जिसकी लाठी, उसकी भैंस—इस सिद्धान्त का वह प्रचार करता है। शान्ति, सहयोग, मानवता और भाईचारे की बातों की वह खिल्ली उड़ाता है और उन्हें कमजोर आदमियों की सनक कहकर वह टाल देता है। इसीलिए फासिज्म मानवीय प्रगति का सबसे बड़ा दुश्मन है और वह समाज को बर्बर-युग की ओर ठेलता है।

चौथा भुलावा राष्ट्रीयता का होता है। राष्ट्र के ऊपर कुछ नहीं है, राष्ट्र के लिए सब कुछ बलिदान कर देना चाहिए, राष्ट्र में अन्ध-भक्ति होनी चाहिए, इत्यादि-इत्यादि बातों का वह प्रचार करता है। वास्तव में उसके राष्ट्र का मतलब मुट्ठी-भर पूँजीपतियों का स्वार्थ होता है। राष्ट्र में अन्धभक्ति का मतलब होता है, इन मुट्ठी-भर लोगों के पीछे आँख मूँदकर चलो। राष्ट्र के लिए बलिदान का मतलब होता है, दूसरे देशों को हराने और साम्राज्य-विस्तार करने के लिए अपनी जान दो। लेकिन देश-प्रेम का यह मतलब नहीं है कि दूसरों को छोटा समझकर उन्हें अपना गुलाम बनाया जाए। राष्ट्र-भक्ति का यह मतलब नहीं है कि मुट्ठी-भर पूँजीपतियों की चलाई हुई प्रतिक्रियावादी नीति का विरोध न किया जाए। देश का मतलब जहाँ जनता होता है, वहाँ एक देश द्वारा दूसरे पर अधिकार करने का सवाल नहीं उठता। सभी देशों की जनता का हित एकता और शान्ति में है, न कि परस्पर बैर-भाव रखने और युद्ध करने में। फासिज्म देशों के इस भाईचारे को बड़े भय से देखता है। वह अन्तर्राष्ट्रीयता की बार-बार निन्दा करता है जिससे कि जनता अपने आपसी हितों को पहचान न सके। लेकिन अपने स्वार्थ के लिए एक देश के फासिस्ट दूसरे देश के फासिस्टों से मेल करने में देर नहीं करते। हिटलर, मुसोलिनी, पेताँ, तोजो आदि-आदि अलग-अलग देशों और जातियों के लोग युद्ध में अपना गुट बनाने के लिए अपनी नस्ल के सिद्धान्त को ताक पर रख देते हैं।

छठा भुलावा व्यक्तित्व के विकास का है। फासिस्ट कहते हैं कि जनतन्त्र में बड़े-बड़े आदमियों को अपने विकास का मौका नहीं मिलता। वे अपनी इच्छाशक्ति का चमत्कार नहीं दिखा सकते। केवल फासिज्म में उन्हें यह अवसर और सुविधा मिलती है कि वे विशाल जनसमूहों को अपनी इच्छा-शक्ति से संचालित करें और इस तरह अपने देश तथा संसार के भाग्य-विधायक बन जाएँ। वास्तव में इस विकास का मतलब होता है, पूँजीपतियों के दलाल बनकर उनके इशारे पर कठपुतली की तरह नाचना। इस विकास में पूँजीवाद और साम्राज्यवाद का विरोध करने की गुंजाइश नहीं है। उसमें तर्क, बुद्धि, सहृदयता आदि के लिए जगह नहीं है। मुट्ठी-भर महाजनों के इशारे पर जो फासिस्ट नेता कहे, उसी पर उसके छोटे-बड़े अनुचरों को चलना होता

है। बड़े फासिस्ट नेता तो इस विकास के द्वारा अपनी जेबें भर लेते हैं लेकिन उनके छुटभैये अनुयायी युद्ध में बलि के बकरे बनकर ही रह जाते हैं। पूँजीवादी स्वार्थ के लिए लाखों की संख्या में वे हलाल किए जाते हैं और यहीं उनके विकास का अन्त होता है।

सातवाँ भुलावा संस्कृति का है। फासिस्ट कहते हैं, हम संस्कृति के रक्षक हैं। हम प्राचीन संस्कृति का उद्धार करेंगे, हम संसार में अपनी संस्कृति का प्रसार करेंगे। प्राचीन संस्कृति का मतलब इनके लिए बर्बरता होता है। उनकी दृष्टि में संस्कृति का आधार मानवता नहीं, दानवता है। अपनी लूट और हत्या को सही साबित करने के लिए वे अपने पूर्वजों को भी हत्यारा और लुटेरा बनाकर बड़े प्रेम से उन्हें पूजते हैं। फासिस्ट संस्कृति का सम्बन्ध कुसंस्कारों से है, मानवीय संस्कृति से बिल्कुल नहीं। इसीलिए फासिस्ट बराबर कोशिश करते रहते हैं कि वे पुरानी संस्कृति को तोड़-मरोड़ कर सामने रखें। पुराने लेखकों में से साम्राज्यवादी भावनाएँ, अतार्किकता, बुद्धिहीनता की बातें वे खोज लाते हैं या इसमें बिल्कुल ही असफल रहते हैं, तो उनकी पुरानी पुस्तकों को जला देते हैं। संस्कृति का वे कितना आदर करते हैं, यह इसी से प्रकट है कि वे देश के बड़े-बड़े साहित्यकारों और वैज्ञानिकों को देशनिकाला या कारावास का दंड देते हैं। जो लेखक फासिज्म का विरोध करने की हिम्मत करता है, उसे अपनी जान से भी हाथ धोना पड़ता है। भाड़े के लेखकों से फासिस्ट नेता जो साहित्य लिखाते हैं, उसमें लुटेरों और हत्यारों को 'हीरो' बनाया जाता है; उनके घृणित कार्यों को राष्ट्रीय गौरव के अनुकूल बताकर जनता के सामने उनकी मिसाल रखी जाती है। फासिस्ट ध्यान रखते हैं कि साहित्य में जनवादी विचार कहीं भी पनपने न पाएँ, आर्थिक संकट, बेकारी और गरीबी, जनता के भय और त्रास की झलक भी कहीं न मिले, इस तरह फासिज्म साहित्य और संस्कृति का सबसे बड़ा शत्रु है।

अपनी युद्धनीति को सफल बनाने के लिए फासिज्म विदेशी आक्रमण का हौवा खड़ा करता है। आक्रमण वह खुद करना चाहता है लेकिन प्रकट यह करता है कि दूसरे उसकी जान के गाहक हैं और इसलिए उसे पहले ही दूसरों पर हमला कर देना चाहिए। एक जाति या धर्म के लोगों को देश का शत्रु कहकर वह पूँजीवाद द्वारा पैदा की हुई दुर्व्यवस्था पर पर्दा डालता है। समाज में यदि बेकारी है, गरीबी है, शिक्षा और स्वास्थ्य का प्रबन्ध नहीं है, उत्पादन नहीं बढ़ता या वितरण नहीं होता, तो इसकी जिम्मेदारी एक खास जाति या मजहब के लोगों पर है। यूरोप के फासिस्टों ने इस तरह की जिम्मेदारी यहूदियों पर डाली। यहूदियों का कत्लेआम फासिज्म की वृद्धि का एक लक्षण बन गया। 1947 तक में लन्दन की दीवारों पर 'Perish Judas' (यहूदी की मौत) ये शब्द ब्रिटिश फासिस्ट लिख देते हैं। हिटलर के लिए जब यह जरूरी हुआ कि अमरीका से दोस्ती करे, तो अमरीका के निवासी शुद्ध आर्य

बन गए। जब उनसे लड़ाई हुई, तो रूजवेल्ट के पुरखों में एक यहूदी भी निकल पड़ा। इसी तरह सन् '30 में जब हिन्दुस्तान का सविनय अवज्ञा आन्दोलन चल रहा था, तब हिटलर ने अंग्रेजों को आर्य बताते हुए डंडे के जोर से इस आन्दोलन को कुचलने की सलाह दी थी। जब अंग्रेजों से युद्ध हुआ, तो वे भी यहूदियों के चंगुल में फँसे बताए गए।

फासिज्म के प्रचार का सबसे या निर्बल अस्त्र कम्युनिस्ट-विरोध है। कम्युनिस्ट रूस के गुलाम हैं, सारी दुनिया पर रूस का राज फैलाना चाहते हैं, इन्हें मास्को से पैसा मिलता है, मजदूरों को भड़काकर वे राष्ट्रीयता का गला घोंटते हैं, आदि-आदि फासिज्म के परिचित नुस्खे हैं। फासिस्ट जानते हैं कि उनके सबसे कट्टर शत्रु कौन हैं और इसलिए उन्हें खत्म करने के लिए वे जी-जान से कोशिश करते हैं। यह उनका सबसे निर्बल अस्त्र भी है, इसलिए कि इस प्रचार का आधार बिल्कुल झूठ है। कम्युनिज्म पूँजीवाद की पैदा की हुई आर्थिक और राजनीतिक उलझनों को दूर करने की क्षमता रखता है। इसलिए लाख विरोधी प्रचार होने पर भी इतिहास की गति रुक नहीं पाती और उस गति के साथ वह आगे बढ़ता है। इसके अलावा कम्युनिज्म उन तमाम बातों को लेकर चलता है—संस्कृति, मानवता और जनतन्त्र की परम्परा को—जिन्हें फासिज्म खत्म करना चाहता है। फासिज्म की पराजय इसलिए निश्चित होती है कि वह युद्ध और हिंसा के जरिये पूँजीवादी समाज की उलझनों से बचना चाहता है। लेकिन समाज का टिकाऊ आधार युद्ध और हिंसा नहीं, शान्ति और एकता ही हो सकती है। इसलिए फासिज्म की पराजय भी निश्चित होती है।

गत महायुद्ध में फासिस्टों की करारी हार हुई और जनवादी शक्तियों को आगे बढ़ने का मौका मिला। पूर्वी यूरोप के देशों में जर्मन पूँजी ही नहीं ब्रिटिश पूँजी का प्रभुत्व भी खत्म हो गया। पोलैंड और यूगोस्लाविया जैसे बड़े-बड़े देश नई जनवादी व्यवस्था कायम करने में सफल हुए। वहाँ की बड़ी-बड़ी ताल्लुकेदारियाँ, जागीरें और रियासतें तोड़ दी गईं और उनकी जमीन किसानों में बाँट दी गई। उद्योग-धन्धों पर मुनाफाखोर पूँजीपतियों के बदले समाज का अधिकार हो गया। जब ब्रिटेन और अमरीका के पूँजीवादी अखबार यह शोर मचाते हैं कि इन देशों पर रूस का प्रभुत्व हो गया, तो उनका असली मतलब यह होता है कि वहाँ पर ब्रिटिश और अमरीकी पूँजी का प्रभुत्व खत्म हो गया है। इधर एशिया में च्यांग-काई-शेक की चीनी दीवाल बुरी तरह हिल गई है। देश के एक बहुत बड़े भाग में जमींदारी प्रथा खत्म कर दी गई है और च्यांग-काई-शेक के अधिकृत राज्य में पुरानी भूमि व्यवस्था और मुनाफाखोरी के खिलाफ विद्रोह फूट रहा है। वियतनाम, हिन्द चीन, बर्मा और हिन्दुस्तान के स्वाधीनता आन्दोलनों से यूरोप का पूँजीवाद दहशत खा रहा है।

युद्ध के बाद प्रतिक्रियावाद का केन्द्र अमरीका बन गया है। वहाँ के बड़े-बड़े

महाजन एटम बम और डालर की सहायता से सारी दुनिया पर एकछत्र अधिकार करना चाहते हैं। जिन देशों की पूँजीवादी व्यवस्था झकोले खा रही है, उन्हें खरीदने के लिए अमरीकी सेठों ने अपनी थैलियाँ खोल दी हैं। उनके प्रचार की धारा अथ से इति तक फासिस्ट प्रचार की मिसाल लेकर चली है। अमरीकी पूँजीवाद अपने यहाँ जनतन्त्र का नारा देकर संसार को फिर एक नए युद्ध में घसीटने की तैयारी कर रहा है। वहाँ के बड़े-बड़े लेखक और चार्ली चैपलिन जैसे विश्वविख्यात अभिनेता अमरीका-विरोधी प्रचार करने के अभियोग में तरह-तरह से सताए जा रहे हैं। अमरीकी पूँजीवाद का यह रवैया दुनिया की शान्ति तथा साहित्य और संस्कृति के लिए खतरनाक है। इसी की लपेट में एशिया और यूरोप के दूसरे प्रतिक्रियावादी भी आ जाते हैं। शान्ति और जनतन्त्र के खिलाफ ये सब लोग एक विश्वव्यापी मोर्चा बना रहे हैं। इस मोर्चे की एक दीवार हिन्दुस्तान में भी है।

फासिज्म के लक्षण हमारे देश में भी प्रकट होने लगे हैं। हमारे यहाँ भी युद्ध को अनिवार्य बताना, हत्या और हिंसा को मानवता और भाईचारे से श्रेष्ठ बताना शुरू हो गया है। मुस्लिम फासिस्ट कहते हैं कि इस्लामी राज कायम होना चाहिए। इसके लिए हिन्दुस्तान पर हमला करना जरूरी होगा। हमला करने के पहले अपने यहाँ की अल्पसंख्यक जनता को खत्म कर देना या निकाल देना जरूरी होगा। इसी तरह हिन्दू फासिस्ट हिन्दू राष्ट्र की बातें करते हैं। वे पाकिस्तान से युद्ध को अनिवार्य बताते हैं और इस युद्ध की तैयारी के लिए वे अपने यहाँ की अल्पसंख्यक जनता को खत्म कर देना या निकाल देना जरूरी समझते हैं। संस्कृति की बात जोरों से कही जाती है लेकिन उसका सम्बन्ध मनुष्यता और भाईचारे से नहीं होता। युद्ध और हत्या के लिए उकसाने में ही इस शब्द का प्रयोग होता है।

हिन्दुस्तान और पाकिस्तान के फासिस्ट जनवादी शक्तियों को खत्म करने के लिए बड़े जमींदारों, राजाओं और मुनाफाखोरों का संयुक्त मोर्चा बना रहे हैं।

अंग्रेजी साम्राज्य के स्तम्भ देशी नरेश अचानक धर्मावतार बन गए हैं। उनके अखबार जाट, राजपूत, क्षत्रिय, सिख आदि-आदि जातीयता के नाम पर मध्यवर्ग के लोगों और किसानों को शान्ति और जनतन्त्र के खिलाफ उकसाते हैं। जैसे हिटलर ने 'हेरेन फोक' या श्रेष्ठ जाति का डंका पीटा था, उसी तरह ये राजा इस बात का प्रचार करते हैं कि किसी जाति विशेष के लोग ही शासन करने की योग्यता रखते हैं। बड़े-बड़े मुनाफाखोरों ने फासिस्ट प्रचार के लिए थैलियाँ खोल दी हैं। वे तमाम खबरों को इस तरह तोड़-मरोड़ कर देते हैं कि लोगों में भय और आतंक फैले। अपने कुकृत्यों को छिपाकर दूसरों के अत्याचार का वर्णन करके वे प्रतिहिंसा की आग सुलगाते हैं जिसमें आगे चलकर भारत की स्वाधीनता और जनतन्त्र दोनों भस्म हो जाएँ। इन अखबारों को भी अपना सबसे बड़ा दुश्मन कम्युनिज्म दिखाई देता है। इसलिए उनके पत्रों में ब्रिटिश साम्राज्यवाद और अमरीका के महाजनों के खिलाफ

दो शब्द भी नहीं होते परन्तु कम्युनिज्म के खिलाफ कालम रंगे होते हैं। वास्तव में ब्रिटिश और अमरीकी पूँजी की तरफ हिन्दुस्तान के प्रतिक्रियावादियों की आँखें लगी हुई हैं। वे जानते हैं कि बिना इस बाहरी मदद के चार दिन तक भी वे हिन्दुस्तान पर अपना शासन कायम नहीं रख सकते। हमारे देश का हर किसान, मजदूर और मध्यवर्ग का आदमी चोरबाजारी, मुनाफाखोरी, सामन्तों और जमींदारों के अत्याचार से परेशान है। इस परेशानी को दबाने के लिए अमरीकी पूँजी की जरूरत पड़ेगी। यूनान और चीन में यही हो रहा है लेकिन प्रतिक्रियावादियों के दुर्भाग्य से उनकी ढहती हुई दीवार को अमरीकी सोने की ईंटें भी मजबूत नहीं बना पातीं।

उत्तरी हिन्दुस्तान में, खासतौर से रियासतों में, बड़े-बड़े हथियारबन्द जत्थे घूम रहे हैं। उन्होंने यह असम्भव कर दिया है कि आदमी शान्ति से जिन्दगी बिताए। खेती-बारी और उद्योगधन्धों को भारी धक्का लगा है। गरीबी और बेकारी बढ़ रही है। ऐसी दशा में हमारे यहाँ फासिस्ट विचारधारा सर उठाने लगी है। हमारी जाति श्रेष्ठ है, इनको खत्म किए बिना हम जी नहीं सकते, इन्सानियत धोखा है, हमारी राष्ट्रीयता भाईचारे की विरोधी है, संस्कृति के नाम पर हमें अल्पसंख्यकों की हत्या के लिए तैयार हो जाना चाहिए, इन सब बातों का जोरों से प्रचार हो रहा है। भाभा, बल्देवसिंह, चेट्टी श्यामाप्रसाद जैसे लोग, जो स्वाधीनता आन्दोलन का विरोध करते आए थे और साम्राज्यवाद के साथ रहे थे, वे राष्ट्रीय सरकार में घुसकर देश के कर्णधार बन गए हैं। उनकी कोशिश है कि देश में जनतन्त्र खत्म करके एक फासिस्ट हुकूमत कायम कर दी जाए। पंडित जवाहरलाल नेहरू ने फासिस्टों को चुनौती दी है कि वे यह न समझें कि सरकार से निकलकर वे (पंडितजी) खामोश बैठ जाएँगे। अगर इस्तीफा देना ही पड़ा तो वे इन फासिस्ट प्रवृत्तियों के खिलाफ बराबर लड़ते रहेंगे। हिन्दुस्तान के तमाम स्वाधीनता प्रेमी लोगों के लिए यह एक चेतावनी है कि वे राजाओं, जमींदारों और मुनाफाखोरों के मोर्चे को तोड़ें और उनके जनतन्त्र-विरोधी प्रचार को रोकें।

हमारे साहित्य में अभी इन शक्तियों का बोलबाला नहीं हुआ। फिर भी बहुत से अखबारों में जो हिन्दू-राष्ट्र के नाम पर घोर साम्प्रदायिक प्रचार कर रहे हैं और उसे राष्ट्रीय भी कहते जाते हैं, ऐसी कविताएँ और कहानियाँ निकलने लगी हैं जैसी फासिस्ट देशों में लिखी गई थीं। इनके जरिए असत्य, हिंसा और युद्ध का प्रचार किया जाता है। साहित्य के प्रतिष्ठित पत्र अभी तक इससे अलग हैं लेकिन रियासतों और हमारे सूबे के दूसरे जिलों में ऐसे पचीसों अखबार निकल रहे हैं जिनमें इस तरह के साहित्य को प्रश्रय मिलता है। हिन्दी के प्रसिद्ध लेखकों में एक भी इस साम्प्रदायिक विचारधारा के साथ मिलकर जनतन्त्र विरोधी प्रचार में नहीं लगा। नई पीढ़ी के लोग भी उससे दूर हैं। बहुतों ने इसके विरुद्ध अपनी लेखनी भी उठाई है। जरूरत इस बात की है कि अभी से इन प्रवृत्तियों को दबा दिया जाए और साहित्य पर हमला करने का अवसर उन्हें न दिया जाए। प्रगतिशील विचारधारा के खिलाफ

भी एकबारगी अनेक पत्रों में लेख प्रकाशित होने लगे हैं। इसका उद्देश्य यह है कि फासिस्ट साहित्य के लिए मार्ग निष्कंटक बना दिया जाए। इन सब बातों का महत्त्व इस देश के लिए ही नहीं, सारी दुनिया के लिए है। अमरीका के पूँजीवादी जिस युद्ध में सारी दुनिया को ढकेलना चाहते हैं, उसमें सहयोग देने के लिए हिन्दुस्तान के प्रतिक्रियावादी अभी से यह जमीन तैयार कर रहे हैं। अगर हिन्दुस्तान में जनवादी सरकार कायम होगी तो वह कभी अमरीकन पूँजी का साथ न देगी। जिस तरह यूनान, चीन और मध्यपूर्व में अमरीका की कोशिश है कि उसकी आज्ञाकारी हुकूमतें बन जाएँ, उसी तरह हिन्दुस्तान में भी वह अपने इशारे पर चलनेवाली सरकार चाहता है। यह सरकार उन्हीं लोगों की हो सकती है जिन्हें अंग्रेजों ने अब तक पाला-पोसा था। इसीलिए बड़े-बड़े राजे-महाराजे, बड़े-बड़े ताल्लुकेदार और बड़े-बड़े पूँजीपति दंगों की आग फैलाने में, जनतन्त्र को कमजोर करने में, शान्ति के आन्दोलन को रोकने में इतने प्रयत्नशील हैं। हिन्दुस्तान के लेखक इन प्रवृत्तियों का विरोध करके अपने देश में ही नहीं, सारी दुनिया में शान्ति और जनतन्त्र कायम करने में मदद दे सकते हैं।

6. प्रगतिशील साहित्य की समस्याएँ

सन् '30 के बाद हिन्दी साहित्य में एक व्यापक और बुनियादी परिवर्तन हुआ। यह परिवर्तन अपने आप हुआ था, किसी संगठन द्वारा निर्देश देने पर या उससे संचालित होकर यह परिवर्तन नहीं हुआ। उन सभी लोगों के लिए जो हिन्दी साहित्य का विकास चाहते हैं, यह परिवर्तन ध्यान देने योग्य है।

यह परिवर्तन यथार्थवाद की ओर है।

प्रेमचन्द ने पहले महायुद्ध के समय ही 'सेवा सदन' लिखकर इस यथार्थवाद के लिए जमीन तैयार की थी। पहले महायुद्ध के बाद 'प्रेमाश्रम' लिखकर उन्होंने उस जमीन को मजबूत किया था। सन् '20 के असहयोग आन्दोलन के बाद उन्होंने 'रंगभूमि' आदि उपन्यासों में काल्पनिक समाधानों का रास्ता छोड़कर अपने यथार्थवाद को पुष्ट किया था।

सन् '30 के बाद प्रेमचन्द ने इस यथार्थवाद की परम्परा को और आगे बढ़ाया। इस यथार्थवाद की एक विशेषता यह थी कि उसने अंग्रेजी राज में जनता की यथार्थ दशा का चित्रण करके स्वाधीनता-संग्राम को आगे बढ़ाने में मदद दी थी। उसकी दूसरी विशेषता यह थी कि स्वाधीनता-संग्राम में उसने किसानों की महत्त्वपूर्ण भूमिका को उभारकर रखा था।

पूँजीवादी यथार्थवाद और जनवादी यथार्थवाद में यहीं भेद पड़ जाता है। सन् '30 के पहले और बाद को ऐसे अनेक लेखक रहे हैं जो साम्राज्य-विरोध के झंडे के नीचे चले हैं लेकिन असंगत रूप से। उन्होंने अंग्रेजी राज की तो निन्दा की लेकिन अंग्रेजी राज के मददगारों—सामन्ती ताकतों—के बारे में खामोश रहे। जो लोग अंग्रेजी राज से मोलभाव करते रहे, उनकी नुक्ताचीनी उन्होंने नहीं की।

सन् '30 के लगभग हिन्दी-साहित्य में जिस नए जनवादी यथार्थवाद का विकास हुआ, वह अंग्रेजी राज के सामन्ती सहायकों का पर्दाफाश करता है, वह साहित्य के साम्राज्यवाद-विरोधी पहलू को और मजबूत करता है और जनता की भूमिका को आगे बढ़ाकर पेश करता है। साथ ही वह उन नेताओं की नुक्ताचीनी भी करता है जो अंग्रेजी राज से समझौता करना चाहते हैं, जो जनता से कहते कुछ हैं और जिनका अमल कुछ और होता है।

प्रेमचन्द ने 'गोदान' में भारतीय किसान के देशी शोषकों का यथार्थ चित्र दिया। इसमें उन्होंने रायसाहब जैसे नेताओं के दर्शन कराए जिनके वचन और कर्म में एकता नहीं है। 'प्रसाद' ने अपने प्रसिद्ध उपन्यास 'तितली' में दिखाया कि जमींदार का हृदय-परिवर्तन होने से जमीन की समस्या हल नहीं हो सकती। तितली के मुँह से चकबन्दी जैसे ग्राम-सुधारों की नुक्ताचीनी कराके 'प्रसाद' ने उससे कहलाया कि भूमि-समस्या तभी हल होगी जब जमीन पर किसान का अधिकार होगा। 'प्रसाद' ने 'तितली' में यह भी दिखलाया कि जो अंग्रेज शासक भारतीय जनता का शोषण करते हैं, वही विलायत में अंग्रेज मजदूरों का भी शोषण करते हैं।

'तितली' का प्रकाशन 'गोदान' से दो साल पहले हुआ था। हिन्दी कथा-साहित्य के विकास में उसकी भूमिका बहुत ही महत्त्वपूर्ण है।

सन् '37 में प्रकाशित अपने एक लेख में 'प्रसाद' ने कहा था कि हिन्दी में दो धाराएँ मुख्य हैं—एक तो छायावाद और दूसरी यथार्थवाद। यथार्थवाद की धारा का सम्बन्ध उन्होंने भारतेन्दु की राष्ट्रीय परम्परा से जोड़ा था और यथार्थवाद की व्याख्या यह कहकर की थी कि वह साहित्य में साधारण मनुष्यों की असाधारणता प्रकट करता है।

'प्रसाद' की व्याख्या कितनी सही थी, यह 'निराला' के 'देवी', 'चतुरी चमार' आदि रेखाचित्र देखकर समझ में आ जाता है। इन रेखाचित्रों में 'निराला' ने सचेत रूप से 'छोटे' आदमियों का बड़प्पन दिखाया है। साथ ही बड़े ही कौशल से और व्यंग्यपूर्ण सुन्दर शैली में 'निराला' ने धर्म और राजनीति के उन ठेकेदारों की हकीकत बयान की है जो जनता को ठगते थे।

आलोचना के क्षेत्र में रीतिकालीन परम्परा का विरोध करके, साहित्य में लोकमंगल की भावना को एक कसौटी बनाकर आचार्य रामचन्द्र शुक्ल ने इस यथार्थवादी परम्परा की सहायता की।

सन् '30 के बाद ग्राम कविता में एक नया उभार आया। यह सबसे सफल और स्पष्ट रूप से बलभद्र दीक्षित 'पढ़ीस' की अवधी कविताओं में देखने को मिला। उनका कविता-संग्रह 'चकल्लस' सन् '33 में प्रकाशित हुआ, जिसने पचीसों नए कवियों को जनवादी साहित्य के मार्ग पर आगे बढ़ने की प्रेरणा दी।

ये सब घटनाएँ सन् '36 से पहले की हैं। तब तक प्रगतिशील लेखक-संघ का जन्म न हुआ था। यथार्थवाद का यह विकास अपने आप हो रहा था। यह विकास रीतिकालीन परम्पराओं का विरोध करके और पूँजीवादी यथार्थवाद की सीमाएँ लाँघ कर हो रहा था। इससे जाहिर होता है कि नए साहित्य का संगठित विकास करने के लिए जमीन तैयार थी।

सन् '36 के बाद यह परम्परा और आगे बढ़ी। 'निराला' ने 'कुल्ली भाट', 'बिल्लेसुर बकरिहा' जैसे अनूठे रेखाचित्र दिए। पन्त ने 'रूपाभ' में कल्पनालोक से नीचे आकर जमीन पर पाँव रखने की घोषणा की। महादेवी वर्मा ने देहाती जीवन के सुन्दर रेखाचित्र लिखे। वृन्दावनलाल वर्मा, अमृतलाल नागर, नरेन्द्र शर्मा, गिरजाकुमार माथुर, केदारनाथ अग्रवाल, नागार्जुन, सुमन आदि साहित्यकारों ने जनवादी यथार्थवाद की परम्परा को और आगे बढ़ाया।

आज दूसरे महायुद्ध के बाद, विश्व-शान्ति की ताकतों के अनुपम बटोर के समय, और भारत में जनवादी आन्दोलन के शक्तिशाली उभार के दिनों में यथार्थवाद की यह धारा और भी प्रबल वेग से बढ़ रही है। यही सबब है कि प्रगति-विरोधी लेखक पहले से ज्यादा बौखला रहे हैं, वे क्रोध में बदहवास होकर अनर्गल प्रलाप कर रहे हैं, कोई योग और अध्यात्मवाद की दुहाई दे रहा है, तो कोई फ्रायड और कामशास्त्र का सहारा ले रहा है, कोई अमरीकी 'व्यक्ति की स्वाधीनता' का नारा लगा रहा है तो कोई 'कला कला के लिए' की रट लगाकर साहित्य की गति रोक लेना चाहता है। लेकिन भारतेन्दु, प्रेमचन्द और निराला की राष्ट्रीय और जनवादी परम्परा दिनोंदिन शक्तिशाली होती हुई आगे बढ़ती ही जाती है।

फिर भी यह सत्य है कि हमारे साहित्य को जनता की जैसी सेवा करनी चाहिए और आज की गरीबी और बेकारी की हालत में भी जैसी सेवा वह कर सकता है, वह नहीं कर पा रहा है। प्रेमचन्द के बाद कथा-साहित्य में किसानों और मजदूरों का जैसा भरा-पूरा चित्रण होना चाहिए था, वह नहीं हुआ। कविता को जिस तरह जनता के कंठ में बस जाना चाहिए था, शुक्ल जी के बाद आलोचना को जिस तरह सामन्ती संस्कार खत्म करके वैज्ञानिक दृष्टिकोण अपनाकर आगे बढ़ना चाहिए था, वह सब नहीं हुआ। इसके कारण जहाँ बाहरी परिस्थितियों में हैं—प्रकाशन में इजारेदारी बढ़ना, रद्दी विदेशी पुस्तकों की आमद, शिक्षापद्धति का सुधरने के बदले और बिगड़ना, आर्थिक संकट वगैरह—वह उसके कारण हमारी अपनी समझ में भी हैं। यहाँ संक्षेप में उनका जिक्र करना असंगत न होगा।

(1) बहुत-से लेखक अब भी यह समझते हैं कि जनता का चित्रण न करके, शहरी मध्यवर्ग के आसपास मँडरा कर वह महान् साहित्य रच सकते हैं। वे प्रेमचन्द को जातीय परम्परा का निर्माता नहीं समझते, बल्कि एक अद्भुत लेखक समझते हैं, जो एक बार किसी कारण से हो गया, लेकिन जिसकी परम्परा के आगे बढ़ने के मानों ऐतिहासिक कारण नहीं हैं। अगर देश की आबादी का बहुसंख्यक भाग साहित्य से बाहर रहेगा तो उससे साहित्य कमजोर ही होगा। वह दरअसल जनता की सेवा न कर सकेगा, वह प्रेमचन्द की परम्परा को आगे न बढ़ा सकेगा।

इसलिए साधारण जनता की तरफ से लेखकों की उदासीनता खत्म होनी चाहिए।

(2) जो लोग मध्यवर्ग का चित्रण करते हैं, वे अक्सर सेक्स की समस्याओं में उलझ जाते हैं। वे मध्यवर्ग को देश की विशाल जनता से अलग करके देखते हैं। वे उन समस्याओं का चित्रण नहीं करते जिनसे किसानों और मजदूरों की तरह मध्यवर्ग भी परेशान है।

इसलिए मध्यवर्ग का चित्रण यथार्थवादी ढंग से होना चाहिए; इस चित्रण का मतलब असफल प्रेम या सफल व्यभिचार का चित्रण न होना चाहिए।

(3) कुछ लेखक जनता का नाम तो लेते हैं, लेकिन ठोस चित्रों के बदले हवाई लफ्फाजी करते हैं। उनकी रचनाओं में जनता अपने को पहचान नहीं पाती; उनमें उन वीरों के चित्र नहीं होते जिन्हें देखकर पाठक अपने जीवन को भी वैसा ही बनाने की कोशिश करें।

इसलिए साहित्य में हवाई लफ्फाजी बन्द करके जनता का ठोस चित्रण करना चाहिए।

(4) अनेक लेखक यह समझते हैं कि वे एकदम नए सिरे से एक नए साहित्य को जन्म देने जा रहे हैं। इसलिए वे पिछले साहित्य की तरफ अवज्ञा, उदासीनता और अज्ञान का रवैया अपनाते हैं। वे हिन्दी साहित्य की जातीय विशेषताओं को नहीं पहचानते और इसलिए उन्हें विकसित नहीं कर पाते।

इसलिए पिछले साहित्य की तरफ अवज्ञा का दृष्टिकोण न अपनाकर उससे सीख कर आगे बढ़ने का दृष्टिकोण अपनाना लाभकारी होगा।

(5) 'वैज्ञानिक' आलोचना के नाम पर मध्यकालीन हिन्दी-साहित्य की भोंडी नुक्ताचीनी भी देखने में आती है। ऐसे लेखक साहित्य के रूप और विषयवस्तु में भेद नहीं कर पाते। शेक्सपियर में हैमलेट सामन्त कुल का दिखाई दिया, रामायण में राम राजा दशरथ के बेटे दिखाई दिए—बस, लेखक सामन्तवाद का पोषक करार दे दिया गया! ये लोग साहित्य और समाज के विकासक्रम में धार्मिक रूपों के अन्दर छिपी हुई ऐतिहासिक विषयवस्तु नहीं पहचानते, इसलिए धार्मिक रूपों को ही मुख्य मानकर उन पर टूट पड़ते हैं और पिछले जनवादी लेखकों को प्रतिक्रियावादी करार

दे देते हैं।

इसलिए प्राचीन साहित्य का मूल्यांकन करते हुए धार्मिक रूपों को ऐतिहासिक विषयवस्तु—जनवादी भाव-विचारों—से उलझा देने पर हम अपनी विरासत से ही हाथ नहीं धो बैठते, बल्कि उसे प्रतिक्रियावादियों को सौंप कर उनके हाथ भी मजबूत करते हैं। इस तरह की 'वैज्ञानिक' आलोचना के बन्द होने में ही कल्याण है।

(6) अनेक लेखक कला के प्रति उदासीन रहकर साहित्य को प्रभावशाली बनने से रोकते हैं। वे यह भूल जाते हैं कि लकड़ी का खिलौना बनाने के लिए भी थोड़ी-बहुत शिक्षा की जरूरत होती है। साहित्य रचने के लिए भाषा सीखने, कहानी, उपन्यास या पद्य रचना का कौशल सीखने की तरफ वे ध्यान नहीं देते। उनके अन्दर यह अराजकता की भावना काम करती है कि यह कौशल अपने आप आ जाएगा। खास तौर से भाषा की तरफ लापरवाही हमारे प्रगतिशील लेखकों का आम दोष है। यह दोष दूर करके ही हम अपने साहित्य को प्रभावशाली बना सकेंगे।

(7) कला के नाम पर हमारे यहाँ तरह-तरह के 'प्रयोग' हो रहे हैं जिन्हें देखकर ऐसा लगता है कि इनके सामने सुन्दर कला के अच्छे नमूने रहे ही नहीं। ये प्रयोगवादी सज्जन कला की दुहाई देकर घोर कलाहीन रचनाएँ करते हैं और इस तरह हिन्दी साहित्य की कला-सम्बन्धी परम्पराओं को ठुकराते हैं। हमें लोकप्रिय कला चाहिए, चन्द प्रयोगवादियों की कलाहीन विकृतियाँ नहीं। लोकप्रिय कला के विकास के लिए हमारे पास सूर, तुलसी से लेकर प्रेमचन्द तक की पर्याप्त सामग्री मौजूद है।

(8) हमारे साहित्य का विकास हमेशा विचारधारा के संघर्ष द्वारा हुआ है। पिछले दिनों छायावादी कवियों ने जिस तरह रीतिकालीन परम्परा का विरोध किया था, वह इसका प्रमाण है। आज भी जो लोग साहित्य को अध्यात्मवाद की तरफ खींच ले जाना चाहते हैं, जो कला के नाम पर निरुद्देश्य रचना का समर्थन करते हैं, जो प्राचीन विरासत के नाम पर साम्प्रदायिक प्रचार करते हैं, जो साहित्य में अश्लीलता और व्यभिचार के चित्र देकर लोगों को गुमराह करते हैं, उनका विरोध करके ही हमारा साहित्य आगे बढ़ सकता है।

(9) हिन्दुस्तान का प्राचीन इतिहास धर्मों के संघर्ष का इतिहास नहीं है, वह सुखी स्वाधीन जीवन के लिए जनता के संघर्षों का भी इतिहास है। अनेक लेखक ऐतिहासिक कथाओं के नाम पर नस्लवाद का प्रचार करते हैं, रंगीन कामोत्तेजक चित्र खींचते हैं या साम्प्रदायिक प्रचार करते हैं। यह इतिहास को तोड़ना-मरोड़ना है, जनता के वीरतापूर्ण इतिहास को ठुकराना है। सही दिशा की ओर निराला के 'प्रभावती', वृन्दावनलाल वर्मा के 'लक्ष्मीबाई' आदि उपन्यास संकेत करते हैं। इतिहास से राष्ट्रीय स्वाधीनता और जनवादी जीवन के लिए संघर्षों की सामग्री लेकर हमारा साहित्य और भी प्रेरणादायक बन सकता है।

(10) हिन्दी साहित्य देश की सबसे बड़ी जाति हिन्दी भाषी जाति का साहित्य है। वह भारतीय जनता के अन्तःकरण की वाणी है। उसने महत्त्वपूर्ण राष्ट्रीय और अन्तर्राष्ट्रीय भूमिका पूरी की है। भारतेन्दु के समय में ही उसने साम्राज्यवादी लुटेरों के युद्धों का पर्दाफाश किया था। दो विश्व-युद्धों के बीच प्रेमचन्द की वाणी—स्वाधीनता और शान्ति की वाणी—तमाम शोषकों और आततायियों के लिए चुनौती रही है। हमारा साहित्य निरुद्देश्य साहित्य नहीं है। वह शान्ति, स्वाधीनता, जनतन्त्र और जातीय संस्कृति का साहित्य है। सचेत रूप से संगठित होकर हमें उसकी इस सोद्देश्य परम्परा की रक्षा करनी चाहिए और यह भ्रम दूर करना चाहिए कि हर तरह का साहित्य जनता की सेवा करता है। हमें साहित्य के जातीय चरित्र की रक्षा करने और उसे पुष्ट करने के लिए हमेशा तत्पर रहना चाहिए।

7. प्रगतिशील साहित्य और संकीर्णतावाद

नवम्बर सन् '50 के 'हंस' में श्री अमृत राय लिखते हैं—"पिछले दो बरस में प्रगतिशील लेखक आन्दोलन ने जो भीषण संकीर्णतावादी, उग्रवामपन्थी भूलें की हैं, जिनके कारण हमने अपने मित्रों को भी अपना शत्रु जानकर अपने से दूर ठेल दिया है, उनको साहस के साथ स्वीकार करना होगा और फिर नए सिरे से, सद्भावनापूर्वक आगे बढ़ना होगा।"

इस लेख में दो वर्षों की सफलताओं का कहीं जिक्र नहीं है। मालूम होता है कि दो साल पहले हम राजमार्ग पर शान से चले जा रहे थे कि अचानक कुछ लोगों ने हमें गुमराह करके तोड़-फोड़ के काम में लगा दिया। जिन भीषण संकीर्णतावादी भूलों का जिक्र किया गया है, उनकी मिसाल एक भी नहीं दी गई। ये भूलें दो साल में क्यों हुईं, इन भूलों के होने का आधार क्या था—इसके बारे में भी हमें कोई इत्तिला नहीं मिलती।

श्री प्रकाशचन्द्र गुप्त फरवरी सन् '51 में लिखते हैं—"शासकवर्ग के हिमायती लेखकों के विरुद्ध अपने अस्त्रों की समस्त शक्ति न लगाकर हम उनकी धार मित्र-विचारधाराओं के विरुद्ध आजमाते रहे। इस गलती को सिद्धान्त रूप से साहित्य में त्रात्स्कीवाद कहना अनुपयुक्त न होगा। यह स्पष्ट है कि जब राजनीति में हम त्रात्स्कीवादी गलतियाँ कर रहे थे, तब साहित्य में ही कैसे सही लेनिनवादी पथ पर चलते!"

प्रकाशचन्द्र जी को कम से कम यह तो बताना चाहिए था—कि त्रात्स्कीवाद किसे कहते हैं और वह साहित्य में कैसे प्रकट हुआ है।

फरवरी '51 के 'हंस' में श्री रामगोपाल सिंह चौहान लिखते हैं–

"देश की राजनीतिक परिस्थिति को आँकते हुए साहित्य में हमारी समझ राजनीति में उग्र वामपन्थी संकीर्णतावादी समझ की ही तरह उग्र वामपन्थी संकीर्णतावादी थी।"

राजनीति में उग्र वामपन्थी संकीर्णतावाद की कोई मिसाल उन्होंने किसी बयान या लेख से नहीं दी और न किसी की साहित्यिक रचना से उन्होंने कोई उद्धरण दिया है जिससे मालूम होता कि साहित्य में संकीर्णतावाद यों प्रकट होता है।

आगे वह कहते हैं–"हम समझते थे कि देश में पूँजीवादी ढाँचा विकास कर रहा है और हम अब सशस्त्र समाजवादी क्रान्ति के दौर में हैं।"

हो सकता है कि श्री रामगोपाल सिंह चौहान समझते रहे हों कि हम समाजवादी क्रान्ति के दौर में हैं, लेकिन दूसरों की समझ के बारे में राय देते वक्त उन्हें कोई सबूत, मिसाल वगैरह भी देनी चाहिए थी जिससे हम उनकी बात को सही समझते।

श्री रांगेय राघव की आलोचना ज्यादा साफ है जिसमें वह कहते हैं–"हमारे साहित्य में ट्राट्स्कीवाद पूरी तरह उतर आया था। उसका मुख्य श्रेय मैं डॉ. रामविलास शर्मा को देता हूँ।"

सोवियत संघ की कम्युनिस्ट पार्टी की 16वीं कांग्रेस में स्तालिन ने त्रात्स्कीवाद के रूप और विषयवस्तु के बारे में कहा था–"अमल में आत्मसमर्पणवाद यह उसकी विषयवस्तु है; वामपक्षी लफ्फाजी और 'क्रान्तिकारी' और दुःसाहसिक पैंतरेबाजी–यह उसका रूप है। त्रात्स्कीवाद का यह सारतत्त्व है।"

'स्तालिन और चीनी क्रान्ति' नाम के लेख में चीनी विद्वान् चेन पोता चीनी क्रान्ति के साम्राज्य-विरोधी पहलुओं का जिक्र करते हुए लिखते हैं–"उस समय त्रात्स्कीवादी इस नीति का विरोध कर रहे थे। वे समझते थे, विदेशी मुल्कों से चीन के सम्बन्ध का सवाल सिर्फ चुंगी का सवाल है। इस तरह वे चीनी क्रान्ति के साम्राज्य-विरोधी पहलू को अस्वीकार करते थे। वे चीन के सामन्ती अवशेषों के विशाल प्रभाव को मानने से इनकार करते थे, इस तरह चीनी क्रान्ति के सामन्त-विरोधी पहलू को अस्वीकार करते थे।"

इससे जाहिर है कि पराधीन देशों और उपनिवेशों में त्रात्स्कीवाद की जड़ क्रान्ति के साम्राज्य-विरोधी पहलू या सामन्त-विरोधी पहलू को भूल जाना है। इस भूल से सिर्फ वामपक्षी गलतियाँ नहीं होतीं बल्कि दक्षिणपन्थी गलतियों की जड़ भी वही है। जैसा कि चेन पोता ने कहा है–"यहाँ पर यह बताना जरूरी है कि पिछले बीस से कुछ ऊपर वर्षों में हमारी पार्टी में दक्षिणपन्थी और 'वामपन्थी' अवसरवाद की जो गलतियाँ हुई हैं, वे सबसे पहले क्रान्ति के रूप के बारे में स्तालिन की इस द्वन्द्वात्मक व्याख्या के उल्लंघन का नतीजा है जिनमें या तो साम्राज्य-विरोधी पहलू

को भुला दिया गया है या सामन्त-विरोधी पहलू को।"

इससे पता चलता है कि दक्षिणपन्थी और वामपन्थी भूलों की जड़ मिली-जुली है। सोवियत् संघ की तरह चीन में भी दोनों तरह के क्रान्तिविरोधी मिल गए थे। इसलिए यह देखना गैरवाजिब न होगा कि हिन्दी के प्रगतिशील लेखकों ने साम्राज्यवाद और सामन्तवाद की राजनीतिक, आर्थिक और सांस्कृतिक भूमिका के बारे में क्या लिखा है, किस हद तक उनका विरोध किया है, और किस हद तक उनसे समझौता किया है।

यह दिलचस्प बात है कि पिछले दो-तीन साल के साहित्य पर अपनी राय जाहिर करते हुए 'हंस' और 'नया साहित्य' के लेखकों ने आमतौर पर माउंटबेटन योजना के बारे में चुप्पी साध ली है या कहीं भी जिक्र भी किया है तो यह नहीं बतलाया कि प्रगतिशील साहित्य में उसकी क्या प्रतिक्रिया हुई है। वह बात अपने आप में एक सबूत है कि ये लेखक साहित्य में संकीर्णतावाद की छानबीन करते हुए साम्राज्यवादी योजनाओं को भूल जाते हैं।

मई '49 में अखिल भारतीय प्रगतिशील लेखक सम्मेलन का घोषणापत्र कहता है—"अगस्त 1947 के बाद भारतीय जनता की स्वाधीनता की लड़ाई एक नए दौर में दाखिल हुई है। भारतीय पूँजीपति वर्ग ने, जो राष्ट्रीय आन्दोलन के काल में सदा साम्राज्यवाद से समझौता किया करता था, अब खुले आम साम्राज्यवाद से गठबन्धन कर लिया। ब्रिटिश कॉमनवेल्थ में बने रहने का जो निश्चय भारत सरकार ने किया है, वह इस गठबन्धन की ही चरम परिणति है। यह समझौता जनता की इस इच्छा का विरोधी है कि इस देश में एक पूर्ण स्वतन्त्र, सार्वभौम प्रजातान्त्रिक राज्य स्थापित किया जाए।"

त्रात्स्कीवादी विचारधारा के अनुसार भारतीय जन-आन्दोलन के साम्राज्य-विरोधी पहलू से इनकार करना चाहिए था। यह घोषणापत्र साम्राज्यवाद की भूमिका को प्रमुखता देता है। उसमें और बहुत सी खामियाँ हैं लेकिन उसके बारे में यह नहीं कहा जा सकता कि उसने राष्ट्रीय स्वाधीनता और जनतन्त्र के लिए संघर्ष को नजरअन्दाज किया।

श्री रामगोपाल सिंह चौहान का कहना है—"हम समझते थे कि देश में पूँजीवादी ढाँचा विकास कर रहा है और हम अब अशस्त्र समाजवादी क्रान्ति के दौर में हैं।"

अगर यह बात सही है तो रामविलास शर्मा ने—जिन्हें साहित्य में त्रात्स्कीवाद लाने का मुख्य श्रेय प्राप्त है—श्री सुमित्रानन्दन पन्त पर अपनी आलोचना में क्योंकर लिखा था—"जिस औपनिवेशिक व्यवस्था को अंग्रेज दो सौ साल से कायम किए हुए थे, वह झटके खाकर जगह-जगह टूटने लगी है। उसमें पेबन्द लगाकर जनता को बहलाया नहीं जा सकता।"

पन्त जी पर मेरे लेख का अन्तिम वाक्य यह है—"और इसमें किसे सन्देह हो सकता है कि हमारा साहित्य इस संघर्ष को चित्रित करने के साथ-साथ जनता की विजय के लिए और अन्त में समाजवाद की स्थापना के लिए एक महान् प्रेरक शक्ति भी बनेगा।"

मैं श्री चौहान का ध्यान—"अन्त में समाजवाद की स्थापना के लिए"—इस वाक्यांश की तरफ खासतौर से खींचना चाहता हूँ। क्या इससे यह जाहिर होता है कि हमारी समझ में मौजूदा दौर समाजवादी क्रान्ति का है? औपनिवेशिक व्यवस्था के खिलाफ जनता की विजय के बाद 'अन्त में समाजवाद की स्थापना' होगी, यह कहना किस तरह संकीर्णतावादी है?

जुलाई '48 में 'संस्कृति और संकट' नाम से श्री प्रकाशचन्द्र गुप्त का एक लेख छपा है। उसकी शुरुआत यों होती है—"पूँजीवाद ने उत्पादन के साधनों का अभूतपूर्व विकास करके एक ओर तो समाजवाद और जनसंस्कृति की सम्भावना के द्वार खोल दिए हैं, किन्तु दूसरी ओर लाभ पर अवलम्बित खोखली समाज-व्यवस्था और मृतप्राय संस्कृति की रक्षा का भी वह प्रयास करता है।"

गुप्त जी ने यूरोप के देशों के लिए कहे हुए किसी वाक्य के इनवर्टेड कॉमा हटाकर उसे हिन्दुस्तान पर चस्पाँ कर दिया है। अगर हिन्दुस्तान में पूँजीवाद ने उत्पादन के साधनों का अभूतपूर्व विकास किया होता तो हमारा देश अर्द्ध-उपनिवेश न रहकर फ्रांस या इटली की तरह स्वयं एक साम्राज्यवादी देश होता, तब जन-आन्दोलन की रीति-नीति भी दूसरी होती।

नवम्बर '48 के अपने एक लेख में श्री अमृतराय लिखते हैं—"लेखक की प्रगतिशीलता या प्रतिक्रियाशीलता इस बात पर निर्भर होती है कि चेतन अथवा अचेतन रूप में वह उस वर्ग के साथ है जो आज समाज को आगे, नवजीवन की ओर, समाजवाद और साम्यवाद की ओर ले जा रहा है या पीछे, फासिस्ट अन्धकार या अपमृत्यु की ओर घसीट रहा है।"

यहाँ पर स्वाधीनता और जनतन्त्र के लिए संघर्ष करने का सवाल नहीं है। सवाल है सीधा समाजवाद और साम्यवाद की तरफ बढ़ने का या फासिज्म की तरह घसीटने का।

जून '49 में वह लिखते हैं—"आपके साथ आज बिल्कुल यही बात हो रही है, और आज चूँकि हम पूँजीशाही के अन्तिम मरण-संकट और विश्व-क्रान्ति तथा विश्व-समाजवाद के दौर से गुजर रहे हैं, इसीलिए आप और दुनिया की दूसरी सभी पूँजीवादी तानाशाहियाँ अपने को कायम रखने के लिए 'जनतन्त्र' का अपना नकाब फेंक फाँक कर अपने असली, फासिस्ट रूप में सामने आ रही हैं और अपने हथियार खाने से दमन के नए-नए चमचमाते हुए हथियार निकालकर जनता की आजादी का गला रेत रही हैं।"

यहाँ पर यह समझ (या नासमझी) साफ दिखाई दे रही है कि जैसे और देशों में पूँजीवाद फासिज्म के जरिए अपनी रक्षा कर रहा है, वैसे ही भारत में भी पूँजीवाद (न कि साम्राज्यवाद और उसके सामन्ती पूँजीवादी सहायक) फासिज्म के जरिये अपनी हिफाजत कर रहा है। विश्व-क्रान्ति तथा विश्व-समाजवाद के दौर में पराधीन देशों के स्वाधीनता आन्दोलन की भूमिका खो गई है।

प्रगतिशील लेखकों के लिए सबसे बड़ा खतरा यह है कि वे जन-आन्दोलन के सामन्त-विरोधी पहलू को भुला दें। जन-आन्दोलन के सामन्त-विरोधी पहलू को भुला देने का मतलब है, देश की 80 फीसदी किसान जनता की जिन्दगी और मौत के सवाल को भुला देना। हमारा देश खेती-प्रधान है। यहाँ की आबादी का बहुसंख्यक हिस्सा सामन्ती अवशेषों—और बहुत जगह प्राचीन गुलामी के बन्धनों से—पीड़ित है। साम्राज्यवाद ने इस सामन्ती, अर्द्धसामन्ती, गुलामी, अर्द्ध-गुलामी के शोषण को सुरक्षित रखा है, स्वयं अपना शोषण कायम रखने के लिए उपनिवेशों और पराधीन देशों की समस्या जैसा कि विख्यात है, मूलतः किसान-समस्या है। इस समस्या को भुला देने का मतलब है, परोक्ष रूप से साम्राज्यवादी प्रभुता को कायम रखने में मदद देना।

अगर हम इस बात पर गौर करें कि प्रेमचन्द के निधन के बाद प्रगतिशील लेखकों ने कितनी कहानियाँ और उपन्यास किसानों की जिन्दगी पर लिखे हैं तो हमें परिस्थिति की गम्भीरता का पता चल जाएगा। पिछले 15 साल के प्रगतिशील कथा-साहित्य में हिन्दुस्तान की आबादी के सबसे बड़े हिस्से का चित्रण नहीं के बराबर हुआ है। यह कौन-सा यथार्थवाद है? हमारे मित्र कहने के लिए चाहे जो कहें, हकीकत यह है कि उन्होंने अमल में मध्यवर्ग को किसानों और मजदूरों से ज्यादा महत्त्व दिया है। उनके नायक चाहे कम्युनिस्ट इंटरनेशनल के प्रतिनिधि ही दिखाए गए हों, लेकिन होरी और धनिया के सामने वे मोम की गुड़ियों की तरह हैं।

संकीर्णतावाद का असली और सबसे खतरनाक रूप यह है।

संकीर्णतावाद का मतलब है—जनता से अलगाव। हमारा अमल साबित करता है कि किसानों और मजदूरों के जीवन, उनकी समस्याओं को हम अपने साहित्य में जगह नहीं दे पाए। और यह हकीकत साल दो साल की नहीं है। मर्ज पुराना है और उसे दूर करने में तकलीफ उठानी पड़ सकती है।

यह बात नहीं है कि किसानों के बारे में लिखा न गया हो। लेकिन जो कुछ लिखा गया है, वह बहुत नाकाफी है और हम किसी तरह भी नहीं कह सकते कि हमने प्रेमचन्द के बाद किसान सम्बन्धी कथा-साहित्य आगे बढ़ाया है।

मेरे कुछ मित्रों ने मेरे लेखों के सिलसिले में कम्युनिज्म या कम्युनिस्ट पार्टी का सवाल उठाया है। उनकी तर्क योजना का पहलू ध्यान देने योग्य है।

श्री राहुल सांकृत्यायन के सम्बन्ध में मेरे एक लेख का उत्तर देते हुए श्री प्रज्ञाचक्षु कहते हैं—"उन्हें तो गुप्त आदेश मिला है—डैम राहुल और वे अपने विवेक

को, वैज्ञानिक दृष्टिकोण को बालाये ताक रखकर दर्शन के जंगल में घुस पड़े हैं।'' (नवयुग, 28 जनवरी, 51)

यह कीचड़ फेंकते हुए इन सज्जन को खुद उसकी दुर्गन्ध से इतनी पीड़ा हुई कि उन्होंने मुँह पर कपड़ा बाँध लिया और असली नाम का 'प्र' लेकर नकली नाम प्रज्ञाचक्षु रखकर ही साहित्य के मैदान में कदम रख सके।

राहुल सम्बन्धी उसी लेख का जिक्र करते हुए श्री अमृतराय जनवरी '51 के 'हंस' में लिखते हैं—''क्या जो आदमी कम्युनिस्ट पार्टी की सभी बातों को नहीं मानता या जिसकी रचनाएँ देशकाल से अलग करके समझे गए यान्त्रिक 'मार्क्सवाद-लेनिनवाद' की कसौटी पर खरी नहीं उतरती प्रतिक्रियावादी है?''

अमृतराय जी ने यह तो नहीं कहा कि रामविलास को पार्टी से आदेश मिला है कि जो कम्युनिस्ट न हो, उसे 'डैम' कर दो लेकिन उनके सवाल का मतलब साफ है कि मेरा यही धन्धा रहा है। सन् '49 की गर्मियों में उन्होंने 'प्रगति' में 'प्रेमचन्द की परम्परा' नाम से मेरा एक लेख छापा था। उसमें साम्राज्य-विरोधी खेमे के लेखकों में श्री बैजनाथ सिंह विनोद (जो उस समय सोशलिस्ट पार्टी में थे) कांग्रेसी श्री रामनारायण यादवेन्दु, सरकारी कर्मचारी गिरजाकुमार माथुर, गैर-पार्टी लेखक तेजबहादुर चौधरी, गिरीश अस्थाना, घनश्याम अस्थाना वगैरह का जिक्र किया गया हैं और उनकी रचनाओं से उद्धरण दिए गए हैं। ये सज्जन न सन् '49 में कम्युनिस्ट पार्टी की सारी बातें मानते थे और न आज मानते हैं। लेकिन मेरी समझ में ये तब भी साम्राज्य-विरोधी लेखक थे और आज भी हैं।

तब श्री अमृतराय को यह इशारा करने की जरूरत क्यों पड़ी कि जो कम्युनिस्ट पार्टी की सभी बातों को न माने, उसे मैं प्रतिक्रियावादी कहता रहा हूँ?

जरूरत यों पड़ी कि वह शिवदानसिंह चौहान, रांगेय राघव, पन्त जी वगैरह पर लिखी हुई मेरी आलोचना को गलत साबित करना चाहते हैं लेकिन कोई दलील न पाकर वह उस स्तर पर उतर आते हैं जो किसी भी प्रगतिशील लेखक के लिए शर्मनाक है। अगर हम आलोचना के तर्कों का खंडन न करके यह आरोप लगाने लगें कि जो कम्युनिस्ट पार्टी की सारी बातें नहीं मानता उसे तुम प्रतिक्रियावादी कहते हो तो सैद्धान्तिक स्तर पर बहस कैसे चलेगी?

असली बात यह है कि चौहान मार्क्सवाद और पतित पूँजीवादी मनोविज्ञान के समन्वय का मसौदा पेश करते रहे हैं, वह साहित्य में तटस्थता की माँग करते रहे हैं और गोर्की तक के लिए उन्होंने लिखा है कि उस महान् लेखक ने रूसी क्रान्ति के अवसर पर 'तत्कालीन प्रश्नों को लेकर जो रचनाएँ कीं', उनका इसी तरह की वोल्तेयर और शेली की रचनाओं की तरह 'कोई साहित्यिक मूल्य नहीं रहा।' चौहान की कोशिश रही है कि प्रगतिशील साहित्य को तत्कालीन प्रश्नों से हटाकर शाश्वत तथा अर्द्ध-शाश्वत प्रश्नों की तरफ मोड़ा जाए। उनकी इस प्रगतिविरोधी विचारधारा

का मैंने 'विप्लव' और 'नया सबेरा' के दो लेखों में खंडन किया है। मेरे मित्र न तो खुल कर कह सकते हैं कि चौहान ने जो लिखा है, ठीक लिखा है और न मेरे तर्कों का जवाब दे सकते हैं। इसलिए 'कला कला के लिए' की तरह 'विरोध विरोध करने के लिए' के उसूल पर ये सज्जन आलोचना की जगह रिमार्क पास करते हैं, शायद यह समझकर कि आस्तिक हिन्दू की तरह मैं उनके आर्ष वाक्यों को चुपचाप स्वीकार कर लूँगा।

इसी तरह पन्त जी में मार्क्सवाद और गांधीवाद के समन्वय का, उनके रहस्यवाद और वर्ग सहयोग का मैंने खंडन किया है। रांगेय राघव के साहित्य में इतिहास की पुनरुत्थानवादी धारणाओं, रहस्यवाद, पराजयवाद, इनकलाबवाद, कला के प्रति लापरवाही वगैरह का विरोध किया है। मैं अपने इन तमाम लेखों की स्थापनाओं को सही मानता हूँ और अपने मित्रों से आग्रह करता हूँ कि आप चौहान, रांगेय राघव, राहुल जी आदि की रचनाओं की खुद आलोचना कीजिए, जो बातें मुझसे छूट गई हों उन्हें प्रकाश में लाइए और जो बातें मैंने गलत कही हों उनका युक्तिपूर्ण खंडन कीजिए। यह रास्ता प्रगतिशील आलोचना के विकास का रास्ता है और रिमार्क पास करनेवाला रास्ता आपके पतन का रास्ता है।

रामगोपाल सिंह चौहान ने झूठ की दौड़ में सबसे आगे रहने के खयाल से लिखा है—''हमारी आलोचना की मात्र कसौटी थी—अमुक रचना अथवा अमुक लेखक आँख मूँद कर सौ फी सदी मजदूर वर्ग, खेतिहर मजदूर वर्ग तथा कम्युनिस्ट पार्टी के अलावा जनता के अन्य अंगों—निम्न मध्यम वर्ग, राष्ट्रीय पूँजीपति तथा अन्य संस्थाओं का सर्वहारा में इनके प्रति घृणोत्पादक ढंग से भंडाफोड़ न करता हो, उनका मखौल न उड़ाता हो, सशस्त्र समाजवादी क्रान्ति का नारा न देता हो, तो वह लेखक और रचना प्रतिक्रियावादी है, दुश्मनपक्षी है।''

इस तरह की बातें वही लिख सकता है जो या तो पिछले तीन साल के आलोचना साहित्य से एकदम अपरिचित है या जो जानबूझकर प्रगतिशील लेखकों में फूट डालने पर तुला हुआ है।

वार्सा कांग्रेस में पोलैंड के वैज्ञानिक ने कहा—''वार्सा का पुनर्निर्माण किस तरह हो रहा है? यह सच है कि ईंट और गारे से नई दीवालें खड़ी की जा रही हैं। लेकिन असली मसाला जिससे वार्सा फिर से बनाया जा रहा है वह पोलैंड की जनता की शान्ति के लिए इच्छा-शक्ति है।''

वार्सा कांग्रेस में एक ब्रिटिश कंजर्वेटिव पार्टी के सदस्य ने कहा—''क्या इंगलैंड के लोग भी शान्ति चाहते हैं? बेशक, वे शान्ति चाहते हैं। क्या वे कोरिया, मलाया और दक्षिणी अफ्रीका की घटनाओं से चिन्तित हैं? बेशक, वे चिन्तित हैं। व्यक्तिगत रूप से मैं समझता हूँ कि शुरू से ही कोरिया में फौजें भेज कर हमने कितनी बड़ी गलती की है लेकिन जब तक वह धूर्त मैक आर्थर स्योल के खंडहरों में खुदा से

इबादत नहीं करने लगा तब तक एक ईसाई की हैसियत से मैंने नहीं समझा था कि हम किस चीज का सामना कर रहे हैं।''

वार्सा कांग्रेस में अफ्रीका के एक नीग्रो प्रतिनिधि ने कहा—''अमरीका में नीग्रो जनता का संघर्ष विश्व की औपनिवेशिक जनता के संघर्ष से, ब्रिटिश अफ्रीका, फ्रांसीसी अफ्रीका, लैटिन अमरीका, वेस्ट इंडीज के मेरे भाइयों और तमाम दुनिया के काले रंग के आदमियों के संघर्ष से सीधे जुड़ा हुआ है। उन सबकी तरफ मैं भाईचारे का हाथ बढ़ाता हूँ।''

वार्सा कांग्रेस में वियतनाम के प्रतिनिधि ने कहा—''वियतनाम के लोग विश्व-शान्ति के लिए दो तरह से लड़ रहे हैं : पहले तो वे फ्रांसीसी साम्राज्यवादियों और अमरीकी दखलन्दाजों के खिलाफ अपना संघर्ष तेज कर रहे हैं; दूसरे वे विश्व-शान्ति आन्दोलन को हर तरह की मदद दे रहे हैं।''

विश्व-शान्ति का सम्बन्ध प्रत्येक देश की अपनी समस्याओं से है। उन समस्याओं से शान्ति का सम्बन्ध दिखाकर ही शान्ति-सैनिक आम जनता को शान्ति के संघर्ष में बटोर सकते हैं। जब बात हृदय से निकलती है, तब वह सीधी-सादी और पुरअसर शैली में होती है। हिन्दी के कुछ प्रगतिशील लेखक इस बारे में खामोश रहते हैं कि जंगबाज हिन्दुस्तान को युद्ध में घसीटने के लिए क्या षड्यन्त्र कर रहे हैं। वे ठोस तरीके पर इस बात की मिसालें भी नहीं देते कि हिन्दुस्तान की मौजूदा समाज-व्यवस्था से विश्व-शान्ति आन्दोलन या युद्ध की तैयारियों का क्या सम्बन्ध हो सकता है। इस ठोस विश्लेषण के अभाव को वे शब्दों की पच्चीकारी से पूरा करने की कोशिश करते हैं। मिसाल के लिए अक्टूबर सन् '50 के 'हंस' में ये वाक्य पढ़िए—

''क्या आपका कंठ आज के इस ऐतिहासिक क्षण में भी रुद्ध ही रहेगा, जबकि मानवता उस जगह पर खड़ी है जहाँ उसके पास ही, हाथ भर की दूरी पर एक मीलों गहरा, स्याह और अँधेरा खंड है जिसमें गिरने पर निकलता नहीं है, सिर्फ घुटन है और मृत्यु है और दूसरी ओर कुछ दूरी पर शायद काफी दूर पर हिमाच्छादित पर्वत-शृंखला है जो इस बात की जैसे प्रतीक्षा कर रही है कि दृप्त मानव आकर उस पर अपनी विजय-पताका फहराए, जो संघर्षशील, स्वाभिमानी मनुष्य को संकेत दे-देकर अपने पास बुला रही है और कह रही है और उस ओर को मत जाना उधर अँधेरा है, मौत है, साँप हैं, बिच्छू हैं और भेड़िए हैं।''

जैसे टुटपुँजिया क्रान्तिवाद से पीड़ित कुछ लेखक क्रान्ति के बारे में लफ्फाजी करते हैं, वैसे ही कुछ लेखक शान्ति के बारे में शब्दों की झड़ी लगा देते हैं। लेकिन शब्दों के इस झाग में तत्त्व कुछ नहीं होता। यह कमजोरी तभी दूर हो सकती है जब हम देश की ठोस परिस्थितियों से शान्ति-आन्दोलन का सम्बन्ध जोड़ें।

यह दिलचस्प बात है कि व्यवहार और विचार की एकता पर श्री प्रकाशचन्द्र

गुप्त और श्री अमृतराय दोनों जोर देते हैं लेकिन दोनों ही के अमल और उसूलों में गहरा अन्तर मिलता है।

अक्टूबर सन् '50 के 'हंस' में श्री अमृतराय लिखते हैं—"हमारे कबीरदास कह गए हैं कि कथनी और करनी में बड़ा फर्क होता है। इसलिए केवल कथनी से अगर हम किसी को जाँचने लगेंगे तो धोखा खाएँगे। हमें करनी को भी देखना होगा।"

बात बिल्कुल ठीक है। मैं यहाँ पर एक सवाल लूँगा—आलोचना में शैली का सवाल।

नवम्बर सन् '50 के 'हंस' में श्री अमृतराय लिखते हैं—"हिन्दी साहित्य में श्री इलाचन्द्र जोशी जैसे कुछ मलाहारी यथार्थवादी हैं..."

इलाचन्द्र जी की विचारधारा से मेरा तीव्र मतभेद है लेकिन मैं यह जानता हूँ, उस विचारधारा के असर में बहुत-से साम्राज्य-विरोधी लेखक भी हैं। इसलिए शिष्टता के नाते न सही, नीति के लिहाज से भी ऐसे वाक्य लिखना प्रगतिशील आलोचना के लिए घातक है।

जनवरी सन् '51 के 'हंस' में श्री अमृतराय ने यशपाल के बारे में लिखा है—"और इसीलिए उसको 'धर्मरक्षा' और 'प्रतिष्ठा का बोझ' जैसी घासलेटी, रंडी के दलालों की-सी कहानी लिखते देखकर मन एकदम गुस्से और तकलीफ से भर जाता है।"

यह शैली न आवेशपूर्ण है, न हास्यपूर्ण है, न ओजपूर्ण है; यह एकदम जलील है। अगर इस सतह पर 'हंस' बहस चलाएगा तो उसमें कितने आदमी हिस्सा ले सकेंगे?

नवम्बर सन् '50 के 'हंस' में श्री अमृतराय ने प्रेमचन्द के बारे में लिखा है—" 'क्या मुसलमान कांग्रेस के साथ नहीं हैं?' शीर्षक अपनी टिप्पणी में उन्होंने मँझोले ढंग के कांग्रेस नेता या साधारण पढ़े-लिखे कांग्रेसमैन की तरह काफी चलते-फिरते ढंग से इस सवाल को यह कहकर टाल दिया है कि कुछ थोड़े-से खाँ बहादुर भले न हों (उसी तरह जैसे रायबहादुर भी नहीं हैं) मगर मुसलिम जनता तो कांग्रेस के साथ है। अगर उन्होंने ऐसा न करके गहराई से इस हकीकत को स्वीकार करके उस पर विचार किया होता कि..."

यह जानकर मुझे काफी खुशी हुई कि चलते-फिरते ढंग से मैंने ही बौद्ध दर्शन पर न लिखा था बल्कि प्रेमचन्द जी ने भी साम्प्रदायिकता पर एक टिप्पणी यों ही लिख दी थी। और कुओं मों जो की सीख पर मैंने ही ठहरकर गौर न किया था, प्रेमचन्द जी ने भी गहराई से हकीकत को स्वीकार करके साम्प्रदायिकता पर विचार नहीं किया था। श्री अमृतराय की गहराई के मुकाबले में मुझे प्रेमचन्द का चलते-फिरते विचार करना ही ज्यादा पसन्द है।

श्री प्रकाशचन्द्र गुप्त एक ही वाक्य में भारत के तीन विश्वविख्यात कवियों को निपटाते हुए कहते हैं—"हम देखेंगे कि वाल्मीकि, कालिदास और तुलसी ने रघुकुल की प्रशस्तियाँ गाईं और राज्यसत्ता को भारी सहारा दिया।" चन्दबरदाई और भूषण का जिक्र करने के बाद अफसोस के साथ कहते हैं—"सामन्ती काल में इसके अतिरिक्त और कुछ सम्भव भी न था।"

मेरे कुछ मित्र कहते हैं कि रामविलास की आलोचना गैर संजीदा होती है। अगर वाल्मीकि और तुलसी पर उनकी ये सूक्तियाँ पढ़कर मैं संजीदा रहने में असफल होता हूँ तो इसमें मेरा क्या कसूर है?

प्रकाशचन्द्र जी लोकप्रिय शैली के समर्थक हैं। मार्च '51 के 'नया साहित्य' में वह लिखते हैं—"हम तुलसी और सूर के सामाजिक विचार-दर्शन को आज नहीं अपना सकते; उसे इतिहास ने 'मैमथ' और 'डोडो' के समान अजायबघर की वस्तु बना दिया है। किन्तु जनता के प्रति उनका प्रेम, उससे निकटतम उनका सम्बन्ध, उनके काव्य का जन-सुलभ रूप आदि अनेक तत्त्व हमारे लिए आज भी अमूल्य हैं।"

आश्चर्य की बात है कि जनता से प्रेम रखते हुए, उससे निकटतम सम्बन्ध रखते हुए भी सूर और तुलसी सामन्तों के हित की ही बातें करते रहे मानों उस समय दरबारी संस्कृति और जन-संस्कृति में कोई भेद न था। इसलिए उनकी तमाम संस्कृति को प्रकाशचन्द्र जी अजायबघर में रख देते हैं। इन्हीं कवि तुलसीदास की रचनाओं का अनुवाद करने के लिए सोवियत सरकार ने दूसरे महायुद्ध के दिनों में बरन्निकोव को लेनिनवाद से हटाकर सुरक्षित कजाकिस्तान भेजा था और चार साल तक रामायण का अनुवाद करने के बाद भारत में सोवियत दूतावास खुलने के वक्त तुलसी को जनवादी कवि कहते हुए भारत-सोवियत मैत्री दृढ़ करने के लिए बरन्निकोव ने अपना अनुवाद प्रकाशित कराया था।

प्रकाशचन्द्र जी ने जनता से प्रेम करके क्या सीखा है? 'मैमथ' और 'डोडो' की उपमाएँ देना!

8. साहित्य और सामयिकता

'अमर' कलाकारों के लिए साहित्य और सामयिकता की समस्या नई नहीं है। समाज की अवस्था बदलती रही है, और इसी परिवर्तन-क्रम के बीच में साहित्यकार भी रहता है। उसे भय होता है कि बदलती हुई अस्थायी चीजों के बारे में लिखने से कला की अमरता में बट्टा न लग जाए। इसलिए साहित्य के धुरन्धर आचार्य उन तत्त्वों को ढूँढ़ निकालने की कोशिश करते हैं जिनसे अमर पद प्राप्त करने में कोई दुविधा न

रह जाए। इसके लिए वे बड़े-बड़े लक्षण-ग्रन्थों की सृष्टि करते हैं, कविता-कामिनी को नियम-उपनियमों से यों बाँध देते हैं कि पहचानने में भूल की गुंजाइश न रहे। वे और सब बातें तो देखते हैं, भूत और भविष्य उनके लिए हस्तामलकवत् होता है; वे केवल एक चीज नहीं देखते—समय के प्रवाह को, समाज की गति को। इसका परिणाम यह होता है कि शाश्वत सौन्दर्य की खोज करने वाले ऐसी अशाश्वत कौड़ी लाते हैं कि कुछ निठल्ले लोगों के सिवाय और कोई भी उनकी रचनाएँ नहीं पढ़ता। यह स्पष्ट है कि हम टिकाऊ और प्रभावशाली साहित्य की रचना तभी कर सकेंगे जब समाज की गतिविधि को पहचानेंगे, समाज के प्रगतिशील वर्ग से नाता जोड़ेंगे, प्रतिक्रियावादी शक्तियों का विरोध करेंगे और अपनी रचना द्वारा समाज की प्रगति में सहायक होंगे।

हिन्दी साहित्य में जब से प्रगतिवाद की चर्चा शुरू हुई है, तब से लोगों ने इस समस्या की ओर विशेष ध्यान दिया है। अधिकांश लेखकों ने अनुभव किया है कि वे सामयिक घटनाओं और सामाजिक परिवर्तनों पर लेखनी न उठाएँगे तो पीछे रह जाएँगे और उनका साहित्य निर्जीव हो जाएगा। इस चेतना के फलस्वरूप कल्पनालोक के निवासी भी संघर्ष की धरती पर उतर आए हैं। पिछले दस साल में जो साहित्य रचा गया है, वह अपने समय की प्रमुख घटनाओं और सामाजिक परिवर्तनों का अच्छा-खासा प्रतिबिम्ब है। जो लेखक इस सामाजिक क्रम में गहरे पैठ सका है, वह टिकाऊ साहित्य दे पाया है। जो कलाकार समुद्र के किनारे शाश्वत सौन्दर्य के पत्थरों से खेलते रहे, उनकी बुरी दशा हुई। उनकी मिसाल से यह साबित हो गया कि तमाम लक्षण-ग्रन्थ रट लेने और कला की बारीकियाँ समझ लेने पर भी कोई लेखक महान् कलाकार नहीं हो सकता जब तक कि सामाजिक गतिविधि से उसके साहित्य का गहरा सम्बन्ध न हो।

आज हमारे देश में एक अभूतपूर्व क्रान्तिकारी उठान दिखाई दे रहा है। बम्बई के नाविक-विद्रोह से लेकर कलकत्ते की ट्राम-हड़ताल तक समस्त घटनाक्रम यही बताता है कि हम एक नए युग में प्रवेश कर रहे हैं। जनता में नया साहस, नई चेतना जाग रही है। ऐसी हालत में हमारा साहित्य इस क्रान्तिकारी उठान के पीछे घिसटता हुआ चलेगा या उस पर हावी होकर सचेत प्रयत्न द्वारा उसे सही दिशा में आगे बढ़ाएगा? पिछले दस वर्षों में हिन्दी साहित्य की जो धारा रही है, उसे देखते हुए इस प्रश्न का एक ही उत्तर दिया जा सकता है, हमारा साहित्य पीछे नहीं रहेगा। कल्पना-लोक के सपने देखने के दिन बीत गए हैं। अगर आगे नहीं तो कम से कम क्रान्तिकारी उठान के साथ कदम मिलाकर तो वह चलेगा ही। आज भी ऐसी बहुत-सी कहानियाँ और कविताएँ लिखी जा रही हैं जिन पर इस क्रान्तिकारी परिवर्तन की छाप रहती है।

लेकिन इसी समय कुछ संशय के स्वर भी सुनाई पड़ते हैं। हिन्दी साहित्य को

ही नहीं, प्रगतिवाद को भी 'सामयिकता के दलदल' से निकालने की भगीरथ चेष्टा दिखाई देती है। मार्क्सवादी आलोचक श्री शिवदानसिंह चौहान ने 'साहित्य-सन्देश' में प्रकाशित 'साहित्य की परख' नाम के लेख में कुछ इस तरह की बातें कही हैं। उनकी समझ में प्रगतिशील साहित्य का आन्दोलन कुत्सित समाजशास्त्र से प्रभावित रहा है, इसलिए वह कोरा सामयिक साहित्यिक आन्दोलन बन कर रह गया है। इसलिए उसका मूल्य भी नगण्य है। किसी संकट या संघर्ष के समय जैसे कोई पार्टी प्रचार-साहित्य लिखाती है, वैसे ही पिछले दिनों का प्रगतिशील साहित्य विशेष घटनाओं से जुड़ा हुआ है। अगर इन घटनाओं से अलग करके उसे देखा जाए तो उसे साहित्य नहीं कहा जा सकेगा। 'प्रगतिवाद की विचारधारा भी उन्हीं परिस्थिति-जन्य अपीलों के समान है।' मुसीबत यह है कि यह अपील-साहित्य हिन्दी या हिन्दुस्तान तक सीमित नहीं है। दुनिया के जाने-माने क्रान्तिकारी कलाकार भी इसकी चपेट में आकर अमर कीर्ति से हाथ धो बैठते हैं। मिसाल के लिए दुनिया की दो बड़ी फ्रांसीसी और सोवियत क्रान्तियों से वोल्तेयर और गोर्की का सम्बन्ध रहा है। ये दोनों कलाकार क्रान्ति के समर्थक होने के नाते संसार में पूजे जाते हैं। लेकिन आलोचक चौहान का कहना है—"उदाहरण के लिए रूसो और वोल्तेयर ने अथवा आधुनिक काल में ही गोर्की ने फ्रांस और रूस की क्रान्तियों के अवसर पर तत्कालीन प्रश्नों को लेकर जो रचनाएँ कीं या आयरलैंड की क्रान्ति के अवसर पर शेली ने जो अपीलें छपवाकर बाँटीं, आज उनका कोई साहित्यिक मूल्य नहीं रहा है।"

आलोचक को बताना चाहिए कि रूसो, वोल्तेयर और गोर्की की इन क्रान्तिकारी रचनाओं का महत्त्व नहीं है तो उनकी किन रचनाओं में 'सौन्दर्य निरूपक दृष्टिकोण परिलक्षित' होता है। सोवियत रूस के कुछ मार्क्सवादी गोर्की को इसलिए भी महान् साहित्यिक मानते हैं कि उसने अपने साहित्य द्वारा सोवियत-क्रान्ति में मदद दी थी। इस तरह के मार्क्सवादियों में मालोतोव भी हैं। उन्होंने गोर्की के बारे में कहा था—"हमारी क्रान्ति पर अन्य सभी लेखकों से गोर्की की कलात्मक रचनाओं का प्रभाव अधिक शक्तिशाली और प्रत्यक्ष हुआ है। और यही कारण है कि हमारे देश में और सारी दुनिया की श्रमिक जनता की दृष्टि में गोर्की सर्वहारा-साहित्य, समाजवादी साहित्य का सच्चा जन्मदाता है...कलाकार और साहित्यिक लोग गोर्की से सीख सकते हैं कि शब्दों में कौन-सी शक्ति आ जाती है जब वे मनुष्य के सुख के लिए संघर्ष में काम आते हैं, और जनसाधारण के हृदय तक पहुँचते हैं।...गोर्की श्रमिक जनता का सबसे बड़ा मित्र था। समाजवाद लाने के लिए जो संघर्ष होता था, उसे वह प्रेरणा देता था।...लेनिन के बाद गोर्की की मृत्यु हमारे देश और मानवता की सबसे बड़ी क्षति है।"

इन शब्दों से स्पष्ट है कि गोर्की का महत्त्व मानव संघर्ष में भाग लेने से कम

नहीं हुआ बल्कि और बढ़ गया है। लेकिन चौहान इस पक्ष में नहीं हैं कि साहित्य को इस तरह संघर्ष से बाँध दिया जाए। 'साहित्य की परख' से पहले भी उन्होंने 'क्या साहित्य प्रोपेगंडा है' लेख में लिखा था—"रूसी क्रान्ति के अवसर पर यह नारा लगाया गया कि साहित्य वर्ग-युद्ध का एक हथियार है। यह एक गलत नारा था।" यह आश्चर्य की बात है कि चौहान यह सब नुक्ताचीनी मार्क्सवाद के नाम पर करते हैं। उधर कुछ मार्क्सवादी ऐसे हैं जो सोवियत लेखकों तक से इस बात की शिकायत करते हैं कि उन्होंने क्रान्तिकारी आन्दोलन बढ़ाने के लिए यथेष्ट साहित्य नहीं दिया। दुनिया के मजूदर-आन्दोलन के प्रसिद्ध नेता जार्ज दिमित्रोव ने सोवियत लेखकों की एक सभा में कहा था—"कविता, उपन्यास, कहानी आदि कलाकृतियों के रूप में तुम हमें एक तेज हथियार दो जो संघर्ष में काम आ सके। अपनी कला से क्रान्तिकारी कार्यकर्ता बनाने में मदद करो।"

चौहान के उदाहरणों में शेली का नाम भ्रामक रूप से लिया गया है। आयरलैंड में जाकर शेली ने अपना साहित्य नहीं वितरित किया था बल्कि एक विशुद्ध राजनीतिक अपील बाँटी थी। उसे साहित्य की मिसाल कहना गलत है। राजनीतिक विषयों पर शेली ने और बहुत-सी साहित्यिक रचनाएँ की थीं जिनकी मिसाल देना अधिक उचित होगा। अठारहवीं सदी के भौतिकवाद और फ्रांसीसी राज्य-क्रान्ति का बहुत गहरा असर शेली पर पड़ा था। उसके साहित्य में जो नई चेतना मिलती है, उसका यही कारण है।

साहित्य को संघर्ष से दूर रखने के प्रयत्न का स्वाभाविक परिणाम यह होता है कि प्रगतिशील साहित्य की कोई जरूरत नहीं रहती और कला के शाश्वत मानदंडों के अनुसार हर कलाकार प्रगतिशील मालूम होने लगता है। "कलाकार स्वभावतः प्रगतिशील होता है, उसकी सृजन चेष्टा बाह्य जीवन के अनुभव और सौन्दर्यमूलक प्रवृत्ति अर्थात् व्यवस्था, सामंजस्य और मुक्तिकामी, निसर्ग चेष्टा से उत्प्रेरित होती है।" यही दलील अब तक के पलायनवादी और प्रतिक्रियावादी देते आए हैं। समाज के प्रति अपनी जिम्मेदारी से बचने के लिए वे बराबर यह दलील देते रहे हैं कि जब सच्ची अनुभूति होगी तब हम साहित्य लिखेंगे और वह अनुभूति चाहे जिस वर्ग के पक्ष में हो, सौन्दर्य-मूलक होने के कारण लोगों को उसका आदर करना ही होगा।

प्रगतिवादी आलोचकों ने इस बात पर बराबर जोर दिया है कि लेखकों को अपना सामाजिक उत्तरदायित्व समझकर सचेत रूप से लेखनी चलानी चाहिए। लेकिन चौहान को यह सहन नहीं है कि कलाकार पर किसी तरह का नियन्त्रण हो और आलोचक उसे यह बताएँ कि इस विषय पर भी लेखनी उठाने की जरूरत है। वह कहते हैं, "प्रगतिवाद यदि साहित्य का नया दृष्टिकोण है तो इसका तात्पर्य यह कदापि नहीं है कि समीक्षक साहित्यकार को कलावस्तु या कलारूप सम्बन्धी निर्देश दे।" इसलिए आलोचक का एक ही काम रह जाता है कि वह कलाकृति का

सौन्दर्य-निरूपण मात्र करता रहे। चौहान का दृष्टिकोण कला कला के लिए के सिद्धान्तवादियों से मिलता-जुलता है। कला का सौन्दर्य ही मनुष्य को उन्नत और सुसंस्कृत बनाता है; इसलिए हर कलाकृति का सुन्दर होना ही यथेष्ट है, प्रगतिवाद की चर्चा बेकार है। वह कहते हैं—"कलाकृति मनुष्य और चेतना को अधिक व्यापक और गहरा बनाती है और इस प्रकार अधिक समन्वित मानव-मूल्यों का निर्माण करती है। अपने संस्कृति विधायक रूप में कला या साहित्य भी स्वभावतः प्रगतिशील होता है। अतः एक कलाकार या उसकी कृति को प्रगतिवादी होना जरूरी नहीं है, अर्थात् यह जरूरी नहीं है कि कलाकार प्रगतिवाद के सिद्धान्त को सामने रखकर रचना करे और अपनी रचना को उनका दृष्टान्त बना दे।"

ध्यान देने की बात है कि एक तरफ तो कलाकार स्वभावतः प्रगतिशील होता है और दूसरी तरफ उसका प्रगतिवादी होना भी जरूरी नहीं है। जब हम हर कलाकार को सौन्दर्यवादी दृष्टिकोण से प्रगतिशील मान लेंगे तो जाहिर है कि प्रगतिवाद एक व्यर्थ की चीज बन जाएगा। यह सही है कि प्रगतिशील लेखकों को लक्षण ग्रन्थों के उदाहरण नहीं लिखना है। परन्तु इसका यह मतलब नहीं है कि हम कलाकार की रचना में यह न परखें कि वह प्रगति का समर्थक है या उसका विरोधी! अपने सौन्दर्यवादी दृष्टिकोण के कारण चौहान यह नहीं समझते कि साहित्य और कला सर्वसाधारण की वस्तु बनेगी। जीवन संश्लिष्ट है, इसलिए साहित्य संश्लिष्ट और क्लिष्ट दोनों होगा (खुद चौहान की शैली इसकी मिसाल है)। उन्होंने आई.ए. रिचर्ड्स के स्वर में स्वर मिलाकर यह विचित्र दावा किया है—"जो प्रत्यक्ष और बोधगम्य है, वह कला या कविता नहीं हो सकती! कला इसी कारण एक सीमा तक दुरूह और जटिल अनुभव है" इत्यादि; यह है प्रगतिवाद का फ़ातिहा।

चौहान ने समन्वय की बात भी उठाई है। यदि मार्क्सवाद अधूरा है तो उसे जरूर पूरा करना चाहिए। लेकिन मालूम ऐसा होता है कि मनोविज्ञान और समाजशास्त्र के समन्वय का नारा इसलिए बुलन्द किया जा रहा है कि हम सामयिकता की माँग से बच सकें। इस तरह का समन्वय करने की कोशिशें पहले भी की जा चुकी हैं और जैसे वे पहले विफल हो चुकी हैं, वैसे ही हिन्दी में भी, बाबू गुलाबराय के आशीर्वाद के बावजूद भी, वे विफल होंगी। चौहान को समाजशास्त्र से चिढ़ नहीं है। उनका विरोध कुत्सित समाजशास्त्र से है। अगर उसका कुत्सितपन दूर कर दिया जाए तो शायद उन्हें वह ग्राह्य हो जाए। पता नहीं वे मनोविज्ञान से किसका समन्वय करेंगे, शुद्ध समाजशास्त्र का या उसके कुत्सित रूप का? यदि मार्क्सवाद के कुत्सित रूप से ही आपत्ति है तो उसका शुद्ध रूप ग्रहण करने के बाद इस मनोवैज्ञानिक समन्वय की जरूरत नहीं रहती।

देखना चाहिए कि कुत्सित समाजशास्त्र क्या है। सोवियत लेखकों में इस विषय की काफी चर्चा हो चुकी है। मार्क्सवाद को न समझने से यह भ्रान्ति पैदा होती

है, लेकिन उसका समाधान मनोवैज्ञानिक समन्वय नहीं है। ऐतिहासिक विकास-क्रम को न समझने से कुत्सित समाजशास्त्री भिन्न परिस्थितियों में एक ही वर्ग के प्रगतिशील और प्रतिक्रियावादी कार्यों को नहीं समझ पाते। इससे वे लेखक को उस वर्ग से बाँध देते हैं जिसमें वह पैदा हुआ है। उनकी समझ में यह नहीं आता कि अभिजात वर्ग में पैदा होकर पुश्किन और तोल्स्तोय जनता के लेखक कैसे बने। इन्हीं के साथी हिन्दुस्तान में भी नहीं समझ पाते कि अमीचन्द के घराने में पैदा होकर भारतेन्दु हरिश्चन्द्र किस तरह जनता के लेखक बने। यदि साहित्य-समालोचना में हम छन्द और अलंकारों के अलावा लेखक के भावों और विचारों पर भी ध्यान देंगे तो यह जरूरी होगा कि हम उसके युग की सीमाओं को भी याद रखें। ऐसा न करने पर पिछले जमाने के सभी कलाकार समान रूप से प्रतिक्रियावादी नजर आएँगे। यदि हम उनके भावों और विचारों पर ध्यान न देकर छन्द और अलंकारों की कसौटी पर ही परखेंगे तो वे सब के सब प्रगतिशील भी नजर आ सकते हैं। इसलिए साहित्य-समालोचना में ऐतिहासिक दृष्टिकोण की जरूरत है। पिछले युगों की सीमाओं को देखे बिना हम पुराने कलाकारों की सीमाओं को नहीं पहचान सकते। परिणाम यह होगा कि या तो हम उनके पीछे आँख मूँदकर चलेंगे या फिर उनकी तरफ से बिल्कुल ही आँख मूँद लेंगे। बहरहाल आँख किसी दशा में खुली न होगी, इसलिए ऐतिहासिक दृष्टिकोण जरूरी है। फ्रांस के प्रसिद्ध मार्क्सवादी विचारक जाकदूक्लौ ने बुद्धिजीवियों के बारे में लिखा है—"हर चीज यही साबित करती है कि जो साहित्य मानव इतिहास के निर्माण की व्यंजना करता है या उसका प्रतिबिम्ब होता है, वही टिकाऊ होता है।" इतिहास के निर्माण का यह मतलब है कि युग एक-दूसरे से जुड़े होते हैं और बदलते रहते हैं। हर युग की विचारधारा को समझने के लिए ऐतिहासिक दृष्टिकोण होना जरूरी है। इस तर्क को विकृत करके चौहान ने लिखा है कि सापेक्षतामूलक तर्क-प्रणाली का मतलब यह होता है कि अमुक लेखक अपने युग में प्रगतिशील था अब नहीं रहा। ऐतिंहासिक दृष्टिकोण का यह मतलब नहीं है। किसी लेखक के युग की सीमाओं को समझने का यह मतलब होता है कि हम अपने युग के लिए उसका महत्त्व अच्छी तरह जान लें। यही एक तरीका है जिससे हम अपनी प्राचीन परम्परा के प्रगतिशील तत्त्वों को पहचान सकते हैं। इसे अस्वीकार करने से 'कला कला के लिए' वाला सौन्दर्यवादी दृष्टिकोण ही हाथ लगेगा।

प्राचीन साहित्य का मूल्यांकन करते हुए चौहान इसी सौन्दर्यवादी दृष्टिकोण का प्रयोग करते हैं। कालिदास का साहित्य क्यों स्थायी है, इसकी व्याख्या करने के लिए उनके युग और समाज की सापेक्ष सीमाओं का निरूपण करना जरूरी नहीं है। यह बताने के लिए हमें उन तत्त्वों की व्याख्या करनी होगी जिनसे "कालिदास की रचनाएँ आज भी हमें सौन्दर्यबोध कराती हैं।" आलोचक के लिए जरूरी है कि वह

"आधुनिक चेतना के अनुरूप कालिदास की सर्वांग पुनःसृष्टि करे।" इस पुनःसृष्टि से नए कालिदास जरूर पैदा हो जाएँगे लेकिन वे ऐतिहासिक दृष्टि से सत्य न होंगे।

ऐतिहासिक दृष्टिकोण न होने से कभी-कभी यह गलती भी हो जाती है कि कहीं की ईंट कहीं का रोड़ा लेकर हवा में प्रगतिवाद का महल बनाने लगते हैं। हिन्दी में प्रगतिशील साहित्य पर नजर डालें तो स्पष्ट हो जाएगा कि छायावाद के पतन-काल में एक साहित्यिक आवश्यकता की पूर्ति के लिए प्रगतिवाद का जन्म हुआ था। देश के सामाजिक और राष्ट्रीय आन्दोलन से उसका घनिष्ठ सम्बन्ध रहा है और ज्यों-ज्यों यह आन्दोलन क्रान्तिकारी बनता गया है, त्यों-त्यों प्रगतिवाद का रूप भी निखरा है। चौहान ने प्रगतिवाद के साहित्यिक आन्दोलन को ऐतिहासिक दृष्टि से देखने की कोशिश नहीं की। फलतः वे प्रगतिवाद की ऐसी व्याख्याएँ करते हैं जिनका हिन्दी साहित्य से कोई सम्बन्ध नहीं होता। अपनी पुस्तक 'प्रगतिवाद' के आरम्भ में ही वह कहते हैं—"प्रगतिवाद साहित्य की वह धारा है, जो पूँजीवाद के अन्तिम काल में उत्पन्न होती है, जो पूँजीवादी साहित्य और कला की सारी कामयाबियों और सजीव परम्पराओं को ग्रहण कर एक नए जन-साहित्य का निर्माण करती है।" यह 'पूँजीवाद का अन्तिम काल' किन देशों में आया है? इस व्याख्या का हिन्दुस्तान या हिन्दी साहित्य से क्या सम्बन्ध हो सकता है? चौहान उन लोगों में हैं जो 'विरोध-जन्य गतिशील नैतिकवाद' से कम बात नहीं करते, लेकिन दुर्भाग्य से साहित्य और समाज के बारे में कुछ बहुत ही मोटी बातें भूल जाया करते हैं।

इसलिए जब वे कहते हैं कि प्रगतिवाद को "निसर्गतः मनोवैज्ञानिक और सामाजिक दृष्टिकोणों का समन्वित दृष्टिकोण उपस्थित करना चाहिए था," तब हम समझ जाते हैं कि उनके समन्वय का मतलब क्या है। आज वह फिर साहित्य को सामाजिक संघर्ष से दूर खींचकर व्यक्तिवादी अन्तर्द्वन्द्व के भँवर में डाल देना चाहते हैं। कुत्सित समाजशास्त्र जरूर गलत है, साहित्य के सौन्दर्य को भुला देना उसके साथ अन्याय करना है, किसी लेखक के लिए यह कहना कि वह कल के लिए प्रगतिशील था, आज उससे हमारा कोई सम्बन्ध नहीं है, गलत है; लेकिन इन बातों का यह मतलब नहीं है कि साहित्य मानव-संघर्ष में मदद न करे, वह मानव-विकास का सबसे प्रबल अस्त्र न बने, प्राचीन कलाकारों का मूल्यांकन करते हुए हम उनके भावों और विचारों का ऐतिहासिक महत्त्व न समझें। चौहान ने कुछ अर्द्धसत्यों की नींव पर एक असत्य को खड़ा कर दिया है। शाश्वत सौन्दर्य की खोज में वह सामयिकता को हिकारत की नजर से देखते हैं। उन्हें यह याद दिलाने की जरूरत है कि सामयिक संघर्ष में आधुनिक साहित्य जितना ही तपेगा, उसका रंग-रूप उतना ही निखरेगा। इस संघर्ष से दूर रहकर यदि लेखक सोने की कलम से भी काल्पनिक सपनों के गीत लिखेगा तो उसकी कलम और साहित्य का मूल्य दो कौड़ी से ज्यादा न होगा।

9. शाश्वत सत्य और साहित्य

कुछ लोगों का विचार है कि प्रगतिशील साहित्य बदलती हुई परिस्थितियों का चित्रण करता है, इसलिए वह स्थायी साहित्य नहीं हो सकता। अगर उसे स्थायी बनाना है तो उसमें ऐसे सत्य का चित्रण करना चाहिए जो इन बदलती हुई परिस्थितियों से बँधा हुआ न हो, यानी जो शाश्वत हो। शाश्वत सत्य का दावा करनेवाले यह भी कहते हैं कि जो प्राचीन साहित्य अमर है, वह शाश्वत सत्य का चित्रण करने से ही अमर हो सका है। इसलिए बदलती हुई परिस्थितियों के चित्रण से बचना चाहिए। जो लोग इन परिस्थितियों को बदलने के लिए साहित्य लिखते हैं, वह उसे प्रचार का माध्यम बना देते हैं—साहित्य साध्य न होकर एक साधन बन जाता है। यह साहित्य का पतन है, कला का ह्रास है और इसलिए साहित्य की प्रतिष्ठा के लिए उसमें शाश्वत सत्य की प्रतिष्ठा करनी चाहिए।

शाश्वत सत्य के बारे में मार्क्सवाद की मान्यता क्या है?

—क्या वह शाश्वत सत्य नाम के किसी सत्य को स्वीकार करता है?

—क्या मार्क्सवाद के अनुसार बदलने वाली परिस्थितियों को चित्रित करने वाला साहित्य अस्थायी और मरणशील होता है?

—स्थायी साहित्य रचने के लिए मार्क्सवाद के अनुसार उसमें किस तरह के तथ्यों का चित्रण होना चाहिए?

इन प्रश्नों पर मार्क्स, एंगेल्स, लेनिन, स्तालिन ने काफी प्रकाश डाला है। यहाँ पर विशेष रूप से एंगेल्स तथा लेनिन की मान्यताओं का जिक्र करना काफी होगा।

हेगल के दर्शन के क्रान्तिकारी पहलू का उल्लेख करते हुए एंगेल्स ने लिखा था—

"सत्य, जिसकी जानकारी हासिल करना दर्शनशास्त्र का काम है, हेगल के हाथों में ऐसे भरे-पूरे दुराग्रहपूर्ण वक्तव्यों का जोड़ (ऐन एग्रीगेट आफ फिनिश्ड डॉगमैटिक स्टेटमेंट्स) नहीं रहा जिसे एक बार आविष्कृत होने पर सिर्फ रट लेना बाकी रह जाता है। अब सत्य उस जानकारी के क्रम में, विज्ञान के उस लम्बे विकास के क्रम में ही निहित था जो ज्ञान के निम्न स्तरों से बराबर ऊँचे स्तरों तक उठता जाता है। यह (विकास-क्रम) तथाकथित शाश्वत सत्य का आविष्कार नहीं करता और इस तरह ऐसी जगह नहीं पहुँचता जहाँ से आगे बढ़ने की गुंजाइश न हो और जहाँ उसके लिए बस यह काम बाकी रह जाए कि वह हाथ जोड़कर शाश्वत सत्य के दर्शन करता रहे।" (फ्रेडरिक एंगेल्स—लुडविग फायरबाख, अंग्रेजी संस्करण, पृष्ठ 14)।

इस प्रकार मार्क्सवाद शाश्वत सत्य की धारणा को अस्वीकार करता है। वह सत्य को ऐतिहासिक विकास-क्रम में देखता है। उसे ऐतिहासिक परिस्थितियों से

परे नहीं मानता।

क्या इसका मतलब है कि हर सत्य सापेक्ष होता है, इसलिए निरपेक्ष सत्य की धारणा बिलकुल झूठी है? अगर सत्य हमेशा सापेक्ष होता है तो उसे असत्य ही क्यों न कहा जाए? मार्क्सवाद के अनुसार सापेक्ष और निरपेक्ष सत्य में क्या सम्बन्ध है?

लेनिन ने अपनी पुस्तक 'मैटीरियलिज्म एंड एम्पीरियो क्रिटिसिज्म' में इन प्रश्नों का जवाब दिया है। यह कहते हैं—"भौतिकवादी होने का अर्थ उस वस्तुगत सत्य को स्वीकार करना है जिसे हमारी इन्द्रियाँ प्रकट करती हैं। वस्तुगत सत्य—यानी ऐसा सत्य जो मनुष्य या मानव जाति पर निर्भर नहीं है—स्वीकार करने का मतलब किसी-न-किसी तरह से निरपेक्ष सत्य को ही स्वीकार करना है।" (पृ. 131)

निरपेक्ष सत्य को स्वीकार करने का यह मतलब नहीं है कि मार्क्सवाद उस शाश्वत सत्य की धारणा को सही मानता है जिसे पाने के बाद फिर और कुछ पाना नहीं रह जाता। लेनिन शाश्वत और निरपेक्ष सत्य में भेद करते हुए कहते हैं—"अगर हमें भौतिकवाद को आगे बढ़ाना है तो हमें 'शाश्वत सत्य' ऐसे शब्दों के साथ खिलवाड़ बन्द कर देना चाहिए। सापेक्ष और निरपेक्ष सत्य का सम्बन्ध क्या है, हमें इस सवाल को द्वन्द्वात्मक ढंग से पेश करना और उसका जवाब देना सीखना चाहिए।" (उप.)

इस सम्बन्ध पर प्रकाश डालते हुए वह कहते हैं—"मानवीय चिन्तन अपनी प्रकृति से ही यह योग्यता रखता है कि वह निरपेक्ष सत्य है, और उसे वह देता है। यह निरपेक्ष सत्य सापेक्ष सत्यों के जोड़ से मिलकर बनता है। विज्ञान के विकास में हर कदम निरपेक्ष सत्य के जोड़ में कुछ नए कण मिला देता है, लेकिन हर वैज्ञानिक धारणा की सीमाएँ सापेक्ष होती हैं। ज्ञान की वृद्धि के साथ ये सीमाएँ कभी संकुचित, कभी विस्तृत होती हैं।" (उप., पृ. 133-34)

इस प्रकार मार्क्सवाद सापेक्षतावाद से भिन्न वस्तु ठहरता है। सापेक्षता को स्वीकार करते हुए भी मार्क्सवाद निरपेक्षता से इनकार नहीं करता। वह सापेक्ष और निरपेक्ष सत्य में द्वन्द्वात्मक सम्बन्ध कायम करता है। सापेक्ष सत्यों की कड़ी जोड़कर ही निरपेक्ष सत्य की प्रतिष्ठा होती है। लेकिन यह निरपेक्ष सत्य अपने पूर्ण रूप में उपलब्ध नहीं होता। इसलिए उसमें उत्तरोत्तर वृद्धि होती है, उसके सामने हाथ जोड़कर दर्शन करते रहने की नौबत नहीं आती।

केवल मार्क्सवादी पद्धति से चलकर हम निरपेक्ष सत्य के निकट पहुँचते हैं। शाश्वत सत्य का दर्शन करानेवाले सज्जन, सापेक्ष निरपेक्ष के सम्बन्ध को लाँघकर, किसी भी सत्य के दर्शन नहीं करा पाते। लेनिन के शब्दों में—"मार्क्सवाद की राह पर चलकर हम बराबर वस्तुगत सत्य के नजदीक पहुँचते जाएँगे, लेकिन यह कभी रीता न होगा।" (उप., पृ. 142)

इस प्रकार मार्क्सवाद के अनुसार साहित्य किसी ऐसे शाश्वत सत्य का चित्रण

नहीं कर सकता जो सामाजिक परिस्थितियों से परे हो। जिस समाज में वर्ग-संघर्ष कायम है, उसको चित्रित करनेवाला साहित्य वर्गों से परे नहीं हो सकता। वर्गहीन विशुद्ध मानवीय साहित्य की रचना तभी हो सकेगी जब समाज से वर्ग निर्मूल हो जाएँगे और उनके आधार पर बने हुए संस्कार भी मनुष्य की चेतना से निकल जाएँगे।

अक्सर ऐसा हुआ है कि लोग एक नए तथ्य का आविष्कार करके उसे शाश्वत कहने लगे हैं। फ्रांसीसी राज्य क्रान्ति के रूप में सामन्तवाद के विरुद्ध जो विद्रोह हुआ था उससे ऐसे अनेक 'शाश्वत' सत्यों की पुष्टि हुई थी। उस समय के अनेक विचारक शाश्वत सत्य के साथ शाश्वत समानता और शाश्वत न्याय की भी प्रतिष्ठा करने लगे थे।

एंगेल्स ने इन शाश्वत आविष्कारों की छानबीन करके यह दिखा दिया कि वे ऐतिहासिक परिस्थितियों से ऊपर नहीं उठे हुए थे। उन्होंने लिखा—"हम आज जानते हैं कि यह विवेक (रीजन) का संसार पूँजीवादी वर्ग के 'आदर्श राज्य' के अलावा और कुछ न था। शाश्वत न्याय पूँजीवादी न्याय के रूप में प्रतिफलित हुआ। समानता कानून के सामने पूँजीवादी समानता में सीमित हो गई और पूँजीवादी सम्पत्ति को मनुष्य के सबसे आवश्यक अधिकारों में घोषित किया गया। विवेक से चलनेवाली सरकार, रूसो का सामाजिक समझौता, एक पूँजीपन्थी जनवादी प्रजातन्त्र के रूप में चरितार्थ हुआ, और उसी रूप में वह चरितार्थ हो भी सकता था। 18वीं सदी के महान् विचारक अपने युग की सीमाओं को वैसे ही नहीं लाँघ सके जैसे उनके पहले के विचारक न लाँघ सके थे।" (एंटी डूयरिंग, पृ. 30-31)

आधुनिक समाज का विकास इस पूँजीवादी न्याय और पूँजीवादी समानता से ही सम्भव हुआ है। उसकी सापेक्षता इतिहास के लिए आवश्यक थी। लेकिन उस समय के विचारकों ने इतिहास की सीमाओं को न पहचान कर अपनी धारणाओं को शाश्वत करार दे दिया था।

रोमांटिक साहित्य में, खास तौर से, हम इस शाश्वत के लिए भाग-दौड़ देखते हैं। शेली शाश्वत सौन्दर्य का दर्शन करने के लिए विकल रहता है। सौन्दर्य की आभा दुःखपूर्ण संसार में उसे जहाँ-तहाँ उभरती हुई दिखाई देती है और फिर हाथ से गायब हो जाती है।

हिन्दी लेखकों पर शेली का प्रभाव विशेष रूप से पड़ा है। इसलिए भी शाश्वत सौन्दर्य की धारणा से पीछा छुड़ाने में उन्हें कठिनाई होती है। एंगेल्स की निम्न पंक्तियाँ शेली पर बहुत चुस्त बैठती हैं—"अगर शुद्ध विवेक और न्याय से संसार अभी तक शासित नहीं हुआ तो वह इसीलिए कि आदमियों ने उन्हें ठीक-ठीक समझा न था। जिस चीज की कमी थी, वह सिर्फ एक प्रतिभाशाली व्यक्ति था। अब वह प्रतिभाशाली व्यक्ति पैदा हो गया है और उसने सत्य के दर्शन भी कर लिए हैं। वह

अब पैदा हुआ और इसी खास समय में उसने सत्य के दर्शन किए हैं, यह (उसके लिए) अनिवार्य घटना नहीं है। ऐतिहासिक विकास-क्रम में यह कोई लाजिमी कड़ी नहीं है, बल्कि एक सुन्दर आकस्मिक घटना है। यह प्रतिभाशाली व्यक्ति 500 साल पहले भी पैदा हो सकता था और तब वह मनुष्य जाति को 500 साल की गलतियों के कष्ट और संघर्ष से बचा लेता...। चूँकि शाश्वत सत्य देश, काल और मनुष्य के ऐतिहासिक विकास से परे है, इसलिए यह सिर्फ आकस्मिक बात है कि कब और कहाँ उसका पता लग जाता।'' (उप., पृ. 33)

एंगेल्स ने यहाँ जिस कल्पनावादी समाजवाद पर व्यंग्य किया है, उससे मिलती-जुलती चीज उन तमाम रोमांटिक कवियों के अन्दर रही है जो फ्रांसीसी राज्यक्रान्ति के बाद साहित्य में शाश्वत सत्य और शाश्वत सौन्दर्य की प्रतिष्ठा करके दुनिया को स्वर्ग बना देना चाहते थे। मार्क्सवाद सिखाता है कि किसी भी मनुष्य के लिए समाज के ऐतिहासिक विकास की सीमाओं को लाँघ जाना असम्भव है। जिस सत्य तक मनुष्य जाति की आगामी लाखों पीढ़ियाँ पहुँचेंगी, उस तक आज ही किसी एक मनुष्य के लिए पहुँच सकना सम्भव नहीं है। या तो हम इससे इनकार कर दें कि मनुष्य का इतिहास विकास का एक क्रम है या फिर शाश्वत सत्य की मरीचिका से मुँह फेरना होगा।

एक व्यक्ति ऐसा था जिसने दोनों ही बातें करने की कोशिश की थी—मनुष्य के इतिहास को विकास का क्रम भी माना था और शाश्वत सत्य की प्रतिष्ठा भी करना चाहता था। उस व्यक्ति का नाम था हेगल। दोनों धारणाओं में अन्तर्विरोध था, इसलिए उसका दार्शनिक ढाँचा बीच से टूट गया। एंगेल्स ने इस अन्तर्विरोध पर प्रकाश डालते हुए बताया है कि विकास की भावना के साथ शाश्वत सत्य की पटरी क्यों नहीं बैठ सकती।

''एक ओर तो उसकी (हेगल के दर्शनशास्त्र की) बुनियादी मान्यता ऐतिहासिक दृष्टिकोण की थी कि मानवीय इतिहास एक विकास क्रम है जो स्वभाव से ही किसी भी तथाकथित शाश्वत सत्य के आविष्कार में बौद्धिक आन्तिकता (इंटैलेक्चुअल फाइनैलिटी) स्वीकार नहीं कर सकता। लेकिन दूसरी तरफ वह इस शाश्वत सत्य का तत्त्व होने का दावा भी करता था।

''प्राकृतिक और ऐतिहासिक ज्ञान का ऐसा शास्त्र (सिस्टम) जो कि सर्वव्यापी हो और सर्वकाल के लिए आन्तिक हो, द्वन्द्वात्मक चिन्तन के बुनियादी नियमों के प्रतिकूल है। लेकिन यह द्वन्द्वात्मक चिन्तन इस धारणा का बहिष्कार नहीं करता बल्कि उसे स्वीकार करता है कि समूचे बाह्य संसार का व्यवस्थित ज्ञान पीढ़ी-दर-पीढ़ी बहुत बड़े-बड़े कदम रखता हुआ आगे बढ़ सकता है।'' (उप., पृ. 41)

जो काम हेगल नहीं कर सका, उसे कुछ हिन्दी के समन्वयवादी लेखक करना चाहते हैं। वे एक तरफ तो मार्क्सवाद को मानने का भी दम भरते हैं और मानवीय

इतिहास को विकास-क्रम मान लेते हैं, दूसरी तरफ योगी अरविन्द की मदद से अन्तर्मन की सात परतों में पैठकर शाश्वत सत्य की कौड़ी ले आते हैं। इसमें उन्हें कोई असंगति, कोई अन्तर्विरोध, कोई अवैज्ञानिकता नहीं दिखाई देती।

एंगेल्स ने हेगल के दर्शनशास्त्र को एक 'कॉलोसल मिसकैरिज' कहा था। समन्वयवादी लेखक 'कॉलोसल' भले न हों, लेकिन उनका यह चिन्तन 'मिसकैरिज' अवश्य है!

कुछ लोग समझते हैं कि मानवीय चिन्तन ऐसे नियमों से परिचालित है जिन पर देशकाल का बन्धेज नहीं है वे मानवीय चिन्तन की सार्वभौम स्वतन्त्रता का दावा पेश करते हैं। एंगेल्स पूछते हैं कि "मानवीय चिन्तन है क्या?—क्या वह किसी व्यक्ति विशेष का चिन्तन है?—नहीं वरन् वह भूत, वर्तमान और भविष्य के करोड़ों आदमियों के व्यक्तिगत चिन्तन के रूप में ही सामने आ सकता है।" (उप., पृ. 129)

इस रूप में मानवीय चिन्तन की सार्वभौम स्वतन्त्रता स्वीकार की जा सकती है। लेकिन ऐसी स्वतन्त्रता स्वीकार करने से कोई हानि-लाभ नहीं है। व्यक्तिगत चिन्तन और चिन्तन की सार्वभौम स्वतन्त्रता के बीच में एक अन्तर्विरोध है जो मनुष्य की अनन्त पीढ़ियों के गुजरने से ही हल हो सकता है।

"इस अर्थ में मानवीय चिन्तन की जितनी सार्वभौम स्वतन्त्रता है, उतनी परतन्त्रता भी है और ज्ञान के लिए उसकी क्षमता उतनी ही असीम है, जितनी सीमित है। ऐतिहासिक उद्देश्य को देखते हुए, उसकी सम्भावनाओं, प्रवृत्ति और कार्य को देखते हुए, मानवीय चिन्तन असीम है और उसकी सार्वभौम स्वतन्त्रता है। साथ ही व्यक्तिगत व्यंजना में और एक निश्चित समय में चरितार्थ होने से मानवीय चिन्तन सीमित है और उसकी सार्वभौम स्वतन्त्रता नहीं है।" (उप., पृ. 133)

यहाँ पर मानवीय चिन्तन की सीमाएँ दिखाते हुए उसके सीमाहीन विकास की ओर भी संकेत किया गया है। दूसरे शब्दों में, एंगेल्स ने सापेक्ष और निरपेक्ष सत्य के द्वन्द्वात्मक सम्बन्ध को, यहाँ फिर प्रकट किया है। अगर कोई कहे कि मनुष्य जाति शाश्वत सत्यों तक पहुँच जाए, ऐसे परिणामों तक पहुँच जाए जो त्रिकाल सत्य हों तो दुनिया का क्या होगा? एंगेल्स का जवाब है कि तब मनुष्य जाति "ऐसी जगह पहुँच जाएगी जहाँ बौद्धिक संसार की असीमता व्यक्त और अव्यक्त दोनों रूपों में खत्म हो जाएगी, इसका मतलब यह होगा कि अनगिनत को गिन लेने का प्रसिद्ध चमत्कार तब पूरा हो जाएगा।" (उप., पृ. 130-31)

क्या इसका यह मतलब है कि दुनिया में कोई भी वस्तु त्रिकाल सत्य नहीं होती? एंगेल्स कहते हैं कि होती है, जैसे कि पैरिस फ्रांस में है, और नैपोलियन 5 मई 1821 को मरा। लेकिन यह चीज सामाजिक इतिहास पर नहीं लागू होती—"यहाँ का ज्ञान अनिवार्य रूप से सापेक्ष रहता है क्योंकि यह ज्ञान समाज और राज्य-सत्ता

के कुछ रूपों के सम्बन्ध और परिणाम पहचान कर चलता है। राज्य-सत्ता और समाज के रूप किसी निश्चित युग में होते हैं, किन्हीं खास लोगों में होते हैं तथा अपनी प्रकृति से ही अस्थायी होते हैं। इसलिए जो कोई इस क्षेत्र में आन्तिक और पूर्ण सत्यों को खोजने की कोशिश करेगा, ऐसा सत्य लाने की कोशिश करेगा जो नितान्त शुद्ध और पूर्णतः अपरिवर्तनशील हो, उसके पल्ले कुछ भी न पड़ेगा। बेकार की और छिछली लंतरानियाँ जरूर उसके पल्ले पड़ सकती हैं—मसलन आम तौर से कहा जा सकता है कि आदमी बिना श्रम के नहीं जी सकता, अब तक मनुष्य जाति अधिकतर शासक और शासितों में बँटी रही है, नैपेलियन 5 मई 1821 को मरा था इत्यादि।" (उप., पृ. 134)

इससे जाहिर है कि जो लोग सामाजिक यथार्थ का चित्रण करते हैं, उन्हें इस शाश्वत सत्य की मरीचिका से खास तौर से होशियार रहना चाहिए। जहाँ शाश्वत सत्य की सबसे कम गुंजाइश है, वहीं उसका दावा भी सबसे ज्यादा किया जाता है। ऐसा ही द्रष्टा डूयरिंग था जिस पर एंगेल्स ने अपना अशाश्वत ग्रन्थ—किन्तु महान् ग्रन्थ, निरपेक्ष ज्ञान की वृद्धि में एक बहुत बड़ा कण एंटी डूयरिंग लिखा था।

सामाजिक क्षेत्र में शाश्वत नैतिकता की भी दुहाई दी जाती है। पाप-पुण्य की धारणाओं को त्रिकाल सत्य मान लिया जाता है। पाप क्या है, पुण्य क्या है, इसके पीछे बहुतों के सिर फूट चुके हैं। अगर सबके अन्तःकरण में एक ही त्रिकाल सत्य प्रतिष्ठित होता तो सिर-फुटौवल की नौबत न आती!

एंगेल्स ने नैतिक मूल्यों की छानबीन करके दिखाया है कि ये मूल्य वर्गों से परे नहीं हैं। मनुष्य के नैतिक आधार उन आर्थिक सम्बन्धों से बाहर नहीं हैं जिनके भीतर रहकर मनुष्य उत्पादन और वितरण की क्रिया पूरी करते हैं। जब आर्थिक विकास की मंजिलें एक-दूसरे से मिलती-जुलती होती हैं, तब नैतिक सिद्धान्त भी एक-दूसरे से मिलते-जुलते होते हैं—"जब से व्यक्तिगत सम्पत्ति के निजी स्वामित्व का विकास शुरू हुआ, तब से उन तमाम समाजों में, जिनमें निजी स्वामित्व कायम था, इस नैतिक नियम का भी समान रूप से मौजूद रहना आवश्यक था कि चोरी करना पाप है। क्या वह नियम, इस तरह से, शाश्वत नैतिक नियम बन जाता है? नहीं, यह शाश्वत नियम किसी तरह भी नहीं बनता। ऐसे समाज में जहाँ चोरी करने के लिए प्रेरणा का आधार ही खत्म कर दिया गया हो, जिसमें अगर चोरी होगी भी तो चोरी करनेवाले पागल ही होंगे, ऐसे समाज में उस नीतिशास्त्र के उपदेशक पर लोग हँसेंगे जो बहुत गम्भीरता से इस शाश्वत सत्य का ऐलान करेगा कि चोरी करना पाप है।" (उप., पृ. 140)

इसलिए मार्क्सवाद नैतिकता में भी शाश्वत मानदंडों को अस्वीकार करता है। अन्य विचारधाराओं के समान नैतिकता की धारणाएँ भी विकासमान मानव-समाज के इतिहास से परे नहीं हैं एंगेल्स ने घोषित किया था कि तमाम नैतिक सिद्धान्त

बुनियादी तौर से उस आर्थिक मंजिल के परिणाम होते हैं जिस तक एक विशेष युग में समाज पहुँचता है। समाज का विकास वर्ग-संघर्ष के मार्ग से हुआ है, इसलिए नैतिकता भी हमेशा वर्ग-नैतिकता रही है। नैतिकता में उन्नति हुई है, लेकिन उसका वर्ग-रूप खत्म नहीं हुआ है।

क्या वर्गों से परे मानवीय नैतिकता का निर्माण असम्भव है? एंगेल्स का जवाब है कि "यह समाज की उस मंजिल में ही सम्भव है जहाँ वर्ग-विरोध खत्म ही नहीं कर दिए गए बल्कि अमली जिन्दगी में भुला भी दिए गए हैं।" (उप., पृ. 141) जब तक ऐसा नहीं होता, तब तक शाश्वत सत्य तो दूर, हम वर्गहीन सत्य की बात भी नहीं कर सकते।

साहित्य के लिए एंगेल्स की इन मान्यताओं का बहुत बड़ा मूल्य है, (भले ही वह मूल्य शाश्वत न हो)। साहित्यकार अपने युग की ऐतिहासिक सीमाओं को लाँघ नहीं सकता, वह चाहे भी तो सामाजिक परिस्थितियों के चित्रण से बच नहीं सकता। जो लोग साहित्य और संस्कृति को राजनीति से स्वतन्त्र मानते हैं, उन पर सामाजिक प्रतिबन्ध अस्वीकार करते हैं, वे दरअसल शाश्वत सत्य की ही प्रतिष्ठा करने की कोशिश करते हैं। इस तरह वे अपने को और दूसरों को भ्रम में डालते हैं। इस बात का पता लगाने में कोई भी कठिनाई न होनी चाहिए कि संस्कृति को राजनीति से स्वाधीन करार देनेवाले ये लोग जरा भी स्वाधीन नहीं हैं, बल्कि इससे उलटा एक विशेष प्रकार की राजनीति के जबरदस्त गुलाम हैं। यह राजनीति सामन्ती और पूँजीवादी वर्गों की है। उस पर पर्दा डालने के लिए संस्कृति के स्वाधीन होने की बात कही जाती है।

श्री सुमित्रानन्दन पन्त आधुनिक भौतिकवाद को अधूरा मानते हैं, उसको भरापूरा बनाने के लिए वे उसे अध्यात्मवाद से मिलाते हैं। वह अपनी संस्कृति को धर्म और राजनीति के बीच की चीज कहते हैं। एकांगीपन से[1] बचने के लिए वह 'मध्यवर्ती पन्थ' अपनाते हैं।

संस्कृति क्या है, इस पर पन्तजी के अनुसार, एक महान् ग्रन्थ ही लिखा जा सकता है, हालाँकि फिर भी उसके साथ यथेष्ट न्याय न होगा। उस ग्रन्थ के अभाव में पन्तजी के सांस्कृतिक दृष्टिकोण की विशेषता इन वाक्यों से प्रकट हुई समझनी चाहिए—"और अभी मैं अन्तश्चेतना, अन्तःविश्वास और सहजबोध के बारे में जो

---

1. "आधुनिक भौतिकवाद हमें, मध्ययुगीन भारतीय दार्शनिकों के आत्मवाद की तरह, अपने युग के लिए एकांगी तथा अधूरा लगता है। मानव जीवन के रूपों को अखंडनीय ही मानना पड़ता है, उसके टुकड़े नहीं किए जा सकते...। सांस्कृतिक संचरण न राजनीति की तरह सम्बल संचरण है और न धर्म अध्यात्म की तरह ऊर्ध्व संचरण। वह इन दोनों का मध्यवर्ती पन्थ है।" (श्री सुमित्रानन्दन पन्त, 'सांस्कृतिक आन्दोलन—क्यों, कैसा?' संगम, 19 सितम्बर, 1948)

कह चुका हूँ, उनके अस्तित्व के बारे में भी कोई बौद्धिक प्रमाण नहीं दिया जा सकता। संस्कृति के आधारों तथा मान्यताओं की बात भी मुझे कुछ ऐसी ही लगती है।" (संगम, 19 सितम्बर, 1948)।

इससे नतीजा यह निकलता है कि पन्तजी की संस्कृति राजनीति से ही स्वतन्त्र नहीं, वह बुद्धि से भी स्वतन्त्र है। 'स्वर्ण किरण' और 'स्वर्ण धूलि' में मन, चेतना, अनुभूति आदि शब्दों का जैसा प्रयोग किया गया है, उससे यह विश्वास पक्का हो जाता है कि उनके लिए शब्द अर्थ से मुक्त हो गए हैं।

पन्तजी संसार के राजनीतिक और आर्थिक आन्दोलन से बेखबर नहीं हैं। खबर तो है, लेकिन उनका 'सहज बोध' जनवादी शक्तियों के संघर्ष को और साम्राज्यवादी युद्ध को एक ही तराजू में तौलता है। उनके लिए ये सब पार्थिव सत्ता के स्वाभाविक विस्फोट हैं, इसलिए अपने स्थान पर इनकी उपयोगिता भी सिद्ध है।

पन्तजी का सर्वनाम 'इनकी' दोनों के ही लिए आता है, जनवादी शक्तियों के लिए और साम्राज्यवादी दल के लिए भी। पन्तजी ने यह साफ-साफ नहीं बताया कि साम्राज्यवादी शक्तियाँ अपनी जगह पर किस उपयोगिता को सिद्ध कर रही हैं। उन्होंने चीन, हिन्दुस्तान जैसे देशों को पूँजीवादी राष्ट्रों और साम्यवादी रूस, 'दोनों सशक्त संगठनों के भले-बुरे परिणामों से प्रभावित तथा संत्रस्त' बतलाया है। इस तरह साम्राज्यवाद और समाजवादी देशों के भले-बुरे प्रभाव का उल्लेख करके वह अपने मध्यवर्ती पन्थ को राजनीति पर भी लागू करते हैं।

पन्तजी के शब्दों में उनकी बात इस प्रकार है—"इस युग में हमने विज्ञान द्वारा चेतना के निम्नतम धरातल पर ही—जिसे पदार्थ या भूत कहते हैं—अधिक प्रकाश डाला है। और भाप, बिजली जैसी अनेक भौतिक रासायनिक शक्तियों पर अपना आधिपत्य जमा लिया है जिसका परिणाम यह हुआ कि मानव जीवन की भौतिक एवं आधुनिक अर्थ में सामाजिक परिस्थितियाँ अधिक सक्रिय और सशक्त हो गई हैं। और जीवन की इन सबल बाह्य गतियों का नए ढंग से संगठन करने के लिए आज संसार में नवीन रूप से राजनीतिक-आर्थिक आन्दोलनों का प्रादुर्भाव, लोकशक्तियों का संघर्ष तथा महायुद्धों का हाहाकार बढ़ रहा है। यह राजनीतिक आर्थिक आन्दोलन हमारी पार्थिव सत्ता के विप्लव और विस्फोट हैं। वस्तु-सत्ता का स्वभाव ही ऐसा है, इसलिए इनकी अपने स्थान पर उपयोगिता भी सिद्ध ही है। फलतः आज हमारा पदार्थ जीवन भौगोलिक दृष्टि से मुख्यतः तीन विभागों में विभक्त हो गया है। एक ओर पूँजीवादी राष्ट्र हैं, दूसरी ओर साम्यवादी रूस और तीसरी ओर चीन, हिन्दुस्तान जैसे वे छोटे-बड़े देश जिनका निर्माण-काल अभी प्रारम्भ ही हुआ है या नहीं हुआ है और जो उपर्युक्त दोनों सशक्त संगठनों के भले-बुरे परिणामों से प्रभावित तथा संत्रस्त हैं।" (उप.)

ये वाक्य पन्तजी का राजनीतिक दृष्टिकोण जाहिर करने के लिए काफी हैं।

वे दुनिया को पूँजीवाद, समाजवाद और मध्य पथ के तीन भागों में बँटा हुआ देखते हैं। यह साहस पन्तजी में ही था कि वे इस बँटवारे को भौगोलिक कहें। पूँजीवादी राष्ट्रों और साम्यवादी रूस के बीच की खाई ऐतिहासिक न होकर भौगोलिक हो गई है। दुनिया दो कैम्पों में ही नहीं बँटी हुई है; साम्राज्य-विरोधी और साम्राज्यवादी दलों के अलावा एक तीसरा दल उन देशों का भी है जिनका निर्माण-काल अभी प्रारम्भ ही हुआ है। इसी तीसरे दल में हिन्दुस्तान है (निर्माण काल के प्रारम्भ में ही उत्पादन न बढ़ाकर कुछ सिरफिरे लोग वर्ग-संघर्ष की बात करने लगते हैं। उगते हुए राष्ट्र के साथ कैसा अन्याय है?) संसार के राजनीतिक और आर्थिक आन्दोलन ऐतिहासिक विकास-क्रम के अंग नहीं हैं, वे पार्थिव सत्ता के स्वाभाविक विस्फोट हैं। अगर आप अपार्थिव सत्ता की सतह पर पहुँच जाएँ तो संस्कृति के हवामहल में इन विस्फोटों से बच सकते हैं। विज्ञान ने चेतना के निम्नतम धरातल यानी भूत या पदार्थ पर ही अधिक प्रकाश डाला है। इसलिए पन्तजी के अनुसार चेतना से प्रकृति बनती है। प्रकृति उसका सबसे निचला रूप है; शुद्ध रूप तो अन्तश्चेतना में है जो बुद्धि से परे है।

पन्तजी के दर्शन में मार्क्सवाद से समन्वय नहीं किया गया, बल्कि समन्वय के नाम पर उसकी जगह अन्धविश्वासों को प्रतिष्ठित किया गया है, पन्तजी की अन्तश्चेतनावादी संस्कृति पहचानती है कि संसार में लोकतन्त्रवादी शक्तियों का संघर्ष भी है और महायुद्धों का हाहाकार भी है। लेकिन इन दोनों के बीच में उनका कवि-कर्तव्य कहाँ है, इस पर वह प्रकाश नहीं डालते। यह बात नहीं है कि वह राजनीतिक सवालों को उठाते नहीं। राजनीतिक ही नहीं, वे आर्थिक प्रश्न भी उठाते हैं; लेकिन उन प्रश्नों का जो समाधान वे करते हैं उससे किस वर्ग का भला होता है, यह देखना कठिन नहीं है—

> 'भर देगा भूखी जनता को अन्तर्जीवन प्लावन
> मनुष्यत्व को करो समर्पित खंडित तन कवलित मन।' और भी—
> 'आवें प्रभु के द्वार
> जो जीवन में परितापित हैं,
> हतभागे हताश शापित हैं।' इत्यादि

'स्वर्णधूलि' की कई रचनाओं में उन्होंने लोकशक्तियों के संघर्ष की बात उठाई है। संघर्ष करनेवाली जनता को उन्होंने यही उपदेश दिया है कि वह संघर्ष का रास्ता छोड़कर वर्ग-सहयोग के रास्ते पर चले। परमपिता परमात्मा की सन्तान पूँजीपति और मजदूर दोनों ही हैं। इसलिए दोनों को चाहिए—खासतौर से मजदूरों को चाहिए—कि लड़ाई-झगड़ा छोड़कर प्रेमपूर्वक रहें।

मार्क्सवाद को तिलांजलि देकर पन्तजी के पास आज यही राजनीति रह गई

है कि वह जनता को पूँजीवाद की गुलामी करना सिखाएँ। संस्कृति का कवच पहनकर वे पूँजीवाद की परिस्थितियों से ऊपर उठना चाहते हैं। भूत और अध्यात्म के बीच में वह मध्यवर्ती मार्ग से यात्रा करना चाहते हैं। उनकी राजनीति पुकार-पुकार कर कह रही है कि मध्यवर्ती मार्ग पूँजीवादी मार्ग के अलावा और कुछ नहीं है।

इसलिए संस्कृति को राजनीति से स्वतन्त्र रखने का दावा केवल एक भुलावा है।

संस्कृति और साहित्य के नाम पर जो अधिकांश कलाकार अपने मध्यवर्ती होने या राजनीति से स्वतन्त्र होने का दावा करते हैं, वे ऐसी राजनीति को छिपाते हैं जो देखने में बहुत सुघर नहीं मालूम होती।

1905 में लेनिन ने सर्वहारा उद्देश्य की पूर्ति के लिए पार्टीजन साहित्य की माँग की थी। मार्क्स और एंगेल्स को उन्होंने पार्टीजन दर्शनकार बताया था जो सर्वहारा उद्देश्य के लिए, बिना कभी विचलित हुए, लड़ते रहे थे। जिस समाज में वर्गभेद कायम हो, उसमें वर्गों से परे होकर साहित्य रचना नामुमकिन है। सवाल यह है कि तुम किस वर्ग के साथ हो, उस वर्ग के साथ जो तमाम समाज को गुलाम बनाए हुए है या उस वर्ग के साथ जो इस व्यवस्था को बदलकर नया समाज बनाने की क्षमता रखता है और उसके लिए लड़ भी रहा है।

इन दोनों के बीच में मध्यवर्ती मार्ग चुनना नामुमकिन है। आज एक बहुत बड़े पैमाने पर साम्राज्यवादी ताकतों और साम्राज्य-विरोधी जनता के बीच संघर्ष छिड़ा हुआ है। यह संघर्ष मनुष्य जाति के इतिहास में एक विराट और व्यापक परिवर्तन करने जा रहा है। उसे वस्तु-सत्ता का स्वाभाविक विस्फोट कहकर टाल देना अपने और दूसरों को छलने के अलावा और कुछ नहीं है।

यहाँ पर एक दूसरा प्रश्न सामने आता है—यदि साहित्य और संस्कृति वर्गों से परे नहीं है तो वर्गहीन समाज में उनका मूल्य क्या होगा? अगर साहित्य किसी विशेष समाज-व्यवस्था को प्रतिबिम्बित करता है, तो उस व्यवस्था के बदलने पर उसका क्या मूल्य रहेगा?

इसका उत्तर यह है कि समाज का इतिहास उत्तरोत्तर विकास का इतिहास है। अगर विकास-क्रम के पिछले तत्त्वों को हम छोड़ देते हैं तो अगली शृंखला जोड़ी नहीं जा सकती। इसलिए लेनिन ने पुरानी संस्कृति के मूल्यांकन पर इतना जोर दिया था। इस मूल्यांकन की सबसे अच्छी मिसाल उन्होंने मार्क्सवाद को ही बताया था—"मार्क्सवाद इस बात की मिसाल है कि मानव ज्ञान के जोड़ से किस तरह कम्युनिज्म की उत्पत्ति हुई। तुमने पढ़ा है और सुना है कि कम्युनिस्ट सिद्धान्तों का—कम्युनिज्म के विज्ञान का—निर्माण मुख्यतः मार्क्स ने किया था। ये मार्क्सवाद के सिद्धान्त 19वीं सदी के किसी एक सोशलिस्ट की सृष्टि नहीं रह गए, चाहे वह महान् प्रतिभाशाली ही रहा हो। ये सिद्धान्त तमाम दुनिया में उन लाखों और करोड़ों

सर्वहारा के सिद्धान्त बन गए हैं जो इन्हें पूँजीवाद के खिलाफ अपने संघर्ष में लागू कर रहे हैं। और अगर तुम पूछो कि मार्क्स के इन सिद्धान्तों ने सबसे क्रान्तिकारी वर्ग के लाखों और करोड़ों आदमियों के दिल में क्यों जगह बना ली है तो तुम्हें इसका एक ही जवाब मिलेगा। यह इसलिए मुमकिन हुआ कि पूँजीवाद के कायम रहते हुए जो कुछ मानव ज्ञान संचित किया गया था, उसकी मजबूत बुनियाद पर मार्क्स ने अपने पाँव रोपे थे। मानव समाज के विकास के नियमों का अध्ययन करके मार्क्स ने अनुभव किया था कि पूँजीवाद का विकास अनिवार्य ढंग से कम्युनिज़्म की तरफ हो रहा है। और मुख्य बात यह थी कि उन्होंने पूँजीवादी समाज का अत्यन्त गम्भीर, अत्यन्त विस्तृत और सही-सही अध्ययन करके ही इस बात को सिद्ध किया था। और ऐसा वे इसीलिए कर सके थे कि उनके पहले के विज्ञान ने जो कुछ सिखाया था, उसे उन्होंने पूरी तरह आत्मसात् कर लिया था। मानव समाज ने जो कुछ भी बनाया था, बिना कोई भी चीज छोड़े हुए उन्होंने आलोचनात्मक ढंग से उसे एक नया रूप दिया था। मानव-चिन्तन ने जो कुछ बनाया था, उसे उन्होंने नया रूप दिया, उसकी आलोचना की, मजदूर-आन्दोलन की कसौटी पर उसे परखा, और उससे ऐसे नतीजे निकाले जिन्हें पूँजीवादी सीमाओं या पूँजीवादी दुराग्रहों से बँधे हुए लोग न निकाल पाए थे।" (नौजवान सभाओं का कर्तव्य, अक्तूबर 1920; मार्क्स एंगेल्स मार्क्सिज्म, अंग्रेजी संस्करण, पृ. 453-57।)

मार्क्स ने जर्मनी के भाववादी दर्शन का इसी तरह मूल्यांकन किया। हेगल के भाववाद से उन्होंने द्वन्द्ववाद को बाहर निकाला। उन्होंने उसे इतिहास और विज्ञान की कसौटी पर परखा और उसे मार्क्सवाद का मेरुदंड बना दिया। इसी तरह उन्होंने फ्रांस के कल्पनावादी सोशलिस्टों का मूल्यांकन किया, इंगलैंड के अर्थशास्त्र का मूल्यांकन किया। पुराने भौतिकवाद, अर्थशास्त्र और समाजवाद के आधार पर ही मार्क्सवाद रचा गया; मार्क्स ने इस पुरानी विरासत में एक गुणात्मक परिवर्तन भी किया।

मार्क्सवाद एक क्रान्तिकारी दर्शन है, वह समाज को बदलने की एक वैज्ञानिक पद्धति है। मार्क्सवाद का यह रूप उन तमाम तत्त्वों में मौजूद न था जिनका मूल्यांकन मार्क्स ने किया था। 19वीं सदी के पूँजीवादी समाज में मार्क्स ने ऐतिहासिक परिस्थितियों से ऊपर उठकर शाश्वत सत्य का निर्माण नहीं किया। उन्होंने सामाजिक विकास की मंजिलों का अध्ययन किया, विकास के नियमों का पता लगाया और इतिहास को बदलने का रास्ता दिखाया।

यह सब करने के लिए पुरानी संस्कृति का मूल्यांकन जरूरी था, उससे उन तमाम तत्त्वों को लेना जरूरी था जो नई वैज्ञानिक विचारधारा के लिए आवश्यक थे। यह मूल्यांकन तभी सम्भव हुआ जब पुरानी संस्कृति का वर्ग रूप, उसकी ऐतिहासिक सीमाएँ भी पहचानी गईं। जिस तरह दर्शन और अर्थशास्त्र के तथ्य पुरानी

समाज-व्यवस्था में निर्मित होने पर भी समाज के काम आते हैं, उसी तरह साहित्य में पुरानी समाज-व्यवस्था को प्रतिबिम्बित करनेवाले तत्त्व भी नई साहित्यिक चेतना को विकसित करने में सहायक होते हैं। लेकिन पुरानी समाज-व्यवस्था का चित्रण करते हुए कुछ लोग प्रगतिशील तत्त्वों पर जोर देते हैं, कुछ लोग प्रतिक्रिया की हिमायत करते हैं। पूँजीवादी समाज में रचे हुए साहित्य के स्थायी अंश वे होंगे जो उस समय की सामाजिक प्रगति को प्रतिबिम्बित करते रहे हैं और उसे प्रेरणा देते रहे हैं।

प्रगति और प्रतिक्रिया के पहलुओं को समझने के लिए ही मूल्यांकन की जरूरत होती है; वर्ना तमाम पुराने साहित्य को, संस्कृति और विज्ञान को, आँख मूँदकर अपना लिया जाए।

इस मूल्यांकन में रूप और कला की बात भी आती है जिस पर यहाँ कुछ नहीं कहा गया। इस पर और साहित्य के मूल्यांकन पर आगे लिखने की कोशिश करूँगा। यहाँ पर सवाल शाश्वत सत्य का है। उसके बारे में हम इस नतीजे पर पहुँचते हैं कि साहित्य में शाश्वत सत्य जैसी (नैपोलियन 5 मई को मरा था के अपवाद छोड़कर) किसी चीज की प्रतिष्ठा नहीं हो सकती। मनुष्य सामाजिक परिस्थितियों और ऐतिहासिक विकास की सीमाओं को लाँघ नहीं सकता। वह स्थायी साहित्य तभी दे सकता है जब वह अस्थायी लगनेवाली परिस्थितियों का चित्रण करे। वर्ग-भेद के आधार पर चलनेवाले समाज में उसे प्रतिक्रियावादी और क्रान्तिकारी वर्गों को पहचानना होगा। पार्टीजन साहित्यकार बनकर ही हम ऐसे साहित्य का निर्माण कर सकेंगे जो अगली पीढ़ियों के लिए भी मूल्यवान हो।

मार्क्स के शब्दों में—"दर्शनकारों ने अलग-अलग तरह से दुनिया की व्याख्या की है, असली बात है उसको बदलना।" साहित्य दुनिया को बदलने के लिए बहुत बड़ा साधन है। जिस हद तक वह साधन बनता है उस हद तक ही साध्य रूप में भी उसकी सफलता है।

10. जन-आन्दोलन और बुद्धिजीवी वर्ग

क्या समाज में 'बुद्धिजीवी वर्ग' नाम का कोई अलग वर्ग होता है जिसके आर्थिक सम्बन्ध सर्वहारा, मध्यम वर्ग या पूँजीवादी वर्ग से अलग होते हैं?

नहीं, इस तरह का अलग बुद्धिजीवी वर्ग नहीं होता। बुद्धिजीवी मध्यम वर्ग के होते हैं या पूँजीवादी वर्ग के या सर्वहारा वर्ग के। जब हम किसी को 'पेटी बुर्जुआ इंटलेक्चुअल' (मध्यवर्गी बुद्धिजीवी) कहते हैं, तो हमारा मतलब उसकी मध्यवर्गी

जहनियत से होता है। जब हम किसी को सर्वहारा या सोशलिस्ट कहते हैं तो हमारा मतलब यह होता है कि उसने सर्वहारा वर्ग और समाजवाद की जहनियत को अपना लिया है। सामाजिक दृष्टि से कार्ल मार्क्स और एंगेल्स पूँजीवादी बुद्धिजीवियों में से थे। 'क्या करें' में लेनिन ने लिखा है : "अपनी सामाजिक स्थिति के हिसाब से आधुनिक समाजवाद के जन्मदाता खुद पूँजीवादी बुद्धिजीवी वर्ग के थे।" (मार्क्स-एंगेल्स-मार्क्सिज्म, पृ. 126)। वे वैज्ञानिक समाजवाद के जन्मदाता थे, इसलिए उन्हें सोशलिस्ट बुद्धिजीवी या सर्वहारा बुद्धिजीवी कहना उचित होगा।

वे बुद्धिजीवी, जो समाजवाद की जहनियत अपनाते हैं, मजदूर वर्ग की बहुत बड़ी सेवा कर सकते हैं। वे पूँजीवादी गुलामी खत्म करके समाजवाद कायम करने में बहुत बड़ी मदद कर सकते हैं। दरअसल बुद्धिजीवियों की मदद के बिना अकेला मजदूर वर्ग—जो अकेला होने से समाजवाद के सिद्धान्तों तक पहुँच न पाएगा—न तो पूँजीवाद को खत्म कर सकता है, न समाजवाद ला सकता है। इसलिए क्रान्तिकारी बुद्धिजीवियों को अपना महत्त्व कम करके न आँकना चाहिए। 19वीं सदी में रूसी मजदूरों की हड़ताल का जिक्र करते हुए लेनिन ने लिखा था—

"हमने कहा है कि इस समय तक मजदूरों में सोशल डिमोक्रैटिक चेतना न आ सकती थी। उनमें यह चेतना बाहर से ही लाई जा सकती थी। तमाम देशों का इतिहास बताता है कि मज़दूर वर्ग, अकेले अपनी कोशिश से, सिर्फ ट्रेड यूनियन चेतना विकसित कर सकता है यानी वह खुद इस जरूरत को महसूस कर सकता है कि यूनियनों में शामिल होना चाहिए, जिससे कि मालिकों के खिलाफ लड़ा जा सके और सरकार पर यह दबाव डालने की कोशिश की जाए कि वह जरूरी लेबर-कानून बनाए, वगैरह। [लेनिन का फुट-नोट : ट्रेड यूनियनिज्म से 'राजनीति' एकदम बाहर नहीं है, जैसा कि कुछ लोगों का ख्याल है। ट्रेड यूनियनों ने हमेशा राजनीतिक आन्दोलन (agitation) और संघर्ष चलाया। (लेकिन यह आन्दोलन और संघर्ष सोशल डिमोक्रैटिक नहीं रहा)। हम सोशल डिमोक्रैटिक और ट्रेड यूनियन राजनीति के भेद पर अगले अध्याय में लिखेंगे]। फिर भी समाजवाद के सिद्धान्त उन दार्शनिक, ऐतिहासिक और आर्थिक सिद्धान्तों से निकले हैं, जिन्हें सम्पत्तिशाली वर्गों के प्रतिनिधियों ने, बुद्धिजीवियों ने, विकसित किया था।" (मार्क्स-एंगेल्स-मार्क्सिज्म; पृ. 126)। इसके बाद लेनिन ने मार्क्स, एंगेल्स और रूसी बुद्धिजीवियों की मिसाल दी है जिन्होंने समाजवाद की नींव डाली और उसे मजदूरों तथा क्रान्तिकारी नौजवानों तक पहुँचाया। इससे बड़ा महत्त्व बुद्धिजीवियों का और क्या हो सकता है? बुद्धिजीवियों ने समाजवादी सिद्धान्त रचे और मजदूर आन्दोलन से उन्हें जोड़कर पूँजीवाद की कड़ियाँ तड़काना शुरू कर दिया।

जिस रास्ते मार्क्स, एंगेल्स और रूस के बुद्धिजीवी चले थे, वह क्रान्ति का कठिन रास्ता था; उस पर चलने के लिए निहायत ईमानदारी, धीरज, त्याग और

बलिदान की जरूरत थी।

मार्क्स, एंगेल्स और लेनिन मनुष्य जाति के महान् चिन्तक ही नहीं थे, वे मनुष्य जाति का भाग्य पलटनेवालों में थे। उन्हें अपने चिन्तन के लिए भौतिक सुविधाएँ प्राप्त न थीं। देश-विदेश में भटकते हुए, गरीबी और मुसीबतों का सामना करते हुए, पूँजीवादी लेखकों के एक साथ फेंके हुए कीचड़ का सामना करते हुए, इन क्रान्तिकारियों ने मार्क्सवाद को रचा था और उसे भरा-पूरा बनाया था। बुद्धिजीवियों के सामने इनसे अच्छी और कोई मिसाल नहीं हो सकती जिनसे वे प्रेरणा लें और जिनके बताए हुए रास्ते पर चलें।

उनकी मिसाल से एक बात साफ है। मजदूर-वर्ग का साथ देकर ही बुद्धिजीवी अपने चिन्तन को उपयोगी बना सकता है। और सब रास्ते उसे पतन और गुलामी की तरफ ही ले जाएँगे। इसीलिए बुद्धिजीवियों को अपना महत्त्व बढ़ा-चढ़ाकर न देखना चाहिए कि वे समझने लगें कि समाज के क्रान्तिकारी वर्ग—मजदूर वर्ग—का साथ न देकर भी वे अपना महत्त्व कायम रख सकेंगे। वे साहित्य और संस्कृति के निर्माता उसी हद तक हैं जिस हद तक वे समाज के पीड़ित वर्गों के साथ हैं। मजदूर-वर्ग से विमुख होने पर उनका बुद्धिजीवीपन कौड़ीमोल का भी न रह जाएगा।

बुद्धिजीवी मजदूर-वर्ग का साथ कैसे दे सकते हैं? उन्हें किन खामियों को दूर करना चाहिए और कौन-सा दृष्टिकोण अपनाना चाहिए? अपनी पुस्तक "ये 'जनता के दोस्त' क्या हैं?" में लेनिन ने लिखा था—

"सोशलिस्ट बुद्धिजीवी तभी उपयोगी काम कर सकते हैं जब वे अपने भरम दूर कर दें और अपने पैर रूस के वास्तविक, न कि खयाली, विकास पर, समाज के वास्तविक, न कि मुमकिन, आर्थिक सम्बन्धों पर रोपें।" (उप., पृ. 90)

बुद्धिजीवियों में तरह-तरह के भरम होते हैं जिनको दूर करना जरूरी है। एक भरम यह है कि हम सिद्धान्त रचना करते हैं, हम साहित्य लिखते हैं, हम विज्ञान की सृष्टि करते हैं, हमें वर्गों के संघर्ष से क्या मतलब? लेनिन ने बताया था कि मार्क्सवाद वैज्ञानिक सिद्धान्त ही नहीं है, यह क्रान्तिकारी सिद्धान्त भी है; यानी समाज की असंगतियाँ बताकर वह उन्हें बदलने की राह भी दिखाता है। मार्क्सवादी विज्ञान का यह लक्ष्य ही है कि वह पीड़ित वर्ग की मुक्ति पाने के संघर्ष में उसकी मदद करे (उप., पृ. 96-97)। यह बात मार्क्सवादी विचारक, लेखक और कलाकार पर भी लागू होती है। उसके चिन्तन, लेखन और कला का लक्ष्य यह होना चाहिए कि पीड़ित वर्ग मुक्ति पाए। समाजवादी व्यवस्था में उसका लक्ष्य व्यवस्था को पुष्ट और विकसित करना हो जाता है। मार्क्सवादी दर्शन क्रान्तिकारी दर्शन है। वह समाज की गति को समझने और उसे बदलने का दर्शन है। इसलिए उसे अपनानेवाला बुद्धिजीवी—और उसे अपनाकर ही बुद्धिजीवी सही रास्ता पा सकता है—वर्ग संघर्ष से दूर नहीं रह सकता।

बुद्धिजीवियों को यह भरम हो सकता है कि उनकी यह विचारधारा सामाजिक परिस्थितियों से परे है और वे उनसे ऊपर उठकर अपनी सिद्धान्त रचना कर सकते हैं। विचारधारा विचारों की धारा है इसलिए वे उसका उद्‌गम शुद्ध विचारों में मान सकते हैं। जब एक विचारक अपने से पहले के विचारकों की धारणाएँ खंडित करता है, तब यह विजय शुद्ध विचारक्षेत्र की समझी जाती है। एंगेल्स ने इस पर व्यंग्य किया है कि "अगर रिचार्ड द लायन हार्ट और फिलिप आगस्टस यरूशलम की लड़ाइयों में फँसने के बदले फ्री ट्रेड (स्वच्छन्द व्यापार) का चलन कर देते, तो 500 साल की मूर्खता और मुसीबतों से हम बच जाते।" (मेरिंग को खत, 14 जुलाई, 1893)

मनुष्य की विचारधारा का मूल स्रोत शुद्ध विचार न होकर समाज की आर्थिक व्यवस्था होती है। मार्क्स ने 'क्रिटिक ऑफ पोलिटिकल इकॉनोमी' की भूमिका में लिखा था : "सामाजिक उत्पादन के सिलसिले में मनुष्य ऐसे सम्बन्ध स्थापित करते हैं, जो उनकी इच्छा और अनिच्छा पर निर्भर नहीं होते। ये उत्पादन सम्बन्ध किस तरह के हैं, यह इस बात पर निर्भर है कि उत्पादन की भौतिक शक्तियाँ किस हद तक विकसित हुई हैं। इन उत्पादन-सम्बन्धों का बटोर समाज का आर्थिक ढाँचा कहलाता है। यही वह वास्तविक आधार है जिसके ऊपर कानून और राजनीतिक महल खड़ा किया जाता है। इसी आधार के अनुकूल सामाजिक चेतना के विभिन्न रूप होते हैं।"

इसका यह मतलब नहीं है कि मनुष्य की विचारधारा का असर आर्थिक ढाँचे पर नहीं पड़ता। "राजनीतिक, कानूनी, दार्शनिक, धार्मिक, साहित्यिक, कलात्मक आदि विकास का आधार आर्थिक विकास है। लेकिन इन सबका एक-दूसरे पर असर पड़ता है और आर्थिक आधार पर भी इनका असर पड़ता है।" (एंगेल्स का स्टार्केनबुर्ग को खत, 25 जनवरी, 1894)

इसलिए यह भरम दूर करना चाहिए कि बुद्धिजीवी समाज के आर्थिक ढाँचे से ऊपर उठकर अपनी सिद्धान्त-रचना या साहित्य-रचना या कला की रचना कर सकते हैं। वे अपने साहित्य और कला से सामाजिक परिस्थितियों पर तभी जबरदस्त असर डाल सकते हैं जब वे इन परिस्थितियों को समझें और उनके बदलते हुए रूप को अपनी रचनाओं में जगह दें।

एक भ्रम यह हो सकता है कि पूँजीवाद ने जो मानदंड कायम किए हैं, वें शाश्वत हैं। लेनिन ने पूँजीवादी दार्शनिकों की एक विशेषता यह बताई थी कि वे पूँजीवादी व्यवस्था के मानदंडों को शाश्वत मान बैठते हैं। "पूँजीवादी दार्शनिकों की यह सबसे बड़ी विशेषता है कि वे पूँजीवादी व्यवस्था की मान्यताओं (categories) को शाश्वत और प्राकृतिक जैसी (as something eternal and natural) मान लेते हैं।" ("ये 'जनता के दोस्त' क्या हैं?")

एंगेल्स ने 'एंटी डूयरिंग' में दिखाया है कि 18वीं सदी के फ्रांसीसी विचारकों की शाश्वत समानता, शाश्वत न्याय वगैरह दरअसल पूँजीवादी समानता, पूँजीवादी न्याय वगैरह थे। जब तक बुद्धिजीवी शाश्वत सत्यों की धारणा से पीछा नहीं छुड़ाते, तब तक उनके लिए यह सम्भव न होगा कि वे अपने साहित्य और कला से मजदूर वर्ग का साथ दें और उसके साथ मिलकर समाज को बदलें।

पूँजीवादी वर्ग यह भय खड़ा करता है कि अगर मौजूदा व्यवस्था बदल गई तो समाज के तमाम नैतिक मूल्य, तमाम पुरानी संस्कृति और जनतन्त्र की तमाम परम्पराएँ खत्म हो जाएँगी। दरअसल पूँजीवाद अपने पतन काल में खुद ही उन परम्पराओं को खत्म करने लगता है जो उसके अभ्युदयकाल में पैदा हुई थीं। सर्वहारा वर्ग पूँजीवाद की इस विरासत की रक्षा करता है, उसका मूल्यांकन करता है और उसे आगे बढ़ाता है।

मार्क्स ने 'कम्युनिस्ट घोषणापत्र' में लिखा था : "पूँजीवादी-वर्ग ने हर पेशे की इज्जत उतार ली है। अब तक लोग जिन पेशों को श्रद्धा से देखते और उनका आदर करते थे, उनका गौरव खत्म हो गया है। उसने डाक्टर, वकील, पुरोहित, कवि, वैज्ञानिक को पगार कमानेवाला मजदूर बना दिया है।" अगर बुद्धिजीवी लोग पूँजीवादी गुलामी को गुलामी नहीं समझते तो कहना पड़ेगा कि वे गुलाम बने रहना अपने लिए गौरव की बात समझते हैं। सर्वहारा-वर्ग पूँजीवादी गुलामी को खत्म करके उन्हें आजाद करने की क्षमता रखता है।

मार्क्स ने उसी 'घोषणापत्र' में लिखा था : "जिस तरह पूँजीवादी-वर्ग वर्ग-सम्पत्ति के खात्मे का यह मतलब लगाता है कि उत्पादन ही खत्म हो जाएगा, उसी तरह वह वर्ग-संस्कृति के खात्मे का यह मतलब लगाता है कि सभी संस्कृति खत्म हो जाएगी। वह संस्कृति, जिसके खात्मे पर वह आँसू बहाता है, जनसाधारण को मशीन बनना ही सिखाती है।" इसलिए यह भ्रम दूर कर देना चाहिए कि सर्वहारा-वर्ग का साथ देने से संस्कृति खत्म हो जाएगी। सर्वहारा-वर्ग उसी संस्कृति को खत्म करेगा जो इन्सान को पूँजीवाद की गुलामी करना सिखाती है और जो इन्सानियत को खत्म करके उसे मशीन बना देती है।

पूँजीवादी बुद्धिजीवियों से कहा जाए कि आप लोग पूँजीवादी हैं तो वे आसानी से यह बात मानने के लिए तैयार न होंगे। कुछ दूसरे भोले लोग भी कह उठेंगे, बुद्धि के क्षेत्र में पूँजीवादी और सर्वहारा क्या? बुद्धिजीवी बुद्धिजीवी सब बराबर हैं। लेकिन समाज में जब तक पूँजीवाद कायम है, तब तक पूँजीवादी बुद्धिजीवियों का होना भी लाजिमी है। जीविका के साधनों पर पूँजीपतियों का कब्जा होता है; इसलिए ऐसे लोग जरूर निकल आते हैं जो पेट के लिए पूँजीपतियों की गुलामी करते हैं।

19वीं सदी के आखिर में रूस में कुछ लोग ऐसे थे जो पूँजीवादी बुद्धिजीवियों के अस्तित्व से ही इनकार करते थे। ये लोग अपने को 'जनता का दोस्त' कहते थे।

इनकी धारणा के बारे में लेनिन ने लिखा था : "क्या इस बात से इनकार किया जा सकता है कि साल-दर-साल रूसी विश्वविद्यालय और दूसरे शिक्षा-केन्द्र इस ठप्पे के 'बुद्धिजीवी' (??) निकालते जाते हैं जिन्हें सिर्फ इस बात की फिक्र रहती है कि किसी की गुलामी करके अपना पेट भरें? क्या इस बात से इनकार किया जा सकता है कि इन 'बुद्धिजीवियों' को पालने के साधन इस समय केवल मुट्ठी भर पूँजीपतियों के हाथ में हैं? क्या रूस से पूँजीवादी बुद्धिजीवी इसलिए गायब हो जाएँगे कि 'जनता के दोस्त' कहते हैं कि ये बुद्धिजीवी पूँजीपतियों के अलावा किसी दूसरे की सेवा भी कर सकते थे? यह 'हो सकता था' यदि वे पूँजीवादी बुद्धिजीवी न होते। 'हो सकता' था कि वे पूँजीवादी बुद्धिजीवी न हों यदि रूस में पूँजीवाद न होता और पूँजीपति न होते!" ("ये 'जनता के दोस्त' क्या हैं?")

लेनिन के ये सवाल हम अपने यहाँ भी कर सकते हैं। क्या हमारे देश में पूँजीवाद और पूँजीपति हैं? पूँजीवादी अखबारों के पन्ने रँगनेवाले, पूँजीवादी विचारधारा फैलाने वाले, प्रगतिशील विचारधारा को पानी पी-पीकर कोसनेवाले लेखक और बुद्धिजीवी इस देश में हैं या नहीं? जरूर हैं और उन्हें ढूँढ़ने में देर न लगेगी। यही लोग हैं जो साहित्य और कला को राजनीति से दूर रखने पर सबसे ज्यादा जोर देते हैं। उनकी राजनीति इतनी गन्दी होती है कि उसे ज्यों-का-त्यों पेश करने में उन्हें झेंप मालूम होती है।

पूँजीवादी बुद्धिजीवियों के अलावा निम्न पूँजीवादी बुद्धिजीवी भी पूँजीवाद पर निर्भर होते हैं। लेनिन के शब्दों में : "निम्न पूँजीवाद दरअसल पूँजीपतियों पर निर्भर होते हैं, क्योंकि वे (पेटी बुर्जुआ—सामाजिक उत्पादन में अपनी स्थिति के विचार से) मालिकों की तरह रहते हैं न कि सर्वहारा की तरह और उनके विचार भी पूँजीपतियों का अनुसरण करते हैं।" (लेनिन : दो खंडोंवाली संक्षिप्त ग्रन्थावली, खंड 2, पृ. 29)।

इस निम्न पूँजीवादी जहनियत के बुद्धिजीवी अपने को जनवादी कहकर लोगों को धोखा देते हैं। वे मानववाद के नाम पर ऐसे लोगों का समर्थन करते हैं जो दरअसल मानवता के शत्रु हैं। वे प्रतिक्रियावाद की खुली हिमायत न करके शुद्ध कला और साहित्य शुद्ध की नकाब डालकर चोरी और धोखे से वही काम करते हैं। लेनिन ने 'काउंट हेडन की स्मृति में' नाम के लेख में इनका सजीव चित्र खींचा है। इन नकाबधारी बुद्धिजीवियों का असर कितना खतरनाक है, इसके बारे में लेनिन कहते हैं—

"जनता के ऊपर जमींदारों का असर खतरनाक नहीं है। वे ज्यादा दिन तक मजदूरों की बड़ी तादाद को या किसानों को बहकाने में सफल न होंगे। लेकिन बुद्धिजीवी वर्ग दिखाऊ तौर से शोषण में हिस्सा नहीं लेता। उसे अस्पष्ट शब्दों और धारणाओं से खेलने की शिक्षा मिली होती है। वह 'हर' सुन्दर विचार की तरफ दौड़ पड़ता है और कुछ बुद्धिजीवी, सच्ची मूर्खता के कारण, अपने मध्यवर्गीपन को उठाकर

उसे गैर-वर्ग पार्टी और गैर-राजनीति का सिद्धान्त बना देते हैं। जनता के ऊपर इन पूँजीवादी बुद्धिजीवियों का असर खतरनाक है। यहाँ पर और सिर्फ यहीं पर ऐसी बीमारी फैल सकती है जो उसे दरअसल नुकसान पहुँचाए। इस जहर को खत्म करने के लिए समाजवाद की तमाम ताकतों का जोर लगाना आवश्यक है।" (संक्षिप्त ग्रन्थावली, लारेंस एंड विशार्ट, खंड 11, पृ. 694)।

इसीलिए इन शुद्ध साहित्यकारों की रचना को पार्टीजन साहित्य की कसौटी पर परखकर उनका वर्गरूप दिखाना बहुत जरूरी है। वरना उनका कथित साहित्य-प्रेम उनके वास्तविक पूँजी-प्रेम को छिपाकर जनता को भरमाता रहेगा।

पेटी बुर्जुआ की वर्ग-विशेषता और उसकी जहनियत के बारे में लेनिन के ये शब्द ध्यान देने योग्य हैं—

"पेटी बुर्जुआ-वर्ग स्वभाव से ही दो-मुँहा होता है। एक तरफ तो वह सर्वहारा और जनतन्त्र की तरफ खिंचता है, दूसरी तरफ वह प्रतिक्रियावादी वर्गों की तरफ खिंचता है, इतिहास की गति रोकने की कोशिश करता है, तानाशाही के प्रयोगों और मीठी नजर में फँस भी सकता है (मसलन तीसरे अलेग्ज़ेंडर की 'जन-राजनीति' में), वह अपने छोटे सम्पत्तिवाले वर्ग की स्थिति मजबूत करने के लिए सर्वहारा-वर्ग के खिलाफ शासक-वर्ग से सहयोग कायम कर सकता है।" (दो खंडोंवाली संक्षिप्त ग्रन्थावली, खंड 1, पृ. 137)।

यह तो पेटी बुर्जुआ की वर्गस्थिति से पैदा होनेवाला स्वभाव हुआ, जो उसके ढुलमुलपन पर रोशनी डालता है। अब शिक्षित वर्ग को लीजिए।

"शिक्षित समुदाय और आम तौर से 'बुद्धिजीवी-वर्ग' तानाशाही के बर्बर पुलिस अत्याचारों का विरोध किए बिना नहीं रह सकता। तानाशाही चिन्तन और ज्ञान पर जुल्म ढाती है। लेकिन इस बुद्धिजीवी-वर्ग के भौतिक हित उसे तानाशाही और पूँजीपतियों के साथ बाँध देते हैं, उसे मजबूर करते हैं कि वह कभी कुछ, कभी कुछ हो, कि वह समझौते करे, एक सरकारी नौकरी के लिए या मुनाफे में हिस्सा पाने के लिए अपना विरोधात्मक और क्रान्तिकारी जोश बेच दे।" (उप., पृ. 137)।

लेनिन की यह दो टूक बात हिन्दी के उन 'क्रान्तिकारी' लेखकों पर पूरी तरह लागू होती है जो एक सरकारी नौकरी के लिए या मुनाफे में हिस्सा पाने के लिए अपना विरोधात्मक और क्रान्तिकारी जोश बेच चुके हैं। जनता पर ढाये जानेवाले जुल्म के बारे में मुँह सिए हुए वे राष्ट्रीयता की समाधि पर ईमानफरोशी के दिए जला रहे हैं।

बुद्धिजीवी के लिए मध्यवर्गी जहनियत कितनी खतरनाक है, किस तरह उसके भीतर ढुलमुलपन, कायरता और क्रान्ति-विमुखता पैदा करती है, वह किस तरह उसके साहित्य और कला को खोखला बनाती है, इस पर लेनिन ने अपनी रचनाओं में बहुत प्रकाश डाला है।

अपनी पुस्तक 'सर्वहारा क्रान्ति और गद्दार कॉट्स्की' में लेनिन ने कॉट्स्की की जहनियत को कई जगह मध्यवर्गी कहा है या उसकी दलीलों की तुलना मध्यवर्गी जहनियत से की है।

राजशक्ति सोवियतों के हाथ में आए, इस मसले पर कॉट्स्की कहता था कि सोवियतें मजदूरों की लड़ाई के बहुत अच्छे संगठन हैं लेकिन राजशक्ति उनके हाथ में न आनी चाहिए। इसका मतलब यह था कि मजदूर अपने दुश्मनों से लड़ें, लेकिन उन पर जीत हासिल न करें। उसके सपने उस पेटी बुर्जुआ के-से थे 'जो विश्वास करता है कि सर्वहारा और पूँजीपतियों के बीच तीखी लड़ाई के बिना भी काम चल सकता है' (The Proletarian Revolution and the Renegade Kautsky, पृ. 55)।

यह धारणा मध्यवर्गीपन की खास निशानी है कि सर्वहारा और पूँजीपतियों के तीखे वर्गसंघर्ष को बचाया जा सकता है। भले ही दोनों वर्गों में संघर्ष चल रहा हो, मध्यवर्ग समझता है कि यह संघर्ष क्रान्तिकारी रूप न लेगा और शान्तिपूर्ण ढंग से नए समाज की नींव डाली जा सकेगी। इस धारणा के बल पर वह क्रान्तिविमुखता के नजदीक पहुँचता है।

रूस के मेनशेविक और समाजवादी क्रान्तिकारी नेता मजदूरों में यही मध्यवर्गी जहनियत भरते थे कि पूँजीवादी वर्ग से ताकत छीनना जरूरी नहीं; उससे समझौता हो सकता है। मजदूरों ने 'इस पेटी बुर्जुआ नेतृत्व से विदा ली यानी उनका यह भरम दूर हो गया कि पूँजीपतियों से समझौता हो सकता है।' (उप., पृ. 56)।

इससे जाहिर है कि यह धारणा कि पूँजीवादी वर्ग से समझौता हो सकता है, मध्यवर्गीपन की निशानी है और वह भी बुद्धिजीवियों को मजदूरों के जीवन-मरण की लड़ाई से दूर रखती है।

वर्ग-संघर्ष के बारे में गलत धारणा होने की वजह से एक खास तरह की कायरता पैदा होती है जिसे पेटी बुर्जुआ कायरता कहा जा सकता है। कॉट्स्की एक तरफ मानता है कि यूरोप की हालत समाजवाद लाने के लिए पक चुकी है, दूसरी तरफ वह यह भी कहता है कि मजदूरों के लड़ाकू संगठनों को राज संगठनों का रूप न लेना चाहिए। यानी कॉट्स्की इस क्रान्तिकारी कदम से डरता है कि मजदूर अपने संगठनों को राजशक्ति का माध्यम बना दें। लेनिन इस ढुलमुलपन और कायरता को 'एक पेटी बुर्जुआ की मूर्खता और कायरता' (उप., पृ. 46) कहते हैं। यह ढुलमुलपन और कायरता पेटी बुर्जुआ को रोकते हैं कि वह क्रान्तिकारी मजदूरों के साथ अगला कदम उठाए।

कॉट्स्की का यह पेटी बुर्जुआपन उसे मध्यमार्ग की तरफ ले जाता है। वह समझता है कि पूँजीपतियों और मजदूरों की दो राहों के बीच में एक तीसरी राह भी है, जिस पर चलकर दोनों में समझौता हो सकता है। लेनिन कहते हैं : ''एक बीच

की राह ढूँढ़ने की कोशिश, सर्वहारा और पूँजीवादी वर्गों में 'मेल' कराने की कोशिश सरासर मूर्खता है और वह जरूर बुरी तरह असफल होगी।" (उप., पृ. 47)। कॉट्स्की ने यही कोशिश की थी और वह बुरी तरह असफल भी हुई। फिर भी उस समय वह और उस जैसे लोग अवसरवाद से बाज न आए। बीच की राह निकालने की बात दरअसल मौकापरस्ती की निशानी है। लेकिन कॉट्स्की की तकदीर में लिखा है कि वह दो स्टूलों के बीच में बैठे। वह दिखाता यह है कि सिद्धान्तों में वह कहीं भी अवसरवादियों के साथ नहीं है, लेकिन दरअसल हर महत्त्वपूर्ण बात पर (यानी क्रान्ति सम्बन्धी हर बात पर) अमल में वह उनके साथ है। (उप., पृ. 47)।

इस तरह मध्यमार्गी सज्जन अवसरवाद के रास्ते होकर क्रान्ति-विमुखता के लक्ष्य तक पहुँच जाते हैं। उनकी 'मेल' कराने की कोशिशें उन्हें ले डूबती हैं और उनकी 'सरासर मूर्खता' का वही अन्त है जो होना चाहिए। पहले महायुद्ध में कॉट्स्की ने मध्यमार्गियों की अगुआई की थी। लेनिन ने उसके बारे में लिखा था : "अगस्त 1914 से उसके मार्क्सवाद का दिवाला निकल गया है, उसने बेजोड़ कायरता दिखाई है और लगातार नीच ढुलमुलपन और दगाबाजी की है।" (संक्षिप्त ग्रन्थावली, खंड 2, पृ. 40)।

सर्वहारा-उद्देश्य को अपनाने वाले लेखक का कर्तव्य है कि वह इस अवसरवाद का पर्दाफाश करे, न कि उसके समर्थन में दलीलें दे।

जैसे-जैसे वर्ग-संघर्ष तीखा होता है और क्रान्ति से निपटारा करने का दिन नजदीक आता है, वैसे-वैसे यह अवसरवाद भी खतरनाक होता जाता है और उसकी जड़ काटना मजदूर-आन्दोलन का पहला काम हो जाता है। ऐसे समय आम जनता लायड जार्ज जैसे खुले पूँजीवादी राष्ट्रपन्थियों के पीछे नहीं चलती। ऐसे समय मुँह से समाजवाद की बातें करनेवाले, अमल में मजदूरों को निर्णायक लड़ाई से रोकनेवाले कॉट्स्की जैसे लोग जंगजू अवाम को गुमराह करने आते हैं। ये लोग जिस तरह पूँजीवादी नेताओं का मुँदा-ढँका प्रचार करते हैं, वह पूँजीवादी नेताओं के प्रचार से ज्यादा खतरनाक होता है।

इसलिए क्रान्तिकारी उठान के दिनों में मजदूर आन्दोलन के भीतर इस अवसरवादी पेटी बुर्जुआ धारा के खिलाफ अवाम की क्रान्तिकारी धारा का संघर्ष और भी बढ़ जाता है। (मार्क्स-एंगेल्स-मार्क्सिज़्म, पृ. 322)।

साम्राज्यवादी युद्धों में मध्यवर्गी जहनियत इस तरह जाहिर होती है कि राष्ट्रीयता अन्तर्राष्ट्रीयता से बढ़कर है और मैं 'अपनी सरकार' का साथ दूँगा। यह दलील पूँजी के खिलाफ मजदूरों के क्रान्तिकारी संघर्ष को दरकिनार कर देती है, वह विश्व पूँजीवाद और विश्व-सर्वहारा के नजरिए से समूचे युद्ध का मूल्यांकन दरकिनार कर देती है और सिर्फ संकुचित और निकम्मा राष्ट्रवाद रह जाता है। (गद्दार कॉट्स्की, पृ. 54)। लेनिन ने इस तरह की दलीलों को 'पेटी बुर्जुआ नैशनलिस्ट' की दलील

कहा है। मध्यवर्गी जहनियत राष्ट्रीयता को मजदूरों के संघर्ष के ऊपर रखती है और उसे पूँजीपतियों के सिंहासन से बाँध देती है। पूँजीवाद अपने पतित फासिस्ट रूप में इसी जहनियत से मदद पाता है। यह जहनियत सोशल डिमोक्रैटिक या पूँजीवादी लेबर पार्टियों की खास निशानी है। इसीलिए एटली का समाजवाद हमेशा चर्चिल के कदमों पर चलता है। बुद्धिजीवियों में यह जहनियत कायम रहे तो वे क्रान्तिकारी वर्ग का साथ नहीं दे सकते।

अवसरवादी चालाक होता है, हालाँकि उसकी चालाकी उसी की तबाही का कारण बन जाती है। वह समझता है कि वह मजदूर-पूँजीपति-संग्राम में दोनों का साथ देकर अपने भविष्य की रक्षा कर लेगा। चालाक अवसरवादियों से एक अलग कौम के लोग भी होते हैं, जिन्हें अंग्रेजी में 'फिलिस्टिन' कहा जाता है। हम इन्हें टुटपुँजिया कह सकते हैं। वे यह नहीं सोच पाते कि वह अपने 'साम्राज्यवादी पूँजीपतियों के हाथ में कठपुतली भर हैं' (उप., पृ. 75)। इसलिए लेनिन ने इन्हें 'गरीब, मूर्ख, राष्ट्रवादी फिलिस्टिन' कहा है (उप.)। फिलिस्टिन की मूर्खता कोई कवच नहीं है जो उसे वर्गसंघर्ष की लपटों से बचा ले। क्रान्ति का तूफान आता देखकर वह भले ही शुतुर्मुर्ग की तरह रेत में सिर गड़ा ले, लेकिन इससे वह तूफान को रोक नहीं सकता, न उसकी लपेट से बच सकता है।

गोर्की ने इस शुतुर्मुर्ग-पन्थ पर 1929 में एक लेख 'Philistinism' लिखा था, जिसमें उन्होंने 'फिलिस्टिन' की बड़ी सुन्दर व्याख्या की थी। उन्होंने लिखा था : "फिलिस्टिन वह व्यक्ति है जिसकी जिन्दगी ऐसे विचारों और आदतों के तंग दायरे में चक्कर खाया करती है, जिन्हें उसने किसी जमाने में अपनाया था। इस दायरे के भीतर वह मशीन की तरह सोचता है; उसके परिवार का असर, स्कूल, गिर्जाघर, मानववादी साहित्य का असर, उन तमाम चीजों का असर जो 'कानून की रूह' और पूँजीपतियों की परम्परा हैं, फिलिस्टिन के दिमाग में एक सीधी-सादी मशीनरी पैदा कर देता है जो घड़ी जैसी होती है। उसका मेनस्प्रिंग फिलिस्टिन विचारों के पहिए में हरकत पैदा कर देता है। यह हरकत उसे लगातार आराम की हालत ढूँढ़ने पर मजबूर करती है। फिलिस्टिन की प्रार्थना–बिना उसकी भाषण-कला में बट्टा लगाए–थोड़े-से शब्दों में लिखी जा सकती है; 'ऐ खुदा, रहम कर'!

"समाज और राज्य से उसकी यही प्रार्थना कुछ विस्तार से यों होती है : 'मुझे न छेड़ो; जैसा हूँ वैसा रहने दो!' "

'मुझे न छेड़ो' की आदत साहित्य के उन तमाम 'बड़े बाबुओं' में पाई जाती है जिनका दिमाग अब घड़ी की तरह हरकत करने लगा है और जो हर ऐसी चीज से घबरा उठते हैं जो घड़ी की 'टिक-टिक' में जरा भी रुकावट डालती दिखाई देती है। वे नरोत्तम नागर के शुतुर्मुर्ग पुराण के नायकों जैसे हैं, जो समाज के तमाम बवंडरों और तूफानों का एक ही इलाज जानते हैं कि रेत में सिर गड़ाकर पड़े रहें।

बुद्धिजीवियों में अगर इस तरह निकम्मापन आता है और वे इस तरह की आरामपसन्द बाबूगीरी के रास्ते पर चलते हैं, तो जाहिर है कि वे न घर के रहेंगे, न घाट के। मध्यवर्गीपन का सबसे जड़ रूप यह टुटपुँजियापन है जिससे बुद्धिजीवियों को बचना चाहिए।

जारशाही रूस में 1905 की असफल क्रान्ति के बाद अनेक 'क्रान्तिकारी' बुद्धिजीवियों का क्रान्ति-प्रेम हवा हो गया। जैसे-जैसे पूँजीवाद की आखिरी घड़ी नजदीक आती गई, वैसे-वैसे मध्यवर्गी बुद्धिजीवियों की सिद्धान्तहीनता चरम सीमा तक पहुँचती गई। 1907 से 1917 तक के समय को गोर्की ने 'रूसी बुद्धिजीवियों के इतिहास के सबसे शर्मनाक और बेशर्म दस साल' कहा था (पहली सोवियत लेखक-कांग्रेस में भाषण)। उनका अवसरवाद, उनका टुटपुंजियापन, उनकी क्रान्तिविमुखता—सब-कुछ सामने आ गया लेकिन रूसी साहित्य अपने महान् जनवादी लेखकों की परम्परा को लेकर आगे बढ़ा और क्रान्ति के पहले के दस साल जैसे शर्मनाक थे, क्रान्ति के बाद के दस साल वैसे ही गौरवपूर्ण भी थे।

रूसी क्रान्ति के अवसर पर बुद्धिजीवियों ने क्या किया, इसके बारे में स्तालिन कहते हैं—

"अक्टूबर-क्रान्ति के पहले दिनों में ही पुराने बुद्धिजीवियों का वह हिस्सा जो सबसे प्रभावशाली और योग्यताप्राप्त था, मुख्य बुद्धिजीवी-समुदाय से अलग हो गया। उसने सोवियत सरकार पर युद्ध-घोषणा कर दी और तोड़-फोड़ करनेवालों से जा मिला, इसके लिए उसे उचित दंड मिला। सोवियत-शक्ति की संस्थाओं ने उसे तितर-बितर कर दिया और खत्म कर दिया। आगे चलकर जो बच रहे थे, उनमें से अधिकांश को हमारे देश के दुश्मनों ने जासूस और तोड़-फोड़ करनेवाला बना लिया। इस तरह वे खुद अपनी करनी से बुद्धिजीवियों की पाँति से निकाल फेंके गए। बुद्धिजीवियों का एक और हिस्सा जो कम योग्यता-प्राप्त था, लेकिन तादाद में ज्यादा था, बहुत दिनों तक 'मार्क टाइम' करता रहा और दिन फिरने की बाट जोहता रहा। लेकिन अन्त में लगता है, उम्मीद छोड़कर उसने तय किया कि सोवियत सत्ता से मिलकर रहे और उसके लिए काम करे। पुराने बुद्धिजीवियों के इस हिस्स्से के लोग बूढ़े हो चले हैं और उनका काम करना बन्द हो रहा है। पुराने बुद्धिजीवियों में एक तीसरा हिस्सा और था जिसमें मुख्य रूप से साधारण मसिजीवी थे और जो ऊपर के हिस्से से भी कम योग्यता-प्राप्त थे; यह हिस्सा जनता के साथ आया और उसने सोवियत सरकार का समर्थन किया। उसे अपनी शिक्षा पूरी करनी थी और उसने हमारे विश्वविद्यालयों में यह करना शुरू कर दिया।"

पुराने बुद्धिजीवियों का व्यवहार इस प्रकार था : जो चोटी के लोग थे, वे तुरन्त सोवियत विरोधी दल में जा मिले, जो बीच के थे और अपने को उतना काबिल न समझते थे, वे काफी दिन तक एक ही जगह खड़े हुए लेफ्ट-राइट करते रहे। लेकिन

पूँजीपतियों का राज फिर कायम न हो सका, इसलिए उनके दिन भी न फिरे। अन्त में जब बूढ़े हो चले तो सोचा कि अब सोवियत सरकार का साथ देना चाहिए। तीसरा हिस्सा 'रैंक एंड फाइल' का था, साधारण मसिजीवियों का जिनकी हमदर्दी गरीब जनता के साथ थी। चोटी की योग्यता न रखते हुए भी इन्होंने विद्यालयों में अपनी शिक्षा पूरी की और वे सोवियत बुद्धिजीवियों के अंग बन गए।

बुद्धिजीवियों का यह इतिहास खूब शिक्षाप्रद है। चोटी के बुद्धिजीवी अपने रहन-सहन और विचारों से पूँजीवादी वर्ग के सबसे ज्यादा नजदीक रहते हैं। इनमें से अधिकांश तुरन्त ही क्रान्ति-विरोधी हो जाते हैं। बीच के बुद्धिजीवी ज्यादातर मध्यवर्ग के होते हैं जो अपने वर्ग की खूबी दिखाते हुए 'मार्क टाइम' करते हैं और जब देखते हैं कि जनता की ताकत मजबूत हो गई है, तब वे भी उसके साथ कन्धा लगा देते हैं। लेकिन बुद्धिजीवियों का एक काफी बड़ा हिस्सा ऐसा भी होता है जो 'रैंक एंड फाइल' है, जिसकी हैसियत निचले मध्यवर्ग के लोगों की है, जिसका जन्म गाँवों में किसानों के घर या शहर में मजदूरों या मामूली कारीगरों, कम तनख्वाह पानेवाले नौकरीपेशा लोगों के यहाँ हुआ है। यह हिस्सा मजदूर वर्ग का साथ देता है। वह अपनी योग्यता की कमी दूर कर लेता है और नए बुद्धिजीवी वर्ग के निर्माण में सहायक होता है। इसलिए स्तालिन के शब्दों से यह नतीजा निकालना बिल्कुल गलत होगा कि बुद्धिजीवी वर्ग स्वभाव से ही अवसरवादी और क्रान्तिविरोधी होता है, इसलिए उसके खिलाफ लड़ाई छेड़ देनी चाहिए और कोई मजदूर वर्ग के नजदीक भी आए तो उसके साथ दुश्मन के भेदिए जैसा व्यवहार करना चाहिए।

बुद्धिजीवियों के तीन हिस्से जब तीन तरह का व्यवहार कर रहे थे, तभी पीड़ित वर्गों के सैकड़ों नौजवान जो अब पीड़ित नहीं थे, विश्वविद्यालयों में भर्ती हो रहे थे। इन्होंने बुद्धिजीवी वर्ग का सामाजिक आधार ही बदल दिया। पुराने बुद्धिजीवी वर्ग की पाँति टूटने के साथ बुद्धिजीवियों के निर्माण की यह क्रिया भी चल रही थी। इसके बारे में स्तालिन ने कहा था—

"पुराने बुद्धिजीवी वर्ग के टूटने और उसके हिस्से होने के दुखद क्रम के साथ नए बुद्धिजीवियों के निर्माण, संगठन और बटोर का काम भी तेजी से होता गया। मजदूरों, किसानों और कलमजीवियों (working intelligentsia) की भाँति से निकल कर लाखों नौजवान यूनिवर्सिटी और टेकनिकल कालेजों में भर्ती हुए, जिनसे निकलकर उन्होंने बुद्धिजीवी वर्ग की घटती हुई पाँति को नई मदद पहुँचाई। उन्होंने उसमें नया रक्त प्रवाहित किया और उसमें एक नई, सोवियत चेतना का संचार किया। उन्होंने बुद्धिजीवी वर्ग की कायापलट कर दी और उसे अपने रंग-रूप, अपने ढाँचे के अनुसार गढ़ डाला। पुराने बुद्धिजीवी वर्ग में, जनता का बुद्धिजीवी वर्ग घुल-मिल गया। इस तरह एक नया, सोवियत बुद्धिजीवी वर्ग उठ खड़ा हुआ जिसका जनता से घनिष्ठ सम्बन्ध था और जो अधिकतर ईमानदारी और वफादारी के साथ

उसकी सेवा करने के लिए तैयार था।

इसके फलस्वरूप अब हमारे यहाँ एक बहुसंख्यक, नया, लोकप्रिय, सोशलिस्ट बुद्धिजीवी वर्ग है जिसका निर्माण तथा सामाजिक और राजनीतिक रूप बुनियादी तौर से पुराने पूँजीवादी बुद्धिजीवी वर्ग से भिन्न है।''

इस क्रम से नए सोवियत बुद्धिजीवी वर्ग का निर्माण हुआ। वे चोटी के चाटुकार जो पूँजीवाद की सेवा करने में कला, साहित्य और विज्ञान की चरम सिद्धि मानते थे, इतिहास के कबाड़खाने में फेंक दिए गए। मजदूर और किसानों के बेटों ने राज्य की बागडोर ही नहीं सँभाली, उन्होंने साहित्य, कला और विज्ञान में भी आगे बढ़ निकलने का बीड़ा उठाया। पुराने ईमानदार बुद्धिजीवियों के साथ मिलकर उन्होंने एक नया बुद्धिजीवी वर्ग बनाया और ऐसा बनाया जो बुनियादी तौर पर नया था, जिसमें सोवियत समाज का नया रक्त प्रवाहित था, जिसकी चेतना पूँजी की गुलामी से आजाद एक नए समाज की चेतना थी।

पूँजीवादी व्यवस्था से छुटकारा पाने पर ईमानदार बुद्धिजीवी के सामने विकास के लिए एक बहुत बड़ा रास्ता खुल जाता है। वह बेकारी और तंगी की चिन्ता से मुक्त होकर तमाम कामकाजी जनता की सांस्कृतिक उन्नति के लिए काम कर सकता है। स्तालिन के शब्दों में वह मानव-हृदय का इंजीनियर बन जाता है। उसके शब्द, उसकी कला, उसका संगीत जितना ज्यादा और जितना अच्छा प्रभाव समाजवादी व्यवस्था में डाल सकता है, उतना पूँजीवादी समाज में मुमकिन ही नहीं है। यहाँ पर रायल्टी और कापीराइट की बेईमानियों के जरिए लेखक की मेहनत से कोई और ही मोटा होता है। आजाद समाज में, बिना इस बेईमानी के डर के, लेखक अपनी मेहनत का फल पा सकता है और सबसे बड़ी बात यह कि वह अपनी कला के उस क्रान्तिकारी रूप को विकसित कर सकता है जिस पर पूँजीवाद ने रोक लगा रखी थी। समाजवादी व्यवस्था में सोवियत साहित्य और संस्कृति ने जो बेजोड़ तरक्की की है, वह इस बात की जीती-जागती मिसाल है कि समाजवाद साहित्य और कला को विकसित करनेवाली सबसे बड़ी शक्ति है।

11. साहित्य का उद्देश्य

(1)

'साहित्य की परख' नाम के निबन्ध में श्री शिवदानसिंह चौहान कहते हैं, ''कलाकार स्वभावतः प्रगतिशील होता है, उसकी सृजन-चेष्टा बाह्य जीवन के अनुभव और

सौन्दर्य-मूलक प्रवृत्ति अर्थात् व्यवस्था, सामंजस्य और मुक्तिकामी निसर्ग-चेष्टा से उत्प्रेरित होती है।"

अगर कलाकार स्वभावतः प्रगतिशील होता है तो साहित्य में प्रगतिशील या प्रतिक्रियावादी का भेद करना निरर्थक है। उसके पास दो चीजें होनी चाहिए, एक तो अनुभव, दूसरी सौन्दर्यमूलक प्रवृत्ति। ये दो हों तो वह स्वभावतः प्रगतिशील होगा।

लेकिन यह जो अनुभव कलाकार हमें देता है, सामाजिक जीवन से निरपेक्ष नहीं होता। सामाजिक जीवन को स्वभावतः प्रगतिशील कहने का साहस चौहान ने भी नहीं किया। सामाजिक जीवन में कुछ तत्त्व प्रगतिशील होते हैं, कुछ प्रतिक्रियावादी। इन दोनों के विरोध से समाज को गति मिलती है। कोई भी साहित्यकार समाज में रहकर उसके विकास की इस प्रक्रिया से तटस्थ नहीं रह सकता।

वास्तव में जो लोग कहते हैं कि साहित्य स्वभाव से प्रगतिशील होता है, वे अप्रत्यक्ष रूप से यह मानकर चलते हैं कि साहित्य प्रतिक्रियावादी भी होता है। प्रगतिशील शब्द सापेक्ष अर्थ का बोधक है। कोई भी घटना-प्रवाह किसी की तुलना ही में प्रगतिशील होगा। इसलिए निरपेक्ष अर्थ में प्रगतिशील शब्द का व्यवहार कर सकना मुमकिन नहीं है।

न केवल कलाकार का सामाजिक अनुभव निरपेक्ष नहीं है, उसकी सौन्दर्यमूलक प्रवृत्ति भी सामाजिक विकास और सामाजिक सम्बन्धों से परे नहीं है। किसी भी समाज विशेष के मनुष्य की सौन्दर्यमूलक प्रवृत्ति उसके समूचे ऐतिहासिक विकास का परिणाम होती है।

यह साबित करने के लिए कि साहित्यकार स्वभावतः प्रगतिशील होता है, चौहान ने 'आलोचना' (न. 1) के सम्पादकीय में महान् लेखकों का उदाहरण दिया है। उन्होंने लिखा है, "इसमें सन्देह नहीं कि महान् लेखकों की रचनाओं में अपने-अपने काल की सामाजिक विचारधाराएँ व्यक्त हुई हैं और उनकी कृतियाँ अपने समय के ऐतिहासिक वास्तव से पूर्णतः सम्बद्ध हैं।"

सवाल महान् लेखकों का ही नहीं है, सवाल साधारण लेखकों का भी है। पहला सूत्र था, कलाकार स्वभावतः प्रगतिशील होता है। क्या अब हम कहें, कलाकार स्वभावतः महान् भी होता है? और अगर वह महान् है तो उसकी महत्ता की कसौटी क्या है?

चौहान आगे लिखते हैं, "लेकिन इन महान् लेखकों को किसी शोषक वर्ग के खूँटे से बाँधकर जाँचना व्यर्थ होगा, क्योंकि उनकी रचनाओं में अपने समय का समग्र जीवन, तमाम वर्गों के अन्तःसम्बन्ध प्रतिबिम्बित हुए हैं और इस प्रकार उस युग की मूल समस्याओं का उद्‌घाटन हुआ है।"

इसका मतलब यह हुआ कि महान् लेखक अपने युग की मूल सामाजिक

समस्याओं का उद्घाटन अपने साहित्य में करते हैं। हर तरह का अनुभव लेखक को बड़ा बनाने के लिए काफी नहीं है, अनुभव मूल समस्याओं का उद्घाटन करनेवाला होना चाहिए।

चौहान आगे लिखते हैं, ''इसी कारण उनकी रचनाओं में शोषण दोहन की विचारधाराओं के प्रति गहरे प्रतिवाद की मुखर ध्वनि है और आजादी और समानता की विचारधारा के प्रति गहरा मोह है। महान् लेखक यथार्थवादी और अपने समय के आलोचक थे। वस्तुतः वह अपने काल के वर्ग-समाज के विद्रोही थे। इसलिए महान् लेखक चाहे जिस काल में और चाहे जिस वर्ग में पैदा हुए हों, वह मूलतः मानववादी थे। उनकी महानता का यही रहस्य है कि उन्होंने 'मनुष्य' को ही प्रमाण और प्रतिमान माना, जिससे उनकी सहानुभूतियाँ मानवमात्र तक प्रसारित हुईं—विश्वजनीन बनीं।''

इस स्थापना में चौहान के पहले सूत्र की सौन्दर्यमूलक प्रवृत्ति छूट गई है; महत्ता का कारण बतलाते हुए विषयवस्तु पर ही जोर दिया गया है।

चौहान के वाक्यों से यह भी स्पष्ट है कि इन महान् लेखकों का मानववाद सभी मानवों के प्रति सहानुभूति प्रसारित नहीं करता। ऐसे समाज में जहाँ वर्ग और उनका परस्पर विरोध मौजूद हों, वे शोषकों का दृष्टिकोण न अपनाकर जनसाधारण का दृष्टिकोण अपनाते थे। इस तरह साहित्य वर्गों से परे न हुआ बल्कि उनके सम्बन्धों और संघर्ष को प्रतिबिम्बित करनेवाला हुआ। और महान् लेखक वही कहलाता है जो सामाजिक यथार्थ की मूल समस्याओं का उद्घाटन करता है और जनता के उत्पीड़कों की आलोचना करता है, उनके प्रति विद्रोह तक करता है। इसलिए उसके मानववाद का भी एक वर्ग आधार होता है। वह 'मानव-मात्र' तक अपनी सहानुभूतियाँ प्रसारित नहीं करता। उसकी सहानुभूतियाँ विश्वजनीन एक सीमित अर्थ में ही होती हैं—जनसाधारण के लिए विश्वजनीन, न कि वर्ग-भेद छोड़कर समान रूप से सभी के लिए।

महान् शब्द भी सापेक्षता-मूलक है। जहाँ महान् लेखक होंगे, वहाँ अमहान् लेखक भी होंगे। जहाँ कुछ लेखक वर्ग-समाज के प्रति विद्रोही होंगे, वहाँ कुछ उसके हिमायती भी निकल आएँगे। जहाँ कुछ लेखक मूल समस्याओं का उद्घाटन करेंगे, वहाँ कुछ ऐसे भी होंगे जो अमूल को ही मूल कहकर पेश करेंगे। इस तरह साहित्य में दो धाराओं का अस्तित्व स्वीकार करना ही पड़ेगा, उन्हें चाहे महान् और अमहान् कहिए चाहे प्रगतिशील और प्रतिक्रियावादी कहिए। इसलिए यह स्थापना कि कलाकार स्वभावतः प्रगतिशील होता है, सही साबित नहीं होती।

महान् लेखकों को वर्ग-समाज का विद्रोही मानने पर कलाकार या आलोचक से तटस्थता की माँग करना आश्चर्यजनक है। चौहान ने 'साहित्य की परख' में तटस्थ होने की कठिनाई बयान करते हुए कहा है, ''वर्तमान में हमारी दृष्टि बहुत

संकुचित और सीमित रहती है—वस्तुएँ, घटनाएँ, भावनाएँ, रागद्वेष अपनी अति निकटता के कारण सारे दृष्टिपट पर छा जाते हैं और निर्णेता स्वयं व्यक्तिगत या सामाजिक रूप से इन घटनाओं या भावनाओं से अपने को निर्लिप्त और निःसंग नहीं रख सकता, अतः जो उसे महत्त्वपूर्ण लगता है वही स्थायी और सुन्दर भी लग सकता है।''

अगर महान् लेखक निःसंग और निर्लिप्त नहीं होता, वह वर्ग-संघर्ष से तटस्थ न रहकर शोषण-व्यवस्था का विरोध करता है, तो उसका मूल्यांकन करनेवाला आलोचक ही उस संघर्ष से तटस्थ क्यों हो? क्या यह अधिक स्वाभाविक नहीं है कि वह जितना ही जनसाधारण का पक्ष लेगा, उतना ही जनसाधारण का पक्ष लेनेवाले साहित्य का मूल्य भी वह समझेगा? इसलिए न तो साहित्यकार स्वभावतः प्रगतिशील होता है, न आलोचक। वे प्रगतिशील तभी होते हैं जब वे जनसाधारण का पक्ष लेते हैं।

चौहान ने 'आलोचना' (नं. 5) में साहित्य और कला की यह व्याख्या दी है, ''साहित्य और कला वस्तु-चित्रों तथा मानव-चरित्रों की भाषा में जीवन के वैविध्यपूर्ण और परस्पर विरोधी सम्बन्धों और अन्तःसम्बन्धों के यथार्थ को उसके गर्भ में विकासमान सम्भावनाओं की दृष्टि से मूर्त और कलात्मक रूप में प्रतिबिम्बित करती हैं। साहित्य और कला की कृतियाँ इसका परिणाम होती हैं।''

समाज के परस्पर विरोधी सम्बन्ध और उनके गर्भ में विकासमान सम्भावनाओं की दृष्टि—साहित्यकार के लिए दो चीजें आवश्यक हुईं, एक तो सामाजिक यथार्थ जिसका वह चित्रण करेगा, दूसरी वह दृष्टि जिससे वह उस यथार्थ को जाने-पहचानेगा। लेकिन न तो हर साहित्यकार यथार्थ को एक ही दृष्टि से देखता है, न उससे एक-सी सामग्री लेकर साहित्य में चित्रित करता है। इसलिए चौहान की व्याख्या सभी साहित्य और सभी कला पर लागू नहीं होती। यह व्याख्या साहित्य को स्वभावतः प्रगतिशील या स्वभावतः महान् मानकर की गई है। लेकिन जैसा कि हम ऊपर देख चुके हैं, सभी साहित्य प्रगतिशील या महान् नहीं होता।

चौहान की व्याख्या में यह भी ध्यान देने की बात है कि सौन्दर्यमूलक प्रवृत्ति फिर गायब है। यहाँ केवल दृष्टिकोण, समाज के सम्बन्धों पर जोर है; इनका माध्यम वस्तुचित्रों और मानव चरित्रों की भाषा है। पता नहीं यह भाषा स्वभाव से ही सौन्दर्यमूलक है या नहीं। अनुभव यही बतलाता है कि सुघड़ और अनगढ़ का भेद यहाँ भी बराबर देखने को मिलता है।

साहित्य को परखने की वैज्ञानिक कसौटी बतलाते हुए चौहान उसी नोट में आगे कहते हैं, ''उनकी या किसी भी युग के कलाकार और साहित्यकारों की प्रतिभा, ईमानदारी और उनकी कृतियों की कलात्मक श्रेष्ठता को परखने की वैज्ञानिक कसौटी भी यही है कि जाँच करके यह देखा जाए कि अपने जीवन-काल की ऐतिहासिक

परिस्थितियों द्वारा प्राप्त अनिवार्य विचार-सीमाओं के होते हुए भी उन्होंने सच्चे कलाकार की सत्यान्वेषी वस्तुनिष्ठा से अपने युग-जीवन की वास्तविकता या सत्य का कितना यथार्थ और मूर्त चित्रण किया।''

यह युग-जीवन की वास्तविकता हर युग में एक-सी है या अलग-अलग? अगर एक-सी होती तो अपने जीवन-काल की ऐतिहासिक परिस्थितियों द्वारा प्राप्त विचार सीमाओं का सवाल न उठता। इसका मतलब यह हुआ कि साहित्य की कसौटी ऐतिहासिक होनी चाहिए, उसकी परख किसी अपरिवर्तनशील युग-सत्य के आधार पर नहीं होती।

चौहान की व्याख्या में कलाकार से माँग की गई है कि सत्यान्वेषी वस्तुनिष्ठा से वास्तविकता का यथार्थ चित्रण करे। सारा जोर सत्य, वास्तविकता और यथार्थ पर है। यानी वास्तविक कलाकार वास्तविकतान्वेषी वस्तुनिष्ठा से वास्तविकता का वास्तविक चित्रण करे। अथ से इति तक कहीं वास्तविकता का पल्ला नहीं छूटने पाया।

चौहान ने यह कसौटी कलाकार की प्रतिभा और ईमानदारी परखने के लिए ही नहीं, उसकी कृतियों की कलात्मक श्रेष्ठता परखने के लिए भी बताई है। लेकिन युग-जीवन की वास्तविकता अखंड इकाई नहीं है। कोई भी युग-सत्य द्वन्द्व से परे नहीं होता। आज के युग का सत्य यह है, एक तरफ जनता साम्राज्यवाद से मुक्ति के लिए संघर्ष कर रही है, दूसरी तरफ साम्राज्यवादी ताकतें और उनके हिमायती उसे दबाने और गुलाम बनाए रखने की कोशिश कर रहे हैं। इस द्वन्द्व में कलाकार किसी अद्वैत युगसत्य का सहारा न लेकर जनता या उसके विरोधियों का पक्ष लेता है। इसलिए स्वभावतः प्रगतिशील न होकर उसे युग-विशेष और समाज-विशेष के संघर्ष में जनता का पक्ष लेने पर ही प्रगतिशील कहा जा सकता है।

उसकी कलाकृति सुन्दर है या असुन्दर, यह उसके मूर्त चित्रण पर ही निर्भर नहीं करता। अनुभव बतलाता है कि साहित्य में अंकित हर मूर्ति सुन्दर नहीं होती।

लेकिन अपने युग के या और किसी पिछले युग के साहित्यकार ने जो युगसत्य प्रकट किया है, उसकी सत्यता को जानने का क्या उपाय है? मोटे तौर पर सच और झूठ का भेद छिपा नहीं रहता। झूठ बोलने वाले की आँखें गवाही दे जाती हैं। लेकिन कुछ लोग झूठ बोलने की कला में ऐसे प्रवीण होते हैं कि वे उसे सत्य से ज्यादा प्रभावशाली बना देते हैं। इसलिए साहित्य में प्रतिबिम्बित यथार्थ को परखने के लिए समाज की जानकारी आवश्यक है। साहित्य का इतिहास समाज के इतिहास से अलग न होकर उसका एक अंग होता है।

साहित्य को परखने की यह कसौटी समाजशास्त्रीय हुई या असमाजशास्त्रीय? 'आलोचना' (नं. 1) के सम्पादकीय में चौहान ने लिखा है, ''आचार्य शुक्ल के पश्चात् हिन्दी-आलोचना ने अपने विकास के लिए नए पथ खोजे—समाजशास्त्र

का आधार लेकर 'प्रगतिवाद' और मनोविज्ञान का आधार लेकर 'प्रतीकवाद' की विचारधाराएँ साहित्यालोचन का दृष्टिकोण बनीं। परन्तु पिछले कई वर्षों से हिन्दी का आलोचना-साहित्य एक अवांछित गतिरोध की स्थिति में पड़कर मनमाने पथों पर भटकता रहा है।"

इससे यही पता चलता है कि आरम्भ में प्रगतिवाद ने समाजशास्त्र का आधार लिया, सो ठीक किया। सिर्फ बाद में कुछ लोगों ने उसे पथभ्रष्ट कर दिया। चौहान ने अक्सर जो कुत्सित समाजशास्त्र की बात कही है, उससे भी अन्दाज़ यही लगता है कि अकुत्सित समाजशास्त्र उन्हें पसन्द है। लेकिन आलोचना (नं. 4) में वह समाजशास्त्र और ऐतिहासिक भौतिकवाद में भेद करते हुए लिखते हैं, "प्रश्न है कि क्या प्रगतिवादी प्रगतिवाद को सचमुच प्रगतिवाद बनाने का दायित्व सँभालेंगे और समाजशास्त्रीय दृष्टिकोण त्यागकर ऐतिहासिक भौतिकवादी दृष्टिकोण अपनाएँगे? क्या आज भी यह दुहराने की जरूरत है कि मार्क्सीय सौन्दर्यशास्त्र का दृष्टिकोण समाजशास्त्रीय नहीं बल्कि ऐतिहासिक भौतिकवादी है?"

मालूम होता है समाजशास्त्र तो समाज का शास्त्र है और ऐतिहासिक भौतिकवाद समाज का शास्त्र न होकर और किसी चीज का शास्त्र है। इसलिए यह मौलिक भेद किया गया है। अगर बात ऐसी है तो समाजशास्त्र को आधार बनाकर प्रगतिवाद ने शुरू से ही गलती की थी; कुछ लोगों ने उसे और भी कुत्सित बनाकर कोई मौलिक गलती नहीं की बल्कि उस पहली गलती को ही और भारी-भरकम बना दिया। साहित्य की व्याख्या करते हुए चौहान कहाँ 'समाजशास्त्र' का सहारा लेते हैं, कहाँ ऐतिहासिक भौतिकवाद का, यह कहना काफी कठिन है।

शायद ऐतिहासिक भौतिकवाद समाजविज्ञान तो है, लेकिन समाजशास्त्र नहीं है। क्योंकि 'साहित्य की परख' में उन्होंने लिखा है कि प्रगतिवाद की विचारधारा मार्क्सवादी दर्शन 'द्वन्द्वात्मक भौतिकवाद' और "मार्क्सवादी समाजविज्ञान 'ऐतिहासिक भौतिकवाद' से प्रभावित है।" इससे ऐतिहासिक भौतिकवाद के बारे में इतना तो मालूम हो जाता है कि वह समाजविज्ञान है, अवश्य हर तरह का समाजविज्ञान नहीं, मार्क्सवादी समाजविज्ञान। तब क्या समाजविज्ञान और समाजशास्त्र में कोई मौलिक भेद है? या 'शास्त्र' होने से ही एक रूढ़िवादी और 'विज्ञान' होने से दूसरा प्रगतिशील है?

लेकिन एक बात तो पक्की है कि हर साहित्यकार स्वभावतः प्रगतिशील नहीं होता और उसके प्रतिक्रियावाद या प्रगतिशीलता को जाँचने के लिए यह देखना होता है कि वह अपने सामाजिक जीवन में उस समय की प्रगतिशील शक्तियों का साथ देता है या प्रतिक्रियावादी शक्तियों का।

(2)

देखना चाहिए कि वह कुत्सित समाजशास्त्र क्या है जिसने प्रगतिवाद या प्रगतिशील साहित्य को पथभ्रष्ट कर दिया।

'साहित्य की परख' में चौहान ने कुत्सित समाजशास्त्रियों के द्वैतवादी दृष्टिकोण का यों उल्लेख किया है, ''प्रगतिवादी समीक्षकों में साहित्य के 'कलापक्ष' और 'सामाजिक पक्ष' के सम्बन्ध में एक द्वैतभावना बनी हुई थी और वे इस बात का निर्णय न कर पाते थे कि किसी रचना में इन दोनों तत्त्वों का समावेश किस मात्रा और अनुपात में होता है, अथवा उनमें किसका आत्यन्तिक महत्त्व है। इस विकृत यान्त्रिकता का ही परिणाम था कि प्रगतिवादी आलोचना ने व्यवहारतः किसी रचना में व्यक्त विचारों को ही उस रचना के साहित्यिक मूल्य की कसौटी मान लिया और स्वयं कवि पन्त ने भी—

तुम वहन कर सको जन मन में मेरे विचार,
वाणी मेरी, चाहिए तुम्हें क्या अलंकार।

प्रश्न करके इस द्वैतभावना को अपनी एक कविता में उदात्त अभिव्यक्ति दे दी थी।''

कुत्सित समाजशास्त्र के लिए कलापक्ष और सामाजिक पक्ष में भेद होता है। क्या चौहान साहित्य की विषयवस्तु और कला को एक ही चीज समझते हैं? द्वैतभावना तभी मिट सकती है जब कला को हम विषयवस्तु समझें और विषयवस्तु को कला। इस तरह जीवन की घटनाएँ साहित्य में प्रतिबिम्बित हुए बिना भी साहित्य हो जाएँगी और छन्द, अलंकार, चित्रण-कौशल, शैली-सौन्दर्य आदि विषयवस्तु के बिना ही हमें लोकोत्तर आनन्द देने लगेंगी।

साहित्य की विषयवस्तु और उसकी कला दोनों एक चीज नहीं हैं। ये दोनों ही सम्बद्ध होकर साहित्य बनती हैं, दोनों की एकता साहित्य के लिए जरूरी है। लेकिन कला और विषयवस्तु दोनों ही समान रूप से साहित्य रचना के लिए निर्णायक महत्त्व की नहीं हैं। निर्णायक भूमिका हमेशा विषयवस्तु की होती है। जिसके पास उच्चकोटि के विचार नहीं हैं, भावावेश नहीं है, यथार्थ का गहरा ज्ञान नहीं है, वह सिर्फ कला को निखारने की कोशिश करके उत्कृष्ट साहित्य नहीं रच सकता। जिसके पास ये चीजें हैं, उसके पास मूलवस्तु है, प्रयत्न करने पर वह उसे कलात्मक रूप दे देगा। वाल्मीकि ने जब क्रौंचवध से क्षुब्ध होकर 'शोकः श्लोकत्वमागतः' का अनुभव व्यक्त किया था, तब उन्होंने शोक और श्लोक—विषयवस्तु और कला का सापेक्ष महत्त्व भी बतला दिया था। इसलिए प्रगतिशील आलोचना ने भी व्यंजना की अपेक्षा विचारों को ही अधिक महत्त्वपूर्ण समझा है और साहित्यकारों को मुख्यतः उन्हीं के अनुसार परखा है।

दिलचस्प बात यह है कि पन्तजी जब जन-मन तक अपने विचार पहुँचाने की बात कहते थे, तब वह चौहान के लिए कुत्सित समाजशास्त्रियों की श्रेणी में थे। जब वह 'राजभवन हे राजभवन जन-मन के मोहन' का राग अलापने लगे, तब वह देशकाल की समस्याओं से परे रहने वाले चिर प्रगतिशील, चिर महान् कलाकार बन गए।

आश्चर्य है कि द्वैत भावना जैसी घटिया चीज को चौहान के अनुसार, पन्तजी ने उदात्त अभिव्यक्ति दी। चौहान की आलोचना एक क्षण के लिए द्वैत भावना के वशीभूत होकर उदात्त अभिव्यक्ति और अनुदात्त विषयवस्तु में भेद करती हुई दिखाई देती है।

चौहान ने आगे लिखा है, "गत वर्षों में जिन लोगों ने प्रगतिवाद की विचारधारा को सामयिकता और राजनीतिक-प्रचार की सीमा में बाँधकर साहित्य की कसौटी को अवसरवादी बनाने की चेष्टा की है, वह अनायास और अकारण ही नहीं। ये लोग वास्तव में उस द्वैत भावना से आक्रान्त हैं जिसका उल्लेख मैं पहले कर चुका हूँ... ।"

द्वैत भावना का असली मतलब अब खुलता है। सवाल यह नहीं है कि विचारों और कलात्मक सौन्दर्य में सामंजस्य हो; सवाल यह है कि ये विचार सामयिकता और राजनीतिक प्रचार की सीमाओं से परे हों या नहीं। चौहान के लिए कुत्सित समाजशास्त्र की मौलिक समस्या यह है कि लेखक सामयिक राजनीति से अलग रहे या उसे अपनाकर चले।

विश्व-साहित्य से कुत्सित समाजशास्त्र की मिसालें देते हुए चौहान ने लिखा है, "उदाहरण के लिए रूसो और वोल्तेयर ने अथवा आधुनिक काल में ही गोर्की ने फ्रांस और रूस की क्रान्तियों के अवसर पर तत्कालीन प्रश्नों को लेकर जो रचनाएँ कीं या आयरलैंड की क्रान्ति के अवसर पर शेली ने जो अपीलें छापकर बाँटीं उनका आज कोई साहित्यिक मूल्य नहीं रहा।"

सामयिकता में फँसने का यह नतीजा होता है कि गोर्की, वोल्तेयर और शेली जैसे समर्थ कलाकार भी साहित्यिक मूल्य की चीजें न दे पाए। इसलिए रूस के मजदूर आन्दोलन को लेकर गोर्की ने जो 'माँ' नाम का उपन्यास लिखा, शेली ने यूनान, इटली, ब्रिटेन आदि के स्वाधीनता-आन्दोलनों और जन-संघर्षों पर जो रचनाएँ कीं, उनका कोई मूल्य नहीं रहा। चौहान के मुताबिक ये सब एक समय अवसरवादी कलाकार थे। वे सामयिकता से मुक्त न होकर उसी में फँसकर रह गए।

चौहान का कुत्सित समाजशास्त्र-विरोध संसार के अनेक क्रान्तिकारी साहित्यकारों की विरासत का विरोध साबित होता है। एक तरफ तो वह गोर्की, शेली और वोल्तेयर की उस क्रान्तिकारी विरासत को ठुकराते हैं जो सामयिकता में डूबी हुई थी और जिसने इतिहास को बदलने में मानव समाज को प्रेरणा दी, दूसरी तरफ वह ब्रिटेन के टी.एस. इलियट जैसे प्रतिक्रियावादी लेखकों का तटस्थतावाद अपना

कर सौन्दर्यशास्त्र को भरा-पूरा बनाने की बात कहते हैं। मार्क्सवाद को अपूर्ण कहकर, उसे भरा-पूरा बनाने के नाम पर, वह आई.ए. रिचर्ड्स जैसे आलोचकों से समझौता करने का आदेश देते हैं।

हिन्दी की प्रगतिशील आलोचना आचार्य शुक्ल आदि की विरासत को अपने में समोकर ही आगे बढ़ सकती है, एक हद तक आगे बढ़ी है। लेकिन चौहान को एकांगी समाजशास्त्रीय दृष्टिकोण के दोषी मार्क्सवादी लेखक ही नहीं दिखाई देते, स्वयं शुक्लजी जैसे राष्ट्रीय विचारधारा से प्रेरित लेखक भी उससे पीड़ित दिखाई देते हैं। आलोचना (नं. 5) में वह लिखते हैं, ''शुद्ध कलावादी दृष्टिकोण से तो इतिहास नहीं लिखे गए लेकिन न्यूनाधिक मात्रा में एकांगी समाजशास्त्रीय दृष्टिकोण आचार्य शुक्लजी से लेकर आज तक अपनाए जाते हैं, चाहे ये समाजशास्त्रीय दृष्टिकोण राष्ट्रीय विचारधारा से प्रेरित हों या मार्क्सवादी विचारधारा से।''

इसका मतलब यह है कि अधिकांश हिन्दी आलोचकों ने पच्छिम के घटिया सिद्धान्त 'कला कला के लिए' को नहीं अपनाया। उनके लिए कला और उपयोगिता के बीच कोई दुर्भेद्य खाई नहीं रही; वे साहित्य को सामाजिक विकास-क्रम से अलग करके नहीं बल्कि उसके साथ जोड़कर उसे देखते रहे हैं। यह कोई नहीं कह सकता कि वे कलापक्ष और सौन्दर्य के विरोधी थे या उन्होंने साहित्य में विचारों को ही एकमात्र कसौटी बनाया था। फिर भी चौहान को उनका दृष्टिकोण एकांगी समाजशास्त्रीय लगता है। क्यों? इसलिए कि लोकमंगल की भावना को साहित्य की परख में उस हद तक कसौटी बनाना भी उन्हें पसन्द नहीं है, जिस हद तक शुक्लजी ने या दूसरे आलोचकों ने उसे बनाया था।

चौहान ने शुक्लजी आदि के साथ मार्क्सवादी आलोचकों को जोड़कर जो दोनों के दृष्टिकोण को एकांगी समाजशास्त्रीय कहा है, वह इस बात का प्रमाण है कि प्रगतिशील आलोचना अपनी परम्परा से नाता तोड़कर कोई विदेश से आई हुई चीज नहीं है। वह आचार्य शुक्ल जैसे आलोचकों के साहित्य-सिद्धान्तों का मूल्यांकन करके, उन्हें विकसित करते हुए आगे बढ़ रही है।

चौहान को यह ह्रास आलोचना ही में नहीं दिखाई देता। उनकी राय में यह ह्रास चौतरफा व्याप गया है; समूचा साहित्य उसकी लपेट में आ गया है। 'आलोचना' (नं. 6) में वह लिखते हैं, ''किन्तु रवीन्द्र, शरत्, इकबाल और प्रेमचन्द की पीढ़ी समाप्त होते ही हमारे देश की विभिन्न भाषाओं और कलाओं में जैसे यह द्वितीय उत्थान भी समाप्त हो गया।...प्रगतिशीलों ने इस ह्रास को रोकने की कोशिश की लेकिन वे स्वयं समस्या के ऊपरी रूप से ही परिचित थे, उसके वास्तविक रूप को पहचानने की अन्तर्दृष्टि उनमें उस समय न थी।''

चौहान की परेशानी हिन्दी भाषा तक सीमित नहीं है। वह भारत की सभी भाषाओं के साहित्य में ह्रास के अन्देशे से दुबले हैं। इन भाषाओं के लेखक जनता

के कन्धे से कन्धा मिलाकर जो साहित्य रचते रहे हैं, वह चौहान की दृष्टि से ओझल है। आज हिन्दी में अज्ञेय जैसे साम्राज्यवाद के दोस्तों का यह प्रचार है कि साहित्य में प्रतिमाएँ हैं नहीं और जो हैं, उन्हें मार्क्सवादी गुमराह कर रहे हैं। चौहान के लिए भी प्रेमचन्द के बाद सभी भाषाओं के साहित्य में ह्रास शुरू हो गया और प्रगतिशील लेखक समस्या के ऊपरी रूप से ही परिचित थे।

चौहान आज की परिस्थितियों से निराश होकर लिखते हैं, "आज की प्रतिकूल परिस्थितियों में राष्ट्रीय सांस्कृतिक जीवन एक व्यंग्यपूर्ण हकीकत बन गया है, जिसमें उच्चकोटि का साहित्य और कला का फलना-फूलना सम्भव नहीं दिखता।"

हमारे देश में सांस्कृतिक विकास के लिए प्रतिकूल परिस्थितियाँ कौन-सी हैं? एक तरफ आर्थिक-राजनीतिक कारण हैं, साम्राज्यवाद का अधिकतम मुनाफे वाला शोषण है, किसानों पर कर्ज, लगान और महँगाई का बोझ है, भुखमरी, बेकारी और लाठी-गोली का रामराज है। दूसरी तरफ सांस्कृतिक कारण हैं, साम्राज्यवादी-सामन्ती संस्कृति का दबाव है, जनता की निरक्षरता है। चौहान की 'आलोचना' अगर प्रतिकूल परिस्थितियों से लड़ने के लिए है तो वह साम्राज्यवाद के राजनीतिक, आर्थिक और सांस्कृतिक दबाव का पर्दाफाश क्यों नहीं करती? वह भारत में बढ़ते हुए युद्ध-प्रचार की तरफ तटस्थ क्यों है? वह साहित्य की उस धारा का विरोध क्यों नहीं करती जो देश में साम्राज्यवादी-सामन्ती हितों और उनके देशी सेवकों का समर्थन करती है? या प्रतिकूल परिस्थितियों में रचा हुआ आचार्य शुक्ल से अब तक का आलोचना-साहित्य, प्रेमचन्द के बाद सभी भाषाओं में लिखा हुआ अब तक का साहित्य नगण्य है?

चौहान के लिए अगर कुत्सित समाजशास्त्र का मतलब वह साहित्य है जो जनहित को प्रतिबिम्बित करता है तो इसका यह मतलब नहीं कि कुत्सित समाजशास्त्र नाम की कोई चीज होती ही नहीं है। समाज और साहित्य के सम्बन्ध को सही तौर पर पेश न करना, साहित्य के लिए गलत सामाजिक उद्देश्य पेश करना, गलत सामाजिक पृष्ठभूमि में साहित्यकारों का मूल्यांकन करना, यह सब कुत्सित समाजशास्त्र की विशेषता है।

मिसाल के लिए हिन्दुस्तान में प्रगतिशील साहित्य की आवश्यकता का सवाल है। हमारे मित्र या तो समूचे साहित्य को प्रगतिशील मानेंगे या फिर प्रगतिवाद की यह व्याख्या करेंगे—" 'प्रगतिवाद' साहित्य की वह धारा है जो पूँजीवाद के अन्तिम काल में उत्पन्न होती है,. जो पूँजीवादी-साहित्य और कला की सारी कामयाबियों और सजीव परम्पराओं को ग्रहण कर; एक नए जन साहित्य का निर्माण करती है।"

अगर पच्छिम के देशों में प्रगतिशील कहलानेवाला साहित्य पूँजीवाद के अन्तिम काल में रचा गया हो तो वह व्याख्या भारत पर भी क्यों न लागू कर दी जाए?

हाँ! चौहान के इस वाक्य में प्रगतिवाद साहित्य की धारा है। यह 'प्रगतिवाद'

नाम की किताब के 'प्रगतिवाद' नामक लेख का पहला ही वाक्य है। लेकिन 'आलोचना' (नं. 4) में चौहान ने कुत्सित समाजशास्त्रियों की भूल सुधारते हुए लिखा, "प्रगतिवाद साहित्य की धारा नहीं, साहित्य का मार्क्सवादी दृष्टिकोण है।" प्रगतिवाद जब साहित्य की धारा होता है, तब उसमें दृष्टिकोण का अभाव होता है। जब वह दृष्टिकोण होता है, तब वह साहित्य की धारा से तटस्थ रहता है। इसलिए कभी वह धारा, कभी दृष्टिकोण है, लेकिन दोनों से मिलजुलकर एक दिशा में बहती हुई धारा वह नहीं हो पाता।

एक दूसरे लेख में चौहान ने साम्यवादी यथार्थवाद के साहित्य को ही प्रगतिशील साहित्य माना है। साम्यवाद यथार्थवाद क्या है? दृष्टिकोण है या धारा है? साम्यवादी यथार्थवाद "वर्तमानकालीन मजदूर, किसान और निम्नश्रेणी के टुटपुँजियों का साहित्य होता है, जिसमें ऐतिहासिक एवं वैज्ञानिक शोध द्वारा उनकी आन्तरिक एकता के दृढ़ करने की कोशिश की जाती है।"

इसमें सन्देह नहीं कि चौहान जैसे लोगों ने किसानों और मजदूरों का साहित्य चाहे न रचा हो, निम्न श्रेणी के टुटपुँजियों का साहित्य जरूर रचा है और इस काम में वह अकेले नहीं हैं।

और भी! साम्यवादी यथार्थवाद "साहित्य की अन्य धाराओं से वस्तु, रूप प्रकाशन और सिद्धान्त में भिन्न है। यह सबका व्यतिरेक कर स्वयं अपने पैरों पर खड़ा होने का दावा करता है। यह एक युद्धात्मक, असहनशील, क्रान्तिकारी धारा है।"

संक्षेप में यह कि सांस्कृतिक विरासत से उसका कोई संबंध नहीं है। वह हर चीज नई गढ़कर पेश करने में विश्वास करता है, अपने पैरों पर खड़ा होता है, असहनशील है और उसका क्रान्तिकारीपन उसकी असहनशीलता में ही है। लेकिन इन सब विशेषणों का सम्बन्ध सोवियत संघ के समाजवादी यथार्थवाद से भी नहीं है जिसका रूप जातीय होता है, इसलिए एक हद तक परम्परागत भी होता है, और विषय-वस्तु समाजवादी होती है। समाजवादी यथार्थवाद के प्रवर्तकों का यह भी कहना था कि हर जाति की कुछ अपनी सांस्कृतिक विशेषताएँ होती हैं जो उसके जीवन की विशेष परिस्थितियों से पैदा होती हैं। वे साहित्य में प्रतिबिम्बित होती हैं। चौहान की व्याख्या न सिर्फ भारतीय प्रगतिशील साहित्य के लिए गलत है बल्कि वह सोवियत साहित्य के लिए भी गलत है ज़हाँ समाजवादी यथार्थवाद की धारा ने इस असहनशीलता, इस वस्तु-रूप-सिद्धान्त में एकदम नए होने का विरोध किया है। चौहान ने अपनी व्याख्या किसी कुत्सित समाजशास्त्री से उधार लेकर उसे सोवियत और भारत के साहित्य पर एक साथ फिट कर दिया है।

लेकिन चौहान यह भी कहते हैं कि यह धारा पुरानी संस्कृति के समस्त रचनात्मक और प्रगतिशील तत्त्वों को ग्रहण कर उन्हें नए सिरे से नए ढाँचों में

ढालकर उनकी रक्षा करती है। मिसाल के लिए हिन्दी में छायावादी साहित्य को लीजिए। जिस लेख में चौहान ने रचनात्मक तत्त्वों की रक्षा की बात की है, उसी में वह छायावाद के बारे में कहते हैं, "रवीन्द्रनाथ ठाकुर के बाद यह धारा हिन्दी में सर्वश्री जयशंकर प्रसाद, सूर्यकान्त त्रिपाठी 'निराला', सुमित्रानन्दन पन्त, श्रीमती महादेवी वर्मा और अनेक छोटे-मोटे कवियों के मुख से निःसृत हो उठी और आज इसका कोई ठिकाना नहीं। इनमें से कुछ स्वभावतः प्रगतिशील भी हैं; लेकिन उनकी कविताएँ प्रगतिशील न होकर प्रक्रियावादी होती हैं। इस छायावाद की धारा ने हिन्दी के साहित्य को जितना धक्का पहुँचाया है, उतना शायद ही हिन्दू महासभा या मुस्लिम लीग ने पहुँचाया हो।"

चौहान का साम्यवादी यथार्थवाद पुरानी संस्कृति के रचनात्मक तत्त्वों की रक्षा इस तरह करता है। साहित्यकार स्वभावतः प्रगतिशील होता है और छायावादियों में भी कुछ तो स्वभावतः प्रगतिशील थे ही, लेकिन उनकी भी कविताएँ प्रगतिशील न होकर प्रतिक्रियावादी होती हैं। यानी लगाया गुलाब लेकिन उगा कुकुरमुत्ता। और अगर प्रगतिशील कवियों की रचनाएँ प्रतिक्रियावादी हो सकती हैं तो प्रतिक्रियावादी कवियों की रचनाओं को चौहान प्रगतिशील कहें तो किसी को ऐतराज क्यों हो?

जो राष्ट्रीय धारा के कवि हैं, चौहान उनसे और भी परेशान हैं। 'भारत भारती' के लिए लिखा है, "भारत की प्रगति और सभ्यता के दुश्मन फैसिस्ट नेता डॉ. मुंजे और भाई परमानन्द के लिए पुस्तक हिटलर की तरह मुसलमानों को देश से निकाल बाहर करने में शायद बाइबिल बन पाती; लेकिन अब तो उसकी भी उम्मीद न रही।"

चौहान ने यह सब सन् '37 में (विशाल भारत, मार्च '37; 'भारत में प्रगतिशील साहित्य की आवश्यकता') लिखा था जब "प्रगतिवादी आलोचना ने अपने प्रारम्भिक काल में हमारे साहित्यकारों को नई दृष्टि दी और उन्हें अपने सामाजिक कर्तव्यों के प्रति जागरूक किया था" (आलोचना नं. 1)। उस प्रारम्भिक काल में चौहान उस साहित्य की माँग कर रहे थे जो "एक साम्यवादी प्रकृति, साम्यवादी वातावरण, साम्यवादी दृष्टिकोण, साम्यवादी पारस्परिक सम्बन्ध, साम्यवादी समाज और साम्यवादी जीवन क्या है, का भी प्रचार करता है।"

चौहान ने इतनी बार साम्यवादी शब्द की रट तो छोड़ दी है लेकिन समाजवादी क्रान्ति का नारा, समाजवादी यथार्थवाद का नारा बहुत दिन तक उनके साथ रहा है।

'संस्कृति, साहित्य और विद्यार्थी' नाम के निबन्ध में चौहान ने विद्यार्थियों को यह दावत दी थी कि "हम पूँजीवाद का अन्त करने और साम्यवाद कायम करने के लिए अभी से संगठित प्रयत्न करें।" ('साहित्य की परख', पृ. 55; यह निबन्ध सोवियत जर्मन युद्ध से पहले का है।)

'साहित्य की परख' में जहाँ उन्होंने विश्व कुत्सित समाजशास्त्र पर हल्ला बोला है, वहाँ अलंकार शास्त्र का सहारा लेते हुए कहा है, "आलंकारिक भाषा में हम कह

सकते हैं कि आर्थिक शोषण और साम्राज्यवाद को गिराकर जो जनवादी समाज निर्मित होगा, उसके समाजवादी आर्थिक सम्बन्ध उस पीठिका का कार्य करेंगे जिस पर नए मानव की मूर्ति का संस्थापन किया जाएगा।''

चौहान के इस प्रचार का असर यह हुआ है कि हिन्दी के कुछ लेखक यह समझने लगे हैं कि प्रगतिवाद के माने मार्क्सवाद, मार्क्सवाद के माने समूचा भारतीय साहित्य शून्य बराबर और नया साहित्य तब रचा जाएगा जब समाजवादी आर्थिक सम्बन्धों की पीठिका पर नए मानव की मूर्ति स्थापित की जाएगी। इस तरह की धारणाओं का मार्क्सवाद से कोई सम्बन्ध नहीं है, हाँ एक आदमी और उसके नाम से चलनेवाली विचारधारा से उसका सम्बन्ध अवश्य है। उस आदमी का नाम था त्रात्स्की, उसकी विचारधारा का नाम है त्रात्स्कीवाद।

त्रात्स्की मजदूर वर्ग की सांस्कृतिक विरासत का घोर शत्रु था। उसके लिए मजदूर वर्ग का न तो पिछला कोई साहित्य था, न समाजवाद के लिए संघर्ष करते हुए वह कोई साहित्य रच सकता था। विश्व समाजवादी क्रान्ति का ढोल पीटने वाला त्रात्स्की समाजवादी निर्माण और सोवियत साहित्य का कट्टर शत्रु था।

यह स्वाभाविक है कि जो लोग विश्व-क्रान्ति की लम्बी-चौड़ी बातों से जनता को भरमाते हैं, वे जनता के उस तात्कालिक कार्यक्रम का बराबर विरोध करते हैं जो उसकी प्रगति के लिए आवश्यक है। चौहान समाजवादी क्रान्ति और साम्यवादी यथार्थवाद का तो समर्थन करते हैं लेकिन स्वाधीनता, शान्ति और जनतन्त्र के उद्देश्य को प्रगतिशील साहित्य के लिए अवांछित समझते हैं। इन उद्देश्यों को सामने रखना अवसरवाद, संकीर्णतावाद, कुत्सित समाजशास्त्र और क्या-क्या नहीं है!

'आलोचना' (नं. 4) में वह कहते हैं, ''प्रगतिशील साहित्य स्वाधीनता, शान्ति और जनतन्त्र का साहित्य है।...प्रगतिशील साहित्य देश से साम्राज्यवाद, सामन्तवाद की संस्कृति को निकालने के लिए संघर्ष करता है। आदि स्थापनाओं से स्पष्ट है कि लेखक ने प्रगतिशील साहित्य का अर्थ अपनी नई परिभाषा में संकुचित करके उसे हमारे देशकाल की विशिष्ट सामयिक परिस्थितियों से ही नहीं, बल्कि एक विशेष राजनीतिक पार्टी और प्रोग्राम के साथ भी बाँध दिया है।''

विश्वक्रान्ति की तरह चिरन्तन प्रगतिशीलता की रक्षा करने की उत्सुकता में चौहान देशकाल की परिस्थितियों से, किसी निश्चित प्रोग्राम से, बँधना पसन्द नहीं करते। समाजवादी क्रान्ति का कार्यक्रम उन्हें पसन्द है क्योंकि आज उसके लागू होने का सवाल नहीं है, यानी वह प्रोग्रामहीनता के बराबर है। और शान्ति और स्वाधीनता के लिए संघर्ष करने का प्रोग्राम एक पार्टी विशेष का हो जाता है, इसलिए वह साहित्य के दायरे को संकीर्ण कर देता है जबकि समाजवादी क्रान्ति का प्रोग्राम किसी भी पार्टी का प्रोग्राम न होने की वजह से साहित्य के दायरे को विश्व के समान विराट कर देता है। चौहान जैसे सांस्कृतिक विरासत से कटे हुए हैं, वैसे ही देश की अमली

राजनीति से भी।

सन् '51 की 'नई चेतना' (नं. 4) में चौहान स्वाधीनता के सवाल पर तो तटस्थ रहने की बात करते हैं—"इसलिए अगर कोई कहे कि हम आजाद हो गए या कहें कि नहीं, अभी हम गुलाम हैं तो हमें इन बहसों में पड़ने से गरज नहीं है"—लेकिन समाज और साहित्य के लक्ष्य के बारे में वह कहते हैं—"मानव पर मानव का शोषण समाप्त करके न्याय, समानता, प्रेम और मुक्त सहयोग पर आधारित एक सच्चे वर्गमुक्त, शोषणमुक्त, अज्ञानमुक्त मानव समाज का निर्माण ही इस अविराम संघर्ष की मूल प्रेरणा और इसका लक्ष्य और प्रयोजन है, जो इतिहास को गति प्रदान करता है।"

मतलब यह कि हर तरह की मुक्ति की बात हम सुनने के लिए तैयार हैं जब तक साम्राज्यवाद से मुक्ति की बात न कही जाए।

साहित्य में अगर जनतन्त्र के समर्थन का उद्देश्य रखा जाए तो वह संकीर्णतावाद है, अगर समाजवादी यथार्थवाद का उद्देश्य रखा जाए तो ठीक है। 'नई चेतना' के उसी लेख में चौहान ने कुत्सित समाजशास्त्रियों पर यह आरोप लगाया है कि "समाजवादी विषयवस्तु और राष्ट्रीय रूपविधान, इस मार्क्सवादी सिद्धान्त को उलटकर ये साथी ऐसी रचनाएँ करते रहे।" अगर 'ये साथी' अपने साहित्य में समाजवादी विषयवस्तु नहीं देते रहे तो इस पर इतना कोप क्यों? समाजवादी विषयवस्तु की माँग करना कुत्सित समाजशास्त्र है या उसके बदले जनवादी विषयवस्तु की माँग करना?

कुत्सित समाजशास्त्र का खतरा गोर्की, शेली और वोल्तेयर के लिए तब नहीं पैदा होता जब वे फ्रांस या रूस की राज्यक्रान्ति के समर्थन में या तात्कालिक प्रश्नों को लेकर साहित्य रचते हैं। कुत्सित समाजशास्त्र का खतरा तब पैदा होता है जब हम भारतीय समाज के विकास की मंजिलें भूलकर गलत सामाजिक उद्देश्य अपने सामने रखते हैं। इसलिए आज की परिस्थिति में साहित्य के सामने शान्ति, स्वाधीनता और जनतन्त्र के लिए संघर्ष करने का उद्देश्य रखना उचित है।

(3)

'क्या साहित्य प्रॉपैगैण्डा है?' नाम के निबन्ध में चौहान ने रूस के कुत्सित समाजशास्त्र की मिसाल देते हुए कहा है, "रूस की क्रान्ति के अवसर पर यह नारा लगाया गया कि 'साहित्य वर्ग-युद्ध का एक हथियार है।' यह एक गलत नारा था। किन्हीं खास परिस्थितियों में कोई नारा किस प्रकार उठाना चाहिए यह साधारण कार्य नहीं है क्योंकि उन परिस्थितियों की तात्कालिक आवश्यकताओं के अनुकूल कार्य-संगठन करने के उद्देश्य से जनसमूह को प्रेरित करने के लिए ही केवल नारा

नहीं लगाया जाता। ऐसा नारा तात्कालिक आवश्यकताओं से इतना आबद्ध रहेगा कि परिस्थितियों के बदलने पर वह एकदम बेकार हो जाएगा और कदाचित् नई परिस्थितियों के विपरीत पड़कर यह उनके विकास में बाधक हो उठे।''

यहाँ फिर वही तात्कालिक आवश्यकताओं से बचने की परेशानी है। नारा ऐसा होना चाहिए जो सभी युगों की परिस्थितियों पर लागू हो।

रूसी क्रान्ति के अवसर पर जो गलत नारा दिया गया, उसका नतीजा क्या हुआ? नतीजा यह हुआ कि ''इस नारे को मान्य मानकर प्रत्येक लेखक के लिए यह जरूरी हो गया कि वह केवल पूँजीपति और मजदूर, श्वेतसेना या लाल सेना, जारशाही और बोल्शेविक पार्टी, कुलक और किसान के संघर्षों का, शोषित वर्गों की विजय कामना प्रकट करते हुए, ज्यों-का-त्यों तथा सीधा राजनैतिक वर्णन ही करे।''

यह बात लोगों को मालूम है कि सोवियत क्रान्ति के बाद कुछ मार्क्सवाद-विरोधी लेखकों ने—सभी सोवियत लेखकों ने नहीं—सांस्कृतिक विरासत को ठुकराया और ऐसा साहित्य रचने लगे जो कहने को सर्वहारा साहित्य था लेकिन वास्तव में जो मजदूर वर्ग के संघर्ष से तटस्थ रहता था, उसका विरोध करता था। ये थे प्रोलेतकुल्तवादी। हिन्दी में चौहान और धर्मवीर भारती जैसे लेखकों ने रूसी साहित्य का हवाला देकर अपने गलत रुझान को सही कहकर पेश करने की कोशिश की है।

रूसी क्रान्ति के लिए बोल्शेविक पार्टी के नेताओं ने कौन-सा नारा दिया था! लेनिन ने अपने प्रसिद्ध लेख 'पार्टी संगठन और पार्टी साहित्य' में पार्टी-साहित्य की माँग करते हुए लिखा था, ''साहित्य के लिए यह जरूरी है कि वह समूचे सर्वहारा उद्देश्य का अंग बन जाए।''

चौहान को चाहिए कि खुलकर लेनिन के लेख 'पार्टी संगठन और पार्टी साहित्य' का हवाला देते हुए उस पर अपनी राय दे। रूसी क्रान्ति के अवसर पर यह नारा दिया गया, वह नारा दिया गया, इस तरह छिपकर तीर चलाने से क्या फायदा?

1905 की रूसी क्रान्ति के बाद जब बहुत से 'निम्न श्रेणी के टुटपुँजिया' साहित्य में कार्यक्रम, तरफदारी, वर्ग-संघर्ष का विरोध करने लगे, तब स्तालिन ने इनका हुलिया बयान करते हुए कहा था, ''वर्ग-विरोधों को नजरअन्दाज करना, वर्ग-संघर्ष को अस्वीकार करना, स्पष्ट रूपरेखा का अभाव, कार्यक्रम का विरोध, हितों को उलझाने और अराजकता के लिए कोशिश—यह है गैरजानिबदारी।'' (देखिए, सोवियत साहित्य, 1950, नं. 12)।

चौहान मिलाकर देखें, स्तालिन ने गैरजानिबदारों का जो हुलिया बयान किया है, उससे कहीं उनका हुलिया मिलता-जुलता है या नहीं। इस गैरजानिबदारी का खंडन करते हुए, साहित्य में कार्यक्रम की जरूरत बताते हुए, स्तालिन ने लिखा था,

"गैरजानिबदारी का स्वाँग मुर्दाबाद। राजनीतिक लाइन की स्पष्टता और निश्चितता जिन्दाबाद। यह है हमारा नारा।"

चौहान को चाहिए कि स्तालिन के उद्धरण देकर कहें कि वह इस जानिबदारी के उसूल का विरोध करते हैं, कि उन्हें साहित्य में किसी परिस्थितिजन्य कार्यक्रम का होना उसी तरह अमान्य है जिस तरह वह रूस के प्रोलेतकुल्तवादियों और दूसरे लेखकों को था।

चौहान के लिए वह सौन्दर्य-मूलक प्रवृत्ति कौन-सी वस्तु है जिसका जिक्र उन्होंने 'साहित्य की परख' में किया था? वह 'कला कला के लिए' पूँजीवादी सिद्धान्त के अलावा और कुछ नहीं है। क्या चौहान यह मानते हैं कि समाज का हर वर्ग-साहित्य के प्रति अपना एक कलात्मक दृष्टिकोण भी रखता है? क्या वह इस भौतिकवादी उसूल को मानते हैं कि "हर वर्ग-समाज के अपने राजनीतिक और कलात्मक मानदंड होते हैं जैसे कि किसी भी वर्ग समाज के विभिन्न वर्गों के अलग-अलग मानदंड होते हैं।" (माओ जे दुङ्)

तात्कालिक प्रश्नों से साहित्य को बचाकर, परिस्थितिजन्य उसूलों का विरोध करके चौहान ने सभी समाजों और सभी वर्गों के लिए जो शाश्वत प्रगतिशीलता की सौन्दर्यमूलक प्रवृत्ति खोज निकालने की कोशिश की है, वह न तो आज की परिस्थितियों से परे है, न वर्गों से परे है। रूसी क्रान्ति के बाद लिखे हुए साहित्य का गलत हवाला देकर चौहान ने अपने पूँजीवादी कला-सिद्धान्त को उसी तरह बचाना चाहा है जैसे रूस में प्रोलेतकुल्तवादी उसे बचाने की कोशिश कर चुके थे।

जो लेखक साहित्य को जनता के क्रान्तिकारी कार्यक्रम के बाहर रखते हैं, उनके लिए माओ जे दुङ् ने ठीक लिखा है, "इस उसूल से हटने का लाजमी नतीजा होता है, दुविधा और कई नावों पर चढ़ना और अन्त में ऐसे मत जैसे कि त्रात्स्की ने प्रचारित किए थे। मार्क्सवादी राजनीति लेकिन पूँजीवादी कला।"

क्या चौहान मार्क्सवादी और पूँजीवादी राजनीति के साथ मार्क्सवादी और पूँजीवादी कला में भी भेद मानते हैं? उनकी आलोचना में परिस्थितियों और वर्गों से परे शाश्वत सौन्दर्य की खोज से तो यह साबित नहीं होता। यह स्वाभाविक है कि पूँजीवादी कला-सिद्धान्त के उपासक चौहान को जहाँ छायावाद महासभाई प्रचार और प्रेमचन्द के बाद तमाम भारतीय भाषाओं में ह्रास दिखाई देता है, वहाँ उत्कृष्ट कला की कृतियाँ उन्हें अज्ञेय, जैनेन्द्र और अश्क जैसे लेखकों में मिलती हैं। पूँजीवादी कला-सिद्धान्त की उपासना और उस सिद्धान्त के असर से रचे हुए साहित्य की प्रशंसा—यह है चौहान का प्रगतिवाद।

'प्रगतिवाद : एक समीक्षा' में धर्मवीर भारती ने प्रगतिशील आलोचकों पर वही आक्षेप किए हैं जो चौहान ने इस किताब के पहले और बाद को किए थे। भारती का कहना है, "स्वयं प्रगतिवादियों ने भी सिवा तीखी, अवसरवादी आलोचनाओं और

दलबन्दी तथा गालीगलौज के, अभी तक गम्भीरता और शान्ति से समस्याओं के विश्लेषण उदारता, समझदारी और दूरदर्शिता का परिचय नहीं दिया है।''

चौहान की तरह भारती को झुँझलाहट सिर्फ हिन्दी के प्रगतिवादियों पर नहीं है, उनकी राय में विश्वसाहित्य में मार्क्सवाद एक प्रतिक्रियावादी शक्ति साबित हो चुका है। मार्क्सवाद ने ऐसी संकीर्णता दिखाई कि ''जिस प्रगतिवादी आन्दोलन में एक दिन गोर्की, रोलाँ तक सम्मिलित थे, जिसको अन्र्स्ट टालर और रैल्फ फाक्स जैसे शहीदों ने अपने खून से सींचा था, (भारती को चौहान की तरह मार्क्सवादियों से कितनी हमदर्दी है!) आज स्टीफेन स्पेंडर और आडेन की तो बात दूर, मैलराक्स (Malraux) जैसे कट्टर कम्युनिस्ट भी अपने को उसकी संकीर्णता से सन्तुलित नहीं कर पाते।''

भारती ने यह नहीं बताया कि प्रगतिवाद जिनके लिए इतना संकीर्ण हो गया, वे स्पेंडर और ऑडेन आजकल क्या करते हैं? पिछले दिनों बम्बई में जब अमरीकी साम्राज्यवादियों के इशारे पर संस्कृति-सम्मेलन हुआ, तो उसके अलम्बरदारों में ये सज्जन भी थे (भारती के धर्मगुरु सच्चिदानन्द हीरानन्द वात्स्यायन भी वहाँ विद्यमान थे, बल्कि उसके एक कर्णधार थे!)

भारती के अनुसार स्पेंडर और ऑडेन के प्रगतिवाद छोड़ने के पहले ही रूस में वह संकीर्ण हो गया था। मायकोव्स्की में 'नारेबाजी काफी मात्रा में थी' (पृ. 27)। इसलिए भारती को हिन्दी कविता में नारेबाजी काफी से भी ज्यादा मात्रा में मिले तो क्या आश्चर्य! मायकोव्स्की सोवियत समाज का सबसे लोकप्रिय कवि था। यह बात भारती को मालूम है। उसकी लोकप्रियता पर प्रकाश डालते हुए कहते हैं—''सहज और सरल भाषा थी, चुटीली अभिव्यंजना थी और अनुभूति का एक छिछलापन था जिसने उसे उतना जनप्रिय बना दिया था।''

यह बात भारती की समझ से परे है कि जनप्रियता और छिछलापन पर्यायवाची शब्द नहीं हैं। कला के प्रति पूँजीवादी दृष्टिकोण गहराई वहीं देखता है जहाँ फीरोजी ओठों पर जिन्दगी बर्बाद होती हो या मार्क्सवाद कोसा गया हो।

भारती के अनुसार सोवियत संघ में प्रोलेतकुल्तवादियों ने जो परम्परा को ठुकराया और कुत्सित समाजशास्त्र का प्रचार किया, उसका कारण स्तालिन की शंकित मनोवृत्ति थी कि समाजवादी शासन नष्ट न कर दिया जाए और इससे संकीर्ण मार्क्सवादियों ने लाभ उठाया। लेकिन बाद को स्तालिन ने स्थिति सँभाल ली और ''अब तो ऐसा लगता है जैसे जार के रूस और स्तालिन के रूस का ऐतिहासिक और परम्परात्मक भेद समाप्त हो गया।'' भारती का कला-सिद्धान्त ही पूँजीवादी नहीं है, उसकी राजनीति भी पूँजीवादी है। सोवियत जीवन का वस्तुगत चित्र दिखाने के बहाने वह घटिया साम्राज्यवादी प्रचारकों की तरह सोवियत देश की सर्वहारा-अन्तर्राष्ट्रीयता को जारशाही रूस के साम्राज्यवाद से एक कर देते हैं। और इस नए रूस में (या

नयापन खोकर फिर पुरानी राह पर चलनेवाले रूस में) मानो मार्क्सवाद को ठुकरा कर साहित्य रचा जाने लगा–"और सभी तरह के वर्गवाद से ऊपर उठकर अब वे व्यापक सत्य के उस स्तर पर पहुँच गए हैं जहाँ युग-युग का साहित्य लिखा जा सकता है।"

यानी लेनिन-स्तालिन-माओ का वर्ग-साहित्य वाला सिद्धान्त वहाँ लागू नहीं होता, वहाँ चौहान का सामयिकता से तटस्थ, युग-युग में अपरिवर्तनशील सौन्दर्यमूलक प्रवृत्ति वाला उसूल लागू होता है। इसलिए अब रूसी साहित्य 'देश और काल की सीमा में बँधकर ही नहीं रह गया', वह घूम-फिरकर फिर इसी सिद्धान्त पर आ गया कि 'कला युग-युगों की एक स्थायी चीज है।' (पृ. 64)

भारती को रूसी क्रान्ति साहित्य के लिए वैसे ही खतरनाक दिखाई देती है जैसे चौहान को। क्योंकि "उस समय क्रान्ति के नक्कारों में बुद्धि और सन्तुलन की आवाज दब गई थी, भावना ने अपने मिसरी जैसे सूखे और प्यासे होंठों से जिन्दगी को और गहराई से सोचने की सलाह दी थी, लेकिन फौजी बूटों से वह आवाज कुचल दी गई।" (पृ. 88)

भारती के लिए क्रान्तिकारी साहित्य का खलनायक मायकोव्स्की है। "वह प्राचीन साहित्य, मधुर साहित्य, प्रेमकाव्य सभी के विरुद्ध था।" (पृ. 86)। नतीजा यह कि रूस में "प्रेम का गला घोंट दिया गया था।" ठीक वैसे ही जैसे चौहान के लिए अली सर्दार वगैरह ने प्रेम की कोमल भावनाओं को कुचल दिया है। (देखिए हंस में 'मौत और दोशीजा' नाम की गोर्की रचना पर चौहान की टिप्पणी)।

चौहान के लिए जिस तरह हिन्दी के प्रगतिशील लेखक ही कुत्सित समाजशास्त्री नहीं हैं, बल्कि शुक्लजी से वह परम्परा चली आ रही है, उसी तरह भारती के लिए मायकोव्स्की ने "मार्क्सवाद की एक यान्त्रिक व्याख्या कर ली थी, उस यान्त्रिकता में पूर्णतया ढल जाने का निश्चय कर लिया था।" (पृ. 99)

भारती जैसे लोग मार्क्सवाद, सोवियत साहित्य, प्रगतिवाद वगैरह से हमदर्दी का अभिनय भर करते हैं। उनकी हमदर्दी दरअसल किन्हीं और से है। अभिनय अपने विरोध को छिपाने भर के लिए है। वह बड़े ईमानदारी के स्वर में कहते हैं–"धीरे-धीरे स्टालिन ने अपनी गलती महसूस की।" मानो प्रोलेतकुल्तवादियों के मार्क्सवाद-विरोध के लिए स्तालिन जिम्मेदार रहे हों!

और अन्त में भारती ने हिन्दुस्तान की गरीब जनता की पार्टी के बारे में उसी झूठ का प्रचार किया है जिसका प्रचार तमाम साम्राज्यवादी दुनिया की हर कम्युनिस्ट पार्टी के खिलाफ किया करते हैं–"भारत की कम्युनिस्ट पार्टी भारत के लिए नहीं है और चाहे जिसके लिए हो।"

संकीर्णतावाद का विरोध करने के नाम पर मायकोव्स्की, सोवियत समाज, हिन्दुस्तान की कम्युनिस्ट पार्टी सभी घसीट लिए गए। लेकिन पिछले दिनों साहित्य

में संयुक्त मोर्चा बनाने के सिलसिले में भारती संकीर्णतावाद विरोधी प्रगतिशील लेखक की हैसियत से सामने आ गए और संकीर्णतावाद का पहले से ही विरोध करते रहने के कारण और भी यशस्वी रूप में आए। नतीजा यह हुआ कि उनके साथ वे संयुक्त मोर्चे के पत्र भी अस्त हो गए। कोई आश्चर्य नहीं कि भारती की कला का मूल्य पहचाननेवाला हिन्दी में सिर्फ एक लेखक मिलता है—शिवदानसिंह चौहान! लेकिन अफसोस, प्रगतिशील लेखकों में उनके सिद्धान्तों का मान नहीं है! "सिवा शिवदानसिंह चौहान के किसी ने भी कलात्मकता का मूल्य नहीं पहचाना है और चौहान जी के विचारों को भी समुचित महत्त्व उस क्षेत्र में नहीं मिल रहा है।" इसलिए उनके विचारों को समुचित महत्त्व देने के लिए भारती ने 'प्रगतिवाद' में मार्क्सवाद को पानी पी-पीकर कोसा है।

भारती और चौहान एक ही रथ के दो पहिए हैं। ये पहिए अपनी घरघराहट को सौन्दर्यमूलक प्रवृत्ति, मानववाद वगैरह नाम देते हैं लेकिन वह घरघराहट है पहचानी हुई—मार्क्सवाद के खिलाफ हर देश के पूँजीवादी लेखकों की चीख-पुकार। उस रथ के ऊपर जो झंडा फहराता है वह वही चिर-परिचित कला-कला के लिए वाला झंडा है।

12. साहित्य की परम्परा

(1)

प्रगतिशील साहित्य जनता की तरफदारी करने वाला साहित्य है, इसलिए वह उसकी जातीय विरासत, उसकी साहित्यिक परम्पराओं की रक्षा करने के लिए भी लड़ता है। साम्राज्यवाद न सिर्फ जनता की स्वाधीनता का अपहरण करता है, उसके जनवादी अधिकारों को कुचलता है बल्कि उसकी जातीय संस्कृति, उसके राष्ट्रीय अभिमान, उसके पूर्व पुरुषों के अर्जित ज्ञान को भी झुठलाता और दबाता है। इसलिए जनता की जातीय संस्कृति और रक्षा के विकास के लिए संघर्ष उसकी स्वाधीनता और जनवादी अधिकारों के लिए संषर्ष का अभिन्न अंग है।

हिन्दीभाषी जनता की एक प्रचीन और गौरवशाली परम्परा है। इस परम्परा पर अभिमान करने में एक तरफ तो भारतीय रूढ़िवादी बोधक होता है जो हर सांस्कृतिक निधि का उपयोग महन्तों और जागीरदारों के हित में करना चाहता है, उस सांस्कृतिक निधि के निर्माण में भारत की जनता का कितना हाथ है, इस बात को वह छिपाता है, दूसरी तरफ पश्चिमी पूँजीवाद का नस्ल-सिद्धान्त है जिसके

अनुसार वह निधि हमारे पूर्वजों की रचना नहीं, किसी विश्वव्यापी नस्ल की रचना है जिस पर औरों का अधिकार भले हो, हमारा अधिकार अवश्य नहीं है।

हिन्दी में कुछ विचारकों ने जातीय संस्कृति के निर्माण के पेचीदा क्रम को बहुत आसान बनाकर भारतीय संस्कृति को आर्य और द्रविड़ में बाँट दिया है। उनमें कुछ विद्वान् अपने धार्मिक उत्साह के कारण यह देख ही नहीं पाते कि जातीय संस्कृति का निर्माण करने वाले भले ही किसी धर्म को मानने वाले रहे हों लेकिन इससे जातीय संस्कृति धर्म का पर्याय नहीं हो जाती। जैसे ब्रिटिश संस्कृति के निर्माता ज्यादातर ईसाई रहे हैं लेकिन इससे ब्रिटिश संस्कृति ईसाई धर्म का पर्याय नहीं हो जाती।

'वोल्गा से गंगा' की 'प्रभा' कहानी में राहुल जी रघुवंश और कुमारसंभव को चन्द्रगुप्त विक्रमादित्य की प्रशस्तियाँ कहकर टाल देते हैं। 'सुपर्ण यौधेय' में कालिदास को गुप्त सम्राटों का चाटुकार कवि दिखलाया गया है। उसके मुकाबले में बौद्ध कवि "अश्वघोष महापुरुष और महाकवि दोनों थे।"

कालिदास के साथ वाल्मीकि को भी सम्राटों का चाटुकार कल्पित करते हुए राहुल जी 'सुपर्ण यौधेय' में लिखते हैं, "कोई ताज्जुब नहीं, यदि वाल्मीकि शुंगवंश के आश्रित कवि रहे हों, जैसे कालिदास चन्द्रगुप्त विक्रमादित्य के, और शुंगवंश की राजधानी की महिमा को बढ़ाने ही के लिए उन्होंने जातकों के दशरथ की राजधानी वाराणसी से बदलकर साकेत या अयोध्या कर दी और राम के रूप में शुंग सम्राट पुष्यमित्र या अग्निमित्र की प्रशंसा की—वैसे ही, जैसे कालिदास ने 'रघुवंश' के रघु और 'कुमारसंभव' के कुमार के नाम से पिता-पुत्र चन्द्रगुप्त विक्रमादित्य और कुमारगुप्त की।"

यह भी एक समाजशास्त्र है। राम शुंग सम्राट के प्रतीक हैं और कुमारसम्भव के कुमार सम्राट् कुमारगुप्त के। राहुल जी को चाहिए कि वह यह भी बता दें कि दशरथ कौसल्या, सीता, लक्ष्मण, भरत आदि सम्राट के खानदान में किस-किस व्यक्ति के प्रतीक हैं। और शुंग सम्राट जैसे सामन्ती शोषक के गुण राम में चित्रित हुए हैं तो रावण में उसके विरोधी क्या किसी गणराज्य के जननायक का चित्रण किया गया है? इसी तरह कालिदास के यज्ञ, तन्वी श्यामा शिखरिदशना, शकुन्तला, गौतमी, कुमारसम्भव की नीलालक-मध्यशोभी उमा, विकीर्णमूर्धजा विलाप करती हुई रति किस-किस के प्रतीक हैं, यह बता देते तो सांस्कृतिक इतिहास लिखने में आसानी होती।

राहुल जी की कल्पना में यह बात नहीं आती कि जिस राम को जनता ने अपना 'हीरो' बना लिया, उसके गुण जनता के गुण भी हो सकते हैं। रामायण और महाभारत जैसे महाकाव्यों में जिन वीरनायकों के चरित्र वर्णित हैं, उनकी लोकप्रियता उनके सामन्ती ऐश्वर्य के कारण नहीं है। ये महाकाव्य आज भी हमारी जनता को

प्रिय हैं, इसलिए कि उनमें हमारे पूर्वजों के अनेक ऐसे गुणों का वर्णन है जिन्हें हमारी जनता प्यार करती है।

और कालिदास का सौन्दर्य उज्जयिनी और क्षिप्रा के सौन्दर्य से भी सम्बन्धित है, वह सौन्दर्य सामन्तकाल में भारतीय जन-जीवन से ही पैदा हुआ, यह वह नहीं सोच पाते। उसके बिना पार्वती का सौन्दर्य, शकुन्तला नाटक के चौथे अंक की करुणा, यक्ष की विरह-वेदना भी कल्पनातीत हैं।

'सिंह सेनापति' का नायक कहता है—"क्योंकि अष्टक, वामक, वामदेव यमदग्नि, भृग, वसिष्ठ, अंगिरा, विश्वामित्र, भरद्वाज आदि ने जो तीनों वेद बनाए, वही ब्राह्मण क्षत्रिय के भेद को स्थापित करने में प्रधान कारण हुए।"

इस समस्या को थोड़ी देर के लिए हम छोड़ देते हैं कि वेदों ने वर्ण-व्यवस्था कायम की या नहीं। मान लीजिए कायम की तो ऐतिहासिक विकासक्रम में वह प्रगतिशील थी या नहीं? निःसंदेह आदिम साम्यवाद के मुकाबले में व्यक्तिगत सम्पत्ति का विकास और वर्ण-व्यवस्था प्रगतिशील थीं। लेकिन राहुल जी इसके लिए वेद के रचयिताओं को क्षमा नहीं कर सकते।

राहुल पथानुगामी श्री रांगेय राघव ने कहीं यह वाक्य पढ़ा कि "ऋगवेद के कवि ऋषियों से लेकर 'प्रसाद' और 'निराला' तक हमारी जाति की गौरवमयी काव्य परम्परा रही है।" इस पर क्रुद्ध होकर उन्होंने लिखा—"वे नहीं जानते कि गंगा-यमुना के प्रदेश में ऋग्वेद के कवि बहुत बाद में आए थे और उस गौरव में आर्य दंभ ही था जिसने वर्ण-व्यवस्था का मूल स्वर उठाया था।" ('आलोचना' नं. 5)।

इस तरह पश्चिमी संस्कृति के आधुनिक नस्ल-सिद्धान्त को वैदिक काल में लागू करके रांगेय राघव ने वेद रचयिताओं को उसी दोष का भागी बनाया है जिस दोष का भागी हिटलर था। और उनके द्वारा वर्ण-व्यवस्था का कल्पित या वास्तविक समर्थन उस जातीय काव्य-परम्परा पर आक्रमण करने के लिए काफी है।

रांगेय राघव के लिए सामाजिक विकास क्लान, ट्राइब, नैशनैलिटी और नेशन के रूप में संगठित जनों का नहीं होता। उनके लिए जन संगठित होते हैं, नस्ल में। इसलिए भारतीय इतिहास मूलतः दो नस्लों का संघर्ष हो जाता है। ये नस्लें आर्यों और द्रविड़ों की हैं। इसलिए आर्य-दंभ का खण्डन करने के लिए रांगेय राघव द्रविड़-दंभ का सहारा लेते हैं और इन दो दंभों की टक्कर में तमिल और हिन्दी संस्कृति की जातीय विरासत खत्म हो जाती है।

'राह के दीपक' नाम के कविता-संग्रह में वह लिखते हैं—

"धूल के कन
हिमालय बन जा कि तुझको
कुचलने वाले झुका दें शीश।

आज मेरी धमनियों में
बज उठा है खौलता फिर
उस द्रविड़ का तप्त लोहू–
भीग शोणित से लड़ा जो
वर्णदम्भी, जातिदर्पी
गौर आर्यों से गरजकर
क्योंकि बर्बर कर रहे थे
आक्रमण,
घर द्वार उसका लूट!"

इस तरह तमिल और हिन्दी भाषियों की जातीय विरासत को दो नस्लों के हवाले करके राघवजी रह जाते हैं–शुद्ध कॉस्मोपॉलिटन, न घर के न घाट के। लेकिन इसमें दोष मार्क्सवाद का नहीं है। नस्ल के आधार पर इतिहास का विश्लेषण करना पश्चिम के पूँजीवादी तथाकथित वैज्ञानिकों की सूझ-बूझ है। यह प्रणाली न तो हिन्दुस्तान में प्रचलित रही है, न मार्क्सवाद को उससे कोई वास्ता है।

गोस्वामी तुलसीदास पर रांगेय राघव की विशेष कृपा है। 'आलोचना' के उसी लेख में वह गोस्वामी जी की तारीफ में कहते हैं–"तुलसी ने केवल ब्राह्मण-धर्म को जन-भाषा में लिखा था और इसलिए वे खूब संस्कृत भी भर लाए थे।"

हिन्दीभाषी जनता का सबसे लोकप्रिय ग्रन्थ ब्राह्मण धर्म की प्रतिष्ठा करने के लिए लिखा गया है। जिन चौपाइयों, दोहों और छन्दों ने करोड़ों किसान हृदयों को रस-विह्वल कर दिया है, वे संस्कृत से भरे हुए हैं। गोस्वामी जी ने ठीक ही कहा था–"काक कहहिं कल कण्ठ कठोरा।"

रांगेय राघव को मालूम है कि पुरोहितवर्ग ने तुलसी का विरोध किया था, इसलिए इस अड़चन की सफाई देते हुए लिखते हैं, "तत्कालीन उच्चवर्ग ने प्रारम्भ में जो तुलसी का विरोध किया, वह गलती उन्होंने जल्दी महसूस की। राम-नाम के प्रताप से जूठन बीनकर खाने वाला तुलसीदास, अपने जीवनकाल में ही उन्हीं उच्च वर्गों के कंधों पर डोलने लगा, हाथी पर चढ़ने लगा।"

जी, तुलसीदास हाथी पर चढ़ने लगा। चार सौ साल बाद द्रविड़ रक्त खौलने पर रांगेय राघव तुलसी की दास-वृत्ति का पर्दाफाश करने पर कटिबद्ध हो गए हैं। उच्चवर्गों ने गलती जल्द महसूस की लेकिन हिन्दुस्तान की जनता ने अभी तक तुलसी की सामन्त-भक्ति को नहीं पहचाना। और जिस हाथी पर सामन्तों ने तुलसीदास को बिठाया था, वह तो बेचारा स्वर्गवासी हो गया लेकिन उनकी दुम रांगेय राघव के हाथ में रह गई जिससे उन्होंने सिद्ध कर दिया कि तुलसी हाथी पर चढ़े थे।

स्वाभाविक है कि चौहान की तरह रांगेय राघव को आचार्य रामचन्द्र शुक्ल की आलोचना पसन्द न हो। लेकिन चौहान के लिए जहाँ शुक्लजी का दृष्टिकोण एकांगी समाजशास्त्री था, वहाँ रांगेय राघव के लिए, "आचार्य शुक्ल ने इतिहास को शुद्ध ब्राह्मण दृष्टिकोण से देखा है।" (संगम और संघर्ष, पृ. 62)।

शुद्ध ब्राह्मण दृष्टिकोण का एक प्रमाण देखिए। जायसी ग्रन्थावली की भूमिका में शुक्लजी लिखते हैं, "सौ वर्ष पहले कबीरदास हिन्दू और मुसलमान दोनों के कट्टरपन को फटकार चुके थे। पण्डितों और मुल्लाओं की तो नहीं कह सकते, पर साधारण जनता 'राम और रहीम' की एकता मान चुकी थी।" शुद्ध ब्राह्मणवाद।

तुलसीदास सामन्तों के साधारण सहायक नहीं थे। उन्होंने उभरते हुए सामन्तविरोध को ही खत्म कर दिया। "समाज में जो निम्नवर्गों का आन्दोलन ब्राह्मण, सर्वाधिकार के विरुद्ध चल रहा था, उसे गहरी चोट दी, बल्कि वह आन्दोलन ही नष्ट कर दिया और समस्त वेदानुयायियों को एक करके इस्लामी संस्कृति के विरुद्ध खड़ा कर दिया।" (उप., पृ. 64)

जैसे प्राचीनकाल में एक तरफ आर्य और दूसरी तरफ द्रविड़ खड्ग लिए खड़े थे, उसी तरह मध्यकाल में एक तरफ वेद लिए तुलसी जैसे ब्राह्मण खड़े थे, दूसरी तरफ कुरान लिए जायसी जैसे मुल्ला थे। जातीय संस्कृति का कहीं पता न था। लेकिन मलिक मुहम्मद जायसी ने लिखा था–

"राघव पूज जाखिनी, दुइज देखाएसि साँझ।
वेदपंथ जे नहिं चलहिं, ते भूलहिं बन माँझ"

कहना चाहिए कि जायसी और तुलसीदास ने जनसाधारण के खिलाफ संयुक्त मोर्चा बना लिया था–तुलसी ने कहा, तुम वेदों की तारीफ करो और हम तुम्हारी मस्जिद में पहरा दिया करेंगे ("माँगि कै खैबो मसीत को सोइबो लेबे को एक न देवे को दोऊ")।

लेकिन यह किसी को भ्रम न होना चाहिए कि रांगेय राघव तुलसी को महान् कवि नहीं मानते। उनकी समस्या इतनी ही है कि "तुलसी को जनवादी साबित करके ही क्या उनकी महत्ता प्रकट होती है?"

अगर हम कला कला के लिए सिद्धान्त मानें या साहित्य की महत्ता विचारों की महत्ता से निरपेक्ष मानें तो कोई न कोई कारण ढूँढ़कर तुलसी को जनवादी माने बिना भी उन्हें महान् सिद्ध कर सकते हैं। लेकिन स्वयं तुलसी विचारशून्य साहित्य के पक्षपाती नहीं थे। उनकी प्रतिज्ञा थी–

"हृदय सिन्धु मति सीप समाना। स्वाती सारद कहहिं सुजाना।
जो बरखै बरबारि विचारू। होंहिं कबित मुकता मनि चारू।।"

बिना महान् विचारों के कविता के मुक्तामणि नहीं मिलते। इसलिए तुलसी के विचारों को दरकिनार करके उनकी महत्ता आँकना कला में विचारशून्यता के सिद्धान्त का समर्थन करना है।

जो लोग कहते हैं कि तुलसीदास के विचारों का सारतत्त्व वर्णाश्रम धर्म का समर्थन है, वे तुलसी-साहित्य के अपार सौन्दर्य से अपने को अछूता रखते हैं। वर्णाश्रम धर्म के समर्थन में कहीं अमर महाकाव्यों की रचना होती है, कहीं करोड़ों जनों को रस-विह्वल कर देने वाले सौन्दर्य की सृष्टि होती है? हर महान् साहित्यकार की तरह तुलसी ने भी अपने समय के यथार्थ जीवन को बहुत गहराई से साहित्य में प्रतिबिम्बित किया है। यह यथार्थ का चित्र पुरोहितों-सामन्तों को पसन्द नहीं है; उसमें उन्हें अपनी भद्दी शक्लें दिखाई देती हैं। जिस तरह उन्होंने वेद-मंत्रों को 'धरो टका' के लिए काम में लाकर जन-संस्कृति की परम्परा को प्रायः वेद-विहीन कर दिया, उसी तरह तुलसी को भी उन्होंने अपने स्वार्थ के लिए काम में लाकर, और जब-तब निर्लज्जभाव से प्रक्षिप्त अंशों द्वारा भी, जन-संस्कृति से अलग करने की कोशिश की। तुलसी के ये 'भक्त' जहाँ जनता या सामाजिक यथार्थ की बात सुनते हैं, नाक-भौं सिकोड़कर कहते हैं कि ये प्रगतिवादी अपना पक्ष मजबूत करने के लिए तुलसी को भी खींचतान करके प्रगतिवादी सिद्ध करना चाहते हैं। उनकी दृष्टि में तुलसी का रूप संसार से उदासीन, भक्ति में लीन, वर्णाश्रम धर्म के समर्थक ब्राह्मण का है और यहाँ पर रांगेय राघव जैसे 'वैज्ञानिक' विचारक उनकी मदद के लिए आ पहुँचते हैं और जनता से कहते हैं, तुलसी तुम्हारा नहीं है; वह ब्राह्मणवाद का कवि है। उसका महत्त्व भी है तो इसलिए कि वह वर्णाश्रम धर्म का समर्थक था। इस तरह प्रतिक्रियावादी पुरोहित सम्प्रदाय और तथाकथित 'वैज्ञानिक' रांगेय राघव आदि का मूलतः दृष्टिकोण एक ही है—जन-संस्कृति से अलग करके तुलसी को सामन्ती विचारधारा के समर्थक के रूप में देखना।

लेकिन तुलसी के काव्य-सौन्दर्य का जन्म वर्णाश्रम के समर्थन से नहीं हुआ, तुलसी भारतीय जनता की दुःसह वेदना के कवि हैं। तुर्कों और देशी सामन्तों के शासन और अत्याचार के नीचे पिसती हुई भारत की प्रजा के दुख को तुलसी से अधिक किसने पहचाना था? किसकी मर्मवाणी जनता की दीनता और दरिद्रता को देखकर इस तरह करुणा से भीग उठी थी? क्या हिन्दी साहित्य में तुलसी से बड़ा कोई भी करुणा का कवि पैदा हुआ है? और क्या यह करुणा सामन्तों और पुरोहितों के प्रति उमड़ चली है?

तुलसी का हृदय वास्तव में अगाध सिन्धु की तरह है। हिन्दुस्तान की जनता ने जो कुछ सुन्दर, सबसे अधिक मानवीय, सबसे अधिक मार्मिक उत्पन्न किया है, उसमें तुलसी सबसे सुन्दर, सबसे मानवीय, सबसे मार्मिक है। तुलसी के हृदय-सिन्धु ने भरत, कौसल्या, राम, लक्ष्मण, सीता जैसे पात्रों की सृष्टि की है। ये पात्र मानव

की ममता, करुणा, दया, क्रोध, शूरता आदि भावों के अन्यतम प्रतीक हैं। तुलसी ने जहाँ एक ओर सीधे-सीधे दैन्य का वर्णन करके कोटि-कोटि जनता की मर्म व्यथा को व्यक्त किया है, वहाँ दूसरी ओर उन्होंने रामायण के पात्रों में उन गुणों का चित्रण किया है जिन्हें वे जनता में विकसित होते देखना चाहते थे। वह एक ओर जनता की व्यथा से विकल हैं तो दूसरी ओर उस व्यथा को शान्त करने के लिए राम को आशाओं के केन्द्र के रूप में देखते हैं। राम का वह महत्त्व न वाल्मीकि के लिए था, न कालिदास और भवभूति के लिए जो कि हमारे तुलसी महान् के लिए था। भारत के प्राचीन कवि राम के पास वह वेदना का अथाह सागर लेकर न पहुँचते थे जो तुलसी के हृदय में लहरा रहा था। तुलसी की भक्ति में जो तन्मयता, जो भावावेश, जो उत्कट आत्मनिवेदन है, वह इसीलिए कि तुलसी अपने युग की व्यथा से व्यथित हैं। तुलसी का आत्मनिवेदन भक्तों के अतिरंजित दैन्य वर्णनों से बिल्कुल भिन्न कोटि का है। तुलसी ने अपने जीवन के एक-एक क्षण में जिस पीड़ा का अनुभव किया था, वही उनके आत्मनिवेदन को इतना हृदयस्पर्शी बनाती है। वर्ग-समाज में जनता की वेदना एक ध्रुव सत्य है जो किसी न किसी रूप में साहित्य में प्रकट होती है। तुलसी की महत्ता इस बात में है कि वे इस वेदना के सबसे बड़े कवि हैं।

लेकिन वह निराशा के कवि नहीं हैं। उनकी आशाओं के केन्द्र राम हैं जिनसे बार-बार तुलसी जन-जीवन के कष्ट दूर करने की प्रार्थना करते हैं। इतना ही नहीं, वह जनसाधारण से, राम का भरोसा करके, अन्याय और अपमान के सामने सर ऊँचा करके खड़े होने को कहते हैं। चारों ओर से रूढ़िवादियों के आक्रमण होने पर समरशूर की तरह तुलसी ने शत्रुओं को काशी में ही चुनौती दी और जो ज्ञान पुरोहितों की बपौती बना हुआ था, उसे नया रूप देकर उन्होंने उसे जन-सम्पत्ति बना दिया। तुलसी मध्यकाल के उन थोड़े-से कवियों में हैं जो समाज को निष्क्रियता का सन्देश नहीं देते। उनके राम उन थोड़े पात्रों में से हैं जो संघर्ष की तरफ तटस्थता, जीवन-संग्राम में निष्क्रियता, कर्म की जगह केवल आनन्दवाद के प्रचारक नहीं। तुलसी ने राम में वह सब कुछ मूर्तिमान कर दिया है जो उनके युग की जनता होना चाहती थी। रावण के अन्याय पर विजयी राम भारतीय जनता की विजय-अभिलाषा के प्रतीक हैं। तुलसी के राम भारतीय साहित्य के उन वीर नायकों की परम्परा में हैं जो अन्यायी को समझाने-बुझाने के बाद उसके हठ को शक्ति से चूर कर देते हैं। वह शील, शक्ति और सौन्दर्य तीनों के ही प्रतीक हैं। इसमें भी उनका प्रेमविह्वल रूप—"कहुँ पट कहुँ निषंग कहूँ तीरा" वाला रूप—भारतीय साहित्य में अद्वितीय है।

तुलसी निषेध के कवि नहीं हैं। वह सहज अपावन नारि के सौन्दर्य-वर्णन में हर रोमांटिक कवि को परास्त करने के लिए तत्पर हैं। वैराग्य और जीवन के संघर्ष में वह यथार्थ जीवन के साथ हैं। वह अपने समाज की व्यवस्था से असन्तुष्ट थे। वह वैरागी होते तो उनके लिए यह कहना आसान होता कि संसार छोड़कर

अनहदनाद सुना करो लेकिन वह इस जीवन में भी मनुष्य जीवन को सुखी बनाना चाहते थे, इसलिए वह एक आदर्श समाज रचना चाहते थे।

तुलसी ने जन-भाषा के सौन्दर्य को इस तरह पहचाना था, जैसे उनके पहले या बाद किसी ने नहीं पहचाना! वे साधारण शब्दों से सभी रसों, सभी भावों के लिए उचित रूप गढ़ लेते थे। तुलसी के चित्रों में विराट को समेटकर संक्षिप्त करके उसे घनत्व प्रदान करने की अद्भुत क्षमता है। उनके कुछ दोहे किसी महाकाव्य के एक-एक सर्ग का सौन्दर्य अपने में केन्द्रित किए हैं। रूपकों के वह सम्राट हैं। इसके सिवा उनके काव्य की आत्म-विभोर गेयता संसार के महान् लिरिक-कवियों जैसी है। तुलसी के इस काव्य-सौन्दर्य का स्रोत देश की जनता के प्रति उनका अगाध स्नेह है जिसके वशीभूत होकर वह राम के भक्तों को राम से बढ़कर मान लेते हैं—

"मोरे मन अस दृढ़ बिस्वासा। राम ते अधिक राम कर दासा!"

हमारे 'वैज्ञानिक' विचारकों को तुलसी में यह सब-कुछ नहीं दिखाई देता। उनके लिए मध्यकालीन इतिहास का मूल संघर्ष इस्लाम और हिन्दू संस्कृति का संघर्ष है और तुलसी महान् हैं तो इसीलिए, प्रतिक्रियावादी हैं तो इसीलिए। उन्होंने पुरोहितों और राजाओं की जो आलोचना की है वह 'वैज्ञानिकों' के अनुसार जनता को बहकाने के लिए! उन्होंने इस्लाम के विरुद्ध क्या-क्या लिखा है, इसका प्रमाण हिन्दू संस्कृतिवादी नहीं देते।

साहित्य में संकीर्णतावाद क्या है, कुत्सित समाजशास्त्र क्या है, इसे समझने के लिए रांगेय राघव के तुलसी सम्बन्धी निबन्ध पढ़ लेना काफी है। तुलसी ने जो नैतिक मूल्य काव्य में चित्रित किए हैं—शिशु के भोलेपन से प्यार, दम्भ से घृणा, अन्याय के प्रति रोष—यह सब हमारे मित्रों के लिए सामन्तवाद का समर्थन है। भले ही इन मित्रों की आलोचना विज्ञान का डंका पीटती आये। उसके स्वर में अंग्रेजी संगीत पहचानना मुश्किल नहीं है जिसने हमारे कुछ बुद्धिजीवियों को यह सिखलाया है कि भारत की जनता घृणा के योग्य है और जिन कवियों को वह प्यार करती आई है, वे भी घृणा के योग्य हैं। संस्कृति की तरफ उनके कॉस्मॉपोलिटन, अजातीय दृष्टिकोण का यह भी एक प्रमाण है। जिन कवियों ने जातीय संस्कृति को समृद्ध किया है, उन्हीं पर आक्रमण करके वे जातीय संस्कृति की परम्परा को कमजोर कर देना चाहते हैं। उसका नतीजा उनकी अपनी कृतियों में साफ दिखाई देता है जो ऐसी अनुपम कला का नमूना होती हैं कि पढ़ने वाले को लगता है कि इनके यहाँ या तो अच्छा लिखने वाले पैदा नहीं हुए या इन्होंने उन्हें पढ़ा नहीं। हिन्दी साहित्य की जनवादी परम्परा को नष्ट करना इनकी सामर्थ्य के बाहर है; इसलिए साहित्यकार के रूप में वे खुद ही आत्मघात करके अपने अस्तित्व को सार्थक कर देते हैं।

(2)

'विवेचना' की भूमिका में श्री इलाचन्द्र जोशी कहते हैं, "अपने प्रगतिवादी बन्धुओं से मेरा निवेदन है कि वे अपने रूढ़िवादी दृष्टिकोण की हठधर्मिमा त्याग कर सूक्ष्म विचारपूर्वक मेरे निबन्ध को पढ़ें और उसके यथार्थ मर्म समझने का प्रयत्न करें।"

स्वागत। हम सभी तरह के रूढ़िवाद के विरोधी हैं, भले ही वह प्रगतिवादी रूढ़िवादी ही क्यों न हो।

जोशी जी विश्वास दिलाते हैं कि उनका दृष्टिकोण "किसी भी अर्थ में प्रतिक्रियावादी नहीं है, बल्कि सच्ची प्रगति में रूढ़िवादी प्रगतिवाद से बहुत आगे बढ़ा हुआ है और जिसका वास्तविक बाह्य प्रगति से कोई विरोध नहीं है, बशर्ते वह अन्तःप्रगति को आधार रूप में अपनाये हुए हो!"

यह और भी अच्छा है कि वह प्रगतिवाद से आगे बढ़ा हुआ है, कारण कि कुछ लोगों को चिन्ता होती है कि वाद देशकाल से सीमित होते हैं। कुछ समय के बाद जब प्रगतिवाद की उपयोगिता खत्म हो जाएगी, तब हम क्या करेंगे? उसके लिए जोशी जी अभी से इन्तजाम किए देते हैं। वह यह भी विश्वास दिलाते हैं कि उनका वास्तविक बाह्य प्रगति से कोई विरोध नहीं है; शर्त यह है कि वह अन्तःप्रगति को आधार रूप में अपनाये हुए हो।

मार्क्सवाद एकांगी ही नहीं व पुराना भी पड़ गया है, इसलिए उसे भरा-पूरा बनाने के लिए या उसके उपयोगी तत्त्व लेकर एक समन्वयात्मक प्रगतिवाद रचने की आवश्यकता अनुभव करके जोशीजी ने लिखा है, "यदि वे जान-बूझकर प्रगतिवाद के नाम पर संस्कृति के क्षेत्र में 100 वर्ष पुरानी मार्क्सीय रूढ़िवादिता को अपनावें और यथास्थित्यात्मक दृष्टिकोण का अनुसरण करना चाहें तो यह बात दूसरी है इसका उन्हें पूरा अधिकार है। पर यदि वे सच्चे हृदय से यह मानते और चाहते हैं कि प्रगतिवाद के नाम पर किसी भी यथास्थित्यात्मक जगड्वाल को (चाहे वह मार्क्सीय ही क्यों न हो) अपनाए रहना घोर मूर्खता है, तो मैं उनसे अनुरोध करूँगा कि वे मेरे नए प्रगति का अनुसरण करें जिसमें वास्तविक बाह्य प्रगति तथा अन्तरीण प्रगति को समान समन्वयात्मक रूप से अपनाया गया है।"

हम हर तरह की मूर्खता के विरुद्ध हैं, घोर मूर्खता के तो और भी। इसलिए हम समान समन्वयात्मक दृष्टिकोण के बारे में जो कुछ कहा जाएगा, उसे ध्यान से सुनेंगे।

मार्क्स के और अपने युग की तुलना करते हुए जोशीजी कहते हैं, "मैं जानता हूँ कि मार्क्स अपने जमाने में घोर प्रगतिशील था, पर हम लोग जो मार्क्स से सौ साल बाद आगे बढ़ गए हैं; स्वभावतः उससे कहीं अधिक प्रगतिशील हो गए हैं।"

वह अधिक प्रगतिशीलता फ्रायड आदि के मनोविश्लेषण शास्त्र की रचना से

सम्भव हुई है। मार्क्स और फ्रायड की तुलना करते हुए जोशीजी कहते हैं, ''मार्क्स और फ्रायड ये दोनों महारथी एक ही मूल सत्य के दो छोरों के प्रतिनिधि हैं। मार्क्स ने बाह्य जगत् की कालानुक्रमिक प्रगतिशीलता का हमें पाठ पढ़ाया है और सामूहिक जीवन की वास्तविकता की ओर हमारा ध्यान आकर्षित करके उसके सुचारु संगठन का उपाय सुझाया है। यह एक बहुत ही महत्त्वपूर्ण बात है, जिसके उद्देश्य की मांगलिकता पर किसी भी समझदार व्यक्ति को सन्देह नहीं हो सकता। पर फ्रायड ने भी अन्तर्जगत् के गहन सत्य की पुंजीभूत जटिलताओं की ओर हमारी आँखें प्रेरित की हैं तथा जीवन और जगत् का एक नया ही दृष्टिकोण हमारे सामने रखा है, जो मार्क्सीय दृष्टिकोण से किसी कदर कम महत्त्वपूर्ण नहीं है।''

एक महत्त्वपूर्ण दृष्टिकोण हो तो भी काम चल जाता है; दो-दो महत्त्वपूर्ण दृष्टिकोण हों तो बात ही क्या। कभी यह इस्तेमाल किया कभी वह।

जोशी जी के दृष्टिकोण की सार्थकता तब मालूम होती है जब वे अपना समन्वयात्मक दृष्टिकोण साहित्य पर लागू करते हैं। तब वे अर्न्तजगत् के गहन सत्य की पुंजीभूत जटिलताओं का उद्‌घाटन बड़ी सफलता से करते हैं। मिसाल के लिए हिन्दी में प्रगतिवाद का चलन क्यों हुआ? जोशी कहते हैं, ''प्रगतिवादी कवियों की रचनाओं को मनोनिवेशपूर्वक पढ़ने से यह बात स्पष्ट हो जाएगी कि समाज के प्रतिष्ठित नियमों के प्रति उनका विद्रोह समाज के सामूहिक कल्याण की भावना से प्रेरित होकर नहीं बल्कि अपनी व्यक्तिगत महत्त्वाकांक्षा की चरितार्थता में बाधा पहुँचने के कारण, समाज के विरुद्ध उसी पुरानी प्रतिहिंसा की मनोवृत्ति के विस्फोट के फलस्वरूप व्यक्त हुआ है।''

मिसाल के लिए शिवमंगलसिंह सुमन को ग्वालियर के बदले उज्जैन में प्रोफेसरी मिली, नागार्जुन मठाधीश न होकर मारे-मारे फिरते रहे, शंकर शैलेन्द्र को सिनेमा में नौकरी न मिली, केदार की वकालत न चली, शील का यथेष्ट सम्मान कानपुर में न हुआ, वगैरह। इस तरह प्रगतिवादी की हम एक समन्वयात्मक व्याख्या कर सकते हैं—समाजविरोधी प्रतिहिंसा का विस्फोट। लेकिन यह व्याख्या नई नहीं है। पन्तजी, नवीनजी आदि कवियों से हम यह पहले ही सुन चुके थे, ये प्रगतिवादी प्रतिहिंसावादी हैं जोशीजी का दृष्टिकोण उसी परिणाम पर पहुँचता है जहाँ पन्तजी का समन्वयवाद।

अब देखिए, छायावादी कवियों ने किस प्रेरणा से रचनाएँ कीं। जोशी जी का मत है कि ''हमारे अधिकांश छायावादी कवियों ने कविता इसलिए नहीं की कि वे दुःख दैन्य पीड़ित और जीवन-ज्वर से जर्जरित मानवता को विश्व कल्याणकारी स्वस्थ सौन्दर्य से परिचित करावें बल्कि इसलिए कि वे सौन्दर्य की सहज ओट में अपने विकृत मनोभावों को व्यक्त करके अपने भीतर के दांभिकताजनित, स्वार्थक्लेशयुक्त फोड़ों को फोड़ सकें।''

छायावाद अर्थात् फोड़ों का मवाद! चलो छोड़ो इसे भी। लेकिन यह न समझिए कि हिन्दी के कुछ छायावादी कवियों ही ने यह अपराध किया है। अंग्रेजी के स्वनाम धन्य शेली, बायरन और कीट्स को लीजिए। जोशीजी की सम्मति है, "रोमांटिक कवि स्वभावतः कैसे आत्मगत और विकृत स्वार्थपूर्ण प्राणी होते हैं, इस बात के अनेक उदाहरण उनके जीवन इतिहास से मिल सकते हैं। शेली ने अपने स्वार्थ के लिए अपनी प्रथम स्त्री को त्यागकर उसे आत्महत्या के लिए विवश किया। बायरन ने अपने जीवन में न जाने कितनी महिलाओं का जीवन बर्बाद कर दिया, इसका ठिकाना नहीं। कीट्स की घोर आत्मगत मनोभावना का परिचय मनोवैज्ञानिकों को दूसरे रूप में मिलता है।"

लगता है कि ब्रिटेन की समाज-व्यवस्था, पूँजीपति और पाखंडी पुरोहित साहित्यकार शेली, बायरन और कीट्स पर किसी तरह के अत्याचार के लिए जिम्मेदार न थे। सारी जिम्मेदारी इन नर-राक्षसों की ठहरती है जो किसी को आत्महत्या के लिए विवश कर रहे थे, किसी की जिन्दगी बर्बाद कर रहे थे। जोशी जी का समान समन्वयात्मक दृष्टिकोण समाज के उत्पीड़क वर्ग को सामाजिक अन्याय से काफी मुक्त कर देता है क्योंकि इंसान की बर्बादी के लिए वे जिम्मेदार नहीं हैं बल्कि हर मनुष्य के हृदय में बैठा हुआ राक्षस है। इस दृष्टिकोण से भी हम साहित्य में परिचित हैं। आए दिन सुना करते हैं, लोगों की गरीबी की जिम्मेदारी साम्राज्यवाद या कांग्रेसी नेताओं पर नहीं है, अपने को सुधारो तो सारा समाज सुधर जाएगा। दृष्टिकोण दो, नतीजा एक ही।

सन्त कवियों को लीजिए! "सन्त तथा भक्त कवियों ने साहित्य तथा धार्मिक जगत् को एक निराले प्रेमोन्माद से छा दिया। उन लोगों ने अपने अनजान में अवचेतन मन की 'फैंटसीज' की छायानुभूतियों की लगाम इस कदर ढीली कर दी कि सोचकर आश्चर्य होता है।"

प्रगतिवादियों की तरह इनमें भी विश्व कल्याण की भावना का अभाव था। साहित्य में उन्हीं दमित प्रवृत्तियों की अभिव्यक्ति है।

वैष्णव कवि और उनमें भी जयदेव विशेष रूप से दोषी हैं। जोशीजी जयदेव की सी ही ललित पदावली में उन्हें याद करते हैं। "कुछ वैष्णव कवियों ने तो राधा-कृष्ण का प्रेमं वर्णन करते समय आध्यात्मिक रूपकों में बाह्यावरण भी उतारकर फेंक दिया है और विशुद्ध भावना के विषैले श्वासों का स्वच्छंद उद्गीरण किया है। 'गीत गोविन्द' के रचयिता जयदेव को मैं इस कोटि के कवियों में अन्यतम मानता हूँ।... जयदेव आदि कवियों की शृंगारिकता अत्यन्त अस्वस्थ और विकृत है--वह दमित यौन वृत्ति के विकारों से ग्रस्त पागल का प्रलाप है।"

यह बात जयदेव के लिए सत्य है तो यह भी सत्य होगा कि आज तक जो

पाठक उनकी पदावली में रस लेते रहे हैं, वे सभी दमित यौन वृत्ति के विकारों से ग्रस्त रहे हैं, पागलों का प्रलाप सुनने में रसानुभूति करते रहे हैं।

चंडीदास के बारे में सुना है कि बड़े ही सुन्दर कवि थे। जोशीजी के अनुसार उन्होंने अपने जीवित प्राणों की रसानुभूति की उन्मादना तो दी लेकिन "स्नायु विकार ग्रस्त भावोद्‌गारों से वे भी बच न सके।" गनीमत यही है कि दमित यौन वृत्ति के विकारों से ग्रस्त होने के बदले वे स्नायु-विकारों से ग्रस्त थे।

इसमें सन्देह नहीं कि कालिदास महान् कवि हैं लेकिन किसलिए? इसलिए कि अभिज्ञान शाकुन्तल में "आरम्भ से अन्त तक उन्होंने अपने नायक को धूर्त, छली, कपटी और घोर स्वार्थ परायण चित्रित किया है।"

एक और महान् ग्रन्थ है, महाभारत। यह ग्रन्थ क्यों महान् है? इसलिए कि "सब देशों ने, सर्वकाल ने, धर्म और नीति के जो तत्त्व प्रतिपादित किए हैं, महाभारत के मनीषियों ने उनके प्रति वृद्धांगुष्ठ प्रदर्शित करके प्रबल फूत्कार से उन्हें उड़ा दिया है!" (साहित्य-सर्जना, पृ. 48)।

इसमें सन्देह नहीं कि जोशीजी ने अपने समन्वयात्मक दृष्टिकोण से बहुत से पुराने और नए साहित्यकारों के अन्तर्जगत् में पैठकर उनकी जटिलताओं के सत्य को उद्‌घाटित कर दिया है। कहना चाहिए, बड़ों-बड़ों को उन्होंने वृद्धांगुष्ठ प्रदर्शित करके प्रबल फूत्कार से उड़ा दिया है। इससे यही पता चलता है कि साहित्य रचने और पढ़ने वाले अधिकतर दमित यौन विकारों से ग्रस्त रहते हैं। साहित्य की कोई लोक मंगलकारी भूमिका नहीं है। इसके सिवा समाज के अत्याचारी और शोषक वैसे ही अपने अन्दर के राक्षसों से परेशान थे जैसे शोषित। इसलिए सामाजिक विकास की मूल धुरी हुई, सब लोग अपने भीतर के राक्षसों से लड़ो। और जब तक ये राक्षस न मारे जाएँगे तब तक बाह्य जीवन को बदलने की सारी कोशिशें बेकार होंगी।

इसके बदले मार्क्सवाद कहता है कि अपने भौतिक जीवन की परिस्थितियों को बदलने के लिए कोशिश करते हुए ही तुम अपने को भी बदलो। इसलिए परिस्थितियों को पहचानो, उन्हें अपने हित में बदलो। इसी तरह तुम्हारे संस्कार बदलेंगे और शोषण मुक्त सुसंस्कृत समाज की रचना होगी। यह सिद्धान्त जोशीजी को सौ बरस पुराना और रूढ़िवादी मालूम होता है। अगर अमल से देखें तो करोड़ों आदमियों के जीवन में वह सही साबित हो चुका है। इसके बदले फ्रायड आदि के सिद्धान्त यूरोप में कुछ क्रान्ति-विरोधियों के जरूर काम आए हैं। लेकिन वहाँ भी वे सामाजिक प्रगति को रोकने में असमर्थ हो रहे हैं हिन्दुस्तान में उनके पुर्साहाल तो और भी कम हैं।

नतीजा यह है कि मार्क्सवाद फ्रायड के सिद्धान्त से समन्वय नहीं करता बल्कि उसे अवैज्ञानिक कहकर उसका खंडन करता है। फ्रायडवादी विचारधारा

साहित्य की परम्परा से कैसा सलूक करती है, यह जयदेव, भक्त कवियों, छायावादी और प्रगतिवादी साहित्यकारों पर जोशीजी की सम्मति से पता चल जाता है।

13. भारतीय संस्कृति बनाम मार्क्सवाद

(1)

'उत्तरा' की भूमिका में पन्तजी कहते हैं, "अपने युग को मैं राजनीतिक दृष्टि से जनतन्त्र का युग और सांस्कृतिक दृष्टि से विश्वमानवता अथवा लोकमानवता का युग मानता हूँ।"

अगर राजनीति और संस्कृति विरोधी वस्तुएँ न हों तो जनतन्त्र और लोकमानवता एक-दूसरे की विरोधी न होकर पूरक हों। आखिर वह लोकमानवता इस लोक ही में विकसित होती है, परलोक में नहीं। इसलिए यह कल्पना करना कठिन है कि जनवादी राजनीति से भी लोक-संस्कृति के लिए खतरा हो सकता है।

पन्तजी राजनीतिक वादों के बारे में कहते हैं, "राजनीति के क्षेत्र के किसी भी प्रगतिकामी वाद या सिद्धान्त से मुझे विरोध नहीं है; एक तो राजनीति के नक्कारखाने में साहित्य की तूती की आवाज कोई मूल्य नहीं रखती, दूसरे, इन सभी वादों को मैं युग-जीवन के विकास के लिए किसी हद तक आवश्यक मानता हूँ ...सांस्कृतिक दृष्टि से इनकी सीमाओं से अवगत तथा साधनों से असन्तुष्ट होने पर भी मैं अपने युग की दुर्निवार तथा मानव मन की दयनीय दुर्बोध सीमाओं से परिचित एवं पीड़ित हूँ।"

आश्चर्य की बात है कि पन्तजी जनवादी राजनीति से विरोध न मानते हुए भी उसके साधनों से असन्तुष्ट हैं, मानव मन की सीमाओं से पीड़ित हैं। लेकिन पन्तजी की संस्कृति राजनीति से पराङ्मुख नहीं है। उसे राजनीतिक हलचलों से बेहद दिलचस्पी है, यहाँ तक कि वह अपनी कार्यवाही से उन हलचलों को रोक तक लेना चाहती है। पन्तजी जानते हैं कि आज हिन्दुस्तान की ही जनता नहीं, सारी दुनिया की जनता अपने अधिकारों के लिए संघर्ष कर रही है। भारतीय जनता का संघर्ष विश्व-जनता के संघर्ष का ही एक अंग है। इस सचाई को लक्ष्य करके पन्तजी उसी भूमिका में कहते हैं, "ऐसे विश्व-संघर्ष के युग में सांस्कृतिक सन्तुलन स्थापित करने के प्रयत्न को मैं जाग्रत चैतन्य मानव का कर्तव्य समझता हूँ। और यदि वह सम्भव न हो सका तो क्रान्ति की परिस्थितियों द्वारा संगठित सत्य तो भूकम्प, बाढ़ तथा महामारी की तरह है ही, उसके अदम्य वेग को कौन रोक सकता है।"

परिस्थितियों द्वारा संगठित सत्य है क्रान्ति। जीवन की परिस्थितियाँ मनुष्य को क्रान्तिकारी परिवर्तनों की तरफ ठेल रही हैं। लेकिन ये परिवर्तन पन्तजी को भूकम्प, बाढ़ तथा महामारी की तरह भयानक लगते हैं। इन परिस्थितियों के अदम्य वेग को रोकने के लिए पन्तजी के पास कौन-सी औषधि है? पन्तजी के पास जो औषधि है, उसे वे सांस्कृतिक सन्तुलन कहते हैं। इस सांस्कृतिक सन्तुलन का जो भी अर्थ हो, एक बात साफ है और वह यह कि इस सन्तुलन की एक शुद्ध राजनीतिक उपयोगिता भी है,—क्रान्ति को रोकना। क्रान्ति का वेग अदम्य है, यह देखकर पन्तजी मानव मन की दयनीय सीमाओं से पीड़ित हो जाते हैं।

पन्तजी राजनीति और संस्कृति के समन्वय के पक्षपाती हैं। विशेष रूप से वह मार्क्सवादी राजनीति और भारतीय संस्कृति के समन्वय के पक्षपाती हैं। उनका दृष्टिकोण एकांगी नहीं है। वह समन्वय के लिए इतने उत्सुक हैं कि मार्क्सवादी राजनीति में जो खराबियाँ हैं, उन्हें दूर करके उसके विशुद्ध लोक-पक्ष को वैसी ही विशुद्ध भारतीय संस्कृति से मिला देना चाहते हैं।

मार्क्सवाद के बारे में पन्तजी 'उत्तरा' की भूमिका में कहते हैं, "मैं मार्क्सवाद की उपयोगिता एक व्यापक समतल सिद्धान्त की तरह स्वीकार कर चुका हूँ। किन्तु सांस्कृतिक दृष्टिकोण से उसके रक्तक्रान्ति और वर्ग-युद्ध के पक्ष को मार्क्स के युग की सीमाएँ मानता हूँ।" पन्तजी चाहते हैं कि मार्क्सवाद एक व्यापक समतल सिद्धान्त की तरह उपयोगी हो लेकिन मुश्किल यह है कि वह न तो सभी वर्गों के लिए समान रूप से व्यापक है और न सभी के लिए समतल है। उसका ऊबड़-खाबड़पन क्रान्ति और वर्ग-संघर्ष के कारण है। पन्तजी इन्हें निकालकर उसे समन्वय के लिए उपयोगी बनाना चाहते हैं।

वर्ग-युद्ध और क्रान्ति मार्क्स के युग की सीमाएँ किस तरह थीं, इसकी व्याख्या करते हुए पन्तजी ने आगे लिखा है, "मार्क्स ने, समस्त पश्चिम के ज्ञान को आत्मसात् कर, सिर के बल खड़े हीगल को पैरों के बल खड़ा नहीं किया; यूरोप का मनोद्वन्द्व ही तब अपने आर्थिक-राजनीतिक चरणों पर खड़ा होकर 'युद्धं देहि' कहने को सन्नद्ध हो उठा था; जिसका पूर्वाभास पाकर युग-प्रबुद्ध मार्क्स ने उस पर अपने वर्ग-युद्ध के सिद्धान्त की रक्त की छाप लगा दी। डारविन ने जहाँ, पूँजीवाद के अभ्युदय काल में अपने 'सरवाइवल ऑफ दि फिटेस्ट' के सिद्धान्त को... जीव विकास क्रम पर प्रतिपादित एवं प्रतिष्ठित किया, वहाँ मार्क्स ने यन्त्र युग के आर्थिक चक्रों से जर्जर, सर्वहारा का पक्ष लेकर वर्ग-युद्ध के सिद्धान्त को द्वन्द्वतर्क से परिचालित, ऐतिहासिक विकासक्रम में (युग संकट के समाधान के रूप में)।"

पन्तजी ने मार्क्सवादी राजनीति का मोटा अर्थ लगाया है—वर्ग-युद्ध का सिद्धान्त। इस सिद्धान्त का पूर्वाभास मार्क्स को मिला यूरोप के मनोद्वन्द्व में। यह मनोद्वन्द्व किन मनुष्यों में, किन रूपों में हो रहा था, इस पर पन्तजी ने प्रकाश नहीं

डाला लेकिन इतना जरूर बतलाया है कि यह मनोद्वन्द्व आर्थिक-राजनीतिक चरणों पर खड़ा हो गया था। दूसरे शब्दों में कुछ लोगों का मानसिक संघर्ष आर्थिक-राजनीतिक संघर्ष को जन्म दे रहा था। इससे पता चलता है कि मार्क्स के समय में वस्तुगत सत्य सर्वहारावर्ग और पूँजीपतियों का संघर्ष न था बल्कि सत्य था कुछ लोगों का मानसिक संघर्ष जो बाह्य जगत् में युद्ध के लिए ललकारने लगा। यदि उस समय यूरोप वालों को सांस्कृतिक सन्तुलन का सत्य मालूम होता तो वर्ग-युद्ध और रक्तक्रान्ति के प्रेमी मार्क्सवाद का जन्म न होता।

मार्क्स मनोविज्ञान का चतुर पंडित था। उसे पता चल गया कि मनोद्वन्द्व युद्धं देहि की पुकार करने वाला है। इसलिए उसने तुरन्त उस पर वर्ग-युद्ध की रक्त छाप लगाकर उसके सर्वाधिकार सुरक्षित करा लिए। डारविन ने जो काम जीवविकास-क्रम में किया यानी उस क्रम में जिसकी लाठी उसकी भैंस वाला सिद्धान्त लागू किया, वही काम मार्क्स ने ऐतिहासिक विकास-क्रम में किया यानी यहाँ भी हिंसा का सिद्धान्त लागू कर दिया।

वर्ग-संघर्ष का सिद्धान्त मार्क्स ने ईजाद किया था। यह सिद्धान्त पूँजीपति पहले से ही जानते थे, उसे अक्सर मानते भी थे। मार्क्स ने इस वर्ग-संघर्ष को खत्म करके, पूँजीवादी हिंसा और शोषण का राज्य खत्म करके मजदूरों को अपना राज्य कायम करने का रास्ता दिखाया। मार्क्स का ऐतिहासिक महत्त्व इस बात में है कि उन्होंने मजदूर वर्ग को अपनी युगान्तरकारी भूमिका के प्रति सचेत किया। पन्तजी चेतना की बातें करते नहीं थकते। भौतिकवाद की खास कमी उन्हें यह मालूम होती है कि वह चेतना को महत्त्व नहीं देता। मार्क्स ने मजदूर वर्ग को शोषण के तमाम चक्रव्यूह का परिचय देकर उसे इतिहास को बदलने के लिए सचेत किया, वह वर्ग-चेतना पन्तजी को घोर अचेतन मालूम पड़ती है।

'राज्य सत्ता और क्रान्ति' में लेनिन ने मार्क्सवाद और वर्ग-संघर्ष के सिद्धान्त के परस्पर सम्बन्ध के बारे में कहा है, "अक्सर यह कहा और लिखा जाता है कि मार्क्स की थ्योरी का मूलसूत्र वर्ग-संघर्ष है, लेकिन यह सत्य नहीं है और इस गलती से अक्सर मार्क्सवाद का अवसरवादी तोड़-मरोड़ पैदा होता है, उसे पूँजीपतियों के लिए ग्राह्य बनाने के लिए उसे झुठलाना शुरू होता है। कारण कि वर्ग-संघर्ष का सिद्धान्त मार्क्स द्वारा नहीं बल्कि मार्क्स से पहले पूँजीपतियों द्वारा रचा गया था और मोटे तौर से वह पूँजीपतियों को ग्राह्य भी है।"

लेनिन ने बताया है कि मार्क्सवाद को ग्रहण करने की असली कसौटी यह है कि आप मजदूर-राज्य के सिद्धान्त को मानते हैं या नहीं। पन्तजी के लिए मजदूर-राज्य का तो सवाल ही नहीं उठता, वर्ग-संघर्ष का जो सिद्धान्त मार्क्स के समय पूँजीपतियों तक को मान्य था, वह भी पन्तजी को मान्य नहीं है।

युद्धं देहि की आवाज मार्क्स ने न लगाई थी। यूरोप (और एशिया को भी)

आक्रान्त करने वाले पूँजीवाद ने मजदूर वर्ग और तमाम औपनिवेशिक जनता को युद्ध की चुनौती दी थी। मार्क्सवाद उस चुनौती का उत्तर था, पूँजीवादी शोषण का अन्त करने के लिए इस युद्धं देहि की आवाज का खात्मा करने के लिए। इसलिए जब डारविन ने जीवविकास-क्रम पर पूँजीवाद का 'खुद खाओ दूसरों को मारो' का सिद्धान्त लागू किया तो मार्क्स और एंगेल्स उसकी व्यंग्यपूर्ण आलोचना किए बिना न रह सके। मार्क्स ने अपने एक पत्र में लिखा था, "यह सुन्दर है कि डारविन ने पौधों और पशुओं में फिर अपना अंग्रेजी समाज ढूँढ़ निकाला है जिसमें उसका श्रम-विभाजन, होड़, नए बाजारों का खुलना, 'आविष्कार' और जीवन के लिए माल्थस वाला संघर्ष है।" एंगेल्स ने 'डायलेक्टिक्स ऑफ नेचर' में लिखा था, "डारविन को यह पता न था कि उसने मनुष्यजाति पर कैसा तीव्र व्यंग्य किया है, खास तौर से अपने देशवासियों पर, जब उसने खुली होड़, जीवन के लिए संघर्ष को, जिसे अर्थशास्त्री सबसे बड़ी ऐतिहासिक सफलता मानते हैं, पशु-जगत् की साधारण दशा बतलाया।"

इसलिए यह कहना कि जहाँ डारविन ने 'सरवाइवल ऑफ दि फिटेस्ट' के सिद्धान्त को जीवविकास-क्रम पर लागू किया, वहाँ मार्क्स ने वर्ग-युद्ध को ऐतिहासिक विकासक्रम पर लागू किया, मार्क्स को पूँजीवादी चश्मे से देखना है और मजदूर-वर्ग के नए जीवन-दर्शन के क्रान्तिकारी रूप को अस्वीकार करना है। पन्तजी जब लिखते हैं कि राजनीति के क्षेत्र के किसी भी प्रगतिकामी वाद या सिद्धान्त से मुझे विरोध नहीं है, तब महत्त्वपूर्ण बात यह नहीं होती कि उन्हें किसी वाद से विरोध है या नहीं बल्कि यह कि उन्होंने उस वाद या सिद्धान्त को सही तरीके से पाठकों के सामने रखा है या नहीं। जब वह कहते हैं, "मैं मार्क्सवादी (आर्थिक दृष्टि से वर्ग-सन्तुलित) जनतन्त्र तथा भारतीय जीवनदर्शन को विश्वशान्ति तथा लोक कल्याण के लिए आदर्श संयोग मानता हूँ," तब सवाल यह उठता है कि यह वर्ग-सन्तुलित जनतन्त्र है कौन-सा जिसका संयोग पन्तजी भारतीय जीवन-दर्शन से करना चाहते हैं? मार्क्सवाद के लिए या तो जनतन्त्र में पूँजीपतियों का आधिपत्य होगा या सत्ता जनसाधारण के हाथ में होगी। वर्ग-सन्तुलित जनतन्त्र रचने की कोशिशें कॉमनवेल्थी प्रजातन्त्रों में जरूर हो रही हैं जिनका उद्देश्य है कि जन-सम्पत्ति के ट्रस्टी जमींदार, पूँजीपति अपना शोषण-क्रम भी जारी रखें और किसान-मजदूर रामराज्य में सन्तोष की साँस भी लेते रहें। लेकिन यह वर्ग-सन्तुलन या रोपडान्स ज्यादा सफल होता नहीं दिखाई देता।

पन्तजी मार्क्सवाद के दर्शनपक्ष का खंडन करने के बाद उसके लोकपक्ष का समर्थन करते हुए कहते हैं, "मार्क्सवाद का आकर्षण उसके खोखले दर्शन पक्ष में नहीं, उसके वैज्ञानिक (लोकतन्त्र के रूप में मूर्त) आदर्शवाद में है, जो जनहित अथवा सर्वहारा का पक्ष है; किन्तु उसे वर्ग-क्रान्ति का रूप देना अनिवार्य नहीं है। वर्ग-युद्ध

का पहलू फासिज्म की तरह ही निकट भविष्य में पूँजीवादी तथा साम्राज्यवादी युग की प्रतिक्रिया के रूप में विकृत एवं विकीर्ण हो जाएगा।"

पन्तजी को जितना भय साम्राज्यवाद की प्रतिक्रिया से है, उतना स्वयं साम्राज्यवाद से नहीं। उन्होंने जितना भगीरथ प्रयत्न मार्क्सवाद को शुद्ध करने में किया है, उतना साम्राज्यवादी विचारधारा से संघर्ष करने में नहीं। बल्कि साम्राज्यवादियों के प्रचार से मिलती-जुलती उनकी यह बात है कि मार्क्सवाद की जो प्रतिक्रिया होती है—जन-आन्दोलन बढ़ते हैं, जनराज्य कायम होते हैं—वह फासिज्म की तरह विकृत है!

पन्तजी मार्क्सवाद के ऐसे वैज्ञानिक आदर्शवाद में विश्वास करते हैं जिसमें अवैज्ञानिक वर्ग-संघर्ष के बदले वैज्ञानिक वर्ग-सहयोग (या वर्गशोषण) हो। वह मार्क्सवाद के ऐसे लोकतन्त्र में विश्वास करते हैं जो वर्ग और राज्यसत्ता के परस्पर सम्बन्धों के सवाल को न उठाए। वह जनहित अथवा सर्वहारा के पक्ष को अपनाना चाहते हैं बशर्ते कि सर्वहारा अपने अधिकारों के लिए न लड़े, जनता राज्यसत्ता को अपने हित में रचने के लिए उद्यत न हो। ये शर्तें पूरी न हुईं तो क्रान्ति फासिज्म की तरह, महामारी और भूकम्प की तरह, सबको तबाह कर देगी!

इसलिए पन्तजी जिस वैज्ञानिक आदर्शवाद की बात कहते हैं, उसका विज्ञान से कोई सम्बन्ध नहीं है। वह जिस लोकतन्त्र की बात कहते हैं, वह पूँजीवादी लोकतन्त्र है जिसमें जनता सत्ता से वंचित रहती है। वह जिस जनहित अथवा सर्वहारा के पक्ष की बात कहते हैं, वह जनता अथवा सर्वहारा के विपक्षी वर्षों से कहते आए हैं।

पन्तजी वैज्ञानिक आदर्शवाद या लोकतन्त्र के पक्ष का समर्थन किस तरह करते हैं, यह उनकी कविताओं में बहुत स्पष्ट है। सामाजिक जीवन से अन्तर्मन की श्रेष्ठता घोषित करते हुए पन्तजी कहते हैं—

"सामाजिक जीवन से कहीं महत् अन्तर्मन जीवन,
वृहत् विश्व इतिहास, चेतना गीता किन्तु चिरन्तन
भर देगा भूखी धरती को अन्तर्जीवन प्लावन,
मनुष्यत्व को करो समर्पित खंडितमन, कवलित तन!
तुच्छ नहीं समझो अपने को, तुम हो पृथिवीवासी
फिर तुम भारतवासी जो, वसुधैव कुटुम्ब प्रकाशी;
देखो, माँ के अंचल में जो रत्न बँधा अविनाशी,
जगत् तारिणी भरतभूमि, वह नहीं भिखारिन दासी।"

भूखी धरती क्या चाहती है? अन्तर्जीवन प्लावन! सामाजिक जीवन में कष्ट पाने वाले मनुष्य क्या करें? वे अपना खंडित मन मनुष्यत्व को समर्पित करें। इस

तरह भरतभूमि उन्हें ही न तारेगी, सारे संसार को भी तार देगी।

पन्तजी योगी अरविन्द से कहते हैं :

> "आज लोक संघर्षों से जब मानव जर्जर,
> अतिमानव बन तुम युग सम्भव हुए धरा पर!"

मानव लोक संघर्षों से जर्जर हो गया है। इन लोक संघर्षों से उसकी रक्षा करने के लिए योगी अरविन्द का अवतार हुआ है। एक कल्पित सामन्ती राज्य में जब प्रजा विरोध प्रकट करने लगती है और–

> "इन्कलाब के तुमुल सिन्धु-सा एक रोज हो उठा तरंगित,
> वह छोटा-सा राज्य क्रुद्ध जनता के आवेशों से नादित!"

तब पन्तजी के मन में लोक संघर्षों से जर्जर मनुष्य के प्रति सहानुभूति उमड़ आती है और वह कह उठते हैं–

> "तन्त्रमात्र से हो सकते न मनुज परिचालित,
> उनके पीछे जब तक हो न चेतना विकसित।
> प्रजातन्त्र के साथ राज्य रह सकते जीवित
> जनजीवन विकास के नियमों से अनुशासित!"

पन्तजी लोक संघर्षों से राजा-प्रजा दोनों की रक्षा करना चाहते हैं और दोनों को ही शोषक-शोषित का भेदभाव भूलकर जीवन-विकास के नियमों से अनुशासित होने का उपेदश देते हैं।

पन्तजी की संस्कृति, उनका अन्तर्मन चेतना आदि राजनीति से परे नहीं हैं। पन्तजी की भी राजनीति है, उनकी कविताओं में वह राजनीति बहुत स्पष्ट दिखाई देती है, भले ही वह राजनीति को अपूर्ण कहकर सांस्कृतिक दृष्टिकोण की दुहाई दें। यह राजनीति ऐसी अपरिचित भी नहीं है। कांग्रेसी नेताओं से सन् '47 के पहले भी और सन् '47 के बाद विशेष रूप से हम उसका महत्त्व-कीर्तन सुनते हैं। फिर पन्तजी ने उसमें कौन-सी नई विशेषता पैदा कर दी है?

पन्तजी की विशेषता यह है कि जब यह राजनीति जनता में तिरस्कृत हो रही थी, तब उसे सांस्कृतिक लिबास पहनाकर, मार्क्सवाद के लोकपक्ष से भारतीय संस्कृति का समन्वय करने के नाम पर, उन्होंने बुद्धिजीवियों के एक हिस्से को उस राजनीति के असर में रखा। पन्तजी का ऐतिहासिक महत्त्व यह है कि पूँजीवादी राजनीति छोड़कर जब अधिकांश बुद्धिजीवी मजदूर वर्ग की साम्राज्य-विरोधी नीति की तरफ बढ़ रहे थे, तब पन्तजी ने अपने को मार्क्सवाद का समर्थक कहकर हिन्दी साहित्य पर उस पूँजीवादी राजनीति का असर कायम रखा। पन्तजी ने यह काम

'स्वर्णकिरण' और 'स्वर्ण धूलि' में नया शुरू न किया था; यह काम वह पहले भी 'युगान्त', 'युगवाणी' आदि में कर चुके थे। लेकिन दूसरे महायुद्ध के पहले जब कांग्रेसी मन्त्रिमण्डल बने थे, तब पूँजीवदी नेतृत्व ऐसे संकट में न था, जैसे इस महायुद्ध के बाद और फिर मन्त्रिमण्डल बनने पर हुआ। इसकी प्रतिध्वनि पन्तजी की कृतियों में भी हुई। उनके समन्वय की रूपरेखा और भी स्पष्ट होकर सामने आई।

पन्तजी के प्रगतिवादी प्रशंसकों की यह ऐतिहासिक भूमिका है कि जिस बात को हिन्दी साहित्य के पाठक—'तितली', 'गोदान', 'देवी' और 'चतुरी चमार' के पाठक—आसानी से प्रगतिशील न मानते, उसे एक हद तक इन्होंने द्वन्द्वात्मक भौतिकवाद की दुहाई देकर उन्हें मनवा दिया, कम से कम कुछ लोगों को भ्रम में जरूर डाल दिया। यह भी अनिवार्य था कि पन्तजी के समन्वय की आलोचना जो सन् '47 से पहले छुट-पुट या मुँदी-ढँकी थी, वह सन् '47 के बाद और तीव्र होकर सामने आई और प्रगतिशील आलोचकों ही में पन्तजी को लेकर दो मान्यताएँ चल पड़ीं लेकिन अभी तक 'स्वर्णकिरण' और 'स्वर्णधूलि' को प्रगतिशील रचनाएँ मानने वाले किसी आलोचक ने उनकी प्रगतिशीलता पर प्रकाश डालने का कष्ट नहीं किया, कारण यह कि उनकी प्रगतिशीलता पर प्रकाश डालने से खुद उसकी प्रगतिशीलता पर कम प्रकाश न पड़ेगा।

पन्तजी इस समन्वयवाद के मसीहा हुए, इसका एक कारण है। छायावादी कवियों में पन्तजी हिन्दी साहित्य के जातीय विकास से सबसे कम परिचित थे। निरालाजी ने 'पल्लव' की आलोचना करते हुए पन्तजी के उन उपकरणों पर यथेष्ट प्रकाश डाला था जिनसे पन्तजी ने अपना काव्य-सौन्दर्य रचा था। पन्तजी ने हिन्दी के पिछले साहित्य की तरफ 'पल्लव' की भूमिका में एक नकारवादी दृष्टिकोण अपनाया था। उन्होंने रीतिकालीन कवियों पर जो आक्षेप किए थे, वे एक हद तक ठीक थे लेकिन भक्त कवियों के प्रति उनका दृष्टिकोण अन्यायपूर्ण था। उन्होंने लिखा था, "अधिकांश भक्त कवियों का सम्पूर्ण जीवन मथुरा से गोकुल ही जाने में समाप्त हो गया। बीच में उन्हीं की संकीर्णता की यमुना पड़ गई; कुछ किनारे पर रहे, कुछ उसी में बह गए। बड़े परिश्रम से कोई पार भी गए तो ब्रज से द्वारका तक पहुँच सके, संसार की सारी परिधि यहीं समाप्त हो गई।"

ब्रजभाषा काव्य पर पन्तजी के आक्षेपों के सम्बन्ध में निरालाजी ने लिखा था, "जिनके संस्कार बहुत कुछ अंग्रेजी कविता के साँचे में ढल जाते हैं, उन्हें ब्रजभाषा की कविता पसन्द नहीं आती, यह बहुत ठीक है। परन्तु यह भी ठीक है कि पन्तजी ने ब्रजभाषा पर अपनी उदासीनता के कारण जो कटाक्ष किया है, वह कुछ ही अंशों में सत्य है।"

कविता के अलावा ब्रजभाषा की तरफ पन्तजी का दृष्टिकोण हिकारत से भरा

हुआ था, "मुझे तो उस तीन-चार सौ वर्ष की वृद्धा के शब्द बिल्कुल रक्त-मांसहीन लगते हैं; जैसे भारती की वीणा की झंकारें बीमार पड़ गई हों!" पन्तजी की यह हिकारत ब्रजभाषा तक सीमित न रहकर हिन्दी भाषा खड़ी बोली तक जब-तब पहुँच जाती है। जैसा कि विश्ववादियों के साथ अक्सर होता है, वे अपनों से नफरत करते हैं तो अंग्रेजी भाषा और संस्कृति के सामने दुम भी हिलाते हैं। पन्तजी कुछ हिन्दी-अंग्रेजी शब्दों के ध्वनि-सौन्दर्य की तुलना करते हुए 'पल्लव' की भूमिका में लिखते हैं, "पंख शब्द में केवल फड़क ही मिलती है, उड़ान के लिए भारी लगता है; जैसे किसी ने पक्षी के पंखों में शीशे का टुकड़ा बाँध दिया हो, वह छटपटाकर बार-बार नीचे गिर पड़ता हो; अंग्रेजी का (wing) जैसे उड़ान का जीता-जागता चित्र है। उसी तरह 'touch' में जो छूने की कोमलता है, वह 'स्पर्श' में नहीं मिलती। 'स्पर्श' जैसे प्रेमिका के अंगों का अचानक स्पर्श पाकर हृदय में जो रोमांच हो उठता है, उसका चित्र है; ब्रजभाषा के परस में छूने की कोमलता अधिक विद्यमान है; 'Joy' से जिस प्रकार मुँह भर जाता है, 'हर्ष' से उसी प्रकार आनन्द का विद्युत-स्फुरण प्रकट होता है।"

पन्तजी के शब्द विज्ञान पर निरालाजी ने यह टिप्पणी की थी, "पन्तजी की व्याख्या से जाहिर है, उनका झुकाव अंग्रेजी शब्दों के तत्सम रूपों की ओर अधिक है और यह प्रयत्न ऐसा है जैसे भारतवर्ष की आबोहवा को अंग्रेजी दवाओं के अनुकूल बनाना।"

पन्तजी में जातीयता विरोधी ये कॉस्मोपॉलिटन संस्कार 'पल्लव'-काल ही में थे फिर भी वे तब तक पूरी तरह पल्लवित न हुए थे। इसके सिवा स्पर्श और हर्ष से प्रेमिका के अंगों के स्पर्श और आनन्द के विद्युत-स्फुरण की कल्पना भी वह किया करते थे। इसलिए 'पल्लव' की रचनाओं में यथेष्ट सौन्दर्य मिलता है।

'ग्राम्या' में पन्तजी ने जनता के प्रति बौद्धिक सहानुभूति का दृष्टिकोण अपनाया और अनेक सुन्दर रचनाएँ कीं। 'रूपाभ' में छायावाद के कल्पना लोक से धरती पर उतरने की घोषणा करने के बाद पन्तजी ने एक नए मसीहा का रोल भी अख्तियार किया। अब वह मार्क्सवाद और भारतीय संस्कृति का समन्वय करने लगे। इस समन्वय में मार्क्सवाद को उन्होंने क्रान्ति और वर्ग-संघर्ष से ही मुक्त न किया, उपनिवेशों में उसकी साम्राज्य-विरोधी संघर्ष की भूमिका से भी उसे मुक्त कर दिया था। भारतीय संस्कृति को उन्होंने हिन्दी साहित्य की जनवादी परम्परा से ही मुक्त न किया बल्कि उसे भारतीय रूढ़िवाद और कांग्रेसी वर्ग-सहयोग की विशेष राजनीति से भी बाँध दिया। पन्तजी के इस समन्वय को प्रगतिशील कहना वर्ग-सहयोग की राजनीति और भारतीय रूढ़िवाद को ही प्रगतिशील कहना है।

(2)

1939 की एक कविता में पन्तजी महात्मा गाँधी को लक्ष्य करके कहते हैं, "निर्वाणोन्मुख आदर्शों के अन्तिम दीपशिखोदय।"

और–

"पूर्ण पुरुष, विकसित मानव तुम, जीवन सिद्ध अहिंसक!"

पन्तजी के लिए भारतीय संस्कृति क्या है, इन दो पंक्तियों से अच्छी तरह मालूम होता है। जो निर्वाणोन्मुख आदर्शों का प्रतीक है, वही पूर्ण पुरुष और विकसित मानव भी है।

'आधुनिक कवि' की भूमिका में पन्तजी कहते हैं, "ज्योत्स्ना तक मेरे सौन्दर्यबोध की भावना मेरे ऐन्द्रिक हृदय को प्रभावित करती रही है, मैं तब तक भावना ही से जगत् का परिचय प्राप्त करता रहा, उसके बाद मैं बुद्धि से भी संसार को समझने की चेष्टा करने लगा हूँ।

शायद? लेकिन ऊपर की पंक्तियों में निर्वाणोन्मुख आदर्शों में पूर्ण पुरुष का दर्शन यह साबित नहीं करता कि पन्तजी को बुद्धि से संसार को समझने के नए काम में विशेष सफलता मिली है।

उसी भूमिका में पन्तजी कहते हैं, "ऐतिहासिक भौतिकवाद और भारतीय अध्यात्म दर्शन में मुझे किसी प्रकार का विरोध नहीं जान पड़ा क्योंकि मैंने दोनों का लोकोत्तर कल्याणकारी सांस्कृतिक पक्ष ही ग्रहण किया है। मार्क्सवाद के अन्दर श्रमजीवियों के संगठन, वर्गसंघर्ष आदि से सम्बन्ध रखने वाले बाह्य दृश्य को, जिसका वास्तविक निर्णय आर्थिक और राजनीतिक क्रान्तियाँ ही कर सकती हैं, मैंने अपनी कल्पना का अंग नहीं बनने दिया है। इस दृष्टि से मानवता एवं सर्वभूतहित की जितनी विशद भावना मुझे वेदान्त में मिली, उतनी ही ऐतिहासिक दर्शन में भी।"

दूसरे शब्दों में पन्तजी ने ऐतिहासिक भौतिकवाद का अध्ययन वेदान्ती दृष्टिकोण से किया। यह कहना कठिन है कि जिस तरह उन्होंने संसार को बुद्धि से समझने की कोशिश की, उसी तरह ऐतिहासिक भौतिकवाद और वेदान्त को भी बुद्धि से समझने की कोशिश की या नहीं।

भारतीय दर्शन की विशेषता बतलाते हुए पन्तजी लिखते हैं, "भारतीय तत्त्वद्रष्टा, शायद अपने सूक्ष्म नाड़ी मनोविज्ञान (योग) के कारण सापेक्षता के उस पार सफलतापूर्वक पहुँचकर 'तदंतरस्य सर्वस्य तत्सर्वस्यास्य बाह्यतः' सत्य की प्रतिष्ठा कर सके हैं!"

इसलिए भारतीय तत्त्वद्रष्टाओं ने जहाँ सूक्ष्म नाड़ी-विज्ञान से काम न लेकर प्रत्यक्ष व्यवहार से संसार को समझने की कोशिश की है, वहाँ वे तत्त्वद्रष्टा नहीं रह

गए, वहाँ उनका दर्शन दर्शन नहीं रहा! इसलिए पन्तजी के लिए भारतीय दर्शन की उस विचारधारा का कोई ऐतिहासिक महत्त्व नहीं रहता जो इस सूक्ष्म नाड़ी मनोविज्ञान (योग) का विरोध करती रही है। संस्कृति की इतनी रट लगाने के बाद पन्तजी प्राचीन दर्शन के प्रगतिशील तत्त्वों को आसानी से छाँटकर फेंक देते हैं। भक्त कवियों के प्रति उनकी जो धारणा रही है, उसे हम ऊपर देख चुके हैं। छायावाद का भी महत्त्व उनकी नजर में किस कारण रहा है, यह भी देख लीजिए। 'आधुनिक कवि' की भूमिका में वह कहते हैं, "द्विवेदी युग के काव्य की तुलना में छायावाद इसीलिए आधुनिक था कि उसके सौन्दर्य-बोध और कल्पना में पाश्चात्य साहित्य का पर्याप्त प्रभाव पड़ गया था और उसका भाव-शरीर द्विवेदी युग की काव्य परम्परा से पृथक् हो गया था।"

साहित्य की परम्परा की तरफ पन्तजी का दृष्टिकोण जातीयता का बहिष्कार करके चलता है। वह एक तरफ निर्वाणोन्मुख आदर्शों को पूजने के कारण रूढ़िवादी है, दूसरी तरफ संस्कृति के प्रगतिशील तत्त्वों को अस्वीकार करके अंग्रेजी भक्त होने के कारण कॉस्मोपॉलिटन है। इस दृष्टिकोण से भारतीय संस्कृति की न तो रक्षा होती है, न उससे उसका विकास सम्भव है। रक्षा तभी सम्भव है जब हमारे सामने यह स्पष्ट हो कि रक्षा किससे करनी है, हमें भारतीय संस्कृति के प्रगतिशील तत्त्वों की रक्षा करनी है, भारतीय रूढ़िवाद से और पच्छिम की पतित पूँजीवादी संस्कृति के प्रभाव से। उसका विकास हम कर सकते हैं, जनता के हितों को अपनी कसौटी बनाकर, सत्य को व्यवहार द्वारा परखने की वैज्ञानिक प्रणाली अपनाकर।

पन्तजी का दृष्टिकोण जनसाधारण को यह श्रेय नहीं देता कि उसने भी रक्षा के योग्य कोई सांस्कृतिक तत्त्व रचे हैं। भारत के साधारण जन उनके लिए 'मूढ़, असभ्य, अशिक्षित, निर्धन" हैं। अशिक्षित और निर्धन अवश्य लेकिन मूढ़ और असभ्य नहीं। इस तरह के विशेषणों का प्रयोग साम्राज्यवादी करते रहे हैं, न कि देशभक्त कवि। पन्तजी का कॉस्मोपॉलिटन दृष्टिकोण जहाँ छायावाद को अंग्रेजी साहित्य से प्रभावित होने के कारण गौरवशाली मानता है, वहाँ जनता को अंग्रेजों की तरह मूढ़ और असभ्य मानता है। तब अगर अंग्रेज कहें कि हम असभ्य भारतवासियों को सभ्यता का पाठ पढ़ाने आए हैं तो उसमें बेजा क्या है?

'ग्राम्या' की भूमिका में पन्तजी ने ग्रामीणों को अपनी बौद्धिक सहानुभूति ही क्यों दी है, इसकी व्याख्या उन्होंने 'आधुनिक कवि' की भूमिका में की है। व्याख्या यह है कि "मैंने ग्राम जनता को रक्त मांस के जीवों के रूप में नहीं देखा है। एक मरणोन्मुखी संस्कृति के अवयव स्वरूप देखा है, और ग्रामों को सामन्त युग के खँडहर के रूप में।... यदि मुझे सामन्त युग की संस्कृति के पुनर्जागरण पर विश्वास होता तो जनता के संस्कारों के प्रति मेरी हार्दिक सहानुभूति भी होती।... जहाँ आलोचनात्मक दृष्टि की आवश्यकता है वहाँ केवल भावुकता और सहानुभूति से कैसे

काम चल सकता है?"

बौद्धिक सहानुभूति तक सीमित रहने के पक्ष में पन्तजी ने जो दलील दी है, उसका आविष्कार करने में उन्होंने निश्चय ही बुद्धि पर काफी जोर दिया है। प्रश्न यह है कि उनकी बौद्धिक सहानुभूति किसकी तरफ है? क्या मरणोन्मुखी संस्कृति की तरफ? सामन्त युग की संस्कृति की तरफ? अगर नहीं तो वह कौन-सी वस्तु है जिसे पन्तजी बौद्धिक सहानुभूति तो दे सकते हैं लेकिन जिसे हार्दिक सहानुभूति देना भावुकता हो जाता है? अगर ग्रामीणों के प्रति बौद्धिक सहानुभूति रखना सामन्ती संस्कृति से बौद्धिक सहानुभूति रखना नहीं है तो वे बेचारे ग्रामीण हार्दिक सहानुभूति से ही क्यों वंचित रह जाते हैं? उल्टा ग्रामीण से उन्हें जितनी ही सहानुभूति होगी, उतना ही वे उन्हें सामन्ती संस्कृति के प्रभाव से मुक्त करने के लिए संघर्ष करेंगे। लेकिन पन्तजी की पूर्ण सहानुभूति बौद्धिक और हार्दिक सूक्ष्म नाड़ी मनोविज्ञान के साथ है, निर्वाणोन्मुख आदर्शों के प्रतीक के साथ है; फिर ग्रामीणों के साथ, विशेषकर उन ग्रामीणों के साथ जो निरक्षरता और निर्धनता में पड़े रहने से इनकार करते हैं, उनकी सहानुभूति कैसे रह सकती है?

जिस दृष्टिकोण से पन्तजी को ग्रामीण जन मरणोन्मुखी संस्कृति के अवयव रूप ही दिखाई देते हैं, रक्त-मांस के जीव नहीं, उस दृष्टिकोण की बौद्धिकता की दुहाई है। जैसे पीलिया के रोगी को सब कुछ पीत और रक्तहीन ही दिखाई देता है, वैसे ही रूढ़िवाद के उपासक कवि पन्त को ग्राम जनता रक्त-मांसहीन मृत संस्कृति का अवयव मात्र दिखाई देती है। यदि पन्तजी ने इस रक्त-मांसहीन संस्कृति को जरा नजदीक से देखा होता, उसके बिरहे, कहरवा; कजली, होली आदि लोकगीतों को सुना होता, निराला की शूर्पनखा की तरह 'डाल अवज्ञा की दृष्टि' के बदले जनगीतों और लोककथाओं में भारतीय संस्कृति का अजेय आशा स्वर सुना होता तो उनकी कविता संस्कृत शब्दों के निरर्थक प्रयोग से इतनी बोझिल न होती, अपनी 'बौद्धिक सहानुभूति' (या सहानुभूति के अभाव) का समर्थन करने के लिए उन्हें बुद्धि पर इतना जोर न देना पड़ता। लेकिन जन-संस्कृति का निरादर उसी कॉस्मोपॉलिटन दृष्टिकोण की विशेषता है जो भारतीय दर्शन, भक्तिकाल और छायावाद की प्रगतिशील विरासत को अपनाने से इनकार करता है।

'आधुनिक कवि' की भूमिका में पन्तजी ने ठीक लिखा है कि "प्राचीन प्रचलित विचार और जीर्ण आदर्श समय के प्रवाह में अपनी उपयोगिता के साथ अपना सौन्दर्य संगीत भी खो बैठते हैं, उन्हें सजाने की जरूरत पड़ती है।" विशेषकर भारत का सूक्ष्म नाड़ी मनोविज्ञान अपनी उपयोगिता और सौन्दर्य कभी का खो चुका है। उसे सजाने के लिए तो विशेष अलंकारों की आवश्यकता पड़ती है। उन अलंकारों का यथेष्ट चमत्कार 'स्वर्ण किरण', 'स्वर्णधूलि', 'उत्तरा', 'रजत शिखर' आदि में देखने को मिलता है। पन्तजी ने दार्शनिक सत्य का उद्घाटन करने के लिए नए

प्रतीक चुने हैं जैसे कौआ, उल्लू और चमगादड़। 'कौवे के प्रति' कविता में वह उस सुन्दर पक्षी को 'भविष्य वक्ता जगविश्रुत' कहते हैं और इनके साथ ''मन्त्री वृद्ध तुम्हारे कौशिक दिवाभीत चमगादर।'' उनके काव्य की चित्रमयता 'अर्ध विवृत जघनों पर' सिर रखने, 'वक्षोजों के खुले घटों पर' हाथ रखने, 'चिर अधखुले उरोजों पर,' उडुगण के जलने, जघनों के माणिक सर में स्वर्णवाष्प का धन लटकने आदि में प्रकट हुई है। 'रजत शिखर' में स्वर्ण भृंगों ने और भी उन्नति की है, ''कुसुम योनियाँ चूम गन्ध रज; गर्भ दान दे।'' अवश्य ही इन भृंगों को हम किसी का प्रतीक न कहेंगे।

प्राचीन विचार और जीर्ण आदर्श जब अपनी उपयोगिता और सौन्दर्य खो बैठते हैं, तब उन्हें सजाने की जरूरत पड़ती है। यही नहीं, जो नए विचार और प्राणवान आदर्श उनका मुकाबला करते हैं, उन्हें अनुपयोगी और असुन्दर कहकर कोसने की जरूरत भी पड़ती है। 'उत्तरा' की भूमिका में पन्तजी भौतिकवाद को अन्धकारमय बतलाते हुए कहते हैं, ''और विशेषकर मार्क्सवादी भौतिकता के अन्धकार में और कुछ भी न सूझने के कारण (मन) गुण तथा संस्कृति (सामूहिक अन्तश्चेतना) आदि को पदार्थ का बिम्ब रूप, गौण स्तर या ऊपरी अतिविधान कह कर उड़ा देना चाहते हैं।''

प्राचीन अध्यात्मवादियों और यान्त्रिक भौतिकवादियों की तरह पन्तजी के लिए मनुष्य की चेतना वस्तु जगत् का अंग न होकर उससे भिन्न और निरपेक्ष सत्ता है। इसलिए मनुष्य का दिमाग—ऐसा पदार्थ जिसमें सोचने का गुण भी हो उनकी कल्पना से परे है। मार्क्सवाद चेतना को अस्वीकार नहीं करता लेकिन उसे वस्तुजगत् से निरपेक्ष नहीं मानता। पन्तजी के लिए मनुष्य के विचार उसके मन में बाह्य जगत् का प्रतिबिम्ब नहीं हैं वरन् उनकी स्वतन्त्र सत्ता है। इसलिए सापेक्षता के साथ बँधा हुआ मनुष्य का ज्ञान जो निरपेक्ष सत्य को पाता हुआ उसे पूरी तरह नहीं समेट लेता कि सत्य का अन्त हो जाए, यह मानव ज्ञान की द्वन्द्वात्मक प्रगति पन्तजी को पसन्द नहीं है। वह अध्यात्मवाद की महत्ता इस बात में मानते हैं कि वह मनुष्य को एकबारगी पूर्ण सत्य के दर्शन करा देता है। उनके लिए मनुष्य की चेतना विकासमान नहीं है, वह पूर्ण और गतिहीन है, सिर्फ माया का भ्रम दूर करके उसे पहचानना भर बाकी है। 'कला तथा संस्कृति' नामक निबन्ध में वह कहते हैं, ''आप क्षणभंगुर के अवगुंठन को हटाकर मानव-चेतना के शाश्वत मुख के भी दर्शन कीजिए।'' वही पुरानी बात लेकिन कितने तूल-तबील के बाद।

इस शाश्वत मुख को देखने के बाद पन्तजी को वैज्ञानिक भौतिकवाद के जन्मदाता मार्क्स और एंगेल्स विशेष रूप से क्षुद्र मालूम होते हैं। 'उत्तरा' की भूमिका में रागद्वेष से परे रहने वाले शाश्वत सत्यवादी पन्तजी कहते हैं, ''सहस्रों वर्षों से अध्यात्म दर्शन की सूक्ष्म-सूक्ष्मतम झंकारों से रहस मौन निनादित भारत के एकान्त मनोगगन में मार्क्स तथा एंगेल्स के विचार-दर्शन की गूँजें बौद्धिकता के शुभ्र

अन्धकार के भीतर से रेंगने वाले झींगुरों की रुँधी हुई झनकारों से अधिक स्पन्दन नहीं पैदा करतीं।''

पन्तजी का कोप मार्क्स और एंगेल्स के दर्शन की सत्यता ही प्रमाणित करता है। साम्राज्यवाद के संकट-काल में संस्कृति के पूँजीवादी नेता पैरों के नीचे से धरती खिसकते देखकर आपे से बाहर हो जाते हैं। उनकी यह दयनीय वस्तुगत परिस्थिति उनके मन में प्रतिबिम्बित होती है। वे मार्क्स और एंगेल्स की तुलना झींगुरों से करने लगते हैं। पन्तजी के ये विचार किसी शाश्वत चेतना का परिणाम न होकर उनके भौतिक जीवन का ही प्रत्यक्ष परिणाम है।

पन्तजी ने जब 'ज्योत्स्ना' नाटिका लिखी थी तब उसके अभिनय की बात चलने पर एक कठिनाई आई थी कि झींगुर और उल्लू के पार्ट किसे दिए जाएँ। पन्तजी के एक सुहृद् कवि ने यह कहकर इस समस्या को हल किया था कि 'ज्योत्स्ना' के प्रकाशक और लेखक इन पार्टों को आपस में बाँट लें। वह बात कितनी सार्थक थी, यह 'उत्तरा' की भूमिका पढ़ने पर अच्छी तरह मालूम हो जाता है।

पन्तजी की संस्कृति शाश्वत और अपरिवर्तनशील है। उनके लिए राजनीतिक विचार संस्कृति का अंग नहीं हैं बल्कि उससे भिन्न हैं। पन्तजी यह देखकर अप्रसन्न होते हैं कि उनके कुछ आलोचक ''अपने सांस्कृतिक विश्वासों में मार्क्सवादी ही नहीं अपने राजनीतिक विचारों में कम्युनिस्ट भी हैं।'' कोई मार्क्सवादी कम्युनिस्ट भी हो, इससे ज्यादा आश्चर्य की बात और क्या हो सकती है?

पन्तजी के लिए वस्तुवाद की कमी इस बात में है; ''तथोक्त वस्तुवाद कर्ता या कर्मी का दृष्टिकोण है जिसके लिए गोचर वस्तु ही यथार्थ तथा प्रधान है, आदर्श उसी का विकास या परिणति।'' वस्तुवाद के लिए गोचर वस्तु प्रधान है लेकिन कर्ता या कर्मी उसके लिए अगोचर कब है? इसलिए आदर्श भी अगोचर न होकर इसी यथार्थ जगत् में प्रतिफलित होता है।

पन्तजी आगे कहते हैं, ''वस्तु से उसका विधायक या निर्माता का सम्बन्ध होने के कारण वह उसकी यथार्थता को अपनी दृष्टि से ओझल नहीं होने देता एवं उसी को सत्य मानता है।'' मानों खुद अपने को अवास्तविक, असत्य मानता हो।

अगोचर सत्य की व्याख्या करते हुए पन्तजी कहते हैं, ''किन्तु यदि हम आदर्श तथा वस्तु को एक ही सत्य का, जो अव्यक्त तथा विकासशील होने के कारण दोनों से अतिशय तथा ऊपर भी है,—सूक्ष्म स्थूल रूप या बिम्ब प्रतिबिम्ब मान लें तो दोनों दृष्टिकोणों में सहज ही सामंजस्य स्थापित किया जा सकता है।''

पन्तजी का सत्य अव्यक्त है तो विकासशील कैसे है? या उसका विकास अप्रकट ही रहता है? यदि वह शाश्वत और पूर्ण है तो भी उसके विकासशील होने की सम्भावना नहीं है। विकास केवल मनुष्य के भ्रम दूर होने में हो सकता है। यदि वह सत्य सूक्ष्म और अगोचर है तो वह किसमें प्रतिबिम्बित होता है और किसी वस्तु

का प्रतिबिम्बित होना उसकी गोचरता का लक्षण है या अगोचरता का?

लेकिन पन्तजी की चेतना एकदम अभौतिक नहीं है। उसके कई स्तर हैं जिनमें ''पदार्थ विज्ञान द्वारा हमने केवल चेतना के निम्नतम भौतिक धरातल पर ही प्रकाश डाला है।'' ''परिस्थितियों की सक्रियता के अनुपात में हमारे मन तथा चेतना के सापेक्ष स्तर प्रबुद्ध तथा अंतःसंगठित न हो सकने के कारण'' युद्ध आदि हुए। आश्चर्य है कि सापेक्ष ज्ञान को चुनौती देने वाली पन्तजी की चेतना के भी सापेक्ष स्तर हैं। पन्तजी के लिए मन भी एक नहीं, दस बीस हैं। ऊधो से 'मन न भए दस बीस' की शिकायत करने वाली गोपियों की समस्या पन्तजी ने हल कर दी है; ''एकता का सिद्धान्त अन्तर्मन का सिद्धान्त है विविधता का सिद्धान्त बहिर्मन तथा जीवन के स्तर का।''

प्रश्न यह है कि यह बहिर्मन जीवन के स्तर पर है तो क्या अन्तर्मन कहीं मृत्यु के स्तर पर विद्यमान है। एकता और विविधता का ऐसा विभाजन क्या संसार में दिखाई देता है। विविध शब्दों से एक कविता, विविध कविताओं से एक साहित्य, विविध साहित्यों से एक विश्व साहित्य आदि की द्वन्द्वात्मक एकता क्या प्रत्यक्ष जीवन में प्रमाणित नहीं होती? पन्तजी की तर्क-प्रणाली क्या पुराने मेटाफिजिकल ढंग की नहीं है।

पन्तजी लिखते हैं, ''हमारी गौतम और गाँधीजी की ऐतिहासिक भूमि है। भारत का दान विश्व को राजनीतिक तन्त्र या वैज्ञानिक यन्त्र का दान नहीं हो सकता, वह संस्कृति तथा विकसित मनोयन्त्र की ही भेंट होगी।''

विकसित मनोयन्त्र! फिर विकास की बात और वह भी मन को यन्त्र मानकर! पन्तजी भारतीय रूढ़िवादी ही नहीं हैं, यान्त्रिक भौतिकवादी भी हैं। इस विकसित मनोयन्त्र का दूसरा नाम अहिंसा है, ''अहिंसा मानवीय सत्य का ही सक्रिय गुण है। अहिंसात्मक होना व्यापक अर्थ में संस्कृत होना, मानव बनना है।''

यह मानवीय सत्य शाश्वत है या परिवर्तनशील और विकासमान? सक्रियता देशकाल-सापेक्ष है या देशकाल से परे अनादि, अनन्त और अगोचर? पन्तजी ने अध्यात्मवाद का गुण कीर्तन करने के बाद सम तोड़ा सत्य के सक्रिय गुण पर। यदि यह अहिंसा गुणातीत नहीं है तो उसे प्रत्यक्ष जीवन में चरितार्थ होना चाहिए। अहिंसा के गुण को कौन लाठी-गोली से खण्डित करता है? पन्तजी को अहिंसा के लिए भय शासक वर्ग से नहीं दिखाई देता; अहिंसा का नाश होता उनसे दिखाई देता है जो हिंसा बर्दाश्त करने के लिए तैयार नहीं हैं।

इस तरह पन्तजी की संस्कृति राजनीति से परे न होकर एक विशेष तरह की राजनीति का ही दूसरा नाम है। यह राजनीति शासकवर्ग की हिंसा पर पर्दा डालती है, पीड़ित जनता के विरोध को हिंसा कहकर उसे विरोध करने से रोकती है। पन्तजी की संस्कृति का कार्यालय हिन्दुस्तान ही में है। वह चाहते हैं कि ''भारत एक नवीन

मनुष्यत्व के आदर्श में बँधकर, तथा अपने बहिरन्तर जीवन को नवीन चेतना के सौन्दर्य में संगठित कर महासृजन एवं विश्व निर्माण का एक विराट् कार्यालय बन जाए।"

महासृजन का विराट् कार्यालय जिसमें करोड़ों मनुष्य आधे पेट रहकर नित्य तपस्या करते हैं और अकाल मृत्यु के ग्रास बनकर निर्वाणपद को प्राप्त करते हैं, यह भारत साम्राज्यवाद का विराट् मृत्यु-कार्यालय भी है जिसमें असंख्य नरनारी तिल-तिल कर घुलते हुए प्राण दे चुके हैं। अब वे अपना सामाजिक जीवन नए ढंग से संगठित करना चाहते हैं तो पन्तजी अन्तर्मन के संगठन को प्रधान और संस्कृति को जीवन-संघर्ष से परे कहने लगते हैं। लिखा है, "संस्कृति, सौन्दर्य-बोध आदि हमारे अन्तर्मन के संगठन हैं। संस्कृति को मात्र वर्गवाद की दृष्टि से देखना एवं बाह्य परिस्थितियों पर अवलम्बित अतिविधान मानना केवल वाद-ग्रस्त बुद्धि का दुराग्रह है।"

जैसा कि हम देख चुके हैं, पन्तजी की संस्कृति न तो वर्गों से परे है, न परिस्थितियों से। वह कोई आग्रहहीन वाद नहीं है, केवल आग्रह सर्वहारा वर्ग का न होकर पूँजीवादी वर्ग का है। मानो मार्क्सवाद यह कहता हो कि परिस्थितियों को बदलो और अपने को न बदलो, पन्तजी तर्क करते हैं, "ऐसा नहीं समझना चाहिए कि स्थूल के संगठन से सूक्ष्म अपने आप संगठित हो जाएगा जैसा कि आज का भौतिक दर्शन या मार्क्सवाद कहता है।"

स्थूल का संगठन कौन करेगा? या वह अपने आप संगठित हो जाएगा? मनुष्य अपने जीवन की परिस्थितियों को बदलता हुआ अपने को भी बदलता है। एक को बदलकर दूसरे को छोड़ देना पन्तजी का तर्क है, मार्क्सवाद का नहीं स्थूल को बदलने के लिए स्थूल जगत् में संघर्ष होता है; सूक्ष्म को बदलने के लिए विचारधारा में संघर्ष होता है। पन्तजी इस संघर्ष में किसके साथ हैं?

पन्तजी अपने सत्य को संघर्ष से ऊपर रखना चाहते हैं। वह पक्षपात से परे रहने का आदेश देते हुए कहते हैं, "आप क्षणभंगुर के अवगुंठन को हटाकर मानव चेतना के शाश्वत मुख के भी दर्शन कीजिए। तब आप वास्तविक अर्थ में जीवन-द्रष्टा तथा सौन्दर्य-स्रष्टा बन सकेंगे। अन्यथा आप व्यक्तिसमाज के बीच, भिन्न-भिन्न वर्गों, गिरोहों के बीच, भिन्न-भिन्न सम्प्रदायों, शक्ति-लोलुप संगठनों तथा नैतिक दृष्टिकोणों के बीच चलने वाले संघर्ष के प्रचारक मात्र बन जाएँगे, और अपने स्वभाव, रुचि तथा परिस्थितियों के अनुरूप एक या दूसरे पक्ष का समर्थन कर अपने स्रष्टा के कर्तव्य से च्युत हो जाएँगे।"

पन्तजी का वास्तविक ध्येय है जीवनसंघर्ष से परे रहना। वह वर्गों और नैतिक दृष्टिकोण से ऊपर उठकर सौन्दर्य देखने का आग्रह करते हैं। लेकिन यह तटस्थता का सिद्धान्त खुद एक वर्ग का सिद्धान्त है। यह वर्ग अपने जन-विरोधी हितों को ढँकने के लिए तटस्थता का अभिनय करता है। पन्तजी नैतिक दृष्टिकोणों के संघर्ष से तटस्थ नहीं हैं बल्कि सर्वहारा वर्ग के नैतिक दृष्टिकोण का विरोध करके पूँजीवाद

दृष्टिकोण का समर्थन करते हैं। उनका यह भय अकारण नहीं है कि लोग उनके समन्वयवाद को प्रगतिशील मानने से इनकार करते हैं। अपने दृष्टिकोण की सफाई देते हुए पन्तजी कहते हैं, "मेरा मन यह नहीं स्वीकार करता कि मैंने अपनी रचनाओं में, जिस सांस्कृतिक चेतना को वाणी दी है, एवं जिस मनःसंगठन की ओर ध्यान आकृष्ट किया है, उसे किसी भी दृष्टि से प्रतिगामी कहा जा सकता है।"

दूसरे महायुद्ध के पहले जब कांग्रेसी मन्त्रिमण्डल बने थे, तब से 'उत्तरा' के लिखने तक जनता की चेतना और उसके साथ हिन्दी जनता की चेतना में काफी परिवर्तन हो गया है। अन्तश्चेतनावादी पन्तजी से सामाजिक चेतना के ये परिवर्तन छिपे नहीं हैं। लेकिन वे इस नई सामाजिक चेतना से सहानुभूति नहीं रखते—न बौद्धिक, न हार्दिक। वह अपने पुराने समन्वयवाद को नया जामा पहनाकर फिर हिन्दी पाठकों से कहते हैं—मैं प्रतिगामी नहीं हूँ। लेकिन मार्क्सवाद का कौन-सा विरोधी अपने को प्रतिगामी मानता है? उनका व्यवहार उनकी प्रतिगामिता प्रकट कर देता है। पन्तजी यदि अपने अन्तश्चेतनावाद से लोगों को बहलाना चाहते हैं तो कुछ दिन कोशिश करके और देख लें।

14. साहित्य और यथार्थ

(1)

अपनी कविता पुस्तक 'क्वासि' की भूमिका में श्री बालकृष्ण शर्मा नवीन ने एक विद्वत्तापूर्ण भूमिका लिखकर मार्क्सवाद को जड़वादी दर्शन साबित किया है और क्वासि की टेर को भारतीय संस्कृति की मर्मवाणी बतलाया है। लेकिन उनकी आलोचना एकांगी नहीं है। वह शत्रु के साथ भी न्याय करने में विश्वास करते हैं। इसलिए फायरबाख पर मार्क्स का पहला सूत्र उद्धृत करके वह गद्गद कंठ से कहते हैं, "मैं जब फायरबाख सम्बन्धी, ऋषि मार्क्स के ये सूत्र पढ़ता हूँ तो उनकी स्मृति में मेरा मस्तक झुक जाता है! कितनी प्रखर मेधा! कितना महान् उनका स्पष्ट दर्शन सामर्थ्य!! कितनी गहर गम्भीर मौलिकता!!!"

आजकल ऐसे ईमानदार भौतिकवाद-विरोधी कम मिलते हैं जो मार्क्स की स्मृति में श्रद्धा से अपना सिर इतना नीचे झुका दें। इसलिए नवीन जी के श्रद्धानत शीश के सामने हमारा सिर और भी नीचे अपने आप झुक जाता है।

नवीन जी ने मार्क्सवाद में क्या पाया है जिससे उनका सिर यों झुक गया है?

उनके अनुसार मार्क्स ने पदार्थवादी दर्शन के लिए वह कर्तव्य निश्चित किया

है कि "वह प्रत्येक दिशा में मानव जीवन को शुभ की ओर परिवर्तित करने की प्रेरणा करता रहे।"

अगर परिवर्तित करने का मतलब यहाँ पर परिवर्तित करने, बदलने का है तो मानना होगा कि मानव जीवन कोई अखण्ड अपरिवर्तनशील इकाई नहीं है वरन् देशकाल में स्थित एक ऐतिहासिक क्रम है जिसमें विकास और परिवर्तन होता रहता है। लेकिन अगर मानव का अर्थ परमात्मा का अंश हो, तो मानव जीवन के परिवर्तित होने का मतलब बदलना न होकर–एक ऐतिहासिक क्रम न होकर–परमात्मा के दर्शन करना, आत्मरूप को पहचानना आदि ही होगा। नवीनजी मानव के बारे में कहते हैं, "हमारे साहित्य-मनीषियों और तत्त्वदर्शियों ने मानव को जो परमात्मा अंश के रूप में माना है, वह कोई यों ही उन्माद-प्रलाप मात्र नहीं है।"

यदि मानव परमात्म-अंश है, तब साहित्य (या दर्शन) का उद्देश्य क्या होना चाहिए?

नवीनजी कहते हैं, "इस मानव को मुक्ति का सन्देश और इसे–अर्थात् अपने को भी बन्धन पाश से छुड़ाने का सतत प्रयत्न करते जाना यही भारतीय साहित्य का चरम, अन्तिम, परम उद्देश्य है।"

इससे स्पष्ट है कि मानव जीवन को परिवर्तित करने की बात पर नवीनजी को भरोसा नहीं है। वह आत्मा को बन्धन-पाश से मुक्त करना चाहते हैं, न कि उसे परिवर्तित करना।

परिवर्तन से मिलता-जुलता एक शब्द और है प्रवर्तन। अगर नवीनजी के वाक्य का पाठान्तर सम्भव हो तो परिवर्तित की जगह प्रवर्तित पढ़ने से यह बात समझ में आ जाती है कि जो व्यक्ति साहित्य का उद्देश्य आत्मा को बन्धनों से छुटकारा दिलाना मानता है, वह दर्शन का उद्देश्य आत्मा को राम की ओर प्रवर्तित करना भी मान सकता है। तब अपरिवर्तनशील परमात्म-अंश को परिवर्तित करने की असंगति समाप्त हो जाएगी।

दर्शन और दार्शनिकों का कर्तव्य क्या है, इस बारे में खुद मार्क्स ने दुविधा की गुंजाइश नहीं छोड़ी। फायरबाख पर उनका अन्तिम और विश्व-प्रसिद्ध सूत्र है : "The philosophers have only interpreted the world differently, the point is to change it."

"दार्शनिक अलग-अलग तरह से दुनिया की व्याख्या ही करते रहे हैं, मुख्य बात है उसे बदलने की।"

मार्क्स संसार को बदलने की बात कहते हैं, मानव जीवन को परिवर्तित करने की बात कहते हैं। वह आत्मा को भौतिक जीवन के बन्धनों से मुक्त करके परमात्मा में लीन होने को नहीं कहते, वह इस भौतिक जगत् में ही वर्तमान मानव जीवन को परिवर्तित करने की बात कहते हैं।

संसार को बदलने के लिए यह जरूरी है कि हम उसे जानें। लेकिन यह जानने का काम संसार से अलग शुद्ध चेतना की क्रिया है या खुद भी एक सांसारिक, वस्तुगत क्रिया है? मार्क्स का कहना है कि संसार की वे तमाम वस्तुएँ ही यथार्थ नहीं हैं जिन्हें हम इन्द्रियों से जानते-पहचानते हैं, यह जानने-पहचानने का काम भी उस यथार्थ में शामिल है। इसलिए ज्ञान—जानना—एक वस्तुगत क्रिया है, बाह्य जगत् से अभिन्न। फायरबाख की आलोचना करते हुए मार्क्स ने उसी पहले सूत्र में साफ लिखा है, "He does not understand human activity itself as objective activity.'' (''उसके लिए खुद मानव-कर्म अपने में वस्तुगत कर्म नहीं है।'')

इसका नतीजा यह होता है कि फायरबाख मनुष्य के चिन्तन को उसके कर्म से अलग कर देता है, ज्ञान को श्रेष्ठ और कर्म को दास मान बैठता है। "He therefore does not comprehend the significance of 'revolutionary' of 'practical critical' activity.'' (''इसलिए वह 'क्रान्तिकारी', 'अमली-आलोचनात्मक' कार्यवाही का महत्त्व नहीं समझता।'')

मार्क्स ने फायरबाख की जो आलोचना की है, उसका निचोड़ यह है कि वह क्रान्तिकारी कार्यवाही के महत्त्व से इनकार करता है।

नवीनजी ने एक दूसरे कारण से मार्क्स द्वारा की हुई फायरबाख की आलोचना की तारीफ की है। वह कहते हैं, ''मार्क्स की दृष्टि में दर्शन का काम सामाजिक चेतना को जाग्रत, प्रभावित और चालित करना है। अतः इतना कह देना भर ही अलम् नहीं है कि इन्द्रिय-ग्राह्य बहिर्जगत् के अतिरिक्त जो कुछ है वह अयथार्थ (Unreality) है।''

मतलब साफ है। नवीनजी के अनुसार मार्क्स के लिए यथार्थ इन्द्रिय-ग्राह्य बहिर्जगत् के 'अतिरिक्त' भी है। लेकिन मार्क्स ने फायरबाख में इस 'अतिरिक्त' ही की आलोचना की है। फायरबाख और उसके पहले के भौतिकवादी इन्द्रियग्राह्य बाह्यजगत् को तो यथार्थ मानते थे लेकिन मानव के इन्द्रियबोध को, उसके कर्म को यथार्थ से अलग कर देते थे।

मार्क्स के वाक्य का जो अनुवाद नवीनजी ने किया है, उससे भी यह बात साफ हो जाती है। फायरबाख और उससे पहले के भौतिकवाद की न्यूनता क्या है? न्यूनता यह है कि उसने यथार्थ को ''सेन्द्रिय मानवीय क्रिया के रूप में हृदयंगम नहीं किया,'' उसे ''व्यावहारिकता के रूप में स्वीकृत नहीं किया!''

इसलिए इन्द्रियग्राह्य बहिर्जगत् के 'अतिरिक्त' किसी यथार्थ का सवाल नहीं उठता। सवाल है, जिसे हम यथार्थ के 'अतिरिक्त' समझते हैं, उसे यथार्थ का ही अंग समझने का। इसलिए कर्म के बिना यथार्थ नहीं बदलता; कर्म के बिना मनुष्य—जो यथार्थ से 'अतिरिक्त' नहीं है—वह भी नहीं बदलता।

मनुष्य के चिन्तन को उसकी क्रियाओं से अलग शुद्ध चेतन रूप में देखना

आदर्शवादियों का परिचित सिद्धान्त है। इसी के लिए मार्क्स ने फायरबाख की आलोचना की थी। नवीनजी मार्क्स पर वह आदर्शवादी सिद्धान्त—इन्द्रियग्राह्य बहिर्जगत् से 'अतिरिक्त' यथार्थ को स्वीकार करने का सिद्धान्त—आरोपित करके उसकी 'प्रखर प्रतिभा, गम्भीर विचार-शक्ति एवं गहन मौलिकता' की प्रशंसा करते नहीं अघाते। मार्क्स में इन्द्रियग्राह्य बहिर्जगत् के 'अतिरिक्त' एक और यथार्थ ढूँढ़ निकालने के लिए हमें नवीनजी की ही प्रखर प्रतिभा की दाद देनी होगी, उन्हीं की गम्भीर विचार शक्ति एवं गहन मौलिकता को साधुवाद देना होगा। मार्क्स उस सबके अधिकारी साबित नहीं होते।

नवीनजी ने अपनी व्याख्या को सरल बनाने के लिए फायरबाख पर मार्क्स के पहले सूत्र का एक ही वाक्य उद्धृत किया है। उस सूत्र में चार वाक्य और हैं, जिनमें मार्क्स ने फायरबाख और तब तक के भौतिकवाद की कमजोरी को स्पष्ट कर दिया है और अपने सूत्र को क्रान्तिकारी, अमली, कार्यवाही पर जोर देते हुए समाप्त किया है। नवीनजी को शायद मनुष्य की अमली क्रान्तिकारी कार्यवाही से दिलचस्पी नहीं है। शायद चारों वाक्य उद्धृत करने से मार्क्स का वह 'कितना अद्‌भुत, कितना भव्य निष्कर्ष' न निकलता जो उन्होंने निकाला है। भला अमली कार्यवाही से 'स्पष्ट दर्शन सामर्थ्य' और 'गहर गम्भीर मौलिकता' का क्या सम्बन्ध?

मार्क्स फायरबाख पर अपने दूसरे सूत्र में कहते हैं : "The question whether objective truth is an attribute of human thought is not a theoretical but a practical question. Man must prove the truth, i.e. the reality and power, the 'this sidedness' of his thinking in practice. The dispute over the reality or non-reality of thinking that is isolated from practice is a purely scholastic question."("यह सवाल कि वस्तुगत सत्य मनुष्य के चिन्तन का एक लक्षण है—सैद्धान्तिक सवाल न होकर एक अमली सवाल है। मनुष्य को सचाई अर्थात् अपने चिन्तन की वास्तविकाता और शक्ति उसकी 'इहलौकिकता' अमल से साबित करनी चाहिए। अमल से अलग करके चिन्तन की वास्तविकता या अवास्तविकता पर झगड़ा करना शुद्ध शास्त्रों वाला झगड़ा है।")

नवीनजी ने अपनी विद्वत्तापूर्ण भूमिका में मार्क्स की इस चुनौती को कहीं भी स्वीकार नहीं किया। अमल, कर्म, क्रान्तिकारी कार्यवाही की बात उनके लिए दर्शन से 'अतिरिक्त' समस्या है। उनके उद्‌धृत किए हुए वाक्य में भी जहाँ यथार्थ के लिए कहा गया है कि उसे 'व्यावहारिकता के रूप में स्वीकार नहीं किया गया', वहाँ भी व्यावहारिकता पर उनकी निगाह नहीं ठहरती मानों यह व्यावहारिकता कोई डायन हो जो हमारे कवि को टोना मार देगी।

फायरबाख पर अपने तीसरे सूत्र में मार्क्स ने तब तक के भौतिकवाद की आलोचना करते हुए फिर कहा है—

"The materialist doctrine concerning the changing of circumstances and education foregets that circumstances are changed by men and that the educator himself must be educated. This doctrine has therefore to divide society into two parts, one of which is superior to society.

"The coincidence of the changing of circumstances and of human activity or self-changing can only be comprehended and rationally understood as revolutionary practice." परिस्थितियों को बदलने का और शिक्षा का भौतिकवादी सिद्धान्त यह भुला देना है कि परिस्थितियाँ इन्सानों द्वारा बदली जाती हैं और शिक्षक को खुद शिक्षित होना पड़ेगा। इसलिए यह सिद्धान्त मजबूरन समाज के दो हिस्से कर देता है, जिनमें से एक समाज से बढ़कर होता है।

"परिस्थिति परिवर्तन और मानव-कर्म या आत्म-परिवर्तन की अभिन्नता क्रान्तिकारी अमल के रूप ही में बोधगम्य हो सकती है और बुद्धि-संगत ढंग से समझी जा सकती है।"

मानव जीवन को शुभ की ओर 'परिवर्तित' करने का काम परमात्म-अंश को भौतिक जीवन के बन्धनों से मुक्त करना नहीं है (वह तो अकाल और लाठी-गोली की कृपा से नित्य होता रहता है) बल्कि वह आत्मा-परिवर्तन क्रान्तिकारी अमल में दिखाई देता है (अकाल और लाठी-गोली व्यवस्था के सक्रिय विरोध में दिखाई देता है।)

फायरबाख पर मार्क्स के लिखे हुए सूत्रों में नवीनजी ने क्रान्तिकारी अमल की बार-बार कही हुई बात को नजरअंदाज कर दिया है, उसे अपनी विद्वत्तापूर्ण आलोचना के योग्य नहीं समझा।

मध्य भारत हिन्दी-साहित्य सम्मेलन प्रथम अधिवेशन ग्वालियर, 30-31 दिसम्बर, '52, 1 जनवरी, '53–में सभापति-पद से भाषण देते हुए नवीनजी ने हिन्दी आलोचना की वर्तमान गतिविधि पर प्रकाश डालते हुए कहा था, "सभी बन्धु यह जानते हैं कि हमारी साहित्यालोचन प्रणाली में इधर कुछ ऐसी धाराएँ बह निकली हैं जिनके कारण नए साहित्यिक–और पुराने भी–बड़ी गड़बड़ी में पड़ गए हैं। एक प्रकार का बुद्धिभ्रम फैलता जा रहा है। साहित्य-सम्मेलनों का, हमारे देश की साहित्यिक संस्थाओं का, यह कर्तव्य है कि वे इस पर विचार करें और साहित्यकारों तथा आलोचकों को दिशा सुझाने का प्रयत्न करें।"

मतलब यह कि आलोचकों ने साहित्यकारों को बिगाड़ा है और साहित्यकार समाज को बिगाड़ रहे हैं इसलिए इन सबको दिशा सुझाने का काम साहित्य-सम्मेलन आदि संस्थाओं के सभापतियों को करना चाहिए।

नवीनजी ने अपने भाषण में 'क्वासि' की भूमिका पढ़ने से पहले लोगों को चेतावनी दे दी थी : "पाठक और श्रोता देखेंगे कि मैंने इस प्रश्न पर तात्विक दृष्टि से विचार करने का प्रयास किया है। सम्भव है, कहीं-कहीं, तात्विक विवेचन के

कारण, विषय किंचित् दुरूह, किंचित् कष्टग्राह्य, हो गया हो। पर, मेरा यह विश्वास है कि यदि साहित्यिक बन्धु इसे ध्यानपूर्वक पढ़ने का प्रयास करेंगे तो निश्चय ही उन्हें तात्विक स्पष्टता के दर्शन होंगे।"

नवीनजी ने साहित्यकारों को दिशा सुझाने की समस्या पर तात्विक दृष्टि से विचार किया है। तात्विक विवेचन कष्टग्राह्य होता देखकर उन्होंने श्रोताओं को सावधान भी कर दिया है—सुनने पर समझ में न आए तो घर जाकर पढ़ना और तब तुम्हें तात्विक स्पष्टता के दर्शन होंगे।

नवीनजी का भाषण—या 'क्वासि' का उपोद्घात—कष्टग्राह्य या दुरूह हो सकता है, मार्क्स पर उनकी टीका-टिप्पणी के कारण। लेकिन फायरबाख पर मार्क्स का अधूरा—नवीनजी द्वारा उद्धृत किया हुआ—सूत्र न पढ़कर पूरा सूत्र या और सभी सूत्र—जिनकी संख्या ग्यारह ही है और जो ढाई पन्नों में छपे हुए हैं—पढ़ने पर नवीनजी के उपोद्घात में कष्टग्राह्य और दुरूह कुछ भी नहीं रह जाता। मार्क्स जहाँ संसार को क्रान्तिकारी अमल से बदलने की बात कहते हैं, वहाँ नवीनजी आत्मा को भौतिक बन्धनों से मुक्त करके परमात्मा में लीन होने को कहते हैं। एक के लिए मनुष्य का ज्ञान, उसके अमल से अभिन्न है, दूसरे के लिए ज्ञान मनुष्य के अमल से 'अतिरिक्त' है।

साहित्य में बुद्धिभ्रम क्यों फैल रहा है? इसलिए कि लोग अपने इस लोक के जीवन की तरफ ज्यादा ध्यान देने लगे हैं; वे परलोक की आशा में भुखमरी और महामारी के शिकार होकर बन्धनमुक्त होना नहीं चाहते। आज जनता की व्यथा देखकर, एशिया की धरती पर मानवसमाज में नए-नए परिवर्तनों की बात सुनकर, हमारे साहित्यकार भी—नए और पुराने दोनों—कांग्रेसी रामराज के खिलाफ जनता का पक्ष लेने लगे हैं। नवीनजी इन लौकिक समस्याओं में उलझे हुए मानवों से कहते हैं—परलोक की तरफ देखो तुम परमात्मा के अंश हो; भौतिक जीवन को बदलने की बात छोड़ो, हमारे साथ क्वासि की टेर लगाओ, भारतीय संस्कृति का यही सन्देश है।

नवीनजी के उपोद्घात और मध्यभारत साहित्य-सम्मेलन वाले भाषण में नए-पुराने साहित्यकारों के बुद्धिभ्रम पर क्षुब्ध होने का यही रहस्य है।

(2)

फायरबाख पर उद्धृत किए हुए मार्क्स के वाक्य में प्रथम मान्यता को "पदार्थवादी दर्शन के इतिहास में निःसन्देह एक उत्तुंग भूमि-सीमा-चिन्ह" मानने के बाद नवीनजी उसी वाक्य में दूसरी मान्यता के बारे में कहते हैं : "मार्क्स के इस प्रथम सूत्र में जो दूसरी मान्यता है वह मुझे ग्राह्य नहीं है। और इसी कारण प्रथम मान्यता की सार्वभौमिक सत्यता भी मैं स्वीकृत नहीं कर सकता। प्रथम सूत्र की दूसरी मान्यता

क्या है? वह यह है कि यथार्थ, सत्य (Reality) वही है जिसे हम इन्द्रियों द्वारा समझते, ग्रहण करते, हृदयंगम करते हैं। मैं अपने प्रगतिवादी बन्धुओं से पूछता हूँ कि क्या यह मान्यता ठीक है? इन्द्रियोपकरण द्वारा जो कुछ भी हमें उपलब्ध होता है, क्या केवल मात्र वही सत्य है? वही यथार्थ है? मैं यह नहीं कहता कि वह अयथार्थ पर यथार्थ को, सत्य को, इन्द्रिय-बोध द्वारा सीमित करना—उसके परे सब कुछ असत्, अयथार्थ है, ऐसा मान लेना, मेरी सम्मति में तर्कशून्य आग्रह है।''

इस तरह नवीनजी यथार्थ को दो हिस्सों में बाँट देते हैं—एक इन्द्रियों से जाना-पहचाना जाने वाला यथार्थ, दूसरा अतीन्द्रिय यथार्थ। मार्क्सवादियों के दुराग्रह पर प्रकाश डालते हुए वह कहते हैं—देखो, मैं तो दोनों तरह के यथार्थ मानता हूँ लेकिन ये जड़वादी इन्द्रियबोध के परे कुछ मानते ही नहीं। लगता है कि मार्क्सवाद एकांगी है और नवीनजी यथार्थ को—गोचर, अगोचर दोनों रूपों में—ग्रहण करते हैं।

एक बार दिलासा देकर कि इन्द्रियोपकरण द्वारा जो कुछ भी हमें उपलब्ध होता है, ''मैं यह नहीं कहता कि वह अयथार्थ है'', नवीनजी कहने लगते हैं : ''ज्ञानोपलब्धि साधन-शास्त्र को देखने से पता चलता है कि इन्द्रियाँ जो कुछ भी ग्रहण करती हैं वह एक झाँई के रूप में होता है। वास्तविक, यथार्थ—अर्थात् बाह्य-जगत् का इन्द्रिय-ग्रहीत स्वरूप—क्या वैसा ही है जैसा हम उसका अपनी इन्द्रियों द्वारा बोध करते हैं? इस प्रश्न का तर्कपूर्ण उत्तर 'हाँ' में आज तक देने का साहस, मार्क्सवादियों के अतिरिक्त, अन्य बहुत कम लोगों को हुआ है। क्या यह सत्य नहीं है कि हमारे आपके लिए जो यह रंग-बिरंगा जगत् है, वह एक रंग-अन्ध मानव के लिए नहीं है? तब क्या उस बेचारे रंग-अन्ध जन का इन्द्रियों के द्वारा ग्रहीत यह जगत् अयथार्थ है? विकार किसमें है? उस रंग-अन्ध में, क्योंकि उसकी संख्या कम है? तब क्या हम बहुसंख्या के बल पर तत्त्व निरूपण करेंगे? क्या आश्चर्य कि विकार हम बहुसंख्यकों से ही हो? और क्या आश्यर्च कि यह सतरंगी जगत् वास्तव में रंग रहित, अरंगी हो? हम लोग उस मानव को, जो रंग नहीं देखता, रंग-अन्ध कहते हैं। पर, यदि वह हमें भ्रमान्ध कहे तो? मेरे कथन का केवल मात्र अर्थ यह है कि केवल इन्द्रिय संवेदन को ही यथार्थ का एक मात्र साक्षी मान लेना मुझे भ्रामक प्रतीत होता है। वह वास्तव में भ्रामक है।''

इससे यही साबित होता है कि नवीनजी के लिए अगोचर यथार्थ ही एक मात्र यथार्थ है। गोचर यथार्थ भ्रामक है; इसलिए वह यथार्थ की प्रतीति मात्र है, यथार्थ नहीं। इसलिए नवीनजी का यह वाक्य—''मैं नहीं कहता कि वह अयथार्थ है''—पाठक को दिलासा देने भर के लिए है। उनके लिए गोचर यथार्थ भ्रम मात्र है; वास्तविकता उससे परे है।

इन्द्रियों से जाना-पहचाना जगत् भ्रामक क्यों है? इसलिए कि ज्यादातर लोगों को वह रंग-बिरंगा दिखाई देता है लेकिन कुछ लोगों को वह रंगहीन भी लगता है।

एक ही इन्द्रिय से दो आदमियों को दो तरह का बोध हो तो—हाँ, तो किस पर सन्देह होना चाहिए? आँख पर या दुनिया पर? नवीनजी का तर्क है कि आँखों को भ्रम हो सकता है, इसलिए जो कुछ भी दिखे वह सभी भ्रम है, दुनिया ही भ्रम है।

यह कठिनाई उस वेदान्ती के सामने भी आई थी जो रस्सी में साँप और साँप में रस्सी का भ्रम होने पर इस नतीजे पर पहुँचा था कि दुनिया में न रस्सियाँ हैं, न साँप हैं; यही नहीं, रस्सी और साँप देखने वाली आँख (और मन) भी भ्रम है। न्याय दर्शन को मानने वाले ने यह मुश्किल बड़ी आसानी से हल कर दी थी। उसने कहा—छड़ी लेकर हिला दो, साँप होगा तो भागेगा, रस्सी होगी तो पड़ी रहेगी।

व्यवहार से ज्ञान और ज्ञान से व्यवहार—इन दोनों के सम्बन्ध को भारत के दार्शनिकों ने न जाने कितनी शताब्दियों पहले समझ लिया था। इसलिए मार्क्स का ज्ञान और व्यवहार वाला सूत्र हमारी समझ में जल्दी आना चाहिए, लेकिन नवीनजी जैसे कवि और विद्वान भारतीय दर्शन के उन सूत्रों को भूल जाते हैं जिनमें ज्ञात वस्तु का प्रमाण मनुष्य का व्यवहार माना गया है। ज्ञान के क्षेत्र से व्यवहार को निकाल कर नवीनजी जैसे विद्वान् मार्क्सवाद ही का विरोध नहीं करते, वे भारतीय दर्शन की क्रान्तिकारी परम्पराओं को भी ठुकराते हैं।

संसार को जानने-पहचानने की सम्भावना पर ही सन्देह करने वालों की युक्ति पर एंगेल्स कहते हैं, "इसका और इसी तरह की और दूसरी दार्शनिक फुलझड़ियों का जबरदस्त खण्डन है व्यवहार अर्थात् प्रयोग और उद्योग। किसी प्राकृतिक क्रम को खुद बनाकर उसके बारे में जब हम अपनी धारणा सही साबित कर सकते हैं, उसकी परिस्थितियों में उसे जन्म दे सकते हैं और घाते में उससे अपना काम भी निकाल सकते हैं, तब काष्ट की अबोधगम्य 'अपने में स्थित वस्तु' का अन्त हो जाता है। पौधों और पशुओं की देह में पैदा होने वाले रसायन ऐसे ही 'अपने में स्थित वस्तुएँ' थे जब तक कि ऑर्गैनिक केमिस्ट्री ने उन्हें एक के बाद एक बनाना शुरू न कर दिया था। तब 'अपने में स्थित वस्तु' हमारे लिए स्थित वस्तु बन गई। मिसाल के लिए मैडर का रंग-द्रव्य अलीज़रीन है, जिसे हम अब खेत में मैडर की जड़ों में उगाने नहीं जाते बल्कि बहुत ज्यादा सस्ती दर पर और आसानी से कोलतार से बना लेते हैं।"

कुछ लोगों को दुनिया बेरंग दिखाई देती है तो इसका यह मतलब नहीं कि सभी लोग अन्धे हो जाएँ या दुनिया के अस्तित्व से ही इनकार कर दें। जिन्हें दुनिया बेरंग दिखाई देती है, उनके अन्धेपन को दूर करने के लिए रसायन मौजूद है—मनुष्य के व्यवहार का दर्शन मार्क्सवाद। लेकिन व्यवहार एक ऐसी चीज है जो इन सज्जनों को फूटी आँखों नहीं सुहाता।

गोचर संसार को स्वप्न सिद्ध करने के लिए नवीनजी ने स्वप्न में गोचर संसार का भ्रम पैदा होने की बात कही है; लिखा है यदि इन्द्रिय संवेदन वास्तव में यथार्थ

का बोधक है, यदि वह वास्तव में हमें, जो भी वास्तविक जगत्-स्वरूप है, उसकी छायामात्र का बोध नहीं कराता है, तो स्वप्न-जगत् का क्या होगा? स्वप्न-जगत् की छायाएँ, जो हमारे मस्तिष्क पर अंकित हैं, स्वप्न में यथार्थ जगत् के रूप में आ जाती हैं। तब, क्या हम उस स्वप्न-विहार को भी यथार्थ मान लें? इन प्रश्नों का उत्तर पदार्थवादी दर्शन, जो इन्द्रिय-बोध को ही यथार्थ का मापक मानता है, आज तक देने में असमर्थ हुआ है, भविष्य में भी वह उनका उत्तर न दे सकेगा।

भले ही पदार्थवादी दर्शन इन प्रश्नों का उत्तर न दे सके, नवीनजी ने स्वप्न और यथार्थ के सम्बन्ध पर प्रकाश डाल ही दिया है। और वह इस वाक्य में—"स्वप्न जगत् की छायाएँ, जो हमारे मस्तिष्क पर अंकित हैं, स्वप्न में यथार्थ जगत् के रूप में आ जाती हैं।"

मस्तिष्क पर जो छायाएँ अंकित हैं, वे किसकी छाया हैं? किसी यथार्थ जगत् की ही छायाएँ होंगी; बिना जड़, शाखा, पत्ती वाले पेड़ की छाया तो हो नहीं सकतीं क्योंकि छाया देना ऐसे पेड़ का काम नहीं है। और इन छायाओं में किसका भ्रम होता है? यथार्थ जगत् का भ्रम होता है। लेकिन स्वप्न की छायाओं और यथार्थ जगत् का यह भेद नवीनजी को मालूम कैसे हुआ है? जाहिर है, व्यवहार से। स्वप्न में कितने भी लड्डू खाओ, भूख शान्त नहीं होती। व्यवहार इंसान को सिखा देता है कि यह लड्डू खाना भ्रम है। आँखें बन्द करके स्वप्न में देखा हुआ संसार सत्य है या आँख खोलकर देखा हुआ संसार सत्य है, इसका प्रमाण व्यवहार ही है। स्वप्न में लड्डू खाकर भूख शान्त न होने से यह साबित नहीं होता कि भूख भ्रम है, खाना खाकर जीवित रहना भ्रम है बल्कि व्यवहार द्वारा अपनी आवश्यकताएँ पूरी करके मनुष्य बहुत जल्दी यथार्थ और यथार्थ के भ्रम स्वप्न जगत् का भेद समझ लेता है।

इसलिए जो कुछ भी जिस किसी को भी जहाँ कहीं भी दिखाई दे जाए, मार्क्सवाद उस सभी को सत्य मानने के लिए तैयार नहीं है। कांग्रेस के नेताओं को दिखाई देता है कि आज़ाद होने के बाद देश दिन पर दिन उन्नति करता जा रहा है, हमने यह आजादी अहिंसावादी उपायों से पाई है, इसलिए हमारी आज़ादी के फल भी औरों की आजादी से मीठे हैं और पंचवर्षीय योजना पूरी होने पर रामराज्य में चार चाँद लग जाएँगे,—इस सब दिखने (या दिखाने) की कसौटी व्यवहार ही है। अपने देशवासियों के मुँह की तरफ देखो, स्वप्न और यथार्थ का भेद मालूम हो जाएगा।

स्वप्न की छायाओं को यथार्थ जगत् न मानने पर नवीनजी मार्क्सवादियों से रुष्ट हो जाते हैं। स्वप्न को छायाओं को, जो व्यवहार में असत्य साबित होती हैं, मनुष्य का अद्भुत अनुभव बतलाते हुए नवीनजी कहते हैं, "मानव-समाज के अब तक के अद्भुत अनुभव हमें यह बताते हैं कि इन्द्रियबोध के अतिरिक्त भी यथार्थ का अस्तित्व है। निःसन्देह पदार्थवादी दार्शनिक इस बात को नहीं मानेंगे। उनकी इस अस्वीकृति में अनुचित आग्रह का पुट है। वे सम्पूर्ण मानव समाज के अद्यावधि

अनुभवों से लाभ उठाना नहीं चाहते। उन्होंने अपने को अपनी मान्यता की, अपनी आग्रह की, सीमा में बाँध लिया है। उनके द्वार मुक्त नहीं हैं। इस कारण, उनकी विचारधारा अवैज्ञानिक है। एक सीमा तक प्रगतिवाद के घोड़े पर चढ़ कर वे जाते हैं; पर अन्ततोगत्वा उनके घोड़े का मुख निर्गतवाद और प्रतिक्रियावाद की ओर मुड़ जाता है। यह बात चिन्ताजनक है।''

इस चिन्ताजनक परिस्थिति से मार्क्सवाद की रक्षा करने के लिए नवीनजी उसके मार्ग में खड़े होकर उसे सावधान करते हैं—आगे प्रतिक्रियावाद है, इसलिए कहना मानो, पीछे लौट चलो। उनके हाथ में वही अतिरिक्तवादी झंडी है जिसे चारों तरफ हिलाकर वह कहते हैं, ''इन्द्रियबोध के अतिरिक्त भी यथार्थ का अस्तित्व है।'' अगर उसका अस्तित्व है तो आओ, व्यवहार में उसे परखें। लेकिन व्यवहार में जो अनुभव परखा जाएगा, वह इन्द्रियबोध से परे कैसे होगा? नवीनजी व्यवहार की कसौटी से दूर रहना चाहते हैं। उनकी इस अस्वीकृति में उचित आग्रह का पुट है, यह आपको मानना होगा। अनुचित आग्रह तो मार्क्सवादियों का है, जो अपनी मान्यता की सीमा में बँधे हुए हैं, यानी जो स्वप्न और यथार्थ में भेद करते हैं, जो अन्धे और आँख वाले के अनुभवों पर समान रूप से विश्वास नहीं करते।

''इन्द्रियबोध के अतिरिक्त भी यथार्थ का अस्तित्व है''—यह पढ़कर आप कल्पना करेंगे कि नवीनजी अब अतीन्द्रिय अनुभवों की चर्चा करने वाले हैं। एंगेल्स से एक और उद्धरण देकर और मार्क्सवाद पर, ''नितान्त-अनैतिहासिक, थोथी, निःसार और मानव समाज के संचित अनुभव के विपरीत'' मान्यता अपनाने का अपराध लगाकर नवीनजी जिस अतिरिक्त यथार्थ तक पहुँचते हैं, वह यह है : ''ठीक है, पर प्रश्न यह है कि उन बर्बर समाजों में जो टोने-टटके, यन्त्र-तन्त्र आदि के प्रयोग होते हैं उनका भी अध्ययन किया गया है? यदि नहीं तो क्यों नहीं? यदि हाँ, तो क्या कोई ऐसे अद्भुत दृग्विषय दीख पड़े हैं जिनका भाष्य वैज्ञानिक भौतिकवाद करने में हिचकता है? बर्बर समाज में जो भी पैठ पाए हैं उन्हें सहस्त्रों बार इस प्रकार के महदाश्चर्यपूर्ण दृग्विषयों से पाला पड़ा है।''

अद्भुत दृग्विषय! महदाश्चर्यपूर्ण दृग्विषय! लेकिन आखिर दृग्विषय ही! और जो दृग्विषय है, वह इन्द्रियबोध के अतिरिक्त यथार्थ कैसे है, यह समझना साधारण विवेक के बाहर है। जो दृग्विषय है वह इन्द्रियबोध का विषय भी है; फिर नवीनजी उसे अतिरिक्त यथार्थ कहकर वैज्ञानिक भौतिकवाद को क्यों ललकार रहे हैं?

नवीनजी के दृग्विषय व्यवहार जगत् के दृग्विषय नहीं हैं। वह स्वप्न जगत् के दृग्विषय की बात कह रहे हैं। बर्बर समाज के टोनों-टटकों से वह इस कदर प्रभावित हैं कि अर्द्धचेतन अवस्था के 'अनुभवों' को अतीन्द्रिय ही मान बैठते हैं।

मार्क्सवाद की मान्यता अनैतिहासिक है, थोथी है, निःसार है, मानव-समाज के संचित अनुभवों के विपरीत है, इसलिए वह टोनों-टटकों पर विश्वास नहीं करती,

उन्हें व्यवहार की कसौटी पर परख कर मिथ्या साबित कर देती है! इसलिए आज के यथार्थ से परेशान कवि कहता है—आओ, बर्बर युग की तरफ लौट चलो; तुम्हारा सारा विज्ञान प्रवंचना है; सत्य का दर्शन तो उन्होंने किया है जिनके सिर पर देवी आती है!

नवीनजी ने एक हठयोगी का जिक्र किया है जो पोटेशियम साइनाइड खाकर भाषण देता रहा। भारतीय दर्शन में हठयोग अतीन्द्रिय यथार्थ की श्रेणी में कब से आ गया? जहर खाकर जीते रहना तो दूर, यहाँ तो बाकायदा ऐसे विषभक्षकों का उत्पादन होता रहा है, जिनके संसर्ग मात्र से दूसरे के प्राण निकल जाएँ। आज तक विष-कन्याओं को किसी ने अतीन्द्रिय यथार्थ के लिए प्रमाण न माना था। यह महान् दर्शन-सामर्थ्य, यह गहर गम्भीर मौलिकता नवीनजी ही में है!

उनके दिए हुए प्रमाणों पर लोग हँसेंगे, इस सन्देह से नवीनजी पहले ही अपनी सफाई दे देते हैं। कहते हैं, "प्रगतिवादी भौतिक दर्शनशास्त्री अथवा उनके अनुयायी यह पढ़कर हँसेंगे। पर अनुचित आग्रहपूर्ण हँसी में वास्तविक घटना निमज्जित नहीं होगी। भौतिक प्रतिक्रिया को—मानव शरीर पर हलाहल विष की प्राणघातक प्रतिक्रिया को—जो अतिकमित कर दे, वह क्या है? आधिभौतिक या अभौतिक, अतः आध्यात्मिक?"

कहावत है, लोहे को लोहा ही काटता है। नवीनजी की युक्ति है कि जिससे लोहा कटेगा, वह अधिलोह या अलोह, इसलिए रूह ही होगा। एक और कहावत खास विष के ही बारे में है,—विषस्य विषमौषधम् ; नवीनजी का कहना है जो वस्तु विष की औषध हो, वह अधिविष या अविष, इसलिए विषयातीत ही होगी!

अन्त में पुनर्जन्म के आश्चर्यजनक उदाहरणों की दुहाई देते हैं। बालक-बालिकाओं द्वारा दूर के ग्राम-नगर के भूगोल बताने, विशिष्ट घरों कुटुम्बों का हाल और उनके जन्मों के नाम बताने का भी प्रमाण है। "इस देश में ऐसी एक नहीं सहस्रों घटनाएँ घटती रहती हैं।"

हाँ, इस देश में विशेष रूप से घटती रहती हैं। पहले वे दूसरे देशों में भी बहुतायत से घटा करती थीं (पुनर्जन्मवाद भारत ही में प्रचलित नहीं रहा)। सामाजिक विकास, वैज्ञानिक उन्नति और उद्योग-धन्धों की प्रगति के साथ उन देशों में ऐसी घटनाओं की संख्या शून्य तक पहुँच गई है इसके लिए वहाँ कोई मार्क्सवाद को दोष नहीं देता। नवीनजी कहते हैं—"इनको कपोलकल्पना कह कर टालना अवैज्ञानिक अथच प्रतिक्रियावादी मनोवृत्ति का परिचय देना है।"

सभी लोग जानते हैं कि इस तरह के मिथ्या विश्वासों का विरोध हिन्दुस्तान के सभी समाज-सुधारकों ने किया है। आज संकट में पड़े हुए कांग्रेसी रामराज के वकील उन तमाम सुधारकों की परम्पराएँ ठुकराकर टोने-टटके, यन्त्र-मन्त्र और बालक-बालिकाओं के चुटकलों से यथार्थ जगत् को मिथ्या साबित करना चाहते हैं।

ये उन लोगों की श्रेणी में हैं जिनके लिए बहुत पहले गोस्वामी तुलसीदास ने 'भजहिं भूत गन घोर' लिखा था।

भारत में व्यवहार से असिद्ध स्वप्नलोक की सीमाएँ बराबर संकुचित होती गई हैं। पुनर्जन्म की तो बात क्या, यहाँ तो चौरासी लाख योनियों का हिसाब-किताब रखा जाता था। और गाँव के ओझे-सयाने छिपकली-छछूँदर से लेकर मानव जन्म तक—अतीत और भविष्य का—सारा हिसाब-किताब बताने के लिए तैयार रहते थे। तैंतीस करोड़ देव-देवियों, असंख्य किन्नर, मुनि, गन्धर्व, अप्सराएँ, नरक के यमदूत, रौरव, कुम्भीपाक—ये सब 'अतिरिक्त यथार्थ' अब काल के गर्भ में विलीन हो गए हैं। इसके लिए दोष देना चाहिए मानव-समाज की समूची प्रगति को, न कि मार्क्सवाद को। नवीनजी आज के प्रचलित प्रगतिवाद के विरोधी नहीं हैं, वह मानवप्रगति के ही विरोधी हैं। आज मार्क्सवाद इतिहास को गति देने वाला क्रान्तिकारी दर्शन मानव-समाज की कायापलट कर रहा है, इसलिए नवीनजी को वह 'प्रतिगतिपूर्ण प्रतिक्रियावादी सिद्धान्त' मालूम होता है। मार्क्स के आगे नवीनजी का श्रद्धानत शीश बोल उठता है, "हमें दुख है कि ऋषि कार्ल मार्क्स और प्रकाण्ड विद्वान् शिरोमणि फ्रेडरिक एंगेल्स ने इस प्रकार की जड़तापूर्ण स्थापना को स्वीकृत करके अपने दर्शन तत्त्व को गतिशून्य एवं प्रतिक्रियावादी बना दिया है। इस प्रकार उन्होंने मानव-प्रगति को रोक दिया है।"

जड़तापूर्ण स्थापना किसकी है? मानव प्रगति किसके लिए बर्बर युग में सीमित रह गई है? आज के यथार्थ जीवन में गतिशून्य कौन है? टोनों-टटकों और यन्त्रों-मन्त्रों की दुहाई कौन दे रहा है? जनता के संघर्षों का विरोध कौन कर रहा है? जिसे करोड़ों जनता को संगठित करके दासता से मुक्ति की ओर ले जाने वाला दर्शन प्रतिक्रियावादी मालूम होता है, क्या वह उस रंग-अन्ध मनुष्य की तरह नहीं है जिसे सारा संसार बेरंग दिखाई देता है?

नवीनजी ने ऋषि मार्क्स की प्रशंसा में जो शब्द लिखे थे, उनका उतना ही मूल्य है जितना प्रतिक्रियावादी आदि उपाधियों का। वह मार्क्सवाद के आस-पास चक्कर लगाते हैं लेकिन नजदीक आने से डरते हैं, कहीं आँच न लग जाए। मार्क्सवाद के लिए सत्य की कसौटी व्यवहार है, मनुष्य का कर्म है। दूसरों की मेहनत पर ऐश करने वाले वर्गों को व्यवहार से सत्य को परखने वाला सिद्धान्त जरा भी नहीं भाता। वे अपने गुलामों को व्यवहार जगत् से मोड़कर टोने-टटकों, जन्त्रों-मन्त्रों की दुनिया में फँसाना चाहते हैं। जब वे सफल नहीं होते तब उनके वकील कहते हैं—हिन्दी के नए-पुराने साहित्यकारों को बुद्धिभ्रम हो गया है, साहित्यालोचन प्रणाली ने भोले-भाले लोगों में गड़बड़ी पैदा कर दी है। वे साहित्यकारों को दिशा सुझाने के लिए आगे बढ़ते हैं लेकिन आँखों से जो सूझे, उसे प्रमाण मानने, व्यवहार से उसे परखने में विश्वास नहीं करते।

जब गीदड़ की मौत आती है तब वह गाँव की तरफ भागता है। जब शोषक वर्गों की मौत नजदीक आती है तब वे मार्क्सवाद को कोसने लगते हैं। यह परिस्थिति चिन्ताजनक है।

(3)

जब जड़ ही गलत होगी, तब पल्लव और शाखाएँ कहाँ से दुरुस्त होंगे! जब मार्क्सवाद की विश्व-सम्बन्धी मूल धारणाएँ ही गलत हैं तब उन धारणाओं के आधार पर रचा हुआ सौन्दर्यशास्त्र कैसे दुरुस्त होगा।

नवीनजी कहते हैं कि "इस दर्शन सिद्धान्त पर जो भी साहित्य-कला-सौन्दर्यशास्त्र आधारित होगा, वह पूर्ण रूप से ग्राह्य नहीं हो सकता। इस प्रकार का शास्त्र, उस अंश तक जिस तक वह अपने को पदार्थवादी दर्शन का अनुगामी बना लेता है, मानव प्रगति को रोकने वाला, अतः मानवोन्नतिबाधक, गति-अवरोधक, अचल तथा प्रतिक्रियावादी सिद्ध होगा। इस प्रकार के साहित्य-कला-सौन्दर्यशास्त्र में केवल उसी सीमा तक गति होगी जिस सीमा तक वह जीवन के तथ्य को स्पर्श, विकसित और प्रस्फुटित करेगा। किन्तु जिस समय वह शास्त्र जीवन के तथ्य को केवल भौतिकता में बाँधने का दुराग्रह करने लगेगा, उसी समय वह विचार-विकास-विरोधी के रूप में प्रकट हो जाएगा। हिन्दी के आलोचना-इतिहास में इसी प्रकार की प्रवणता, इसी प्रकार के झुकाव का आविर्भाव हो गया है। यह खेद की बात है।"

मतलब यह है कि अभौतिक सौन्दर्य पर शास्त्र लिखा जाए तो ठीक, भौतिक जीवन में सौन्दर्य दिखाई दे तो बेठीक। यदि किसी वस्तु में सौन्दर्य होगा तो दृग्विषय हो जाएगा। इसलिए सौन्दर्य होना चाहिए ऐसा जो किसी वस्तु में न हो। कवि अपनी कविता में किसी की सुन्दरता का वर्णन तो करे लेकिन वह सुन्दर आपका दृग्विषय न हो, वह अतिरिक्त यथार्थ हो, या स्वप्नजगत् की छायाओं का सौन्दर्य हो। नवीन जी के अनुसार जीवन का तथ्य भौतिकता से परे है, इसलिए उनका सौन्दर्य भी अभौतिक यानी रंगरूपहीन है। वह रंग-अन्ध मनुष्यों वाला सौन्दर्य है!

नवीनजी ने "हल! हल! हल! चलाओ हल!!" नाम की कविता उद्धृत करके किसी प्रगतिशील आलोचक की कल्पित प्रशंसा लिखी है। फिर "एक बिन्दु इन्दुमथित सिन्धुलहर छोड़ चली" आदि दूसरी कविता उद्धृत करके उसी आलोचक द्वारा उसकी कल्पित निन्दा लिखी है। उसके बाद परिणाम यह निकाला है, "इस प्रकार की आलोचना वृत्ति हिन्दी में चल रही है। मेरा केवल इतना निवेदन है कि इस प्रकार के आग्रह से हिन्दी में इन लोगों की मनचाही प्रगतिशीलता का आविर्भाव नहीं होगा। प्रगतिवादी बन्धुओं की प्रगतिशीलता, जैसा मैं कह चुका हूँ, वास्तव में प्रतिगामिता है। इस प्रकार के जड़वाद को हिन्दी संसार नहीं अपनाएगा। मानव को

उन्नत, बन्धन-मुक्त करना, मानव समाज को भेड़ियों के समाज से भिन्न स्थिति प्रदान करना, यह सबका लक्ष्य है। पर, यदि कोई यह कहे कि राग, द्वेष, घृणा और हिंसा वृत्ति को उभारने से ही उस प्रकार के समतावादी समाज का निर्माण हो सकेगा, तो मेरा निवेदन है कि ऐसी मान्यता ऐतिहासिक और वर्तमान मानव समाज के घटना-क्रम के विरुद्ध है।"

अच्छा, यथार्थ में भेड़ियों का समाज भी है! हम तो समझते थे कि भेड़ और भेड़िये का भेद ही भ्रम है लेकिन यहाँ पर नवीनजी अगोचरलोक से हमारे गोचर संसार के इतने नजदीक आ जाते हैं कि मानव-समाज को भेड़ियों के समाज से भिन्न स्थिति प्रदान करना अपना लक्ष्य भी घोषित करते हैं। भेड़िया होता है हिंसावादी। लेकिन न अपनी समूची भूमिका में और न 'क्वासि' की कविताओं में नवीन जी ने कहीं मनुष्य को भेड़ियों से सावधान किया है। उन्हें हिंसा का डर भेड़ियों से नहीं, उनसे है जो भेड़ियों से अनुराग और भ्रातृप्रेम का व्यवहार न करके उनके प्रति रागद्वेष और घृणा प्रकट करते हैं। भेड़ियों से घृणा! इससे अधिक आश्चर्य की बात क्या होगी? यह घृणा नितान्त अनैतिहासिक और सामाजिक प्रगति के विरुद्ध है! यह जड़वाद है! हिन्दी साहित्य इसे कभी नहीं अपनाएगा!

फिर इंसानी भेष में छिपे हुए भेड़ियों का अपना साहित्य हो, जनसाधारण का दूसरा हो, यह भेद नवीनजी को कैसे सह्य हो सकता है? इसलिए वर्ग युक्त समाज में साहित्य वर्गों से परे नहीं होता, बल्कि उसका वर्ग-आधार होता है, इस मार्क्सवादी सिद्धान्त की अनैतिहासिकता वह सिद्ध करते हैं। मार्क्स, एंगेल्स और लेनिन का हवाला देने के बाद नवीनजी कहते हैं, "जो धारणाएँ, जो सैद्धान्तिक मान्यताएँ मार्क्स, एंगेल्स और लेनिन की हैं, उनके अनुसार तो यही निष्कर्ष निकलेगा जो महामानव लेनिन ने निकाला है। परन्तु जो बात विचारणीय है वह यह कि क्या उनकी वे मान्यताएँ ऐतिहसिक रूप से सत्य हैं?"

मार्क्स और लेनिन का द्वन्द्वात्मक भौतिकवाद भी गलत है, उनका ऐतिहासिक भौतिकवाद भी गलत है। प्रमाणरूप में भारत का साहित्य है।

नवीनजी मार्क्स, एंगेल्स और लेनिन के इतिहास ज्ञान का खण्डन करते हुए कहते हैं, "भारतीय साहित्य की ओर दृक्पात कीजिए और देखिए कि क्या मार्क्स-एंगेल्स-लेनिन की बात ठीक है? उनका यह कथन कि श्रेणीबद्ध समाज में साहित्य कला तथा अन्य कलाएँ श्रेणी विशेष के हितों को प्रतिबिम्बित करती हैं, भारतीय दर्शन-साहित्य, उपनिषद् साहित्य, आदि काव्य साहित्य पर घटित होता है? भारतीय दर्शनों का साहित्य किस श्रेणी के हित को दरसाता है? क्या ब्राह्मण श्रेणी के? कदापि नहीं। ईश, केन, कठ, आदि उपनिषद् ग्रन्थों का साहित्य किस श्रेणी के हित का प्रतिबिम्बिक या समर्थक है? रामायण क्या क्षत्रिय श्रेणी-हितों का उन्नायक ग्रन्थ है? जिसका मस्तिष्क यथास्थान है, वह तुरन्त देख लेगा कि मार्क्स,

एंगेल्स, लेनिन का वह पक्षावलम्बी सिद्धान्त भारतीय साहित्य की इन धाराओं पर लागू नहीं होता।"

नवीनजी के लिए वर्ग क्या है? उनके लिए वर्ग वर्ण का पर्यायवाची हो गया है। इसलिए अगर एक ब्राह्मण दूसरे ब्राह्मण को रुपया उधार देकर ब्याज खाता है तो दोनों एक ही वर्ग के हुए! एक क्षत्रिय राजा एक क्षत्रिय किसान से फसल का चौथा हिस्सा ले तो दोनों एक ही वर्ग के हुए! नहीं, नहीं, सतयुग में क्षत्रिय न तो हल जोतते थे, न ब्राह्मण सूद खाते थे। लेकिन सतयुग में ब्राह्मण क्षत्रिय थे कहाँ?

नवीनजी के मन में यह प्रश्न क्यों उठा कि रामायण क्षत्रिय श्रेणी के हितों का उन्नायक ग्रन्थ समझा जा सकता है? शायद इसलिए कि उसका नायक क्षत्रिय है। इस न्याय से बंगाल के ईसाई कवि माइकेल मधुसूदन दत्त का 'मेघनादवध' राक्षस वंश का उन्नायक ग्रन्थ भी समझा जा सकता है!

नवीनजी ने जिस तरह मार्क्स के द्वन्द्वात्मक भौतिकवाद से व्यावहारिकता निकालकर उसे जो कुछ जिसे दीखे, उसका समर्थन मान लिया था, उसी तरह उन्होंने मार्क्स के ऐतिहासिक भौतिकवाद से उत्पादन-सम्बन्ध निकालकर उसे वर्णवाद का समर्थक बना दिया है! फिर मानों मार्क्सवाद भारत के दर्शन और महाकाव्यों को ब्राह्मण और क्षत्रिय नाम के दो वर्गों का प्रतिनिधि मानता हो, वह उसकी इस घोर अबोधता पर आक्रमण करके कहते हैं—देखो, यह है मार्क्सवादियों का सौन्दर्यशास्त्र!

अगर दर्शन और महाकाव्य रचने के समय भारत के लोग खाते-पीते, कपड़े पहनते और घरों में रहते भी थे तो इसके लिए वे जरूरी चीजें पैदा भी करते होंगे। इन चीजों को पैदा करने में उन्होंने काम का बँटवारा भी किया होगा। इस बँटवारे के हिसाब से उनमें आपस के कुछ उत्पादन-सम्बन्ध भी रहे होंगे। हमारे इतिहास में उस सामन्ती व्यवस्था के प्रचुर प्रमाण हैं जिसमें उत्पादन का काम अर्द्धदास करते थे या ऐसे मुक्त मानव करते थे जो पैदावार को पूरी तरह अपनी सम्पत्ति न कह सकते थे। इस व्यवस्था का प्रमाण कौटिल्य के अर्थशास्त्र आदि ग्रन्थों में मिलेगा।

नवीनजी यह बतलाएँ कि वह भारत के किस दर्शन की बात कह रहे हैं? भारतीय दर्शन की किस धारा, किस प्रवृत्ति की वह बात कर रहे हैं? नवीनजी भले ही यह कह कर अपने मन को तसल्ली दे लें कि भारतीय संस्कृति के माने गाँधी, विनोबा, कबीर, तुलसी, सूर, ज्ञानदेव, तुकाराम हैं लेकिन वह अच्छी तरह जानते हैं कि ये सभी सन्त क्वासिवादी नहीं हैं।

मार्क्सवाद वर्गों की भूमिका को भी ऐतिहासिक विकास के सन्दर्भ में देखता है। एक समय आदिम समाजव्यस्था के मुकाबले में सामन्ती समाज ने मनुष्य के विकास में क्रान्तिकारी परिवर्तन किए। इसलिए कोई दर्शन या काव्य सामन्तों का समर्थक होने से ही मार्क्सवाद के लिए निन्दनीय नहीं हो जाता। देखना यह चाहिए कि मानव संस्कृति के विकास में किस वर्ग की किसी युग-विशेष में कौन-सी भूमिका

रही है। मार्क्सवाद इन वर्गों की रची हुई संस्कृति को आँख मूँदकर ठुकराता नहीं है, न हवा में नयी मानव संस्कृति की रचना करता है। वर्गयुक्त समाज में वर्ग-आधार पर जितना भी ज्ञान मनुष्य ने अर्जित किया है, मार्क्सवाद उसका मूल्यांकन करके उसे विकसित करता है।

मार्क्सवाद की यह भी मान्यता है कि वर्गयुक्त समाज में दो तरह की संस्कृति होती है, एक मेहनत करने वाली जनता की, दूसरी उससे लाभ उठाने वालों की। इसलिए सामन्ती समाज में रचा हुआ सभी साहित्य सामन्ती वर्ग के हितों का प्रतिनिधि नहीं होता।

समाज के वर्ग एक ही व्यवस्था के अन्दर काम करते हैं, इसलिए परस्पर दूसरे के सम्पर्क में आकर परस्पर प्रभाव भी डालते हैं। जनता का पक्ष लेने वाले कवियों में भी बहुधा उन विचारों की झलक मिलती है जो सामन्तों के लिए हितकर होते हैं। इससे साहित्य में वर्ग सिद्धान्त की निरर्थकता साबित नहीं होती। साबित होती है संस्कृति के क्षेत्र में वर्ग-आधार की पेचीदगी जो सीधे दो-दूनी चार रूप में प्रकट न होकर संश्लिष्ट रूप में प्रकट होती है इसका कारण यह है कि उत्पादन-व्यवस्था के आधार पर एक बार सांस्कृतिक रूपों का निर्माण हो जाने के बाद मनुष्य जल्दी उन्हें छोड़ता नहीं है बल्कि पुराने रूपों में नए तत्त्व डालने की कोशिश करता है। मार्क्सवाद संस्कृति का विश्लेषण करके बतलाता है कि उसका क्षेत्र सापेक्ष दृष्टि से स्वतन्त्र होता है। संस्कृति और उत्पादन-सम्बन्धों में ईंट और गारे का सम्बन्ध न होकर उनके बीच अक्सर फासला भी रहता है।

संस्कृति में मार्क्स के वर्ग-सिद्धान्त को लागू करते हुए अगर कोई पूछता है कि रामायण क्या क्षत्रिय-श्रेणी हितों का उन्नायक है तो इसमें मार्क्सवाद का दोष नहीं है, यह उस विचित्रवीर वाली बुद्धि का दोष है जो हवाई-चक्कियों को दैत्य मानकर उन पर हमला कर बैठा था।

भारत के वर्गयुक्त समाज ने ही उस दर्शन को जन्म दिया था जो व्यवहार को सत्य की कसौटी मानता था। उसने भारत के उस अद्भुत तर्कशास्त्र को जन्म दिया था जो विश्व संस्कृति को भारत की महत्त्वपूर्ण देन है। उसने दशमलव का आविष्कार किया था और ज्योतिष तथा रसायन में महत्त्वपूर्ण बातों का पता लगाया था। उत्पादन में युगान्तरकारी विकास करके उसने स्थापत्य और शिल्पकला में अद्भुत उन्नति की थी।

सामन्ती व्यवस्था में भारत के स्थापत्य, शिल्प आदि ने उन्नति की। इसी व्यवस्था में शूद्रों को अपवित्र, ब्राह्मणों को देवता-रूप, राजा को ईश्वर-अंश, नरक का भय, वर्णव्यवस्था की रक्षा के लिए स्मृति ग्रन्थों, भाग्यवाद आदि की संस्कृति भी रची गई।

वर्ग-युक्त समाज ने हमारे देश में ऐसे मनीषी भी पैदा किए जो भाग्य के

मुकाबले में मनुष्य का पक्ष लेते थे–

"दैवसंपादितो दोषो मानुषेण मयाजितः", जो शास्त्रों में लिखे हुए धर्म की परवाह न करके घोषित करते थे, "न मानुषात् श्रेष्ठतरं हि किंचित्" जिन्होंने ज्ञान और प्रेम के लिए विशेषाधिकार की दीवालें तोड़कर कहा था–

"ये मानवाः पापकृतास्तु सर्वदा
सदा दुराचार रता विमार्गगाः।
क्रोधाग्निदग्धाः कुटिलाश्च कामिनः
सप्ताहयज्ञेन कलौ पुनन्ति ये।"

भारतीय साहित्य में विचारधारा का संघर्ष छिपा नहीं है। यह संघर्ष भौतिक जीवन के संघर्ष को ही प्रतिबिम्बित करता है। नवीनजी के लिए वे साहित्यकार जो संसार को असत्य मानते हैं और वे जो इसी संसार में अपना जीवन सुखी बनाने को कहते हैं, वे जो समाज के अधिकारी वर्गों का हित करने वाली व्यवस्था की हिमायत करते हैं और वे जो अधिकारी वर्गों का पक्ष लेते हैं, वे जो भाग्यवादी हैं, नरक का भय दिखाते हैं, शिक्षा संस्कृति को अपना इजारा समझते हैं और वे जो भाग्य को चुनौती देते हैं, स्वर्ग-नरक मनुष्य के मन ही में मानते हैं, जो शिक्षा और संस्कृति पर जनसाधारण का हक मानते हैं नवीनजी के लिए ये दोनों तरह के विचारक और साहित्यकार क्वासिवादी हैं, दोनों ही वर्ग-हितों से परे हैं, दोनों ही समाज में रहते हुए जल में कमलपत्र की तरह उत्पादन सम्बन्धों से मुक्त हैं।

इस बात से सन्तुष्ट होकर कि दर्शन और काव्य में वर्गहित की बात असिद्ध हो गई है, नवीनजी कहते हैं, "और चलिए। अजन्ता के गुहाचित्र किस श्रेणी के हित प्रतिबिम्बक हैं? यों मारूँ तीर, लगे तो तीर, नहीं तो तुक्का है ही–इस प्रकार से काम नहीं चलेगा। मैं यह मान लेता हूँ कि कुछ देशों में, कुछ काल में, साहित्य और कला श्रेणी हित प्रतिबिम्बिक बनकर रह गए हों। पर, यूरोप के चार-छः छोटे मोटे देशों में प्रवाहित तत्कालीन धारा को शाश्वत सैद्धान्तिक सत्य का स्वरूप दे देना भूल है।"

मानो अजन्ता की चित्रकारी भारत के लिए अनोखी हो, दूसरे देशों में इस तरह की 'वर्गों से परे' कला का जन्म ही न हुआ हो। अजन्ता में जो सौन्दर्य-प्रियता दिखाई देती है, उस सौन्दर्य से मनुष्य में जो संस्कार उत्पन्न होते और पुष्ट होते हैं, वे उस वर्ग के हैं जो अवकाशभोगी हैं, जो ऋग्वेद के ऋषि की तरह श्रम को इन्द्र का सखा नहीं मानता, जिसके लिए सौन्दर्य श्रम में नहीं है बल्कि जीवन को दूर से देखने में है, दूसरों के परिश्रम का फल चखने में है, जिसके लिए नारी सबसे पहले भोग की वस्तु है और जिसने कालिदास के विरही यक्ष की लगन को–एक नारीव्रत को–अभी पहचाना नहीं है।

अजन्ता के चित्र हमारी सांस्कृतिक विरासत का बहुमूल्य अंश हैं। जो लोग प्राचीन संस्कृति को देवमूर्ति बनाकर उसकी पूजा करते हैं, उनके लिए वह संस्कृति वर्ग ही नहीं देशकाल से भी परे हो तो क्या आश्चर्य! उस पर अभिमान करते हुए उसे विकसित करना हो तो उसके चित्रकौशल से शिक्षा लेकर आज की कला में श्रम के महत्त्व, नारी के सौन्दर्य के साथ उसके व्यक्तित्व की प्रतिष्ठा भी करनी होगी। यह नई कला जनसाधारण के हितों को, उसके भावों-विचारों को प्रतिबिम्बित करेगी।

नवीनजी पक्षावलम्बी साहित्य के विरोधी नहीं हैं, उसके निर्माण में विशेष सावधानी बरतनी चाहिए, यह बात भी वह एक पैराग्राफ में बता देते हैं। जो भारतीय संस्कृति वर्गों का पक्षपात करने से परे हो, उसके समर्थक नवीनजी पक्षावलम्बी साहित्य का समर्थन करें, इसके लिए हमें उनका कृतज्ञ होना चाहिए। रही सावधानी की बात, सो वह अत्यन्त आवश्यक है वर्ना रामायण में क्षत्रिय नायक देखकर हम पूछ बैठेंगे कि यह ग्रन्थ क्या क्षत्रिय श्रेणी का उन्नायक है।

नवीनजी मार्क्सवाद के एक सिद्धान्त को बिना किसी शर्त के स्वीकार करते हैं, वह है किसी देश या जाति के गुण विशेष का सिद्धान्त। वह कहते हैं, "किसी देश के साहित्य की आलोचना उस देश के गुणविशेष की ओर दृक्पात किए बिना की ही नहीं जा सकती।" और भारत की विशेषता है, क्वासिवाद अर्थात् निर्गुणवाद। इस तरह नवीनजी ने सगुण मार्क्सवाद से अपने निर्गुण क्वासिवाद को सिद्ध कर दिया।

अपने समर्थन में नवीनजी ने स्तालिन से एक उद्धरण भी दिया है जिसमें भारतीय संस्कृति का अपना एक गुण है, यह बात आप मान लें। नवीनजी पाठक के सामने यह प्रश्न रखते हैं कि दृग्विषय क्या है, वह कौन सा तत्त्व है, जो इस विभिन्न प्रदेश वाले राष्ट्र में एक राष्ट्रीयता का द्योतक है। संक्षेप में उत्तर है, आत्म-दर्शन, सत्वरण, बन्धनमोक्ष—यही इस देश की विशेषता है।

बन्धनमोक्ष राष्ट्रीयता का द्योतक है। मानों बन्धनमोक्ष की भावना भारत ही में पाई जाती है, सामन्ती समाज के लाखों पश्चिमी उपासक उसके लिए दीवाने न रहे हों। भारत की यह विचित्र राष्ट्रीयता है जो भारत में जन्म लेने को ही बन्धन समझती है और जितनी जल्दी हो सके, भारत की धरती छोड़कर मुक्त हो जाने की सलाह देती है। नवीनजी चाहते हैं कि आज के साहित्यकार भी उसी राष्ट्रीयता को भजें।

आगे चलकर नवीनजी इस प्रश्न का जवाब देते हैं कि सारे संसार में यह मोक्षकामना मिलती है, तब भारत की विशेषता क्या है। विशेषता यह है कि "हमारा मानस, हमारा इतिहास, हमारी संस्कृति, हमारे वैदिक जैन बौद्ध विचार, सब कुछ अन्तर्मुखी एवं अन्तर्दर्शन के अभ्यासी हैं।"

नवीनजी ने प्रमाण में सिर्फ कठोपनिषद् से कुछ पंक्तियाँ उद्धृत करके समूचे भारतीय साहित्य को अन्तर्मुखी साबित कर दिया है। भारतीय साहित्य अन्तर्मुखी है,

भारत की जनता स्वभाव से ही अध्यात्मवादी है, वह भौतिक जीवन को मिथ्या मानती है आदि धारणाएँ किसकी फैलाई हुई हैं? ये धारणाएँ उन लोगों ने फैलाई हैं जो भारतीय जनता के भौतिक जीवन से लाभ उठाते थे, जो हमारी जनता के कठोर परिश्रम का फल लूटकर उसे अकाल और महामारी के हवाले करते रहे हैं। नवीनजी ने भारत की जो राष्ट्रीयता खोज निकाली है, उसके सबसे अधिक समर्थक ब्रिटिश साम्राज्यवादियों ही में रहे हैं। नवीनजी ऊपर से भारतीय संस्कृति की चाहे जितनी दुहाई दें, उनका अन्तर्मुखी दृष्टिकोण है पश्चिमी मनोविज्ञान की ही देन। इस तरह के अध्यात्मवादियों की विलायती संस्कृति का पर्दाफ़ाश करते हुए आचार्य रामचन्द्र शुक्ल ने बिलकुल ठीक लिखा था, ''यूरोप ने कहा—'भारतवासी बड़े आध्यात्मिक होते हैं; उन्हें भौतिक सुख-समृद्धि की परवा नहीं होती।' बस, दिखा चले अपनी आध्यात्मिकता; यह हमारी चित्रविद्या की आध्यात्मिकता, यह देखिए हमारी मूर्तिकला की आध्यात्मिकता।''

नवीनजी ऐसे ही अध्यात्मवादी हैं जो पश्चिम के अन्तर्मुखी मनोविज्ञान के समताल पर भारतीय संस्कृति की व्याख्या करते हैं।

शुक्लजी के अनुसार, ''भारत में कविता इस गोचर अभिव्यक्ति को लेकर ही बराबर चलती है और यही अभिव्यक्ति उसकी प्रकृत भूमि है।''

और भी—''मनोमय कोश ही प्रकृत काव्य भूमि है, यही हमारा पक्ष है।''

शुक्लजी के लिए ''अभिव्यक्ति के क्षेत्र में स्थिर सौन्दर्य और स्थिर मंगल कहीं नहीं; पर सौन्दर्य की गति भी नित्य और अनन्त है और मंगल की भी। गति की यही नित्यता जगत् की नित्यता है।''

ये वाक्य किसी जड़वादी विचारक मार्क्स या लेनिन के अनुयायी ने नहीं लिखे। ये वाक्य परम आस्तिक आचार्य रामचन्द्र शुक्ल ने लिखे हैं। मानना होगा कि जगत् की नित्यता से उन्होंने जो साहित्य का सम्बन्ध जोड़ा है, वह निहायत बुद्धिभ्रम फैलाने वाला है और क्वासि की टेर में खलल डालने वाला है। इसलिए हम यही मानेंगे कि हमारी चित्रविद्या भी आध्यात्मिक है, हमारी मूर्तिकला भी आध्यात्मिक है और दर्शनशास्त्र पर तो आध्यात्मिकता का इजारा है ही। जो यह न माने वह भारतीय संस्कृति का शत्रु है।

(4)

मार्क्स और लेनिन के साहित्य-सम्बन्धी सिद्धान्तों में से वर्ग सिद्धान्त को असिद्ध करके नवीनजी ने साहित्य स्रष्टा के लिए दस गुण जरूरी बतलाए हैं। व्यवहार की कसौटी पर परखें तो मानना होगा कि इन गुणों का जितना सुन्दर प्रतिनिधित्व कवि नवीनजी ने किया है उतना अन्यत्र दुर्लभ है।

साहित्य स्रष्टा में पहला गुण होना चाहिए, स्वाध्याय। नवीनजी की भूमिका

इसका प्रमाण है। उन्होंने इस स्वाध्याय-निरत निबन्ध में न सिर्फ द्वन्द्वात्मक और ऐतिहासिक भौतिकवाद की जड़ता और अनैतिहासिकता प्रमाणित कर दी है बल्कि समूचे भारतीय साहित्य में—"हमारे वैदिक जैन बौद्ध विचार" में—बिना किसी ईर्ष्या-द्वेष या भेदभाव से काम लिए क्वासि की टेर सुन ली है। इसके साथ ही टोनों-टटकों, यन्त्रों-मन्त्रों के संसार में उन्होंने जो नया जीवन डाल दिया है, वह नवीनजी के स्वाध्याय का प्रतीक तो है ही, भारतीय संस्कृति के विकास में नया अध्याय भी है।

साहित्य स्रष्टा में दूसरा गुण होना चाहिए—कल्पनाशक्ति। देखिए, कल्पनाशक्ति के बल पर नवीनजी किस तरह संसार का भ्रम-जाल दूर करते हैं। कहते है—

"पियमय तिय, तियमय पिय हों जब तब हों सम्भ्रम दूर रे,
दूर करो पथ के अन्तर की यह अटपट जंजाल, रे।"

पिय और तिय का भेद करना भौतिकवादी विषय है। नवीनजी के लिए पिय और तिय का भेद भ्रम ही नहीं है सम्भ्रम है। उसे तो अवश्य दूर कर देना चाहिए।

और भी—

"जग नया लग रहा; पर तुम तो लगती हो बहुत पुरानी सी।"

जगत् तो भ्रम है और पुराना भ्रम है, फिर भी नवीनजी को वह नया लगता है और सम्बोधित देवी पुरानी सी लगती हैं क्योंकि वह जगत् की तरह भ्रम नहीं है।

स्नेह और तेल का सम्बन्ध पुराना है। एक नया कल्पनाशील रूपक देखिए, "मेरा स्नेह, तैल बन जाता, औ' बहता बन पानी-पानी"। और कवियों ने तो स्नेह का प्रयोग दो अर्थों में किया था; नवीनजी ने स्नेह को तेल बनाकर फिर उसे पानी पानी कर दिया है। लेकिन दूसरी जगह कहते हैं—

"रस-सार कंठ का सूख चला,
सर ज्यों अवृष्टि के संकट में।"

अभी तक अर्थ-संकट, अन्न-संकट, आदि की बात सुनी थी लेकिन नवीनजी ने अवृष्टि के संकट की कल्पना करके अनर्थ-संकट, अधर्म-संकट, निरन्न-संकट आदि के लिए रास्ता साफ कर दिया है। यह सब कल्पना-शक्ति का चमत्कार है।

एक संकट और है—

"फिर कब तुम आओगे सन्मुख, ओ जीवन-नट?
मेटो, हे मेटो, यह विकट यवनिका-संकट!"

यवनिका-संकट के कारण जीवन-नट दर्शन नहीं देते। यह संकट दूर हो जाय—यानी यवनिकाओं की कमी न रहे—तो जीवन-नट तुरन्त प्रकट हो जाए। किसी ने कहा भी तो है—"करुणामय को भाता है, तम के पर्दे में आना।"

साहित्य स्रष्टा का तीसरा गुण है—शब्द सामर्थ्य। सब सामर्थ्यों के मुकाबले में यह सामर्थ्य नवीनजी में सबसे अधिक है। कहीं तो उनकी वाणी संस्कृत गर्भित होकर मेघमन्द्रस्वर सी क्वणित हो उठती है, यथा—

"स्वनित लयमय, ताल-झंकृत, क्यों न
अभिनव स्वन उठें खिल?
आज लहरें तब अमर स्वर मृत्यु—
तैर्यंत्रिक क्वणन में!"

ताल से स्वनों का झंकृत होना खूब है। और स्वनित लयमय स्वनों का खिल उठना कमाल है। स्वनित स्वन की तरह उनके गद्य में—"यह परम श्लाघ्य, चरम उन्नति-प्रेरणादायिनी, नरनारायणकारिणी प्रेरणा प्रतिबिम्बित होती है तो..."। प्रेरणा को परमश्लाघ्य कहने पर भी उसकी प्रशंसा में इससे अधिक क्या कहा जाए कि वह प्रेरणादायिनी है। इसी तरह गद्य-दायक गद्य पद्य-दायक पद्य और साहित्य-दायक साहित्य रचा जा सकता है।

कहीं पर मुहावरों का चमत्कारी प्रयोग देखते ही बनना है :

"मत छिड़को लवण, सजन हैं मेरे गात जले!"

इसे कहते हैं जले पर नमक छिड़कना। उर्दू कवि जिसे रोजमर्रा कहते हैं, उसकी बहार देखते ही बनती है—

"मेरी और तुम्हारी तो है, युग-युग की यारी सी।"

और अंग्रेजी वाले जिसे ओनोमैटोपिया कहते हैं, उसकी अनुपम मिसाल यह है—

"किर-किर-किर, चिवँ-चिवँ-चिवँ, बोल रहे शैल विहग।"

जहाँ-तहाँ ग्राम गीतों ने रस का स्रोत प्रवाहित कर दिया है—

"हमरे बालम कौं कोउ न जगइयो, कोउ जनि गइयो मलार, रे,
कँगनन की खनखन जनि करियो, ना पायल झनकार रे।"

मलार गाकर बालम को जगाना संगीत शास्त्र में भी इजाफा है।

साहित्यस्रष्टा में चौथा गुण होना चाहिए, मानव-स्वभाव-अध्ययन। पहले

गलती करना, फिर पछताना यह मनुष्य मात्र का धर्म है। नवीनजी कहते हैं–

"क्यों न अव्यभिचार की चिर रीति जीवन में निबाही?
क्यों तड़प कर, एक क्षण को, शृंखला टूटी वृथा ही?"

अब पछताए होत क्या जब चिड़िया चुग गईं खेत? सारा दोष पछताने वाले का भी नहीं है–

"तुमने देखा था यूँ, गोया, कुछ बहुत पुरानी यारी थी।"

इस तरह देखना भी तो मानव समाज के कुछ सदस्यों का विशेषाधिकार है।

पाँचवाँ गुण है–यथातथ्यग्राह (Grip on fundamentals)। जैसे ग्राह ने गज का पैर पकड़ा था कि बेचारा फन्दे से तब तक न निकल पाया जब तक भगवान ही मदद करने के लिए न दौड़े। नवीनजी भी फण्डामेण्टल्स के ग्रहण करने में विश्वास करते हैं, यथा–

"चरण चुम्बन दान में अब मान कैसा? प्राण मेरे,
झिझक कैसी? खीझ क्यों? यह विरति क्यों? अभिमान मेरे।"

कारण स्पष्ट है। प्राण और अभिमान अपने फण्डामेण्टल्स को कवि के ग्रिप में नहीं आने देना चाहते। और भी,–

"आज वक्ष, माथे, कटि, उर पर है
  चीनांशुक तरल लाजमय,
नेह सफल तब जान सलोनी
  जब हो जाए इस पट का लय।"

यह भी निपट यथातथ्यग्राह की ही बात है।

छठा गुण कला-सौष्ठव है। सौष्ठव ऊपर की सभी मिसालों में है। सातवाँ गुण है स्थिति-सृजन-शक्ति। स्थिति क्या परिस्थिति ऐसी पैदा की जा सकती है कि संगदिल को भी पिघलना पड़े। हालात यह है कि–

"सूखा कण्ठ, ओठ पर पपड़ी, अन्तरतर है पका पका सा।"

इसलिए

"मेरी रसभीनी श्यामा तुम, बरसो मम मनवन आँगन में।"

आठवाँ गुण है जीवन चित्रण सामर्थ्य। जीवन की सार्थकता जितनी रोने में है उतनी और किसी काम में नहीं इसलिए–

छेड़ो न,—रंच रो लेने दो,
मेरे मन की हो लेने दो,
हिचकियाँ उठें, रोको न इन्हें
जल से लोचन धो लेने दो।

यह रोना किसी उद्देश्य से नहीं है। कला कला के लिए की तरह यह रोना रोने के लिए है। कवि कहता है—

"कोई न कभी सुन पाएगा
बैठा हूँ कोने में छुपके।"

नवाँ गुण समाधि-सामर्थ्य है। ऐसी समाधि जो टूटे नहीं मृत्यु से ही मिलती है। भौतिक जीवन बिताते हुए जो समाधि लगाते हैं, उनकी समाधि अस्थाई होती है। इसलिए—

"डाल श्यामल केश मुख पर और चादर ओढ़ काली,
यह पधारी मृत्युरानी छद्म भूषावेश वाली।"

अन्तिम गुण है आर्जव, ईमानदारी सो उसके बारे में शंका करना भी पाप होगा। कवि स्पष्ट ही कहता है—

"यौवन यों बीता जाता है,
हिय पल-पल में अकुलाता है,
मुझको रहरह के इधर उधर—
उन्मत्त भाव भटकाता है।"

इस तरह साहित्य-स्रष्टा के दसों गुण नवीनजी में विद्यमान हैं। अब मार्क्स और लेनिन का बताया हुआ एक गुण—जनता का पक्ष लेना—न हुआ तो क्या। साहित्य स्रष्टा को पक्षपात से परे ही रहना चाहिए।

(5)

'रश्मि-रेखा' की भूमिका में नवीनजी अनदेखे की टोह के मरने पर अफसोस प्रकट करते हुए कहते हैं, "आज के इस आस्थाशून्य युग में अनदेखे की टोह मृतप्राय हो गई है। जीवन के क्षेत्र को हम केवल प्रत्यक्ष की परिखा से सीमित कर बैठे हैं। अप्रत्यक्ष की हमारी प्यास बुझ गई है। यदि अप्रत्यक्ष पिपासा लगी रहती, तो जग-जीवन इतना विशृंखल, इतना उन्मत्त, इतना स्वनाशोन्मुख न होता।... मनुष्य धन से तृप्त नहीं होता, धनमात्र से ही, वैभव से, वित्त से ही उसकी तृप्ति नहीं होती;

तृप्ति के लिए तो परपार की पिपासा लगनी चाहिए और उसकी पूर्ति होनी चाहिए। जनजीवन में वह प्यास लगे—ऐसी मेरी इच्छा है। यदि वह तृषा जगी तो धन की भूख—अर्थात् समाज को, मानव को, अपने आपको चबाकर निगल जाने की यह राक्षसी भूख—मिट जाएगी और इस प्रकार जीवन में सन्तुलन का आविर्भाव होगा।''

प्रत्यक्ष जीवन में दुख क्यों है? इसलिए कि अप्रत्यक्ष की चाह मिट गई है। दुख दूर करने के लिए क्या करना चाहिए? प्रत्यक्ष में दुख के कारण खोजकर उन्हें निर्मूल करने के बदले अप्रत्यक्ष से लौ लगाना चाहिए। क्या प्रत्यक्ष जीवन के दुखों के कारण प्रत्यक्ष जीवन में नहीं हैं? धन की भूख, मनुष्य में अपने आपको चबाकर निगल जाने की भूख, क्या उन पैंतीस लाख नर-नारियों में, जो बंगाल के अकाल में कालकवलित हुए, उसी तरह विद्यमान थी जैसे उन राक्षसों में जो उनकी मृत्यु से करोड़ों रुपए धन कमा रहे थे? आज प्रत्यक्ष जीवन में हम देखते हैं कि एशिया के करोड़ों नर-नारियों के श्रम का फल जो लूटते थे, उन पश्चिमी आततायियों के विरुद्ध देश-देश के लोग संगठित होकर संघर्ष कर रहे हैं। कौन किसको निगल जाना चाहता है? फ्रांस वियतनाम को या वियतनाम फ्रांस को? अमरीका कोरिया को या कोरिया अमरीका को? अगर हम स्वाधीनता के लिए लड़ने वाली जनता और साम्राज्यवादी डाकुओं में भेद न करके आज के मानवमात्र को धन की भूख से पीड़ित और अपने को चबा जाने के लिए उद्यत देखते हैं तो हम प्रत्यक्ष जीवन के संघर्ष पर पर्दा डालते हैं और अन्याय के विरुद्ध लड़ने वाली जनता के प्रति खुद अन्याय करते हैं।

ब्रिटेन, फ्रांस और अमरीका के परधनलोलुप डाकुओं और उनके देशी सहायकों के विरुद्ध एशिया की सजग जनता के लिए नवीनजी का कौन-सा सन्देश है? यह कि अप्रत्यक्ष की पिपासा लगी रहती तो जगजीवन इतना स्वनाशोन्मुख न होता। अब नाश जगजीवन का नाश करने वालों का हो रहा है और उन्हें इस नाश से अप्रत्यक्ष की टोह नहीं बचा सकती।

नवीनजी जब इस युग को आस्थाशून्य कहते हैं तब यह बात स्पष्ट हो जाती है कि आज हिन्दी साहित्य में प्रत्यक्ष जीवन की समस्याओं के प्रति जो रुचि बढ़ रही है, वह युग का दोष नहीं है, गुण है, उसके लिए हिन्दी के आलोचकों को कोसना युग को ही कोसना है। यह युग आस्थाशून्य नहीं है। आज से पहले मनुष्य को अपने उज्ज्वल भविष्य में कभी इतनी आस्था नहीं थी, उसे अपनी शक्ति से अपना भाग्य गढ़ने पर कभी इतना भरोसा नहीं था। वह अपने क्लेशमय जीवन को बदलने के लिए बड़े से बड़े बलिदान करने को तैयार है और बलिदान कर रहा है। हाँ, उसकी यह आस्था मिट गई है कि उसके सुख-दुख का भाग्य-विधाता प्रत्यक्ष जीवन में नहीं है और अप्रत्यक्ष की साधना करने से उसका प्रत्यक्ष जीवन सुखी हो जाएगा। इस आस्था का मिटना उसके नए जीवन का लक्षण है। प्रत्यक्ष संसार के इस विराट् जनजागरण से नवीनजी को इतनी विरक्ति है कि उन्हें संसार मृत्यु-पाश में फँसा हुआ

दिखाई देता है। उनके अनुसार "आज का जग विततस्य मृत्योः पाशम्—फैली हुई विस्तृत मृत्यु के पाश में फँसा हुआ है।" अप्रत्यक्ष में जो आस्था थी, उसकी मृत्यु होने से प्रत्यक्ष संसार ही मृत्यु के पाश में फँस गया!

नवीनजी ने 'रश्मि रेखा' की भूमिका में सत्साहित्य की व्याख्या करते हुए यह भी कहा है, "वही साहित्य सत् है जो मानव में निरलस एवं निःस्वार्थ कर्मरति जाग्रत करता है। वही साहित्य सत् है जो मानव को सर्वभूतहित की ओर प्रवृत्त करता है।"

किस तरह की कर्मरति? इन कर्मों का प्रत्यक्ष जीवन से क्या सम्बन्ध है? यदि अप्रत्यक्ष की पिपासा जगाना सर्वभूतहित साधने का मूल उपाय है तो कर्मरति वैराग्य का ही दूसरा नाम तो नहीं है? और सर्वभूतहित में अगर मजदूर और पूँजीपति के हित टकराते हैं, चर्चिल और आइजनहावर तथा एशियाई जनता के हित टकराते हैं तब क्या हम अप्रत्यक्ष की साधना करें?

इस तरह की समस्याएँ उठाने पर नवीनजी प्रसन्न नहीं होते। न चाहने पर भी हिन्दी साहित्य में ये तमाम समस्याएँ उठाई जाने लगी हैं। नवीनजी ने इनसे क्षुब्ध होकर कम से कम गद्यकाव्य रचने की प्रेरणा अवश्य पाई है। 'अपलक' की भूमिका में कहते हैं, "उपयोगिता, उपादेयता, प्रगतिशीलता, अपलायनवादिता, सामन्ती विचार-धारावरोधक, विद्रोहवादिता, औद्योगिक पूँजीवाद-जन्म, संघर्षोत्तेजक झण्डोत्तोलन, ले लो खड्ग-पटक दो म्यान-मय, क्रान्ति-आवाहन, दन्द्रम्यमाना-दिग् दिङ्ग नाद प्रेरणा, दुर्दान्ताक्रान्तक-जन्म-दन्तोपाटन सन्देश-वहन-शीलता आदि सत् काव्य-सल्लक्षण मेरे इन गीतों में कठिनता से मिलेंगे।"

पता नहीं नवीनजी ने "आज खड्ग की धार कुंठिता", "कवि कुछ ऐसी तान सुना जा" आदि पंक्तियाँ याद करके यह वाक्य लिखा है या उन्होंने दूसरे हिन्दी कवियों की रचनाओं पर यह व्यंग्य किया है।

नवीनजी वर्ग और समाज-व्यवस्था से मानव कर्म को एकदम अतिरिक्त नहीं मानते। यही नहीं, वह वर्ग और मानवकर्म के सम्बन्ध जोड़ने को एक हद तक प्रगतिशील भी मानते हैं। 'अपलक' की भूमिका में कहते हैं, "जीवन तत्त्व को, मानव की अभिव्यक्ति प्रेरणा को, उसकी कर्मरति के स्रोत को इस प्रकार सामन्त-पूँजी-शोषण-वादों और आर्थिक पदार्थवादों की चौखट में जड़ने का प्रयास मानव समाज के तत्त्व-निर्णय-प्रयत्न के इतिहास में एक महत्त्वपूर्ण विकास अवश्य है। परन्तु यदि इस ओर अत्यधिक खींचातानी की जाएगी तो हम यथार्थ से दूर चले जाएँगे।"

इससे स्पष्ट है कि नवीनजी पदार्थवाद के विरोधी नहीं हैं, वह केवल अत्यधिक खींचातानी के विरोधी हैं। वह यथार्थ से दूर नहीं जाना चाहते, इसलिए वह पदार्थवाद से मनुष्य-चिन्तन को सीमित करने के पक्ष में नहीं हैं। वह कौन-सा यथार्थ है जिससे नवीनजी दूर नहीं जाना चाहते लेकिन पदार्थवाद जिससे दूर ले जाना चाहता है?

वह मिसाल देते हैं कि मनुष्य के मन में चिन्ता, क्रोध या भय का तीव्र संचार

होने पर मानव शरीर की कुछ ग्रन्थियाँ द्रव्य विशेष हमारे रक्त में प्रवाहित करती हैं। नवीनजी पूछते हैं, "इस सत्य को लेकर यदि हम यह प्रतिपादित करने लगें कि भय या चिन्ता या क्रोध एड्रीनल और पैंक्रियस ग्रन्थियों के एड्रीनेलीन और इन्सुलीन स्राव के अतिरिक्त और कुछ नहीं है—यदि इस प्रकार की सिद्धान्त-स्थापना हम करने लगें--तो क्या वह बात तर्क-संगत होगी?"

इस तरह की सिद्धान्त स्थापना वही करेगा जो वैज्ञानिक भौतिकवाद के बदले घटिया मनोविज्ञान का समर्थक हो। भय, चिन्ता और क्रोध का संचार शरीर का अस्तित्व न रहने पर नहीं होता, वह शरीर रहने तक ही सम्भव है, इसलिए न तो यह साबित होता है कि भय, चिन्ता और क्रोध अतीन्द्रिय है और न यह कि वे स्राव मात्र हैं। गोचर जगत् से अतिरिक्त यथार्थ की सिद्धि के लिए नवीनजी ने भय, क्रोध और चिन्ता की मिसाल चुनकर पदार्थवाद के पक्ष का ही समर्थन किया है।

नवीनजी पदार्थवाद को एकांगी साबित करने के लिए दूसरा तर्क देते हैं, "निश्चय ही मानव रोटी है,—अन्नं वै प्राणः—पर वह रोटी ही है, ऐसा मानना असत्य और अतार्तिक है। मानव में परिस्थितियों के विपरीत भी कर्म करने का सामर्थ्य विद्यमान है।"

मानो पदार्थवाद कहता हो कि मानव रोटी ही है। और अगर रोटी ही नहीं है तो उसे प्रत्यक्ष गोचर जगत् से परे अनन्त चेतना का अंश होना ही चाहिए। पदार्थवाद कहता है, मनुष्य दिमाग से ही सोचता है; सोचने का सामर्थ्य दिमाग नाम के पदार्थ का गुण है। नवीनजी का तर्क यह है कि अगर तुम दिमाग नाम के पदार्थ को स्वीकार करते हो तो चिन्तन-क्रिया अस्वीकार करते हो। इसलिए चिन्तन-क्रिया भौतिक जगत् को मानते हुए सम्भव नहीं है, उसे भौतिकता से परे ही मानो, यह उनका आग्रह है।

यदि यह मान लिया जाए कि मानव-चिन्तन भौतिक जीवन से परे है तो साहित्य में "पदार्थवादी मान-दण्ड असत्य, अयथार्थ एवं भ्रामक दिखाई देंगे।" मिसाल के लिए उन्होंने शेली की कविता 'ओड टु दि वेस्ट विंड' चुनी है। उसकी अन्तिम दो पंक्तियाँ उद्धृत करके नवीनजी पदार्थवादी मानदण्डों को अयथार्थ साबित करते हुए कहते हैं, "यार लोग, अपने अधकचरे तर्क का आश्रय लेकर कह सकते हैं, लो यहाँ शेली पलायनवादी हो गया है।"

पदार्थवादियों द्वारा शेली के इस पलायनवाद का खंडन कैसे होगा, यह दिखाने के लिए उन्होंने एक पैरा ही लिख दिया है। शेली इसी कविता में वसन्त की आशा लगाकर बैठे रहने को नहीं कहता बल्कि अपनी कविता से मनुष्यों में एक नया जीवन लाने की बात भी कहता है। नवीनजी के अुनसार जो कवि अपनी कविता से नये जीवन में विश्वास जगाएगा, भविष्य में मनुष्य के विश्वास को दृढ़ करेगा, उसे पदार्थवादी यार लोग अधकचरे तर्क से पलायनवादी साबित कर देंगे। इस अधकचरे

तर्क की सृष्टि करने वाला कौन है, पदार्थवादी या नवीनजी?

शेली ने भविष्य में आशा ही नहीं प्रकट की, उसने उस आशामय भविष्य के लिए संघर्ष करने को भी कहा है। 'मास्क ऑफ ॲनार्की' नाम की कविता में उसने ब्रिटेन के मजदूरों को सम्बोधन करके कहा है–

"Rise like lions from your slumber,
In unvanquishable number,
Shake to earth your chains like dew,
Which in sleep had fallen on you,
Ye are many, they are few."

(अपनी नींद तजकर शेरों की तरह उठो, अजेय संख्या में उठो, धरती पर ओस की बूँदों की तरह अपनी जंजीरें गिरा दो जो सोते में तुमने पहन ली थीं। तुम असंख्य हो, वे मुट्ठी भर हैं) लेकिन यह तो ले लो खड्ग-पटक-दो-म्यान-मय क्रान्ति आह्वान हो गया।

फ्रांसीसी राज्य क्रान्ति के प्रबल समर्थक, ब्रिटिश मजदूर वर्ग के मित्र, यूरोप के स्वाधीनता आन्दोलन के साथी, अंग्रेजी भाषा के अन्यतम गायक शेली पर नवीनजी पदार्थवादियों से जब पलायनवादी होने का आरोप लगवाते हैं, तब यह समझना कठिन नहीं है कि वह खुद शेली को फ्रांसीसी राज्यक्रान्ति, ब्रिटिश मजदूर वर्ग के संघर्ष और यूरोप के स्वाधीनता आन्दोलन से पलायन करने वाला मानते हैं। उनके लिए उस शेली का ही महत्त्व है जो प्रत्यक्ष जगत् से अतिरिक्त यथार्थ के गीत गाता है।

हिन्दी में सामन्तवाद-साम्राज्यवाद का विरोध होते देखकर नवीनजी आपे से बाहर हो जाते हैं और उस विरोध को प्रतिबिम्बित करने वाले साहित्य को अवैज्ञानिक करार दे देते हैं। उनके अनुसार ''सामन्त-साम्राज्य-शोषण वर्ग विरोध के नाम पर जो चक्करडण्ड पेले जा रहे हैं वे वास्तव में इतने अवैज्ञानिक हैं जिसकी सीमा नहीं।''

मानो नवीनजी वास्तविक विज्ञान के पक्ष में हों, मानों वह सामन्त-साम्राज्य-शोषण-वर्ग विरोध के प्रबल समर्थक हों, केवल उसके नाम पर चक्करडण्ड पेलने के विरोधी हों।

नवीनजी के लिए विज्ञान है क्या? क्या वह मानव-व्यवहार से ज्ञान को परखने में विश्वास करते हैं? जो संसार की गोचरता को ही भ्रम मानता है और उस भ्रम की सत्यता को ही व्यवहार से परे मानता है, उसके लिए विज्ञान तभी सत्य हो सकता है जब वह भी व्यवहार को कसौटी न मानकर प्रत्यक्ष जगत् को भ्रम कहने लगे। पूँजीवादी विज्ञान के ह्रासकाल में ऐसे विज्ञानियों की कमी नहीं रही जो संसार को मिथ्या मानने लगे थे। भारत के मायावादियों को सहारा मिला। पश्चिमी विज्ञान के विदेशीपन से जरा भी विचलित न होकर वे उसे गले लगाने दौड़ पड़े। मार्क्सवाद को

असिद्ध करने वाले इन विज्ञानियों का हवाला देकर नवीनजी जी कहते हैं, "जिस वैज्ञानिक भौतिकवाद को वे बन्धु ध्रुव सत्य मान बैठे हैं, उसकी ऐतिहासिक रूपरेखा को सँवारने वाला उन्नीसवीं शती का वह भौतिक विज्ञान है जिसका स्वरूप आज नितान्त रूप से परिवर्तित हो गया है।"

भौतिक विज्ञान में ऐसा कौन-सा परिवर्तन हो गया है जिससे मार्क्सवाद अब सत्य नहीं रहा? नवीनजी के अनुसार मार्क्स ने "भौतिक विज्ञान (Physics) विषयक इतिनैश्चित्यमय यान्त्रिक सिद्धान्त अपनाया था। जो यान्त्रिक सिद्धान्त अपनाएगा, उसका दर्शन भी यान्त्रिक होगा, यह पक्की बात है।"

कहाँ किस रूप में मार्क्स ने फिजिक्स का यान्त्रिक सिद्धान्त अपनाया है, नवीनजी ने यह नहीं बतलाया।

भौतिकवाद पर मार्क्स, एंगेल्स, लेनिन, स्तालिन की कोई भी रचना पढ़ने से यह पता चल जाएगा के वे यान्त्रिक भौतिकवाद के विरोधी थे। यह यान्त्रिकता थी किस बात में? यान्त्रिकता इस बात में थी कि प्रकृति का कोई इतिहास नहीं है, वह अपरिवर्तनशील है और तंग दायरों में उसकी गति सीमित है, न्यूटन के नक्षत्र अनादि और अनन्त हैं, लिनायास के प्राणी अपरिवर्तनशील किस्मों के हैं। इसके विपरीत वैज्ञानिक भौतिकवाद का कहना था कि प्रकृति काल से परे नहीं है बल्कि उसका इतिहास है, नक्षत्रों और प्राणियों का उद्भव, विकास और लय होता है। यान्त्रिकता इस बात में थी कि भौतिक विकास सीधी रेखा में होता है, बीती हुई मंजिलें दोहराई जाती हैं, परिमाण से गुण में परिवर्तन नहीं होता, विकास क्रम-भंग करके नहीं होता इत्यादि। इसके बदले वैज्ञानिक भौतिकवाद ने सिखाया कि विकास सीधी रेखा में न होकर ऊपर की ओर घुमावदार ढंग से होता है, बीती मंजिलें दूसरे ढंग से, दूसरे पैमाने पर दोहराई जाती हैं, विकास में क्रम-भंग भी होता है, परिमाण से गुण में तब्दीली होती है, विकास एक गति से न होकर झटके से, क्रान्तियों द्वारा भी होता है। यान्त्रिकता इस बात में थी कि 'मानव तत्त्व' सामाजिक सम्बन्धों से परे हैं। वैज्ञानिक भौतिकवाद 'मानव तत्त्व' को हवाई तरीके से न देखकर ऐतिहासिक 'समाज-सम्बन्धों' का समुच्चय मानता था।

फिजिक्स से वैज्ञानिक भौतिकवाद ने यान्त्रिकता न सीखी थी बल्कि परिमाण से गुण में तब्दीली के सिद्धान्त के प्रमाण उसमें पाए थे। जैसा कि एंगेल्स ने कहा था, "फिजिक्स में...हर तब्दीली परिमाण का गुण में बदलना है। यह तब्दीली किसी भी पदार्थ में निहित या आरोपित गति के किसी रूप के परिमाणात्मक परिवर्तन का नतीजा होती है।" ('डायलेक्टिक्स ऑफ नेचर')।

इससे यह बात स्पष्ट हो जाती है कि मार्क्स और एंगेल्स का दर्शन यान्त्रिकता का घोर विरोधी था, इसलिए वह यान्त्रिक भौतिकवाद न कहलाकर द्वन्द्वात्मक भौतिकवाद कहलाता है। वह प्रकृति को नियमों से परे नहीं मानता। उसका दावा

है कि इन नियमों को जानकर मनुष्य अनिवार्यता को स्वाधीनता में बदल सकता है, प्रकृति के नियमों को जानकर उनसे लाभ उठा सकता है। नवीनजी के लिए यान्त्रिकता नियमों को जानने और उनसे लाभ उठाने ही में है। उनके अनुसार विज्ञान ने प्रकृति को अनियमित साबित कर दिया है। "आज का भौतिक विज्ञान अनिश्चित्यवाद (Theory of Indeter minacy) का सिद्धान्त मान चुका है।" इस तथाकथित 'विज्ञान' को मार्क्सवाद नहीं मानता। वह प्रकृति को ज्ञेय नियमों से परिचालित मानता है। यह सही है कि आज कुछ वर्गों को अपना भविष्य अनिश्चित दिखाई देता है लेकिन इसके लिए सामाजिक विकास के नियमों को जिम्मेदार न समझकर वे मार्क्सवादियों को कोसते हैं और नियमहीनता को, तथाकथित विज्ञान की दुहाई देकर, जीवन का सबसे बड़ा नियम घोषित करते हैं। उनकी इच्छा। लेकिन संसार में शोषक वर्गों का क्षय हो रहा है, यह हम व्यवहार जगत् में देख रहे हैं, उनका क्षय निश्चित है, यह यह सामाजिक विकास के नियमों से जानते हैं, इस बारे में कोई भी अज्ञान-विज्ञान अनिश्चय पैदा करके जनता को प्रगति-पथ से विचलित नहीं कर सकता।

नवीनजी मानव-तत्त्व को ऐतिहासिक समाज सम्बन्धों से परे साबित करने के लिए एक बहुत ही गम्भीर प्रश्न करते हैं, "क्या रूसी युवक मनचाही युवती को प्राप्त कर आनन्द उठा सकता है। और इस कारण क्या वह अपनी प्रेयसी के आगमन की बाट उत्सुकतापूर्वक नहीं जोहता? और यदि ऐसा है तो क्या उस सीमा तक रूसी मनःस्तर नितान्त रसहीन, उकठकुकाठ, असंस्कृत एवं जड़ नहीं हो गया है?"

नवीनजी ने जिस तरह पदार्थवादियों से शेली को पलायनवादी कहलाया था, उसी तरह वे उनके प्रेम का भी खंडन कराते हैं। नवीनजी का विचार है कि रूसी युवक (या कोई युवक) अपनी प्रेयसी के आगमन की बाट जोहेगा तो पदार्थवादी उसे असंस्कृत और रसहीन कहेंगे। लेकिन यह उत्सुकता गोचर संसार से परे है या उसके अन्तर्गत है? यह उत्सुकता मनुष्य के सामाजिक सम्बन्धों से परे है या उनके अन्तर्गत है? प्रेयसी के लिए इस उत्सुकता से पदार्थवाद का खंडन होता है या मंडन? वे निषेध-भावनाएँ किन्हीं सामाजिक सम्बन्धों की देन हैं या हवा में पैदा हुई हैं जिनसे क्षुब्ध होकर कवि कहता है–

"एक चुम्बन ही हुआ यह शाप जीवन का भयंकर,
अधर-सम्मेलन बना अनुताप जीवन का भयंकर।"

यह अनुताप वहीं ज्यादा पैदा होता है जहाँ प्रेम और विवाह दो विरोधी चीजें हैं, जहाँ विवाह का आधार सम्पत्ति है, इसलिए कवियों को पत्नी और प्रेयसी दो की भौतिक आवश्यकता पड़ती है, जहाँ अधिकांश प्रेम के गीत सामाजिक सम्बन्धों से परेशान होकर लिखे गए हैं, जहाँ कविता के सदाचार और सामाजिक जीवन के

सदाचार में एक दीवार खड़ी कर दी गई है। यदि विवाह का आधार सम्पत्ति, सम्प्रदाय, खानदान या जाति न हो, यदि सामाजिक सम्बन्ध प्रेम के प्रतिकूल न होकर अनुकूल हों, तो यह दुरंगा सदाचार यह प्रेम और विवाह का अन्तर्विरोध, यह पत्नी और प्रेयसी का द्वैतवाद भी मिट जाए। लेकिन इस तरह समस्या पेश करने से वह सामाजिक सम्बन्धों की समस्या, प्रत्यक्ष जीवन की समस्या बन जाती है। और यही नवीनजी को पसन्द नहीं है।

नवीनजी आगे कहते हैं, "और क्यों मित्रो, जब सूर बाबा ने 'पिया बिन नागिन कारी रात' जैसे अनेक गीत लिखकर वेदनामय साहित्य का सृजन किया, वह क्या इस कारण कि उस सामन्तशाही युग में व्यक्ति-व्यक्ति का सम्बन्ध पण्यमय हो गया था?"

सामन्तशाही युग में व्यक्ति-व्यक्ति का सम्बन्ध पण्यमय नहीं होता, यह तो पूँजीवादी समाज की विशेषता है। सामन्तशाही युग में व्यक्ति-व्यक्ति के सम्बन्ध सामन्तों और पुराहितों के विशेषाधिकारों की रक्षा करते हुए कायम होते हैं। सामन्तीवर्ग की प्रेमभावना नायिका-भेद वाले साहित्य में प्रकट हुई है। इस साहित्य में नारी केवल श्रृंगार, केवल भोग की वस्तु है; प्रेम के लिए उसका कोई व्यक्तित्व नहीं है। इस साहित्य को जन्म देने वाले सामाजिक सम्बन्धों के विरुद्ध सूर ने प्रेम के गीत गाए, उन्होंने संसार को मिथ्या कहने वालों का विरोध भी किया। उन मायावादियों को लोग भूल गए हैं; लेकिन सूर के पद भारतीय जनता को आज भी प्रिय हैं और वास्तविक स्वाधीनता मिलने पर और भी प्रिय होंगे।

नवीनजी पदार्थवाद पर एक और दोष लगाते हैं। उनके अनुसार पदार्थवादी समझते हैं कि वर्गहीन समाज की रचना होने पर मानव-जीवन से द्वन्द्व मिट जाएगा। कहते हैं, "यदि कोई यह समझता हो कि हिन्दी-काव्य-साहित्य में प्रकटित द्वन्द्व भावना सामन्तशाही के अवशेषों और साम्राज्यशाही के स्वार्थ प्रसार के कारण है तथा इनके तिरोहित होते ही यह द्वन्द्व समाप्त हो जाएगा तो मैं यह कहूँगा कि यह मान्यता अशुद्ध, तर्कशून्य, थोथी और निःसार है।"

द्वन्द्व जीवन का नियम है। आज द्वन्द्व साम्राज्यवादी-सामन्ती स्वार्थों से है कल वह मनुष्य के अर्जित ज्ञान और शेष ज्ञेय प्रकृति में होगा। द्वन्द्व का अन्त हो जाएगा, यह कल्पना पदार्थवादियों की नहीं है। यह द्वन्द्व अज्ञान और विस्मय को शाश्वत सत्य न कहेगा, वह मनुष्य के ज्ञान को पूर्ण न कहकर उसे निरन्तर बढ़ाने का प्रयत्न करेगा। द्वन्द्वहीनता का आरोप तो क्वासिवादियों पर ज्यादा न्याय के साथ लगाया जा सकता है क्योंकि वे देशकाल में किसी समाज विशेष के सदस्य मानव नाम के भौतिक प्राणी के ज्ञान के विकसित होने में विश्वास नहीं करते। जैसा कि नवीनजी खुद कहते हैं, "हाँ आत्मोपलब्धि की साधना में निर्द्वन्द्वता आ सकती है।" फिर पदार्थवादियों पर द्वन्द्वहीनता का आरोप क्यों?

नवीनजी यह देखकर परम रुष्ट हो जाते हैं कि कांग्रेसी नेताओं के अहिंसावाद का सम्बन्ध कोई साम्राज्यवाद, सामन्तवाद या पूँजीवाद से जोड़ देता है। इसके लिए वह मार्क्सवादियों को इन शब्दों में याद करते हैं, "इस देश के निवासियों को यह ज्ञात है अपने को पूँजीवाद के नाशकर्ता कहने वालों ने, वर्गहीन समाज की स्थापना का दम भरने वालों ने, अपने विप्लवकारी होने का ढिंढोरा पीटने वालों ने, मानवता के भयानक संकटकाल में असीम निर्लज्जता, कुत्सित नीचता, घोर राक्षसीपन, नग्न बर्बरता, पाशविक रक्त लिप्सा, जघन्यतम स्वार्थपरता, घृणित अवसरवादिता एवं हिजड़ेपन से भरी कायरता का परिचय देकर पहले फासिस्त शक्ति से और तदनन्तर साम्राज्यवाद से, पेट के बल रेंग कर दाँत निपोरकर, समझौता किया।"

यह इशारा किसकी तरफ है? फासिस्त शक्ति से किसने समझौता किया था? यह इशारा सोवियत संघ और नाजी जर्मन के बीच होने वाली परस्पर हमला न करने की सन्धि की तरफ हो सकता है। और 'तदनन्तर' साम्राज्यवाद से समझौता करने की बात युद्धकाल में हिटलर-विरोधी सोवियत-ब्रिटेन-अमरीका के संयुक्त मोर्चे की तरफ हो सकती है।

सोवियत संघ ने नाजियों से समझौता कर लिया, यह आविष्कार नवीनजी का नहीं है। यह आविष्कार ब्रिटेन और अमरीका के साम्राज्यवादियों का ही है। वही लोग जो हिटलर और मुसोलिनी की मदद करके उन्हें सोवियत संघ के खिलाफ युद्ध के लिए उकसाते रहे थे, सोवियत-जर्मन सन्धि होने पर नाजीवाद के परमशत्रु बन गए और सोवियत 'अवसरवादिता' को पानी पी-पीकर कोसने लगे। उनकी खीझ अकारण नहीं थी। उनका यह मनसूबा कि सोवियत जर्मन लड़ें और वे यूरोप और दुनिया पर अपना प्रभुत्व कायम करने के लिए सुरक्षित रहें, धूल में मिल गया। सोवियत संघ ने एक-दूसरे पर हमला न करने की सन्धि की थी, न कि नाजीवाद से समझौता किया था। आज भी सोवियत संघ ब्रिटेन और अमरीका से कहता है, आओ विश्वशान्ति की रक्षा के लिए हम एक-दूसरे पर हमला न करने के प्रतिज्ञापत्र पर दस्तखत करें। इस तरह के प्रतिज्ञापत्र पर दस्तखत करने से कौन डरता है? सोवियत संघ नहीं बल्कि विश्व-प्रभुत्व चाहने वाला अमरीकी साम्राज्यवाद। परस्पर हमला न करने की सन्धि करना शान्ति की रक्षा करना है, न कि साम्राज्यवाद से समझौता करना। सोवियत संघ ने जर्मनी से अनाक्रमण सन्धि की तो कौन पाप किया? यह 'पाप' तो वह आज भी आइजनहावर के साथ अनाक्रमण सन्धि करके दोहराने को तैयार है। नवीनजी क्या चाहते हैं, सोवियत फौजें अमरीका पर हमला करके वहाँ साम्यवाद कायम करने जाएँ जिसका डर दिखाकर अमरीकी जंगबाज बेहिसाब हथियारबन्दी कर रहे हैं?

इस बात को सभी जानते हैं कि दूसरे महायुद्ध के पहले जो भी युद्ध रोकने के लिए तैयार हो, सोवियत देश उसके साथ शान्ति-रक्षा के लिए कदम उठाने को

तैयार था। आज भी सोवियत संघ विश्व में शान्ति रक्षा के लिए जो देश भी चाहे, उसकी सामाजिक व्यवस्था की चिन्ता किए बिना, उससे सहयोग करने के लिए तैयार है। अगर शान्ति की रक्षा करना, युद्ध छेड़ने वालों को उनके काम में रोकना साम्राज्यवाद से समझौता करना है तो सोवियत देश ने जरूर समझौता किया है। शान्ति को भंग करने वाला साम्राज्यवाद ही है। उसके साथ समझौते का सवाल उन लोगों के लिए नहीं उठता जो शान्ति और युद्ध के खेमों के बीच तटस्थ हैं।

नवीनजी ने पिछले दिनों इस तरह आपे से बाहर होकर अपना रोष न तो भारत के बड़े पूँजीपतियों पर प्रकट किया है, न वियतनाम, मलाया और कोरिया के जल्लादों पर। मार्क्सवादियों को कोसने में उन्होंने अपने शब्दों का तूणीर खाली कर दिया है। अगर उनका संकेत भारत के मार्क्सवादियों की तरफ है तो बात कम बेबुनियाद नहीं ठहरती। फासिस्त शक्ति से समझौता करने का सवाल उनके लिए उठ सकता है जो जापान-विजय के भरोसे भारत को आजाद करने का सपना देख रहे थे, मार्क्सवादियों के लिए नहीं। साम्राज्यवाद से समझौता करने का सवाल उन लोगों के लिए उठ सकता है जो भारत में ब्रिटिश पूँजी की रक्षा का बीड़ा उठा चुके हैं, जो डालरों के भरोसे उद्योगीकरण का सब्ज बाग दिखा रहे हैं, यह सवाल विदेशी पूँजी के राष्ट्रीयकरण की माँग करने वालों के लिए नहीं उठता। नवीनजी ने अपनी गहन रचनात्मक प्रतिभा का परिचय देते हुए जो विशेषण-विशेष्यों की झड़ी लगा दी है, उसके योग्य पात्र भारत या बाहर के मार्क्सवादी नहीं हैं। हम नवीनजी को उत्तर उन्हीं के लहजे में न देंगे क्योंकि उनका लहजा अब उस वर्ग का हो गया है जो भविष्य के बारे में अनिश्चित है। मृत्युभय से पीड़ित जन ही वास्तविकता की अवहेलना करके इस तरह प्रलाप करते हैं।

नवीनजी बुद्ध और गाँधी की दुहाई देकर मार्क्सवादियों पर हिंसा का आरोप लगाते हैं। उनके अनुसार गाँधी और बुद्ध के दर्शन "मानव को आरक्त नखदन्तधारी, शोणितपायी भेड़िया बनने की प्रेरणा नहीं देते।" और जाहिर है, मार्क्सवाद इनके विपरीत मनुष्य को नखदन्तधारी, शोणितपायी भेड़िया बनने की प्रेरणा देता है। कौन किसका रक्त पी रहा है, किसके हाथ में पैदावार के साधन हैं, कौन एशिया के देशों को गुलाम बनाकर वहाँ की जनता को अकाल मृत्यु के हवाले करता रहा है, यह भेद नवीनजी बिल्कुल भूल गए हैं। वे उनको हिंसक कहते हैं जो भेड़ियों को अब और रक्त देने से इनकार करते हैं, जो भेड़ियों के नखदन्त निकाल देने का साहस दिखाते हैं। भेड़ियों से रक्षा करना हिंसा है, उनके साथ मिल बाँटकर जनता का रक्त शोषण करना अहिंसा है! जब तक मानव-समाज में भेड़िये रहेंगे, तब तक मनुष्य कभी अहिंसा के संसार में सुख की साँस न ले सकेगा। यह हम मानते हैं कि भेड़ियों की वकालत उन्हें भेड़िया कहकर नहीं की जा सकती। इसका अहिंसावादी तरीका यह है कि उनसे मुक्ति चाहने वालों को भेड़िया कहा जाए।

15. नारी-समस्या और विद्रोहवाद

(1)

जैनेन्द्रजी का उपन्यास 'सुनीता' हिन्दी कथा साहित्य में एक नई धारा का सूत्रपात करता है।

इसमें एक पात्र है हरिप्रसन्न। कैसा है हरिप्रसन्न? "खूब चतुर, खूब कर्मण्य, खूब सप्राण और एकदम अज्ञेय ऐसा वह था।"

हरिप्रसन्न को मिलती है सत्या जिसे वह पढ़ाता है। लेकिन उसे लड़की न चाहिए। उसे चाहिए भाभी। वह विवाह नहीं करना चाहता क्योंकि विवाह में मिलेगी पत्नी जब कि उसे चाहिए भाभी, जो पत्नी दूसरे की हो लेकिन भाभी हो हरिप्रसन्न की।

सुनीता का पति श्रीकान्त पूरा कलाकार है। जब हरिप्रसन्न ने सुनीता को देखा भी नहीं है, तब वह मानों उसकी जरूरतें समझ कर पहले से उसे भाभी की तस्वीर भेज देता है। पत्र में उसने लिखा, "अपनी भाभी की तस्वीर देखो और कहो तुम्हें स्त्री से छुट्टी चाहिए?"

जब हरिप्रसन्न को भाभी मिल जाती है, वह कहता है, "तुम पहली बार भाभी बनी हो, और मैं नहीं जानता, भाभी क्या है? मुझे कहने दो, मेरे लिए सब तुम हो।"

वह शादी क्यों नहीं करता, वह किस तरह की स्त्री चाहता है, इस समस्या पर प्रकाश डालते हुए वह कहता है, "उस पत्नी से क्या होगा जो खाली पतिव्रता हो।" मानों हरिप्रसन्न को भय है कि उसकी ब्याहता उसी की होकर रही तो वह देवर बनने के सुख से वंचित रह जाएगा।

हरिप्रसन्न को चाहिए "एक प्रतिमा भी, जो पतिव्रता चाहे न भी हो, पर अटूट हो, जो विपत्तियों में ऐसे चमके, जैसे घोर घन में बिजली।" प्रतिमा भी न हो बल्कि प्रतिमा ही हो। जितनी ही वह प्रतिमा अधिक और नारी कम होगी, उतना ही अच्छा। हरिप्रसन्न दूर से या निकट से उसे पूजना भर चाहता है; उसके नारीत्व से उसे डर लगता है।

हरिप्रसन्न भाभी के कन्धे पर हाथ रखकर पुकारता है—भाभी। और भाभी पूछती है, यह क्या है? हरिप्रसन्न जवाब देता है, क्या है? "यह जिन्दगी है भाभी। इसी का क्रूसीफिक्शन है।"

हरिप्रसन्न जिन्दगी के लिए मौत से लड़ना नहीं चाहता, वह जिन्दगी को खत्म करना चाहता है मौत के लिए।

हरिप्रसन्न हवा में पिस्तौल छोड़ता है। भाभी दोनों हाथ से उसकी बाँह दाबे रही। हरिप्रसन्न को निधि मिल गई। "जो हरिप्रसन्न ने जिन्दगी में कभी नहीं जाना,

वह इन क्षणों में जानना। उसने थोड़ा-सा सुख-जाना।''

इस सुख को दोहराने और उसे घना बनाने के लिए हरिप्रसन्न पिस्तौल छोड़ने से ज्यादा भयपूर्ण परिस्थिति पैदा करता है। ''सुनसान जंगल। अँधेरी रात। एक बजा होगा। हरिप्रसन्न भाभी का हाथ पकड़े चला जा रहा है, उसे प्रतिमा के रूप में प्रतिष्ठित करने के लिए। तभी चलते-चलते अत्यन्त आकस्मिक रूप में सुनीता को अपनी बाँहों में समेट ले कर हरिप्रसन्न बोल उठा—आह! गजब हुआ।''

क्या गजब हुआ, यह बात महत्त्वपूर्ण नहीं है। महत्त्वपूर्ण बात यह है कि ''उसने सुनीता को बाहुओं में और कसके कहा''—उसने कई बातें कहीं और अन्त में क्लाइमैक्स पैदा किया यह कह कर, ''वहाँ शायद मौत है।'' सुख को दुगुन-चौगुन करने के लिए परिस्थिति तैयार हो गई। ''सुनकर सुनीता हरिप्रसन्न की बाँहों में सिमटी हुई उस अन्धकार में उसके चेहरे की ओर उत्सुकता से देखने लगी।''

भाभी परेशान हो जाती है हालाँकि कल्पित भय के कारण वह अपने को हरिप्रसन्न के आलिंगन से छुड़ाने की कोशिश नहीं करती। पूछती है, ''क्या हुआ? क्या हुआ बोलो।''

हरिप्रसन्न बोलता है लेकिन खोया हुआ सा। ''मानों हरिप्रसन्न को पता भी न हो, इस भाँति अनायास जोर से सुनीता को अपने से चिपटाकर उसने कहा, तुम जानती हो, अकेला होता तो मैं अब क्या करता? वहाँ संकट है। उस संकट के मुँह को ही जाकर मैं पकड़ता। लेकिन आज तो मैं उधर ताकता दूर खड़ा हूँ। मैं कुछ भी नहीं कर सकता।''

किस्सा कोतह, भाभी ''हरिप्रसन्न के अंग में सिमटी ही रही।''

खतरा बैकग्राउण्ड संगीत की तरह बना ही रहता है। सुनीता अब हरिप्रसन्न के लिए भाभी नहीं रहती, वह सुनीता हो जाती है। और हरिप्रसन्न मौत की बात सुनाकर कहता है, ''मैं और मौत आमने-सामने हैं।'' मौत का सामना करता हुआ वीर हरिप्रसन्न सुनीता से कहता है, ''मैं तुम्हें प्रेम करता हूँ—प्रेम लेकिन मैं भी नहीं जानता हूँ, सुनीता!''

अन्त में, ''अपने शरीर पर आहिस्ता-आहिस्ता फिरते हुए इस पुरुष के हाथ का स्पर्श अनुभव करने'' के बाद सुनीता पूछती है, ''तुम क्या चाहते हो हरी बाबू?'' हरीबाबू जवाब देते हैं, ''तुमको चाहता हूँ, समूची तुमको चाहता हूँ।'' सुनीता समझ नहीं पाती कि उसके चाहने में अभी बाधा क्या है। वह पूछ बैठती है, ''तो मैं तो हूँ। तुम्हारे सामने हूँ। ले क्यों नहीं लेते।'' हरिप्रसन्न इस निमन्त्रण के लिए तैयार नहीं है। उसका हाथ ''घूमता-घूमता सुनीता की बाँह पर'' रुक जाता है। और सुनीता फिर पूछती है, ''तुम्हें काहे की झिझक है, बोलो। मैंने कभी मना किया है? तुम मरो क्यों? मैं तो तुम्हारे सामने हूँ। इनकार कब करती हूँ। लेकिन अपने को मारो मत।

हरी बाबू, मरो मत, कर्म करो। मुझे चाहते हो, तो मुझे ले लो।"

हरिप्रसन्न का नाटक सफल हो जाता है। खुद मरने का डर दिखाकर वह सुनीता से आत्म-समर्पण करा लेता है। वह अपने को जीवन से निराश या उदासीन दिखाकर, मृत्यु के लिए उत्सुकता प्रकट करके, जीवन के लिए मृत्यु को वरने की उत्सुकता न दिखाकर वरन् मृत्यु के लिए जीवन से विदा होने की उत्सुकता दिखाकर—वह सुनीता को "इनकार कब करती हूँ" की मंजिल तक ले आता है।

इसी बात से नाटक का ऐंटीक्लाइमैक्स शुरू हो जाता है। सुनीता की साड़ी स्कन्ध भाग से नीचे सरक आती है। फिर यह कहते हुए, "मुझे चाहते हो? मैं यह हूँ"—वह अपना जम्पर अलग रख देती है। हरिप्रसन्न अचकचा उठता है। उसके मुँह से सिर्फ 'भाभी' निकलता है। मानों जम्पर के अलग होते ही सुनीता से वह फिर भाभी हो गई हो! सुनीता ने जब यह कहते हुए—"मुझे ही चाहते हो न? मुझे लो।"—उसने अपने चारों ओर से साड़ी हटाना शुरू कर दिया, तब हरिप्रसन्न बेहद घबड़ा जाता है। उसके मुँह से एक ही शब्द निकलता है, भाभी! लेकिन अब सुनीता ने साड़ी बिल्कुल अलग कर दी। वह शरीर पर शेष बचे बॉडी को खोलने लगती है। हरिप्रसन्न उसके हाथ पकड़ लेता है। सुनीता शरीर से चिपकी हुई बॉडी को फाड़ डालती है। "वह अन्तिम वस्त्र भी चीर होकर नीचे सरक गिरा।"

हरिप्रसन्न जो मृत्यु को भेंटने के लिए इतना उत्सुक था, भाभी को साड़ी जम्पर हीन रूप में देखकर डर जाता है। दोनों हाथों से आँखें ढँक लेता है। "सर्वथा पराभूत वह अपनी पराजय में गड़ जाने लगा। लज्जा ने उसे जमा दिया। मानों काटो तो लहू नहीं। धरती फट क्यों न गई कि वह गड़ जाता।" यानी जो लज्जा नारी का भूषण है, वह हरिप्रसन्न के गले पड़ गई और जो साहस पुरुष का भूषण है, वह सुनीता के गले पड़ा। हरिप्रसन्न भाभी, भाभी कहता हुआ हाथ से आँखें मीचे वहाँ से उठकर चल पड़ा। और उसके बाद यह वादा करके कि वह अपने को मारेगा नहीं, सुनीता को घर छोड़ आता है। फिर श्रीकान्त और सुनीता की गृहस्थी का छकड़ा चलने लगता है। हरिप्रसन्न उस घर से विदा हो जाता है।

अज्ञेय का शेखर भी मृत्यु का प्रेमी है। अंग्रेजी के अनेक निराशावादी कवियों की रचनाएँ उसने याद कर रखी हैं। निराशा और मृत्यु के सपनों में "शुभ कंठ के नीचे कुचों की गोलाई जैसे सोते के जल में अर्ध मुकुलित कुमुदिनी" के चित्र भी मिले हुए हैं।

(2)

जैनेन्द्रजी ने सुनीता में जो भाभीवाद शुरू किया था, यशपालजी ने मानों वही सूत्र

'दादा कॉमरेड' में पकड़ लिया था। वही आतंकवादी, वही साड़ी-जम्पर-उतार परिस्थिति। 'दादा कॉमरेड' से लेकर 'मनुष्य के रूप' तक यशपाल ने यथार्थ के किस अंश को प्रतिबिम्बित किया है? बुनियादी तौर से यशपाल की समस्याएँ वही हैं जो अज्ञेय और जैनेन्द्र की हैं। उपन्यास का 'हीरो' आत्मपीड़ा के जरिए नारी—एक या अधिक—की करुणा जगाता है और यह नाटक ही उसके जीवन की सबसे महत्त्वपूर्ण क्रिया है। प्रेमचन्द को छोड़ दीजिए, वृन्दावनलाल वर्मा, अमृतलाल नागर, नागार्जुन आदि के कथा-साहित्य के पात्रों से यशपाल के नायकों की तुलना करें तो मालूम हो जाएगा कि जिस राजनीति का अनुसरण करने का वह दम भरते हैं, वह उनके लिए एक नारा भर है। वह राजनीति जनता के जीवन की समझबूझ से पैदा नहीं हुई; वह सुनीता की परम्परा पर चिपकाई हुई कागज की स्लिप मात्र है जो हवा में इधर-उधर खड़खड़ाया करती है। यशपाल का सबसे प्रभावशाली उपन्यास 'दिव्या' है, कारण कि यहाँ राजनीति की स्लिप खड़खड़ाती नहीं है। 'पार्टी कॉमरेड' या 'देशद्रोही' से उनके नायकों का रोमांस निकाल दीजिए, उपन्यास का ढाँचा चरमराकर बैठ जाएगा।

यशपाल के उपन्यासों से शिक्षा यह मिलती है कि अच्छे उपन्यास लिखना सिर्फ कौशल की समस्या नहीं है। सवाल है कि हीरो के विचारों और उसके सामाजिक अमल में परस्पर सम्बन्ध किस तरह बिठाया जाए। यूरोप और अमरीका के पूँजीवादी लेखक अक्सर अपने 'हीरो' को शुद्ध विचारक बना देते हैं जो हर समस्या पर लम्बे-लम्बे भाषण देता है लेकिन जिसका अमली जीवन से बहुत कम सम्बन्ध रहता है। ऐसे उपन्यासों में हीरो होता है लेकिन कथा नहीं होती। कथा बनती है, हीरो के काम से। लेकिन निकम्मे वर्ग के 'हीरो' को काम से क्या काम? वह काम करता है तो पिस्तौल लेकर डकैती और हत्या के काम करता है। इसी तरह के हीरो का चरित्र डाकुओं और हत्यारों का होता है और इस तरह के सनसनीखेज कारनामों से कहानी बनती है। इस तरह हीरो का वर्ग-रूप कथा के शिल्प पर भी असर डालता है।

यशपाल के नायक भी आत्मपीड़ा के शिकार हैं। उनका उच्चतम उद्देश्य नारी की करुणा हासिल करना है। यह अभिनय यशपाल के उपन्यासों में बार-बार दोहराया गया है। यशपाल के उपन्यासों की सेक्स-सज्जा हिन्दी के आलोचकों और पाठकों से छिपी नहीं है। उस पर हिन्दी में अनेक लेख भी निकल चुके हैं। सवाल यह है कि यशपाल और उन जैसे उपन्यासकारों में यह सेक्स-सज्जा इस भोंड़े रूप में क्यों प्रकट होती है? इसका कारण स्पष्ट है। प्रेमचन्द और उनकी परम्परा के कथाकारों से यशपाल की तुलना करने पर बात साफ हो जाएगी। ये कथाकार बुनियादी तौर से अपने पात्र जनसाधारण से चुनते हैं और जनसाधारण में किसान मजदूर ही नहीं, मध्यवर्ग के भी लोग हैं। यशपाल के पात्र जनजीवन के प्रतिनिधि

नहीं हैं। वे उस वर्ग के लोग हैं जिनके लिए सेक्स और आत्मपीड़ा की समस्याएँ प्रधान हैं। इसलिए उनके साथ गलत या सही राजनीति जोड़ देने से ही वे प्रगतिशील नहीं हो जाते।

'देशद्रोही' का नायक चन्दा से कहता है कि उसे ज्वर हो आता तो "मैं आपके पास आकर लेट रहता। मेरा सिर दबाना पड़ता। आपको जहमत होती और मुझे अच्छा लगता।" चन्दा कहती है कि वह तो बिना बीमार हुए भी लेट सकता था। वह जवाब देता है, "वैसे तो लेटा ही हूँ परन्तु बीमार का अधिकार अधिक हो जाता है।" जब चन्दा किस तरह उसे सहारा दे? उत्तर मिलता है, "गोद में स्थान देकर।" इस तरह का वात्सल्य रस वह चन्दा से ही नहीं चाहता। "खातून के हृदय में डाक्टर के लिए एक वात्सल्यपूर्ण ममता उमड़ आई।" उपन्यास के अन्त में आत्मपीड़ा का नाटक क्लाइमैक्स पर पहुँच जाता है। घायल खन्ना की प्राणशक्ति क्षीण हो रही है। "सिर पत्थरों के ढेलों पर टिका था परन्तु मन में विश्वास था, चन्दा उसका सिर गोद में लिए है, जीवन-संग्राम में फिर से लड़ने के लिए वह स्वास्थ्य लाभ कर रहा है।" अफसोस की बात यह है कि इस जीवन संग्राम में एक जीता-जागता किसान या मजदूर नहीं दिखाई देता। यह संग्राम जनता के अधिकांश भाग को उपन्यास से बाहर रखकर चलता है।

'पार्टी कॉमरेड' में फौजी लारियों के सामने जनता तो भागती है, गुंडा भावरिया उन्हें ललकारता है। "...फिर एक लारी आ गई। लोग भागने लगे। भावरिया ने गाली दे चिल्लाकर कहा—'भागकर कहाँ जाओगे?' "

जनता को गाली; गुंडे की बहादुरी।

जख्मी होकर—'देशद्रोही' के खन्ना की तरह—भावरिया गीता की करुणा उकसा लेता है। गीता आकर उससे मिल सकती थी। लेकिन एक बाधा थी—पार्टी का अनुशासन। आखिर भावरिया बिना मिले ही संसार छोड़ जाता है।

अपनी कुछ कहानियों में यशपाल ने यह आत्मपीड़ा और राजनीति की स्लिप चिपकाने का नाटक भी नहीं किया। उनमें भोंड़ा सेक्स-वर्णन हिन्दी के अनेक साड़ी-जम्परवादी कलाकारों की परम्परा के अनुकूल हुआ है। यशपाल अपने कथा साहित्य में रूढ़िवाद से लड़ने वाली दृढ़ नारी का चरित्र नहीं दे पाते, कारण कि उसके प्रति उनका दृष्टिकोण सामन्ती-पूँजीवादी भोगवादियों का है। इस भोगवाद को उन्होंने विज्ञान का रूप देने की भी कोशिश की है।

'मार्क्सवाद' नाम की पुस्तक में यशपाल जी कहते हैं, "संक्षेप में स्त्री पुरुष और विवाह के सम्बन्ध में मार्क्सवाद समाज के शारीरिक और मानसिक स्वास्थ्य के विचार से पूर्ण स्वतन्त्रता देता है परन्तु उच्छृंखलता और गड़बड़ या भोग को पेशा बना लेने को और उसके साथ अपनी वासना के लिए दूसरे व्यक्तियों और समाज की जीवन-व्यवस्था में अड़चन डालने को वह भंयकर अपराध समझता है। स्त्री-पुरुष

के सम्बन्ध में मार्क्सवाद का रुख लेनिन की एक बात से स्पष्ट हो जाता है। लेनिन ने कहा था, स्त्री-पुरुष का सम्बन्ध शरीर की दूसरी आवश्यकताओं भूख, प्यास, नींद की तरह ही आवश्यक है। इसमें मनुष्य को स्वतन्त्रता होनी चाहिए, परन्तु प्यास लगने पर शहर की गन्दी नाली में मुँह डाल कर पानी पीना उचित नहीं। उचित है, स्वच्छ गिलास से स्वच्छ जल पीना।''

लेनिन ने इससे ठीक उल्टी बात कही थी। स्वच्छ गिलास से स्वच्छ जल पीने की थ्योरी का घोर विरोध किया था। यशपाल का जोर इस बात पर है कि भोग को पेशा न बनाया जाए। भूख, प्यास, नींद की तरह सेक्स की इच्छा भी पूरी होनी चाहिए लेकिन गन्दी नालियों में मुँह डालकर नहीं। वास्तव में स्वच्छ गिलास में स्वच्छ जल पीने का सिद्धान्त सेक्स के बारे में पूँजीवाद का सिद्धान्त है जिसे धनी लोग नित्यप्रति अमल में लाते हैं। उन्हें डर लगता है तो सिर्फ गन्दी नालियों की छूत लगने से। अगर स्वास्थ्य विभाग स्वच्छ जल का सर्टीफिकेट दे दे तो उन्हें जलपान में कोई अड़चन नहीं होती। यह धारणा मार्क्सवाद की स्थापनाओं के बिल्कुल विपरीत है, ऐसा मानना होगा।

लेनिन ने स्वच्छ-जलवादियों के बारे में क्लारा जेट्किन से कहा था, ''हालाँकि मैं मुहर्रमी सन्त नहीं हूँ फिर भी नौजवानों की—और कभी-कभी बुजुर्गों की भी यह तथाकथित 'नई सेक्स जिन्दगी' मुझे एकदम पूँजीवादी मालूम होती है, पूँजीवादी चकलों का ही प्रसार मालूम होती है। हम कम्युनिस्ट प्रेम करने की स्वाधीनता से जो कुछ भी समझते हैं, उसका इससे कुछ भी मेल नहीं है। तुम्हें उस मशहूर थ्योरी का पता होगा कि कम्युनिस्ट समाज में यौन इच्छाओं का, प्रेम का पूरा करना उतनी ही आसान और महत्त्वहीन बात होगी जैसे पानी का गिलास पीना। इस पानी के गिलास की थ्योरी ने हमारे नौजवानों को पागल बना दिया है, एकदम पागल। बहुत-से नौजवान लड़के-लड़कियों के लिए वह घातक साबित हुई है। इसके अनुयायियों का दावा है कि यह मार्क्सवादी थ्योरी है। लेकिन शुक्रिया ऐसे मार्क्सवाद को जो समाज के, बौद्धिक जगत् के तमाम संघटनों और परिवर्तन का सबब तुरन्त और सीधे-सीधे आर्थिक आधार में ढूँढ़ लेता है। बात इतनी सीधी नहीं है। एक था फ्रेडरिक एंगेल्स जिसने यह बात ऐतिहासिक भौतिकवाद के बारे में बहुत पहले कही थी।

''मैं समझता हूँ कि यह पानी के गिलास की थ्योरी पूरी तरह गैर-मार्क्सवादी है और इसके अलावा समाज-विरोधी भी है। यौन जीवन में साधारण कुदरत का ही खयाल नहीं करना होता, बल्कि सांस्कृतिक विशेषताओं पर भी विचार करना होता है कि वे ऊँचे या नीचे स्तर की हैं। 'परिवार की उत्पत्ति' नाम के अपने ग्रन्थ में एंगेल्स ने दिखलाया था कि आम यौन वासना का विकास और एक नारी-प्रेम (individual sex love) में उसका संस्कार कितना महत्त्वपूर्ण है। स्त्री-पुरुष के परस्पर

सम्बन्ध समाज के अर्थतन्त्र और शारीरिक माँग के बीच शक्तियों के घात-प्रतिघात का ही प्रतिफलन नहीं हैं, जो शारीरिक पहलू से, चिन्तन में, अध्ययन द्वारा विलग हों, यह तर्कवाद (रैशनलिज्म) है, न कि मार्क्सवाद कि हम इन सम्बन्धों में तब्दीली को समाज की आर्थिक बुनियादी से नत्थी कर दें और सम्पूर्ण विचारधारा से उनके सम्बन्धों को न देखें। निःसन्देह प्यास बुझानी चाहिए। लेकिन क्या कोई होश हवास का आदमी साधारण परिस्थितियों में नाली में लेट जाएगा और चह बच्चों से पानी पिएगा या ऐसे गिलास से पानी पिएगा जो बहुत-से होंठ लगने से चिकना हो गया हो? लेकिन उसका सामाजिक पहलू सबसे महत्त्वपूर्ण है। पानी पीना बेशक किसी का निजी काम है। लेकिन प्रेम में दो जिन्दगियों का सम्बन्ध होता है और एक तीसरी नई जिन्दगी पैदा होती है। इससे उसमें सामाजिकता का सवाल उठता है, जिससे समाज के प्रति कर्तव्य पैदा होता है।

"एक कम्युनिस्ट की हैसियत से मुझे पानी के गिलास की थ्योरी से जरा भी हमदर्दी नहीं है हालाँकि उस पर 'प्रेम की तृप्ति' का सुन्दर लेबल लगा हुआ है। कुछ भी हो, यह प्रेम की मुक्ति न तो नई है, न कम्युनिस्ट है।"

इस लम्बे उद्धरण से जाहिर हो जाएगा कि यशपाल ने आर्थिक बुनियाद के बदलने पर जिस तरह यौन-सम्बन्धों के बदलने की कल्पना की है वह मार्क्सवाद है या पूँजीवादी नैतिकता (या पूँजीवादी व्यभिचार) का ही एक संस्करण है। उनके कथा-पात्रों में चरित्र की वह दृढ़ता नहीं है जो पूँजीवादी व्यभिचार को चुनौती दे, जो सर्वहारा नैतिकता को एक आदर्श के रूप में जनता के सामने रखे। दलील दी जाती है कि यशपाल ने यथार्थवादी उपन्यास लिखे हैं; आदर्श पात्र नहीं चित्रित किए। पहले तो आदर्श पात्र चित्रित करने और यथार्थवादी उपन्यास लिखने में कोई मौलिक विरोध नहीं है; यथार्थ में जो उभर रहा है, कल के समाज की नींव बनने वाला है, उस सत्य को उद्घाटित करना कथाकार का कर्तव्य हो जाता है। दूसरे यशपाल के पात्र एक वर्ग विशेष और मनोवृत्ति के पात्र हैं और उनकी नैतिकता वैसी ही है जैसी जैनेन्द्र, अज्ञेय और अश्क के पात्रों की। इसका नतीजा यह हुआ है कि यशपाल नारी की पराधीनता के वैसे चित्र भी नहीं दे पाए जैसे प्रेमचन्द ने पहले महायुद्ध के समय ही या वृन्दावनलाल वर्मा ने 'लगन', 'कुण्डली-चक्र' आदि में या निराला ने 'अलका' आदि में दिए हैं। यशपाल के उपन्यास नारी की पराधीनता के सवाल को यथार्थवादी ढंग से छूते ही नहीं हैं। प्रगतिशीलता के नाम पर पूँजीवादी व्यभिचार का चित्रण करके वह एक तरफ तो प्रगतिशीलता को एक अच्छी रोजगार की चीज बना देते हैं, दूसरी तरफ उन ईमानदार पाठकों को प्रगतिशील साहित्य से दूर ठेल देते हैं जो पुराने साहित्य के अलावा इंसान की जिन्दगी पर नए दृष्टिकोण से सोचना-विचारना भी चाहते हैं।

प्रगतिशील साहित्य नारी की स्वाधीनता का पक्षपाती है। वह सम्पत्ति, जाति

और धर्म के विचार से किए हुए विवाहों की वेदी पर देश के युवक-युवतियों के प्रेम की बलि देने का सख्त विरोधी है। वह उनके प्रेम करने के अधिकार और जीवन में एक साथ रहने और संघर्ष करने के अधिकार का समर्थन करता है। जब तक प्रेम के अतिरिक्त विवाह के लिए जाति, धर्म, सम्प्रदाय, सम्पत्ति आदि की शर्तें रहेंगी, तब तक समाज में व्यभिचार, वेश्यावृत्ति, आदि व्याधियाँ भी रहेंगी। ये व्याधियाँ शुद्ध गिलास से शुद्ध जल पीने की थ्योरी से दूर नहीं हो सकतीं। यह मार्क्सवाद के विपरीत सामन्ती-पूँजीवादी नैतिकता का प्रतिपादन होगा।

'चक्कर क्लब' का 'कॉमरेड' कालिदास और रवीन्द्रनाथ के साहित्य पर यह राय देता है, "किसी समय के राजाओं और सामन्तों के लिए इसका उपयोग था। कामनापूर्ति के साधन उनके पास बहुतेरे थे; परन्तु शरीर थककर शिथिल हो जाता था। कामना की आग को जलाने के लिए ऐसा साहित्य उपयोगी था जैसे अधिक भोजन पचा सकने के लिए चूरन का उपयोग होता है।"

जाहिर है, यह साहित्य के प्रति मार्क्सवादी दृष्टिकोण नहीं बल्कि उसकी फूहड़ नकल है।

'चक्कर क्लब' में हम पढ़ते हैं, "किसी की तृप्ति कवि रवीन्द्र की कविता में कामिनी को समीप बैठा कर हो जाती है तो किसी की साहित्यिक तृप्ति अँगिया दबाने की चर्चा किए बिना नहीं होती। क्यों जी, सिर खुजाते हुए कॉमरेड की ओर देख उन्होंने पूछा—'क्या है वह गीत, न ताको जोवन सरकारी है बच के रहोजी'।"

मार्क्सवाद को झुठलाकर पूँजीवादी नैतिकता को किस तरह 'वैज्ञानिक' बनाकर पेश किया जाता है, ऊपर इसकी मिसाल है। यशपाल के पात्र यथार्थ जीवन का चित्रण करने के कारण फूहड़ नहीं हैं; उनके पास अपने फूहड़पन को वैज्ञानिक कहकर पेश करने के लिए एक थ्योरी है।

प्रसाद, निराला, प्रेमचन्द, रामचन्द्र शुक्ल ने साहित्य में जिस नायिका-भेद का विरोध किया था, यशपाल ने उसे यथार्थ-चित्रण के नाम पर फिर प्रतिष्ठित किया है। "आँखें भी छुरे के फले जैसी लम्बी-लम्बी नोकदार, खूब उजली। माथे पर त्योरी चढ़ा देखती तो ऐसा लगता, नजर सीने में गड़ा देगी।" यह किसी लोफर-पात्र की बातचीत नहीं है। खुद कलाकार यशपाल 'पार्टी कॉमरेड' की नायिका का नखशिख वर्णन कर रहे हैं।

और भी—

"शंख के समान ग्रीवा का मार्दव मुक्तावलियों से घिर कर और अधिक उद्‌भाषित हो रहा था। रक्त कौशेय में पीठ पीछे खिंचकर पूर्ण गोलार्द्ध बने उरोज बन्धन में आकर, बागुरा खिंचे अश्व की भाँति और अधिक मुखर हो उठे थे।"

शरीर थककर शिथिल होने पर किसी सामन्त की कामना को उकसाने के लिए किसी दरबारी कवि ने यह नहीं लिखा। यह लिखा है 'दिव्या' का नखशिख वर्णन

करते हुए यशपाल जी ने। निःसन्देह नायिकाभेद के तमाम साहित्य में उरोज अश्व की भाँति मुखर होते हुए न तो दिखाई देंगे न सुनाई पड़ेंगे। इस बात में यशपाल सबसे बाजी मार ले गए हैं।

'चक्कर क्लब' का 'दार्शनिक' सामन्ती-पूँजीवादी विवाह प्रथा के मुकाबले में 'घण्टे भर प्रेम' का नुस्खा पेश करते हुए कहता है, "यदि स्त्री किसी को धोखा न देकर अपने हृदय की तृप्ति के लिए घण्टे भर प्रेम करना चाहती है तो वह कुलटा है और यदि वह अपने जीवन और अपनी सन्तान के जीवन-निर्वाह का कोई दूसरा उपाय न देख या समाज के भय से अपना शरीर जन्म-भर किसी पुरुष की आवश्यकता पूर्ति के लिए दे देती है तो वह सती है?"

जाहिर है, सती के नाम पर गुलामी और घण्टे भर प्रेम, यानी व्यभिचार, के बीच प्रेम का रास्ता भी है, लेकिन 'चक्कर क्लब' का दार्शनिक उसका विवेचन नहीं करता।

'प्रतिष्ठा के बोझ' का केवलचन्द पड़ोस की सास-बहू से एक साथ प्रेम करके घण्टे में एक नहीं दो प्रेम निबाहता है। केवलचन्द जब बहू लक्ष्मी के कमरे में पहुँचा तो "उसने लक्ष्मी को बाँहों में इतने जोर से समेट लिया कि जैसे उसे अपने शरीर में ही समो लेगा। वह उसके होंठों को खा जाना चाहता था। उसके हाथ उच्छृंखल हो रहे थे।" तभी बत्ती लिए कमरे में सास आ गई। केवलचन्द ने लक्ष्मी को फर्श पर गिर जाने दिया और "सास के भरपूर शरीर को बाँहों में ले, समीप पड़े पलंग पर गिरा दिया।" इसके बाद "जब सास ने केवल की बाँहों से मुक्ति पाई तो केवल के गाल पर एक ठुनका दे, उसने शिकायत की—बड़े वैसे हो तुम!"

गत्यात्मक यथार्थवाद! सबसे आसान क्रान्ति यौन सम्बन्धों में होती है। यह क्रान्ति हमारे यहाँ सिंहासन बत्तीसी और किस्सा तोता मैना में ज्यादा कलापूर्ण ढंग से पहले ही हो चुकी थी।

मालूम होता है, ये तमाम केवलचन्द 'मनुष्य के रूप' में कम्युनिस्ट पार्टी के दफ्तर में इकट्ठे हो गए हैं। मनोरमा जब अपने नपुंसक पति को तलाक देकर आती है तो बहुत से कॉमरेड अपनी-अपनी जगह छोड़ संकोच से सिमटी जाती मनोरमा को घेरकर खड़े हो गए। उमेश ने गर्दन ऊँची कर बहुत जोर से पुकार कर कहा—'तो फिर अब!' और प्रोत्साहरन की मुद्रा से हृदय पर हाथ रख लिया। पारो ने उमेश को कन्धे से धक्का देकर फटकारा—"हट, पागल! मंगल बोला—आखिर कोई तो आशा कर सकता है!...न्यू बस हैज कम (नई गाड़ी चल रही है।)"

यशपाल के लिए सेक्स की तरफ मार्क्सवादी दृष्टिकोण क्या है, यह खुद मार्क्सवादियों के अमल से उन्होंने यहाँ दिखला दिया है। इस तरह का साहित्य जनता की सेवा किस तरह करता है और हमारी जातीय संस्कृति को किस तरह आगे विकसित करता है, यह बात हमारी समझ में नहीं आई। इस दृष्टिकोण के लिए जहाँ

यशपाल जिम्मेदार हैं, वहाँ उन आलोचकों की जिम्मेदारी भी कम नहीं है, जो उनके कथा-साहित्य को प्रगतिशीलता का नमूना कहकर उसकी तारीफ करते रहे हैं।

(3)

यशपाल जी की तरह राहुलजी ने नायिकाभेद में यथेष्ट उन्नति की है। उनका नायिकाभेद ऐतिहासिक भौतिकवाद के नाम पर, सामाजिक विकास-क्रम में मनुष्य के आचार-विचार के चित्र देने के नाम पर है। एंगेल्स ने लिखा है कि पूँजीवादी लेखक जब आदिम समाज-व्यवस्था का चित्रण करते हैं, तब वे उसे मौजूदा पूँजीवादी समाज के व्यभिचार का चश्मा लगा कर देखते हैं। 'वोल्गा से गंगा' में राहुल जी ने भी आदिम समाज-व्यवस्था के चित्र इसी तरह का चश्मा लगाकर खींचे हैं।

"दिवा अपने तरुण पुत्र बसु के साथ आज नाच रही थी। दोनों नग्न मूर्तियाँ नृत्य के ताल में ही कभी एक दूसरे को चूमतीं, कभी आलिंगन करतीं, कभी चक्कर काटकर भिन्न-भिन्न नाट्य मुद्राएँ दिखलातीं।" (पृ. 28)

अवस्था के लिहाज से प्रेमी-प्रेमिकाओं के गुट बनना आदिम समाज में बहुत शुरू की मंजिलों में आरम्भ हो जाता है। फिर यह समाज तो चक्कर काट कर नाट्य मुद्राएँ बनाना तक जान चुका है। राहुल जी का चित्र विकृत और इतिहास-विरोधी है।

अधिकस्य अधिकं फलम् के न्याय-से राहुलजी सुन्दर नायिकाओं का काफिला इकट्ठा कर देते हैं। कैसा भाग्यशाली है सुदास! "नहाते वक्त कितनी ही बार सुदास ने अपाला के नग्न अरुण शरीर को देखा; किन्तु आज पचासों नग्न सुन्दरियों के बीच उसके सौन्दर्य की तुलना कर, उसे पता लगा जैसे आज ही उसने अपाला के लावण्य की पूरी परख पाई है।" (पृ. 107-8)

इसमें राहुलजी का क्या दोष? वह तो ऐतिहासिक सत्य बयान कर रहे हैं! इस पर कोई नाक-भौं क्यों सिकोड़े?

सवाल ऐतिहासिक सत्य का ही नहीं है। सवाल यह है कि इस तरह सामन्तों के अन्तःपुर का सौन्दर्य वर्णन करने वाले कवियों की रचनाएँ राहुलजी को पसन्द हैं या नहीं? वह दरबारी कवियों के इस नायिकाभेदी दृष्टिकोण के प्रति कैसा रुख अपनाते हैं?

राहुलजी 'हिन्दी काव्यधारा' में ऐसे ही एक कवि स्वयम्भू के बारे में लिखते हैं, "और सामन्त समाज के वर्णन में उसकी किसी से तुलना नहीं की जा सकती। किसी एक सुन्दरी के सौन्दर्य को जितना अच्छी तरह उसने चित्रित किया है, वह तो किया ही है, लेकिन सुन्दरियों के सामूहिक सौन्दर्य का वर्णन करने में उसने कमाल कर दिया है।"

स्वयम्भू का अनुकरण करते हुए राहुलजी ने ऐतिहासिक भौतिकवाद को सामूहिक सौन्दर्य के वर्णन से सरस बना दिया है। 'सिंह सेनापति' में पूँजीवादी लेखक का आदर्श समाज साकार हो उठता है जब हम पढ़ते हैं, ''देव कन्याएँ मण्डल बाँधकर मुझे बीच में लिए नाच रही थीं। बीच-बीच में जब मैं थककर विश्राम लेता, तो मधु क्षीर मिश्रित सोम का चषक ले देवांगनाएँ आदरपूर्वक मुझे पिलाने के लिए तैयार रहतीं।'' (पृ. 68)

और भी–

''वहाँ प्रत्येक देवी उन्मुक्त देवी है, वह किसी की भार्या नहीं। वह पद्मसर में विहरने वाली भ्रमरी है, और चाहे जिस भी पदम्‌कोश में रात को बन्द होने के लिए स्वतन्त्र है। (पृ. 69)

सुन्दर! स्वच्छ गिलास में स्वच्छ पानी! आदर्श साम्यवाद!

पुनश्च : ''वह मुझे पुष्पित बन में ले जातीं, वहाँ अपने केशों को वनकुसुमों से सजाकर मेरे गिर्द बैठ कोई मेरे कानों में फूल रखती, कोई केशों में स्रज बाँधती, कोई मेरे कन्धे पर अपने कपोलों को रख पूछती–'प्रिय! कैसी हैं वे मानवियाँ, जिनके लिए तुम हमें छोड़ जाना चाहते हो?' ''

इस तरह ध्वस्त होती हुई सामन्ती संस्कृति को राहुलजी ने ऐतिहासिक चित्रण के नाम पर साहित्य में सुरक्षित रखा है। सामन्तों के कल्पित स्वर्ग से इस समाज में क्या अन्तर है? अन्तर केवल इतना है कि राहुलजी अपनी नायिकाओं की नस्ल का बड़ा खयाल रखते हैं। उनके नेत्र नीले और केश पीले होने चाहिए। दिवा के नेत्र अलसी के फूल जैसे नीले हैं। नागदत्त कहानी में एक अनुपम सुन्दरी के शिर पर ''मानों सुवर्ण के सूक्ष्म तन्तुओं को वलित करके सजाया गया था।'' अश्वघोष की माँ के नेत्र सुवर्ण जैसे पीले हैं। जब शुद्ध आर्य रक्त वाले देव और देवियाँ मिलते हैं, तब उनके केश-दाढ़ी-सम्मेलन से विचित्र दृश्य उपस्थित होता है, ''उस वक्त देवों के केश-दाढ़ियाँ तथा देवियों के सीमान्त अग्निस्कन्ध से निकलती ज्वाला रश्मियों से मालूम होते हैं।'' (सिंह सेनापति, पृ. 67)

राहुलजी के लिए इतिहास की मूल समस्या है–रक्त शुद्धि। आर्यों का जनतन्त्र भ्रष्ट होता है रक्त सम्मिश्रण की वजह से। और सामाजिक विकास की हर मंजिल में एक क्रिया साधारण है–मुक्त प्रेम! इस दृष्टि से समाज में कोई विकास नहीं हुआ या कहना चाहिए कि प्रेम और सौन्दर्य के मामले में मनुष्य पूर्ण विकसित ही रचा गया था!

हमारे यहाँ इतिहास को देखने की एक और परम्परा है। वह परम्परा निराला की 'प्रभावती', वृन्दावनलाल वर्मा की झाँसी की रानी 'लक्ष्मीबाई' में दिखाई देती है। इस परम्परा में जनता अन्याय-अत्याचार से पीड़ित और उसके खिलाफ संघर्ष करती हुई भी दिखाई जाती है। 'प्रभावती' में निरालाजी कहते हैं, ''वह और ही

युग था। एक ओर गाँवों में गरीब किसान छप्परों के नीचे, दूसरी ओर दुर्ग में महाराज धनधान्य और हीरे-मोतियों से भरे प्रासादों में, फिर भी उन्हीं के फैसले के लिए, न्याय के लिए, जाना और उन्हें भगवान का रूप मानना पड़ता था।'' वैज्ञानिक भौतिकवाद पर किताब लिखने के बावजूद राहुलजी में इस जनवादी दृष्टिकोण का अभाव है। वृन्दावनलाल वर्मा के ऐतिहासिक उपन्यासों में बुन्देलखण्ड की जनता सजीव हो उठती है, उसकी जातीय विशेषताओं में उसकी रोमांसप्रियता भी शामिल है। वर्मा जी के उपन्यासों में जहाँ किसान-युवकों की सहज उमंग का वर्णन मिलता है, वहाँ राहुलजी के उपन्यासों में किसी व्यभिचारी महन्त के विलास-स्वप्न ही दिखाई देते हैं।

ऐतिहासिक उपन्यास हमारे जातीय आत्मसम्मान को जगाते हैं, पूर्व पुरुषों के वीर कृत्यों का वर्णन करके साहसपूर्वक अन्याय का विरोध करना सिखाते हैं। विशेष रूप से ब्रिटिशराज के खिलाफ हमारी जनता के संघर्षों को लेकर लिखे गए उपन्यास आज की परिस्थिति में भी शान्ति और स्वाधीनता के संघर्ष में हमारी बहुत बड़ी सहायता करते हैं। इस दृष्टि से वर्माजी का 'लक्ष्मीबाई' उपन्यास अनुपम रचना है। उसमें हिन्दू-मुस्लिम जनता का मिला-जुला संघर्ष, अंग्रेजों के पाशविक अत्याचार, सामन्ती नायकों की शिथिलता और विलासिता जो देश के प्रति विश्वासघात की सीमा तक पहुँच जाती है, बुन्देलखण्ड की जनता का जीवन में अडिग विश्वास और देशप्रेम,—यह सब वर्माजी ने बड़े कौशल से उपन्यास में दिखाया है। उनके साधारण पात्र भी स्मृति-पटल पर अंकित हो जाते हैं और अपने व्यक्तित्व में निराले होते हैं। ऐतिहासिक उपन्यासों में हमें वह परम्परा अपनानी चाहिए न कि मुखर अश्व जैसे कुचों वाली नायिकाओं और चाहे जिस पद्मकोश में बन्द हो जाने वाली भ्रमरियों की परम्परा।

इसी तरह मध्यवर्ग के चित्रण में हमें प्रेमचन्द की 'इस्तीफा' जैसी कहानियों की परम्परा अपनानी चाहिए। मध्यवर्ग के जीवन की समस्याएँ किसान मजदूरों के जीवन की समस्याओं से काफी हद तक मिलती हैं। अक्सर हमारे कलाकार शिकायत करते हैं, हम तो किसान-मजदूरों को जानते नहीं, फिर क्या मध्यवर्ग के बारे में भी न लिखें? अवश्य लिखें लेकिन क्या लिखें?

कुछ कलाकारों के लिए मध्यवर्ग की जिन्दगी के चित्रण का मतलब होता है, सेक्स सम्बन्धी विकारों का चित्रण। इसके सिवा उन्हें आज के समाज की चक्की में उसका जीवन पिसता हुआ नहीं दिखाई देता, कहीं वे उस चक्की के पाटों के खिलाफ कसमसाते नजर नहीं आते।

कुछ कलाकार मध्यवर्ग का बहाना करके उसी सुनीतावादी परम्परा का अनुकरण करते हैं।

अश्क की 'गिरती दीवारें' में अनन्त चेतन को सलाह देता है कि जब पम्प

पर प्रकाशो पानी लेने आए तब वह उसे पकड़ कर अन्दर ले आए। प्रकाशो के आने पर तीन-चार बार अनन्त ने चेतन के कुहनी गड़ाई लेकिन वह टम से मस न हुआ और प्रकाशो "बाल्टी उठाकर अपने मोटे-मोटे ओठों से मुस्कराती और अपने भारी कूल्हे मटकाती हुई चली गई।" अनन्त ने फतवा दिया कि "वह एकदम नपुंसक है।" कहीं श्री धर्मवीर भारती ने कथा साहित्य के नपुंसक-नायकों पर लेख लिखा था। अश्क जैसे कलाकार उनकी संख्या इतनी तेजी से बढ़ा रहे हैं कि भारती जी अब उन पूरा थीसिस लिख सकते हैं।

नीला और चेतन की प्रेम कहानी पर 'गिरती दीवारें' के लम्बे-लम्बे अध्याय पढ़ते हुए आदमी ऊब उठता है। इस कदर उथलापन हिन्दी उपन्यासों में मुश्किल से मिलेगा। कहीं प्रकाशो के सिर से दुपट्टा खिसक जाता है, उसकी छोटी आँखें कुछ विचित्र आकांक्षा से फैल जाती हैं और चेतन का जी चाहता है कि "उसे अपने आलिंगन में लेकर दबाए कि उसका दम निकल जाए।" लेकिन वह उसके चुटकी काट कर रह जाता है। और बदले में प्रकाशो उसके चुटकी काट लेती है। महान् मनोवैज्ञानिक चित्रण! हाँ एक बार चेतन ने प्रकाशो के पतले ब्लाउज में छाती के मोटे से बटन पर चुटकी काट दी। महान् यथार्थवादी चित्रण!

शेखरपंथियों का सबसे बड़ा सहारा है बीमारी। चेतन भी बिस्तर पर जा लेटता है। "उसने मस्तक पर ठण्डा, प्यार भरा हाथ फिरता हुआ महसूस किया और उसके कानों में आवाज आई–मधुर और मादक–जीजीजी!" यह नीला थी। और जब नीला उसके ऊपर झुक जाती है–सूखे सोते पर सप्तपर्णी की तरह–तब "एक बार उसे प्रबल आकांक्षा हुई कि उसके गले में बाँहें डालकर वह उसे चूम ले। पर उसने बालों को ही चूमा।" दूसरी बार "अपनी पीठ के साथ नीला के स्वस्थ वक्ष का परस और उष्णता अनुभव करते ही चेतन के हाथ फिर काँपने लगे।" और जब नीला दूध का खाली गिलास रखकर हटने लगी तो "अचानक दाएँ हाथ से उसे अपने आलिंगन में भरकर चेतन ने उसे चूम लिया।"

ड्रापसीन! नतीजा यह कि चेतन को लगता है कि संसार के सभी पुरुषों के बीच अनगिनत दीवारें खड़ी हैं, इन दीवारों का अन्त नहीं है। यथार्थ को इस गत्यात्मक रूप में श्री उपेन्द्रनाथ अश्क ने देखा है। साहित्य के छिछलेपन का दूसरा नाम है अश्क।

(4)

शेखर घोर विद्रोही है, पैदायशी विद्रोही है! आर्थिक कारणों से कोई विद्रोह करे, यह उसकी समझ में नहीं आता। "हमारे घर में रोटी नहीं है, रोजी हमें मिलती नहीं, हम भूखे हैं, इसलिए हम विद्रोही हैं। मैं समझता हूँ कि यह कहना क्षुद्रता है, अपना

घोरतम अपमान है।''

वह ''दुनिया के विद्रोहियो एक हो'' का नारा देते हुए ललकारता है, ''मैं कहता हूँ ओ विद्रोहियो, आओ, पहले इसी दम्भ को काटो! जानो, समझो, घोषित करो कि हम इस या उस दुर्व्यवस्था के नहीं, हम इस ऐसेपन के ही, एतादृश्व मात्र के विरोधी हैं, हम सभी कुछ बदलना चाहते हैं, हमारी विद्रोही-प्रेरणा धर्म के, समाज के, राजसत्ता के, अर्थसत्ता के और अन्त में अपने व्यक्तित्व के प्रति विद्रोही है।''

ऐसा विद्रोह कि विद्रोही प्रेरणा भी विद्रोही है। अपने व्यक्तित्व से विद्रोह है। जीवन से विद्रोह है। हर तरह की व्यवस्था से, संगठन से, मनुष्यता से विद्रोह है। ऐसा आदर्श विद्रोही आसानी से नहीं पैदा होता। ''एक सम्पूर्ण और आदर्श विद्रोही को उत्पन्न करके ही एक समूची शताब्दी, बल्कि एक समूची संस्कृति सफल हो जाती है।''

शेखर ऐसा ही विद्रोही है। हरिप्रसन्न के जीवन में जो कुछ अज्ञात या अज्ञेय रह जाता है, वह 'शेखर : एक जीवनी' में स्पष्ट हो जाता है।

शेखर विद्रोही है लेकिन क्रान्तिकारी नहीं। उसके लिए विद्रोही पैदा होते हैं, बनते नहीं हैं। वह संसार की सबसे बड़ी क्रान्ति के नेता स्तालिन के बारे में कहता है, ''संसार की सबसे विराट्, सबसे अधिक आग्नेय, घोरतम युग प्रवर्तक रूसी क्रान्ति की गोद में पलकर भी स्टैलिन विद्रोही नहीं हो पाया, जूठन बीनने वाला ही रह गया है... ।''

शेखर के दिमाग में कभी-कभी एक पंक्ति गूँजा करती है–

"Better to be a dog, a pig, a rat, a stinking worm than to be a man whom no one trusts."

''अविश्वसनीय होने से कुत्ता, चूहा, दुर्गन्धित कृमि कीट होना अच्छा है...''। शेखर ऐसा ही मानवद्रोही है कि उस पर कोई विश्वास नहीं करता। उसकी तरह के दुर्गन्धित कृमि कीट ही मानव समाज के प्रिय नेता स्तालिन के लिए इस तरह के अपशब्द लिख सकते हैं। आश्चर्य इस बात पर नहीं है कि अज्ञेय ने 'शेखर' में यह सब लिखा है। आश्चर्य इस बात पर है कि हिन्दी के 'प्रगतिशील' आलोचक शेखर को क्रान्तिकारी उपन्यास कहकर उसकी तारीफों के पुल बाँधते नहीं थके।

जून 1947 के 'हंस' में श्री भारतभूषण अग्रवाल के कुछ सवालों पर अज्ञेय के जवाब छपे हैं। इनमें एक जगह अज्ञेय ने त्रात्स्की और स्तालिन के बारे में अपनी धारणाएँ स्पष्ट करते हुए कहा है, ''ट्राट्स्की के चरित्र का उत्थान (और उसके अहं की अन्तिम पराजय भी) कल्पना को छूता है और भावनाओं को उद्वेलित करता है। ट्राट्स्की के जीवन में स्तालिन के जीवन की अपेक्षा नाटकीय तत्त्व कहीं अधिक है। और 'शेखर' के जमाने के आतंकवादी क्रान्तिकारियों के लिए इन चीजों का महत्त्व बहुत अधिक था।... मैं दावे के साथ कह सकता हूँ कि शेखर के समय युगीन सभी

आतंकवादी ट्राट्स्की के प्रति अधिक आकर्षित थे। उन आतंकवादियों में से बहुत से आज आगे बढ़कर उस भावनामूलक आकर्षण को गलत मानें यह तो उचित है, लेकिन ऐसा आकर्षण उनमें था ही नहीं यह दावा झूठ होगा।''

त्रात्स्की के जीवन में नाटकीय तत्त्व यह अधिक था कि उसने अपने देश और जनता से विश्वासघात करके साम्राज्यवादियों की जासूसी की, इनकी चाकरी करते हुए घृणित से घृणित काम करने से भी वह बाज नहीं आया। विद्रोह और क्रान्ति के बारे में लफ्फाजी करने में वह शेखर का गुरु था। उस गुरु के चरणचिह्नों पर चलते हुए अज्ञेय ने भी ऐंग्लो अमरीकी साम्राज्यवाद की चाकरी स्वीकार करके 'शान्ति' और 'व्यक्ति की स्वाधीनता' की रक्षा के लिए सांस्कृतिक सम्मेलनों का आयोजन किया है।

शेखर राजनीति से परे नहीं है। उस पर किसका प्रभाव है, यह अज्ञेय के मुँह से ही स्पष्ट हो चुका है।

यह मानना होगा कि स्तालिन और त्रात्स्की के बारे में इस तरह के 'भ्रम' सिर्फ अज्ञेय को नहीं हैं।

राहुलजी ने 'सोवियत भूमि' में दिखलाया है कि स्तालिन और त्रात्स्की के संघर्ष में लेनिन ने, कम से कम एक बार, त्रात्स्की का साथ दिया। लाल फौज के सिलसिले में त्रात्स्की ने किसी बात की शिकायत लेनिन से की और ''लेनिन ने त्रात्स्की की आज्ञा मानने के लिए स्तालिन को मजबूर किया।'' (पृ. 174)। लेकिन ''लेनिन का स्तालिन पर अधिक विश्वास और स्नेह था।'' (पृ. 175)। मानों सारा संघर्ष स्नेह और विश्वास को लेकर हो। लेनिन के शब्द त्रात्स्की की किस्मत का फैसला करते हैं कि ''नेतृत्व स्तालिन को मिलना चाहिए या त्रात्स्की को।'' (पृ.178)। त्रात्स्की के लिए कहा गया है कि वह ''साहित्यिक आदमी था, शब्दों का धनी था।'' (पृ. 175)।

'सोवियत भूमि' में राहुलजी ने अज्ञेय की तरह स्तालिन को गालियाँ नहीं दीं। उन्होंने इतना ही कहा है कि ''स्तालिन पत्थर की तरह भावुकता-शून्य है। अगर उसमें नसें हैं तो चट्टानों की। होशियार, चतुर। आखिर है भी तो वह पूर्वीय।'' (पृ. 183)

साम्राज्यवादी प्रचारकों द्वारा 'निर्दय' स्तालिन के रेखाचित्र की हर पंक्ति राहुलजी ने उतार ली है।

स्तालिन के क्रान्तिकारी जीवन के बारे में उन्होंने 'सोवियत भूमि' में लिखा है, ''1917 से पहले का जीवन तैयारी का जीवन था। असली जीवन स्तालिन का लाल क्रान्ति के बाद शुरू होता है।'' (पृ. 172-3) लेकिन गद्दार बुखारिन के बारे में राहुलजी की राय है, ''बुखारिन उन आदमियों में से है, जिसने अपनी जिन्दगी का सारा भाग लाल क्रान्ति के आवाहन और सफलता में खर्च किया।'' (उप.

भूमिका, पृ. 13)।

निःसन्देह राहुलजी ने गद्दारों और क्रान्ति विरोधियों के 'क्रान्तिकारी' जीवन का जितना गम्भीर अध्ययन किया है, उतना स्तालिन के जीवन का नहीं।

स्तालिन और त्रात्स्की के बारे में अपनी पुस्तक 'मार्क्सवाद' में यशपालजी लिखते हैं, "जहाँ तक मार्क्सवाद के राजनीतिक, आर्थिक और दार्शनिक सिद्धान्तों का सम्बन्ध है, ट्राट्स्की और स्टालिन में कोई भेद न था। परन्तु संसार में समाजवाद स्थापित करके समाज की अवस्था कम्युनिज्म की स्थापना के योग्य बनाने के सम्बन्ध में उनके कार्यक्रम में भेद था।"

अगर क्रान्ति-विरोध और क्रान्ति एक ही चीज हैं तो जरूर स्तालिन और त्रात्स्की में कोई भेद न था। लेकिन जैसा कि लोग जानते हैं, त्रात्स्की राजनीतिक, आर्थिक और दार्शनिक सभी क्षेत्रों में मार्क्सवाद, लेनिनवाद का विरोधी था।

आगे यशपालजी कहते हैं, "लेनिन के पश्चात् रूस में समाजवादी व्यवस्था चलाने का काम कम्युनिस्ट दल ने स्टैलिन को सौंपा। ट्राट्स्की भी मार्क्सवाद का बहुत बड़ा विद्वान और विशेषज्ञ समझा जाता था। रूस की क्रान्ति के पुराने नेताओं में से होने के कारण उसका प्रभाव भी कम न था। रूस समाजवाद को सफल बनाने और समाजवाद के लिए विश्वक्रान्ति करने की तैयारी के कार्यक्रम के बारे में इन दोनों में मतभेद यहाँ तक बढ़ा कि वह सिद्धान्तों का भेद जान पड़ने लगा।"

जैसा कि सभी जानते हैं, भेद कार्यक्रम ही का न था हालाँकि कार्यक्रम किन्हीं सिद्धान्तों के मातहत ही बनते हैं। स्तालिन और त्रात्स्की का 'मतभेद' मार्क्सवाद और क्रान्ति-विरोध का भेद था। यशपाल के वाक्यों से अज्ञेय की यह बात तो साबित नहीं होती कि शेखर के समय के सभी आतंकवादी ट्राट्स्की के प्रति अधिक आकर्षित थे लेकिन उनमें से कुछ–जिनमें यशपाल जी भी हैं, उसकी ओर एक हद तक आकर्षित अवश्य थे–यानी सोवियत-विरोधी साम्राज्यवादी प्रचार के असर में थे–यह जरूर साबित होता है।

शेखर त्रात्स्की जैसे क्रान्ति-विरोधियों का भक्त होकर उसी तरह की वीरता का परिचय देता है जिस तरह की वीरता की उससे आशा की जा सकती है। अपनी दीनता का रोना रोकर या अपने चिर विद्रोहवाद की दुहाई देकर वह स्त्रियों की करुणा जगाने में एक ही है।

'कर्मभूमि' के अमरकान्त की तरह शेखर सर्वतोमुखी क्रान्ति चाहता है। इस क्रान्ति के लिए वह साहित्य रचता है–"साहित्य–वह साहित्य जो क्रान्ति को प्रेरणा दे...और क्रान्ति? एकपक्षीय नहीं, सर्वतोमुखी क्रान्ति! जो क्रान्ति एक दिशा में तभी बढ़ती है जब दूसरे मार्ग बन्द कर ले, वह क्रान्ति नहीं है।"

क्रान्ति के लिए वह संगठन जरूरी नहीं समझता। व्यक्ति द्वारा की गई चेष्टाओं को वह संगठित प्रयत्नों से श्रेष्ठ समझता है। उसने अपना धर्म बना लिया

है, ''बहुमुखी क्रान्ति के लिए भूमि जोतना और बोना, क्रान्तिबीज की सिंचाई और निराई करना...।''

आत्मपीड़ा का सफल अभिनय करने के बाद जब शशि शेखर के ऊपर झुकी होती है तो उसे लगता है ''जैसे पहाड़ी सोते के ऊपर छायादार सप्तपर्ण का वृक्ष'' झुक आया है।

आत्मपीड़ा के बारे में शेखर कहता है, ''पाने के लिए न जियो, देने के लिए जियो। माना। पर क्या दो? निरुद्देश्य, कारणहीन, अर्थहीन आत्मपीड़ा क्यों हो, किसके लिए हो?''

शेखर पश्चिम की पूँजीवादी संस्कृति से प्रभावित हिन्दुस्तान के उन निकम्मे लोगों में से है जो एक तरफ तो विद्रोह की लम्बी-चौड़ी बातें करके अपनी हीन भावना सन्तुष्ट करते हैं, दूसरी तरफ आत्मपीड़ा के अभिनय से अपने अस्तित्व को सार्थक कर के नारी से करुणा की भीख माँगते हैं। उनका विद्रोह और आत्मपीड़ा दोनों ही उनके निकम्मे व्यक्तित्व के दो पहलू हैं।

और जब उस पर सप्तपर्ण की छाँह पड़ती है तब ''वह तन्द्रा पूर्ववत छा गई और सप्तपर्णी की छाँह में अस्तित्व सो गया...।''

सुनीता की तरह शशि भी विवाहित है। उसकी अपेक्षा कष्ट ज्यादा सहती है। वह शेखर से प्रेम करती है लेकिन शेखर उस प्रेम को लेकर क्या करे? वह प्रेम को कर्म के लिए प्रेरणा मानना चाहता है लेकिन कर्म उसके पास है क्या? आतंकवाद के नाम पर जो कर्म था, वह भी समाप्त हो गया है। वह ठीक कहता है, ''जीवन ने अर्थ खो दिया है, यथार्थता, व्यवस्था, गति सब कुछ खो दिया है। निरा अस्तित्व—एक क्षण से दूसरे क्षण तक एक अणु पुंज का बने रहना—वह भी मिट गया है।... भावना से भटकता हुआ एक विचार हर जगह आग देता हुआ और स्वयं ज्वाला में झुलसता हुआ—निरन्तर उठता हुआ, उठता हुआ, न बुझता हुआ, न मरता हुआ।''

ऐसा है शेखर, कुण्ठावाद का प्रतीक। जीवन और साहित्य में निरुद्देश्यता का प्रचारक। ऐसा विद्रोही कि अपने व्यक्तित्व से ही विद्रोह कर बैठे। फिर भी उस व्यक्तित्व को उदात्त बनाकर अहंकार को सन्तुष्ट करने में उसकी सार्थकता देखे। शेखर ऐसी चरम स्वार्थपरता का प्रतीक है कि वह किसी भी जनहित के काम में हिस्सा नहीं ले सकता। जन-द्रोह में ही वह अपनी विद्रोह की चरम परिणति देखता है। यह पूरा नाटक 'नदी के द्वीप', अज्ञेय की कविताओं और लेखों में दिखाई देता है।

शेखर के व्यक्तित्व को लेकर पाँच सौ पन्नों में जो कुछ कहा गया है, वह इस एक वाक्य में भी बहुत स्पष्टता से कहा दिया गया है—

''जिस प्रकार घोंघे के भीतर रहने वाला जीव तभी बाहर निकलता है, जब वह

भूखा होता है या जब वह एक प्रणयी खोजता है, और तृप्त होकर फिर घोंघे के भीतर घुस जाता है, उसी प्रकार असन्तुष्ट और अतृप्त शेखर भी बाहर निकला हुआ था।''

इस घोंघावसन्ती साहित्य में कुछ विद्वानों ने महान् मनोविज्ञान, उत्कृष्ट कला, क्रान्तिकारी तत्त्व, क्या-क्या नहीं ढूँढ़ लिया।

'प्रतीक' (संख्या 2) में श्री नेमिचन्द्र लिखते हैं, ''इस अन्तर्मुखी साहित्य में एक तरह की तीखी तीव्रता है जो प्रायः पाठक को अवसन्न छोड़ जाती है। क्योंकि स्वयं लेखक की छाती पर ही एक कटार रक्खी हुई है या उसकी पुकार किन्ही खँडहरों में खो चुकी है। स्पष्ट ही ऐसे साहित्य में जीवन के संस्कार की, अवरोध के विष को पीकर मानव को शिवत्व अथवा अमरत्व प्रदान करने की न तो प्रवृत्ति ही है न शक्ति ही। घोर आत्मरति के कारण लेखक अपनी ही संकुचित परिधि में चक्कर काटता रहता है और घुटता रहता है।'' शेखरपन्थी साहित्य के कुछ आलोचकों की यह विशेषता है कि वे एक तरफ तो उसकी घोर आत्मरति की निन्दा-सी करते लगेंगे, साथ ही वे उसकी 'तीखी तीव्रता' अर्थात् तीव्र तीव्रता की तारीफ भी करेंगे जो प्रायः पाठक को अवसन्न छोड़ जाती है, अगर सभी पाठकों को नहीं तो कम से कम इन आलोचकों को जरूर। उन्हें शेखरपन्थी साहित्य के मुकाबले में और सब साहित्य फीका लगता है। अन्तर्मुखी साहित्य की चर्चा करने के बाद नेमिचन्द्र ''तथाकथित सामाजिक चेतना का साहित्य'' लेते हैं। वह मानते हैं कि ''नए जीवन के निर्माण की प्रेरणा भी उसमें है,'' फिर भी उन्हें वह पसन्द नहीं आता क्योंकि ''अन्तुर्मखी साहित्य की अपेक्षा उसमें आन्तरिक सक्षमता कम है। वह प्रायः सारा का सारा अस्वीकार का साहित्य है, बचकाना और जैसे किसी साँचे में ढला हुआ। उसमें प्रचलित नारों और घिसे-पिटे विचारों की भरमार है।''

यह मानते हुए कि हमारे यहाँ कुछ साहित्य ऐसा भी है जिसमें प्रचलित नारों और घिसे-पिटे विचारों की भरमार है, नेमिचन्द्र की इस बात से शायद ही कोई सहमत हो कि हिन्दी में 'अन्तर्मुखी' साहित्य के अलावा जो भी 'सामाजिक चेतना' का साहित्य है, वह बचकाना और किसी साँचे में ढला हुआ है। इस तरह के आक्षेप अज्ञेय की तरफ से भी प्रगतिशील साहित्य पर हुए हैं। शिवदानसिंह चौहान ने अपने समर्थन में 'कुत्सित समाज शास्त्र' के खिलाफ अज्ञेय का एक लम्बा पैरा (अपने नई चेतना, न. 4) वाले लेख में उद्धृत किया है। जैसे चौहान को हिन्दी लेखक ही सामयिक हलचलों में फँसे नहीं दिखाई दिए, गोर्की और शेली जैसे कलाकार भी दलदल में धँसते जान पड़े, उसी तरह अज्ञेय को सिर्फ हिन्दी में साँचे का ढला हुआ साहित्य नहीं मिलता, उन्हें समूची सोवियत संस्कृति साँचे में ढली हुई जान पड़ती है।

अप्रैल 1952 के 'प्रतीक' में वह लिखते हैं, ''यह कदाचित् कहा जा सकता है कि 'फोक' के अर्थ में लोक रूस में है ही नहीं, और वहाँ का जन प्रकृत जन नहीं, राज्य द्वारा संचालित श्रमिकजन है; फलतः वहाँ की संस्कृति भी सहज विकसित

होती हुई लोक संस्कृति नहीं, राज्य द्वारा संचालित श्रम संस्कृति है।"

अज्ञेय को सोवियत देश के मनुष्य, कला, संस्कृति सब साँचे में ढले हुए जान पड़ते हैं। उनमें न तो शेखर का 'विद्रोह' है, न उसकी आत्मपीड़ा। वे मेहनत करने वाले, शान्ति और जनतन्त्र के लिए लड़ने वाले लोग हैं, उनकी संस्कृति और कला उनके मनोजगत् का प्रतिबिम्ब है। अज्ञेय को यह सब आतंकजनित मालूम होता है।

स्तालिन के चित्रों का जिक्र करते हुए अज्ञेय ने लिखा है, "आश्चर्य की बात है कि स्तालिन के इन चित्रों में कदाचित् ही कोई अच्छा चित्र था और शबीह की सार्थकता कदाचित् ही किसी कलाकार में थी। इसका कारण यह हो सकता है या नहीं कि स्तालिन का व्यक्तित्व रूस के कलाकारों को आतंकित किए हुए है, इस जिज्ञासा का उत्तर पाने का कोई उपाय नहीं है।"

शेखरपन्थियों ने प्रगतिशील साहित्य का जो विरोध किया है, वह हमारी किन्ही विशेष खामियों की वजह से नहीं। अज्ञेय जैसे लोग हर भाषा और देश के जनवादी साहित्य के दुश्मन हैं।

नेमिचन्द्र की तरह शिवदानसिंह चौहान ने भी शेखर की असामाजिक चेतना, व्यक्तिवाद, ह्रास आदि की आलोचना की है, लेकिन उस सबका नतीजा यही निकलता है कि हिन्दी कथा-साहित्य में चारों तरफ ह्रास है, सिर्फ शेखर इस युग का श्रेष्ठ उपन्यास है। 'कथा-साहित्य की समस्याएँ' नाम के निबन्ध में वह लिखते हैं, "अज्ञेय का 'शेखर एक जीवनी' 'गोदान' के बाद सबसे महत्त्वपूर्ण और कलात्मक उपन्यास है।"

अवश्य ही, असामाजिक चेतना, व्यक्तिवाद, ह्रास आदि से उसका कलात्मक सौन्दर्य घटता नहीं बल्कि शायद बढ़ता ही है। इधर चौहान की राय में "प्रगतिवाद के नाम पर अब तक हिन्दी में जो कथा-साहित्य पैदा हुआ है उसे देखकर घोर निराशा होती है।" प्रगतिशील कथा-साहित्य के मुख्य पात्र कौन हैं? "प्रगतिवादी कहानियों के पात्र समाज के वे विकृत मानव हैं जो किसी भी क्रान्तिकारी सिद्धान्त से क्रान्ति के अग्रदूत नहीं बन सकते—जैसे वेश्या, भिखारी, कोई लूला-लंगड़ा अपंगु, पागल, विक्षिप्त आदि।"

प्रगतिशील कथा-साहित्य का जैसा गम्भीर ज्ञान इन पंक्तियों में प्रकट हुआ है, वैसा अन्यत्र, चौहान में भी, दुर्लभ है। आश्चर्य यह है कि शेखर का जो पागलपन अज्ञेय से भी छिपा नहीं रहा, उसे चौहान जैसा आलोचक क्यों नहीं देख पाया? शेखर कहता है, "मैं पागल तो नहीं हूँ किन्तु कभी-कभी सोचता हूँ कि मुझे पागलपन के इस ओर रखने वाली, सीमित कर देने वाली रेखा कितनी पतली है!"

जैसे वह शेखर के लिए पतली है, वैसे ही उस उपन्यास को गोदान के बाद हिन्दी का सबसे महत्त्वपूर्ण और कलात्मक उपन्यास कहने वाले के लिए भी वह रेखा पतली है।

'प्रतीक' (नं. 1) के लिए यह दावा किया गया है कि "वह देश की स्वाधीनता साहित्यिक चेतना का प्रतीक है।" यह चेतना किससे स्वाधीन है? सामन्ती साम्राज्यवादी संस्कृति के प्रभाव से? नहीं, यह चेतना स्वाधीन है सामाजिक उत्तरदायित्व से। मिसाल वैज्ञानिकों की दी गई है जो अपने प्रयोग किया करते हैं। इसे कोई विज्ञान के लिए विज्ञान या जीवन से पलायन नहीं कहता। इसलिए "साहित्यिक रूपाकारों की पड़ताल करने वाला, कला के उपकरणों की शक्तियों का अनुसन्धान करने वाला ही क्यों इस नाते अक्षम्य अपराधी माना जाए कि वह कला के लिए कला का प्रतिपादन करता है?"

पहले तो विज्ञान के आविष्कार उद्देश्यहीन नहीं होते; वे मानवकल्याण या विनाश के लिए होते हैं। इसलिए 'प्रतीक' की मिसाल में वैज्ञानिकों को सामाजिक उत्तरदायित्व से बरी मानकर उनसे कलाकारों की तुलना सही नहीं है। दूसरे रूपाकारों की पड़ताल करने वाले कलाकार, फॉर्मलिस्ट या रूपवादी, अपनी कला का रूप किसी विषयवस्तु को ही देते हैं जो सामाजिक विकासक्रम से तटस्थ नहीं होती, उदीयमान या मरणशील तत्त्वों का साथ देती ही है। हम केवल रूपाकारों की पड़ताल कर रहे हैं, यह तर्क साहित्य की पतनशील विषयवस्तु को छिपाने का साधन मात्र है।

'प्रतीक' घोषणा करता है कि वह "किसी दल का पत्र या आयोजन नहीं है।" लेकिन जिस समाज में एक दल पुरानी उपनिवेशी व्यवस्था की रक्षा करना चाहता हो, दूसरा दल उस व्यवस्था से उकता गया हो, उसमें दलों से अलग रहकर अदृश्य लीक पर शुद्ध कला की गाड़ी हाँकना असम्भव है। प्रतीक और अज्ञेय की सक्रिय सहानुभूति उन लोगों के साथ है जो इस उपनिवेशी व्यवस्था की रक्षा करना चाहते हैं। इसके बावजूद पाठकों के दबाव से 'प्रतीक' में जब-तब अच्छी चीजें छप जाएँ यह अपवाद उस नियम को ही साबित करता है।

'प्रतीक' नं. 4 में कहा गया है कि राजनीतिक दल "स्वयं दुराग्रह, संकीर्णता और पाखण्ड के पोषक हो सकते हैं, और मानसिक विकृति और भ्रंश के कारण बन सकते हैं। 'प्रतीक' स्पष्टदर्शिता और बेलाग आत्मनिरीक्षण का समर्थक है, और उसके लिए राजनीतिक दल का सहारा आवश्यक नहीं मानता।"

संस्कृति और स्वाधीनता पर 'प्रतीक' के अपने विचार दलों से परे नहीं हैं। उन विचारों से हमें साम्राज्यवादी प्रचार पहले ही परिचित करा चुका है।

फरवरी 1951 का 'प्रतीक' बुद्धिजीवियों से आग्रह करता है कि वे "अपने मन, अपने चिन्तन, अपनी बुद्धि को वैचारिक दासता से बचाने और उबारने के लिए भी सतर्क और सन्नद्ध रहें।" यह वैचारिक दासता का भय किससे है? अज्ञेय को यह भय साम्राज्यवाद और उसकी विचारधारा से नहीं है जिसने हमारी संस्कृति को पैरों तले रौंदा है, उसके विकास में बाधा डाली है। उन्हें यह भय उन शक्तियों से है जो शान्ति और जातीय संस्कृति की रक्षा और विकास के लिए संघर्ष कर रही हैं।

'प्रतीक' को शान्ति-आन्दोलन से जो खतरा दिखाई दे रहा है, वह इन वाक्यों से स्पष्ट है, "आज जो आसन्न युद्ध संकट के नाम पर कहा जाता है कि पहले शान्ति चाहिए, पीछे स्वतन्त्रता देखी जाएगी; वह स्थिति को विकृति रूप में दिखाना है।... स्वतन्त्रता सहज ही शान्ति से अधिक मौलिक आवश्यकता है, क्योंकि शान्ति के नाम पर स्वतन्त्रता की बलि देने से स्वतन्त्रता तो जाती है, शान्ति भी हाथ नहीं आती।"

संसार की शान्ति कौन भंग कर रहा है? दूसरों के अपनी परम्पराओं के अनुसार जातीय जीवन के निर्माण में कौन बाधा डाल रहा है? एशिया के देशों को किसने गुलाम बनाया है और बनाए रखना चाहता है? जाहिर है कि जो शान्ति का दुश्मन है, वह स्वाधीनता का भी दुश्मन है। फिर अज्ञेय के लिए पहले स्वाधीनता, फिर शान्ति का सवाल क्यों उठता है? इसलिए उठता है कि अज्ञेय जी और उन जैसे कलाकार क्या लिख रहे हैं, किसके लिए लिख रहे हैं, यह असमंजस में डालने वाले सवाल आप न करें। जो लोग युद्ध प्रचार करना चाहते हैं, जैसे 'नया समाज', वे इस काम में स्वाधीनतापूर्वक लगे रहें, जो लोग 'तटस्थ' रह कर साहित्य की सेवा कर रहे हैं, जैसे 'प्रतीक' और 'आलोचना', वे इस काम में लगे रहें। हिन्दुस्तान की जनता जो शान्ति और सुखी जीवन के लिए संघर्ष कर रही है, उससे साहित्य को 'स्वाधीन' रखा जाए। कलाकार की स्वाधीनता का यही रहस्य है।

रूपाकारों में प्रयोग करने की स्वाधीनता को हिन्दी में 'प्रयोगवाद' का नाम दिया गया है। यद्यपि इन 'प्रयोगवादी' कविताओं में बहुत-सी ऐसी रचनाएँ भी शामिल कर ली जाती हैं जो प्रयोगविरोधी हैं, फिर भी प्रयोगवाद अज्ञेय जैसे कलाकारों की सामाजिक उत्तरदायित्व से बरी होने की माँग है। प्रयोगवाद का कला-सिद्धान्त है–कला कला के लिए। उसकी विषयवस्तु पराजय और कुंठा के रस में डूबी हुई है; उसका रूप कुरूपता का पर्याय है। अज्ञेयजी कहते हैं–"लता टूटी, कुरमुराता मूल में है सूक्ष्म भय का कीट।" प्रयोगवाद भयग्रस्त प्राणियों की पुकार है। यह भय उन्हें भविष्य से है, जनआन्दोलन से है, अपनी उन साहित्यिक परम्पराओं से है जिनसे बचकर वे अपनी मौलिकता प्रमाणित करने के लिए बुरी तरह उत्सुक दिखाई देते हैं। इन कवियों के लिए जनजीवन या तो है नहीं या है तो उन्हीं जैसा विकृत और निरुद्देश्य। अज्ञेय जी कहते हैं–

"हम एक लम्बा साँप हैं–
जो बढ़ रहा है ऐंठता खुलता, सरकता रेंगता।
मैं न सिर हूँ (आँख तो हूँ ही नहीं),
दुम भी नहीं हूँ।
औ' न मैं हूँ दाँत जहरीले।
मैं–कहीं उस साँप की गुंजलक में उलझा हुआ सा
एक बेकस जीव हूँ।"

कौन लम्बा साँप है—कवि या शरणार्थी या दोनों? जो भी हो, यह साँप बिना दुम और बिना सिर का है, इसलिए यह कविता भी प्रयोगवाद की बहुत बढ़िया मिसाल है।

16. रांगेय राघव : प्रगतिशील साहित्य में छायावादी प्रवृत्तियों का अध्ययन

रांगेय राघव ने बहुत बड़े परिमाण में काव्य और कथा-साहित्य की रचना की है। उनकी रचनाओं में कुछ प्रवृत्तियाँ ऐसी हैं जो हिन्दी के और कई लेखकों में भी पाई जाती हैं और जो हमारे साहित्य के विकास में बाधक हैं। इसलिए उन प्रवृत्तियों की छानबीन जरूरी है।

(1)

इतिहास की पुनरुत्थानवादी धारणा

छायावादी कविता का एक पहलू वह था जो अतीतकाल के सुनहले चित्र खींचता था और इस तरह समाज के संघर्षों से बचकर उन सपनों से मन बहलाता था। इतिहास की तरफ उसका यह दृष्टिकोण अवैज्ञानिक, पलायनवादी और अक्सर पुनरुत्थानवादी होता था। यह दृष्टिकोण हमें रांगेय राघव में भी मिलता है।

रांगेय राघव ने इतिहास के प्रति अपनी धारणा यों प्रकट की है—

> "आह मानव-इतिहास!
> भूत के अन्धकार में विकल,
> अल्प विद्युत् उपहास!
> एक लघु लोल लहर का वेग,
> और सूना उच्छ्वास!"   (मेधावी, पृ. 164)

इतिहास के प्रति यह धारणा भाग्यवाद और पराजयवाद की नींव पर बनी है; उसका वैज्ञानिक समाजशास्त्र और इतिहास से कोई सम्बन्ध नहीं है।

प्राचीनतावाद या पुनरुत्थानवाद समाज को आगे बढ़ने से रोकने वाला एक ऐसा अस्त्र है जिसे हर देश के प्रतिक्रियावादी अपने काम में लाते हैं। प्राचीन गौरव

के झूठे गीत गाकर शासक वर्ग जनता को भुलावा देता है, उस वर्तमान समस्याओं से भटकाकर कल्पना-लोक के सुख-सपनों से बहलाता है, और इस तरह अपने वर्ग हितों के लिए जनता को अन्धा बनाकर उसे अपनी नीति पर चलाता है। इसलिए हर प्रगतिशील लेखक का यह कर्तव्य हो जाता है कि वह प्राचीन संस्कृति का ऐतिहासिक ढंग से सही मूल्यांकन करे, उसके जनवादी और प्रगतिशील तत्त्वों को पहचाने ज़ो नई संस्कृति के विकास में सहायक होंगे। प्राचीन समाज की दास-प्रथा और सामन्ती शोषण को भूलकर रत्न, वैभव, नारी-सौन्दर्य के चित्र देने का मतलब इतिहास को उस अवैज्ञानिक ढंग से पेश करना है, जो प्रतिक्रियावादियों के हित साधने में सहायक होता है।

हिन्दी लेखकों में कुछ का पुनरुत्थानवाद आर्यों तक सीमित है, कुछ का आर्यों से पहले अनार्य-संस्कृति के स्वप्नों तक जा पहुँचता है।

रांगेय राघव हड़प्पा और मोहनजोदड़ों के खँडहरों में ये सपने देखते हैं—

> युवा युवती के लयमय नृत्य,
> गन्धवाही समीर से फैल;
> आह सामूहिक स्नान विभोर
> हंस से कर उठते थे खेल। इत्यादि (मेधावी, पृ. 141)

रांगेय राघव ने अनार्य-सभ्यता के इन मोहक सपनों पर वर्ग-संघर्ष, दास-प्रथा, धार्मिक अन्ध-विश्वासों की छाया नहीं पड़ने दी। इसी तरह आर्यों की सभ्यता के मनोरम चित्रों से भी उनकी कल्पना खेल करती है—

> वह एक वृषभ की रज्जु लिए
> दुहिता हँसती है लिए प्यार
> मृदु मेष चर्म से बद्ध वक्ष
> का स्वर्णिम-सा कोमल उभार
> है झाँक रहा धीरे-धीरे
> भरता अँगड़ाई-सा दुलार...इत्यादि
>
> (उप., पृ. 147-48)

इस तरह के चित्र खींचकर कवि ने अपनी सौन्दर्य-सम्बन्धी कल्पना का ज्यादा परिचय दिया है, इतिहास के ज्ञान का कम। जिन लोगों ने वेद-मन्त्र रचे थे, वे इस तरफ ज्यादा ईमानदार थे। उन्होंने उन बहुत-सी बातों पर पर्दा न डाला था जिन्हें स्वप्न-लोक का कवि आज देख नहीं पाता।

रांगेय राघव ने कविता के अलावा हिन्दुस्तान के इतिहास पर अलग से भी एक पुस्तक लिखी है। इसका नाम है—'भारतीय पुनर्जागरण की भूमिका'। इस

पुस्तक की गद्य-शैली में और 'मेधावी' की पद्य शैली में ज्यादा फर्क नहीं है। इसके आरम्भ में ही यह पुनरुत्थानवादी झंकार सुनाई देती है—

'एक समय था, जब दूर-दूर से मिस्र, एलाम और सुमेरू के व्यापारी आकर द्रविड़ों के सामने सिर झुकाते थे, एक समय था जब दक्षिण के प्रबल शासकों ने सुदूर यव और सुमात्रा में जाकर इन्हीं पथों से उपनिवेश बनाए थे, एक समय था, जब अशोक महान् प्रियदर्शी की पुत्री संघमित्रा शान्ति का सन्देश लेकर सिंघत्व द्वीप गई थी; एक नहीं; उस समुद्र में सिन्ध और गंगा तथा ब्रह्मपुत्र की ऊर्जस्वित तरंगों ने सहस्रों शताब्दियों के मुखरित जीवन का संवाद गुंजरित किया था, कि आर्यों की रचनाओं का समवेत स्वर, धर्म और दर्शन की हुंकार, सौन्दर्य और शान्ति की मुस्कान, संग्राम का तुमुल निनाद...' इत्यादि। (पृ. 1) तमाम प्राचीनवादियों के गीत की यही टेक होती है—'एक समय था कि'! उस समय की याद करके लेखक का हृदय इतना व्याकुल हो उठा है कि वह भावों को छोड़कर शब्दों से क्रीड़ा करने लगा है। सिन्ध और ब्रह्मपुत्र की ऊर्जस्वित तरंगों ने 'सहस्रों शताब्दियों' के मुखरित जीवन का जो संवाद गुंजरित किया था, वही संवाद रांगेय राघव के शब्दों में गूँज उठा है, लहरों की कल-कल के बदले शब्दों के कल्लोल में।

रांगेव राघव की खूबी यह है कि उन्होंने भारत-गौरव के गीत ही नहीं गाए, ब्रिटेन के गौरव पर कलम उठाई है, तो वहाँ भी कमाल कर दिखाया है। ईस्ट इण्डिया कम्पनी के लिए लिखा है : 'ईस्ट इण्डिया कम्पनी के सौदागरों ने भारत को जितने लाभ पहुँचाए, उतने लाभ आज तक कोई भी भारतीय शासक नहीं पहुँचा सका था।' (भारतीय पुनर्जागरण की भूमिका, पृ. 44)। इसके बाद लिखा है—

'ब्रिटेनिया सिन्धु की तरंगों का शासन कर रही थी। सारा संसार साँस रोककर उस अभिमान को देखकर सिर झुका रहा था।' (उप., पृ. 44)।

इस तरह के गद्य-काव्य से पाठक ब्रिटिश राज्य के वैभव से आतंकित भले हो जाएँ, वह उसकी हकीकत को, उसी असंगतियों को नहीं पहचान सकते। यह शैली लेखक का बचकानापन, इतिहास का निर्माण करने वाली शक्तियों को समझने में उसकी असमर्थता प्रकट करती है। जब ऐतिहासिक विश्लेषण का अभाव होता है, तब लेखक उस कमी को मनोहर शब्द-जाल से पूरा करने की कोशिश करता है।

रांगेय राघव ने इस पुस्तक में हिन्दू-पुनरुत्थानवाद की आलोचना भी की है। इसके बावजूद उनके अन्दर उस पुनरुत्थानवाद के बीज मौजूद हैं। 'धर्म को हटाकर भारत का इतिहास नहीं समझा जा सकता।' (उप., पृ. 131)।

सवाल यह है कि इस धर्म का भी कोई ऐतिहासिक आधार है या नहीं। रांगेय राघव ने इतिहास को समझने के लिए धर्म को समझना जरूरी बताया है, धर्म को समझने के लिए इतिहास को समझने पर जोर नहीं दिया। उनके लिए धर्म सामाजिक परिस्थितियों से ऊपर की चीज है। वह एक ऐसी विचारधारा है, जो

सामाजिक विकास के नियमों से बँधकर नहीं चलती। इसलिए यूरोप में जहाँ राष्ट्रीयता का जन्म पूँजीवाद के साथ हुआ, हिन्दुस्तान में उसका जन्म सामन्तकाल से भी पहले हो गया।

मार्क्सवाद सिखाता है कि पूँजीवादी विकास सामन्ती अलगाव दूर करके नए आर्थिक सम्बन्धों के आधार पर जाति का संगठन करता है। रांगेय राघव की दृष्टि में यह सिलसिला ठीक नहीं है।

शिवाजी और नैपोलियन को एक साथ तौलते हुए रांगेय राघव ने जातीयता के खतरे से यों आगाह किया है—

'मराठा उत्थान प्रजा से आरम्भ होकर शिवाजी के सम्राटत्व में ऐसे ही समाप्त हो गया, जैसे नैपोलियन का। जातीयता का यह उत्थान सदैव भारतीय राष्ट्रवाद के विरुद्ध रहा है, क्योंकि जब मनुष्य अपनी अधिक सोचने लगता है तब समाज पीछे चला जाता है।' (उप., पृ. 132)।

इस तरह जातीयता का विकास एक समाज-विरोधी घटना के रूप में हमारे सामने आता है। उसके बदले धार्मिक 'राष्ट्रवाद' ज्यादा ऊँची चीज ठहरता है। जातीय राष्ट्रवाद स्वार्थी है। धार्मिक राष्ट्रवाद परमार्थी है।

आगे लिखा है—'भारत में राष्ट्रीय भावना की परम्परा हम ऊपर देख चुके हैं। यदि यूरोप की भाँति ही हमारे यहाँ राष्ट्रवाद पूँजीवाद की ही उपज होता तो अवश्य यहाँ वर्ग संघर्ष प्रारम्भ होता।' (पृ., 135)।

यह बात सही हो, तो उस आर्य राष्ट्रवाद की जय क्यों न बोली जाए, जो पश्चिमी पूँजीवाद की तरह वर्ग-संघर्ष के रोग से पीड़ित नहीं है? साँप मरा और लाठी भी न टूटी। राष्ट्रवाद मिल गया और वर्ग संघर्ष के झंझट से भी बच गए। क्या आज हिन्दुस्तान का शासक वर्ग इसी तरह के राष्ट्रवाद की बातें नहीं करता? क्या वह जनता को यह नहीं समझाता—हमारा राष्ट्र सनातन है, प्राचीन है; वर्ग-संघर्ष की बात हमारी संस्कृति के खिलाफ है; इसलिए भारत का राष्ट्रवाद वर्ग-संघर्ष-हीन होना चाहिए?

'भारतीय इतिहास का रेखाचित्र' नाम से रांगेय राघव का एक लेख 'जनवाणी' (अक्तूबर, 1948) में छपा है। अपने अवैज्ञानिक और पुनरुत्थानवादी दृष्टिकोण के मुताबिक रांगेय राघव ने हिन्दुस्तान के इतिहास का काल-विभाजन इस तरह किया है—आदि प्राचीन काल में ताम्र-युग, देव युग; मध्य प्राचीन काल में सतयुग, त्रेता, द्वापर; उत्तर प्राचीन काल में कलियुग, गणनास्तिक-युग; फिर पूर्व मध्यकाल, सन्धि-युग, उत्तर मध्यकाल, आधुनिक काल, अंग्रेजी शासन-युग और पूँजीवाद युग।

पुराने जमाने के पुराण लेखक सतयुग से पहले न जाते थे; रांगेय राघव को यह श्रेय प्राप्त है कि उन्होंने सतयुग के पहले देवयुग भी ढूँढ़ निकाला है। कहना न होगा कि इतिहास का यह काल-विभाजन आर्य राष्ट्रवाद की परम्परा के एकदम

अनुकूल है। रांगेय राघव का लेख पाठक के मन पर यह छाप डाले बिना नहीं रहता कि हम स्वर्ण-युग से गिरते-गिरते आज कलिकाल के घोर पूँजीवादी युग में आ पहुँचे हैं।

इस काल-विभाजन में सबसे पहले ताम्रयुग आता है। इस युग की अपनी खूबियों के अलावा उसमें एक खूबी इस युग की—कलिकाल के पूँजीवादी युग की—भी थी। वह यह कि उसमें आज की तरह अनेक जातियाँ भी थीं। लिखा है : 'सम्भवतः आज ही की भाँति उस समय भी संसार में अनेक जातियाँ थीं और परस्पर आदान-प्रदान के कारण ही हमें यह साम्य दिखाई देता है।'

कैसी महान् कल्पना है? कैसा अद्‌भुत विश्लेषण है? ईसा से साढ़े छह हजार बरस पहले आज ही की तरह जातियों का विकास हो गया था। आर्य धर्म की तरह शायद भारत की जातियों का विकास भीं हवा में हुआ था। सामाजिक परिस्थितियों, उत्पादन-सम्बन्धों और आर्थिक विकास क्रम से उनका कोई सम्बन्ध नहीं था। यूरोप में जातियों का विकास सामन्तशाही के पतन और पूँजीवाद के उत्थान के साथ हुआ। हिन्दुस्तान में जातियों के विकास के लिए यह सब जरूरी नहीं था। जैसे आर्य राष्ट्रवाद पूँजीवाद के बिना ही कायम हो गया, वैसे ही सामाजिक विकास के तमाम नियमों को झुठलाकर यहाँ (आज की तरह की) जातियों का निर्माण भी हो गया। भारतवर्ष के अनेक चमत्कारों में से एक चमत्कार यह भी है।

सतयुग में आर्यों का प्रसार हुआ। "अगस्त्य मुनि ने विन्ध्याचल को पार किया और राह के समस्त बन्धनों को कुचलते हुए आर्य-धर्म फैलाने लगे।... आर्यों का चतुर्दिक प्रसार होने लगा, जिसे देखकर सब विस्मय करते हैं।"

त्रेता में "विराट रूप की कल्पना हुई, जिसने समाज को एक रूप देने का प्रयत्न किया था।"

द्वापर में आते-आते आर्य जाति का पतन होने लगा। पतन भी किन्हीं सामाजिक कारणों से नहीं हुआ। "आर्य शक्ति का ह्रास मानसिक रूप से हो चला।"

आर्य शक्ति का प्रसार जब सामाजिक विकास के नियमों की उपेक्षा करके हुआ था, तब उसका ह्रास सामाजिक कारणों से कैसे होता? शायद ब्राह्मणों का ब्रह्मतेज क्षीण हो गया था। सम्भव है शूद्रों ने वर्णाश्रम धर्म का विरोध करना शुरू कर दिया हो!

कलियुग में आर्य राष्ट्र खण्डित हो गया। "इस काल में लगता है कोई चक्रवर्तित्व नहीं रहा। चारों ओर खण्डित रूप से ट्राइब्स तथा आर्य अपना शासन चलाते रहे।" जातियाँ टूटकर ट्राइब्स बन गईं।

लेख के अन्त में गाँधीवाद को पूर्व और पश्चिम का समन्वय कहकर पेश किया गया है। "निस्सन्देह गाँधी का भारतीय इतिहास में अमर स्थान है। यह सन्तकालीन परम्परा का पश्चिमीय जागरूक स्वरूप था...।"

रांगेय राघव के अनुसार यह समन्वयवाद "साम्राज्य को तुच्छ समझता था।" कमी सिर्फ यह थी कि उसमें "वर्गहीन समाज का कल्पना-चित्र भी न था।" उस कमी को श्री पट्टाभि सीतारामैया ने पूरा कर दिया है—यह ऐलान करके कि कांग्रेस का ध्येय वर्गहीन समाज स्थापित करना है। इस तरह सन्तकालीन परम्परा का पश्चिमीय जागरूक स्वरूप अब पूरी तरह जागरूक हो गया है!

रांगेय राघव ने यह पूँजीवादी थीसिस स्वीकार कर लिया है कि प्राचीन समाज में वर्ग-संघर्ष का अभाव था। उन्होंने इस अवैज्ञानिक धारणा को अपना लिया है कि ज्ञान का सम्बन्ध सामाजिक विकास-क्रम से नहीं है बल्कि आदिकाल में ही तपस्वियों और ऋषियों को पूर्ण ज्ञान सुलभ हो गया था। इसलिए वर्ग-संघर्ष और विकास-क्रम के ऊँचे-नीचे मार्ग के बदले उन्हें इतिहास में वैभव, विलास और ज्ञान के अतिरंजित चित्र दिखाई देते हैं। इसलिए धर्म की ऐतिहासिक व्याख्या करने के बदले वह इतिहास की धार्मिक व्याख्या करने लगते हैं। वह गाँधीवाद का वर्ग-आधार स्पष्ट न करके उसे पूर्व और पश्चिम का समन्वय कह बैठते हैं।

(2)

रहस्यवाद

प्राचीनतावाद और रहस्यवाद की डाँडा-मेड़ी है। छायावादी कविता में ये दोनों प्रवृत्तियाँ मौजूद थीं। एक तरफ 'कहाँ-कहाँ वह पूर्ण पुरातन' की पुकार थी; दूसरी तरफ नक्षत्रों से मौन निमन्त्रण मिलने की बात थी। रहस्यवाद की यह प्रवृत्ति छायावाद का पतन और उसकी निर्बलता प्रकट करती है। जिन छायावादी कवियों में वह काव्य की मुख्य प्रवृत्ति बन गई, वे समाजहित और यथार्थवाद की जमीन से बहुत दूर चले गए। साहित्य में रहस्यवाद की विचारधारा एक विज्ञान-विरोधी, प्रगति-विरोधी विचारधारा है। रांगेय राघव का चिन्तन कितना लचर और उलझा हुआ है, इसका सबसे बड़ा सबूत उनकी रचनाओं में रहस्यवाद की स्थापना है।

प्रगतिशील साहित्य में रहस्यवादी उलझनों के लिए कोई जगह नहीं हो सकती।

रांगेय राघव की पुस्तक 'मेधावी' पन्त, महादेवी और प्रसाद की रहस्यवादी कल्पनाओं के असर में लिखी गई है। तारे कहते हैं कि वे शून्य में 'अनाहत नाद' भरते रहते हैं। वे सत्ता रूपी नदी के फेन हैं और आनन्द में डूबे हुए रहस्यमय नृत्य किया करते हैं। तारे ही नहीं नाचते; वह सत्तारूपी नदी भी नाचती है, जिसका फेन तारे हैं। 'सत्ता का चिर हिन्दोल' अपनी गति में 'चिर मुग्ध नवीन' है।

आगे चलकर यह सत्ता नदी और सागर बन जाती है और उसके तट पर जीवन

छितरा जाता है। जीवन क्या है? मृत्यु की लहरों का फेन है।

आगे चलकर सत्ता नारी के रूपक में पेश की जाती है। उसका शृंगार देखिए–

"सत्ता नारी के दो उरोज
परिवर्त्तन
मृत्यु–
दुग्ध पीकर
उनका चलता जीवन महान्
चिर बोधिसत्व की ज्योति विशद
फैला करुणा का अमल गान" (पृ. 30)

इस किताब में विरामचिह्न न होने से पाठक अपनी इच्छानुसार ऊपर की पंक्तियों का मतलब लगा सकते हैं। सत्ता नारी है। मृत्यु और परिवर्तन उसके दो उरोज हैं। उनका दूध पीने वाला बालक है–जीवन। इसके बाद चिरबोधिसत्व, विशद ज्योति और अमलगान का सम्बन्ध सत्ता नारी या जीवन बालक–किसी से भी आप जोड़ सकते हैं।

सत्ता का नाच देखकर वासना 'अलस उन्मत्त' बन जाती है। वह प्यास 'उद्रेकित' करती है। आलिंगन की ऊष्मा में शब्द 'श्वास-श्वास' करने लगते हैं। फिर सत्ता नारी का विराट रूप दिखाई देता है। उसकी मेखला में महासूर्य के रत्न जड़े हैं : महाशून्य उसका आँचल है। उसकी थिरकन ही परिवर्तन है। उसका यौवन 'चिर रहस्य' है। उसकी मुस्कान ही विकास है और उसका अखिल रूप 'महासत्य' है!

परिवर्तन क्या है? परिवर्तन सत्ता नारी की थिरकन है। फिर भी परिवर्तन का अपना नाच अलग दिखाई देता है। इसे थिरकन की थिरकन या नाच का नाच कहना चाहिए। परिवर्तन 'सर्वात्मरूप' है। उसका नृत्य जग का विकास है। उसके पगचालन में क्रान्तियाँ भी उमड़ती हैं। ('हैं क्रान्ति उमड़ती बार-बार'–पृ. 38)

क्रान्तियाँ न उमड़तीं, तो यह नाच प्रगतिशील कैसे होता? परिवर्तन ज्वालामुखी का विकट विस्फोट है, और 'निर्विकार ज्योतितविवेक' भी है। वह कल्याण रूपी समुद्र का सत्यनाद है; वह 'चिर-अस्तित्व लहर सुन्दर' है। वह समय का आँचल फहराता है। वह 'महानुभूति स्वयं परिचय' है।

रहस्यवादियों को सारा संसार, आकाश के ग्रह, उपग्रह, नक्षत्र सभी चेतना के समुद्र में डूबे हुए दिखाई देते हैं। चारों ओर प्रकाश फैला हुआ है। न कहीं अशान्ति है, न असन्तोष! उस चेतना के सामने विज्ञान, अजायबघर में पहली बार जाने वाले बच्चे की तरह, अचम्भे में डूबा रह जाता है।

'चेतना महान् उमड़ती-सी
विज्ञान आज बन शिशु अवाक्
इन अगणित रूपों का स्वरूप
ढूँढ़ता—प्राण का बना नाद।' (पृ. 31)

विराट रूपी चक्र का 'हर अणु चेतन प्राणी' है। जब चेतन की दृष्टि जगती है, तब 'हर तन्तु तन्तु के अग-जग में' चेतना का जीवन खेल उठता है। ऋतुएँ नाचती हैं तो अपने नाच के जरिए वे 'मुँदा हुआ चेतन दिखलाती' हैं। (पृ. 131)

कहीं पर 'महाज्ञान का सिन्धु' हिलोरें लेता दिखाई देता है, कहीं नीरवता में मर्मर करता हुआ काल-विहग फर-फर करके उड़ता है।

रांगेय राघव की विचारधारा पर भाग्यवाद का असर कितना गहरा है, यह काल या समय पर उनकी उक्तियों से जाहिर होता है। पहले वह सवाल करते हैं—

'कहाँ हैं आदम हव्वा आज' और फिर जवाब देते हैं—

'अँधेरे के झिलमिल से दीप,
बुझ गए काल फूँक से काँप'। (पृ. 104)

काल इतना बली है कि वह हाड़-मांस के चलने-फिरने वाले इंसानों को ही नहीं खा जाता, वह कवियों और पुजारियों की कल्पना से पैदा होने वाले आदम-हव्वा जैसे अशरीरी नायक-नायिकाओं को भी खा जाता है।

काल बड़ा बली है। मृत्यु से कोई नहीं जीत सकता। मनुष्य का ज्ञान उसके अहंकार के सिवा और क्या है? मध्यकालीन कवियों ने भाग्यवाद की जो तान छेड़ी थी, उसे प्रगतिशील लेखक रांगेय राघव ने भी ज्यों-का-त्यों गले में उतार लिया है।

'अरे अरबों वर्षों से सृष्टि
नाचती ऐसे ही अविराम,
आह यह मानव का अभिमान
गिर गए शून्य कल्पना पंख,
क्षुब्ध होकर अपने ही स्वार्थ—
जाल में लय होता है भार!
अरे सब कुछ 'मैं हूँ' का दम्भ...' (पृ. 33)

रहस्यवाद की धारा 'मेधावी' काव्य में ही नहीं फूट निकली, वह रांगेय राघव की अन्य रचनाओं में भी दिखाई देती है। 'अजेय खँडहर' स्तालिनग्राद की लड़ाई पर लिखा हुआ खण्ड काव्य है। उसमें भी रहस्यवाद ने रांगेय राघव का साथ नहीं छोड़ा। 'मेधावी' की तरह इस किताब की पंक्तियाँ भी विराम-हीन छपी हैं। उनका परस्पर

क्या सम्बन्ध है, इसे पाठक अपनी कल्पना पर जोर देकर समझ लें।

'गुणी है गुण की छाँह
चले रहे पकड़े बाँह
आत्मलय आत्मप्रकाश
यही है मृत्यु-विकास
सतत चलता है नृत्य
तभी माया अभिभूत
और जीवन है सत्य...' (पृ. 49)

इन पंक्तियों का जो भी आपसी सम्बन्ध हो, हैं वे अनोखी।

स्तालिनग्राद की लड़ाई में एक तरफ फासिस्ट शक्ति है; दूसरी तरफ शोषित मानवता की शक्ति है। लेकिन मानवता की शक्ति एक अज्ञात शक्ति है। वह महाविजय की झंकारों में यों प्रकट होती है–

'महाविजय की झंकारों से
प्रतिध्वनि करता स्तालिनग्रेद
वह प्रतिध्वनि अज्ञात शक्ति थी
शोषित मानवता का त्राण' (पृ. 97)
× × ×

रहस्यवादी युद्ध से फासिस्ट गुण्डा-दल ऐसा प्रभावित होता है कि उसका मुक्त विवेक गरज उठता है और वह अपने हिटलरी हथियार फेंक देता है।

'फेंक दिए हथियार हिटलरी
गरज उठा वह मुक्त विवेक
× × ×
जिन हाथों ने बेकसूर वह
बच्चे बुड्ढे मारे थे
जिनकी भयद वासनाओं ने
स्त्री के मान बिगाड़े थे
उन्हीं दरिन्दों पर यह रहमत?
कातिल रोता था अभिभूत
यह करुणा की मार भयंकर
गए हाथ से आयुध छूट' (पृ. 107)

स्तालिन ने रूसी जनता को सिखाया था–फासिस्टों से नफरत करो। रांगेय

राघव—आर्यों के 'निर्विकार' देश भारत की संस्कृति के अनुकूल—फासिस्टों पर रहम और करुणा करने का सन्देश देते हैं, उनके मुक्त विवेक के गरज उठने की दाद भी देते हैं।

रहस्यवाद में आलोक, आनन्द, स्वर्ण-किरण, स्वर्णधूलि वगैरह की भरमार होती है, लेकिन वह निराशावाद से अपना पिण्ड नहीं छुड़ा पाता। यह संसार छोड़कर कल्पना के संसार की तरफ दौड़ने की क्रिया निराशा से ही शुरू होती है। इस संसार को बदलने में अविश्वास, मनुष्य के विकास में अविश्वास, संसार की भौतिक यथार्थता में अविश्वास—यह अविश्वास ही रहस्यवाद के काल्पनिक विश्वासों की जड़ में रहता है। इसलिए भाग्यवाद, पराजयवाद, निराशावाद ऐसे गण हैं जो रहस्यवाद के देवता का साथ नहीं छोड़ते।

(3)

पराजयवाद

रांगेय राघव की अनेक कहानियों और कविताओं में पराजय और असमर्थता की भावना उभर आती है। 'देवदासी' कहानी में छायावादी कल्पना-विलास के बाद अन्त में हम उसके नायक रंगभद्र का यह चित्र देखते हैं : 'और रंगभद्र बैठा रहा, बैठा रहा, विश्रान्त, पराजित, विध्वस्त...अवसाद का टूटा हुआ स्तम्भ...अभिलाषाओं की धधकती भस्म का उन्माद...!'

लेखक इस पराजय के अलावा और कोई आशाप्रद चित्र क्यों नहीं खींच पाया? इसलिए कि समूची कहानी की ध्वनि यही है कि पुराने जमाने का वैभव और विलास अब नहीं लौट सकता। 'प्रसाद' जी के कल्पना-विलास की नकल करते हुए रांगेय राघव ने लिखा है—

'उनके प्रकोष्ठ की दीवारों पर सुदूर ताम्रलिप्ति के प्रसिद्ध चित्रकारों ने अद्भुत चित्र अंकित किए थे। स्फटिक के स्तम्भों पर दीपों का झिलमिल प्रकाश प्रतिध्वनित हो रहा था; जैसे बादलों में बिजली चमक रही थी। मादक सुरभिवाही समीर जब अगरु-धूम की कवरी खोलकर नृत्य करने लगता था, तो दीवारों पर छायाएँ मुद्रा बनाने लगतीं और वीणा के करुण स्वर रुमझुम करते वायु की लहर-लहर पर गा उठते।'

अतीत के झूठे और मोहक चित्र खींचकर लेखक ने पाठक को और अपने को बहलाने की कोशिश की है। काव्य के प्रवाह में वह ऐसा बह जाता है कि अगरु-धूम की कवरी की तरह शिथिल होकर उसके शब्द भी लड़खड़ाने लगते हैं। झिलमिल प्रकाश प्रतिध्वनित होने लगता है; वीणा के करुण स्वर रुमझुम करने लगते हैं। एक

ही वाक्य में समीर की कवरी खुल जाती है और वायु की लहर-लहर पर वीणा के स्वर भी गा उठते हैं!

गद्य-काव्य का दूसरा टुकड़ा इस तरह है–

'आज नृत्य में विभोर वह हीरक की किरन उस मणिकुट्टिम रंगमंच पर ऐसे डोल रही थी, जैसे शिव के ललाट पर चन्द्र की स्निग्ध रश्मि कैलाश के शिखरों पर आलोड़ित हो रही हो, जैसे वीणा पर अंगुलियाँ द्रुतगति से झंकारमुखर होकर तन्मय हो गई हों! उसका उन्नत वक्षस्थल यौवन का अपराजित गर्व बनकर, अपनी पीवर मांसल सुकोमलता में चन्दन से लिप्त ऐसा लग रहा था ज्यों युग चन्द्र पर चाँदनी बार-बार झूम-झूमकर अपने-आप को भूल जाती हो। वह इस प्रकार अपनी मादकता में अपने-आप खो गई, जैसे मन्दाकिनी में परिमल खाकर कलकंठ-निनादित कूजन में राज-हंसिनी स्वयं आपको भूलकर मृदुल लहरियों पर अपने रेशम-सदृश पंखों को खोलकर क्रीड़ा करने लगती है।'

कल्पना का इतना विकट प्रयास करने पर यदि लेखक पराजय और निराशा के अलावा और कोई सन्देश न दे सका हो, इसमें आश्चर्य क्या? कल्पना का यह प्रयास ही क्या उसके पुरुषार्थ को परास्त करने के लिए नहीं है?

रांगेय राघव के अनेक पात्र अवसाद और पराजय के शिकार हैं। चाहे वे मध्य वर्ग के हों, चाहे मजदूर वर्ग के, चाहे इस युग के, चाहे पुरातन काल के,–उनकी निराशा उन्हें एक ही साँचे का ढला हुआ साबित कर देती है।

'जीवन की तृष्णा' कहानी का नायक कहता है–'मैं रोना चाहता हूँ, किन्तु रो नहीं सकता। मेरे जीवन का विक्षोभ मेरे पैरों के सामने लाश बनकर गिर गया है...' (समुद्र के फेन, पृ. 67)

'अवसाद का छल' कहानी इस तरह शुरू होती है–

'अवसाद की इन रेखाओं का कहीं अन्त नहीं है। वह उन्हें सीधा करना चाहती है, किन्तु बालक के हाथ में उलझे हुए डोरे की लच्छी कभी नहीं सुलझ सकती, कभी उसमें वह स्वच्छन्दता नहीं आ सकती, जो दो फटे टुकड़ों को जोड़ दे, एक कर दे, क्योंकि जो दूसरों में छेद करती है, उसके छेद में घुस सकना सरल काम नहीं है।' (उप., पृ. 36)

अवसाद की रेखाओं का अन्त किसके लिए नहीं है? उसके लिए जिसके विकास का रास्ता बन्द हो गया है, जो डोरे की लच्छी को कभी सुलझा नहीं सकता, बल्कि जिसके जीवन की सार्थकता उसे उलझाने में ही है। समाज में ऐसे लोग कौन हैं? ऐसे लोग पूँजीवादी और मध्यवर्गों के हैं जो वर्ग-च्युत होने से डरते हैं, जिनके लिए विकास का मतलब भूचाल है, जो जीवन को या तो निरर्थक समझते हैं या उसकी सार्थकता अवसाद और निराशा में देखते हैं। रांगेय राघव ने अपनी कहानियों में अक्सर उन्हीं वर्गों का दृष्टिकोण अपनाया है।

अवसाद और पराजय की भावना मनुष्य को भाग्यवाद की तरफ ले जाती है। वह कहता है—संसार में कुछ नहीं रहा है, कुछ नहीं रहेगा! मनुष्य अपनी बुद्धि और बल से कुछ नहीं कर सकता।

'पिसनहारी' कहानी के अन्त में लिखा है—

'गेहूँ के दाने पिसकर आटा हो गए थे; बरफ पिघलकर पानी हो गया था। भविष्य के बड़े-बड़े पत्थरों को चूरकर काल भी इसी तरह वर्तमान बना देता है, जिसे खाकर संसार अपने-आपको जीवित कहता है, आपस में लड़ता है, फिर लड़कर समझौते की छलना में बढ़ता भी है और अपने अभिमानों की केंचुली भी उतारता जाता है। किन्तु जमुना यह सब नहीं जानती...' (उप., पृ. 26)

जमुना क्या नहीं जानती?

यह कि समय बड़ा बलवान है। उसके आगे किसी की कुछ नहीं चलती।

जमुना के लिए लेखक क्या सन्देश देता है? यही कि "जमुना पीस रही थी, पीस रही थी...।" भाग्यवाद के अँधेरे को भेदने वाली किरण कहीं भी फूटती दिखाई नहीं देती।

'सारनाथ के खँडहरों में'—एक लम्बा-चौड़ा गद्य-काव्य है जिसमें उदासी, निराशा, छायावादी प्रेम-निवेदन, ऊब, अकेलापन सभी कुछ है। यह कहानी 72 पन्नों में समाप्त हुई है। शायद इससे ज्यादा उबाने वाली कहानी हिन्दी में दूसरी नहीं लिखी गई। इसके पात्र मोहन और बेबी के मुकाबले में सारनाथ के खँडहर फिर सजीव हैं।

मोहन शुरू में कहता है कि मन का विचार भाषा को कुण्ठित पा रहा है।

यह पूरी कहानी कुण्ठित भाषा में प्रकट किए हुए विचारों का एक नमूना है (भाषा रांगेय राघव की है और विचार बेबी के।) एक मिसाल देखिए—

'उसे लगा कि सौन्दर्य का स्वप्न, जिसके त्रिकोण में केवल उसी का एक मात्र आकार निहित है, अब बीच के बिन्दु में उल्कापात बनकर गिर गया है और उस त्रिकोण का चतुष्कोण, कोण कि अगन कोण, कि बिन्दु संघट्ट होकर एक निराकार प्रसार हो जाएगा और जो मोहन आज तक भटका नहीं है, अब दर-दर की खाक छानेगा, क्योंकि बन्धनों की कड़ाई कलाई को खाने लगी है जैसे उसके लोहे के दाँत हों...' (उप., पृ. 78)

छायावादी कवि शब्दों के प्रयोग में ज्यादा सावधान रहते थे। वे भावों के प्रवाह में भले ही बह जाते हों, शब्दों के प्रवाह में उनके पैर यों न उठ जाते थे। रांगेय राघव की धुआँधार शैली में शब्दों का धुआँ ज्यादा है, अर्थ का आधार कम।

मोहन आगे चलकर कविता करने लगता है, गद्य में ही नहीं, पद्य में भी।

> 'आज सत् का चित्‌मय आनन्द
> बुद्ध जागा है शान्त अशोक' (उप., पृ. 103)

फिर गद्य में सोचता है—

'नीरवता का ऐश्वर्य है। प्राणों का स्वर गीत बन गया है ओ यौवन! कल ही तो पतझर है। तुझे फिर हँस-हँस कर मुरझाना होगा।' (उप., पृ. 109)

मोहन सारनाथ के खँडहरों में प्राचीन संस्कृति के दर्शन करने गया था। उसने क्या देखा?

'मोहन ने देखा! बेबी! टीसों की डगर पर जैसे यौवन चल रहा था।' (उप., पृ. 109)

प्राचीन संस्कृति की 'बैक ग्राउण्ड म्यूजिक' इसी टीसों की डगर को सजाने के लिए है। मोहन के तमाम रहस्यवाद का रहस्य यह है कि बेबी उसे टीसों की डगर पर चलती दिखाई देती है। मोहन की बुद्धि पराजित हो गई और उसे बुद्धं शरणं गच्छामि के अलावा और कोई रास्ता न दिखाई दिया। उसे लगा ''गौतम के अभिमान का पत्थर अन्तिम बार नहीं, बार-बार इसी तरह मनुष्य के इस भय को देखकर हँसा करेगा और मनुष्य प्रतिध्वनि को सुनकर भय से ही आँखें विस्फारित कर देखेगा और जब-जब बुद्धि पराजित होगी, तब-तब वह चीत्कार कर उठेगा—'देव! तुम महान् हो...।' '' (उप., पृ. 107)

इस कहानी का सारतत्त्व यही है कि मनुष्य की बुद्धि से बुद्ध का पत्थर ज्यादा बुद्धिमान है!

'मेधावी' नाम के प्रबन्ध-काव्य में रांगेय राघव ने समय को एक पात्र के रूप में पेश किया है। समय और कवि के बीच जो बातचीत होती है, उससे पाठक की यह धारणा और मजबूत हो जाती है कि रांगेय राघव पर भाग्यवाद का जबर्दस्त असर है।

> 'मुस्कराता-सा लगा विराट
> समय वह क्षण-भर चिन्तामग्न
> और फिर बोल उठा गम्भीर
> कर उठा भूत तिमिर को भग्न।'

समय मनुष्य की तुच्छता और क्षणभंगुरता के गीत गाता है। मनुष्य की दृष्टि सापेक्ष है। समय अपनी निरपेक्ष दृष्टि से उसके युग-युग के इतिहास के खेल समझता है। समय कहता है—

> 'जिसे देता वह अगन महत्त्व
> अरे मेरे सम्मुख वह तुच्छ
> किन्तु सापेक्ष मनुज की दृष्टि
> उसी में दिखलाऊँ यह चित्र—' (मेधावी., पृ. 170)

'मेधावी' में रांगेय राघव ने मध्यकालीन भाग्यवाद और मनुष्य की क्षणभंगुरता के गीत गाए हैं।

अगर मनुष्य का इतिहास समय का खेल है तो जिन्दगी का मतलब क्या है? क्या मनुष्य के जीवन का कोई उद्देश्य भी हो सकता है?

रांगेय राघव ने अपनी अनेक कहानियों में यह संकेत किया है कि दरअसल मनुष्य के जीवन का कोई उद्देश्य नहीं है।

'घिसटता कम्बल' में रागिनी पानी खौला रही है। पानी का उबलना और मनुष्य का जीवन—दोनों का प्रतीकवादी सम्बन्ध इस तरह जोड़ा गया है—

"पानी में से एक आवाज आ रही है। उसकी ओर देखा। कुछ नहीं, उबलने की ध्वनि आ रही है। तो क्या, इस जीवन में यह जो विभिन्न ध्वनियाँ सुनाई दे रही हैं, वे और कुछ नहीं, केवल एक उबाल के उपहास हैं, जिनका रूप धीरे-धीरे धुआँ बनकर उड़ता जा रहा है, ताकि शून्य में अपने आप लय हो जाए। कोई समझने का प्रयत्न न करे, क्योंकि समझकर चलना कितना कठिन है। अच्छा है वह बटोही जो नहीं जानता कि जंगल में शेर चीतों के अतिरिक्त बटमार भी हैं, लुटेरे भी हैं..." (समुद्र के फेन, पृ. 11-12)

इस कहानी का अन्त इस तरह होता है—

"मन में आया, उठाकर फेंक दे, किन्तु साहस नहीं हुआ। जीवन भी तो इस दाल के समान है, उसे फेंक दे उठाकर, किन्तु इतनी सामर्थ्य है कहाँ? और रात को भी कोयल बोल ही उठती है। कभी-कभी।"

इस तरह जिन्दगी उबलते हुए पानी के समान है, जिसकी तमाम ध्वनियाँ शून्य में मिल जाती हैं। मनुष्य के पल्ले जो सारतत्त्व पड़ता है, वह सिर्फ टीस है; वेदना है। कोयल बोल कर दिल में दर्द पैदा कर जाती है। लेकिन अधपकी दाल को उतारकर फेंक देने की हिम्मत नहीं होती। यह पतनकालीन छायावाद का वेदना-प्रेम है, जो टीस को चित्रित करने में ही कला की चरम सार्थकता देखता है।

(4)

इनक़लाबवाद

रांगेय राघव ने आम जनता की जिन्दगी पर जो कविताएँ और कहानियाँ लिखी हैं, उनके दो पहलू हैं। एक तरफ़ तो वह जनता को घिनौनी, बेबस, पराजित और भाग्यवादी के रूप में देखते हैं, दूसरी तरफ वह जोरों से प्रलय, इनक़लाब और नए समाज के गीत गाते हैं। बेबसी और इनक़लाब के ये दोनों पहलू विरोधी लगते हैं, लेकिन दरअसल वे एक-दूसरे के पूरक हैं। वे एक ही सिक्के के दो पहलू हैं जिनसे मिलकर मध्यवर्गीय ज़हनियत बनती है। इस ज़हनियत के लेखक जनता को

'ग्राम्या' के पन्तजी की तरह ऊपरी नजर से देखते हैं और उसे घिनौनी और बेबस पाते हैं। इसके साथ ही मध्यवर्ग का लेखक अपनी सामाजिक हालत से भी परेशान है। वह इनक़लाब चाहने में किसी से पीछे नहीं रहता। इसलिए उसका इनक़लाब भी अपने ढंग से होता है, उन तमाम कठिनाइयों से बचकर जिनका सामना करके ही मजदूर वर्ग समाज का ढाँचा बदल सकता है। इस तरह का कलाकार जब प्रलय के गीत गाता है, तब उनमें लफ्फ़ाज़ी ज्यादा होती है, भावों और विचारों की गहराई कम।

रांगेय राघव हिन्दुस्तान की जनता का चित्रण इस प्रकार करते हैं—

'कोलियों की एक बस्ती
जो बसी है पास में ही
है जहाँ जीवन घिनौना
क्योंकि वे धनहीन गन्दे...' (राह के दीपक, पृ. 2)

इस बेबसी और पतन को और गहरा करने के लिए प्रकृति और गाँव की तस्वीरें भी घिनौनी करके दिखाई गई हैं।

'भूँकते कुत्ते लटकती
जीभ थर-भर काँपती ज्यों
रात के चिथड़े न नभ को
ढाँक पाते और चेचक
के पके वे दाग से तारे...' (उप.)

लेकिन कविता के आखिरी बन्द में अचानक जीवन ललकारने लगता है। किसे ललकारता है? अमरता के ध्वंस को! साधारण जीवन नाशमान चीजों को ललकार सकता है। कवि का असाधारण जीवन अमरता के नाश को ललकारता है। इस तरह मजदूरों का घिनौना जीवन—एक पहलू; अमरता के ध्वंस पर कवि की ललकार—दूसरा पहलू। दोनों से मिलकर बनी है यह कविता!

'ब्लैक आउट' नाम की कविता में शहर की तस्वीर यों खींची गई है—

'मरघट-सा सुन-सान नगर
गीदड़ी आर्त-स्वर-सा व्याकुल
लगता है जैसे डूब गया
मानवता का बजड़ा बोझल।' (पिघलते पत्थर, पृ. 25)

मानवता का बजड़ा डूब जाने पर भी अन्त में महाशान्ति का मन्त्र यों गूँज उठता है—

'फिर होगा नव-प्रकाश उज्ज्वल
फिर एक दूसरा हो स्वतन्त्र
पशुबल को करके त्रस्त ध्वस्त
फिर महाशान्ति का गूँजे मन्त्र'

एक पहलू गीदड़ी आर्तस्वर; दूसरा पहलू—महाशान्ति का मन्त्र। दोनों के मिलने से कविता हुई—'ब्लैक आउट'।

दरअसल रांगेय राघव जनता को पस्त और बेबस समझते हैं। उनके राग का मुख्य स्वर यही है। जन-आन्दोलनों से उनके भीतर अभी यह विश्वास नहीं पैदा हुआ कि हिन्दुस्तान की जनता अपने पैरों पर खड़ी होने लगी है और उसकी गुलामी के दिन गिने हुए हैं।

'समुद्र के फेन' में एक कहानी है 'गूँगे'। रांगेय राघव ने गूँगे को संसार की जनता का प्रतीक बनाया है। उन्हें सारा संसार गूँगों से भरा दिखाई देता है। लिखा है—"और ये गूँगे...अनेक-अनेक हो संसार में भिन्न-भिन्न रूपों में छा गए हैं, जो कहना चाहते हैं पर कह नहीं पाते...। बोलने के लिए स्वर होकर भी—स्वर में अर्थ नहीं है, क्योंकि वे असमर्थ हैं।" (समुद्र के फेन, पृ. 35)। इसी तरह 'सारनाथ के खँडहरों में' नाम की कहानी जनता को संस्कृति का खँडहर बना कर प्रस्तुत करती है।

"संसार में कितने ऐसे आदमी हैं जिनका मन फटता है। माँ के सामने बच्चे का खून होता है, विधवा को सामने करके उससे बलात्कार किया जाता है...फिर भी बने रहने की लालसा जीवित रहती है, जैसे अपमानित पत्थर हों, जैसे यह करोड़-करोड़ जनता केवल किसी संस्कृति का खँडहर बनकर बची रह गई है, अपने-आप में अर्द्धमूर्च्छित, बौरायी-सी..." (उप., पृ. 99)

इस बौरायी और अर्द्धमूर्च्छित जनता के चित्र रांगेय राघव की अनेक कहानियों में मिलते हैं। 'तबेले का धुँधलका' नाम की कहानी में मानो ऊपर की बात की मिसाल दी गई है। एक शरणार्थी की बहन बेइज्जत की जाती है। वह चाहता था कि अगर किसी के बेइज्जत होने से ही मकान मिल सकता है तो उसकी स्त्री बेइज्जत हो ले। लेकिन सेठ के आदमी को उसकी बीवी पसन्द न थी। इसलिए उसकी बहन की इज्जत पर आ बनी। कहानी का अन्त इस तरह होता है—

"मैं समझ गया। मैं लेटा हूँ, या गिर गया हूँ। मेरी स्त्री कह रही है, जानती हूँ। तुम इसे नहीं सह सकते। पर...घर, वह मुझे पसन्द जो नहीं करता था...।

मैं सुन रहा हूँ मेरा खून पानी हो गया है।

स्त्री कह रही है, 'किसी को क्या मालूम? रहने को तो जगह मिल ही जाएगी।' फिर जैसे उसने मुझे सान्त्वना दी, 'अब पगड़ी नहीं देनी होगी। परदेश में अपनी क्या

इज्जत?' " (मनोरंजन, दिसम्बर, 48)

इतना बेगैरत हो गया है इंसान! उसका खून पानी हो गया है। औरत सिखलाती है—परदेश में अपनी क्या इज्जत?

यह कहानी पाठक के मन पर क्या असर डालेगी? यही कि हिन्दुस्तन की जनता पर चाहे जितने जुल्म-सितम टूटें, वह उनका विरोध करने वाली नहीं है। वह 'अपमानित पत्थर' की तरह है जिसके भीतर प्रतिरोध की भावना मिट चुकी है। 'सारनाथ के खँडहरों में' कही हुई बात का मानों यहाँ सबूत जुटाया गया है कि देखो—यह करोड़-करोड़ जनता संस्कृति का खँडहर बनकर रह गई है, अपने-आप में अर्द्धमूर्च्छित, बौराई-सी...।

इस तरह की पस्ती, बेबसी और उदासी की भावना का चित्रण करने से किसका हित होता है? जाहिर है, उन लोगों का जो जनता को यह पाठ पढ़ाकर उसे अपना गुलाम बनाए रखना चाहते हैं कि हिन्दुस्तान के लोग तो गुलाम रहे हैं और इसी तरह गुलाम बने रहेंगे। इस तरह की कहानियाँ जब दिसम्बर सन् '48 में छपती हैं, तो वे अनजान में ही सही, एक निश्चित सामाजिक उद्देश्य पूरा करती हैं। यह उद्देश्य जनता के क्रान्तिकारी मनोबल को तोड़ना, उसमें पस्ती और बेबसी के भाव पैदा करके पूँजीवादी वर्ग को मजबूत बनाना है। भले ही लेखक अपनी कहानी से इससे उल्टे फल की आशा करता हो, इस बात से इनकार नहीं किया जा सकता कि हिन्दुस्तान में कुछ लोग क्रान्ति-विरोधी उद्देश्य से यह प्रचार करने में लगे हुए हैं कि चाहे सारी दुनिया का नक्शा बदल जाए, हिन्दुस्तान की जनता टस-से-मस न होगी। इस तरह की कहानियाँ ऐसे लोगों के प्रचार में सहायक होती हैं, खास तौर से जब उन पर प्रगतिशीलता का लेबल भी लगा हो।

'लहू और लोहा' (हंस, जून '48) में मजदूर बस्ती पर पुलिस के हमले की तस्वीर खींची गई है।

मजदूर बस्ती की जिन्दगी किस तरह की है?

'वे छोटे-छोटे घर, वह कोठरियों की बेबस जिन्दगी इस समय आराम की साँसें खींच रही थी— जिसके बाद, जागते ही परेशानियों का झोंका लगने वाला था।' इस बेबस जिन्दगी में कटोरी नाम की मजदूरिन पली और बढ़ी है। उसने 'मजदूरों में काम करने वाले बाबुओं को' छिपाने में बड़ा हिस्सा लिया है। पुलिस के आने पर कटोरी कैसा व्यवहार करती है? रांगेव राघव को चित्रित करने के लिए मजदूर-स्त्री का यह टाइप मिला है। उन्होंने कटोरी के भय की यह तस्वीर खींची है।

'कटोरी का हृदय उस कीड़े की तरह छटपटाने लगा, जो उड़ते-उड़ते किसी चीज से टकराकर उल्टा गिर जाता है और सीधा होने के लिए जी-तोड़ कोशिश करता है।'

दूसरी औरतों का यह हाल है कि वे 'चीखने-चिल्लाने लगीं। पर कुछ ही देर

में वह आवाज सिसकियों में बदल गई।'

'मजदूर सहमे-सहमे से आपस में फुसफुसाते हुए बातें करने लगे।'

सिपाहियों की बन्दूकें कैसी लगती हैं? 'उनकी बन्दूकों के मुँह जैसे कोई कातिल की आँखें थीं, जो घूर रही थीं।'

इसके बाद जो लाठी चार्ज होता है, उसमें मजदूर इस बेबसी से मार खाते हैं कि जानवर भी उस तरह मार न सहते होंगे। औरतें बूटों से कुचली जाती हैं लेकिन कहीं कोई विरोध नहीं होता। "औरतें निकल-निकलकर बाहर भागतीं—जैसे घर में कोई शेर घुस आया हो।"

प्रेमलता को पुलिस पकड़ लेती है। वह जाते हुए नारा लगाती है—इनक़लाब...। लेकिन मजदूर जोर से जिन्दाबाद भी नहीं कहते। "सहमी हुई आवाज़ों ने जवाब दिया—जिन्दाबाद!" दहशत के मारे मजदूर स्त्री अपने मरे हुए बच्चों के लिए रो नहीं सकती। "वह रोना चाहती थी पर जल्लाद की सिर पर लटकती तलवार ने उसे दहशत के रस्सों से बाँध रखा है, जिसके बीच से माँ की ममता, कभी आह बनकर हलक से निकल जाती है, बगावत कर बैठती है।" जिस समय सेठों के दलाल मजदूरों में तिरंगा झण्डा लेकर पहुँचते हैं, उस समय भी—"मजदूर डर से काँप रहे थे, औरतें अभी तक सिसक रही थीं।"

कहानी के आखीर में लेखक ने कटोरी की उक्ति से जोश पैदा करने की कोशिश की है। लेकिन शब्दों के साथ यह खेल, यह श्लेष, यह उक्ति चातुरी हमारे लेखकों की विशेषता है। एक बूढ़ी मजदूर औरत के लिए वह सब बिल्कुल अस्वाभाविक है। कटोरी कहती है—"जब खून लोहे में लगता है तब वह जुल्म बनता है, पर जब लोहा खून में उतरता है, उस समय वह लोहा बनने लगता है, वही पानी जैसा खून लोहा बन जाता है।"

यह वही इनक़लाबवाद वाला दूसरा पहलू है, जिसे बेबसी और पस्ती के साथ जोड़कर यह कहानी पूरी की गई है।

जनवरी '46 के 'हंस' में रांगेय राघव की रचना 'यह ग्वालियर है' छपी है। यह शायद उनकी सबसे जोरदार रचनाओं में से है। इसमें जनता को पस्त और बेबस नहीं दिखाया गया, मजदूर-आन्दोलन और दुनिया के साम्राज्य-विरोधी मोर्चे की जीत में विश्वास प्रकट किया गया है। इसमें पूँजीवाद के खिलाफ लेखक के गुस्से का इज़हार है। उसने बहुत सही लिखा है—'तुमने साबित किया है कि शोषित बुद्धिजीवी निम्न मध्यवर्ग मजदूरों के साथ है, मेहनतकशों के साथ है, जालिम पूँजीवाद और सामन्तों के साथ नहीं है।'

मजदूरों पर गोली चलने से लेखक आवेश में आ गया है; उसकी भावुकता जाग उठी है। आवेश में आना और भावुकता का जागना बुरी चीज नहीं है। लेकिन इस आवेश और भावुकता की बुनियाद क्या है?

जब हम इस बुनियाद को पहचानने की कोशिश करते हैं, तभी एक मध्यवर्गीय जहनियत की तमाम कमजोरियाँ, जो उस भावुकता का आधार हैं, जाहिर हो जाती हैं।

लेखक ग्वालियर की जनता और वहाँ के मजदूरों को नजदीक से देखकर उनकी तस्वीर नहीं खींचता। वह इस जनता से ऊपर उठकर हवा में विराट के सपने देखने लगता है। वह पूछता है, हड़ताल कहाँ नहीं है? और वह चारों तरफ होनेवाली हड़तालों का ध्यान करता है। फिर पूछता है, हलचल कहाँ नहीं है? और वह दुनिया की हलचल का ध्यान करने लगता है। फिर पूछता है–युद्ध कहाँ नहीं है? और वह युद्ध के चित्र देखता है। फिर पूछता है–"हैवानियत के सामने आज इंसान कहाँ सिर झुकाए खड़ा है?" और इस बार लेखक के बदले आसमान जवाब देता है–"कहीं नहीं, आकाश गूँज रहा है, क्योंकि धरती पुकार उठी है।"

"आकाश गूँज रहा है, क्योंकि धरती पुकार उठी है"–यह वाक्य इस बात की मिसाल है कि लेखक ग्वालियर की जनता को बहुत नीचे छोड़कर ऊपर कल्पना के आसमान में उड़ान भरने लगा है। इससे लेख प्रभावशाली नहीं बनता, बल्कि उसका असर कम हो जाता है।

आगे चलकर जब लेखक जनता की तुलना रेल से करता है, तब उसकी भावुकता अपना खोखलापन पूरी तरह जाहिर कर देती है।

"सिर फटा जा रहा है मेरा...

रेल हवा को चीरती हुई भाग रही है, जैसे संसार की अदम्य जनता अभी तक रुकी नहीं थी, वह बराबर भाग रही थी।"

पूरे लेख में भावों की तेज रफ्तार उस आदमी की तस्वीर खींच देती है जिसका सिर फटा जा रहा हो और जो रेल के एक तंग डिब्बे में बैठा हुआ भागा चला जा रहा हो। अगर यह रफ्तार कुछ कम होती, भावों का आवेग लेखक को आसमान में उड़ाने के बदले उसे धरती के नजदीक रखता तो उसका लेख ज्यादा प्रभावशाली होता। 'हंस' के साढ़े सात पन्नों में छपे हुए इस लेख में खुद मजदूरों का कहा हुआ एक भी वाक्य नहीं है कि आखिर वे हिन्दुस्तान, दुनिया या ग्वालियर की अपनी जिन्दगी के बारे में क्या सोचते हैं। स्तालिनग्राद पर लिखे हुए सोवियत लेखकों के रिपोर्ताज पढ़िए। फौरन पता चल जाएगा कि साहित्यकार की प्रतिभा जब धरती का साथ नहीं छोड़ती तो वह कौन-सा चमत्कार पैदा कर देती है। जब हम मजदूरों के आन्दोलन पर सात पन्ने का रिपोर्ताज लिखें तो उसमें कम-से-कम सात वाक्य ऐसे भी होने चाहिए जो मजदूरों के मुँह से निकले हों और जो लेखक के खींचे हुए चित्र में जान डाल देते हों। वर्ना रिपोर्ताज के नाम पर हम हवाई गद्य-काव्य ही लिख सकेंगे।

बंगाल के अकाल पर लिखा हुआ रिपोर्ताज 'बूचड़खाना' 'यह ग्वालियर है'

की याद दिलाता है। दोनों लेखों में गद्य-काव्य की ऐसी पंक्तियाँ हैं, जिन्हें बिना भेदभाव के यहाँ से उठाकर वहाँ रखा जा सकता है। इसके अलावा सस्ते सिनेमा-खेलों में जिस तरह रेल की तेजी को दिमाग में उठने वाले तूफ़ान का प्रतीक बना दिया जाता है, उसी तरह इन दोनों रिपोर्ताजों में भी रेल की तेजी का इस्तेमाल किया गया है। 'यह ग्वालियर है' में रेल की तेजी के वजन पर 'बूचड़खाना' में—''रेल दौड़ रही है, दौड़ रही है जमीन, दौड़ रहे हैं चित्र, वह गाँव, वह खेत, वह घर, वह नदी, सागर, बस्ती, कलकत्ता, असेम्बली, धीवर, वेश्या, हाहाकार,...उन्माद...प्रलय—लहरों की सर्वनाश की तुमुल रोर...'' ('बूचड़खाना', 'हंस', नवम्बर, 44; इस वाक्य में जो डॉट लगे हैं, वे रांगेय राघव के हैं।)

'बूचड़खाना' में अपने से बाहर की दुनिया का यथार्थवादी चित्रण कम है, अपने बारे में कविता ज्यादा है। यह जरूरी नहीं है कि लेखक अपने बारे में कुछ न कहे, लेकिन इस तरह जो कुछ कहा जाए, उसकी उचित मात्रा होनी चाहिए। रांगेय राघव के रिपोर्ताज में यह बैलेंस नहीं है। ''मुझमें आग पल रही है।..''

''मेरा मन प्रतिशोध के लिए फुफकार उठता है और मैकाले ठठाकर हँसता है।''

''मैं स्तम्भित हूँ।...मेरे मन में खून उबल आया था उस दिन।...विषैला धुआँ मेरी आँखों में लग रहा है... ।'' बंगाल का अकाल अपने-आप में इतनी भयानक और दिल दहलाने वाली घटना थी कि उसके वर्णन को प्रभावशाली बनाने के लिए लाक्षणिक शैली में कविता करने की जरूरत न थी। इस तरह की शैली रांगेय राघव के लिए एक तकिया कलाम हो गई है, जिसके नकली आवेश का कोई खास सम्बन्ध बंगाल के अकाल से नहीं है। ''उसके हलचल का उन्माद आप प्रेत-छाया बनकर उसे डरा रही है।...दीवारें हँस रही हैं। ब्रिटिश साम्राज्य का दूसरा अभिशाप ठहाका मारकर हँस रहा है।...पाषाणों पर कल्लोल मचाने वाला वैभव क्या जाने कि पत्थरों की भूख क्या है?...उन्होंने मृत्यु के पथ पर मृत्युञ्जय रागिनी का अभेद स्वर गर्जित किया था, जिससे पथ का कण-कण चिल्ला उठा था—इनक़लाब जिन्दाबाद, इनक़लाब जिन्दाबाद और मजबूर कर दिया था उन्होंने सारी प्रतिध्वनि को सिर झुकाने के लिए... । यहाँ का हर चीत्कार धीरे-धीरे बदल-बदलकर एक गर्जन हो गया है, जो एक स्वर, एक घोष, आकाश और पृथ्वी में एक प्राण होकर गूँज रहा है।...चारों ओर वही उन्माद थिरक रहा है। क़ोलाहल...हाहाकार...'' (उप.)

इस तरह से आवेश में कितनी गहराई है? वह आम जनता को कितना प्रभावित कर सकता है? इस तरह के वाक्य लिखने में और हर लेख को उनसे सजाने में कितनी प्रतिभा की जरूरत है?

बावजूद इंक़लाब, प्रलय, आँधी, तूफान और हाहाकार के होहल्ले के पराजयवाद, निराशावाद नकली आवेश के नीचे से फूट निकलता है। ढुलमुलयकीन

मध्यवर्गी जहनियत का साहित्यकार बेचैनी, क्रोध, असमर्थता और ग्लानि का साहित्य रचता है और उस साहित्य के लिए एक मुनासिब शैली भी गढ़ लेता है। वह एक तरफ जनता को कीड़ों-मकोड़ों की तरह बेबस और घिनौना देखता है; दूसरी तरफ दिल को तसल्ली देने के लिए महाशक्ति और इनक़लाब के तराने भी छेड़ देता है।

वह एक तरफ ओठों पर पीड़ा कराह उठी की छायावादी व्यंजना अपनाता है, दूसरी तरफ हुंकार, फूत्कार और धुआँधार के कनफोड़ शब्दजाल से प्रगतिशील कविता की पैरोडी भी करता है। 'बूचड़खाना' में जनता को कीड़े-मकोड़े कहा गया है, शायद इसलिए कि वह अकाल में बेबस मर रही थी। लेकिन जब वह जागेगी, क्रान्ति करेगी, तब भी वह कीड़ेपन से बाहर न होगी। सिर्फ अब वह एक खतरनाक कीड़ा बन जाएगी, यानी साँप!

बेबस जनता की तस्वीर यह है–"थिचर-पिचर सत्ता के बाद मौत...और मौत के बाद जल गए; जल गए, वर्ना कीड़े और मुहल्ले में घोर दुर्गन्ध।...कीड़ों की-सी सत्ता, शाम को थकामाँदा चूर-चूर बदन...आदमी के पास न साधन है, न सहूलियत है, जिन्दा है, मरे नहीं हैं यानी कि सड़ रहे हैं और सड़ेंगे, तो दुर्गन्ध फैलना लाजमी है।...और मैं सोचता हूँ बरमा के मोर्चे पर फौजों ने हमले किए हैं। उन फौजों को ताकत देने वाले भूखे हैं। वह हलचल दूसरी तरह की जिन्दगी और मौत है, यह कशमकश सिर्फ एक रगड़ है, एक घृणित मानसिक बेचैनी..." (बूचड़खाना)

क्रान्तिकारी जनता की तस्वीर यह है–"हम गुलामी के बाँध तोड़ देने के लिए साँप की तरह जिन्दा हैं।...जिन नर पिशाचों ने अपने पापों की आड़ में मनुष्य का जीवन–चावल–छिपाया है, वह आज अपनी खाट में साँप लिपटा हुआ देख रहे हैं।" (उप.)

जनता को साँप की तरह जिन्दा कहना, उसे अनाजचोरों के पाए से लिपटा हुआ दिखाना, सच्चा क्रान्तिकारी जोश प्रकट नहीं करता।

आज दुनिया की कोई भी विचारधारा चाहे वह विज्ञान के क्षेत्र में हो, चाहे साहित्य और दर्शन के क्षेत्र में–क्रान्तिकारी मजदूर वर्ग के दृष्टिकोण की उपेक्षा करके उन्नति नहीं कर सकती। यही बात साहित्य की शैली, उसकी विषय-वस्तु और सौन्दर्यशास्त्र पर भी लागू होती है, इनका भविष्य मजदूर वर्ग के साथ जुड़ा हुआ है।

(5)

कला की बात

आखिरी बात कला के बारे में कहनी है।

'यह ग्वालियर है'–कला की दृष्टि से कैसी रचना है?

कला की दृष्टि से वह ऊँचे दर्जे की रचना नहीं है। लेखक का उद्देश्य एक रिपोर्ताज लिखना था। रिपोर्ताज के लिए जिस यथार्थवादी चित्रण की जरूरत है, वह उसमें नहीं है। इसलिए वह गद्यकाव्य बन गया है जिसमें न अच्छे गद्य के गुण हैं न अच्छे काव्य के। यही बात 'सारनाथ के खँडहरों में' पर लागू होती है। रांगेय राघव की कहानियों और स्केचों में अक्सर गद्य काव्य के टुकड़े आ जाते हैं जो उनके असर को कम कर देते हैं। जब तक हम अपनी कला के भीतरी तत्त्व को ही नहीं बदलते—यानी पुनरुत्थानवादी, पराजयवादी भावनाओं को अपने भीतर से दूर नहीं करते—तब तक कला को ऊपरी तौर से सँवारने की तमाम कोशिशें बेकार होंगी।

श्री मैथिलीशरण गुप्त, प्रेमचन्द, रामचन्द्र शुक्ल, प्रसाद और निराला की पीढ़ी साहित्य-रचना बन्द कर चुकी है। साहित्य को आगे बढ़ाने का भार नए लेखकों पर है। उन्हें जिम्मेदार साहित्यकारों की तरह समाज के प्रति अपना कर्तव्य निबाहना है। अगर हम ऐसे छन्द लिखते हैं जिनकी शब्द-रचना ऊबड़-खाबड़ है, जिनमें या तो महज तुकबन्दी है या मुक्त छन्द में बेतरतीब गद्य के टुकड़े जमा कर दिए गए हैं तो हम अपने पाठकों की तरफ गैर-संजीदगी और गैर-जिम्मेदारी का परिचय देते हैं। हमें साहित्य का रूप भी सँवारना चाहिए। साहित्य का रूप वे लोग नहीं सँवार सकते, जो शुद्ध कला और रूप की उपासना का दम भरते हैं, जो 'कला कला के लिए' के सिद्धान्त को मानते हैं, जो सामाजिक हितों की चिन्ता न करके रस और शाश्वत मूल्यों की सृष्टि करना चाहते हैं। ऐसे लोग रूपवादी (formalists) होते हैं। और वे रूप के नाम पर साहित्य को विरूप ही करते हैं। साहित्य के रूप को वही लोग सँवार सकते हैं जो समाजहितों को सामने रखकर साहित्य रचते हैं। उन्हीं का साहित्य सजीव होता है। वही साहित्य सुन्दर होता है। रूपवादी निर्जीव साहित्य रचते हैं और निर्जीव साहित्य कभी सुन्दर नहीं हो सकता। सामाजिक उद्देश्य और कलात्मक सौन्दर्य एक-दूसरे के पूरक हैं; दोनों के मिलने से ही श्रेष्ठ साहित्य रचा जाता है।

रांगेय राघव की 'एवैक्युई' कविता यों शुरू होती है—

> "स्टेशन,
> भीड़,
> पूरी गरम,
> आगरे का पेठा,
> पान, बीड़ी, सिगरेट,
> लोहे की पटरियाँ,
> धुआँ छोड़ गाड़ियाँ
> कुलियों का शोर-गुल।" (पिघलते पत्थर, पृ. 32)

यह मुक्त-छन्द की एक मिसाल है। मुक्त-छन्द मुक्त होते हुए भी आखिर छन्द है। उसमें गति और प्रवाह की कोई इकाई होनी चाहिए। निरालाजी के वर्णिक मुक्त-छन्द में कवित्त का एक चरण अक्सर इकाई का काम करता है, जैसे 'जागो फिर एक बार' में। लेकिन यहाँ कोई इकाई नहीं है; लयपूर्ण गति (rhythm) का अभाव है, इसलिए यह रचना मुक्त-छन्द न होकर छन्द-मुक्त हो गई है। आगे इसी कविता में छन्द-बद्ध पंक्तियाँ भी आती हैं। लेकिन उनकी हालत ज्यादा अच्छी नहीं है।

''एक काली सी मगर कुछ तन्दुरुस्त
मैं कहूँ मादा अगर तो ठीक हो
पास आ मेरे—बड़ी ही बदहवास
कह रही है कुछ, न समझा मैं जिसे
चाय वाले को चुका पैसे तभी
मुसकराया देखकर उसको तनिक;
इशारों से ही बताया झट उसे
मैं न समझा कुछ कि क्या वह कह रही'' (उप., पृ. 33)

छन्द-रचना की यह माचवे-शैली है। श्री प्रभाकर माचवे ने इस शैली में सबसे ज्यादा रचनाएँ की हैं। फुटे से नापकर मानों हाशिए खींच दिए गए हों फिर बीच की जगह में शब्द भर दिए गए हों। पंक्तियाँ लड़खड़ाती हुई चलती हैं और एक बार उनसे आगे निकल जाने पर पाठक का मन यह नहीं करता कि उन्हें फिर अपने पास फटकने दे।

ऊपर के छन्द की पंक्तियाँ तुकहीन थीं। तुकवाली पंक्तियाँ कभी-कभी और भी बेतुकी लगती हैं। जैसे,

''हाय क्यों रोता रहूँ मैं
हाथ ले वह पात
जो कि तरु से गिर गया है
खा पवन की लात''

(हंस, अप्रैल 1947; 'वर्ग विश्वासी से')

इस तुकबन्दी से मुक्त-छन्द ही अच्छा।

रांगेय राघव की कविताओं में जो चीज उनकी शब्द-योजना और भाव-व्यंजना को सबसे ज्यादा कमजोर करती है, वह छायावादी लाक्षणिकता है। बात को सीधे न कहकर बिन बात के चमत्कार पैदा करने की कोशिश कविता को बेदम कर देती है।

'मेधावी' से कुछ मिसालें देखिए—

''हँस पड़ी पुलक
रो पड़ी सुलग,'' (पृ. 49)

''वह यौवन की ऊष्मा रह-रह
शान्त हो रही मूक'' (पृ. 57)

''दूर तक मानव का अवसाद
सुलगता बन पतझर की रात'' (पृ. 79)

''और लहरों का पागल वेग
बुद्धि से टकराता है हार'' (पृ. 85)

''आज जीवन है मरण की
प्रबल छाया से भरा लय'' (पृ. 107)

''मानव की पीड़ा की छाया
मुड़ती-सी हँसती कहती है'' (पृ. 137)

''धरिणी के उर पर हँसता वह
कोमल स्वप्नों की परिभाषा'' (पृ. 183)

''साँझ में ताड़ी पीकर श्रान्त
हँस रहा ज्यों वह रुदन महान्'' (पृ. 244)

''आह मिथ्या पर स्वर्णिम वस्त्र
बिछाकर प्रतारणा का भार'' (पृ. 247)

इन मिसालों से साफ जाहिर है कि रांगेय राघव की रचनाओं पर छायावादी शैली का बहुत गहरा और बुरा असर पड़ा है। अनेक प्रगतिशील कवियों ने इस शैली को छोड़कर भाव-व्यंजना का ऐसा तरीका अपनाया है जिससे शब्द अपने में खो न जाएँ, बल्कि पाठक पर उनका सीधा असर पड़े। रांगेय राघव इस शैली को नहीं अपना पाए या अपनाते हैं तो 'इवैकुई' के 'चाय गरम' जैसी शब्द-योजना करने लगते हैं।

उनकी कहानियों में भी इस तरह की सस्ती लाक्षणिकता जगह-जगह उनके गद्य को कमजोर बनाती है। 'समुद्र के फेन' में—'बाबू का विकार हँस पड़ा' (पृ. 6), 'एक व्याकुल भूखी हँसी उसके होठों पर तड़प उठी' (पृ. 6), 'उसके शब्दों का गर्व बाबू के हृदय पर बज उठा' (पृ. 9), 'मृदुल समीर का मंथर स्पर्श थरथरा रहा है। चारों ओर यौवन की काया ओजस्वित हो रही है' (पृ. 102), 'अधूरी मूरत' में—'वह

एक कठोर हँसी हँस पड़ा, जिसमें एक नहीं अनेक वेदनाओं की घुटन लुट गई' (पृ. 4), 'हृदय की उद्वेलित अवस्था भीतर के सन्तोष पर तैर उठी' (पृ. 30), 'एक कुटिलता उसके होठों पर झटका खा गई' (पृ. 36), 'अपने अधिकार की मादकता को सतृष्ण उन्माद से अपने हाथ से किसी तरह भी नहीं जाने देना चाहती थी,' (पृ. 61), 'हृदय में उन्माद घूँसे मार-मारकर हँस उठता था' (पृ. 68), इत्यादि। चमत्कार पैदा करने के बदले ये टुकड़े भावों की चिनगारी पर राख डालने का काम करते हैं। बात करने में बाँकपन हो, उपमा, रूपक और दूसरे अलंकारों से काम लिया जाए, व्यंग्य से गद्य को सजीव बनाया जाए,—इस सबका विरोध कोई न करेगा। लेकिन जब शब्दों को यों उलझाया जाए कि बात का असर ही खत्म हो जाए, तब उस शैली को छोड़ देना ही हितकर होगा।

रांगेय राघव की रचनाओं में दूसरा दोष यह है कि वह भाषा की काफी इज्जत नहीं करते। कविता की लाइन में अगर एक मात्रा ज्यादा पड़ती है तो दासी को दासि (मेधावी, पृ. 76), स्वामी को स्वामि (उप., पृ. 243), लिख देने में वे नहीं हिचकते। इसी तरह शून्य से काम न चला तो, एक मात्रा बढ़ाने के लिए उसे विशून्य कर दिया (उप., पृ. 203)। कम्पित से काम न चला तो सकम्पित लिख दिया (जो अशुद्ध है, संकय या कम्पित सही है लेकिन सकम्पित क्या?) (उप., पृ. 107)। कुछ शब्दों और मुहावरों का वह गलत प्रयोग करते हैं। उलझन के सम पर उन्होंने सुलझन बनाया है (उप., पृ. 191), आँखों के गूँजने की कल्पना की है ('गूँज रहीं उसकी आँखें'—उप., पृ. 99)। इसी तरह 'तारिल आकाश' (समुद्र के फेन, पृ. 102), 'भोर हो चली' (उप., पृ. 9), 'सामन्तीय युगीन' (अधूरी मूरत, पृ. 105) आदि के प्रयोग हैं। 'भारतीय पुनर्जागरण की भूमिका' और इतिहास पर जनवाणी के लेख में अनेक वाक्य ऐसे हैं, जिनके टुकड़े एक-दूसरे से उलझ गए हैं और वाक्य भोंड़े और लँगड़े बन गए हैं। इस तरह की वाक्य-रचना की कुछ मिसालें, दूसरे सिलसिले में ऊपर आ चुकी हैं।

रांगेय राघव शब्दों की इज्जत भले न करते हों, उन्हें शब्दों से मोह जरूर है। कुछ छायावादी कवियों में शब्द-चयन की जो शैली चल निकली थी, उसका हल्का और फीका रंग रांगेय राघव में दिखाई देता है। पन्तजी ने 'ग्राम्या' में 'भ्रम, भ्रम, भ्रम' का स्वर साधा था; रांगेय राघव ने भ्रम, भ्रम, भ्रम के साथ क्रम, क्रम, क्रम का समा बाँधा है (मेधावी, पृ. 15)। पन्तजी ने तारों, लहरों आदि के गीत लिखे थे, रांगेय राघव ने भी इन सबके गीत लिखे हैं। और शब्द योजना में पन्तजी से बाजी मार ले गए हैं, जैसे तारों के गीत में—

"उतर-उतरकर शून्य स्तरों के
सोपानों पर गाए

टिम-टिम
टिम-टिम''   (उप., पृ. 14)

इस टिम-टिम के वजन पर और भी शब्दों के झुनझुने बजाए हैं झलमल-झलमल, झिलमिल-झिलमिल, रलमल-रलमल (पृ. 17-18); थिर-थिर मंथर (पृ. 11); टीसें थिर-थिर, लज्जा तिर-तिर (पृ. 25); हे चिरजीवन, हे अमर मरण (पृ. 41); आलिकुलगूँजे, परिमल भरिमल (पृ. 128); (शुद्धि पत्र में दूसरा पाठ नहीं है, इसलिए परिमल-भरिमल को शुद्ध पाठ ही मानना चाहिए) इत्यादि। इनके अलावा रांगेय राघव ने कुछ नए शब्द और टुकड़े भी चालू किए हैं जैसे वृक्ष के लिए शाखी (पृ. 129); नष्ट-भ्रष्ट के सम पर 'ध्वंस-भ्रन्श' (पृ. 147); ऊर्मिल की तरह लहरिल (पृ. 4); व्याकुल से व्याकुलित (पृ. 225); इत्यादि। कई जगह उनकी शब्द योजना देखते ही बनती है–

तू पल-पल के पुल पर चलता (पृ. 39)
नव प्राण विजय नादी जागे (पृ. 47)
मैदान मेह से मत्त हुए (पृ. 49)
बज रहा बिगुल निनादित घोष (पृ. 92)
उठती आती है टीस ध्वनन (पृ. 17)
उर सहला
चिर आलिंगन लय सुरला (पृ. 25)
ज्यों अक्षय विलसित यह खुमार (पृ. 29)
कर देता लय में अन्तर्लय (पृ. 43)

यह तो छायावादी शैली की पराकाष्ठा हुई। इसके अलावा 'प्रगतिशील' शैली का उच्चरूप भी यहाँ मिलता है। यह 'प्रगतिशील' शैली उन कवियों की देन है, जो अचानक प्रलय, ताण्डव और हुंकार से देश-विदेश ही नहीं, समूचे ब्रह्माण्ड को भस्म कर देना चाहते हैं। रांगेय राघव में हुंकारवादी शैली की मिसालें भरी पड़ी हैं। हुंकार के साथ आलम्बन-उद्दीपन की तरह धुआँधार, फुस्कार, फूत्कार आदि शब्दों की टोली भी चलती है। इस आवेशपूर्ण शैली की विशेषता यह है कि शब्दों की ध्वनि पाठक के सिर दिमाग पर यों हावी हो जाती है कि वह शब्दों के अर्थ की तरफ ध्यान देना भूल जाता है। इसे हम नए ढंग का ध्वनि-काव्य कह सकते हैं।

फूत्कार कर उठे शोषित जन
हुंकार उठी-बिखरे खँडहर (पृ. 43)
'एक उठी हुंकार भयंकर
काँप उठेगी दुनिया सारी

एक गरज से ठहर उठेंगी
सप्त सिन्धु की लहरें भारी' (पृ. 263)
या 'अजेय खँडहर' में
जागो ओ किसानो आज
जागो ओ मजूरो आज
बागी के तड़पते गीत
भूखी अग्नि धुआँधार
× × ×
फिर थर्रा उठे संसार
तड़क जाए बर्फ की
झिल्ली कि वह–
हुंकार!

यह बात आजमाकर देखी जा सकती है कि जो कवि किसानों-मजदूरों से जितना ही दूर होता है, उतना ही वह उन्हें जगाने के लिए हुंकार और धुआँधार की ध्वनि ज्यादा करता है। दरअसल किसान-मजदूर कबीर के 'खुदाय' की तरह बहरे नहीं हैं कि उन्हें जगाने के लिए इतनी जोर से बाँग देने की जरूरत पड़े। 'उधर एक हुंकार उठा' और 'यह भारत फुंकार उठा' (उप., पृ. 97), इस तरह की पंक्तियों को हम प्रगतिशील कविता की अच्छी-खासी पैरोडी मान सकते हैं।

ये तमाम बातें जाहिर करती हैं कि लेखक में कला और रूप की तरफ एक लापरवाही है। उसने यह महसूस नहीं किया कि वाक्य, रचना, शब्द-चयन, छन्द के प्रवाह आदि पर ध्यान देना साहित्य को प्रभावशाली बनाने के लिए जरूरी है। रूप और कला के प्रति असावधानी साहित्य के सामाजिक उद्देश्य के प्रति असावधानी है। क्योंकि बिगड़ा हुआ रूप और भ्रष्ट कला साहित्य के सामाजिक असर को ही खत्म कर देते हैं। इसके साथ ही कला के पुराने घिसेपिटे रूपों से, खासकर सस्ती छायावादी लाक्षणिकता से बचना भी जरूरी है। कला के नाम पर इन बासी पकवानों से दुकान सजाना बहुत आसान है। प्रगतिशील साहित्य के बहुत से विरोधी जब कला के गुण गाते हैं, तब अक्सर उनका मतलब इसी छायावादी लाक्षणिकता से होता है। वैसी कला हमें नहीं चाहिए। हिन्दी साहित्य के महान् कलाकारों, तुलसीदास, भारतेन्दु और प्रेमचन्द की सुबोध शैली के गुण सीखकर हमें नए जन-साहित्य की विषयवस्तु के अनुकूल उसके लोकप्रिय रूप को भी सँवारना चाहिए।

17. साहित्य और विसर्जनवाद

भारत में अहिंसात्मक क्रान्ति हुए चार साल हो गए। क्रान्ति के नेताओं को गद्दी पर बैठे पाँच साल हो गए—क्रान्ति के पहले ही गद्दी पाना उस क्रान्ति की अहिंसात्मक विशेषता थी। यह क्रान्ति अंग्रेज साम्राज्यवादियों की पूरी रजामंदी के साथ हुई। अहिंसात्मक क्रान्तिकारियों ने अंग्रेजी पूँजी को हजम नहीं किया वरन् अंग्रेज और अमरीकी पूँजीपतियों से दरख्वास्त की कि वह और सरमाया लगाएँ और देश की जनता को लूटकर बाहर मुनाफा भेजें। अहिंसात्मक क्रान्ति से सामन्ती अवशेष सुरक्षित रहे और इजारेदारों की लूट में वृद्धि हुई। इस लूट की बहती गंगा में अहिंसा के पुजारियों ने हाथ ही नहीं धोए, आँख-कान बन्द करके गोते भी लगाए।

नतीजा यह कि राष्ट्रीय स्वाधीनता का उद्देश्य अपूर्ण रहा और उसके पूरा हुए बिना—अंग्रेजों और उनके सामन्ती और इजारेदार सहायकों का प्रभुत्व खत्म किए बिना—यह नामुकिन था कि देश की जनता की आर्थिक या राजनीतिक उन्नति होती। उन्नति होना तो दूर, अवनति को रोकना भी दूभर हो गया और जनता को ऐसे भयानक संकट का सामना करना पड़ रहा है जैसा उसे सन् '47 के पहले भी नहीं करना पड़ा था।

कांग्रेस की दिवालिया राजनीति और जनता को लूटने वाली अर्थनीति के समान ही उसका संस्कृति सम्बन्धी काम रहा है। उसने जिस दर्शनशास्त्र का सोते-जागते पाँच साल से प्रचार किया है, उसका उद्देश्य है, मौजूदा व्यवस्था को कायम रखना और जनता के प्रतिरोध को दबा देना। इस दर्शन के मुताबिक साम्राज्यवादियों का हृदय परिवर्तन करके स्वराज्य हासिल होता है। इजारेदारों को ट्रस्टी बनाकर बेकारी बढ़ाई जाती है और मजदूरों की मजूरी मारकर मुनाफाखोरी की जाती है, सामन्तों और जमींदारों के लिए प्रीवीपर्सों और मुआवजे का प्रबन्ध होता है और भूखे किसानों पर गोलियाँ चलाई जाती हैं। एक दूसरा दर्शन आर्य संस्कृति का है जिसके उपासक और प्रचारक कांग्रेस के बाहर तो हैं ही, उसके भीतर भी हैं। इसके मुताबिक तमाम फसाद की जड़ मुसलमान हैं। इनका सफाया कर दो, न फसाद रहेगा, न फसाद की जड़। इस संस्कृति के उपासक शक्कर के व्यापारियों के लिए जनता की जेब काटकर सोमनाथ का मन्दिर बनवाते हैं, अमरीकी जंगबाजों को जनतन्त्र का अवतार कहकर देश-विदेश के मामलों में उनके प्रति वफादारी निबाहते हैं, साहित्य सम्मेलन के अखिल भारतीय मंच से खास तौर पर आर्य संस्कृति, आर्य भाषा और आर्य जाति के उद्धार के लिए प्रतिज्ञाएँ करते हैं। साम्राज्यवादी शिक्षा और शिक्षा की पुस्तकें कायम ही नहीं हैं, उनमें इजाफा भी हुआ है। अमरीकी युद्ध प्रचारकों को अपना जहर फैलाने की पूरी छूट है, देशी-विदेशी प्रगतिशील साहित्य पर हर तरह

की रोक है। कांग्रेसी सरकार ने तीन बार सोवियत लेखकों को भारत आने से रोका है जबकि लियाकत अली और ऐटली की हुकूमतों तक को उन्हें आने की इजाजत देनी पड़ी थी। पैरिस की शान्ति कांग्रेस में शामिल होने और सोवियत संघ जाने के लिए मुल्कराज, कृश्नचन्दर, अली सरदार वगैरह पर पाबन्दी उसकी संस्कृति-प्रेम के उदाहरण हैं। अन्धविश्वास, साम्प्रदायिक विद्वेष, पुनरुत्थानवाद, नग्न शृंगारिकता, सांस्कृतिक क्षेत्र में ये पौधे सींचे जा रहे हैं। कांग्रेसी राज में बड़े-बड़े कोश निर्मित हुए जिन पर जनता की गाढ़ी कमाई के लाखों रुपए खर्च किए गए हैं। डॉक्टर रघुवीर और महापण्डित राहुल ने इतने कोश तैयार किए हैं कि उनसे हिन्दी ही नहीं, भारत की तमाम भाषाएँ कई हजार साल तक बेधड़क शब्द उधार ले सकती हैं। कांग्रेसी शासकों ने साहित्य के उद्धार के लिए अखबार निकाल रखे हैं, रेडियो में श्री सुमित्रानन्दन पन्त जैसे कुछ कलाकारों को हजार-हजार रुपए वेतन पर रख छोड़ा है कि वे सामन्तों के चारणों की तरह उनका यश गाया करें। उधर प्रगतिशील लेखकों में बहुतों को जेल भेजा, बाकी पर ऐसे निगरानी रखी जैसे इनकी कलम की नोक से ही कांग्रेसी सत्ता उलट जाएगी और सरकारी नौकरों के लिए फरमान निकाल दिया कि कोई प्रगतिशील लेखक संघ के पास न फटके। भाषावार प्रान्त बनाने के वादे सपने हो गए। पिछड़ी हुई जातियों की भाषाओं को फलने-फूलने का कोई अवसर नहीं। जनता की निरक्षरता दूर करने और आम शिक्षा का प्रचार करने का कोई प्रबन्ध नहीं। 1951 में कम्युनिस्ट पार्टी ने अपने चुनाव घोषणापत्र में देश की मौजूदा हालत का विस्तृत विवेचन करते हुए बतलाया है कि जनता अपने संयुक्त मोर्चे और जन-आन्दोलन के जरिए किस तरह एक नए स्वाधीन और जनवादी भारत का निर्माण कर सकती है।

अमृतराय ने एक पुस्तक लिखी है—'साहित्य में संयुक्त मोर्चा'। अपनी पुस्तक वह इस वाक्य से शुरू करते हैं। "इधर काफी अर्से से कम्युनिस्ट राजनीतिक हलकों में पार्टी की उग्र वामपंथी, संकीर्णतावादी, ट्राट्स्कीवादी-टीटोवादी गलतियों के बारे में बहस चल रही है।" एक वाक्य के बाद इस बहस का नतीजा निकालते हुए वह कहते हैं, "यह बात अब दिन की तरह साफ हो गई कि पार्टी की पिछली संकीर्णतावादी, ट्राट्स्कीवादी-टीटोवादी गलतियों ने पार्टी को और उससे सम्बद्ध जनसंगठनों को एकदम छिन्न-भिन्न कर दिया है।" इसकी मिसाल वह पृष्ठ 98-99 पर 'किसान आन्दोलन की हत्या' और 'किसान सभा की हत्या' का जिक्र करते हुए देते हैं। पहले मोटे-मोटे हर्फों में यह सिरनामा छपा है, "किसान क्रान्ति के सवाल पर मार्क्सवादी लेनिनवादी रणनीति और कार्यनीति में संशोधन करने की चेष्टा और उसका प्रभाव किसान आन्दोलन की हत्या और उसका प्रभाव।"

अभी हाल में भारतीय किसान सभा की केन्द्रीय समिति की बैठक हुई थी। उसकी एक संक्षिप्त रिपोर्ट 'क्रॉसरोड्स' (7 सितम्बर, 1951) में छपी है। वह इस

तरह शुरू होती है, "आजादी के बाद के जमाने में और सभी जन-संगठनों की तरह पिछले साढ़े तीन साल में अखिल भारतीय किसान सभा भयानक दमन का शिकार रही। हजारों किसान कार्यकर्ता पकड़ लिए गए और उन्हें लम्बी सजाएँ दी गईं और सैकड़ों अभी भी जेल में पड़े हुए हैं। कुछ प्रान्तों में बहुत-से किसान सभा के कार्यकर्ता गोली से मार डाले गए।" तब हत्यारा कौन ठहरा? इन गोली काण्डों के बारे में खामोश रहकर कितना आसान है यह कहना–कम्युनिस्ट पार्टी ने किसान आन्दोलन की हत्या की!

कम्युनिस्ट पार्टी आम जनता की पार्टी है। वह दमन और अत्याचार के दिनों में हमेशा जनता के साथ रही है। उसके वीर शहीदों की लम्बी सूची इस बात का अकाट्य प्रमाण है। विसर्जनवादी चश्मा लगाने पर हकीकत दूसरी ही नजर आती है। और वह इस प्रकार–"ऐतिहासिक रूप से कम्युनिस्ट पार्टी ही राष्ट्रीय स्वाधीनता आन्दोलन के इस नए दौर में (अर्थात् 15 अगस्त, 1947 के बाद के दौर में), जब अब तक के उसके नेताओं ने (अर्थात् कांग्रेसी नेताओं ने) उसका साथ छोड़ दिया था, उसकी नेता थी। मगर वह अपना ऐतिहासिक कर्तव्य नहीं पूरा कर सकी। क्योंकि वह या तो जनता की दुम बनी, उसके पीछे-पीछे घिसटती रही या ऐसी मीलों आगे बढ़ गई कि जनता उसकी दुम तक देखने से कासिर रही! गरज कभी उसने जन नेता की तरह अमल नहीं किया यानी जनता के साथ मगर दो कदम आगे।" (साहित्य में संयुक्त मोर्चा, पृ. 35)। यह वाक्य पढ़कर अमृतराय की जहनियत के धरातल का पता लगाना मुश्किल नहीं है। यह जहनियत तथ्यों को गलत ही नहीं पेश करती, उन्हें गलत पेश करने में रस भी लेती है। अमृतराय ने अपनी समझ में यह लिखकर कि "जनता उसकी दुम तक देखने से कासिर रही" अपनी शैली को रोचक बना लिया है। लेकिन इस तरह की शैली और तथ्यों को यों गलत पेश करना उन लोगों की विशेषता है जो मार्क्सवाद को तिलांजलि दे चुके हैं और आलोचना के नाम पर जो कम्युनिस्टों पर कीचड़ उछाल कर जनता के दुश्मनों की मदद करते हैं।

यह आकस्मिक बात नहीं है कि अपनी किताब 'साहित्य में संयुक्त मोर्चा' में जहाँ अमृतराय ने हिन्दुस्तान की अन्दरूनी हालत के बारे में लिखा है, वहाँ कांग्रेसी दमन के बारे में एक भी शब्द नहीं है। क्या उन्हें यह मालूम नहीं है कि देश के हर कोने में जहाँ भी जनता ने अपनी हालत सुधारने की कोशिश की है, उसे फौज और पुलिस के जरिए कुचला गया है? क्या यह आकस्मिक बात है कि जिस कांग्रेसी अनाचार और दमन के खिलाफ देश के तमाम जनवादी पत्र लिखते रहे हैं, उसके खिलाफ 'हंस' ने पिछले अक्तूबर से लेकर इस सितम्बर (1951) तक एक सम्पादकीय नोट भी नहीं लिखा?

क्या कांग्रेसी राज से मुक्ति पाना जनता के एजेण्डे पर नहीं है? क्या इसके

लिए कांग्रेसी राज और कांग्रेसी दर्शन के हिमायतियों और प्रचारकों का पर्दाफाश करना जरूरी नहीं है? अमृतराय, रांगेय राघव, शिवदानसिंह चौहान इनके खिलाफ नहीं लिखते बल्कि इनके साथ मिलकर वह रामविलास शर्मा के खिलाफ संयुक्त मोर्चा बनाते हैं। जरा इनके आन्दोलन की शक्ल देखिए। जनवरी सन् '51 के 'हंस' में अमृतराय रामविलास के संकीर्णतावाद पर टिप्पणी लिखते हैं। फरवरी के 'हंस' में रामगोपाल सिंह चौहान का लेख 'साहित्य की नई दिशा' छपता है जिसमें हमले का केन्द्र रामविलास है। मार्च के 'हंस' में रांगेय राघव से रामगोपाल सिंह चौहान की इण्टरव्यू छपती है जिसका मुख्य विषय रामविलास की आलोचना है। मार्च की 'नयी चेतना' में शिवदानसिंह चौहान कृपा करते हैं, 'नवयुग' में रांगेय राघव धारावाहिक रूप से लेखमाला निकालते हैं। जून में अमृतराय 'साहित्य में संयुक्त मोर्चा' नाम की पुस्तक लिखते हैं जिसमें "रामविलास शर्मा का नाम बार-बार आया है। इसका कारण यह नहीं है कि मुझे व्यक्ति रामविलास शर्मा से कोई अदावत है। इसका कारण सिर्फ यह है कि रामविलास शर्मा में वामपंथी संकीर्णतावादी प्रवृत्ति सबसे अधिक स्पष्ट, प्रबल और मुखर है। और उन्होंने इस गलत समझ के वश सबसे अधिक आलोचनात्मक कार्य किया है।" (पृ. 10)

मानना होगा कि जनवरी से जून तक इन लेखकों ने रामविलास शर्मा को केन्द्र बना कर कम आलोचनात्मक कार्य नहीं किया। जब तक रामविलास का असर काफी गहरा न हो, तब तक उसकी जड़ खोदने के लिए इतने महारथियों को इतने भगीरथ परिश्रम की जरूरत न पड़ती। क्या यह आश्चर्य की बात नहीं है कि छह महीने तक रामविलास के खिलाफ धुआँधार लिखने के लिए वक्त और कागज होते हुए कांग्रेसी दमन और उसके समर्थक लेखकों के लिए अमृतराय को एक सतर लिखने के लिए भी वक्त और कागज मयस्सर न हुआ? या इस मुहिम को चलाने का उद्देश्य ही यह है कि कांग्रेसी दमन और कांग्रेसी साहित्य के खिलाफ संघर्ष करने का सवाल ही पीछे पड़ जाए? अमृतराय वगैरह का कहना है कि रामविलास ने महापण्डित राहुल और महाकवि पन्त के खिलाफ पहले भी लिखा और अब भी लिखता जाता है। इससे बड़ी बेईमानी, ट्राट्स्कीवाद वगैरह और क्या हो सकता है? महापण्डित राहुल सन् '47 में कांग्रेस के घोर प्रतिक्रियावादी टण्डन गुट की कृपा से सम्मेलन के सभापति बनाए गए। जो हिन्दू सभाई प्रचार टण्डन गुट न कर सकता था, उसे महापण्डित राहुल ने किया। सन् '50 में प्रकाशित 'आज की राजनीति' में वह कहते हैं, "इस्लाम ने जो भी कहा हो, किन्तु मुसलमानों ने अपने आपको देश की धारा का अंग बनने से सदा इनकार किया।"

श्री सुमित्रानन्दन पन्त ने 'स्वर्ण किरण' और स्वर्ण धूलि' में सामन्तशाही का खुला समर्थन किया, गाँधीवाद और धार्मिक अन्धविश्वासों को यथाशक्ति उभारा है। इनका जैसा भरा-पूरा विस्तृत खण्डन आवश्यक है, वह मैंने नहीं किया। लेकिन

अमृतराय का कहना है कि पन्त पर लिखते हुए अरविन्द के दर्शन का खण्डन करना चाहिए। गोया गाँधीवाद का खण्डन करना गुनाह है। अमृतराय के मुताबिक कम्युनिस्ट पार्टी अपना ऐतिहासिक कर्तव्य नहीं पूरा कर सकी, कभी उसने जन नेता की तरह अमल नहीं किया। अगर यह बात सही है तो प्रगतिशील लेखक संघ की नींव डालने क्या आसमान से फरिश्ते आए थे? सन् '45 में कम्युनिस्ट पार्टी के उस समय के मन्त्री पूरनचन्द्र जोशी ने ही लिखा था, "हमारी पार्टी ने प्रगतिशील लेखक संघ और जन-नाट्य संघ के आन्दोलनों को प्रेरित किया है और सक्रिय रूप से उनके संगठन में मदद की है।" (पीपुल्स वार, 4 नवम्बर, 1945)।

मजदूर वर्ग और उसकी पार्टी के नेतृत्व के बिना प्रगतिशील लेखक संघ का संगठन और विकास असम्भव था। जो लोग परेशान होकर कहते हैं कि कम्युनिस्ट पार्टी ने यह नहीं किया, वह नहीं किया, वे अप्रत्यक्ष रूप से खुद इस बात की माँग करते हैं कि सांस्कृतिक क्षेत्र में पार्टी उनका और दृढ़ता से नेतृत्व करे। इसलिए प्रगतिशील साहित्य की यह व्याख्या करना उचित होगा कि मजदूर वर्ग के नेतृत्व में रचा जाने वाला साम्राज्य-विरोधी, सामन्त-विरोधी साहित्य ही प्रगतिशील साहित्य है।

मजदूर वर्ग के नेतृत्व के बारे में अमृतराय लिखते हैं, "हमें यह न भूलना चाहिए कि चीन की और हमारी परिस्थिति में जो अन्तर है, उनमें एक यह भी है कि चीन में मजदूर वर्ग ने माओ की अजेय चीनी कम्युनिस्ट पार्टी के नेतृत्व में अपने आप को राष्ट्रीय स्वाधीनता आन्दोलन की प्रमुख शक्ति बना लिया था, हिन्दुस्तान में अभी मजदूर वर्ग को यह काम करना है, राष्ट्रीय स्वाधीनता आन्दोलन की प्रमुख शक्ति बनना है। उसके लिए उसे सबसे पहले खुद अपने भीतर की फूट को दूर करना है और क्रान्तिकारी नेतृत्व में मजदूर एकता कायम करनी है। उसके बाद ही कहीं वह राष्ट्रीय स्वाधीनता आन्दोलन की प्रमुख शक्ति बन सकेगा, और राष्ट्रीय स्वाधीनता आन्दोलन की प्रमुख शक्ति बनने के बाद ही लोग उसे सांस्कृतिक क्षेत्र के नेता के रूप में स्वीकार कर सकते हैं, उसके पहले नहीं।" (पृ. 20-21)। वही मसल है कि कब बाबा मरेंगे, कब बैल बिकेंगे। अमृतराय की शर्तें जब तक पूरी न हों तब तक प्रगतिशील साहित्य में मजदूर वर्ग के नेतृत्व की बात करना बेसब्री होगा।

अमृतराय जानते हैं कि चीन का नया सांस्कृतिक आन्दोलन सन् 1919 से आरम्भ होता है, तब की और अब की चीनी कम्युनिस्ट पार्टी में जमीन-आसमान का फर्क है। कुओ मो जो के अनुसार "चौथी मई आन्दोलन के बाद की नई संस्कृति पिछली पड़ चुकी पुराने ढंग की जनवादी संस्कृति नहीं है बल्कि वह मजदूर वर्ग के पथ प्रदर्शन पर रची हुई जनता की साम्राज्यविरोधी और सामन्त-विरोधी नई जनवादी संस्कृति है। इसी तरह चौथी मई आन्दोलन के बाद का नया साहित्य अब पिछड़ा

पड़ चुका पुराने ढंग का जनवादी साहित्य नहीं है बल्कि मजदूर वर्ग के पथ प्रदर्शन पर रचा हुआ जनता का साम्राज्यविरोधी और सामन्तविरोधी नया जनवादी साहित्य है।" अमृतराय के लिए नए जनवादी साहित्य और पुराने जनवादी साहित्य में कोई अन्तर नहीं है। इसलिए उनके लिए मजदूर वर्ग के नेतृत्व में रचे जाने वाले प्रगतिशील साहित्य और पिछड़े पड़ चुके पुराने ढंग के साम्राज्यविरोधी, सामन्तविरोधी साहित्य में कोई अन्तर नहीं है।

विसर्जनवाद साहित्य और राजनीति में एक मध्यवर्गीय विचारधारा है। इसका सारतत्त्व है संघर्ष का विसर्जन। यह विसर्जन साम्राज्यवाद, सामन्तवाद के खिलाफ जन-संघर्षों का विसर्जन ही नहीं, यह उनकी समर्थक विचारधाराओं के खिलाफ संघर्ष का भी विसर्जन है। इसका सबसे स्पष्ट और पुराना रूप शिवदानसिंह चौहान में मिलता है जिन्होंने मार्च की 'नई चेतना' में अमरीकी जंगबाजों के दलाल अज्ञेय का अभिनन्दन किया है। "न पहले कभी और न आज ही मैं मानने को तैयार हूँ कि अज्ञेय एक जनविरोधी लेखक हैं।" इत्यादि।

अमृतराय यह काम ज्यादा सफाई से करते हैं। 'प्रेमचन्द की परम्परा' नाम के लेख में मैंने उन लेखकों की आलोचना की थी जो चीन, मलाया, वियतनाम आदि में साम्राज्यवादी हस्तक्षेप का समर्थन कर रहे थे। यूरोप में मार्शल योजना को लागू करने के समर्थक थे। अमृतराय इतना ही कहना पसन्द करते हैं कि रामविलास कम्युनिस्ट पार्टी से या अपने से मतभेद रखनेवालों को पूँजी का गुलाम कहता है। वह यह नहीं बतलाते कि जिनको मैंने पूँजी का गुलाम कहा है, वे एशिया में ऐंग्लो अमरीकी साम्राज्यवाद का खुला समर्थन कर रहे थे।

विसर्जनवाद अन्तर्राष्ट्रीयता-विरोधी विचारधारा है। इस प्रवृत्ति के शिकार होने वाले लोग ठोस तरीके पर हिन्दुस्तान में साम्राज्यवादी प्रभुत्व और युद्धवादी योजनाओं का पर्दाफाश नहीं करते। साल भर के 'हंस' में अमृतराय ने कहीं भी यह दिखलाने की कोशिश नहीं की कि साम्राज्यवादी युद्ध-योजनाओं में हिन्दुस्तान को कौन-सी जगह दी गई है। इस अन्तर्राष्ट्रीयता-विरोध का दूसरा पहलू यह है कि जो लोग सोवियत संघ और नए चीन के खिलाफ लिख रहे हों, उनके बारे में चुप्पी साध लो। यही सबब है कि हिन्दुस्तान में होने वाले सोवियत-विरोधी प्रचार के बारे में 'हंस' के सम्पादकीय नोट खामोश रहते हैं। और साल भर में एक बार भी अपने पाठकों को यह बताने की कोशिश नहीं करते कि सोवियत संघ और नए चीन ने विश्वशान्ति की रक्षा के लिए, और खास तौर से एशिया में शान्ति की रक्षा के लिए, कौन से कदम उठाए हैं।

विसर्जनवाद एक सिद्धान्तहीन साहित्यिक और राजनीतिक प्रवृत्ति है जो प्रगतिशील साहित्य में स्पष्ट गुटबन्दी का रूप ले रही है। इसकी सिद्धान्तहीनता इस बात से जाहिर है कि जनता के सामने कम्युनिस्ट पार्टी का इतिहास पेश करते हुए

यह तथ्यों को बुरी तरह तोड़ती-मरोड़ती है। कम्युनिस्ट पार्टी का फरवरी, '48 का राजनीतिक प्रस्ताव और जून, '49 का कार्यनीति सम्बन्धी बयान उसके लिए एक ही चीज है। विसर्जनवादी लेखक जनता को यह नहीं बतलाते कि फरवरी सन् '48 का राजनीतिक प्रस्ताव बुनियादी तौर से सही था और जून '49 का कार्यनीति सम्बन्धी बयान बुनियादी तौर से गलत था। वे जनता को यह नहीं बतलाते कि फरवरी सन् '48 के प्रस्ताव की समझ के मुताबिक कम्युनिस्ट लेखकों की रचनाएँ बुनियादी तौर पर सही हैं। वे जनता को यह नहीं बतलाते कि जून '49 के बयान के बाद कम्युनिस्ट लेखकों की रचनाएँ नहीं के बराबर छपी हैं; 'हंस' और 'नया साहित्य' सरकारी दमन की वजह से बन्द हो गए थे। वे जनता को यह नहीं बतलाते कि रामविलास के वे तमाम लेख जिन पर अमृतराय ने अपनी किताब में आपत्ति की है, जून '49 के पहले के लिखे हुए हैं; जून के बाद, 'लास्टिंग पीस' का 27 जनवरी '50 वाला लेख आने तक, रामविलास का सिर्फ एक लेख छपा है। वे जनता को यह नहीं बतलाते कि भिवंडी का अखिल भारतीय प्रगतिशील लेखक सम्मेलन मई सन् '49 में हुआ था। यह मान भी लें कि इसके घोषणापत्र से प्रगतिशील लेखक संघ टूट गया, तो भी यह अवधि, यानी मई '49 से फरवरी '50 तक, पूरे साल-भर की भी नहीं ठहरती। इसलिए तीन साल के सत्यानाश की गुहार बेमानी हो जाती है और यह सत्यानाश सच भी हो तो उसके लिए भिवंडी के घोषणापत्र को जिम्मेदार नहीं ठहराया जा सकता।

विसर्जनवाद की सिद्धान्तहीनता नए-नए सिद्धान्त गढ़ने में साबित होती है जिनसे वह अपने अवसरवाद को सही साबित करने की कोशिश करता है। मसलन अमृतराय का यह सिद्धान्त कि मध्यवर्ग समाजवादी क्रान्ति के वक्त ढुलमुल रहता है, उसके पहले उसके ढुलमुलपन की आलोचना करना संकीर्णतावाद है। वह लिखते हैं, "पहली बात तो यह कि रामविलास जी की निगाह इस समय लेखक की मध्यवर्गीय जहनियत पर गई। इसका ही मतलब है कि उनकी दृष्टि वामपंथी संकीर्णतावादी है। रणनीति और कार्यनीति पर विचार करते समय हम देख आए हैं कि समाजवादी क्रान्ति के दौर में मध्यवर्ग ढुलमुल होता है और इसलिए उसके ढुलमुलपन को खत्म करने की जरूरत होती है।" (पृ. 92-93)।

अगर समाजवादी क्रान्ति के दौरान ही मध्यवर्गी जहनियत दूर करने की जरूरत पड़ती तो माओ ज़े दुंग येनान में मध्यवर्गी जहनियत के कलाकारों के बारे में यह न कहते, "ये साथी बड़े आराम से निम्नमध्यवर्ग का समर्थन करते हैं या इसे और सुन्दरता से कहा जाए तो उनकी महान् आत्मा निम्न-मध्यवर्ग के ही राज्य में निवास करती है।" ('हंस', अक्तूबर '50)।

माओ ज़े दुंग के उठाए हुए सवाल का आज की परिस्थिति के लिए अमृतराय कोई महत्त्व नहीं समझते कि "हमारे लेखकों, कलाकारों को अपनी जड़ों की मिट्टी

बदलनी होगी।''

विसर्जनवाद की सिद्धान्तहीनता इस बात से जाहिर होती है कि वह अपने विरोधियों पर झूठे और बेबुनियाद आरोप लगाता है। अमृतराय ने अपनी किताब में जितने झूठे आरोप लगाए हैं, उनमें सबसे घृणित आरोप नौकरशाही बर्ताव के बारे में है। अमृतराय के मुताबिक ''पार्टी के भीतर और प्रगतिशील लेखक संघ के भीतर जनवाद का नाश'' हो गया (पृ. 104)। ''लोग डरे-सहमे मुँह पर ताला जड़े घूमते थे कि कहीं धोखे से मुँह से ऐसी कोई बात न निकल जाए कि मैं कायर या सुधारवादी या क्रान्ति का दुश्मन न करार दिया जाऊँ।'' (पृ. 103)। इसमें रामविलास की भूमिका इस प्रकार है।

अमृतराय के मुताबिक यह माँग उठाई गई कि ''सब कम्युनिस्ट लेखक जो कुछ भी लिखें, उसकी एक कटिंग श्री रामविलास शर्मा के पास भेजें जिसका और कोई मकसद समझ में नहीं आता सिवाय इसके कि रामविलास जी को यह डर था कि हम सभी सुधारवाद के रंग में बुरी तरह डूबे हुए हैं, इसलिए हम जो कुछ लिखते हैं, उस पर कड़ी निगाह रखना जरूरी है। मैं नहीं जानता कि और भी कहीं ऐसा होता है या नहीं लेकिन इतना जरूर है कि नेतृत्व के काम को अंजाम देने के लिए ऐसा करना जरूरी नहीं है। यकीनी तौर पर यह काम करने का नौकरशाही ढंग था और उसका नतीजा भी वैसा ही बुरा हुआ—लेखकों ने सहानुभूति-शून्य आलोचना और सुधारवाद के जुर्म में अनुशासन की कार्यवाही के डर से लिखना ही बन्द कर दिया।'' (पृ. 105)।

अमृतराय को चाहिए कि वह उन तमाम हुक्मनामों को छाप दें जो मैंने उन्हें भेजे थे। अगर उन्होंने यह आरोप जरा भी गम्भीरता से लगाया हो तो उन्हें 'हंस' के बारे में भेजे हुए मेरे खत छाप देने में जरा भी आनाकानी न करनी चाहिए। रामविलास ने 'हंस' और अमृतराय पर अनुशासन का डंडा चलाया था या ये खुद रामविलास और पार्टी का सहयोग प्राप्त करने को उत्सुक थे, इसकी एक-दो मिसालें दे देना काफी होगा। सवाल था 'हंस' के लेखकों को पारिश्रमिक देने का। अमृतराय चाहते थे कि यह सवाल सांस्कृतिक मोर्चे पर काम करने वाले पार्टी साथियों की मदद से हल किया जाए। 11 फरवरी '49 के पत्र में वह लिखते हैं, ''मैं चाहता हूँ 'हंस' की पूरी आर्थिक परिस्थिति फ्रैक्शन के साथियों के सामने रखूँ और उनकी मदद से लेखकों को पारिश्रमिक देने का आम मसला तय करूँ क्योंकि बावजूद इस बात के कि 'हंस' घाटे पर चलता है, बिना पारिश्रमिक दिए लेख स्वीकार करना मेरी प्रकृति के बहुत अनुकूल नहीं है।'' (मूल पत्र अंग्रेजी में है)।

अगर रामविलास ने नौकरशाहियत से लेखकों को डरा-धमका दिया था, तो 'हंस' का मामला पार्टी-साथियों के सामने रखने की प्रेरणा अमृतराय को कहाँ से मिली? 16 मई '49 को 'हंस' पर बैन के सिलसिले में अमृतराय ने मुझे लिखा

था, "बैन के खिलाफ आन्दोलन हम लोगों ने यहाँ पर छेड़ दिया है। उसे बाकायदा संगठित रूप में चलाने का निश्चय किया गया है। हम लोग जवाब भी तैयार कर रहे हैं जो जल्दी ही तुम्हारे पास पहुँचेगा। इस लड़ाई को अखिल भारतीय पैमाने पर चलाने के लिए उसे अखिल भारतीय संगठनात्मक शक्ल देनी होगी।" इससे साफ जाहिर होता है कि अमृतराय को रामविलास के पास सहयोग के लिए खत भेजने पड़ते थे, न कि रामविलास ने अपना सहयोग जबर्दस्ती अमृतराय पर लादा था। 14 सितम्बर '50 तक अमृतराय ने उन तमाम बातों का आविष्कार न किया था जो नौकरशाहियत के सवाल पर उन्होंने अपनी किताब में लिखी हैं। इस तारीख को उन्होंने मुझे लिखा था, "दस तारीख का तुम्हारा खत अभी मिला। दरअसल इस बात का बड़ा अफसोस है कि 'हंस' के इस अंक में तुम्हारी कलम से कोई चीज नहीं जा रही। यह अंक अगले हफ्ते निकल जाएगा और मुझे विश्वास है कि तुम उसे पसन्द करोगे। लेकिन कुछ लेख अनुवाद करके देने पड़े हैं क्योंकि मौलिक लेख इतने कम थे। सम्पादकीय नोटों के बारे में सुझावों के लिए धन्यवाद।" (मूल पत्र अंग्रेजी में)।

इस तरह के धन्यवाद अमृतराय के खतों में बिखरे पड़े हैं। जब उनको मेरे सुझाव न मिलते थे, तब वह याद भी दिलाते थे कि अपनी राय भेजो। यह हकीकत 17 नवम्बर सन् '50 तक की है। जिस दिन उन्होंने लिखा था, "तुम्हें अक्टूबर और नवम्बर के अंक मिल चुके हैं। मेहरबानी करके उन पर अपनी राय और सुझाव भेज दो। मैं इन तमाम दिनों तुम्हारे खत का इन्तजार कर रहा था।"

यही अमृतराय 'साहित्य में संयुक्त मोर्चा' में पार्टी और प्रगतिशील लेखक संघ में जनवाद के नाश की शिकायत करते हैं और परिस्थिति का रोमांचकारी वर्णन करते हुए लिखते हैं कि लोग डरे-सहमे मुँह पर ताला जड़े घूमते थे कि कहीं मुँह से ऐसी बात न निकल जाए, वगैरह। दलीलों के बदले अमृतराय से मैं कीचड़ की उम्मीद तो करता था लेकिन इतने गन्दे कीचड़ की नहीं। इस सिद्धान्तहीन विसर्जनवादी प्रवृत्ति से कोई समझौता नहीं हो सकता। एकता सिद्धान्तों की बुनियाद पर हो सकती है। विसर्जनवाद एकता के तमाम सिद्धान्तों को तोड़ता है—साम्राज्यविरोधी साहित्य के सिद्धान्त को, सामन्तविरोधी साहित्य के सिद्धान्त को, मजदूर वर्ग के नेतृत्व के सिद्धान्त को। इसलिए एकता और संयुक्त मोर्चे के सिद्धान्त के बारे में छह महीने तक लगातार शोर मचाने के बाद अमृतराय और उनके हमखयाल एकता से और भी दूर चले गए हैं।

18. प्रगतिशील साहित्य की आवश्यकता

1936 की गर्मियों में हमारे यहाँ एक नया साहित्यिक आन्दोलन आरम्भ हुआ। यह प्रगतिशील साहित्य का आन्दोलन था। प्रगतिशील लेखकों के पहले सम्मेलन का सभापतित्व प्रेमचन्द ने किया। उन्होंने उस साहित्य की तीखी आलोचना की जिसमें लेखक कल्पना की एक सृष्टि खड़ी करके उसमें मनमाने तिलिस्म बाँधा करते थे। उन्होंने उन कवियों की आलोचना की जिनके लिए प्रेम का आदर्श वासनाओं को तृप्त करना था और सौन्दर्य का आँखों को। उनके भाषण से यह बिल्कुल स्पष्ट है कि जीवन से पराङ्मुख रहने वाला साहित्य उन्हें नापसन्द था। उन्होंने एक नए साहित्य की रचना के लिए आह्वान किया था जिसका जीवन से गहरा लगाव हो।

क्या यह आन्दोलन उस समय आवश्यक था? यदि आप उस समय के हिन्दी साहित्य पर ध्यान दें तो साफ दिखाई देगा कि हिन्दी में निराशावाद और व्यक्तिवाद की जड़ें मजबूत हो रही थीं। बच्चन और अज्ञेय इस निराशावाद और व्यक्तिवाद के प्रतीक रूप में सामने आए थे। उर्दू में पुरानी दरबारी परम्परा का गहरा असर था। इनके साथ जीवन से पराङ्मुख होने का एक और रूप था—अध्यात्मवाद आचार्य रामचन्द्र शुक्ल ने विशेष रूप से अनन्त की ओर दौड़ने का विरोध किया था। प्रेमचन्द ने हिन्दी-उर्दू साहित्य की इन्ही विशेषताओं की ओर संकेत करते हुए कहा था, "ऐसे पतन के काल में लोग या तो आशिकी करते हैं या अध्यात्म और वैराग्य में मन रमाते हैं।" हिन्दी-उर्दू में अब भी आशिकों और बैरागियों की कमी नहीं है; प्रेमचन्द की आलोचना सन् '36 में तो सोलह आने उचित ही थी।

स्वयं प्रेमचन्द इस नए साहित्यिक आन्दोलन को आवश्यक समझते थे, इसके अनेक प्रमाण हैं। प्रगतिशील साहित्य के आन्दोलन का सूत्रपात करने वालों की एक सभा की चर्चा करते हुए अहमद अली ने 'हंस' में लिखा था, "वहाँ मुंशी प्रेमचन्द, मौलाना अब्दुल हक और मुंशी दयानारायण निगम सरीखे ऐसे बड़े-बड़े लोग मौजूद थे जिन्होंने साहित्य की उन्नति के लिए बहुत बड़े-बड़े काम किए थे और हममें से नई पीढ़ी वाले कुछ ऐसे लोग भी थे जिनके कन्धों पर नए और अधिक दृढ़ साहित्यिक आन्दोलन चलाने का भार आ पड़ा था।" ('हंस', प्रेमचन्द स्मृति-अंक)। इस सभा में कुछ लोगों ने नए आन्दोलन को आवश्यक समझा, कुछ ने उसके बारे में शंकाएँ भी प्रकट कीं। इस सम्बन्ध में प्रेमचन्द का रुख ध्यान देने योग्य है। "मु. दयानारायण निगम को इस सम्बन्ध में कुछ निराशा और सन्देह-सा हो रहा था; लेकिन प्रेमचन्दजी ने उस समय एक मार्के की बात यह कही कि प्रगतिशील लेखकों के आन्दोलन के लिए हमारा देश तैयार हो गया है और हम लोग एक बहुत ही उपयुक्त और शुभ अवसर पर इस एसोसिएशन का आरम्भ कर रहे हैं।" (उप.)

प्रेमचन्द की यह धारणा बिल्कुल ठीक थी कि प्रगतिशील साहित्यिक आन्दोलन का आरम्भ करने के लिए वह उपयुक्त समय था। साहित्य की पतनशील धाराओं को रोकने और लेखकों का मन आशिकी और वैराग की ओर से हटाने के लिए वह आवश्यक था। प्रेमचन्द ने इस नए आन्दोलन की आवश्यकता पर उस सभा में ही अपना मत प्रकट न किया था, उन्होंने 'हंस' में भी इस विषय में अनेक बार लिखा था।

अप्रैल सन् '36 के 'हंस' में उन्होंने प्रगतिशील लेखक संघ के बारे में लिखा था, "जैसा इसके नाम से जाहिर है, संघ उस साहित्य और कलाप्रवृत्ति का पोषक है, जो समाज में जागृति और स्फूर्ति लाए, जो जीवन की यथार्थ समस्याओं पर प्रकाश डाले।" यथार्थ समस्याओं पर प्रकाश डाले, काल्पनिक समस्याओं में न उलझा रहे ऐसे साहित्य की आवश्यकता थी।

मई सन् '36 के 'हंस' में उन्होंने फिर प्रगतिशील लेखक संघ के बारे में लिखा था, "इस संघ का उद्देश्य, जैसा हम पहले लिख चुके हैं, साहित्य और कला में प्रगति पैदा करना, जीवन की यथार्थताओं का चित्रण करना और जनता के दुःख-सुख और कशमकश की पूर्ण रूप से अभिव्यक्ति करके उस उज्ज्वल भविष्य की ओर ले जाना है, जिसके लिए आज विश्व का मानव समाज कोशिश कर रहा है।" इस एक सारगर्भित वाक्य में प्रेमचन्द ने बहुत ही स्पष्ट रूप से नये आन्दोलन का उद्देश्य प्रकट कर दिया था। नया साहित्य साधारण जनता का साहित्य हो, उसके जीवन-संघर्ष को अभिव्यंजना दे, वह यथार्थताओं का चित्रण करे यानी यथार्थवाद की ओर उन्मुख हो, वह कलाओं में भी प्रगति उत्पन्न करे–ये उद्देश्य प्रेमचन्द के सामने थे। साथ ही यह साहित्य अपने सामने एक भव्य सामाजिक उद्देश्य भी रखता था। यह उद्देश्य समाजवाद था। जिस उज्ज्वल भविष्य की ओर विश्व का मानव समाज बढ़ रहा है, वह समाजवाद ही है। यह बात प्रेमचन्द के अन्य निबन्धों, जैसे 'महाजनी सभ्यता' से भी स्पष्ट हो जाती है। समाजवाद के लिए उन्होंने 'महाजनी सभ्यता' में लिखा था, "जो शासन-विधान और समाज-व्यवस्था एक देश के लिए कल्याणकरी है, वह दूसरे देशों के लिए भी हितकर होगी। हाँ, महाजनी सभ्यता और उसके गुरगे अपनी शक्ति भर उसका विरोध करेंगे, उसके बारे में भ्रमजनक बातों का प्रचार करेंगे, जनसाधारण को बहकाएँगे, उसकी आँखों में धूल झोंकेंगे, पर जो सत्य है, एक-न-एक दिन उसकी विजय होगी और अवश्य होगी।" समाजवाद की विजय में यह दृढ़ विश्वास उस समय विश्व और भारत की परिस्थितियों से उत्पन्न हुआ था। अंग्रेजी साम्राज्यवाद का सबसे प्रबल विरोधी था समाजवादी सोवियत संघ। पूँजीवाद के नए हिंसक रूप फाशिस्तवाद का सबसे प्रबल विरोधी था समाजवादी सोवियत संघ। भारतीय स्वाधीनता का सबसे प्रबल समर्थक था समाजवादी सोवियत संघ। इसलिए भारत के सभी जागरूक विचारकों की दृढ़ सहानुभूति सोवियत संघ के प्रति थी। साथ

ही कांग्रेसी नीति से असन्तुष्ट कार्यकर्ता भारत में भी समाजवादी दल संगठित कर रहे थे। कांग्रेस के भीतर ही जयप्रकाश नारायण, स्वर्गीय भारद्वाज आदि नेता एक नई विचारधारा देश के सामने रखने लगे थे। इसलिए प्रेमचन्द जैसे लेखकों का समाजवाद से प्रभावित होना बिल्कुल स्वाभाविक था।

प्रेमचन्द ने अप्रैल सन् '36 में प्रगतिशील लेखकों के प्रथम अखिल भारतीय सम्मेलन का सभापतित्व करके इस नए युगान्तरकारी आन्दोलन का सूत्रपात किया। सितम्बर 1936 के 'हंस' में इस सम्मेलन के बारे में उन्होंने लिखा था, "गत नौ और दस अप्रैल को लखनऊ में उसने अपना वार्षिक अधिवेशन इन पंक्तियों के लेखक के सभापतित्व में मनाया था, जिसमें भारत के सभी प्रान्तों के कलाकारों ने भाग लिया था। यह निर्विवाद साहित्य में प्रगतिमान परिवर्तन का द्योतक था।" प्रेमचन्द ने उस सम्मेलन का सही मूल्यांकन किया था। वह सम्मेलन भारतीय साहित्य के भीतर होने वाले परिवर्तन का सूचक था। इस सम्मेलन में प्रेमचन्द ने साहित्यकार से जनता का पक्ष लेने के लिए उसका आह्वान करते हुए कहा था, "जो दलित है, पीड़ित है, वंचित है—चाहे वह व्यक्ति हो या समूह, उसकी हिमायत और वकालत करना उसका फर्ज है।" साधारणतः हिन्दी पाठकों और लेखकों ने प्रगतिशील साहित्य का यही उद्देश्य समझा है कि वह गरीब जनता का पक्ष लेता है या उसे लेना चाहिए। प्रेमचन्द ने जीवन भर और किया क्या था? उन्होंने मानों अपने सारे अनुभव का सार निचोड़कर इस वाक्य में रख दिया था। सन् '40 तक के हिन्दी साहित्य पर जो भी ध्यान देगा, उसे विश्वास हो जाएगा कि हिन्दी के प्रमुख लेखक जनसाधारण के जीवन की ओर नए सिरे से ध्यान दे रहे थे। सन् '34 में स्वर्गीय जयशंकर प्रसाद का 'तितली' उपन्यास प्रकाशित हुआ जो प्रेमचन्द-परम्परा में एक आगे बढ़ा हुआ कदम है। सन् '33 में निरालाजी ने 'देवी', 'चतुरी चमार' आदि रेखाचित्र लिखे जो हिन्दी के यथार्थवाद की नई देन हैं। सन् '33 में बलभद्र दीक्षित पढ़ीस ने अवधी में अपनी कविताएँ प्रकाशित कीं जिनका किसानों के जीवन से बहुत गहरा सम्बन्ध था। आगे चलकर महादेवी वर्मा ने अपने रेखाचित्र और सुमित्रानन्दन पन्त ने अपनी कहानियाँ तथा 'ग्राम्या' की कविताएँ प्रकाशित कीं जो यथार्थवाद की ओर इस व्यापक रुझान का बहुत बड़ा प्रमाण हैं।

अप्रैल सन् '37 के 'हंस' में प्रसादजी ने यथार्थवाद के बारे में लिखा था, "यथार्थवाद की विशेषताओं में प्रधान है लघुता की ओर साहित्यिक दृष्टिपात। इसमें स्वभावतः दुःख की प्रधानता और वेदना की अनुभूति आवश्यक है। लघुता से मेरा तात्पर्य है साहित्य के माने हुए सिद्धान्तों के अनुसार महत्ता के काल्पनिक चित्रण के अतिरिक्त व्यक्तिगत जीवन के दुख और अभावों का वास्तविक उल्लेख।"

'आधुनिक कवि' की भूमिका में महादेवीजी वर्मा ने लिखा है कि "छायावाद का जीवन के प्रति वैज्ञानिक दृष्टिकोण नहीं रहा यह निर्विवाद है।" साथ ही उन्होंने

भावात्मक दृष्टिकोण अपनाने और जनसाधारण के जीवन में घुलमिल जाने पर जोर दिया है। जो लोग छायावाद को पलायनवाद कहते थे, उनका उचित विरोध करते हुए उन्होंने छायावाद की सीमाओं का उल्लेख भी किया है, "छायावाद के कवि को एक नए सौन्दर्य लोक में ही यह भावात्मक दृष्टिकोण मिला, इसी से वह अपूर्ण है।" इससे एक नए और अधिक पूर्ण साहित्य की आवश्यकता पर प्रकाश पड़ता है। साथ ही उन्होंने केवल बौद्धिक दृष्टिकोण का भरोसा करने वालों को चेतावनी भी दी है। "परन्तु यदि इसी कारण हम उसके स्थान में केवल बौद्धिक दृष्टिकोण की प्रतिष्ठा कर जीवन की पूर्णता में देखना चाहेंगे तो हम भी असफल रहेंगे।" इन शब्दों पर ध्यान देना आज और भी आवश्यक है क्योंकि अनुभव ने अच्छी तरह दिखा दिया है कि भावात्मक दृष्टिकोण के अभाव में केवल विचारधारा के बल पर प्रगतिशील लेखक कलात्मक और प्रभावशाली साहित्य नहीं रच सकते।

महादेवीजी ने बड़े ही ओजस्वी शब्दों में साहित्यकार के कर्तव्य बतलाते हुए लिखा है : "इस युग का कवि हृदयवादी हो या बुद्धिवादी, स्वप्नद्रष्टा हो या यथार्थ का चित्रकार, अध्यात्म से बँधा हो या भौतिकता का अनुगत, उसके निकट यही एक मार्ग शेष है कि वह अध्ययन में मिली जीवन की चित्रशाला से बाहर आकर, जड़ सिद्धान्तों का पाथेय छोड़कर अपनी सम्पूर्ण संवेदन शक्ति के साथ जीवन में घुलमिल जाए। उसकी केवल व्यक्तिगत सुविधा-असुविधा आज गौण है, उसकी केवल व्यक्तिगत हार-जीत आज मूल्य नहीं रखती, क्योंकि उसके सारे व्यक्तिगत सत्य की आज समष्टिगत परीक्षा है। ऐसी क्रान्ति के अवसर पर सच्चे कलाकार पर—'पीर बवर्ची भिश्ती खर' की कहावत चरितार्थ हो जाती है—उसे स्वप्नद्रष्टा भी होना है, जीवन के क्षुत्क्षाम निम्न स्तर तक मानसिक खाद्य भी पहुँचाना है, तृषित मानवता को संवेदना का जल भी देना है और सबके अज्ञान का भार भी सहना है। उसी के हृदय के तार इतने खिंचे सधे होते हैं कि हल्की-सी साँस से भी झंकृत हो सकें, उसी के जीवन में इतनी विशालता सम्भव है कि उसमें सबके वर्ग-भेद एक होकर समा सकें, और उसी की भावना का अंचल इतना अछोर बन सकता है कि सबके आँसू और हँसी संचित कर सके। सारांश यह कि आज के कवि को अपने लिए अनागरिक होकर भी संसार के लिए गृही, अपने प्रति वीतराग होकर भी सबके प्रति अनुरागी, अपने लिए संन्यासी होकर भी सबके लिए कर्मयोगी होना होगा, क्योंकि आज उसे अपने आपको खोकर पाना है।"

स्वाधीनता-प्राप्ति के दस वर्ष बाद भी ये शब्द प्रत्येक देशप्रेमी लेखक के लिए घोषणापत्र का काम करते हैं। साथ ही वे एक शक्तिशाली साहित्यिक आन्दोलन की आवश्यकता की ओर भी संकेत करते हैं।

सन् '38 में पन्तजी ने 'रूपाभ' निकाला और उसके पहले अंक में उन्होंने अपनी कैफियत देते हुए लिखा, "कविता के स्वप्न भवन को छोड़कर हम इस खुरदरे

पथ पर क्यों उतर आए, इस सम्बन्ध में दो शब्द लिखना आवश्यक हो जाता है। इस युग में जीवन की वास्तविकता ने जैसा उग्र आकार धारण कर लिया है, उसमें प्राचीन विश्वासों में प्रतिष्ठित हमारे भाव और कल्पना के मूल हिल गए हैं। श्रद्धा अवकाश में पलने वाली संस्कृति का वातावरण आन्दोलित हो उठा है और काव्य की स्वप्नजड़ित आत्मा जीवन की कठोर आवश्यकता के उस नग्न रूप से सहम गई है। अतएव इस युग की कविता स्वप्नों में नहीं पल सकती। उसकी जड़ों को अपनी पोषण-सामग्री ग्रहण करने के लिए कठोर धरती का आश्रय लेना पड़ रहा है। और युग जीवन ने उसके चिरसंचित सुखस्वप्नों को जो चुनौती दी है, उसको उसे स्वीकार करना पड़ रहा है।"

पाठक देखेंगे कि पन्तजी ने यहाँ जो विचार प्रकट किए हैं, वे वही हैं जो प्रेमचन्द ने सन् '36 में प्रगतिशील लेखक-सम्मेलन में प्रकट किए थे। प्रगतिशील साहित्यिक आन्दोलन को लोग क्या समझते थे, कौन-सी नई विचारधारा उसे प्रभावित कर रही थी, उसकी ऐतिहासिक आवश्यकता क्या थी—इन प्रश्नों का बहुत स्पष्ट उत्तर पन्तजी के उपर्युक्त शब्दों में मिलता है। पन्तजी ने समाज व्यवस्था की जर्जर अवस्था देखी थी, उसके बदले एक नई व्यवस्था रचने की आवश्यकता अनुभव की थी। इस कार्य में साहित्यकार के उत्तरदायित्व पर जोर देते हुए उन्होंने लिखा था, "हमारा समाज अपनी ही रूढ़ि रीतियों के भार से जर्जर हो रहा है। हमारा उद्देश्य इस इमारत में थूनियाँ लगाने का कदापि नहीं जिसका कि गिरना अवश्यम्भावी है। हम तो चाहते हैं उस नवीन के निर्माण में सहायक होना जिसका प्रादुर्भाव हो चुका है। वह नवीन समाज वैज्ञानिक विचारों और आदर्शों से पुष्टि पाता हुआ असंख्य जनता के कल्याण को ही अपना ध्येय मानता है। यदि हममें सत्य के प्रति वास्तविक उत्साह है तो हम अपने महान् उत्तरदायित्व की अवहेलना नहीं कर सकते।

उन दिनों पन्तजी भारतीय रूढ़िवाद का विरोध करने के लिए लेखकों का आह्वान कर रहे थे, थूनियाँ लगाने के बदले वह उस जर्जर सामन्ती व्यवस्था को आमूल परिवर्तित करने की घोषणा कर रहे थे। वह काव्य की स्वप्नजड़ित आत्मा से नवीन के निर्माण और विकास में सहायक होने के लिए कह रहे थे। उस समय वह अध्यात्मवाद के बदले वैज्ञानिक दृष्टिकोण को प्रतिष्ठित करने की बात कह रहे थे। उन्होंने 'रूपाभ' द्वारा अनेक विचारधाराओं के संघर्ष का अध्ययन करने का वचन दिया था। जिसका उद्देश्य यह था—"और उसके फलस्वरूप अपने देश और समाज में व्याप्त अन्धविश्वासों एवं रूढ़ियों के ऊपर उस नवीन वैज्ञानिक दृष्टिकोण को प्रतिष्ठित करना चाहते हैं जिसकी सहायता से हम जाति, वर्ग, देश, राष्ट्र की सीमाओं को तोड़कर तथा धर्म और नीति सम्बन्धी विरोधी भावनाओं को जाग्रत करने का प्रयत्न कर सकें, और अपने मध्यवर्ग के संकीर्ण व्यक्तिवाद से हृदय को मुक्त कर सामूहिक जीवन की ओर अग्रसर होने का सन्देश दे सकें।"

प्रेमचन्द की तरह पन्तजी भी समाजवादी दृष्टिकोण, वैज्ञानिक दृष्टिकोण, अपनाने के पक्ष में थे। यह देश में फैलती हुई समाजवादी विचारधारा का प्रभाव था। जीवन की वास्तविकता को देखो, अपना सामाजिक कर्तव्य पहचानो, रूढ़िवाद से नाता तोड़ो, वैज्ञानिक दृष्टिकोण अपनाओ—नए साहित्यिक आन्दोलन की यही माँगें थीं। क्या ये माँगें अनुचित थीं? क्या ये माँगें इस नए साहित्यिक आन्दोलन की ऐतिहासिक आवश्यकता सिद्ध नहीं करतीं? 'रूपाभ' में पन्तजी का वह महत्त्वपूर्ण वक्तव्य क्या यह सिद्ध नहीं करता कि प्रगतिशील साहित्यिक आन्दोलन की वह ऐतिहासिक आवश्यकता आज भी बनी हुई है?

इस ऐतिहासिक आवश्यकता को प्रगतिशील लेखकों के घोषणापत्र में इन शब्दों में प्रकट किया गया था, "इस सभा का उद्देश्य यह है कि अपने साहित्य और दूसरी कलाओं को पुजारियों, पण्डितों और अप्रगतिशील वर्गों के आधिपत्य से निकालकर उन्हें जनता के निकटतम संसर्ग में लाया जाए, उनमें जीवन और वास्तविकता लाई जाए, जिससे हम अपने भविष्य को उज्ज्वल कर सकें। हम भारतीय सभ्यता की परम्पराओं की रक्षा करते हुए अपने देश की पतनोन्मुखी प्रवृत्तियों की बड़ी निर्दयता से आलोचना करेंगे। और आलोचनात्मक तथा रचनात्मक कृतियों से सभी बातों का संचय करेंगे जिससे हम अपनी मंजिल पर पहुँच सकें। हमारी धारणा है कि भारत के नए साहित्य को हमारे वर्तमान जीवन के मौलिक तथ्यों का समन्वय करना चाहिए, और वह है हमारी रोटी का, हमारी दरिद्रता का, हमारी सामाजिक अवनति का और हमारी राजनीतिक पराधीनता का प्रश्न। तभी हम इन समस्याओं को समझ सकेंगे और तभी हममें क्रियात्मक शक्ति आएगी। वह सब कुछ जो हमें निष्क्रियता, अकर्मण्यता, अन्धविश्वास की ओर ले जाता है, हेय है, वह सब कुछ जो हममें समीक्षा की मनोवृत्ति लाता है, जो हमें प्रियतम रूढ़ियों को भी बुद्धि की कसौटी पर कसने के लिए प्रोत्साहित करता है, जो हमें कर्मण्य बनाता है और हममें संगठन की शक्ति लाता है, उसी को हम प्रगतिशील समझते हैं।" प्रेमचन्द ने 'हंस' में यह घोषणापत्र उद्धृत किया था और उसका स्वागत करते हुए लिखा था, "हम इस संस्था का हृदय से स्वागत करते हैं और आशा करते हैं कि वह चिरंजीवी हो। हमें वास्तव में ऐसे ही साहित्य की जरूरत है और हमने यही आदर्श अपने सामने रखा है। हंस भी इन्हीं उद्देश्यों के लिए जारी किया गया है।"

प्रगतिशील साहित्यिक आन्दोलन हमारे साहित्य और समाज की आवश्यकताओं से उत्पन्न हुआ था। इसीलिए उसने बहुत जल्दी एक व्यापक रूप धारण कर लिया। साथ ही वह विश्व के फाशिस्त-विरोधी आन्दोलन का एक अंग था। उन दिनों नाजी जर्मनी महायुद्ध की घनघोर तैयारियों में लगा हुआ था। चीन पर जापानी साम्राज्यवादियों ने आक्रमण कर दिया था। युद्धवादी शक्तियाँ अपने देश की सांस्कृतिक शक्तियों को कुचलकर, प्रगतिशील पुस्तकों की होली जलाकर

फाशिस्तविरोधी लेखकों को अनेक यातनाएँ देकर खूनी आतंक कायम कर रही थीं। युद्ध की तैयारियों के कारण मानवता का भविष्य संकट में था; मनुष्य ने अपने सुदीर्घ विकास में जो मानवमूल्य संचित किए थे, लगता था कि वे मिटने को हैं। भारत के लेखकों की सहज सहानुभूति महायुद्ध का विरोध करने वालों और शान्ति की रक्षा के लिए संघर्ष करने वालों के प्रति थी। अप्रैल सन् '36 के 'हंस' में प्रेमचन्द ने लेखकों की क्रान्तिकारी भूमिका के बारे में लिखा था, "आज युद्धवाद से लड़ने वाले कौन लोग हैं? यही अदीब। ऐसी कौन-सी क्रान्ति है, जिसका बीजारोपण अदीबों ने न किया हो?" भारत के प्रगतिशील लेखकों ने दूसरे महायुद्ध का विरोध करके विश्वमानवता का साथ दिया, अपने साहित्य की मानववादी परम्परा को सक्रिय रूप से निबाहा।

उस समय भी प्रगतिशील साहित्यिक आन्दोलन का विरोध करने वालों की कमी नहीं थी। वे कहते थे, युद्धवाद का विरोध करना लेखकों को रूस की वैदेशिक नीति पर चलाना है। देश की स्वाधीनता का उद्देश्य सामने रखना साहित्य को राजनीतिक प्रचार मात्र बना देना है। गरीब जनता का साथ देना साहित्य में वर्ग-संघर्ष, हिंसा और घृणा को जन्म देना है। प्राचीन रूढ़िवाद का विरोध करना भारतीय संस्कृति का नाश करना है। समाजवादी आदर्श से प्रेरित होना पश्चिम की नकल करना है। ये सब आरोप आज भी दोहराए जाते हैं। इनसे प्रगतिशील साहित्य की उपयोगिता न तब खत्म हुई थी, न आज खत्म हुई है।

प्रगतिशील साहित्यिक आन्दोलन अखिल भारतीय आन्दोलन था। इस तरह का कोई भी साहित्यिक आन्दोलन उस समय देश में न था। इस आन्दोलन में यह क्षमता थी कि वह भारत की विभिन्न भाषाएँ बोलने वाली जनता और उसके साहित्यकारों को एक-दूसरे के निकट लाकर देश की एकता को दृढ़ करे। यदि यह आन्दोलन शक्तिशाली रूप से आगे बढ़ता तो भारत के विभाजन की नौबत न आती। इसके सिवा हिन्दी-भाषी क्षेत्र में हिन्दी और उर्दू के लेखकों को एक-दूसरे के निकट लाने और साम्प्रदायिकता का विष दूर करने में इस आन्दोलन की विशेष उपयोगिता थी। प्रेमचन्द हिन्दी-उर्दू दोनों शैलियों के सम्मान्य लेखक थे। उनकी बात हिन्दी और उर्दू दोनों शैलियों के लेखक आदर और ध्यान से सुनते थे। उन्होंने साम्प्रदायिकता दूर करने, हिन्दी-उर्दू लेखकों को एक-दूसरे के निकट लाने और इस तरह हिन्दी-भाषी जनता की जातीय संस्कृति को दृढ़ करने में अभूतपूर्व कार्य किया। आज भी भारत की जातियों में परस्पर द्वेष दूर करके उन्हें समानता और भाईचारे के आधार पर एकता के दृढ़ सूत्र में बाँधने की आवश्यकता बनी हुई है। आज भी हिन्दी-उर्दू लेखकों को निकट लाकर अपनी मिली-जुली-जातीय संस्कृति को दृढ़ और विकसित करने की आवश्यकता विद्यमान है। इसलिए प्रेमचन्द ने जातीय संस्कृति के विकास के लिए जिस आन्दोलन का सूत्रपात किया था, उसकी आवश्यकता आज भी बनी हुई है।

प्रगतिशील साहित्यिक आन्दोलन ने उल्लेखनीय सफलताएँ प्राप्त की हैं। वह भारत की विभिन्न भाषाओं के लेखकों को एक-दूसरे के निकट लाया है। वह हिन्दी-उर्दू के लेखकों में बहुत कुछ एक सामान्य जातीय भावना पैदा कर सका है। हिन्दी में उसने नरेन्द्र, दिनकर, सुमन आदि की शक्तिशाली कविताएँ दीं। अमृतलाल नागर, नागार्जुन आदि के उपन्यास उस परम्परा में उत्पन्न हुए। आलोचना में उसने अपनी साहित्यिक परम्परा का मूल्यांकन करने का प्रयास किया और रूढ़िवाद का विरोध किया। कला की दृष्टि से उसने कविता की दुरूह शैली को सरल बनाया, कुल मिलाकर साहित्य को लोकप्रिय रूप दिया। आज हिन्दी में जो आंचलिक उपन्यास लिखे जा रहे हैं वे उस प्रगतिशील परम्परा का सहज विकास हैं। उसने लेखकों में वैज्ञानिक दृष्टिकोण को लोकप्रिय बनाया और साम्प्रदायिकता और रूढ़िवाद का विरोध करना सिखाया। हिन्दू-मुस्लिम दंगों के दिनों में, बंगाल के दुर्भिक्ष के दिनों में, पिछले दिनों तीसरे महायुद्ध की तैयारियों का विरोध करने में प्रगतिशील लेखकों ने अपनी सामाजिक जागरूकता का विशेष परिचय दिया है। इस आन्दोलन की सबसे महत्त्वपूर्ण सफलता यह है कि उसने साहित्यकार को एकान्त साधना के बदले जन-जीवन से नाता जोड़ना सिखाया है। रवीन्द्रनाथ ठाकुर ने प्रगतिशील लेखकों के नाम अपने सन्देश में कहा था, "जनता से अलग रह कर हम बिल्कुल अजनबी बन जाएँगे। साहित्यकारों को मनुष्य से मिल-जुलकर उन्हें पहचानना है। मेरी तरह एकान्तवासी रहकर उनका काम नहीं चल सकता। मैंने एक मुद्दत तक समाज से अलग रह कर अपनी साधना में जो गलती की है, मैं उसे समझ गया हूँ और यही वजह है कि यह सन्देश दे रहा हूँ। मेरी चेतना का तकाजा है कि मानवता और समाज से लगाव रखना चाहिए और प्रेम करना चाहिए। अगर साहित्य मानवता से तादात्म्य स्थापित न कर सका तो वह अपने लक्ष्य और आकांक्षाओं को पाने में विफल रहेगा। यह सत्य मेरे दिल में उस चिराग की तरह रोशन है जिसे कोई दलील या तर्क-वितर्क बुझा नहीं सकता।" महाकवि ने नम्रतावश अपने बारे में अत्युक्ति से काम लिया है किन्तु उनकी उक्ति में सत्य का अंश है, इसमें सन्देह नहीं। रामचन्द्र शुक्ल ने जो अनवरत रहस्यवाद का विरोध किया था और इस लोक से नाता जोड़ने पर जोर दिया था, उस कार्य की अप्रत्यक्ष स्वीकृति रवीन्द्रनाथ के उपर्युक्त शब्दों में है। मानवता से तादात्म्य स्थापित करना—क्या रस के सम्बन्ध में शुक्ल जी की यही व्याख्या न थी? क्या वर्तमान हिन्दी साहित्यकार भारतीय मानवता से तादात्म्य स्थापित कर सके हैं? यह प्रश्न फिर उस साहित्यिक आन्दोलन की आवश्यकता स्पष्ट कर देता है।

प्रगतिशील साहित्यिक आन्दोलन ने काफी सफलता प्राप्त की, लेकिन उसमें आरम्भ से ही अनेक कमजोरियाँ भी थीं, अनेक समस्याओं का उचित समाधान वह नहीं कर पाया और अनेक सामाजिक कारणों से भी उसे काफी क्षति पहुँची। इन पर

यहाँ संक्षेप में विचार करना आवश्यक है।

इस आन्दोलन की सबसे बड़ी समस्या मार्क्सवाद से प्रभावित लेखकों तथा अन्य राष्ट्रीय और जनवादी लेखकों की एकता की समस्या रही है। प्रगतिशील साहित्यिक आन्दोलन मार्क्सवाद से प्रभावित रहा है। यह एक ऐतिहासिक सच्चाई है। मार्क्सवाद से प्रभावित साहित्य एक ओर और मार्क्सवाद से अप्रभावित उससे भिन्न विचारधारा से प्रभावित, राष्ट्रीय और जनवादी साहित्य दूसरी ओर—दोनों ही तरह के साहित्य और साहित्यकारों की एकता हमारी संस्कृति और समाज के लिए आवश्यक थी। यहाँ एक दूसरा प्रश्न उठता है, मार्क्सवाद से प्रभावित साहित्य की आवश्यकता ही क्यों हो? यह तो वाद मात्र है, वह भी विदशी; उससे अपना साहित्य बाँध कर उसे संकीर्ण क्यों बनाया जाए?

मार्क्सवाद समाज को समझने और उसे बदलने का विज्ञान है। जो भी वर्तमान व्यवस्था को बदलना चाहता है, वह मार्क्सवाद का अध्ययन किए बिना नहीं रह सकता। मार्क्सवाद भारतीय समाज को समझने के लिए एक दृष्टिकोण देता है। उस दृष्टिकोण का उपयोग करके हम कौन-सा कार्यक्रम निश्चित करते हैं और उस कार्यक्रम को व्यवहार में लाने के लिए कौन-सी नीति अपनाते हैं, इसका कोई निर्धारित सूत्र मार्क्सवाद की किसी पोथी में नहीं है। मार्क्सवाद से प्रभावित होने का अर्थ यह नहीं है कि हम साहित्य को किसी राजनीतिक कार्यक्रम से बाँध देते हैं वरन् उससे प्रभावित होने का अर्थ है, समाज और साहित्य की गतिविधि के प्रति वैज्ञानिक दृष्टिकोण अपनाना। सन् ’47 के पहले भारत की विशेष परिस्थितियों में कांग्रेसी नेतृत्व की ढुलमुल नीति के कारण सामन्तवाद और साम्राज्यवाद के विरुद्ध संगत रूप से संघर्ष करने के लिए मार्क्सवाद की सामाजिक आवश्यकता थी। सन् ’47 के बाद देश में सामन्तवाद और साम्राज्यवाद के अवशेष खत्म करके समाजवादी व्यवस्था रचने के लिए मार्क्सवाद की ऐतिहासिक आवश्यकता बनी हुई है। यदि समाज को समझने, उसे बदलने और नया समाज रचने के लिए वैज्ञानिक समाजवाद की आवश्यकता है, तो साहित्य के लिए भी वह उपयोगी होगा क्योंकि समाज को समझने, उसे बदलने और नया समाज रचने से साहित्य का गहरा सम्बन्ध है।

साहित्यिक क्षेत्र में जनता और साहित्य का सम्बन्ध समझने में, पुराने साहित्य का वैज्ञानिक मूल्यांकन करने में, कला को लोकप्रिय रूप देने में मार्क्सवाद हमारी सहायता करता है। भारतीय संस्कृति और विभिन्न जातियों की प्रदेशगत संस्कृति का सम्बन्ध क्या है और क्या हो, हिन्दी-भाषी जाति का सांस्कृतिक नव-निर्माण कैसे हो, साहित्य में विषयवस्तु और रूप का क्या सम्बन्ध है, दूसरे देशों की संस्कृति से हम क्या लें और क्या छोड़ें, इन और ऐसे अनेक प्रश्नों का समाधान पाने में मार्क्सवाद से सहायता मिलती है। मार्क्सवाद के विरोधियों की बात मानें तो साहित्य और समाज के लिए अनेक अहितकर परिणाम निकल सकते हैं। भारतीय संस्कृति का

अर्थ हिन्दू संस्कृति है, इसलिए मुसलमानों को देशद्रोही कहो। भारतीय संस्कृति का अर्थ हिन्दू-मुसलमानों की मिली-जुली संस्कृति है, इसलिए उर्दू साहित्य ही असली भारतीय साहित्य है और हिन्दी वाले सदा से साम्प्रदायिक, संकीर्ण और देहाती रहे हैं। संस्कृति के क्षेत्र में हम बंगालियों ने जितनी उन्नति की है, उतनी उन्नति कोई क्या करेगा अथवा बंगालियों ने सब माल कबीर और दूसरे सन्तों से चुराया है, इसलिए हिन्दी वाले ही सर्वश्रेष्ठ हैं। उत्तर भारत आर्यों का है और दक्षिण भारत द्रविड़ों का; आर्यों ने द्रविड़ों पर बड़े अत्याचार किए हैं और आज भी उत्तर भारत उसी तरह दक्षिण पर हिन्दी का आधिपत्य लादना चाहता है, सो हम द्रविड़ हिन्दी के बदले अंग्रेजी ही अपनाए रहेंगे। ये और इस तरह के अन्य स्वर आप आये दिन सुन सकते हैं। यदि इस कोलाहल को रोकना और जनता के हित में समाज की नव संस्कृति का निर्माण करना आवश्यक है तो मार्क्सवाद का अध्ययन और वैज्ञानिक ढंग से आज की समस्याओं को हल करना भी आवश्यक है।

अब दूसरा प्रश्न उठता है : यदि मार्क्सवाद का अध्ययन करना और उसकी सहायता से अपनी समस्याएँ सुलझाना बुरा नहीं है, तो मार्क्सवाद से विमुख, उससे मतभेद रखने वाले साहित्य को मिटा क्यों न दिया जाए? यह क्यों न कहा जाए, मार्क्सवादी साहित्य जिन्दाबाद, बाकी साहित्य मुर्दाबाद? इसका उत्तर यह है कि मार्क्सवादी लेखक जिन मूल्यों की रक्षा करना और जिन्हें विकसित करना चाहते हैं, वे गैर-मार्क्सवादी लेखकों के यहाँ भी हैं। भले ही उतने संगत रूप में न हों, उतने दीप्त रूप में न हों, जितने संगत और दीप्त रूप में मार्क्सवादी चाहते हैं; फिर भी वे मूल्य उनके यहाँ वर्तमान अवश्य हैं। उदाहरण के लिए निरालाजी के रहस्यवाद से मैं सहमत नहीं हूँ। किन्तु उनके साहित्य की मूल धारा जनता की संवेदनाओं को लेकर चली है, ऐसा मेरा विश्वास है। निरालाजी ने पन्तजी की तरह वैज्ञानिक दृष्टिकोण की बात नहीं की किन्तु अपनी सहज सहानुभूति से उन्होंने ऐसा साहित्य रचा है जो पन्तजी से (और हिन्दी के किसी भी मार्क्सवादी लेखक से) कहीं अधिक और सच्चे अर्थ में प्रगतिशील रहा है, लेखक की रचना उसके सामाजिक दृष्टिकोण का ही प्रतिफल नहीं होती, वह उसकी भावनाओं, संवेदनाओं का प्रतिफल भी होती है। इसलिए जो लोग भी साहित्य की उन्नति चाहते हैं, वे मार्क्सवाद से प्रभावित तथा उससे भिन्न दृष्टिकोण से रचे गए स्वस्थ साहित्य की एकता के प्रति उदासीन नहीं रह सकते। इसी कारण मार्क्सवादी लेखकों तथा अन्य राष्ट्रीय और जनवादी लेखकों की एकता आवश्यक है और इस एकता के बिना हमारा साहित्यिक आन्दोलन अपनी पूरी शक्ति से आगे नहीं बढ़ सकता।

यहाँ तीसरा प्रश्न उठता है, साहित्यकार क्यों संगठित हों? असंगठित रहते ही अपने-अपने ढंग से क्यों न साहित्य रचते रहें? क्या साहित्य की साहित्यता—साहित्य का कलात्मक सौन्दर्य—सामाजिक उपयोगिता से भिन्न वस्तु नहीं है? इसका उत्तर

यह है कि लेखक की सामाजिक विचारधारा उसके साहित्य पर अच्छा या बुरा प्रभाव डालती है जिसके प्रति उदासीन और तटस्थ नहीं रहा जा सकता। यह प्रभाव साहित्य की विषयवस्तु पर ही नहीं पड़ता, उसके कलात्मक सौन्दर्य से भी उसका गहरा सम्बन्ध है। प्रेमचन्द अपनी रचनाओं से देश की मुक्ति में सहायता करना चाहते थे, समाज की रूढ़ियों और अन्धविश्वासों को दूर करना चाहते थे। यह उनकी सामाजिक विचारधारा थी। इस विचारधारा के कारण उन्होंने किसानों के जीवन को गहराई से देखा, अपनी कला को लोकप्रिय रूप देने की कोशिश की, धनी वर्गों के चित्रण में उन्होंने कठोर आलोचना से काम लिया, गरीबों के चित्रण में उन्होंने विशेष सहानुभूति का परिचय दिया। इस तरह चरित्र-चित्रण तक में उनकी सामाजिक विचारधारा का प्रभाव स्पष्ट दिखाई देता है। इसके सिवा साहित्यकारों की रसानुभूति भी एक तरह की नहीं होती। किसी को तिलस्मी और जासूसी उपन्यासों में ही रस मिलता है, किसी को भक्ति के भजन गाने में, किसी को नायिकाभेदी नखशिख वर्णन में, इत्यादि। यदि सभी तरह की रसानुभूति श्रेयस्कर नहीं है तो कुसंस्कारों वाली रसानुभूति छोड़नी होगी। प्रेमचन्द ने ठीक कहा था, "हम तो कवि की सभी अनुभूतियों के कायल नहीं।" ('हंस', मई, 1936)। वह साहित्य में ऐसी अनुभूति चाहते थे जिसका उद्देश्य हो "हमारी करुण भावनाओं को उत्तेजित करना, हमारी मानवता को जगाना" (उप.)। इस कारण उनकी यह उक्ति भी सही नहीं है कि "साहित्यकार या कलाकार स्वभावतः प्रगतिशील होता है।" ऐसा होता तो आशिकी और बैराग के साहित्य का खण्डन करना प्रेमचन्द के लिए आवश्यक न होता। साहित्य रचना के क्षेत्र में जो विभिन्न विचारधाराओं और भिन्न कोटि की रसानुभूतियों का भेद विद्यमान है, उसे आँखों से ओझल नहीं किया जा सकता। हानिकर विचारधारा और अस्वस्थ रसानुभूति से साहित्य की रक्षा करना हमारा कर्तव्य हो जाता है।

इससे परिणाम यह निकला कि लेखकों का संगठन आवश्यक है। हिन्दी में मार्क्सवाद से प्रभावित साहित्य आवश्यक है, मार्क्सवाद से अप्रभावित राष्ट्रीय और जनवादी साहित्य से उसकी मैत्री भी आवश्यक है। दूसरे शब्दों में मार्क्सवादी तथा अन्य राष्ट्रीय और जनवादी लेखकों की दृढ़ एकता आवश्यक है।

प्रगतिशील साहित्यिक आन्दोलन यह समस्या सही तौर पर हल नहीं कर सका, इस कारण बराबर ये प्रश्न उठते रहे हैं कि क्या मार्क्सवादी लेखक ही प्रगतिशील होते हैं या प्रगतिशील साहित्य का मार्क्सवाद से कोई सम्बन्ध नहीं है, यह तो सभी स्वस्थ लेखकों का साहित्य है, या प्रगतिशील साहित्य कम्युनिस्ट पार्टी के कार्यक्रम के अनुसार रचा हुआ साहित्य है। अथवा कम्युनिस्ट-विरोधी साहित्य ही वास्तव में प्रगतिशील है।

इस सम्बन्ध में ऐतिहासिक तथ्य यह है कि प्रगतिशील लेखकों में कम्युनिस्ट

और गैर-कम्युनिस्ट दोनों तरह के लेखक रहे हैं। प्रगतिशील लेखक मार्क्सवाद से प्रभावित रहे हैं, लेकिन यह प्रभाव भिन्न-भिन्न प्रकार का रहा है। इस कारण साहित्य और समाज की अनेक समस्याओं के बारे में प्रगतिशील लेखकों के भीतर आरम्भ से ही काफी मतभेद रहा है।

मार्क्सवादी और गैर-मार्क्सवादी साहित्य का सम्बन्ध न समझने के कारण प्रगतिशील लेखकों ने अनेक भूलें की हैं और उनसे साहित्यिक आन्दोलन को क्षति पहुँची है। दिसम्बर 1938 में प्रगतिशील लेखकों का दूसरा अखिल भारतीय सम्मेलन हुआ था। इसके घोषणपत्र में कहा गया है : ''प्राचीन संस्कृति के टूटने के बाद भारतीय साहित्य में यह घातक प्रवृत्ति रही है कि वह जीवन की वास्तविकताओं से पलायन करे। उसने यथार्थ से भागकर निराधार अध्यात्मवाद और आदर्शवाद में शरण पाने का प्रयत्न किया है। नतीजा यह हुआ है कि वह रूप और विषयवस्तु की दृष्टि से निस्तेज हो गया है और उसने जड़वाद तथा निर्जीव और रुग्ण विचारधारा अपना ली है।'' कहना न होगा कि मध्यकाल से अब तक के भारतीय साहित्य के प्रति यह धारणा एकदम गलत थी। पिछले साहित्य को निर्जीव, निस्तेज करार देकर घोषणापत्र ने प्रगतिशील लेखकों को नए मसीहा की भूमिका अदा करने को कहा था। उसने प्रगतिशील लेखक संघ का यह उद्देश्य बतलाया था कि वह ''साहित्य और अन्य कलाओं को उन रूढ़िवादी वर्गों से बचाए जिनके हाथ में वे इतने दिनों तक सड़ते रहे हैं (डिजिनरेटिंग सो लौंग)।''

इस दृष्टिकोण से मार्क्सवाद का क्या सम्बन्ध है? मार्क्सवाद के अनुसार वर्गयुक्त समाज में जहाँ निहित स्वार्थों की संस्कृति होती है, वहाँ साधारण जनता की अपनी संस्कृति भी होती है। मार्क्सवाद को गलत ढंग से कैसे लागू किया जा सकता है, उपर्युक्त उद्धरण इसका प्रमाण है। इसी दृष्टिकोण का अतिरंजित रूप शिवदानसिंह चौहान के उस लेख में मिलता है जिसकी चर्चा पहले अध्याय में हो चुकी है। चौहान ने छायावादी और शेष राष्ट्रीय साहित्य को एक साथ प्रतिक्रयावादी बताकर साम्यवादी यथार्थवाद के आधार पर साहित्य रचने की माँग की थी। छायावाद के लिए लिखा था : ''इस छायावाद की धारा ने हिन्दी के साहित्य को जितना धक्का पहुँचाया, उतना शायद ही हिन्दू महासभा या मुस्लिम लीग ने पहुँचाया हो।'' यह दृष्टिकोण हमारी जातीय संस्कृति के विकास के लिए घातक था।

गैर-मार्क्सवादी साहित्य के जनवादी और कलात्मक मूल्यों को न पहचानना और उनकी निन्दा करना एक भूल थी। जैसे कुछ लेखक अपने समय के साहित्यकारों—रामचन्द्र शुक्ल, निराला, प्रसाद, वृन्दावनलाल वर्मा आदि—का मूल्य न पहचान रहे थे, वैसे ही पिछले साहित्य में वे तुलसी, सूर आदि (वाल्मीकि और कालिदास की तो चर्चा ही क्या) के महत्त्व के प्रति भी अचेत थे। यही नहीं, उन्हें सामन्तवाद का चाकर कहकर वे साधारण हिन्दी पाठकों की जातीय भावना को

ठुकराते भी थे। आलोचक प्रकाशचन्द्र गुप्त का मत रहा है, "हम देखेंगे कि वाल्मीकि, कालिदास और तुलसी ने रघुकुल की प्रशस्तियाँ गाईं और राज्यसत्ता को भारी सहारा दिया।" रांगेय राघव अभी तक तुलसीदास को कट्टर ब्राह्मणवाद का समर्थक कहकर कोसते रहे हैं।

पुराने इतिहास और संस्कृति को भोंड़े और गलत ढंग से पेश करने में राहुल जी सबसे आगे रहे हैं। मार्क्सवाद के नाम पर वह घटिया पूँजीवादी ढंग से नारी के नग्न रूप और यौन सम्बन्धों का वर्णन करते रहे हैं। वैदिक ऋषियों के तो नाम से ही उन्हें चिढ़ रही है; हाँ, बौद्ध दर्शन में वैज्ञानिक समाजवाद के कुछ मूल्यवान तत्त्व उन्हें अवश्य मिले। हिन्दी भाषी क्षेत्र में वह हिन्दी को जातीय भाषा न मानकर तेरह जातियों और उनके जनपदों के अलगाव का राग अलापते रहे। सन् '47 में और उसके बाद इस्लाम के राष्ट्रीयकरण का नारा देकर और उर्दू को अरब जेहादियों का कीर्ति स्तम्भ कहकर उन्होंने अपनी घोर वैज्ञानिक समाजवादिता का परिचय दिया। भारतीय संस्कृति में गोमांस-भक्षण का तथ्य उद्‌घाटित करके उन्होंने एक अलग ही सांस्कृतिक आन्दोलन खड़ा कर दिया। स्पष्ट है कि इन सब कार्यों से प्रगतिशील आन्दोलन को भारी क्षति पहुँची।

यदि समय पर यशपाल और राहुल जी की आलोचना की जाती तो प्रगतिशील साहित्य कमजोर होने के बदले और दृढ़ होता। इसी प्रकार पन्तजी ने जब कलात्मक सौन्दर्य से हीन, विषयवस्तु में लचर, कविताएँ लिखीं, तो अनेक प्रगतिशील आलोचक उनका उचित मूल्यांकन न करके पन्तजी की विरुदावली गाते रहे।

इस तरह हमारे आन्दोलन में दो तरह की भूलें थीं—एक तो गैर-मार्क्सवादी लेखकों का मूल्य न आँकना, दूसरी प्रगतिशील साहित्य के अन्दर फैलने वाले प्रतिक्रियावादी रुझानों का विरोध न करना।

प्रगतिशील लेखक-संघ को अनेक सामाजिक कारणों से भी क्षति सहनी पड़ी है। दूसरे महायुद्ध के समय बहुत-से लेखक प्रगतिशील साहित्य की धारा से अलग होने लगे थे। नरेन्द्र का ज्योतिष प्रेम और पन्तजी का अरविन्दवाद उन्हीं दिनों का है। कांग्रेसी नेताओं ने जेल से बाहर आने के बाद अपनी कम्युनिस्ट-विरोधी मुहिम छेड़ दी। इसके फलस्वरूप वे लेखक भी जो युद्धकाल में मार्क्सवादी लेखकों से सहयोग करते रहे थे, उनसे अलग हो गए। दिनकर और नवीनजी ऐसे ही लेखकों में हैं। कांग्रेस-लीग एकता के आन्दोलन से लेखकों में एकता के बदले विघटन बढ़ा। साम्राज्यवादी शासन के प्रति उपेक्षा के भाव और फाशिस्त-विरोधी संग्राम (जन युद्ध) पर एकांगी जोर देने का भी यही परिणाम हुआ।

प्रगतिशील लेखक संघ की एक पुरानी कमी संगठन की शिथिलता थी। उदाहरण के लिए सन् '43 से लेकर सन् '47 तक अखिल भारतीय लेखक संघ की कार्यकारिणी की कोई बैठक न हुई थी। सन् '47 में भारत-विभाजन के बाद

प्रगतिशील लेखक संघ के मन्त्री सज्जाद जहीर पाकिस्तान चले गए। उसके बाद संघ बिल्कुल विशृंखल हो गया। जो लोग इस परिस्थिति को नहीं जानते, वे इस भुलावे में आ जाते हैं कि सन् '48 तक प्रगतिशील लेखक संघ एक दृढ़ संगठन था और वह नई संकीर्णतावादी नीति के कारण छिन्न-भिन्न हो गया। सचाई इससे बिल्कुल उल्टी है। सन् '49 में अनेक वर्षों के बाद उत्तर प्रदेश में हिन्दी-उर्दू लेखकों का मिला-जुला सम्मेलन हुआ। 'कांग्रेस-लीग एकता' के दिनों इस स्थापना का प्रचार था कि हिन्दुओं की भाषा हिन्दी है, मुसलमानों की भाषा उर्दू है। इसलिए हैदराबाद और लखनऊ में उर्दू के प्रगतिशील लेखकों के सम्मेलन और इलाहाबाद में हिन्दी के प्रगतिशील लेखकों के अलग-अलग सम्मेलन हो चुके थे। इस स्थिति के बाद सन् '49 में पहली बार हिन्दी-उर्दू के लेखक एक मंच पर एकत्र हुए थे। सन् '49 में ही—सन् '43 के बाद पहली बार—बम्बई में बंगाली, तेलगू, मराठी, हिन्दी, उर्दू आदि के कुछ प्रगतिशील लेखक एकत्र हुए थे और उन्होंने अखिल भारतीय संगठन को फिर चलाने का प्रयत्न किया था। उन दिनों अधिकांश प्रगतिशील लेखक कांग्रेसी दमन के शिकार थे। बम्बई में सम्मेलन पर बैन लगा दिया गया था। दमन के कारण अनेक प्रदेशों से प्रगतिशील लेखक आ न सके थे। इसलिए परिस्थितियों को देखते हुए सन् '49 में प्रगतिशील लेखकों को संगठित करने का जो प्रयत्न किया गया, वह नगण्य न था।

सोवियत लेखिका ए. पायेव्स्काया ने 'सोवियत लिटरेचर' (नं. 2, 1953) में इस सम्मेलन की चर्चा करते हुए लिखा था, "भारत का विभाजन होने पर हिन्दुस्तान के प्रगतिशील लेखक कठोर पुलिस दमन का मुकाबला करते हुए ऐंग्लो-अमरीकी साम्राज्यवाद और घरेलू प्रतिक्रियावाद के खिलाफ वीरता से और जमकर संघर्ष करते रहे हैं और जनतन्त्र और स्वाधीनता के लिए भारतीय जनता के अधिकारों का समर्थन करते रहे हैं।" 1949 की गर्मियों में प्र. ले. संघ के घोषणापत्र ने कहा था, "साम्राज्यवाद के खिलाफ संघर्ष में साहित्य निष्क्रिय नहीं है। पूर्ण स्वाधीनता और जनतन्त्र के लिए जनता के संघर्ष में प्रेरणा देने, नेतृत्व करने और पदप्रदर्शन करने की अपनी भूमिका उसे कारगर तरह से पूरी करनी चाहिए, उसे जनता की आकांक्षाएँ प्रकट करनी चाहिए जो विदेशी साम्राज्यवाद ही से पीड़ित नहीं है बल्कि भारतीय पूँजीवाद, सामन्तों और जमींदारों से भी पीड़ित है। भारतीय साहित्य के लिए देश के जनसाधारण से अलग कोई भविष्य नहीं है जो मजदूर वर्ग ने नेतृत्व में आज स्वाधीन मानव जीवन के लिए और शोषण के सभी रूप खत्म करने के लिए लड़ रहे हैं। हमारे लेखक जितना ही इस आन्दोलन के नजदीक आएँगे, उतना ही उनके साहित्य की विषयवस्तु और रूप दोनों ही समृद्ध होंगे।"

यह घोषणापत्र हमारे अनेक मित्रों को बहुत ही संकीर्णतावादी लगा, सन् '49 में नहीं, सन् '50 और सन् '51 में। जिस बात से ये मित्र असन्तुष्ट थे, वह थी

जनता के संघर्ष की, लेखक और जनता के निकट सम्बन्ध की, जन-जीवन को साहित्य में प्रतिबिम्बित करने की बात। यद्यपि यहाँ एकदम कोई ऐसी नई बात न कही गई थी, जिसे प्रेमचन्द तेरह साल पहले न कह गए हों, फिर भी इन उदार मित्रों ने संकीर्णतावाद के विरुद्ध संघर्ष करने में घड़ों स्याही उँड़ेल दी और रिमों कागज रंग डाले। इस बीच मार्क्सवाद पर, प्रगतिशील साहित्य पर, हिन्दी साहित्य की जनवादी परम्परा पर बराबर आक्रमण होते रहे; इसका कुछ भी असर इन मित्रों के उदार हृदय पर न पड़ा। पन्तजी ने 'उत्तरा' में, नवीनजी ने 'क्वासि' की भूमिका में, धर्मवीर भारती ने 'आलोचना' में मार्क्सवाद और प्रगतिशील साहित्य पर बराबर आक्रमण किए लेकिन इनका उत्तर देने के लिए संकीर्णता-विरोधी मित्रों को जरा भी फुर्सत न मिली।

जुलाई सन् '50 में दिल्ली में एक प्रादेशिक सम्मेलन हुआ था। इसमें 'हंस' के अनुसार 'सौ से ऊपर प्रतिनिधियों ने भाग लिया था।' यदि आप यह स्मरण करें कि जिस भवन में यह सम्मेलन हुआ था उसे संगीनधारी पुलिस घेरे हुए थी तो आप 'सौ से ऊपर प्रतिनिधियों' का महत्त्व अच्छी तरह समझ सकेंगे। यह केवल दिल्ली, पंजाब और राजस्थान के लेखकों का सम्मेलन था। 8 अक्टूबर 1950 को आगरा प्रगतिशील लेखक संघ ने प्रेमचन्द दिवस मनाया। इसकी एक रिपोर्ट 'हंस' में छपी थी जिसमें कहा गया था, "प्रगतिशील लेखक संघ के तत्त्वावधान में यह पहला ही सांस्कृतिक आयोजन था। लेकिन जनता ने जिस प्रकार हमारी उत्साह-वृद्धि की, उससे हमें प्रगतिशील साहित्यिक आन्दोलन की लोकप्रियता का अन्दाजा हुआ।"

कुछ मित्रों ने कम्युनिस्ट पार्टी के अन्दर चलने वाले संघर्ष में एक विशेष उद्देश्य के लिए सन् '51 में संकीर्णतावाद के विरुद्ध अपना आन्दोलन चलाया। अमृतराय ने लिखा कि "प्रगतिशील लेखक संघ के भीतर जनवाद का नाश हो गया।" वह सुन्दर कथाकार हैं, इसलिए उन्होंने बहुत ही कलात्मक ढंग से लिखा, "लोग डरे-सहमे मुँह पर ताला डाले घूमते थे कि कहीं धोखे से ऐसी कोई बात न निकल जाए कि मैं कायर या सुधारवादी या क्रान्ति का दुश्मन करार दिया जाऊँ।" और विचित्र बात यह हुई कि "सब कम्युनिस्ट लेखक जो कुछ भी लिखें उसकी एक कटिंग श्री रामविलास शर्मा के पास भेजें जिसका और कोई मकसद समझ में नहीं आता सिवाय इसके कि रामविलास जी को यह डर था कि हम सभी सुधारवाद के रंग में बुरी तरह डूबे हुए हैं, इसलिए हम जो कुछ लिखते हैं, उस पर कड़ी निगाह रखना जरूरी है।" देखिए, इसका कितना भयंकर परिणाम हुआ : "यकीनी तौर पर यह काम करने का नौकरशाही ढंग था और उसका नतीजा वैसा ही बुरा हुआ—लेखकों ने सहानुभूति-शून्य आलोचना और सुधारवाद के जुर्म में अनुशासन की कार्रवाई के डर से लिखना ही बन्द कर दिया।" मेरा हृदय सहानुभूति-शून्य रहा होगा—मैं स्वीकार करता हूँ। निगाह भी कोमल नहीं है—मानता हूँ। लेकिन प्रेम में जैसे कुछ महिलाओं को कठोरता ही पसन्द आती

है, वैसी ही मित्रवर अमृतराय को मेरे सहानुभूति-शून्य हृदय से ही प्रेम था। 14 सितम्बर सन् '50 को उन्होंने मुझे लिखा था, "दरअसल इस बात का बड़ा अफसोस है कि हंस के इस अंक में तुम्हारी कलम से कोई चीज नहीं जा रही। यह अंक अगले हफ्ते निकल जाएगा और मुझे विश्वास है कि तुम उसे पसन्द करोगे। लेकिन कुछ लेख अनुवाद करके देने पड़े हैं क्योंकि मौलिक लेख इतने कम थे। सम्पादकीय नोटों के बारे में सुझावों के लिए धन्यवाद।" 17 नवम्बर सन् '50 को उन्होंने अपनी बेकरारी का जिक्र करते हुए लिखा, "तुम्हें अक्टूबर और नवम्बर के अंक मिल चुके हैं। मेहरबानी करके उन पर अपनी राय और सुझाव भेज दो। मैं इन तमाम दिनों तुम्हारे खत का इन्तजार करता रहा।" एक महीने बाद इन्हीं अमृतराय ने 'हंस' में संकीर्णतावाद के विरुद्ध अपना उदार आन्दोलन छेड़ दिया जिसका लक्ष्य इन पंक्तियों का लेखक, उनका यह तुच्छ सेवक था।

अमृतराय के साथ शिवदानसिंह चौहान, उनके छोटे भाई साहब रामगोपाल सिंह चौहान, द्रविड़ रक्त के धनी रांगेय राघव आदि ने कहीं लेख लिखकर, कहीं पुस्तिकाएँ, कहीं बड़े पोथे लिखकर संकीर्णतावाद के मूलोच्छेद में यशस्वी कार्य किया। संकीर्णतावाद का नाश हो जाने पर इलाहाबाद में उत्तर प्रदेश के प्रगतिशील लेखकों का सम्मेलन हुआ। इसमें एक घोषणापत्र स्वीकृत हुआ। इन पंक्तियों के लेखक ने उसका मसौदा तैयार किया था। इस घोषणापत्र में सांस्कृतिक विरासत पर जोर दिया गया, प्रगतिशील लेखकों के वैज्ञानिक दृष्टिकोण का उल्लेख किया गया, नस्लवाद, अश्लीलता, निराशावाद के रुझानों का विरोध किया गया, साहित्य और जनता के सम्बन्ध के बारे में कहा गया कि प्रगतिशील लेखकों का साहित्य सुखी जीवन के लिए संघर्ष में जनता को प्रेरणा देता है। सन् '53 में जब दिल्ली में अखिल भारतीय प्र. ले. सम्मेलन हुआ तो उसमें वही घोषणापत्र—कुछ संक्षिप्त रूप में लेकिन उन्हीं मूल सूत्रों को लेते हुए—फिर स्वीकृत किया गया।

यह कहानी सिर्फ इसलिए लिखी है कि जिज्ञासु पाठकों को इस प्रश्न का उत्तर मिल जाय कि प्रगतिशील लेखक संघ आज क्यों ठप हो गया है। संकीर्णतावाद से संघर्ष करने वालों के पास अपना कोई कार्यक्रम न था। जब सिद्धान्तहीन संघर्ष चलाया जाता है तो वह गुटबन्दी का रूप लेकर अवश्य ही स्वस्थ साहित्यिक आन्दोलन को खत्म कर देता है। मार्च सन् '53 में ही कृश्न चन्दर प्रगतिशील लेखक संघ के नए मन्त्री चुने गए। पहले संकीर्णतावाद के खिलाफ संघर्ष का कार्यक्रम लोगों के सामने था। वह कार्यक्रम भी न रहा। इसलिए कुछ लोगों ने कहा कि प्रगतिशील साहित्यिक आन्दोलन की अब जरूरत ही नहीं है। कुछ नेताओं का विचार है कि जीवन ने ही प्रगतिशील लेखक संघ की निरर्थकता सिद्ध कर दी है। अब साहित्य अकादमी को तमाम भारतीय लेखकों का संयुक्त मोर्चा बनना चाहिए। प्रगतिशील

लेखक संघ के ठप होने का कारण अनेक बन्धुओं की यह धारणा है कि प्रगतिशील साहित्य की कोई जरूरत नहीं है, प्रगतिशील लेखकों के संगठन की कोई आवश्यकता नहीं है, लेखकों का संगठन करने में विचारधारा का कोई ध्यान न रखना चाहिए।

आज विश्व पर महायुद्ध के बादल वैसे ही मँडरा रहे हैं जैसे सन् 36-38 में मँडरा रहे थे। शान्ति की रक्षा के लिए लेखकों का संगठित आन्दोलन बहुत कुछ कर सकता है। मिस्र ने स्वेज का राष्ट्रीयकरण किया, इससे भारत में ब्रिटिश पूँजी के राष्ट्रीयकरण की माँग फिर उठी है। ब्रिटेन ने मिस्र पर हमला किया; भारत में कॉमनवेल्थ से नाता तोड़ने के लिए फिर जोरदार माँग उठी है। क्या भारतीय लेखक इन समस्याओं के प्रति उदासीन रहेंगे? देश में सामन्ती-साम्राज्यवादी अवशेष खत्म करके समाजवादी व्यवस्था रचने का प्रश्न सामने है? क्या इस नव-निर्माण के प्रश्न पर लेखक तटस्थ रहेंगे। साहित्य में अश्लीलता, निराशावाद, तथाकथित प्रयोगवाद (यानी घटिया और कुघड़ साहित्य, अपनी परम्परा से विलग और अंग्रेजी के निम्न साहित्य की छिछली नकल), साम्प्रदायिकता आदि की प्रवृत्तियाँ वर्तमान हैं। साहित्य के सर्वांगीण विकास की समस्या हमारे सामने है—ऐसे साहित्य के विकास का, जो हमारे राष्ट्रीय गौरव के अनुरूप हो और जिसे हम वास्तव में जनता का साहित्य कह सकें। क्या इन सब बातों से एक शक्तिशाली साहित्यिक आन्दोलन की आवश्यकता सिद्ध नहीं होती?

मुझे विश्वास है कि वर्तमान निष्क्रियता और उदासीनता अस्थायी है। यह निष्क्रियता साहित्य रचने में इतनी नहीं है जितनी एक संगठित साहित्यिक आन्दोलन चलाने में, लेखकों को संघबद्ध करने में इस तरह के साहित्यिक आन्दोलन की ऐतिहासिक आवश्यकता है, इसलिए हिन्दी-भाषी प्रदेश के जागरूक लेखक इस दिशा में अवश्य प्रयत्न करेंगे और आज का आन्दोलन-सम्बन्धी गतिरोध दूर करेंगे।

19. साहित्य के स्थायी मूल्य

सामाजिक परिस्थितियाँ बदल जाती हैं, फिर भी उन परिस्थितियों में रचा हुआ साहित्य हमें अच्छा लगता है। यह तथ्य पेश करके कुछ लेखक मार्क्सवाद को गलत साबित करना चाहते हैं। उनकी दलील यह होती है—मार्क्सवाद मनुष्य के आर्थिक जीवन को बुनियाद मानता है और साहित्य को उसका प्रतिबिम्ब; बुनियाद तो बदल जाती है लेकिन साहित्य कायम रहता है और अपने युग के बाद भी आनन्द देता है।

दिल्ली की 'आलोचना' के सम्पादकीय स्तम्भ में साहित्य के स्थायी मूल्यों का

प्रश्न उठाया गया है। पिछले युगों का साहित्य क्यों अच्छा लगता है, इसका उत्तर देते हुए सम्पादक लिखते हैं, ''पर साहित्य, विशेषकर उच्च साहित्य, जीवन को जिस समग्रता में ग्रहण करता है अथवा पूर्णता में अभिव्यक्त करता है, उसकी अपने आप में देश-काल से निरपेक्ष स्थिति हो जाती है।''[1]

सवाल है कि जीवन की पूर्णता कहाँ निवास करती है? वह जीवन कौन-सा है, जो देशकाल से निरपेक्ष होता है? जो देश-काल से निरपेक्ष है, वह देश-काल सापेक्ष भाषा में अभिव्यक्त कैसे होता है? समग्रता में ग्रहण, पूर्णता में अभिव्यक्ति आदि टुकड़े क्या कोई जन्तर-मन्तर हैं जिनसे साहित्य 'अपने आप' निरपेक्ष पद, कैवल्य, मोक्ष या निर्वाण प्राप्त कर लेगा?

सम्पादक आगे लिखते हैं, ''युगीन जीवन की सीमाएँ उसमें प्रत्यक्ष न हों ऐसी बात नहीं, पर वह जीवन के सन्तुलन का जो आधार ग्रहण करता है, वह युग-युग के मानव में एक प्रकार से समान होता है और इसी सन्तुलन की सम्पूर्णता को व्यापक अर्थों में सौन्दर्य-बोध भी कह सकते हैं, और यही नया सौन्दर्य-बोध समीक्षा का स्थायी किन्तु निरन्तर विकासशील मानदंड बन सकता है, क्योंकि इसी में प्रयोजन और प्रेषणीयता का सूक्ष्म समन्वय सम्पन्न हो सकता है।''

साहित्य के स्थायित्व का यह आधार निकला कि जीवन का एक विशेष सन्तुलन युग-युग के मानव में समान होता है। यह सन्तुलन क्या है, किन तत्त्वों में सन्तुलन होता है, हर युग के मानव में वह कैसे बना रहता है, यह सब रहस्यमय पर्दे के पीछे छिपा हुआ है।

अभी सन्तुलन के आधार का पता न लगा था कि सन्तुलन की सम्पूर्णता और प्रकट हो गई। सम्पूर्णता भी मानों असम्पूर्ण हो, इसलिए 'सन्तुलन की सम्पूर्णता को व्यापक अर्थों में' ग्रहण करने की जरूरत पड़ी। इस ग्रहण-क्रिया के बाद जो पल्ले पड़े उसका नाम है, सौन्दर्यबोध। यही साहित्य-समीक्षा का स्थायी मानदंड है, विकासशील मानदंड भी है! यह विकास देशकाल से निरपेक्ष किस लोक में होता है, यह कहीं स्पष्ट नहीं किया गया। वह प्रयोजन कौन-सा है, प्रेषणीयता किसके प्रति है, इनका सूक्ष्म समन्वय किस तरह होता है, इन प्रश्नों का भी यहाँ कोई उत्तर नहीं है। हाँ, प्रयोजन और प्रेषणीयता, सूक्ष्म समन्वय और सम्पन्न में अनुप्रास-चमत्कार अवश्य है।

1950 के साल बर्लिन में जो 'कांग्रेस फॉर कल्चरल फ्रीडम' हुई थी, उसमें अमरीकी लेखक जेम्स टी फैरेल ने कला के बारे में एक नुस्खा यह भी रखा था—''टु एक्स्प्लोर दि नेचर ऑफ सेल्फ़'' ('आत्म प्रकृति का अन्वेषण')। साहित्य का एक स्थायी तत्त्व और निकला, 'मनुष्य की आत्मान्वेषी वृत्ति'। अब देखिए, तोलस्तोय के 'वार ऐण्ड पीस' में स्वाधीनता के लिए रूसी जनता का अदम्य संघर्ष चित्रित नहीं

1. अक्तूबर, '53

किया गया वरन् एक विराट कैनवस पर कितने ही चरित्र आते हैं जो अपनी जीवनप्रक्रिया में आत्मान्वेषण में तल्लीन हैं।"[1] अर्थात् 'वार ऐण्ड पीस' उपन्यास क्या है, वैरागियों का बगीचा है जहाँ अनेक जटाधारी साधु-सन्त पद्मासन मारे ब्रह्मचिन्तन में लीन हैं।

यह ब्रह्मचिन्तन भी कितना सरस है कि "एक ही व्यक्ति अपने जीवन की विभिन्न घड़ियों में विभिन्न स्तरों पर आत्मान्वेषण करता है और विभिन्न रीतियों से अपने आप को पाता और खोता चलता है।"

यह पढ़कर हठात् 'आलोचना' के सम्पादकीय लेख याद आ जाते हैं। विभिन्न घड़ियों में और विभिन्न स्तरों पर उनके सम्पादक सन्त साहित्य की मर्यादा और मूल्यों के अन्वेषण में तल्लीन, उन्हें निरन्तर पाते और खोते चलते हैं। कभी सन्तुलन की सम्पूर्णता के व्यापक अर्थ हाथ लगते हैं तो कभी प्रयोजन और प्रेषणीयता का सूक्ष्म समन्वय। फिर गिन्सबर्ग का तन्त्रशास्त्र हाथ लगा तो 'विवेक पर आधारित न्याय के प्रति मानववादी आग्रह' मन्त्र का जप शुरू हुआ और कहीं फैरेल का फार्मूला दिखाई दे गया तो आत्मान्वेषण की तल्लीनता प्रकट हो गई! निःसन्देह पाने और खोने का यह काम जितनी रीतियों से चलता है, उनकी गिनती कठिन है। 'आलोचना' की मोटी जिल्दों का ध्यान करके ही मानो लिखा गया है, "एक सीमाहीन प्रसार है, जिसमें जितने प्रकार के पात्र हैं उतने ही प्रकार की पद्धतियाँ और प्रणालियाँ हैं। (कहीं फ़ैरेल, कहीं बर्नहम, कहीं केस्टलर, कहीं गिन्सबर्ग) और उन सबके बीच 'आत्मोपलब्धि' का तथ्य (सम्पादक मण्डली में धर्मवीर भारती की तरह) उनको वैयक्तिकता (हमारा हृदय हमसे अलग जा पड़ा है और हमारा दिमाग प्याज के छिलकों की तरह उतर गया है!), सजीवता ('इन फ़ीरोजी ओठों पर बरबाद मेरी जिन्दगी'!) और सार्थकता ('कांग्रेस फ़ार कल्चरल फ्रीडम' ज़िन्दाबाद!) प्रदान करता है।"

आत्मोपलब्धि का यह सूत्र शुरू होता है तोलस्तोय से लेकिन उसकी पूर्ण सिद्धि होती है आगे चल कर—मार्क्सवाद के सचेत विरोधियों में। तोलस्तोय का हवाला सिर्फ इसलिए दिया गया है कि साहित्य में मार्क्सवाद-विरोध की परम्परा आप पहचानें। फ्रांस में एक तथाकथित अस्तित्ववादियों का गुट है जिसमें "मार्क्सवाद की अन्ध सामूहिकता के विरुद्ध काफी तीखा विद्रोह है।" लेकिन दुर्भाग्य से यह गुट बजाते खुद "द्वितीय महायुद्ध में पराजित फ्रांस की देन है।" इस गुट के नेता जां पॉल सार्त्र हैं। जब वह मार्क्सवाद का विरोध करते थे, तब अमरीकी प्रचारक उन्हें खूब उछालते थे लेकिन जब से उन्होंने शान्ति के समर्थन में लिखना-बोलना शुरू किया है, तब से वे प्रचारक उन्हें कोसने लगे हैं। 'आलोचना' के सम्पादक भी सार्त्र के लिए कहते हैं कि इनके पात्रों की "आत्मोपलब्धि झूठी

1. (आलोचना, अक्तूबर, 1954, सम्पादकीय)

और कृत्रिम-सी प्रतीत होती है।" इसलिए शुद्ध आत्मोपलब्धि के लिए सम्पादक दूसरी ओर चलते हैं—"जिन क्षेत्रों में चिन्तन-स्वाधीनता है।" "जन स्टीन बेक, आर्थर कॉएस्लर और इगनात्सियो सिलों स्पष्ट रूप में घोषित कर चुके हैं कि अर्द्ध राजनीतिक मतवादों के बजाय मनुष्य की आत्मोपलब्धि कथासाहित्य का केन्द्रीय सत्य है।" ये लेखक कम्युनिस्ट-विरोध और अमरीकी युद्ध प्रचार में काफी नाम कमा चुके हैं। यद्यपि उनका युद्ध प्रचार अर्द्ध-राजनीतिक नहीं, पूर्ण राजनीतिक मतवाद है, फिर भी वे यह कहने से नहीं चूकते कि कथा-साहित्य का केन्द्रीय सत्य मनुष्य की आत्मोपलब्धि है।

साहित्य के मूल्य स्थायी हैं, निरपेक्ष रूप में नहीं, सापेक्ष रूप में, देशकाल से परे नहीं, देश काल की सीमाओं में निरन्तर विकास करती हुई मानवजाति की संचित सांस्कृतिक निधि के रूप में।

साहित्य के मूल्य स्थायी हैं और मनुष्य ने अपने सुदीर्घ विकासक्रम और जीवनसंघर्ष के बीच ही उन्हें पाया है। आहार, निद्रा, भय और मैथुन, पशु और मनुष्य में समान रूप से है। रूप, रस, गन्ध, स्पर्श आदि इन्द्रियबोध मनुष्य और पशु में समान रूप से विद्यमान है लेकिन समान मात्रा में नहीं, समान रूप से विकसित नहीं। अपने सामाजिक जीवनकाल में मनुष्य जहाँ पशुओं से भिन्न स्तर पर विकसित हुआ है, वहाँ उसने अपने इन्द्रियबोध का भी परिष्कार किया है। शब्द पर मुग्ध होना, रंग-रूप पर रीझना उसके विवेक का परिचायक है। यह विवेक सामाजिक विकास से ही सम्भव हुआ है, वरना मनुष्यभक्षी जंगली जातियाँ भी श्रेष्ठ संगीतज्ञ और चित्रकार पैदा कर देतीं।

रूप और शब्द के बिना न तो संसार की सत्ता सम्भव है, न साहित्य की। "ज्ञानेन्द्रियों से समन्वित मनुष्य जाति, जगत् नामक अपार और अगाध रूप-समुद्र में छोड़ दी गई है।"[1] मनुष्य और प्रकृति की यह रूपात्मक एकता साहित्य का मूलाधार है। इन्द्रियबोध का परिष्कार, इन्द्रियबोध के सहारे कला की सृष्टि—यह अटल नियम मनुष्य के सामाजिक विकास के आदि काल से चला आ रहा है। मनुष्य के इन्द्रियबोध में आदिकाव्य से लेकर आज तक मौलिक परिवर्तन नहीं हुआ। यही कारण है कि निर्झरों का संगीत, वन-पर्वत की शोभा, मनुष्य का रूप और यौवन जैसे हजार साल पहले कवियों के लिए आकर्षक था, वैसे आज भी है। और मनुष्य के इस इन्द्रियबोध का निखार हुआ उसके सामाजिक जीवन के कारण। उसके विकास के कारण यह इन्द्रियबोध सामाजिक परिस्थितियों में सम्भव हुआ है लेकिन वह उनका सीधा प्रतिबिम्ब नहीं है। मनुष्य का इन्द्रियबोध उसके सामाजिक विकास के साथ आरम्भ नहीं हुआ, वह अपरिष्कृत रूप में उसके साथ पहले से था। इसीलिए उसे सामाजिक परिस्थितियों का सीधा प्रतिबिम्ब मानना गलत है। साथ ही इन्द्रिबोध

---

1. आचार्य शुक्ल : रस मीमांसा, पृ. 259

का परिष्कार सामाजिक विकास-क्रम ही में सम्भव हुआ है, इसलिए वह समाज-निरपेक्ष नहीं है।

मार्क्सवाद ने मानव संस्कृति और समाज-व्यवस्था के परस्पर सम्बन्धों की व्याख्या करते हुए इस बात पर जोर दिया है कि संस्कृति सापेक्ष रूप से स्वाधीन है। यह सापेक्ष स्वाधीनता का सिद्धान्त मनुष्य के इन्द्रियबोध की, उसकी सौन्दर्य-वृत्ति की बहुत अच्छी व्याख्या करता है। यह समझना कि समाज-व्यवस्था बदलने के साथ मनुष्य का इन्द्रिबोध भी मूलतः बदल जाता है, निराधार कल्पना है। मनुष्य की चेतना में सबसे व्यापक स्तर उसके इन्द्रियबोध का है। उसके विचार बदल जाते हैं, भाव बदल जाते हैं, लेकिन उसका इन्द्रियबोध फिर भी अपेक्षाकृत स्थायी रहता है।

साहित्य शब्द द्वारा, चित्रों द्वारा मनुष्य को प्रभावित करता है। उसका प्रभाव दर्शन और विज्ञान से ज्यादा व्यापक इसीलिए होता है कि उसका सम्बन्ध इन्द्रियबोध से है। उसका माध्यम ही रूपमय है; कल्पना के सहारे वह तरह-तरह के रूप पाठक या श्रोता के मन में जगाता है। उसकी विषय-वस्तु भी रूपमय है। वह चिन्तन के निष्कर्ष ही नहीं देता, जीवन के चित्र भी देता है। दर्शन और विज्ञान से भिन्न उसकी निजी कलात्मक विशेषता जीवन के चित्र देने में है। इसलिए मार्क्सवाद, फार्मूलों के अनुसार साहित्य रचने का विरोध करता है, ऐसा साहित्य चित्रमय नहीं होता, उसके चित्रों में सजीवता नहीं होती। उसमें केवल जीवन के निष्कर्ष रहते हैं, जीवन के चित्र नहीं। वह अपनी निजी कलात्मक विशेषता खो देता है।

एंगेल्स ने कवि प्लाटेन के बारे में लिखा था, "प्लाटेन की गलती यह थी कि वह अपनी बुद्धि की उपज को कविता समझता था।"[1] कविता के लिए विचार काफी नहीं है—प्लाटेन एक श्रेष्ठ विचारक था—उसके लिए चित्रमय कल्पना भी चाहिए।

सामाजिक विकास और इन्द्रियबोध का परस्पर सम्बन्ध दिखाते हुए मार्क्स ने लिखा था : "Only through the objectively unfolding richness of the human being is the richness of subjective human sensuousness, such as a musical ear, an eye for the beauty of form, in short, senses capable of human enjoyment and which prove to be essentially human powers, partly developed and partly created."

मनुष्य के वस्तुगत समृद्ध विकास से ही यह सम्भव होता है कि उसकी आत्मगत ऐन्द्रियता अंशतः विकसित हो और अंशतः रची जाए, जैसे कि संगीत-प्रेम, रूप की पहचान, मानवीय भोग की क्षमता रखने वाली सभी इन्द्रियाँ, जो मूलतः मानव शक्तियाँ सिद्ध होती हैं।

मनुष्य का इन्द्रियबोध अंशतः विकसित होता है, अंशतः रचा जाता है। मनुष्य की आत्मगत ऐन्द्रियता उसके वस्तुगत सामाजिक जीवन से ही विकसित और समृद्ध

1. लिटरेचर एण्ड आर्ट : ले. मार्क्स और एंगेल्स, पृ. 84

होती है लेकिन यह ऐन्द्रियता उसके वस्तुगत जीवन का सीधा प्रतिबिम्ब नहीं है।

मनुष्य का इन्द्रियबोध उसके समूचे विकास का परिणाम है। मार्क्स का कहना है, "पाँचों इन्द्रियों का निर्माण अब तक के समूचे विश्व इतिहास का काम है।"[1] मार्क्स आगे कहते हैं कि भूख से जिसके प्राण निकल रहे हों, उसके खाने में और पशु के खाने में क्या अन्तर है, यह कहना कठिन है। परेशान गरीब आदमी को सुन्दर से सुन्दर नाटक देखने का चाव नहीं होता। धातुओं का व्यापार करने वाला सिर्फ उनकी बाजारू कीमत देखता है, उनकी मौलिकता और सौन्दर्य नहीं।

इस तरह जीवन की परिस्थितियाँ मनुष्य की सौन्दर्यवृत्ति को कुण्ठित भी करती हैं। मार्क्सवाद पर अक्सर यह आरोप लगाया जाता है कि उसे उपयोगितावाद के अलावा सौन्दर्य से काम नहीं। लेकिन सौन्दर्य का विरोधी कौन है, वे जो करोड़ों आदमियों को गरीबी और भुखमरी के हवाले करके उनकी सौन्दर्यवृत्तियाँ कुण्ठित कर देते हैं या वे जो उनके लिए भी इन्सान की जिन्दगी चाहते हैं, उनके अधिकारों के लिए लड़ते हैं, उस समाज की रचना करते हैं जहाँ मनुष्य की सौन्दर्यवृत्ति कुण्ठित न होकर पल्लवित हो सके? मार्क्सवाद को सौन्दर्य का विरोधी समझने वाले सज्जन मार्क्स का यह वाक्य ध्यान से पढ़ें :

"Senses limited by crudely practical needs have only a narrow meaning."

("वे इन्द्रियाँ जो जीवन की स्थूल व्यावहारिक आवश्यकताओं से सीमित हैं अपनी सार्थकता बहुत कम कर लेती हैं।")

मार्क्सवाद ऐन्द्रियता का विरोधी नहीं है। जीवन में भोग और आनन्द का स्थान है; साहित्य में भी उसका स्थान होना चाहिए। कवि वेर्थ के लिए एंगेल्स ने लिखा था कि वह जर्मन मजदूर वर्ग का पहला और सबसे महत्त्वपूर्ण कवि है। फ्राइलीग्राथ से उसकी तुलना करते हुए एंगेल्स ने लिखा था, "दरअसल मौलिकता, व्यंग्य और खास तौर से ऐन्द्रिय उल्लास (सेन्सुअस फायर) में उसकी सामाजिक और राजनीतिक कविताएँ फ्राइलीग्राथ से कहीं बढ़ कर हैं।" एंगेल्स ने उसे हाइने से भी श्रेष्ठ बतलाया और "स्वाभाविक स्वस्थ ऐन्द्रियता और शारीरिक आनन्द की व्यंजना में," केवल गेटे को ही उससे ऊँचा दर्जा दिया।

यद्यपि इन्द्रियबोध मनुष्यों में प्रायः समान है, फिर भी उसका परिष्कार सब में एक-सा नहीं होता। ऐसे युग में जब शासक वर्ग अपनी ऐतिहासिक भूमिका पूरी कर चुका हो, यह बात बहुत साफ दिखाई देती है कि उसका इन्द्रियबोध अस्वाभाविक और अस्वस्थ हो जाता है। एंगेल्स ने व्यक्तिगत सम्पत्ति और राज्य सत्ता के जन्म का विश्लेषण करते हुए यूनान के शासक वर्ग का जिक्र किया है जिनके लिए प्रेम का अर्थ केवल भोग था और जिन्हें इसकी भी चिन्ता न रहती

---

1. लिटरेचर एण्ड आर्ट : मार्क्स और एंगेल्स, पृ. 84

थी कि भोग का विषय नर है या नारी। दासों के स्वामी उस समय तक अपनी ऐतिहासिक भूमिका पूरी कर चुके थे। उनका जीवन काहिल, कामचोर, निकम्मे विलासियों का जीवन बन गया था। उनकी इस सामाजिक स्थिति का प्रभाव उनकी साहित्यिक रुचि पर भी पड़ा और वह विकृत और अस्वाभाविक होती गई।

हिन्दी की रीतिकालीन कविता में नायिकाओं की भरमार, प्रकृति-वर्णन के नाम पर घिसे-पिटे अलंकार, दरबारों की उर्दू शायरी में हुस्न और इश्क की आतिशबाजी—यह सब सामन्ती शासक वर्ग की विकृति रुचि का परिचायक है।

यूरोप और अमरीका का पूँजीवादी वर्ग आज मध्यकालीन पतित सामन्ती ऐन्द्रियता का प्रतिनिधि बनकर उसे और भी विकृत करता जा रहा है। नग्न स्त्रियों का चित्रण, अस्वस्थ काम चेष्टाएँ, सैडिज्म और मैसोकिज्म जैसी बीमारियाँ, सनसनीखेज घटनाएँ, हत्या, डकैती के रोमांचक वर्णन—पतनशील वर्ग अब इस तरह की ऐन्द्रियता में रस लेता है। उसकी और जनसाधरण की साहित्यिक रुचि में ऐसी दरार पड़ गई है जो अब पाटी नहीं जा सकती। इस रुचि के विरुद्ध तमाम प्राचीन संस्कृति की स्वस्थ परम्पराओं को अपना आधार बना कर जनरुचि को विकसित करने का काम यूरोप का मजदूर वर्ग कर रहा है।

मनुष्य के भावों और विचारों का सहज सम्बन्ध उसके इन्द्रियबोध से है। शुक्ल जी ने लिखा है, "आरम्भ में मनुष्य जाति की चेतन सत्ता इन्द्रियज ज्ञान की समष्टि के रूप में ही अधिकतर रही। पीछे ज्यों-ज्यों सभ्यता बढ़ती गई है त्यों-त्यों मनुष्य की ज्ञान सत्ता बुद्धि-व्यवसायात्मक होती गई है।"[1] मनुष्य के ज्ञान का आधार भौतिक जगत् में उसका कर्ममय जीवन उसका ऐन्द्रिय अनुभव और व्यवहार है। इन्द्रियज ज्ञान के साथ मनुष्य की भाव-सत्ता का भी जन्म होता है। समाज, प्रकृति, परिवार आदि के प्रति मनुष्य की व्यावहारिक अनुभूति के आधार पर उसमें राग-द्वेष पैदा होता है। भाव और इन्द्रियबोध का घनिष्ठ सम्बन्ध है। शुक्लजी के शब्दों में "प्रत्येक भाव का प्रथम अवयव विषय-बोध ही होता है।

भावों का विकास सामाजिक विकास पर ही निर्भर है। अपने प्रथम अवयव इन्द्रियबोध के रूप में भाव आदिम समाज के मानव में भी मिलेगा, लेकिन अपने परिष्कृत मानवीय रूप में, वह विकसित समाज-व्यवस्था में ही सुलभ है। मनुष्य का भाव-जगत् उतना व्यापक और सार्वजनीन नहीं है जितना उसका इन्द्रियबोध, पर उसके विचार-जगत् से वह अधिक व्यापक है। रति, घृणा, उत्साह आदि के भाव मानव सभ्यता के आदिकाल से चले आ रहे हैं और इन्हें उचित ही स्थायी भाव की संज्ञा दी गई है। विज्ञान और दर्शन की अपेक्षा साहित्य की व्यापकता का यह दूसरा कारण है। व्यक्तिगत सम्पत्ति और पितृ-सत्ता के उद्‌भव के बाद से पिता-पुत्र, पति-पत्नी, भाई-बहन, पड़ोसियों आदि में जो परस्पर भाव-सम्बन्ध कायम हुए

---

1. काव्य में अभिव्यंजनावाद

थे—जिनका कारण आदिम समाज-व्यवस्था के बाद मानव का विकास था—वे बहुत कुछ अब भी बने हुए हैं। यह भाव-जगत् बराबर समृद्ध होता गया है। मिसाल के लिए सुब्रह्मण्य भारती, रवीन्द्रनाथ और प्रेमचन्द में जो उत्कट देश-प्रेम मिलता है, वह मध्यकालीन कवियों के लिए दुर्लभ था। देशभक्ति की भावना का विकास हमारे नए सामाजिक विकास का ही परिणाम है।

कह सकते हैं कि रति-भाव मनुष्य में पहले से है, केवल आलम्बन बदल गया है। प्रेम तो प्रेम, चाहे रंभा और उर्वशी से हो, चाहे शंकर और विष्णु से, चाहे गंगा और गोदावरी से, चाहे देश और जनता से। इस तर्क से इतना ही सिद्ध होता है कि देश-प्रेम की क्षमता मनुष्य में पहले से थी लेकिन इस क्षमता का उपयोग आधुनिक युग की ही विशेषता है। यह स्वीकार करना होगा कि हमारा भाव-जगत् सामाजिक विकास के साथ अधिक समृद्ध और परिष्कृत होता गया है। लेकिन यहाँ भी अपनी ऐतिहासिक भूमिका पूरी कर चुकने वाले शासक-वर्ग भाव-जगत् को संकीर्ण और विकृत ही करते हैं। 16वीं सदी के आस-पास यूरोप के नवजागरण से पहले वहाँ के सामन्त वर्ग ने पुरोहितों की सहायता से कला और संस्कृति को रूढ़ियों से जकड़ रखा था। उन्हीं दिनों हिन्दी के दरबारी कवियों ने जहाँ चमत्कारवाद, अतिरंजित चित्रण, कृत्रिम भाव-व्यंजना का आश्रय लिया, वहाँ सन्त कवियों ने जन-साधारण के विस्तृत भाव-जगत् को चित्रित और समृद्ध किया। आधुनिक यूरोप का पूँजीपति वर्ग अपने भावों में कुसंस्कृत और पतित दिखाई देता है। जनता से भय, भविष्य के प्रति निराशा, कुढ़न और खीझ, मनुष्य से घृणा, नई समाजवादी संस्कृति को कोसना—ये आज के पूँजीवादी भाव-जगत् की विशेषताएँ हैं। इसके विपरीत देश-प्रेम, संसार की जनता का भाईचारा, भविष्य में दृढ़ आस्था, आशा और उल्लास—ये शोषण से लड़ने वाली और नया समाज रचने वाली जनता के भाव-जगत् की विशेषताएँ हैं। वर्तमान युग में साहित्यकारों के आशावाद का एक ठोस आधार है—गरीबी और गुलामी के खिलाफ जनता का संगठन और संघर्ष, एक विशाल भूभाग में मेहनत करने वालों के नए समाज की रचना। यह ठोस वास्तविकता ही इलियटवादियों के 'अज्ञात' भय का कारण है, यद्यपि उसमें अज्ञात रहस्य जैसी कोई बात नहीं है। ऐसे लोग रोने-कोसने के अलावा और कर ही क्या सकते हैं? उनके भाव-जगत् की यही विशेषता है।

भाव-जगत् की अपेक्षा मनुष्य के धार्मिक, राजनीतिक, आर्थिक विचार और जल्दी बदलते हैं। पैदावर के तरीके और मनुष्यों के परस्पर आर्थिक सम्बन्धों से इनका गहरा सम्बन्ध होता है। यही कारण है कि शेक्सपियर या तुलसीदास के अनेक विचारों से सहमत न होकर भी पाठक उनके साहित्य में रस लेता है। इसका यह अर्थ नहीं है कि साहित्य में विचारों की भूमिका नगण्य है या उसका सौन्दर्य इन्द्रियबोध और भावों पर ही निर्भर है। साहित्य में मनुष्य के विचारों की महत्त्वपूर्ण

भूमिका है और इसीलिए स्थापत्य, शिल्प, चित्रकला और संगीत से उसका स्थान ऊँचा है।

समाज-व्यवस्था के बदलने के साथ, पैदावार का तरीका और मनुष्य के आर्थिक सम्बन्ध बदलने के साथ, उसके विचार भी बदलते हैं; लेकिन नई विचारधाराओं का विकास हवा में नहीं होता, वे पहले की विचारधाराओं से अपने लिए बहुत-से तत्त्व समेट कर अपना विकास करती हैं। मिसाल के लिए क्रान्तिकारी विचारक मार्क्स ने जर्मन दर्शन, फ्रांसीसी समाजवाद, अंग्रेजी अर्थशास्त्र की अनेक मान्यताओं को अपनाया, इन सबका मूल्यांकन करके मानव ज्ञानकोष को और समृद्ध किया। सम्पत्तिशाली वर्गों ने भी अपनी क्रान्तिकारी ऐतिहासिक भूमिका के समय ऐसी विचारधाराओं को जन्म दिया जिनके बहुत-से तत्त्व आज भी मूल्यवान हैं। परम्परा और प्रगति का यह सम्बन्ध ध्यान में रखना आवश्यक है। हम पुराने साहित्यकारों से रचना-कौशल, भाव-सौन्दर्य, इन्द्रियबोध का परिष्कार ही नहीं सीख सकते, उनसे विचारधारा के क्षेत्र में भी बहुत कुछ सीख सकते हैं।

प्रत्येक युग के प्रमुख विचारों की छाप उस युग के साहित्य पर मिलती है। इन विचारों से मनुष्य के भाव-जगत् का गहरा सम्बन्ध होता है। कवियों के भावचित्र, विचारों की ज्योति से दीप्त हो उठते हैं। इसीलिए यह प्रश्न महत्त्वपूर्ण है कि साहित्यकार का दृष्टिकोण क्या है, सामाजिक समस्याओं को वह कैसे समझता है, उन्हें किस तरह हल करता है। उच्च साहित्य में महान् विचारों, गम्भीर भावों और सूक्ष्म इन्द्रियबोध का समन्वय मिलता है, इनका असन्तुलन साहित्य के प्रभाव और उसके कलात्मक सौन्दर्य को कम करता है।

यूरोप और अमरीका का पूँजीपति वर्ग आज बुद्धि के बदले अन्धविश्वासों को प्रश्रय देता है, अपनी शोषण-व्यवस्था कायम रखने के लिए वह ऐसी विचारधारा का प्रचार करता है जिसका मूल आधार और उद्देश्य है—धोखा। जनता को ठगने के लिए वह सारी दुनिया में व्यक्ति की स्वाधीनता का ठेकेदार बनता है जबकि हकीकत में वह करोड़ों को पगार पाने वाला गुलाम बनाकर रखता है और लाखों को बेकारी में मरने के लिए छोड़ देता है। सत्य से आँखें चुराने वाली विचारधारा किसी में आशा और उत्साह कैसे भर सकती है? इसीलिए उससे प्रभावित लेखकों का मूल स्वर घुटन, निराशा और पराजय का है।

मनुष्य स्वतन्त्र हो, स्वतन्त्रता से रहे, सोचे, लिखे-पढ़े, मध्यकालीन भाग्यवाद के खिलाफ यह विचार सामाजिक प्रगति के साथ-साथ अधिकाधिक जनता में फैलता गया है! 'फ्रीडम फर्स्ट' (सबसे पहले स्वतन्त्रता) वाले प्रचारक इस विचार का बड़ा तूमार बाँधते हैं; कहते हैं, समाजवादी देशों में इंसान गुलाम है, उसी स्वाधीनता के हिमायती हम हैं। मार्क्स ने लिखा था :

"The first freedom of the press consists in its not being a besiness."

प्रेस की पहली आजादी उसके व्यापार न होने में है।

पूँजीवादी समाज में प्रेस बराबर रुपया कमाने का साधन होता है और इसीलिए बड़े-बड़े पूँजीपति उसी तरह की विचारधाराओं को प्रोत्साहन देते हैं जो धनसंचय की पद्धति का किसी न किसी तरह समर्थन करती हों। समाजवादी व्यवस्था में प्रेस पैसा बटोरने की मशीन नहीं है, उसका काम चन्द पढ़े-लिखे लोगों का मनोरंजन करना नहीं है; सार्वजनिक शिक्षा के आधार पर ज्ञान का व्यापक प्रसार और साहित्य की समृद्धि उसका उद्देश्य है।

मनुष्य के व्यक्तित्व का विकास उसके सामाजिक जीवन से ही सम्भव हुआ है, इसीलिए व्यक्ति और समाज की स्वाधीनता परस्पर विरोधी न होकर एक-दूसरे की आश्रित हैं। शोषणमुक्त समाज में विकास की सुविधाएँ मिलने पर—कागज पर लिखे अधिकारों को अमल में लाने की भौतिक सुविधा मिलने पर—ही मनुष्य अपनी स्वाधीनता चरितार्थ कर सकता है। संसार के शोषित जन आज अपने राष्ट्रीय, वर्गगत और व्यक्तिगत अधिकारों के लिए संगठित होकर लड़ रहे हैं। उनकी यह स्वाधीनता-कामना सभी अच्छे लेखकों का सम्बल है।

साहित्य के रूप और उसकी विषयवस्तु का बहुत गहरा सम्बन्ध है। ये एक-दूसरे से एकान्त भिन्न न होकर परस्पर सम्बद्ध, एक-दूसरे को प्रभावित करते हैं। कविता की भाषा, उसकी चित्रमयता, छन्द-योजना आदि विषयवस्तु में तटस्थ न रह कर उसे प्रभावशाली बनाते हैं। साहित्य का शिल्प, उसके विभिन्न रूप, सामाजिक विकास से ही सम्भव हुए हैं, उस पर बहुत कुछ निर्भर है। यह बात आकस्मिक नहीं कि हर प्राचीन साहित्य में महाकाव्य साहित्य का मुख्य रूप है और आधुनिक उद्योग-धन्धों की प्रगति के साथ उपन्यास साहित्य का मुख्य रूप बन गया है। जनता तक साहित्य पहुँचाने के साधनों में जो परिवर्तन हुए, उनका प्रभाव उसके रूपों पर भी पड़ा।

साहित्य के कलात्मक सौन्दर्य का गहरा सम्बन्ध मनुष्य के इन्द्रिय-बोध से है। इंग्लैण्ड में भौतिकवाद का प्रारम्भिक विकास होते ही साहित्यशास्त्र में कल्पना (इमजिनेशन) चर्चा का महत्त्वपूर्ण विषय बन गई। कला की विशेषता उसकी चित्रमयता मानी जाने लगी। इन्द्रियबोध की व्यापक सार्वजनीनता का उल्लेख ऊपर हो चुका है। इसमें कुछ लोगों ने यह परिणाम निकाला कि साहित्य में चित्र सौन्दर्य ही सब कुछ है। रूप और विषयवस्तु के परस्पर सम्बन्ध की अवहेलना करके केवल रूप पर जोर देना ह्रासकालीन पूँजीवादी साहित्यकारों की विशेषता है। लेकिन रूप पर इतना जोर देने पर भी वे सुरूप साहित्य न रच सके, उनके चित्रों में वह भव्यता न पैदा हो सकी जो पहले के साहित्यकारों में मिलती है। इसका कारण यह है कि साहित्य में सजीव चित्र चाहिए, केवल रेखाएँ और रंग-रूप नहीं। शुक्लजी के शब्दों में "हृदय की अनुभूति अंगी है, मूर्त रूप अंग—भाव प्रधान है, कल्पना उसकी

सहयोगिनी।'"[1] हमारे अनेक प्रयोगवादी कवियों के जैसे बेजान भाव हैं, वैसे ही कुघड़ उनके काव्य-चित्र हैं।

सामाजिक परिवर्तन के समय वर्गों की रूप-सम्बन्धी रुचि का भेद स्पष्ट दिखाई देने लगता है। रीतिकालीन कवियों का शिल्प एक ओर, सन्त कवियों और छायावादियों का शिल्प दूसरी ओर—दोनों का अन्तर स्पष्ट है। एक में चमत्कार है तो दूसरे में सहज सौन्दर्य है; एक में महीन पच्चीकारी है तो दूसरे में चित्रों और छन्दों में गरिमा, उदात्त भावव्यंजकता के अनुकूल शिल्प की भव्यता। एक ही छन्द का प्रयोग करने पर भी गति और शब्द-संगीत में अन्तर है। पश्चिम के पूँजीवादी लेखक रूप के विचार से भी अब श्रेष्ठ रचनाएँ नहीं दे पाते। उनकी विचार शृंखला टूटी हुई, चित्र भाव-शून्य, कथानक और चरित्र सामंजस्यहीन, भाषा अस्वाभाविक और दुर्बोध—उनके शिल्प की ये विशेषताएँ हैं। इसके विपरीत वे सभी लेखक जो अपनी जनता और साहित्य की जातीय परम्परा को प्यार करते हैं, अपनी लोक-मंगलकारी वस्तु के अनुरूप सुन्दर शिल्प का निर्माण भी करते हैं।

ऊपर के विवेचन से ये परिणाम निकलते हैं—

साहित्य आर्थिक परिस्थितियों से नियमित होता है लेकिन उनका सीधा प्रतिबिम्ब नहीं है। उसकी अपनी सापेक्ष स्वाधीनता है। साहित्य के सभी तत्त्व समान रूप से परिवर्तनशील नहीं हैं; इन्द्रियबोध की अपेक्षा भाव और भावों की अपेक्षा विचार अधिक परिवर्तनशील हैं। युग बदलने पर जहाँ विचारों में अधिक परिवर्तन होता है, वहाँ इन्द्रियबोध और भाव-जगत् में अपेक्षाकृत स्थायित्व रहता है। यही कारण है कि युग बदल जाने पर भी उसका साहित्य हमें अच्छा लगता है। यही कारण इस बात का भी है कि पुराने साहित्य की सभी बातें समान रूप से अच्छी नहीं लगतीं। सबसे ज्यादा मतभेद खड़ा होता है, विचारों को लेकर, उसके बाद भावों को, और सबसे पीछे और सबसे कम इन्द्रियबोध को लेकर। हमारी साहित्यिक रुचि स्थिर न होकर विकासमान है; पुराना साहित्य अच्छा लगता है लेकिन उसी तरह नहीं जैसे पुराने लोगों को अच्छा लगा था। इसलिए मनुष्य अपनी नई रुचि के अनुसार नए साहित्य का भी सृजन करता है।

सामाजिक विकास-क्रम में सम्पत्तिशाली वर्गों ने एक समय अनिवार्य भूमिका पूरी की है, फिर विकास-पथ में बाधा बन गए हैं। दो विभिन्न युगों में अपने अभ्युदय और ह्रास की विभिन्न परिस्थितियों में एक ही वर्ग दो तरह के साहित्य का पोषण करता है। यूरोप का वही पूँजीपति वर्ग जो कभी तर्कसंगत ज्ञान, व्यक्ति की स्वाधीनता और नई सौन्दर्य-वृत्ति के लिए लड़ा था, आज इनका शत्रु हो गया है, अपनी ही सांस्कृतिक विरासत को मिटाने पर तुला हुआ है। विश्व में यह पूँजीवाद का ह्रासकाल है और श्रमिक जनता का अभ्युदय काल। इस कारण आज श्रमिक

1. काव्य में अभिव्यंजनावाद

वर्ग मनुष्य की तमाम सांस्कृतिक निधि की रक्षा करना चाहता है, पूँजीपति वर्ग द्वारा निर्मित सांस्कृतिक मूल्यों का रक्षक भी वही है जब कि शासक वर्ग, आसन्न मृत्यु से आतंकित होकर, भय, निराशा, पराजय, मानव-द्रोह और हिंसा की वृत्तियों का ही पोषक बनता जा रहा है। इसी कारण सचेत लेखक सामाजिक विकास की समस्याओं के प्रति उदासीन होकर शान्ति, स्वाधीनता, जनतन्त्र और जातीय संस्कृति के लिए संघर्ष करते हैं। आज के युग की परिधि में वे अब तक के संचित मानव मूल्यों की रक्षा करते हैं; इसी मार्ग पर चलकर वे इन मूल्यों को और भी समृद्ध करके अगले युगों को एक महान् विरासत के रूप में छोड़ जाएँगे।

20. मार्क्सवाद और प्राचीन साहित्य का मूल्यांकन

समाज को समझने और बदलने तथा शोषणहीन समाज-व्यवस्था का निर्माण करने के विज्ञान का नाम 'मार्क्सवाद' है। यह व्यवस्था हवा में नहीं बनती; प्राचीन व्यवस्था के उपकरणों का महत्त्वपूर्ण योग भी उसमें होता है। इन पुराने उपकरणों को बनाने में विभिन्न वर्गों का योग हो सकता है; यह आवश्यक नहीं कि शोषक वर्ग ने जिन नैतिक अथवा कलात्मक मूल्यों का निर्माण किया है, वे सभी शोषणमुक्त वर्ग के लिए अनुपयोगी हों। उदाहरण के लिए समाजवादी व्यवस्था में प्रत्येक मनुष्य को अपने श्रम के अनुसार—न कि अपनी आवश्यकता के अनुसार—पारिश्रमिक मिलता है। मार्क्स और लेनिन ने इसे पूँजीवादी नियम बताया है। ऐतिहासिक अनिवार्यता के कारण शोषणमुक्त मानव भी इस पूँजीवादी नियम से अपना पीछा नहीं छुड़ा पाता। यदि आर्थिक क्षेत्र में पूँजीवादी नियम को तुरत ठुकराया नहीं जा सकता तो साहित्य और कला के क्षेत्र में तो और भी सँभलकर कदम रखना आवश्यक होता है।

प्राचीन साहित्य के मूल्यांकन में हमें मार्क्सवाद से यह सहायता मिलती है कि हम उसकी विषयवस्तु और कलात्मक सौन्दर्य को ऐतिहासिक दृष्टि से देखकर उनका उचित मूल्यांकन कर सकते हैं। हम उन तत्त्वों को पहचान सकते हैं जो प्राचीन काल के लिए उपयोगी थे, किन्तु आज उपयोगी नहीं रह गए। हम उन तत्त्वों को परख सकते हैं जो उस प्राचीन युग के लिए भी उपयोगी नहीं थे, या उपयोगी थे तो कुछ सम्पत्तिशाली लोगों के लिए ही थे और जिन्हें उस काल की ऐतिहासिक सीमाएँ देखते हुए भी प्रतिक्रियावादी कहा जाएगा। हम विभिन्न मूल्यांकन के निर्माण में विभिन्न वर्गों की भूमिका देखते हैं यह देखते हैं कि किसी युग विशेष में किसी वर्ग विशेष की भूमिका प्रगतिशील थी या प्रतिक्रियावादी, और उसके

अनुरूप उस वर्ग द्वारा निर्मित मूल्य जनता के लिए उपयोगी थे अथवा हानिकर। विभिन्न वर्ग एक ही समाज-व्यवस्था में रहने के कारण एक-दूसरे को प्रभावित करते हैं; उनकी वर्ग संस्कृति को परखते हुए इस परस्पर प्रभाव को भी देखना होता है।

मार्क्सवाद के अनुसार समाज तथा संस्कृति का विकास सीधी रेखा पर, समतल भूमि पर, अबाध रूप से एक ही दिशा में नहीं होता। विकास के साथ पीछे हटने का क्रम भी देखा जाता है, सीधी रेखा और समतल भूमि के बदले असंगतियों से होकर, विरोधी तत्त्वों की एकता की विषय भूमि पर भी यह विकास होता है। उदाहरण के लिए मनुष्य ने जब वन्य-जीवन छोड़कर नागरिक जीवन बिताना आरम्भ किया तब अनेक नए मूल्यों की प्राप्ति के साथ उसने अनेक महत्त्वपूर्ण पुराने मूल्यों को छोड़ भी दिया। इस सत्य को एंगेल्स ने 'व्यक्तिगत सम्पत्ति और राज्य सत्ता का उद्भव' नाम की पुस्तक में स्पष्ट कर दिया है। मार्क्स और एंगेल्स साहित्य के उत्कट प्रेमी थे। शेक्सपियर और बाल्ज़ाक की रचनाओं में उनकी विशेष रुचि थी। बाल्ज़ाक की विचारधारा प्रतिक्रियावादी थी, फिर भी 19वीं सदी के पूर्वार्द्ध में वह यूरोप का सबसे बड़ा उपन्यासकार था। उसने शासक वर्ग और सम्पत्तिशाली जनों का व्यंग्यपूर्ण चित्रण किया और वह विषयवस्तु दी जो उसकी विचारधारा के विरुद्ध पड़ती थी। इस तरह मार्क्स ने साहित्यकारों के अन्तर्विरोधों को समझना सिखाया। उसी पद्धति से लेनिन ने तोल्स्तोय के विचारों को निष्क्रियता और अन्धविश्वासों को प्रश्रय देने वाला कहते हुए उनके साहित्य को प्राचीन न्याय-व्यवस्था और अनेक रूढ़ियों की सबसे तीखी आलोचना बताया।

साहित्य बुद्धिविरोधी सृष्टि नहीं है किन्तु उसका सम्बन्ध बुद्धि से ही नहीं है। वह मनुष्य के सचेत चिन्तन का ही परिणाम नहीं; उसका गहरा सम्बन्ध मनुष्य के उपचेतन संस्कारों से भी होता है। व्यवहार-क्षेत्र में मार्क्सवाद संस्कारों पर बहुत अधिक बल देता है। जो अभिजात-वर्ग में उत्पन्न हुए हैं और उस वर्ग के संस्कारों में पले हैं, उनके लिए मार्क्सवाद की बौद्धिक स्वीकृति काफी नहीं है, उन्हें अपने को आमूल परिवर्तित करना आवश्यक होता है जो एक अत्यन्त कठिन प्रक्रिया है। मार्क्सवादी राजनीतिज्ञों के लेखों में इसी कारण जनता से एकात्म होने, सर्वहारा दर्शन के साथ सर्वहारा मनोबल को अपनाने पर जोर दिया जाता है। मनुष्य के ये संस्कार सदा उसके सचेत चिन्तन से टकराएँ, यह आवश्यक नहीं। दोनों में अन्तर्विरोध के बदले परस्पर सहयोग भी हो सकता है। साथ ही दोनों में टक्कर होने पर यह आवश्यक हो जाता है कि लेखक के स्वीकृत विचारों को ही न परखकर हम उसके संस्कार के आधारों पर निर्मित साहित्य का मूल्यांकन भी करें।

इस प्रकार समाज और साहित्य का सम्बन्ध प्राचीन मूल्यों और नए मूल्यों का सम्बन्ध सीधा और सरल न होकर संश्लिष्ट और पेचीदा होता है। इस सत्य के विपरीत मार्क्सवाद के सम्बन्ध में आम धारणा यह है : प्राचीन साहित्य शोषक

वर्गों के हित में उनके चक्करों द्वारा रचा हुआ है, इसलिए त्याज्य है; साहित्य समाज का दर्पण है, इसलिए पुरानी व्यवस्था बदल जाने पर वह दर्पण भी बेकार हो जाएगा; सर्वहारा वर्ग के लेखक नया साहित्य रचेंगे जिसमें पुराने मूल्यों का अभाव होगा; इन लेखकों की दृष्टि में यह साहित्य कलात्मक सौन्दर्य में भी प्राचीन साहित्य से आगे होगा।

इस तरह की धारणा मार्क्सवाद से अनभिज्ञ कुछ साधारण साहित्य-प्रेमियों ही में नहीं मिलती, उसके दर्शन मार्क्सवाद के अनेक पण्डितों में भी होते हैं। इनकी आलोचना-शैली की एक विशेषता है। वे किसी विशेष विचारधारा के समर्थन या विरोध में बहुत से उद्धरण बटोर लेंगे फिर उनके आधार पर वे किसी साहित्यकार को प्रगतिशील या प्रतिक्रियावादी घोषित कर देंगे। उदाहरण के लिए महाकवि सुमित्रानन्दन पन्त ने सन् 1938 के लगभग छायावाद के आकाश से प्रगतिवाद की धरती पर उतरने की घोषणा की। यद्यपि वह स्वयं मार्क्सवाद और गाँधीवाद के समन्वय की बात करते थे, फिर भी उनके समर्थकों ने उन्हें मार्क्सवादी लेखक के रूप में ही पेश किया। इसके सिवा मार्क्सवादी या समन्वयवादी होने के साथ पन्तजी कवि भी बने हुए हैं कि नहीं, इसकी ओर 'पन्त प्रगति के पथ पर' के लेखकों ने ध्यान नहीं दिया। कविता न तो विचारशून्य होती है न वह विचारधारा मात्र होती है। विचार में भाव के पंख लगने चाहिए और भावों के साथ इन्द्रियबोध की तरलता होनी चाहिए। भाव-विह्वलता और इन्द्रियबोध के परिष्कार के बिना कविता क्या? इनके अभाव में हमारे मित्रों ने पन्तजी की विचारधारा से—जो अपने में बहुत उलझी हुई भी थी—उद्धरण देकर उन्हें प्रगतिपथगामी सिद्ध कर दिया। छायावाद की उपलब्धियाँ उनके लिए नगण्य थीं, इसलिए कि उनमें पन्तजी की-सी विचारधारा का अभाव था। छायावाद ने 'कामायनी', 'राम की शक्ति दूजा', 'तुलसीदास', 'गीतिका', 'दीपशिखा', 'पल्लव'—हाँ, 'पल्लव' भी—के रूप में भारतीय जनता के भावों, विचारों और सौन्दर्य-बोध को कितना परिष्कृत किया है, इसका लेखा-जोखा इन मित्रों के यहाँ नहीं था। प्रगतिवाद का शिलान्यास करते हुए श्री शिवदानसिंह चौहान ने इस सम्बन्ध में 'विशाल भारत' में लिखा था, "इस छायावाद की धारा ने हिन्दी के साहित्य को जितना धक्का पहुँचाया है, उतना शायद ही हिन्दू महासभा या मुस्लिम लीग ने पहुँचाया हो।" इस तरह के—या सारतत्त्व यही किन्तु कोमल शैली में लिखे हुए—वाक्य पढ़कर यदि पाठक यह धारणा बनाएँ कि मार्क्सवाद हमारी संस्कृति का शत्रु है तो इसमें आश्चर्य क्या?

वर्ग और सम्पत्ति से संस्कृति का सम्बन्ध जोड़ने के अनूठे उदाहरण हमें महापण्डित राहुल सांकृत्यायन की रचनाओं में मिलते हैं। उन्हें वेदों में ओजपूर्ण काव्य नहीं मिलता, उन्हें वहाँ वर्णाश्रम-धर्म की प्रतिष्ठा, आर्य-अनार्य रक्त का सम्मिश्रण और समाज की सम्पदा उड़ाने वाले ऋषि मिलते हैं। राहुलजी वैदिक ऋषियों का

उल्लेख सम्मान के साथ तभी करते हैं, जब उन्हें निषिद्ध मांस-भक्षण का समर्थन करना होता है। इस आवश्यकता के न होने पर उनकी शैली कुछ इस प्रकार की होती है—"जिन ग्रन्थों में अछूतपन की बात भरी पड़ी है और जिन ऋषि-मुनियों ने अपने आश्रमों के आस-पास मनुष्य नामधारी दास-दासियों के ऊपर सहस्राब्दियों तक अमानुषिक अत्याचार होते देखकर भी अपनी तपस्या भंग न की, उनके ग्रन्थ अछूतोद्धार के बाधक छोड़ साधक कैसे हो सकते हैं?"[1]

वेदों तथा अन्य प्राचीन ग्रन्थों में वर्ण-व्यवस्था की प्रतिष्ठा किस सीमा तक है, उस युग में इस तरह की व्यवस्था आवश्यक थी या अनावश्यक, वर्ण-व्यवस्था के अलावा उनमें और कौन-सी मूल्यवान सामग्री है, राहुलजी इसका विश्लेषण आवश्यक नहीं समझते। वाल्मीकि और कालिदास भी राजाओं की प्रशस्तियाँ गाने वाले कवि थे। एक ही ढेले से दोनों महाकवियों का शिकार करते हुए महापण्डित ने 'सुपर्णयौधेय' में लिखा, "कोई ताज्जुब नहीं, यदि वाल्मीकि शुंगवंश के आश्रित कवि रहे हों, जैसे कालिदास चन्द्रगुप्त विक्रमादित्य के। और शुंगवंश की राजधानी की महिमा बढ़ाने ही के लिए उन्होंने जातकों के दशरथ की राजधानी वाराणसी से बदलकर साकेत या अयोध्या कर दी और राम के रूप में शुंग सम्राट् पुष्यमित्र या अग्निमित्र की प्रसंशा की वैसे जैसे कालिदास ने 'रघुवंश' के रघु और 'कुमारसम्भव' के कुमार के नाम से पिता-पुत्र चन्द्रगुप्त विक्रमादित्य और कुमारगुप्त की।"

इसी न्याय से तुलसीदास का भाग्य-निर्णय करते हुए श्री प्रकाशचन्द्र गुप्त ने किसी समय लिखा था, "हम देखेंगे कि वाल्मीकि, कालिदास और तुलसी ने रघुकुल की प्रशस्तियाँ गाईं और राज्य सत्ता को भारी सहारा दिया।" तुलसी के साथ सूर को भी जोड़कर उन्होंने चुने हुए उपमानों से अपने वाक्य का कलात्मक सौन्दर्य बढ़ाते हुए अन्यत्र लिखा था, "हम तुलसी और सूर के सामाजिक विचार-दर्शन (विचार-दर्शन का जो भी अर्थ हो!) को आज नहीं अपना सकते; उसे इतिहास ने 'मैमथ' और 'डोडो' के समान अजायबघर की वस्तु बना दिया है। किन्तु जनता के प्रति उनका प्रेम, उससे निकटतम उनका सम्बन्ध उनके काव्य का जन-सुलभ रूप आदि अनेक तत्त्व हमारे लिए आज भी अमूल्य हैं।" यह भी गनीमत है कि सूर-तुलसी में कम-से-कम जनता से प्रेम का अमूल्य तत्त्व गुप्त जी को मिला। इस सम्बन्ध में उन्होंने अपनी धारणाओं को काफी बदला है, यह उल्लेखनीय है।

किन्तु अन्य 'मार्क्सवादी' लेखकों को तुलसीदास में जनता से प्रेम की जगह सवर्ण हिन्दुओं में भी ब्राह्मणों से विशेष प्रेम दिखाई देता है। यशपालजी ने मार्क्सवाद पर पुस्तक लिखी है और तुलसीदास की विचारधारा का विश्लेषण भी किया है। कबीर से तुलसी की भिन्नता दिखलाते हुए उन्होंने लिखा है, "तुलसी का भक्ति-मार्ग केवल

1. 'दिमागी गुलामी', पृ. 15

सवर्ण हिन्दू जनता की सांस्कृतिक एकता का प्रतिपादन करता है।''[1]

'रामचरितमानस' का मूल तत्त्व क्या है? यशपालजी का कहना है, ''वर्णव्यवस्था के समर्थन, ब्राह्मण की श्रेष्ठता और स्वामी-वर्ग के अधिकारों के समर्थन को जो स्थान 'रामचरितमानस' में दिया गया है। वही उसका मुख्य अंग है।'' इस तरह की गम्भीर व्याख्या यशपालजी से पहले डॉ. रांगेय राघव कर चुके थे। ''तत्कालीन उच्च वर्ग ने प्रारम्भ में जो तुलसी का विरोध किया, वह गलती उन्होंने जल्दी महसूस की। राम-नाम के प्रताप से जूठन बीनकर खानेवाला तुलसीदास अपने जीवन-काल में ही उन्हीं उच्चवर्गों के कन्धों पर डोलने लगा, हाथी पर चढ़ने लगा।''[2]

अब कठिनाई यह है कि उस समय तो तुलसी उच्च वर्गों के कन्धों पर डोलने लगा, लेकिन आज वह भारतीय जनता—विशेषकर हिन्दी भाषी जनता—के हृदय पर आसन जमाए हुए है। उसे हटाए बिना हमारे मित्र जो नया साहित्य रच रहे हैं, उसकी प्रतिष्ठा कैसे हो? खोट दरअसल जनता में है, इसीलिए तुलसी को जनता के हृदय-सिंहासन से हटाने के लिए हमारे मित्र भगीरथ प्रयत्न कर रहे हैं। इस जनता का पहला कसूर यह है : ''देश की सर्व-साधारण जनता ने 'रामचरितमानस' को काव्य की अपेक्षा शास्त्र के रूप में अधिक मान्यता दी है।'' और आलोचक क्या करते हैं? वे भी 'रामचरितमानस' को शास्त्र समझकर उससे अनेक दोहे-चौपाइयाँ उद्धृत करके उसे ब्राह्मण-धर्म का समर्थक शास्त्र सिद्ध करते हैं। उनके मन में अनेक प्रश्न उठते हैं; उठते ही नहीं हैं, ''हमारे मन और मस्तिष्क में उपस्थित प्रश्न सिर उठाए बिना नहीं रह सकते।'' अतः 'रामचरिमानस' को शास्त्र मानकर उन्हें उसका विवेचन करना ही पड़ता है, यद्यपि इसकी जिम्मेदारी आलोचकों पर नहीं जनता पर है। जनता भी क्या करे? इतिहास ने उसे अशिक्षित और अन्ध-विश्वासी बना दिया है। ऐतिहासिक प्रक्रिया के बारे में यशपालजी कहते हैं, ''रामचरितमानस एक ऐतिहासिक प्रक्रिया के कारण शिक्षा की प्रगति से विहीन सर्वसाधारण की एकमात्र कला-निधि और नैतिक शास्त्र बन गया।'' यह कलानिधि सवर्ण हिन्दुओं के पल्ले ही पड़ी; 'सर्वसाधारण' के 'सर्व' में असवर्ण हिन्दुओं—मुसलमानों की तो बात ही क्या?—का कोई हिस्सा नहीं है।

इस ऐतिहासिक प्रक्रिया के साथ, जनता को शोषकों की दासी बनाए रखने में तुलसीदास की कला किस प्रकार सहायक हुई, इस पर ध्यान देकर जनता को क्षमा कर देना चाहिए। आधुनिक आलोचना में यशपालजी का यह वाक्य स्वर्णाक्षरों में अंकित करने योग्य है : ''यहाँ हमें तुलसी के कलात्मक सामर्थ्य को स्वीकार करना पड़ता है कि 'रामचरितमानस' आज भी जनता की बहुत बड़ी संख्या को अधिकारवंचित करके भी उन्हें सीता की तरह लक्ष्मण की लकीर से बाँधे हैं कि

1. 'नया पथ', 1857 के स्वातन्त्र्य संग्राम की पुण्य स्मृति में, जुलाई-अगस्त, 1957
2. 'आलोचना', 5

'मानस' की सीमाओं से परे सम्पूर्ण ज्ञान रावण का प्रभाव है।''

सीता को लक्ष्मण की खींची लकीर से बाहर निकालने में यशपालजी अकेले नहीं हैं। उनके साथ भदन्त आनन्द कौसल्यायन भी हैं। भदन्तजी मार्क्सवादी नहीं, बौद्ध भिक्षु हैं, किन्तु ऊपर कही हुई संस्कारों की बात याद कीजिए। अपने उपचेतन संस्कारों के बल पर वे सहज प्रगतिशील हैं और 'रामचरितमानस' का विश्लेषण करते हुए उसी भूमि पर पहुँचे हैं जहाँ यशपालजी अपने सचेत चिन्तन से डटे हैं। उन्होंने तुलसीदास को ब्राह्मणवाद का समर्थक सिद्ध करने के लिए 'नया पथ' में 'रामचरितमानस' से अनुकूल पंक्तियों का एक संकलन प्रकाशित किया था। इस उद्धरण माला से जो निष्कर्ष निकला, वह यह कि तुलसीदास के इस ग्रन्थ में राम से अधिक ब्राह्मणों का महत्त्व घोषित किया गया है! यशपालजी भदन्तजी के सहज ज्ञान का हवाला देते हुए कहते हैं, ''भदन्त आनन्द कौसल्यायन का यह कहना कि 'रामचरितमानस' में राम की अपेक्षा ब्राह्मण का ही महत्त्व अधिक है, न अत्युक्ति है, न अतिरंजना।'' इसका कारण यह भी है कि विपक्ष में जो उद्धरण दिए गए हैं, उनकी तुलना में भदन्तजी के उद्धरण ''संख्या में कहीं अधिक, सुस्पष्ट, सन्दर्भ के अनुकूल और निर्विवाद हैं।'' ऐसा लगता है कि उद्धरणों की संख्या देखकर यशपालजी इतने प्रभावित हुए कि उन्होंने 'रामचरितमानस' पढ़ना भी आवश्यक नहीं समझा। कथा में उल्लिखित किसी भी परिस्थिति और किसी भी पात्र का विश्लेषण उन्होंने नहीं किया। 'रामचरितमानस' को शास्त्र समझकर भदन्तजी द्वारा बटोरे हुए उद्धरणों से ही उन्होंने सन्तोष कर लिया।

एक चरित्र और एक घटना का हवाला यशपालजी ने अवश्य दिया है। वह चरित्र है शम्बूक का, और घटना है राम द्वारा उसके वध की। मेरे एक निबन्ध में यह पढ़कर कि तुलसीदास की भक्ति वर्ण, जाति, धर्म आदि के कारण किसी का बहिष्कार नहीं करती, यशपालजी ने किंचित् रोष के साथ लिखा है, ''ऐसी अनर्गल बात कहते समय वे राम द्वारा मुक्तिकामी शम्बूक के वध की बात भूल गए।'' शम्बूक की घटना उन्हें विशेष प्रिय है; इससे अधिक तुलसी के अन्ध ब्राह्मण-प्रेम का उदाहरण और क्या होगा? इसलिए तुलसी के साथ उनके अकिंचन भक्त का भी उद्धार करते हुए उन्होंने पुनः लिखा, ''वे यह भूल गए कि तुलसी के मत में शूद्र का वेद पढ़ने और ब्राह्मण से समता करने की इच्छा और नारी की स्वतन्त्रता पाप और कलयुग के प्रभाव का मुख्य लक्षण था, जिसके निवारण के लिए भगवान को खड्ग हाथ में लेना पड़ा था।'' नारी की स्वतन्त्रता के सिलसिले में यशपालजी को यह और जोड़ देना चाहिए कि धोबी की बात सुनकर राम ने पराधीन सीता को वनवास दे दिया था। या शायद धोबी की बात सुनकर सीता को निकालना राम का प्रगतिशील कार्य ठहरता, इसलिए यशपालजी ने उसका हवाला नहीं दिया।

किसी की रचना पढ़े बिना, सुनी-सुनाई बातों के आधार पर या कल्पना के

बल पर आलोचना लिख देना कोई अद्भुत काम नहीं है। किन्तु 'नया पथ' जैसे पत्र के सम्पादकीय स्तम्भ में 'ऐतिहासिक दृष्टि से तुलसी का मूल्यांकन' के नाम पर उपर्युक्त कोटि के तर्क अवश्य अद्भुत हैं। यह बात नहीं है कि यशपालजी तुलसी का महत्त्व अस्वीकार करते हों। उनकी दृष्टि में विश्व-साहित्य के सौर-जगत् में तुलसी एक विराट नक्षत्र हैं। उनके चिरन्तन मूल्य कला-पक्ष की रसानुभूतियों में हैं। रस भी देखिए कितने हैं : "शैशव, वात्सल्य, सहज-शृंगार, प्रेम, शोक, सहानुभूति, रौद्र आदि रसों का जैसा परिपाक उन्होंने किया है, वह अपने में अनूठा है।" परिपाक से निकलने वाले मूल्य तो चिरन्तन हुए; कुछ अचिरन्तन मूल्य नैतिक भी हैं। तुलसी ने सवर्ण हिन्दुओं की एकता के लिए जो प्रयत्न किया, उसका उल्लेख ऊपर हो चुका है। वह काम भी महत्त्वपूर्ण था। यशपालजी का कहना है कि "उन्होंने राम-भक्ति द्वारा हिन्दू-संस्कृति की बहु-देव-पूजा का समुच्चय कर हिन्दू जातीय एकता द्वारा और वेद-विहित वर्णाश्रम धर्म की संस्कृति की रक्षा में सहायता कर बहुत बड़ा काम किया।" दूसरा काम उन्होंने यह किया कि "उनके भक्ति-मार्ग ने हिन्दू सामन्तशाही को मुस्लिम सामन्तशाही से लोहा लेने में सहायता दी।" ऐतिहासिक दृष्टि से तुलसी का मूल्यांकन करने पर तीन तथ्य निकले : तुलसीदास ने 'रामचरितमानस' लिखकर वर्ण-व्यवस्था को दृढ़ किया, इस्लाम से हिन्दू धर्म की रक्षा की और कला-पक्ष में शैशव-सहानुभूति आदि रसों का परिपाक किया। इनमें पहले दो तथ्यों को रूढ़िवादी आलोचक ऐतिहासिक दृष्टि के बिना भी बहुत दिनों से मान रहे थे; यशपालजी ने इजाफा किया है रस-परिपाक के मौलिक चिन्तन में।

तुलसीदास की विचारधारा को समझने के लिए 'रामचरितमानस' के साथ उनके अन्य ग्रन्थों का भी तुलनात्मक अध्ययन करना चाहिए। 'रामचरितमानस' में वर्णाश्रम-धर्म या अन्य किसी प्रश्न पर उद्धरण एकत्र करने के साथ मूल कथा की परिस्थितियों और पात्रों का भी अध्ययन करना चाहिए। 'रामचरितमानस' बहुत ही लोकप्रिय ग्रन्थ रहा है, इसलिए उसमें प्रक्षिप्त अंशों की सम्भावना मानकर सतर्क रहना चाहिए। यदि तुलसीदास वर्ण-व्यवस्था के ऐसे प्रबल पक्षपाती थे तो वे 'ब्याह न बरेखी जातिपाँति न चहत हौं।' कहकर अपनी सफाई क्यों देते हैं? निश्चय ही उनकी जाति और जन्म को लेकर विप्र-वर्ग उन्हें छेड़ता था जिससे क्षुब्ध होकर उन्हें 'धूत कहौ अवधूत कहौ, रजपूत कहौ, जुलहा कहौ कोऊ' आदि लिखना पड़ा था। यदि वे हिन्दू सामन्त-वर्ग के ऐसे कृपाभाजन थे तो उन्होंने यह क्यों लिखा था : "माँगि कै खैबो मसीत को सोइबो लेबे को एक न देबे को दोऊ"? मस्जिद में सोकर तुलसीदास मुस्लिम सामन्तशाही के विरुद्ध हिन्दू सामन्तशाही को कैसे दृढ़ कर रहे थे? उनके राम यदि ब्राह्मणों के लिए सुरक्षित थे तो वह शबरी के जूठे बेर क्यों खाते थे, निषाद को क्यों गले लगाते थे, उसे भरत के समान क्यों कहते थे, वानरों को अपना सखा क्यों मानते थे? यही नहीं राम ने अजामिल-जैसे अधमों को भी तार दिया

था और तुलसीदास ने व्यंग्य करते हुए कहा था, "कौन धौं सोमजागी अजामिल अधम कौन गजराज धौं बाजपेई।" यदि तुलसीदास स्त्रियों को अपावन समझते थे तो जनकपुर में, अयोध्या में, वन में, सब कहीं राम के सबसे निकट इस नारी-समुदाय को क्यों खींच लाते हैं? राम को देखने के लिए स्त्रियाँ आती हैं, यह उनकी स्वाधीनता की पराकाष्ठा नहीं है किन्तु इससे उनके प्रेम की उत्कटता, जो सामाजिक नियमों की अवहेलना भी कर देती है, और उनके प्रति तुलसी की सहानुभूति अवश्य प्रकट होती है। यशपालजी इस विषय में कहते हैं : "ऐसी अवस्था में हम इस देश के ग्राम-ग्राम की दीन-से-दीन स्त्रियों को भी भालू और बन्दर का नाच देखने के लिए भी अपने द्वार पर आ जाता देखकर क्यों न समझ लें कि अब इस देश में नारी-स्वतन्त्रता के आन्दोलन की आवश्यकता नहीं रही।"

तुलसी की नैतिकता को गई-गुजरी बताने वाले यशपालजी स्वयं किस नैतिकता के स्तर पर आलोचना लिखते हैं, उपर्युक्त उद्धरण उसकी ओर संकेत करता है। विश्व-साहित्य के सौर-जगत् में तुलसी विराट नक्षत्र हैं, यह शब्दावली दिखाने के लिए है। वास्तविक भावना यह है कि ग्रामवधुओं का राम को देखने आना भालू और बन्दर का नाच देखने के समान है। यह सब ऐतिहासिक दृष्टि के नाम पर!

तुलसी को हम यदि मानवतावादी कहें, उन्हें आज भी अपने सांस्कृतिक विकास के लिए आवश्यक मानें, उन्हें अपने लिए प्रेरणादायक कहें तो हमारे मित्र क्रुद्ध होकर कहते हैं कि हम तुलसीदास को आज के दृष्टिकोण से प्रगतिवादी सिद्ध करते हैं। तुलसीदास का सामाजिक दृष्टकोण ऐसा था या होना चाहिए था कि वे समाज से वर्ग-शोषण मिटाकर साम्यवादी समाज की स्थापना के लिए प्रेरणा देते, यह दावा कोई नहीं करता। यह दावा अवश्य है कि तुलसीदास सामन्त-वर्ग के चाकर नहीं थे, उन्हें धनी वर्ग ने हाथी पर नहीं चढ़ाया, उनकी भक्ति विप्रवर्ग के लिए ही नहीं थी, उनके दीनदयाल सभी वर्णों के दीनों के लिए दयालु थे, तुलसी ने अपने राम में भारतीय जनता के धैर्य, शूरता, सहानुभूति, सात्विक क्रोध आदि गुणों का चित्रण किया है, इन्होंने 'रामचरितमानस' तथा 'कवितावली' में ग्रामीण जीवन और लोक-संस्कृति के अनुपम चित्र दिए हैं, तुलसीदास मानवीय करुणा और सहानुभूति के सर्वश्रेष्ठ कवि हैं, उन्होंने नारी को 'देशद्रोही' या 'मनुष्य के रूप' की नायिकाओं के रूप में देखा, किन्तु उसकी पराधीनता के प्रति वे अचेत नहीं हैं और उसके भाग्य से उन्हें गहरी सहानुभूति है, वह सामन्ती समाज में जनता का उत्पीड़न देख चुके थे, स्वयं सह चुके थे, उनके आत्म-निवेदन की करुणा का मुख्य स्रोत यही सामाजिक उत्पीड़न है, इसलिए वह जनता के दुख-दर्द के भागीदार हैं, तभी मध्यकालीन निष्क्रियता में उन्होंने धनुर्धारी राम से रावण का नाश कराया और हमें अन्याय का सक्रिय प्रतिरोध करना सिखाया—इन मानवतावादी मूल्यों का दावा हम तुलसीदास में अवश्य करते हैं। यशपालजी का वास्तविक क्षोभ है तुलसीदास को मानवीय करुणा

और मानवीय सहानुभूति का कवि सिद्ध करने पर। इसीलिए उन्होंने लिखा है : "यह कहना भी ठीक नहीं है कि तुलसी भक्ति-मार्ग के कवि होने के कारण अपनी सामयिक ऐतिहासिक परिस्थितियों में मानववादी और प्रगतिवादी थे।" असली बात यह है कि उस समय की परिस्थितियों में भी यशपालजी तुलसी को मानवतावादी नहीं मानते। इसीलिए इन्हें रूढ़ियों और अत्याचार के विरुद्ध "मानव-मात्र की समता की पुकार जिसे रामानुज, कबीर, नामदेव और नानक ने उठाया वह 'रामचरितमानस' में दिखाई नहीं पड़ती।" यही नहीं, तुलसीदास अपने समय के मानववाद के विरोधी भी थे, क्योंकि यशपालजी के अनुसार "रामचरितमानस में मानवता की उस पुकार को कलियुग का पाप और प्रभाव कहकर उसके विरोध के लिए भगवान की अवतारणा बताई गई है।" इसलिए तुलसीदास में, मध्यकालीन परिस्थितियों को ध्यान में रखते हुए, मानवतावाद खोजना "अपने जन्म-जात जातिगत अधिकारों और प्रतिष्ठा का लोभ और अन्धअभिमान ही समझा जा सकता है", इसलिए तुलसीदास की नैतिकता "जन्म से जातिगत मिथ्या अहंकार की प्रेरणा अवश्य देती है जो शर्मा-वर्ग को सन्तोष दे सकती है।" तुलसीदास के मानववाद और उनकी नैतिकता से यशपाल को इतनी चिढ़ है कि वह उसके समर्थन को एक साधारण साहित्यिक कार्य मान ही नहीं सकते, उसमें उन्हें जातिगत अधिकार, प्रतिष्ठा का लोभ, मिथ्या अहंकार सब-कुछ दिखाई देता है। जब तुलसीदास ही मानववाद के विरोधी हैं, तब उनके भक्त प्रतिष्ठा-लोलुप और अहंकारी हों तो आश्चर्य क्या! इस तरह के कृपा-कटाक्ष यशपालजी की ऐतिहासिक दृष्टि की विशेषता है।

तुलसी की नैतिकता का सही मूल्यांकन तभी सम्भव है जब हमारी आज की अपनी नैतिकता दुरुस्त हो। यशपालजी तुलसी की रूढ़िवादी नैतिकता के बदले किस नैतिकता की स्थापना करना चाहते हैं? नारी की स्वाधीनता के बारे में वह लेनिन का हवाला देकर लिखते हैं, "स्त्री-पुरुष का सम्बन्ध शरीर की दूसरी आवश्यकताओं भूख, प्यास, नींद की तरह ही आवश्यक है। इसमें मनुष्य को स्वतन्त्रता होनी चाहिए परन्तु प्यास लगने पर शहर की गन्दी नाली में मुँह डालकर पानी पीना उचित नहीं। उचित है, स्वच्छ गिलास में स्वच्छ जल पीना।" यशपालजी ने स्वच्छ जल पीने का सिद्धान्त लेनिन में वैसे ही ढूँढ़ निकाला जैसे 'रामचरितमानस' में शम्बूक वध। लेनिन ने क्लारा जेटकिन से अपनी बातचीत में इस स्वच्छ जल के सिद्धान्त को 'पूँजीवादी चकलों का प्रसार' कहा था। उनका विचार था कि "यह पानी के गिलास का सिद्धान्त पूरी तरह गैर-मार्क्सवादी है और इसके अलावा समाज-विरोधी भी है।" इसे समाज-विरोधी कहने का कारण, लेनिन के अनुसार, यह था : "पानी पीना बेशक किसी का निजी काम है। लेकिन प्रेम में दो जिन्दगियों का सम्बन्ध होता है और एक तीसरी नई जिन्दगी पैदा होती है। इससे उनमें सामाजिकता का सवाल उठता है जिससे समाज के प्रति कर्तव्य पैदा होता है। एक

कम्युनिस्ट की हैसियत से मुझे पानी के गिलास के सिद्धान्त से जरा भी सहानुभूति नहीं है यद्यपि उस पर प्रेम की तृप्ति का सुन्दर लेबिल लगा हुआ है। कुछ भी हो, पर प्रेम की मुक्ति न तो नई है, न कम्युनिस्ट है।''

इससे स्पष्ट है कि यशपालजी की ऐतिहासिक दृष्टि पर मार्क्सवाद का लेबिल तो लगा हुआ है, किन्तु उसका मार्क्सवाद से कोई सम्बन्ध नहीं है। यशपालजी के 'चक्कर क्लब' का एक पात्र कहता है, ''किसी की तृप्ति कवि रवीन्द्र की कविता में कामिनी को समीप बैठाकर हो जाती है तो किसी की साहित्यिक तृप्ति अँगिया दबाने की चर्चा किए बिना नहीं होती।'' क्यों जी, सिर खुजाते हुए कॉमरेड की ओर देख उन्होंने पूछा–''क्या है वह गीत, 'न ताको जोबन सरकारी है, बचके रहो जी'।'' नैतिकता के इस निम्न स्तर पर जीने वाले कलाकार तुलसी की नैतिकता से असन्तुष्ट न हों, तभी आश्चर्य होगा। अपनी रक्षा के लिए उन्होंने मार्क्सवाद का दुपट्टा जरूर गले में डाल लिया है। 'पार्टी कॉमरेड' की हीरोइन का नख-शिख वर्णन करते हुए यशपालजी कहते हैं, ''माथे पर त्यौरी चढ़ा देखती तो ऐसा लगता नजर सीने में गड़ा देगी।'' 'रामचरितमानस' की आलोचना में अछूतों के प्रति अपार सहानुभूति प्रकट करने के बाद यशपालजी को इतना अवकाश नहीं मिला कि अपने किसी उपन्यास में वे प्रेमचन्द की तरह अछूतों का चित्रण करते। अछूतोद्धार की सारी माँगें तुलसीदास से ही हैं। 'मनुष्य के रूप' में मनोरमा अपने पति को तलाक देकर कम्युनिस्ट पार्टी के दफ्तर में आती है, तब ''बहुत से कॉमरेड अपनी-अपनी जगह छोड़ संकोच से सिमटी जाती मनोरमा को घेरकर खड़े हो गए। उमेश ने गर्दन ऊँची कर बहुत जोर से पुकारकर कहा–'तो फिर अब!' और प्रोत्साहन की मुद्रा से हृदय पर हाथ रख लिया। यारों ने उमेश को कन्धे से धक्के देकर फटकारा–हट पागल! मंगल बोला–आखिर कोई तो आशा कर सकता है!...न्यू बस हैज कम (नई गाड़ी चल रही है।)'' यशपालजी की रचनाओं से इस रस-विशेष के उद्धरण एकत्र किए जाएँ तो वे भदन्तजी की 'उद्धरणमाला' से भी संख्या में अधिक, सुस्पष्ट, सन्दर्भ के अनुकूल और निर्विवाद सिद्ध होंगे। बानगी के लिए यहाँ इतने ही काफी हैं।

इससे ऊपर कही हुई बात का समर्थन होता है। मार्क्सवाद किताबें पढ़ने से ही नहीं आता, किताबें भी न पढ़कर सुनी-सुनाई बातों के आधार पर लेनिन में स्वच्छ जल पीने का सिद्धान्त ढूँढ़ लेने से तो और भी नहीं आता। यशपालजी के अपने संस्कार इतने प्रबल हैं कि जो है, वह ओझल हो जाता है और जो नहीं है, वह दिखाई देने लगता है। प्राचीन साहित्य का मूल्यांकन करने से पहले अपनी नैतिकता का मूल्यांकन, अपने दृष्टिकोण की परख आवश्यक है। मार्क्सवाद मानवता के कल्याण का दर्शन है। वह संस्कृति के मूल्यवान तत्त्वों का नाश नहीं करता, उन्हें सँजोकर रखता है। आज के पीड़ित जन यदि नए शोषणहीन समाज का स्वप्न देखते हैं, उसके लिए संघर्ष करते हैं, तो वह इसलिए कि पुराने मानवतावादियों ने उन्हें उस मंजिल

तक पहुँचा दिया है जहाँ से वे अगली मंजिल का सपना देखें। शोषणहीन समाज की स्थापना करने वाला मानववाद पुराने मानववाद से विच्छिन्न नहीं है, वह उसी की अगली कड़ी है। इसलिए उन पुराने मानववादियों का मूल्यांकन थोड़ी नम्रता के साथ करना चाहिए। जब हम उस मानववाद को आगे न बढ़ा रहे हों, वरन् अपने संस्कारों के कारण अनैतिक उच्छृंखलता को प्रश्रय दे रहे हों, तब यह नम्रता और भी आवश्यक हो जाती है। जनता कितना भी शिक्षा की प्रगति से विहीन हो, वह अपनी लोक-संस्कृति से और पिछले सौ साल के संघर्षों से अपनी अदम्य शक्ति का परिचय दे चुकी है। उसने जिस कवि को अपना हृदय सम्राट बनाया है, उसकी आलोचना जरा सोच-समझकर करनी चाहिए। और सबसे आवश्यक बात यह है कि पुस्तक की आलोचना करने से पहले उसे एक बार पढ़ लेना चाहिए। इस आवश्यक कार्य के बिना 'ऐतिहासिक दृष्टि' बहुत ही खतरनाक साबित होगी।

हिन्दी में मार्क्सवादी लेखकों को काम करते हुए लगभग बीस वर्ष हो गए। इस अवधि में उन्हें जितनी सफलता मिल सकती थी और मिलनी चाहिए थी, उतनी नहीं मिली। सन् बीस से सन् चालीस तक के वर्षों को देखें तो उतने ही वर्षों में छायावादी कवियों तथा प्रेमचन्द और रामचन्द्र शुक्ल के हाथों हिन्दी-साहित्य का स्तर बदल गया था। उतने ही काल में मार्क्सवादी लेखकों की उपलब्धियाँ कौन-सी हैं? ये उपलब्धियाँ नगण्य नहीं हैं, किन्तु उन बीस वर्षों के साहित्य की तुलना में नगण्य ही हैं। इसका कारण क्या है? मार्क्सवाद एक नया वैज्ञानिक दृष्टिकोण देता है; समाज की गतिविधि को समझने के साथ साहित्य के मूल्यांकन के लिए भी नई दृष्टि देता है। साथ ही जनता से प्रेम, जनता में भी सम्पत्तिहीन जनों से गाढ़ी सहानुभूति और सहानुभूति के साथ उनका भाग्य बदलने का क्रान्तिकारी उत्साह देता है। इस तरह सहानुभूति और विचारधारा—दोनों ही में वह श्रेष्ठ है। किन्तु हमारे अनेक मार्क्सवादी लेखक सहानुभूति और विचारधारा—दोनों ही में पुराने साहित्यकारों से पिछड़े हुए हैं। उनका यह पिछड़ापन पुराने साहित्य के मूल्यांकन में सबसे अधिक दिखाई देता है।

वाल्मीकि ने अपने महाकाव्य में प्रकृति और मानव-चरित्र का चित्रण अनुपम गहराई से किया है। उनके राम भारतीय साहित्य में सक्रिय प्रतिरोध के ज्वलन्त प्रतीक हैं। आचार्य शुक्ल ने तोल्स्तोय पन्थ की निष्क्रियता की आलोचना करते हुए वाल्मीकि के राम को सक्रिय वीरों के प्रतीक-रूप में सामने रखा था। इस तरह उनका दृष्टिकोण उन 'मार्क्सवादी' लेखकों से कहीं अधिक वैज्ञानिक था, जो वाल्मीकि को शुंगवंश का चारण मानते हैं। कालिदास सामन्त-वर्ग के आश्रित कवि थे। शुक्लजी ने हिन्दी के रीतिकालीन कवियों की चर्चा में दिखलाया है कि इनमें अनेक सच्चे कवि थे किन्तु वातावरण से प्रभावित हुए बिना वे भी न रहे। सामन्त वर्ग के आश्रित कवियों के प्रति यह दृष्टिकोण सही है। कालिदास में देखना चाहिए, कहाँ तक सच्ची

मानवीय संवेदना व्यंजित हुई है, किस सीमा तक सामन्त-वर्ग के प्रभाव से वह कुण्ठित हुई है। यह भी देखना होगा कि उस समय का सामन्त-वर्ग 17-18वीं सदी के सामन्तों की तरह क्षय और ह्रास की दशा में न था। यह सब कौन करे? आसान तरीका यह है कि 'रघुवंश' में राजाओं की चर्चा है, इसलिए कालिदास को सामन्त-वर्ग का चारण घोषित कर दिया जाए।

इसी तरह सन्त-साहित्य के मूल्यांकन में आसान तरीका यह है कि सन्तों को दो वर्गों में बाँट दिया जाए : निर्गुणपन्थी सन्त, सगुणपन्थी भक्त। पहले को प्रगतिशील माना जाए, दूसरे को प्रतिक्रियावादी। कबीर से वर्णाश्रम-धर्म के विरोध में पंक्तियाँ एकत्र की जाएँ, तुलसी से उसके समर्थन में। इससे सिद्ध हो जाएगा कि अपने समय की परिस्थितियों को देखते हुए कबीर प्रगतिशील थे, तुलसी प्रतिक्रियावादी। सच्ची मानवता की पुकार कबीर में सुनी गई; तुलसी ने उसे कलियुग का पाप ओर कुप्रभाव कहा। फिर भी तुलसी को महान् कहना हो तो उनकी कला को विचारशून्य बताकर उसमें शैशव और सहानुभूति का रस-परिपाक सिद्ध कर दो। पता नहीं, तुलसी में जब मानवता की पुकार का ही विरोध था, तब यह सहानुभूति किसके लिए उमड़ चली थी? यदि कहा जाए मर्यादापुरुषोत्तम राम के लिए, तो यशपालजी कहेंगे, "तुलसी की कल्पना में अवतार की आवश्यकता सामन्तशाही रूपी विषमताओं को दूर करने के लिए नहीं अपितु वर्णाश्रम-धर्म पर आश्रित सामन्तशाही के सम्मुख आ गई विषमताओं को दूर करने के लिए थी।" और ये विद्वान् हिन्दी के प्रगतिशील साहित्य से 'कुत्सित समाज शास्त्र' और 'संकीर्णतावाद' का मूलोच्छेद करने में एड़ी-चोटी का पसीना एक कर चुके हैं!

इस सीधे तरीके के विपरीत शुक्लजी में एक पेचीदा तरीका मिलता है। 'हिन्दी-साहित्य का इतिहास' में वह कहते हैं कि कबीर ने एक ओर तो भारतीय वेदान्त का पल्ला पकड़ा, दूसरी ओर निराकार ईश्वर की 'भक्ति' के लिए सूफियों का प्रेम तत्त्व लिया। इस तरह भक्तों और सन्तों का दो एकदम भिन्न, परस्पर नितान्त विरोधी वर्गों में बँटवारा खत्म हो जाता है। उधर "सगुणोपासक भक्त भगवान् के सगुण और निर्गुण रूप-ज्ञान मार्गियों के लिए छोड़ देता है।" तुलसीदास भी कहते हैं, "अगुन सगुन दुइ ब्रह्म सरूपा।" कबीर, जायसी आदि कवियों में इन समानताओं के कारण शुक्लजी ने उन सभी की चर्चा 'भक्ति-काल' के अन्तर्गत की है। इन समानताओं को देखने से वह सरल वर्गीकरण खत्म हो जाएगा। इसलिए यशपालजी खफा होकर कहते हैं, "कबीर और तुलसी दोनों को भक्ति-मार्ग का कवि कहकर एक श्रेणी में रख देना ऐतिहासिक मूढ़ता और अज्ञान ही कहा जाएगा।" यद्यपि यह यशपालजी का पहला लेख है, जिसमें उन्होंने साहित्य पर इतिहास की दृष्टि फेंकी है, फिर भी उन्होंने अपने इस प्रथम प्रयास में जिस आत्मविश्वास का उद्घाटन किया है, वह सचमुच ऐतिहासिक है!

काव्य में सूक्तियाँ ही अपेक्षित नहीं हैं, उसमें मानव-जीवन का सजीव चित्रण भी होना चाहिए। कौन मानवता की पुकार सुनता है, इसकी एक कसौटी यह भी है कि कौन मानव का चित्रण करता है। शुक्लजी के शब्दों में तुलसीदास "अपने ही तक दृष्टि रखने वाले भक्त न थे, संसार को भी दृष्टि फैलाकर देखने वाले भक्त थे।" उन्होंने 'व्यक्त जगत्' के 'अनेक रूपात्मक स्वरूप को' सामने रखा। इस तरह तुलसी का दृष्टिकोण व्यक्त जगत् को ग्रहण करता है, उसके अनेकात्मक स्वरूप को काव्य में चित्रित करता है। किन्तु यशपाल, रांगेय राघव, राहुल सम्प्रदाय को व्यक्त जगत् की अस्वीकृत, काव्य में मानव-चरित्र के चित्रण का अभाव ही परम कलात्मक तत्त्व प्रतीत होता है।

प्राचीन साहित्य के मूल्यांकन की यह पद्धति—मानव-जीवन के चित्रण को न परखकर सूक्ति-संकलन के बल पर कवियों का मूल्यांकन—छायावादी कवियों की आलोचना में भी दिखाई दी। इसी पद्धति के कारण प्रसाद, निराला, पन्त और महादेवी वर्मा की छायावादी उपलब्धियों का उचित मूल्यांकन नहीं हुआ, कलात्मक सौन्दर्य से शून्य, भाव-विह्लता से शून्य, और सुसंगत विचारधाराओं से भी शून्य 'पन्त प्रगति के पथ पर' का इतना अभिनन्दन हुआ। यह पद्धति हिन्दी के अनेक 'मार्क्सवादी' लेखकों में इतनी दृढ़ता से अपनी जड़ जमाए है कि उनके संस्कारों का अंग बन गई है। वे पुराने कवियों की प्रशंसा भी करेंगे तो ऊपरी मन से; इसलिए करेंगे कि विदेश के मार्क्सवादी लेखक अपने पुराने लेखकों की परम्परा पर गर्व करते हैं। किन्तु उनके भीतरी संस्कार कहते हैं : ये सब स्वामी-वर्ग के स्वार्थ-साधक थे! यही कारण है कि पिछले बीस वर्षों में मार्क्सवादी लेखकों को जितनी सफलता मिलनी चाहिए थी, वह उन्हें नहीं मिली। इससे न तो मार्क्सवाद की हानि होती है, न वाल्मीकि, कालिदास, तुलसीदास की। स्वयं इन लेखकों की हानि अवश्य होती है और वे हिन्दी लेखक हैं, इसलिए एक सीमा तक हिन्दी साहित्य की हानि भी होती है। इसीलिए सेवा में निवेदन है, प्राचीन साहित्य की नैतिकता की निन्दा करने से पहले अपनी नैतिकता का स्तर ऊँचा कीजिए, सूक्ति-संकलन के बदले मानव-जीवन के चित्रण पर ध्यान दीजिए, अपने से पहले के आलोचकों, विशेषकर आचार्य शुक्ल, का गम्भीरता से अध्ययन कीजिए, उस जनता की रसानुभूति को थोड़ी सहानुभूति से देखिए जिसकी सेवा करने का आपने व्रत लिया है और साहित्य में भावों, विचारों, इन्द्रिय्र-बोध, कलात्मक गठन, भाषा की चित्रमय, संगीतमय अभिव्यंजना—इन सभी का ध्यान रखते हुए उसका मूल्यांकन कीजिए। इस मार्ग पर चलने से आप हिन्दी आलोचना-साहित्य को समृद्ध कर सकेंगे और वास्तविक अर्थ में जनता की सेवा करेंगे। वर्ना पिछले बीस वर्षों को देख लीजिए; 'नौ दिन चले अढ़ाई कोस' के हिसाब से ही प्रगतिशील साहित्य गतिशील होगा।

21. मार्क्सवाद में परम्परा का महत्त्व

भौतिकवादी विचारधारा दो तरह की है—यान्त्रिक और द्वन्द्वात्मक। यूरोप में यान्त्रिक भौतिकवाद का विकास पहले हुआ, द्वन्द्वात्मक भौतिकवाद—जिसका दूसरा नाम मार्क्सवाद है—का विकास बाद में हुआ। साहित्य और परम्परा के सम्बन्ध में ऐसी कई मान्यताओं को लेकर विवाद होता है जो वास्तव में यान्त्रिक भौतिकवाद के अन्तर्गत हैं।

अर्थतन्त्र बुनियाद है, संस्कृति उसका प्रतिबिम्ब है। समाज की आर्थिक बुनियाद बदल गई तो उसका प्रतिबिम्ब भी बदल गया। इस सूत्र में अर्थतन्त्र और संस्कृति के परस्पर सम्बन्ध को यान्त्रिक माना गया है, संस्कृति की सापेक्ष स्वाधीनता को अस्वीकार किया गया है। अध्यात्मवादी लोग मनुष्य के विचारों को उसके सामाजिक जीवन से पूर्णतः स्वतन्त्र मानते हैं, यान्त्रिक भौतिकवादी उन्हें पूर्णतः परतन्त्र मानते हैं। संस्कृति और समाज-व्यवस्था के द्वन्द्वात्मक सम्बन्ध को दोनों में कोई नहीं समझता।

ऊपर जिस धारणा का उल्लेख किया गया है, उससे एक गलत नतीजा निकलता है। सामन्ती व्यवस्था खत्म हो गई, इसलिए उस व्यवस्था में उत्पन्न साहित्य भी हमारे काम का नहीं रहा। पूँजीवादी व्यवस्था खत्म हो जाएगी। समाजवाद कायम होने पर उस साहित्य का कोई मूल्य न होगा जो पूँजीवाद के रहते निर्मित हुआ था। इस गलत नतीजे का कारण संस्कृति और समाज-व्यवस्था के सम्बन्ध की यान्त्रिक भौतिकवादी समझ है। अध्यात्मवादी विचारक समझते हैं कि साहित्य के मूल्य शाश्वत और अपरिवर्तनशील हैं, उनके लिए परम्परा एक जड़ इकाई है जिसमें न गति है न विकास। यान्त्रिक भौतिकवादी के लिए भी परम्परा जड़ है, समाज-व्यवस्था बदलने से उसका महत्त्व खत्म हो गया। समाजवादी लेखक नए सिरे से सर्वहारा-साहित्य की सृष्टि करेगा। परम्परा और नवीन साहित्यिक प्रगति का सम्बन्ध दोनों में कोई नहीं समझता।

द्वन्द्वात्मक भौतिकवाद के अनुसार संसार की हर वस्तु गतिशील है और अन्य वस्तुओं से सम्बद्ध है। यान्त्रिक भौतिकवादी वर्ग, प्रदेश, जाति या भाषा से संस्कृति का अटूट निरपेक्ष सम्बन्ध जोड़ता है। अध्यात्मवादी भी समझता है कि भारतीय संस्कृति विश्वसंस्कृति का अंग न होकर उससे सम्पूर्णतः भिन्न कोई विश्व-निरपेक्ष इकाई है। परम्परा की रक्षा के नाम पर वह हर नई विचारधारा को अभारतीय कहकर उसका विरोध करता है। यान्त्रिक भौतिकवादी अन्य जातियों से सांस्कृतिक आदान-प्रदान को विश्ववाद (कास्मोपौलिटनिज्म) कहकर उसकी निन्दा करता है।

यान्त्रिक भौतिकवादी संस्कृति, परम्परा, लेखक के व्यक्तित्व, उसकी कृति को

वर्गस्थिति के खूँटे से खूब मजबूती से बाँधता है। मार्क्स और एंगेल्स स्वयं पूँजीवादी वर्ग में उत्पन्न होकर मजदूरों के क्रान्तिकारी नेता बने थे, यह तथ्य वह भूल जाता है। अध्यात्मवादी समझता है, शुद्ध रस से वर्ग और समाज का कोई सम्बन्ध नहीं है। चाहे कबीर की तरह पुरानी व्यवस्था को गाली दो, चाहे बिहारी की तरह राजदरबार में कविता करो, साहित्य के विशुद्ध आनन्द में कोई फर्क नहीं पड़ता। ऐसे लेखकों की कमी नहीं रही जो तोल्स्तोय का इसलिए विरोध करते रहे कि वह सामन्त थे। अध्यात्मवादी भी तोल्स्तोय साहित्य के प्रगतिशील सामाजिक तत्त्व को अस्वीकार करते थे; तोल्स्तोय उनके लिए धर्मगुरु मात्र थे।

यान्त्रिक भौतिकवादी साहित्य को केवल विचारधारा मानता है, अध्यात्मवादी के लिए विचारधारा का महत्त्व कुछ नहीं, मुख्य बात है रस। यान्त्रिक भौतिकवादी तुलसीदास से ब्राह्मणों की प्रशंसा और स्त्रियों-शूद्रों की निन्दा के कुछ वाक्य निकालकर उन्हें प्रतिक्रियावादी सिद्ध कर देता है। अध्यात्मवादी भी रामचरितमानस को धर्मग्रन्थ मानकर उससे धर्म और नीति के सूत्र उद्धृत करता है। कथावस्तु, चरित्र चित्रण, कवि के भाव, संवेदना आदि पर दोनों में कोई ध्यान नहीं देता। यान्त्रिक भौतिकवादी ने देखा, रामचरितमानस के नायक रामचन्द्र राजा हैं। झट उसने घोषित कर दिया : यह सामन्तों की चाटुकारिता है। अध्यात्मवादी के लिए रामचरितमानस का सारतत्त्व है—बोल राजा रामचन्द्र की जै। चरित्रों में कौन से मानवीय भाव दर्शाए गए हैं, इससे दोनों को वास्ता नहीं।

मार्क्सवाद के अनुसार न हम परम्परा से विच्छिन्न होकर प्रगति कर सकते हैं, न उसके अनुकरण मात्र से उसकी रक्षा कर सकते हैं। परम्परा में क्या मूल्यवान है, क्या ह्रासमान, यह समझकर विवेक से काम लेते हुए उससे सम्बन्ध जोड़ना चाहिए।

22. संस्कृति और जातीयता

संस्कृति एक व्यापक शब्द है। उसके अन्तर्गत मनुष्य का आचरण, उसका भावजगत्, विचारधारा, साहित्य, कला, विज्ञान—ये सभी आ जाते हैं। ब्रह्म की तरह संस्कृति व्यक्त और अव्यक्त दोनों हैं। वाल्मीकि और व्यास के महाकाव्य, अजन्ता और एल्लोरा का शिल्प, स्थापत्य और चित्रकारी, त्याग राय और तानसेन का संगीत ये सब संस्कृति के अंग हैं और वह उल्लास जो दीपावली के प्रकाश में फूट पड़ता है, वह शूरता जो 1857 और 1946 के विद्रोह में प्रकट हुई थी, शान्ति और न्याय का वह प्रेम जो आज कोटि-कोटि भारतीय जनता को सोवियत और चीन के साथ

विश्वशान्ति की रक्षा के लिए आगे बढ़ा रहा है, यह सब भी संस्कृति का अंग है।

अपने सुदीर्घ जीवन में मनुष्य ने ऐसी सांस्कृतिक निधि अर्जित की है जो मानव-मात्र की सम्पत्ति है। बच्चों से प्यार, नारी जाति का सम्मान, मनुष्य-मात्र की समानता का भाव आदि आज सम्पूर्ण मानव-संस्कृति की थाती हैं। इसके साथ पश्चिम और पूर्व की, यूरोप और एशिया की, भारत और ब्रिटेन की अपनी सांस्कृतिक विशेषताएँ हैं। अपनी प्राचीनता पर गर्व, पूर्व और एशिया की एक सांस्कृतिक विशेषता है। साहित्य में यथार्थवाद का विकास ब्रिटेन की एक सांस्कृतिक विशेषता है। अनेक विभिन्नताओं में एकता की अनुभूति यह भारत की—सांस्कृतिक विशेषता प्रसिद्ध है। देशों और महाद्वीपों के साथ वर्गों की अपनी संस्कृति भी होती है। विलासप्रियता, निष्क्रियता, अलंकार-प्रेम, साहित्य में चमत्कारवाद—हर देश में सामन्तवर्ग की अपनी सांस्कृतिक विशेषताएँ रही हैं।

मनुष्य का सांस्कृतिक विकास उसके सामाजिक जीवन से ही सम्भव हुआ है। मानव-संस्कृति मानव-जीवन से भिन्न नहीं है। मनुष्य ने अपना मानवत्व सामाजिक जीवन द्वारा ही प्राप्त किया है। यह सामाजिक जीवन सदा एक रूप में संगठित नहीं हुआ। भारत में जिस व्यवस्था से लोग बहुत दिनों से परिचित हैं, वह वर्ण-व्यवस्था है। इसे धार्मिक ग्रन्थों में ईश्वरकृत भी माना गया है। लेकिन आज भी देश में ऐसे अनेक जन रहते हैं जो पहाड़ों और जंगलों में कबीलों का संगठन बना कर जीवन बिताते हैं और जिनमें वर्ण-व्यवस्था नहीं है। समाजशास्त्र के अनुसार कबीलों का यह संगठन, विकास-क्रम में वर्ण-व्यवस्था से पहले आता है। हम लोग समझते हैं कि वर्ण-व्यवस्था हमारे देश की विशेषता है। वास्तव में हर देश का सामन्ती समाज मोटे तौर से चार वर्णों जैसे चार वर्गों में बँटा हुआ मिलता है। मिसाल के लिए चौसर के समय और उसके पहले का इंग्लैण्ड पुरोहितों (क्लर्जी), भूमि के स्वामियों (नाइट), सौदागरों (मर्चेण्ट) और जमीन जोतने वाले किसानों (सर्फ) में बँटा हुआ था। व्यापार और उद्योग-धन्धों की बढ़ती के साथ यह व्यवस्था हर जगह टूटी है। जो लोग इस व्यवस्था से पीड़ित थे, उन्होंने इसके टूटने में सहायता की, जो प्राचीनता-प्रेमी और रूढ़िवादी थे, उन्होंने इस विनाश को कलियुग का अनाचार कहा। आज भी अनेक ऐसे व्यक्ति हैं जो भारत की विपत्तियों का मूल कारण यह मानते हैं कि वर्ण-व्यवस्था से जनता की आस्था उठ गई है। वे बड़ा प्रयत्न करते हैं कि पुरानी व्यवस्था फिर लौट आए, जितनी बची है, उतनी ही कायम रहे लेकिन जैसे-जैसे जमीन से सामन्ती प्रभुत्व उठता जाता है, वैसे-वैसे भूपाल और उसके साथी पुरोहित पर से वह पुरानी श्रद्धा भी उठती जाती है और उसकी जगह नए वर्ग-सम्बन्ध कायम होते हैं। यह क्रम भारत में जातियों (नैशनैलिटी) के संगठन और उनके दृढ़ होने का क्रम भी है।

भारत में वर्ण-व्यवस्था का विरोध और उस व्यवस्था के टूटने पर आपत्ति—ये दोनों बातें बहुत पुरानी हैं। कबीर के समय से ही ये दोनों बातें साहित्य में खूब

उभरकर आई हैं। हिन्दी, बँगला, मराठी, पंजाबी, काश्मीरी आदि भाषाओं में भक्ति-आन्दोलन मनुष्य-मात्र की समानता घोषित करने वाला एक व्यापक और शक्तिशाली आन्दोलन था। यह आन्दोलन वर्णों और मतमतान्तरों में बँटे हुए सामन्ती समाज की व्यवस्था के विरुद्ध था, और इस व्यवस्था के कमजोर होने से वह उत्पन्न हुआ था। गरीब किसानों, कारीगरों, सौदागरों आदि की सक्रिय सहानुभूति से उसका प्रसार हुआ था। प्राचीन रूढ़िवाद जहाँ धार्मिक कर्मकाण्ड को महत्त्व देता था वहाँ यह आन्दोलन प्रेम को भक्ति और मुक्ति का आधार मानता था। कबीर, तुलसी, सूर और जायसी में सामान्य भाव धारा इस प्रेम की ही है। प्राचीन रूढ़िवाद जहाँ म्लेच्छ और काफिर, द्विज और शूद्र के भेद को महत्त्व देता था, वहाँ भक्ति-आन्दोलन का मूल स्वर था—'जाति-पाँति पूछे नहिं कोई, हरि को भजै सो हरि का होई।' भक्ति-आन्दोलन श्रद्धा के मानदण्ड बदल रहा था, भूमि के स्वामी होने से तुम श्रद्धास्पद नहीं हो, श्रद्धा की कसौटी है प्रेम! उस कसौटी पर साधारण किसान बड़े भूपतियों से श्रेष्ठ सिद्ध हो सकता है।

झूमत द्वार अनेक मतंग जँजीर जरे मद-अम्बु चुचाते।
तीखे तुरंग मनोगति चंचल पौन के गौनहु ते बढ़ि जाते।।
भीतर चन्द्रमुखी अवलोकति बाहर भूप खड़े न समाते।
ऐसे भए तो कहा तुलसी जु पै जानकीनाथ के रंग न राते।।

इसी तरह ब्राह्मण कुल में जन्म लेने से या पुरोहिताई करने से तुम श्रद्धास्पद नहीं हो। असली कसौटी है प्रेम की, जहाँ शबरी, निषाद और 'जायो कुलमंगल' तुमसे श्रेष्ठ सिद्ध हो सकते हैं।

जप, जोग, विराग, महा मखसाधन, दान, दया, दम कोटि करै।
मुनि सिद्ध, सुरेस, गनेस, महेस से सेवत जन्म अनेक मरै।
निगमागम ज्ञान पुरान पढ़ै, तपसानल में जुग पुंज जरै।
मन सों पन रोपि कहैं तुलसी रघुनाथ बिना दुख कौन हरै?

इस तरह श्रद्धा की कसौटी बदल कर भक्ति-आन्दोलन ने सामन्तों और पुरोहितों के प्रभुत्व को भारी धक्का लगाया।

सामन्ती व्यवस्था में जहाँ नारी को विलास और केलि का साधन बना दिया गया—जिसका प्रतिबिम्ब दरबारी कवियों का नायिका-भेद है—और रूढ़िवाद ने नारी को बहुपत्नी प्रेमी नर की दासी बना दिया था, वहाँ सूर, जायसी, मीरा और तुलसी ने उसके नारीत्व की फिर प्रतिष्ठा की, उसकी मानव-सुलभ समानता और व्यक्तित्व की घोषणा की। रामराज्य में—'एक नारि ब्रत रत सब झारी। ते मन बच क्रम पति हितकारी।' पतिव्रत पत्नीव्रत के साथ ही चलता है।

सामन्ती व्यवस्था ने मनुष्य की सौन्दर्य-वृत्तियों को, उसके अनेक मानव मूल्यों को जहाँ दबा रखा था, भक्ति-आन्दोलन ने इन सबको निखारा और विकसित किया।

सामन्ती व्यवस्था ने जहाँ मनुष्य को निष्क्रियता और भाग्यवाद का पाठ पढ़ाया था, भक्ति-आन्दोलन ने राम और कृष्ण के चरित्रों द्वारा जनता को अन्याय का सक्रिय प्रतिरोध करना सिखाया।

भक्ति-आन्दोलन से पहले जहाँ साहित्य रचने का काम मुख्यतः ब्राह्मणों ने किया था, वहाँ भक्ति-साहित्य में जुलाहे, अछूत, मुसलमान, ब्राह्मण, अब्राह्मण, नर-नारी सभी ने भाग लिया और वह वास्तव में एक लोकप्रिय जनसाहित्य बन गया। संस्कृति की ठेकेदारी किसी वर्ण-विशेष या धर्म-विशेष के हाथ में न रह गई।

इन कारणों से भक्ति-आन्दोलन को मूलतः सामन्त-विरोधी आन्दोलन कहना उचित है। वह सामन्ती व्यवस्था के विरोध में उठ खड़ा हुआ था, उस व्यवस्था के कमजोर होने से पैदा हुआ था। यह आन्दोलन हमारी जातीयता के अभ्युदयकाल का प्रगतिशील आन्दोलन था।

आज अपनी जातीय संस्कृति का विकास करने के लिए उसके महत्त्व को समझना आवश्यक है। वह इस बात का प्रमाण है कि उत्तर भारत में सामन्ती व्यवस्था नष्ट हो रही थी और साहित्य इस कार्य में सहायक था।

सामन्ती व्यवस्था के ह्रास के साथ भारत की आधुनिक भाषाओं का उत्थान जुड़ा हुआ है। ये भाषाएँ सामन्ती व्यवस्था के ह्रास के कारण पैदा नहीं हुईं, भाषाएँ पहले से थीं, उन्हें अब अपने प्रसार और विकास का अवसर मिला। संस्कृत जहाँ धर्म और साहित्य की भाषा थी, फारसी जहाँ राजभाषा थी, वहाँ उत्तर भारत के सन्त कवि बोलचाल की भाषाओं को माध्यम बनाकर आगे बढ़े। संस्कृत या फारसी की जगह अनेक भाषाओं के विकास से भारत की एकता टूटी नहीं, वह और दृढ़ हुई, क्योंकि जनता की शिक्षा और उसका सांस्कृतिक विकास उसकी भाषा द्वारा ही सम्भव है। सुशिक्षित और सुसंस्कृत जनता ही एकता का सबसे दृढ़ आधार है। इसीलिए जो लोग अंग्रेजी या संस्कृत द्वारा भारत की एकता बनाए रखना चाहते हैं, वे जनता की शक्ति नहीं पहचानते। जो लोग बंगाल या महाराष्ट्र में बँगला या मराठी के बदले हिन्दी को शिक्षा का माध्यम बनाना चाहते हैं, वे भारत की आधुनिक भाषाओं के विकास का महत्त्व नहीं समझते, वे इन भाषाओं द्वारा जनता के शिक्षण और सांस्कृतिक विकास का मूल्य नहीं पहचानते। जिस समय संस्कृति द्वारा एकता की रक्षा करने वाले पराजित हो चुके थे, उस समय बोलचाल की भाषाओं द्वारा ही भक्त कवियों ने जनता के जातीय आत्मसम्मान को जगाया था और उसकी रक्षा की थी। इस ऐतिहासिक क्रम-विकास को रोकना आज किसी की सामर्थ्य में नहीं है।

भाषा और साहित्य का इतिहास यह बतलाता है कि 16वीं-17वीं सदी में ब्रज-खड़ी बोली, अवधी आदि के क्षेत्र अपना अलगाव दूर करके एक-दूसरे के निकट

आ रहे थे। यही कारण है कि सूर के पद केवल ब्रज की सम्पत्ति न थे, वे ब्रज के बाहर भी गाए जाते थे। संगीत और कविता के लिए ब्रजभाषा का प्रयोग सर्वमान्य-सा हो गया था। इससे पहले विभिन्न जनपदों के लेखक संस्कृत में लिखते थे, तब से अब में अन्तर यह था कि संस्कृत के छन्द गाँवों के किसान न गाते थे, अब वे सूर के पद गाते थे। ब्रजभाषा का साहित्य जनसाधारण में प्रचलित हो रहा था और इस तरह विभिन्न जनपदों के लोगों को एक-दूसरे के निकट ला रहा था। इसी तरह अवधी की रचनाएँ अवध तक सीमित न रहीं, विशेष रूप से रामचरितमानस का प्रचार अवध से बाहर दूर-दूर तक हुआ। इस तरह यह महान् ग्रन्थ जनपदों का अलगाव दूर करने और उन्हें एक-दूसरे के निकट लाने का बहुत बड़ा साधन बना। तुलसीदास ने ब्रज और अवधी दोनों में रचनाएँ कीं और यह बात अपने आप इस ऐतिहासिक सत्य की ओर संकेत करती है कि ब्रज और अवध जैसे जनपदों की जनता एक-दूसरे के निकट आ रही थी। इस समय की काव्य-भाषा में एक से अधिक बोलियों के शब्द आना, यहाँ तक कि अनेक बोलियों के व्याकरण-रूपों का आना भी साधारण बात नहीं है। इसका कारण यही है कि जनपदीय बोलियों का अलगाव खत्म हो रहा था और वे एक-दूसरे को प्रभावित कर रही थीं। आगे चलकर इन जनपदों की एक सामान्य जातीय भाषा न तो ब्रज हुई, न अवधी, जातीय भाषा के रूप में विकसित हुई खड़ी बोली। सूर और तुलसी जैसे समर्थ कवियों की सहायता पाकर भी ब्रज या अवधी यहाँ की जातीय भाषा क्यों न बनी और खड़ी बोली क्यों बनी, इसके ऐतिहासिक कारण हैं। ब्रज के बाहर ब्रजभाषा का प्रसार केवल साहित्यिक भाषा के रूप में हुआ, बोलचाल की भाषा के रूप में नहीं। यही बात अवधी के साथ भी हुई। बोलचाल की भाषा के रूप में केवल खड़ी बोली अपने क्षेत्र से बाहर फैली। तभी तो 19वीं सदी में गद्य, शिक्षा और मासिक पत्रों आदि की भाषा खड़ी बोली स्वीकृत हो गई और ब्रज, अवधी आदि को लेकर कोई संघर्ष न हुआ। काव्य में ब्रजभाषा को बनाए रखने के लिए संघर्ष किया गया, वह असफल रहा। कारण यह है कि खड़ी बोली हमारी जातीय भाषा के रूप में विकसित हो रही थी और काव्य में उसका उपयोग आगे-पीछे होना ही था।

भारतेन्दु हरिश्चन्द्र और रामचन्द्र शुक्ल ने खड़ी बोली के प्रसार का सम्बन्ध पश्चिम से पूर्व की ओर आने वाली व्यापारी जातियों से जोड़ा था। यह स्थापना सही है। आगरा, प्रयाग, काशी आदि में न जाने कितने व्यापारी पछाँह से आकर बसे थे। स्वयं दिल्ली और आगरा व्यापार के बहुत बड़े केन्द्र थे। ग्रियर्सन के 'लिंग्विस्टिक सर्वे' से पता चलता है कि यूरोप के व्यापारी अपनी सुविधा के लिए खड़ी बोली सीखते थे। व्यापार के प्रसार के साथ भारत के भीतर खड़ी बोली का महत्त्व बढ़ा। सरदेसाई के अनुसार इटालियन यात्री मनुच्ची और शिवाजी की बातचीत खड़ी बोली में हुई थी। शेरशाह के समय से ही हिन्दी भाषी क्षेत्र में व्यापार का प्रसार आरम्भ

हो गया था। अकबर ने एक तरह के सिक्के चलाकर, यातायात के साधनों को सुरक्षित करके व्यापार की उन्नति में सहायता की। 16वीं सदी में व्यापार और औद्योगिक उन्नति का सबसे बड़ा प्रमाण बड़े-बड़े शहरों का निर्माण और विकास था। दिल्ली, आगरा, लखनऊ, इलाहाबाद, बनारस, पटना आदि व्यापार के बड़े-बड़े केन्द्र थे, इन्हीं केन्द्रों से खड़ी बोली का प्रसार भी हुआ। उद्योग-धन्धों का मुख्य आधार दस्तकारी थी, लेकिन इस दस्तकारी का उद्योग राजाओं और नवाबों की विलासिता की चीजें तैयार करना ही न था, न यह दस्तकारी हर गाँव में सीमित रह कर उसी की जरूरतें पूरा करने के लिए थी। बनारस, लखनऊ और आगरा दस्तकारों के केन्द्र थे और यहाँ की बनी हुई चीजें विदेश में इतनी बिकती थीं कि वहाँ के अपने उत्पादन के लिए खतरा पैदा हो गया था। उद्योग-धन्धों का बढ़ना, व्यापार की मण्डियों के रूप में बड़े-बड़े शहरों का पनपना सामन्ती अलगाव कम करता था और जनता को एक सूत्र में बाँधता था। यह हिन्दीभाषी जाति के निर्माण का सिलसिला था। यह सिलसिला सामन्ती ढाँचे के अन्दर चल रहा था। यह ढाँचा कमजोर था और दिन-पर-दिन अपने भीतर उभरती ताकतों से कमजोर होता जा रहा था। लेकिन वह चरमरा कर बैठ न गया था, उसका नाश न हुआ था कि उसकी जगह नया पूँजीवादी ढाँचा आकर जम जाता। व्यापार की मण्डियाँ मुख्यतः गंगा-यमुना के किनारे कायम हुई, इसलिए पूर्वी भोजपुरी और मैथिल प्रदेश व्यापारी सम्बन्धों की लपेट से प्रायः बचे रहे। यातायात के साधन हर जगह एक-से विकसित न हुए थे, इसलिए मध्य भारत इस विकास से बहुत कुछ अलग रहा। बीसवीं सदी में नए उद्योग-धन्धों के कायम होने के साथ विकास का यह सिलसिला और बढ़ा और मध्य भारत तथा मिथिला, भोजपुर आदि एक सामान्य जातीय जीवन की धारा के और निकट आए। यह विकास औपनिवेशिक भारत में हो रहा था, जहाँ अंग्रेज शासक वर्ग की नीति यह थी कि औद्योगिक उन्नति रोक कर भारत को अंग्रेजी माल की खपत के लिए बाजार बनाया जाए और यहाँ के सामन्ती अवशेषों को अपना सहायक बनाकर रक्षा की जाए। इसलिए यह औद्योगिक विकास बहुत ही सीमित था और उसके साथ हमारे जातीय निर्माण और गठन का काम भी अधूरा रहा।

हमारे जातीय निर्माण की एक विशेषता यह थी कि यहाँ सैकड़ों साल तक फारसी राजभाषा रह चुकी थी। इसका फल यह हुआ कि उच्च वर्गों में फारसी पढ़ी-पढ़ाई जाती थी और सुसंस्कृत शब्दावली वह समझी जाती थी जिसमें फारसी के शब्द अधिक हों। इसलिए एक ओर नजीर और मीर जैसे सरल उर्दू लिखने वाले कवि हुए, दूसरी ओर फारसी-गर्भित उर्दू लिखने वालों की कमी न थी। अंग्रेजों ने इस भाषा-भेद को—जिसमें लिपि-भेद भी शामिल था—और आगे बढ़ाया और विशेष रूप से जब सन् 1857 में उन्होंने हिन्दुओं और मुसलमानों को अपने विरुद्ध मिलकर लड़ते देखा, तब उन्होंने यह भेद-भाव बढ़ाने में अपनी ओर से कुछ उठा न रखा।

कचहरी और पुलिस के द्वारा उन्होंने वह अरबी-प्रधान भाषा चलाई जो उनके जातीय उत्पीड़न की नीति का अंग बन गई। इधर अनेक जनपदों में कुछ लोगों ने अलगाव का नारा दिया। जातीय विकास की धारा न समझकर इन्होंने बोलियों को भाषा का दर्जा दिया, इन बोलियों के क्षेत्रों को जातीय प्रदेश माना, यहाँ तक कि हिन्दी-भाषी प्रदेश को तेरह क्षेत्रों में बाँटने की योजना भी सामने रखी। हिन्दी-भाषी क्षेत्र में वर्ण-व्यवस्था का अब भी जोर है। यहाँ के शिक्षाकेन्द्रों में कौन ब्राह्मण है, कौन कायस्थ है, यह प्रश्न बड़े महत्त्व का है। यही नहीं, बहुतों में अहीर, जाट, गूजर, राजपूत आदि के प्रति वफादारी पहले है, समूची हिन्दी-भाषी जाति के लिए बाद को। इन्हीं कारणों से हिन्दी-भाषी क्षेत्र में जिस जातीय चेतना का विकास होना चाहिए था, वह नहीं हुआ।

जातियों का विकास और निर्माण सामन्ती व्यवस्था के ह्रास और पतन से ही सम्भव होता है। इसलिए जातीय चेतना का विकास भी सामन्ती विचारधारा का खंडन करता है, अपना प्रगतिशील मूल्य रखता है। अंग्रेज शासकों ने यहाँ का औद्योगिक विकास रोका, यहाँ के सामन्ती अवशेषों की रक्षा की, नवाबों, राजाओं और ताल्लुकदारों की रियासतें बनाये रख कर जातीय एकता कायम होने में बाधा डाली। उदाहरण के लिए निजाम की रियासत के कारण तेलगू-भाषी जाति एक न हो पाई। कन्नड़ और मराठी-भाषी जातियाँ भी इसी तरह एक न हो पायीं। एक ही जाति को उन्होंने कई प्रान्तों में बाँट दिया। जिसकी सबसे बड़ी मिसाल हिन्दी-भाषी प्रदेश है। बोलियों का ध्यान भी रखा जाए तो भोजपुरी का आधा क्षेत्र बिहार में है, आधा उत्तर प्रदेश में। बिहार को उन्होंने कभी बंगाल के साथ रखा, कभी बंगाल का थोड़ा-सा हिस्सा बिहार में मिला दिया। बंगाल का विभाजन करने की कोशिश की, जो पहले असफल रही, फिर सन् '47 में सफल हुई। कांग्रेस ने अपनी सूबा-कमेटियाँ मुख्य भाषाओं को ध्यान में रखकर बनाईं, अपवाद केवल हिन्दी-भाषी प्रदेश था। मुख्य भाषाओं के हिसाब से प्रान्तों का नया संगठन करने की माँग उचित थी, इस माँग के पूरा होने से भारत की प्रमुख जातियों का ऐतिहासिक विकास-क्रम आगे बढ़ता था। इस विकास-क्रम में सामन्ती अवशेषों के सिवा दूसरी बाधा थी—साम्राज्यवाद, जो अपनी कूटनीति से जातियों को संगठित न होने देता था। इसलिए जातीय गठन और जातीय चेतना के विकास का एक साम्राज्य-विरोधी मूल्य भी है। जातीय विकास-क्रम को पूरा करना देश-भक्ति का ही कार्य माना जाएगा।

जातीय चेतना का सही मूल्यांकन करके ही भारतीय एकता दृढ़ की जा सकती है। भारतीय एकता जनता की एकता के सिवा, विभिन्न वर्गों की एकता के सिवा, विभिन्न भाषाएँ बोलने वाली जातियों की एकता भी है। विभिन्न जातियों की परस्पर एकता, उनके उचित अधिकार मानकर ही की जा सकती है। तेलगू-भाषी जनता ने जातीय गठन का सवाल बहुत तीखे ढंग से देश के सामने रखा है। आन्ध्र राज्य

के निर्माण के लिए पोत्ती श्री रामुलु जैसा अहिंसावादी शहीद हो गया। इससे अनुमान किया जा सकता है कि जातीय भावना कितनी दृढ़ है। कांग्रेसी नेताओं को बाध्य होकर राज्य पुनर्गठन समिति बनानी पड़ी। इस समिति ने केरल, तमिलनाडु, कर्नाटक आदि राज्य बनाने का अनुमोदन किया। महाराष्ट्र और आन्ध्र के निर्माण में जो बाधाएँ थीं, उनसे फिर असन्तोष बढ़ा और कांग्रेसी नेतृत्व ने विशाल आन्ध्र के तुरन्त बनने की माँग स्वीकार की। महाराष्ट्र-गुजरात का आन्दोलन अभी चल रहा है।

राज्य-पुनर्गठन-समिति मध्यभारत, उत्तर प्रदेश आदि की एक जातीय भाषा हिन्दी मानती है, यह सन्तोष की बात है। उसने यह स्थापना स्वीकार नहीं की कि यहाँ छत्तीसगढ़ी, बघेलखंडी, अवधी, ब्रज आदि भाषाएँ बोलने वाली जातियाँ रहती हैं। कम्युनिस्ट पार्टी के दस्तावेजों में अर्से से इस विशाल प्रदेश को 'हिन्दी-भाषी' की संज्ञा दी जाती रही है और यह संज्ञा उसके कार्यक्रम में भी प्रयुक्त हुई है। आशा है, राज्य पुनर्गठन समिति और कम्युनिस्ट पार्टी जैसी दो भिन्न संस्थाओं की इस सामान्य 'हिन्दी-भाषी' संज्ञा पर वे मित्र विचार करेंगे जो अवधी, ब्रज, छत्तीसगढ़ी आदि को स्वतन्त्र भाषाएँ मानते रहे हैं।

यहाँ भाषा और बोली के सम्बन्ध पर दो शब्द कह देना आवश्यक है। किसी भी देश में जातीय भाषा के विकास के साथ बोलियाँ खत्म नहीं हो जातीं। ब्रिटेन, फ्रांस जैसे उद्योग-प्रधान देशों तक में वेल्श, प्रोवाँसाल आदि बोलियाँ कायम हैं जो व्याकरण की दृष्टि से भी जातीय भाषा—अंग्रेजी या फ्रांसीसी—से भिन्न हैं। हमारे देश में ही तेलंगाना की तेलगू और विजयवाड़ा की तेलगू, पूर्वी बंगला और कलकत्ते की बंगला में अन्तर है। इसका अर्थ यह नहीं कि पूर्वी बंगाल या तेलंगाना के लोगों की जातीय भाषा बंगला या तेलगू नहीं है। इसी तरह हिन्दी की अनेक बोलियों का अस्तित्व यह साबित नहीं करता कि हिन्दी हमारी जातीय भाषा नहीं है। जिन लोगों की जातीय भाषा हिन्दी है, वे लोग चीनी जनता के बाद संसार की सबसे बड़ी जाति है। भारत की एक तिहाई जनता की भाषा हिन्दी है। इसलिए हिन्दी-भाषी जनता का अलगाव भारत की तिहाई जनता का अलगाव है। उसकी संगठित शक्ति एक तिहाई भारत की संगठित शक्ति होगी। हिन्दी-भाषी जनता का संगठन और उसकी जातीय एकता सारे देश की जनता के संगठन और एकता के लिए आवश्यक है।

फिर भी लोग इस एकता से डरते हैं। तमाम हिन्दी-भाषी जनता को एक राज्य में लाने के बदले वे उत्तर प्रदेश को भी दो हिस्सों में बाँटने की बात करते हैं। विभाजन के द्वारा सन्तुलन कायम रखना साम्राज्यवादियों की नीति रही है, देशभक्तों की नहीं। उत्तर प्रदेश का विभाजन किसी भी सैद्धान्तिक कसौटी पर नहीं उतरता। उसका आधार केवल भय या ईर्ष्या हो सकती है। इस भय के कारण हैं। भारत के संविधान

में जातियों की समानता और उनके अधिकारों की रक्षा का विधान नहीं है। जनतन्त्र का अर्थ हर व्यक्ति को समान अधिकार देना ही नहीं है, उसका अर्थ प्रत्येक जाति को समान अधिकार देना भी है। जब तक भारत में लोकसभा के साथ एक जातीय परिषद् नहीं कायम होती, जिसमें हर जाति का समान प्रतिनिधित्व हो और जो लोक सभा के देशव्यापी कार्यों पर नियन्त्रण रख सके, तब तक छोटी-बड़ी जातियों में परस्पर ईर्ष्या-द्वेष बना ही रहेगा। यह ईर्ष्या-द्वेष—भाषावार राज्य कायम हो जाने पर भी—भारतीय एकता में बाधक होगा। ईर्ष्या-द्वेष को दूर करने का उपाय जातियों की समानता और उनके अधिकारों की रक्षा है, न कि बड़ी जातियों को तोड़ कर छोटे-छोटे टुकड़ों में बाँट देना।

शासन की सुविधा के लिए छोटे राज्य बनाना कोई अर्थ नहीं रखता। हिन्दी भाषियों का एक राज्य बहुत बड़ा हो जाएगा—या उत्तर प्रदेश ही बहुत बड़ा है—तर्कसंगत बात नहीं है। भारत की केन्द्रीय सरकार ने सारे भारत पर शासन करने के लिए न जाने कितने अधिकार ले रखे हैं, उनमें कुछ कमी हो जाए तो जातियों का भला ही होगा। शासनतन्त्र ऐसा होना चाहिए जिससे जातीय विकास में सहायता मिले, न कि उसमें बाधा पड़े। जनता का हित बड़े-बड़े राज्य कायम करने में है जहाँ वह सुविधापूर्वक सामाजिक और सांस्कृतिक उन्नति कर सके। इसीलिए यह आवश्यक नहीं है कि हर भाषा के लिए एक राज्य कर निर्माण कर ही दिया जाए। सोवियत संघ में 60 से ऊपर भाषाएँ हैं, लेकिन वहाँ 16 राज्य ही स्थापित किये गये हैं। जिन भाषाओं के बोलने वाले बहुत बड़ी संख्या में नहीं हैं, उनके जातीय विकास के लिए मुख्य राज्यों के अन्तर्गत स्वायत्त प्रदेश कायम किये गये हैं।

'जातियों के आत्मनिर्णय का अधिकार' नाम की पुस्तक में लेनिन ने बड़े राज्यों का लाभ बतलाते हुए लिखा है, "जनता अपने दैनिक अनुभव से जानती है कि भौगोलिक और आर्थिक सम्बन्धों का मूल्य क्या है और एक बड़े बाजार और एक बड़े राज्य के लाभ क्या हैं। इसलिए लोग अलग होना तभी पसन्द करेंगे, जब जातीय उत्पीड़न और जातीय संघर्ष से सम्मिलित जीवन एकदम असम्भव हो गया हो और सभी तरह के आर्थिक आदान-प्रदान में अड़चन पड़ती हो।" लेनिन ने यह बात उन बड़े राज्यों के लिए कही थी, जिनमें विभिन्न जातियों के लोग रहते थे। हिन्दी-भाषी जनता का एक बड़ा राज्य कायम करने में तो विभिन्न जातियों का नहीं, एक ही जाति का सवाल है। वर्तमान काल में आर्थिक विकास की योजनाएँ बनाने और उन्हें अमल में लाने के लिए हिन्दी-भाषी प्रदेश की एकता और भी आवश्यक है। बिहार का लोहा और कोयला, उत्तर प्रदेश की मिलें, मध्यभारत के पठार में रुई का उत्पादन और इन सबका योजनाबद्ध उपयोग हिन्दी प्रदेश को उन्नत और समृद्ध बना सकता है।

उक्रैनी, बेलोरूसी, ताजिक आदि जातियों पर जारशाही के अत्याचारों का

उल्लेख करते हुए 1921 में स्तालिन ने रूसी कम्युनिस्ट पार्टी की दसवीं कांग्रेस में कहा था, "इन लोगों के प्रति जारशाही की नीति–जमींदारों और पूँजीपतियों की नीति–यह थी कि उनमें राज्यसत्ता के हर जीवाणु को मिटा दिया जाए, उनकी संस्कृति की बाढ़ मार दी जाए, उन्हें अज्ञान की दशा में रखा जाए और अन्त में यह कि जहाँ तक हो सके, उनका रूसीकरण किया जाए।" भाषा और संस्कृति को दबाने के साथ जातीय उत्पीड़न का एक तरीका राज्यसत्ता के जीवाणुओं का नाश भी है। जारशाही ने जिन जीवाणुओं का नाश किया था, वे समाजवादी व्यवस्था में पुष्ट हुए और उक्रैनी, बेलोरूसी, ताजिक आदि जातियों ने अपने प्रजातंत्र कायम किए, जिनके संघ का नाम सोवियत संघ है। जातीय समस्या के बारे में पार्टी के कर्तव्य बतलाते हुए स्तालिन ने उसी समय कहा था : "गैररूसी जातियों की सामान्य विशेषता यह है कि राज्यों के रूप में उनका विकास केन्द्रीय रूस से पीछे है। हमारा कर्तव्य होना चाहिए कि हम इन जातियों की–उनके सर्वहारा और मेहनती लोगों की–भरसक मदद करें कि वे अपनी भाषा के माध्यम से अपना, सोवियत राज्यसत्ता का, जीवन विकसित कर सकें।"

जातियों की राज्यसत्ता की प्रतिष्ठा, उनकी भाषा में उनके राज्यगत जीवन का विकास, समाजवाद का उद्देश्य है। इसके विपरीत राज्यसत्ता के जीवाणुओं का नाश, जातियों का विभाजन और उनकी भाषाओं का दमन साम्राज्यवादियों, पूँजीपतियों और सामन्तों की नीति है। भारत की अन्य बड़ी जातियों के समान देश की सबसे बड़ी जाति, हिन्दी-भाषी जाति, का यह जन्मसिद्ध अधिकार है कि वह एक राज्य के अन्तर्गत संगठित होकर अपना औद्योगिक और सांस्कृतिक विकास कर सके।

इस देश में अनेक भाषाएँ हैं, अनेक जातियाँ हैं, इन जातियों की अपनी-अपनी संस्कृति है। इन सभी जातियों की संस्कृतियों के सामान्य तत्त्वों का, उनके समुच्चय का नाम भारतीय संस्कृति है। भारत की जातियों से भिन्न भारतीय संस्कृति की सत्ता कहीं नहीं है। वर्गों की, जनसाधारण की संस्कृति की कुछ जातीय विशेषताएँ होती हैं। सामन्त वर्ग इंग्लैंड में भी था, यहाँ भी रहा है लेकिन नायिका भेद का प्रसार यहाँ की सामन्ती, संस्कृति की जातीय विशेषता है। सामन्तकाल में जनसाहित्य यहाँ भी रचा गया है, यूरोप में भी, लेकिन सन्त साहित्य की कुछ अपनी जातीय विशेषताएँ हैं। आधुनिक युग में साहित्य शरच्चन्द्र ने भी रचा है, वल्लतोल और भारती ने भी, लेकिन बहुत-सी बातों में इनके समान होते हुए भी प्रेमचन्द की अपनी जातीय विशेषताएँ हैं। इसलिए संस्कृति की जातीय विशेषताओं के विकास के लिए जातीय गठन जरूरी है।

सामाजिक गठन के बाहर न संस्कृति का अस्तित्व है, न भाषा का। जब हिन्दी भाषी जाति न थी, तब जातीय भाषा के रूप में हिन्दी भी न थी। वह खड़ी बोली

के रूप में एक जनपद तक सीमित थी और वहाँ भी उसका एक टकसाली रूप न था वरन् मिलते-जुलते अनेक रूप थे। खड़ी बोली का प्रसार और निखार हिन्दी-भाषी जाति के गठन के साथ सम्भव हुआ है। यह प्रसार और निखार का काम अभी पूरा नहीं हुआ और तब तक पूरा न होगा, जब तक हमारे जातीय विकास और जातीय गठन का काम पूरा न होगा। इसके लिए जहाँ औद्योगिक विकास आवश्यक है, खेती की उन्नति आवश्यक है, शिक्षा का प्रसार आवश्यक है, वहाँ इन कार्यों का संगठन करने के लिए और समस्त जातीय जीवन का संचालन करने के लिए जातीय राज्य-सत्ता भी आवश्यक है। जातीय भाषा हिन्दी की पूर्ण समृद्धि के लिए जातीय गठन आवश्यक है।

जातीय आन्दोलनों में हर तरह के लोग शामिल होते हैं। इसलिए इन आन्दोलनों का दिग्भ्रान्त होना अचरच की बात नहीं। हम सबसे बड़े हैं, हमारे साहित्य के आगे सब तुच्छ हैं, इस तरह के भाव अक्सर देखने-सुनने को मिलते हैं। इसी तरह सीमाओं को लेकर झगड़े खड़े करना, एकता और मेलजोल के बदले ईर्ष्या-द्वेष का प्रचार आदि भी हैं। इस तरह की दुर्भावनाओं से हम तभी बच सकते हैं जब यह याद रखें कि इस देश में हर जाति दूसरी को प्रभावित करती है, हर जाति का विकास दूसरी जातियों की सहायता और विकास पर निर्भर है। जातीय गठन के साथ अन्तर्जातीय मैत्री पर जोर देना भी आवश्यक है।

हिन्दी-भाषी प्रदेश में जातीय आन्दोलन पिछड़ा हुआ है। उत्तर प्रदेश के विभाजन की समस्या, हिन्दी बनाम भोजपुरी-मैथिली आदि की समस्या, हिन्दी-उर्दू की समस्या आदि हमारे जातीय जीवन के असंगठित होने के चिह्न हैं। जितना ही प्रगतिशील विचारक इस जातीय आन्दोलन को अपने आप बढ़ने के लिए छोड़ देंगे, उतना ही इस तरह की समस्याएँ और भी उलझती जाएँगी और नई समस्याएँ खड़ी होती जाएँगी। इस तथ्य पर जोर देना आवश्यक है कि हिन्दी-भाषी जनता एक विशाल जाति है, उसके ऐतिहासिक विकास का सिलसिला कई सदियों से चल रहा है, हमारी भाषा और संस्कृति की उन्नति के लिए इस जाति का एक राज्य में संगठित होना आवश्यक है, इसका विशाल आकार शासन के लिए असुविधाजनक होने के बदले योजनाबद्ध सामाजिक विकास के लिए हितकर है, यह जातीय गठन न केवल हिन्दी भाषियों के लिए वरन् सारे देश के लिए हितकर है। आशा है, हिन्दी लेखक और हिन्दी-प्रेमी पाठक इस समस्या की ओर उदासीन न रहेंगे।

जो लोग यह मानते हैं कि 19वीं सदी के आरम्भ से पहले उत्तर भारत के समाज में कोई महत्त्वपूर्ण परिवर्तन नहीं हुआ, उनसे निवेदन है कि वे 16वीं-17वीं सदी में नये शहरों के उत्थान पर ध्यान दें, इस उत्थान का कारण बताएँ, भारत के आर्थिक जीवन में इन शहरों की भूमिका पर प्रकाश डालें, उस समय के ब्रिटेन के शहरों से इनकी तुलना करें और यह देखें कि इस समय यहाँ जो व्यापार बढ़ा, वह

वैसा ही था जैसा पहले के सामन्ती समाज में था या उसका कुछ और महत्त्व था। जो लोग यह नहीं मानते कि हमारा जातीय निर्माण 16वीं सदी में आरम्भ हुआ था, वे इस बात की व्याख्या करें कि ब्रजभाषा की कविता अपने क्षेत्र से बाहर जन-साधारण में क्यों लोकप्रिय हो रही थी, रामचरितमानस अवध के बाहर क्यों लोकप्रिय हो रहा था, तुलसीदास ब्रज और अवधी दोनों में क्यों लिख रहे थे, इस समय के कवियों की रचनाओं में अनेक बोलियों के शब्द और व्याकरण-रूप क्यों मिलते हैं? ऐसे सज्जन साहित्य की भी साखी लें और देखें कि सन्त साहित्य के सामन्त-विरोधी मूल्यों का सामाजिक आधार क्या है, वह साहित्य अनेक जनपदों की जनता का साहित्य बना था या नहीं और उसकी सामन्त-विरोधी जातीय चेतना को प्रकट करता है या नहीं। इस तरह आर्थिक जीवन, साहित्य-निर्माण और भाषा-विज्ञान—तीनों की दृष्टि से 16वीं-17वीं सदी का समय हमारे जातीय उत्थान और जातीय गठन का युग ठहरता है।

जो लोग इस जातीय विकास और जातीय गठन का कार्य पूरा नहीं होने देना चाहते, उनसे निवेदन है कि वे इस तथ्य पर विचार करें कि हर संस्कृति की जातीय विशेषताएँ होती हैं, जातीय रूप होता है, हर भाषा की पूर्ण समृद्धि के लिए उसे बोलने वाली जाति का गठन आवश्यक होता है। जातीय गठन को रोकने का अर्थ है, भाषा और संस्कृति के विकास और समृद्धि को रोकना, जातीय गठन को रोकने का अर्थ है, किसी जाति के अन्दर विद्यमान राज्यसत्ता के जीवाणुओं को कुचलना। भारत का विकास उसकी विभिन्न जातियों के विकास से ही सम्भव है। इसके लिए बड़ी संख्या वाली जातियों के राज्य बनाना, छोटी संख्या वाली जातियों के स्वायत्त प्रदेश कायम करना, प्रत्येक जाति को अपनी ही भाषा में शिक्षा पाने और अपना सांस्कृतिक जीवन संगठित करने का अधिकार देना आवश्यक है। एक जातीय प्रदेश के अन्दर दूसरी भाषा और जाति के अल्पसंख्यकों के अधिकारों की रक्षा भी आवश्यक है। इस तरह भारत सशक्त जातियों का संघ बनकर अजेय होगा। यदि जातियाँ असन्तुष्ट होकर लड़ती रहेंगी तो देश कमजोर होगा। बड़ी जातियों से छोटी जातियों को भय न हो, इसके लिए यह अनिवार्य रूप से आवश्यक है कि सभी जातियों को समान प्रतिनिधित्व देने वाला ऐसा परिषद् कायम किया जाए जो लोकसभा के भारतव्यापी कार्यों पर नियन्त्रण रख सके।

आज के भारत की एक अमिट सचाई है—विशाल हिन्दी-भाषी जाति। उससे आँख चुरा कर कोई समस्या हल नहीं की जा सकती। अब समय आ गया है कि अपनी जातीय एकता कायम करने के लिए हिन्दी-भाषी जन आगे बढ़ें।

23. सौन्दर्य की उपयोगिता

विधाता की विचित्र लीलाओं में इसे भी गिनना चाहिए कि साहित्य-शास्त्री सौन्दर्य की उपयोगिता से जितना ही इनकार करते हैं, वे उसका उतना ही उपयोग या उपभोग भी करते हैं।

रीतिकालीन साहित्य-शास्त्रियों ने रस को काव्य की आत्मा कहा और उसे आनन्द रूप बताया। काव्य के आनन्द को उन्होंने शाश्वत आनन्द-रूप आत्मा से भी जोड़ दिया। लेकिन उनके आलम्बन और उद्दीपन, उनका नायिकामय संसार देखकर कहना पड़ेगा,—"देखहिं चराचर नारिमय जे ब्रह्ममय देखत रहे।"

सामन्ती वैभव के इन चितेरों के लिए सौन्दर्य का मूर्त रूप थी नारी। यह नारी न तो उन्हें मातृरूप में प्रिय थी, न भगिनी रूप में। पत्नी रूप में उन्हें प्रिय रही हो—इसका प्रमाण भी दरबारी साहित्य में नहीं मिलता। इस सौन्दर्य-मूर्ति नारी का उपयोग था—न केवल कवियों के लिए, वरन् उनके अवकाशभोगी अन्नदाताओं के लिए भी।

जो मनुष्य अवकाशभोगी नहीं है, दूसरों की मेहनत पर नहीं जीता वरन् अपनी मेहनत पर खुद जीता और दूसरों को जिलाता है, उसके लिए सौन्दर्य कर्ममय जीवन से बाहर नहीं होता। स्वस्थ मनुष्य भोजन से तृप्त होता है, लेकिन केवल स्वाद के लिए भोजन करना अस्वस्थ आदमी का काम है।

सुखी जीवन के लिए आवश्यक है कि हम जो काम करें, वह सुन्दर हो और उससे हमें आनन्द मिले। लेकिन जब से आदम ने हव्वा की बात मानकर अल्ला मियाँ की आज्ञा का उल्लंघन किया, तब से मनुष्य को यह शाप मिला कि उसका कर्ममय जीवन दुख का जीवन हो। दूसरे शब्दों में जब से व्यक्तिगत सम्पत्ति का जन्म हुआ, समाज में वर्ग बने, कुछ का कर्तव्य मेहनत करना हुआ और कुछ का कर्तव्य उनकी 'रक्षा' करना और उन्हें 'ज्ञान' देना हुआ, तब से सुन्दरता पर इजारा हो गया उनका जो केवल रक्षा करते थे, केवल ज्ञान देते थे, पेट भरने और तन ढकने के साधन पैदा करना जिनका काम न था। इसलिए जो लोग उपयोगी वस्तुएँ पैदा करते थे, उनका जीवन दुखमय हुआ; जो उपयोगी वस्तुओं के मालिक थे, उनका काम सुन्दरता की उपासना करना हुआ। निष्क्रिय और अवकाशभोगी जीवों के सौन्दर्य-प्रेम को न्यायपूर्ण ठहराने के लिए ऐसा शास्त्र ही बन गया जो सौन्दर्य को उपयोगी वस्तुओं से अलग करके देखता था। सौन्दर्य की सत्ता वस्तुओं से हटाकर मनुष्य के मन या आत्मा में कर दी गई और वस्तुओं को उस शाश्वत सौन्दर्य का प्रतीक भर माना गया।

जैसे मनुष्यों से बाहर मनुष्यता की सत्ता नहीं है, वैसे ही सुन्दर वस्तुओं (या सुन्दर भावों, विचारों) से बाहर सौन्दर्य की सत्ता नहीं है। और तमाम सुन्दर वस्तुएँ,

तमाम सुन्दर भाव-विचार मनुष्य के लिए हैं, उसकी सेवा करने के लिए, उसका हित साधने के लिए हैं। मनुष्य उन सुन्दर वस्तुओं, सुन्दर भावों, विचारों के लिए उनकी सेवा करने के लिए नहीं है। साहित्य भी मनुष्य के लिए है, साहित्य का सौन्दर्य मनुष्य के उपयोग के लिए है, मनुष्य साहित्य के लिए नहीं है। लेकिन अवकाशभोगी सज्जन तमाम जनता का अस्तित्व इसीलिए सार्थक समझते हैं कि वह उनके लिए उपयोग की वस्तुएँ उत्पन्न करती है। इसे वे सनातन ईश्वर-कृत नियम मानते हैं। इसी नियम के अनुसार वह साहित्य को जनता के लिए नहीं मानते, वरन् जनता को साहित्य के लिए मानते हैं।

लेकिन सौन्दर्य है क्या? वह मनुष्य की भावना मात्र है या उसकी कोई वस्तुगत सत्ता है?

कुछ सुन्दर वस्तुओं की मिसालें लीजिए। ताजमहल, तारों-भरी रात, भादों की जमुना, अवध के बाग, तुलसीकृत रामायण, देश-प्रेम, संसार में मानव-मात्र का भाईचारा और शान्ति—ये सभी सुन्दर हैं। हो सकता है, कुछ लोगों को ताजमहल भयानक मालूम हो, तारों-भरी रात में भूत दिखाई दें, भादों की जमुना देखकर मन में आत्महत्या के भाव उठते हों, अवध के बागों में आग लगा देने का जी चाहे, तुलसीकृत रामायण निहायत प्रतिक्रियावादी लगती हो, देश-प्रेम के नाम से चिढ़ हो और शान्ति तथा भाईचारे की बातों में कम्युनिज्म की बारूद की गन्ध आती हो।

लेकिन ताजमहल अगर आपको भयावना लगता है तो क्यों? शायद इसलिए कि एक बादशाह ने आप जैसे मुफलिसों की मोहब्बत का मजाक उड़ाया है, या शायद संगमर्मर देखकर आपको किसी कोढ़ी की याद आती है, या शायद ताजमहल की मीनारें उसकी शोभा बिगाड़ती हैं, या उसकी नफासत ही आपको अस्वाभाविक लगती है। जो भी सबब हो, दोष या तो ताजमहल में होगा या आप में। जहाँ तक आपके मन में दोष या द्वेष होने का सवाल है, हम चार भले आदमियों से पुछवा देंगे कि ताजमहल को शाहजहाँ ने बनवाया अलबत्ता था, लेकिन उसे बनाया था कारीगरों ने। अगर कारीगरों से दुश्मनी न हो तो मोहब्बत का मजाक उड़ाये जाने की बात छोड़ दीजिए और संगमर्मर से कोढ़ी की याद आती हो तो कुछ दिन के लिए अस्पताल में भर्ती हो जाइए। रही मीनारों और नफासत की बात, तो यह गुण या दोष ताजमहल ही में हो सकता है और उसका सम्बन्ध ताजमहल की वस्तुगत सत्ता से ही होगा।

तारों-भरी रात में भूत दिखाई देते हों, तो दो-एक आदमियों को साथ ले लीजिए या हनुमानचालीसा का पाठ कर लीजिए, भूत भाग जाएँगे। भादों की जमुना में आत्महत्या करने की इच्छा हो तो मन के संस्कार बदलने के लिए अच्छा साहित्य पढ़ा कीजिए। अवध के बाग अच्छे न लगें तो थोड़ा व्यायाम कीजिए, खुली हवा में साँस लीजिए जिससे सारा आनन्द सिनेमाघर में ही सीमित न हो जाए। तुलसीकृत रामायण प्रतिक्रियावादी लगे तो आइए, बहस कर लीजिए। और शान्ति तथा भाईचारे

में बारूद की गन्ध आए तो इसकी परीक्षा कर लीजिए कि युद्धों से कितना नुकसान हुआ है, आज कौन युद्ध की तैयारी कर रहा है, कौन शान्ति चाहता है।

आप यह कहकर छुटकारा नहीं पा सकते कि हमारी तबियत, हमें नहीं अच्छा लगता। हम आपको व्यवहार की साखी देंगे, चार भले आदमियों से पूछेंगे कि उनका अनुभव क्या कहता है। सौन्दर्य की कसौटी है, मनुष्य का व्यवहार। इस व्यवहार से आप बचकर नहीं निकल सकते। और सौन्दर्य की कसौटी व्यवहार है, इसीलिए वह आपकी व्यक्तिगत इच्छा-अनिच्छा पर निर्भर नहीं है, वरन् उसकी वस्तुगत सत्ता है।

व्यवहार की कसौटी पर हम किसी वस्तु के गुणों को परखते हैं। उसके गुणों को हम 'सुन्दर' शब्द द्वारा प्रकट करते हैं। लेकिन सभी वस्तुओं के गुण एक-से नहीं होते; इसलिए सौन्दर्य भी एक-सा नहीं होता। कुछ वस्तुएँ सबसे अधिक इन्द्रियों को रुचती हैं, कुछ हृदय को, कुछ मस्तिष्क को। गुलाब के फूल में कोई विचार निहित नहीं है; हम उसे देखकर चाहे जो सोचें। उसका वस्तुगत सौन्दर्य इन्द्रियबोध तक सीमित है। ललित कलाओं में इन्द्रियबोध, भावना (इमोशन) और विचार—इन तीनों की एकता दिखाई देती है। स्थापत्य, शिल्प और चित्रकला में इन्द्रियबोध की प्रधानता रहती है, संगीत में भावना की और साहित्य में विचारों की। लेकिन इन्द्रियबोध, भावना और विचार की एकता सभी में मौजूद है।

दुष्यन्त ने शकुन्तला को देखा। वह उसे सुन्दर लगी। शकुन्तला के साथ बड़ा अन्याय होगा, अगर हम कहें कि सौन्दर्य शकुन्तला में न था, वरन् दुष्यन्त में था। और यह आपके प्रति अन्याय होगा, यदि कोई कहे कि आप दुष्यन्त की जगह होते तो उसे असुन्दर कहते या काठ के कुन्दे और शकुन्तला को समदृष्टि से देखते।

फय्याजखाँ की जैजैवंती सुनकर (या सहगल का 'तड़पत बीते दिन-रैन' सुनकर) यह कहना कहाँ तक न्यायपूर्ण होगा कि सौन्दर्य उनके गाने में नहीं है, वरन् आपके कानों में है? यह सही है कि सभी को संगीत के सौन्दर्य का पता नहीं लगता; भैंस के सामने बीन बजाने की कहावत बहुतों पर चरितार्थ हो सकती है। लेकिन इससे साबित यह होता है कि मनुष्य का इन्द्रियबोध भी विकासमान है, वह सदा एक-सा नहीं रहा, न एक-सा रहेगा। मनुष्य का संगीत-प्रेम उसके पिछले तमाम विकास का परिणाम है। लेकिन श्रोता के अविकसित इन्द्रियबोध से, उसके अज्ञान से, यह साबित नहीं होता है कि संगीत में वह गुण नहीं है जिसे हम सुन्दर कहते हैं।

गोस्वामी तुलसीदास ने गुरु से रामकथा सुनी, तब अचेत रहने के कारण वह उनकी समझ में कम आई। लेकिन गुरु ने उसे बार-बार सुनाया। उनकी चेतना विकसित हुई और रामकथा के गुणों का उन्हें पता लगा। लेकिन रामकथा में मनुष्य के लिए जो ज्ञान था, या चरित्र-चित्रण और कथा की बनावट थी, वह उसमें तुलसी के अचेत रहने पर भी थी और सचेत रहने पर भी रही। रामकथा के गुण तुलसी की

इच्छा-अनिच्छा पर निर्भर न थे; वे रामकथा के वस्तुगत गुण थे जिन्हें सचेत होने पर तुलसी ने पहचाना।

नौसिखिए कवि अपनी रचनाएँ किसी सिद्ध कवि के पास ले जाते हैं कि वह उन्हें सुधार-सँवार दे। 'निज कवित्त केहि लाग न नीका' का नियम हर जगह माना जाए तो अपनी-अपनी डफली अपना-अपना राग चले, दूसरों की कविता कोई सुने ही ना। साहित्य का सौन्दर्य किन्हीं नियमों के अधीन न होता और हर व्यक्ति की इच्छा पर निर्भर होता तो एक-दूसरे का सौन्दर्य हम समझ ही न पाते।

सौन्दर्य की वस्तुगत सत्ता मनुष्य के व्यवहार के कारण ही नहीं है : उसकी वस्तुगत सत्ता स्वयं वस्तुओं में है जिनके गुण पहचानकर हम उन्हें सुन्दर की संज्ञा देते हैं। कहीं हम आकार-प्रकार को, कहीं रूप-रंग को, कहीं घ्राण और स्पर्श के विषयों को, उनके विशेष अनुपातों के अनुसार, सुन्दर-असुन्दर की संज्ञा देते हैं। लम्बी नाक सुन्दर है, चपटी नाक असुन्दर है, काले बाल सुन्दर हैं, खिचड़ी बाल असुन्दर हैं, गुलाब का फूल सुन्दर है, कुकुरमुत्ता असुन्दर है—यहाँ आकार-प्रकार, रंग-रूप और घ्राण-स्पर्शादि विषयों के अनुपात को हम सुन्दर-असुन्दर की संज्ञा देते हैं।

डिकेंस के उपन्यासों का कथानक शिथिल है, प्रेमचन्द बहुधा एक कथा के साथ बहुत-सी कथाएँ उलझा देते हैं निरालाजी के गीत (एक आचार्य के अनुसार) ठूँठ-जैसे हैं,—यहाँ हम विषयवस्तु के गठन को सुन्दर या असुन्दर कहते हैं। विषयवस्तु की शिथिलता या उसका सुथरापन हममें नहीं है, वरन् रचनाओं में है, हम उसे देख पायें या न देख पायें—यह दूसरी बात है।

जाको पिया चाहै सोई सुहागिन,—यह नियम सौन्दर्य की वस्तुगत सत्ता के खिलाफ नहीं जाता। कभी-कभी किसी दीवाने को लोग किसी कुरूप स्त्री पर रीझते देखकर आश्चर्य करते हैं। देखने वालों को लगता है कि इस दीवाने को कुरूपता ही सुन्दर लगती है। लेकिन दीवाने दरअसल देखने वाले हैं जो सौन्दर्य को इन्द्रियबोध तक सीमित रखते हैं, जो यह नहीं समझ पाते कि उनकी आँखों से कुरूप नारी के चरित्र की जो विशेषताएँ ओझल हैं, उन्हें वह तथाकथित दीवाना देखता है। उसकी दीवानगी से यह नतीजा नहीं निकलता कि इन्द्रियबोध के धरातल पर वह स्त्री कुरूप नहीं है, बल्कि यह निकलता है कि सौन्दर्य इन्द्रियबोध तक सीमित नहीं है; वह भावों और विचारों में भी निहित है।

दरबारी साहित्य की सबसे बड़ी कमजोरी यही है कि वह शारीरिक रूप तक अपने को सीमित रखता है। उसके रसराज की अथ और इति नख-शिख और सुरति-वर्णन से हो जाती है। संस्कृत-कवियों की पुरानी उक्ति है कि आहार, निद्रा, भय और मैथुन मनुष्यों और पशुओं में समान है; मनुष्य की विशेषता उसका अपना धर्म है। दरबारी साहित्यशास्त्री कला की व्यापकता उस धरातल पर सिद्ध करते हैं जहाँ मनुष्य और पशु में विशेष अन्तर नहीं है, अन्तर है तो इतना ही कि पशुओं

का जीवन आहार-निद्रा-भय-मैथुन के धरातल पर इतना कृत्रिम नहीं होता।

इन्द्रियबोध के स्तर तक जो सौन्दर्य सीमित है उससे जरा ऊँचे उठकर जहाँ आप भावना और विचार के सौन्दर्य के स्तर पर आते हैं वहीं नैतिकता का सवाल सामने आ खड़ा होता है। साहित्य से आनन्द मिलता है, यह अनुभव-सिद्ध बात है, लेकिन साहित्य-शास्त्र यहाँ समाप्त नहीं होता; बल्कि यहीं से उसका श्रीगणेश होता है। माना कि साहित्य से आनन्द आता है, लेकिन किस तरह का आनन्द आता है, उससे आपके कर्ममय जीवन पर किस तरह का प्रभाव पड़ता है, किस तरह के संस्कार आपके मन में बनते-बिगड़ते हैं, ये तमाम समस्याएँ साहित्य-शास्त्री की ही समस्याएँ हैं। इन समस्याओं के उठते ही साहित्य-शास्त्री दो खेमों में बँटे हुए दिखाई देते हैं। एक खेमे में वे हैं जो आनन्द की परिणति आनन्द ही में मानते हैं, साहित्य के प्रभाव से बनने-बिगड़ने वाले संस्कारों—मनुष्य के कर्ममय जीवन पर साहित्य की प्रतिक्रिया—पर विचार करना आवश्यक नहीं समझते। दूसरे खेमे में वे हैं जो साहित्य को शुद्ध आनन्द रूप नहीं मानते, वरन् मनुष्य-जीवन में उसके प्रभाव पर भी विचार करते हैं यानी उसकी उपयोगिता भी स्वीकार करते हैं। पहले खेमे में तमाम भाववादी (आइडियलिस्ट) विचारक आते हैं जो साहित्य को केवल मनोरंजन की वस्तु समझते हैं। इन्हीं में वे रूपवादी शामिल हैं, जो साहित्य की व्यापकता और सार्वजनीनता उसके कौशल या रूप में देखते हैं। इनके विरुद्ध सोद्देश्य साहित्य का समर्थन करने वाले, सौन्दर्य को उपयोगी मानने वाले केवल भौतिकवादी ही नहीं हैं, वरन् वे तमाम ब्रह्मवादी, भाववादी, धार्मिक और जनसेवी साहित्यकार भी हैं जो भौतिकवादी दर्शन न मानते हुए भी जनता से प्रेम करने के कारण उसके उपकार के लिए साहित्य रचते रहे हैं। इस दूसरे खेमे ही में हमारे देश के सबसे बड़े कवि और विद्वान् रहे हैं। यह कहना असंगत न होगा कि 'साहित्य जनता के लिए'—यह हमारा जातीय सिद्धान्त बन चुका है।

सौन्दर्य और उपयोगिता—दो विरोधी वस्तुएँ मालूम होती हैं, लेकिन उनकी द्वन्द्वात्मक एकता के बिना साहित्य रचना असम्भव है। जो लोग उपयोगिता से इनकार करते हैं, वे वास्तव में सौन्दर्य के घटिया उपयोग को छिपाना चाहते हैं। उनके लिए सौन्दर्य इन्द्रियबोध तक सीमित है; अपने विलास और मनोरंजन पर वे शुद्ध आनन्द का पर्दा डालते हैं। लेकिन सहृदय कवियों के लिए सुन्दर कर्म से बाहर सौन्दर्य की सत्ता है ही नहीं। उनका साहित्य मानव-कर्म से ही प्रभावित होता है, मानव-कर्म को प्रभावित करने के लिए होता है। आदिकवि वाल्मीकि ने व्याध के क्रूर कर्म पर क्रुद्ध होकर और क्रौंच के विलाप पर द्रवित होकर कैसे श्लोक बनाया, वह कहानी साहित्य के जन्म का अच्छा रूपक है। आचार्य रामचन्द्र शुक्ल ने इस घटना पर टिप्पणी की है—'मुनि ने तमसा-तट की इस घटना में सम्पूर्ण लोक-व्यापार का नित्य स्वरूप देखा। इससे वे हताश नहीं हुए। ध्यान करने पर उसी के भीतर

उन्हें मंगलमयी ज्योति का दर्शन हुआ जिसमें शक्ति, शील और सौन्दर्य—तीनों विभूतियों का दिव्य समन्वय था।'—(काव्य में रहस्यवाद)

निरुद्देश्य साहित्य के प्रेमी जब सौन्दर्य की बात करते हैं तब शक्ति और शील की बात भूल जाते हैं। शुक्लजी ने शुद्ध आनन्दवादियों और शाश्वत सौन्दर्य के उपासकों को अपनी युक्ति से निरुत्तर कर दिया है। शुद्ध कलावादी सज्जन आचार्य शुक्ल के लिए यह तो कहते हैं कि उन्होंने भारतीय साहित्य-शास्त्र का अपने ढंग से अध्ययन किया और अपने ढंग के परिणाम निकाले; लेकिन वे यह नहीं बताते कि रीतिकालीन शास्त्रियों और शुक्लजी में अन्तर क्या था? शुक्लजी ने न सिर्फ रीतिकालीन कवियों का मुलम्मा उतार दिया था, वरन् उन्होंने उनके साहित्य-शास्त्र का टाट भी उलट दिया था।

शुक्लजी भौतिकवादी नहीं थे वरन् विशुद्ध आस्तिक थे। फिर भी उनकी विचार-पद्धति पर द्वन्द्ववाद का गहरा असर है। वह दार्शनिक हेगल की याद दिलाते हैं जिसका विश्व-दर्शन भाववादी था, लेकिन जिसकी विचार-पद्धति द्वन्द्ववादी थी। इसीलिए जो लोग वैज्ञानिक भौतिकवाद के नाम पर त्रिकाल-सत्य सौन्दर्य और सदाबहार प्रगतिशीलता की बातें करते हैं, उनसे शुक्लजी के विचार कहीं ज्यादा वैज्ञानिक हैं।

संसार को ब्रह्म की व्यक्त सत्ता मानते हुए शुक्लजी इस सत्ता को सतत गतिशील मानते हैं। इसी कारण उनके लिए सौन्दर्य भी स्थिर और शाश्वत न होकर गतिशील है, उसकी नित्यता उसकी गतिशीलता ही में है। 'काव्य में रहस्यवाद' में वह कहते हैं—"ब्रह्म की व्यक्त सत्ता सतत क्रियमाण है। अभिव्यक्ति के क्षेत्र में स्थिर (Static) सौन्दर्य और स्थिर मंगल कहीं नहीं, गत्यात्मक (Dynamic) सौन्दर्य और गत्यात्मक मंगल ही है; पर सौन्दर्य की गति भी नित्य और अनन्त है और मंडल की भी। गति की यही नित्यता जगत् की नित्यता है। सौन्दर्य और मंगल वास्तव में पर्याय हैं। कलापक्ष से देखने में जो सौन्दर्य है, वही धर्मपक्ष से देखने में मंगल है।"

आलोचक का काम इस गत्यात्मक सौन्दर्य की व्याख्या करना होता है। और यह सौन्दर्य गत्यात्मक मंगल से भिन्न नहीं है। शुक्लजी के लिए यह गतिशीलता ब्रह्म की व्यक्त सत्ता का रूप है। भौतिकवादी के लिए इस गतिशील संसार से परे कोई अव्यक्त सत्ता नहीं है। लेकिन साहित्य के क्षेत्र में गत्यात्मक सौन्दर्य का अध्ययन करने में दोनों एक-दूसरे के निकट आ जाते हैं।

जो कुछ सुन्दर है, वह मंगल भी है, लेकिन जो कुछ मंगल हो वह (कलात्मक दृष्टि से) सुन्दर भी हो—यह आवश्यक नहीं। राजनीति की पुस्तकें, नैतिकता के सिद्धान्त, विज्ञान के आविष्कार लोक-मंगल के लिए हो सकते हैं, लेकिन हम उन्हें सौन्दर्य का पर्यायवाची मानें—यह आवश्यक नहीं। साहित्य के

लोक-मंडल की अपनी विशेषता है जिससे वह नीति, विज्ञान, दर्शन आदि के लोक-मंगल से भिन्न ठहरता है।

साहित्य के लोक-मंगल की यह विशेषता उसकी अभिव्यक्ति में है, उसके आन्तरिक गठन में भी। यह विशेषता साहित्य के रूप में है, उसकी विषय-वस्तु में भी।

साहित्य के रूप की विशेषता उसका इन्द्रिय-सुखद गठन है। नीति, दर्शन और विज्ञान में जो विचार प्रकट किए जाते हैं, वे निराकार नहीं होते। भाषा का भौतिक रूप वहाँ भी होता है। लेकिन वे विचार अपने सूक्ष्म रूप में प्रकट किए जाते हैं; उन्हें इन्द्रिय-सुखद मूर्त रूप देना आवश्यक नहीं होता। साहित्य के रूप की यह सेन्द्रियता (Sensuousness) उसे दर्शन और विज्ञान के रूप की सूक्ष्मता (Abstraction) से भिन्न करती है।

रानी लक्ष्मीबाई वीर नारी थीं, इस विचार को व्यक्त करने के लिए चित्रकला में झाँसी का किला, घोड़े पर लक्ष्मीबाई, डूबते हुए सूर्य की लालिमा और गोरों के कटे हुए सिर—यह सब दिखाना होगा। यही भाव संगीत में दर्शाने के लिए दुर्गा या मारवा का सहारा लेकर मूर्त्त स्वरारोह-अवरोह से 'सकिलि स्रवनमग चलेउ सुहावन' की उक्ति चरितार्थ करनी होगी। साहित्य में उसी के लिए श्री वृन्दावनलाल वर्मा की कलम का सहारा लेकर बहुत-सी घटनाओं का वर्णन, चरित्र-चित्रण आदि करना होगा। साहित्य में जहाँ हम लोक-मंगल को दर्शन और विज्ञान की तरह उसकी सूक्ष्मता (Abstraction) में प्रकट करने लगते हैं, वहीं साहित्य का रूप अपनी विशेषता खो देता है।

लेकिन साहित्य और दर्शन या विज्ञान का अन्तर रूप का ही अन्तर नहीं है। अन्तर विषयवस्तु का भी है। दर्शन और विज्ञान यथार्थ की छानबीन करके हमारे सामने कुछ विचार रखते हैं, यह उनका मुख्य काम है। लेकिन साहित्य हमारे सामने यथार्थ का चित्र भी पेश करता है। साहित्य की विषयवस्तु में विचार ही नहीं होते; विचारों भी भूमि—मनुष्य का कर्ममय जीवन भी होता है। दर्शन और विज्ञान की सहायता से हम यथार्थ को समझना चाहते हैं; साहित्य की सहायता से हम यथार्थ को समझना ही नहीं चाहते, उसे देखना भी चाहते हैं।

साहित्य की विषयवस्तु की दूसरी विशेषता यह है कि उसमें विचार ही नहीं होते, यथार्थ जीवन का चित्र ही नहीं होता, इस यथार्थ जीवन और विचारों के प्रति मनुष्य की भावना, उसकी रागात्मक प्रतिक्रिया भी होती है। विज्ञान और दर्शन का काम मनुष्य की भावनाओं को जगाना, उसका परिष्कार करना, उसकी पुष्टि करना नहीं होता, यह काम मुख्यतः साहित्य का है। कला और साहित्य की सरसता का सबसे बड़ा कारण उनका यह भावनामूलक स्वभाव है।

मोटे तौर पर कह सकते हैं कि साहित्य में मनुष्य की बाह्य इन्द्रियाँ, हृदय और

मस्तिष्क—तीनों का समन्वय होता है। रूप, भावना और विचार की एकता से कला की सृष्टि सम्भव है। इसी एकता के कारण साहित्य का प्रभाव दर्शन और विज्ञान के प्रभाव से भिन्न होता है। साहित्य मनुष्य को श्रेष्ठ विचार ही नहीं देता, वह उन्हें कार्यरूप में परिणत करने के लिए प्रेरणा भी देता है। वह हमारा मनोबल दृढ़ या क्षीण करता है, हमारा चरित्र बनाता या बिगाड़ता है। वैज्ञानिक और दार्शनिक अपने तर्क द्वारा हमें भले आश्वस्त कर दें या पराजित कर दें, उनके श्रेष्ठ विचारों में आस्था पैदा करना, उन विचारों को आचरण में उतारने के लिए दृढ़ संकल्प पैदा करना साहित्य का ही काम है। इसीलिए मानव-चरित्र पर, किसी जाति या राष्ट्र के चरित्र पर, मनुष्य के कर्ममय जीवन पर, जितना प्रभाव साहित्य का पड़ता है उतना दर्शन या विज्ञान का नहीं। साहित्य की यह सबसे बड़ी उपयोगिता है।

जो लोग कहते हैं कि साहित्य में विचारों का महत्त्व नहीं है, महत्त्व विचारों की अभिव्यक्ति के ढंग का है या महत्त्व केवल भावना (इमोशन) का है, वे साहित्य का प्रभाव कम कर देते हैं, रूप-भावना-विचार में किसी एक का ही महत्त्व घोषित करते हैं। गोस्वामी तुलसीदास ने साहित्य की प्रक्रिया का बहुत ही युक्तिपूर्ण वर्णन किया है—

> हृदय सिन्धु मति सीप समाना।
> स्वाती सारद कहहिं सुजाना
> जो बरखै बर बारि विचारू।
> होहिं कबित मुकता-मनि चारू।

यहाँ गोस्वामी जी ने साहित्य में विचारों की उदात्त भूमिका को उचित स्थान दिया है। श्रेष्ठ विचारों के न होने पर केवल हृदय-सिन्धु से काव्य के मुक्ता-मणि निकालना असम्भव है। गोस्वामीजी रामकथा रूपी जल के लिए यह भी कहते हैं—'सो जल सुकृत सालि हित होई।' साहित्य के रस का सीधा प्रभाव मनुष्य के सुकृतों पर, उसके कर्म पर पड़ता है। इसीलिए यह प्रभाव किस तरह का है—यह जानना-परखना आलोचक का कर्तव्य हो जाता है।

भाववादी विचारक मनुष्य की कुछ भावनाओं को चिरन्तन मानकर चलते हैं। साहित्य के रस की नौ श्रेणियाँ करने के पीछे भी यही दर्शन है। लेकिन मनुष्य का जीवन इस सीधे विभाजन से ज्यादा पेचीदा है। रीतिकालीन शैली के आलोचक किसी उपन्यास में कुप्रथा की बुराइयाँ देखकर उसे बीभत्स-प्रधान कहते हैं; किसान-जमींदार-संघर्ष के चित्रण में करुण रस की व्याख्या करते हैं; गहनों से प्रेम करने के दुष्परिणाम को शृंगाराभास से सच्चे शृंगार की ओर आना कहते हैं और राजनीति से सम्बद्ध उक्तियों को वीररस कहते हैं।

यही नहीं कि साहित्य की विषयवस्तु नौ रसों के साँचे में ढलने से इनकार

करती है, बल्कि भाववादी विचारधारा के प्रतिकूल मनुष्य के विचार और उसकी भावनाएँ परिवर्तनशील भी हैं। जिन्हें हम मनुष्य की आदिम वृत्तिया—इंस्टिक्ट—कहते हैं, वे भी विकासमान हैं, उनका भी इतिहास है। अन्तर इतना ही है कि मनुष्य की कुछ वृत्तियों में इतने धीरे परिवर्तन होता है कि हम उन्हें प्रायः अपरिवर्तनशील कहते हैं जबकि दूसरी वृत्तियाँ, दूसरी भावनाएँ जल्दी बदलती हैं। मिसाल के लिए मनुष्य में समूह या व्यक्ति की भावना का विकास या ह्रास व्यक्तिगत सम्पति के जन्म, विकास और ह्रास के साथ जुड़ा हुआ है। वर्गयुक्त समाज में व्यक्तिगत स्वार्थ की जिन वृत्तियों को मनोविज्ञान के पण्डित शाश्वत मानते हैं, वर्गहीन समाज उन्हीं का अभाव दिखाई देता है।

इसीलिए साहित्य से समाज-विज्ञान का गहरा सम्बन्ध है। समाज-विज्ञान मानव-जीवन के बदलते हुए मूल्यों को पहचानना सिखाता है। साहित्य की विकासमान, परिवर्तनशील विषयवस्तु रचनाकार का मनमाना व्यापार न होकर समाज का आधार पाकर सार्थक दिखाई देती है।

किसी भी युग का साहित्य उस समय के संसार और समाज के प्रति प्रचलित धारणाओं से अछूता नहीं रहता। साहित्यकार संसार और समाज के प्रति कोई-न-कोई दृष्टिकोण अपनाए बिना तो रचना कर ही नहीं सकता। समाज-विज्ञान के विकास ने उसके सामने समस्या यह खड़ी कर दी है कि वह वैज्ञानिक दृष्टिकोण अपनाए या अवैज्ञानिक! साहित्यकार विज्ञान के प्रकाश की सहायता से अपनी रचनाएँ और भी प्रभावशाली बना सकता है, उन्हें समाज के हित के लिए और भी सुन्दर तथा उपयोगी बना सकता है।

कौन-सा दृष्टिकोण, कौन-से विचार सही हैं, कौन-से गलत—इसकी कसौटी व्यवहार है। मनुष्य का सबसे बुनियादी व्यवहार उत्पादन-क्रिया है, खाने-पहनने-रहने के साधन जुटाने की क्रिया है। मनुष्य के विचारों का बहुत ही नजदीकी सम्बन्ध इस क्रिया से होता है। श्रम के विभाजन के सिलसिले में वर्ग बनते हैं, वर्गों के हित आपस में टकराते हैं। उनके विचार आपस में टकराते हैं। हमारे समाज में जितने वर्ग हैं, उनमें मजदूर-वर्ग ऐसा है जिसका सम्बन्ध उत्पादन के सबसे आगे बढ़े हुए रूप से है। अपने जीवन की इस परिस्थिति के कारण मजदूर-वर्ग समाज को बदलने में अग्रदल की भूमिका अदा करता है, और सभी वर्गों की अपेक्षा वह सबसे आगे बढ़ी हुई विचारधारा का वाहक बनता है।

प्रत्येक युग में कोई विशेष वर्ग और उस वर्ग के प्रतिनिधि साहित्य के निर्माण में अगुवाई करते हैं। आज के युग में यह काम मजदूर-वर्ग और उसके प्रतिनिधियों द्वारा सम्पन्न हो रहा है।

किसी भी युग में कोई भी वर्ग एकदम नए सिरे से साहित्य या संस्कृति की रचना नहीं करता। वह मनुष्य की तब तक की संचित ज्ञानराशि से लाभ उठाकर,

अपने दृष्टिकोण से उसका मूल्यांकन करके और उसके स्वस्थ तत्त्वों के आधार पर ही नए साहित्य, नई संस्कृति का निर्माण करता है।

भारतीय साहित्य तो रक्षा करने योग्य, जन-साधारण के लिए सुलभ बनाने योग्य है ही, भारतीय काव्यशास्त्र में भी ऐसे तत्त्व हैं, जिनका द्वन्द्व-सिद्धान्त के आधार पर विकास सम्भव है। रस-निष्पत्ति के सिलसिले में उत्पत्तिवाद, अनुमानवाद, भुक्तिवाद और अभिव्यंजनावाद नाम से जो चार मत प्रचलित हैं, वे एक-दूसरे के विरोधी न होकर पूरक साबित हो सकते हैं।

रंगमंच पर नट किसका प्रेम दिखाता है? वह राम का या दुष्यन्त का प्रेम दिखाता है। इसका मतलब यह हुआ कि साहित्य में जिन भावनाओं का चित्रण होता है, उनकी स्थिति वास्तविक जीवन में है। साहित्य यथार्थ जीवन का ही चित्रण करता है।

नाटक देखनेवाला नट को ही राम समझता है। इस तरह कला जीवन का भ्रम (इल्यूजन) उत्पन्न करती है। लेकिन भ्रम और वास्तविक जीवन का सम्बन्ध क्या है? कला का 'भ्रम' जीवन से उत्पन्न होता है और जीवन को ही पुष्ट करता है। मतलब यह है कि साहित्य यथार्थ जीवन की छवि ही नहीं आँकता, उस जीवन को और भरा-पूरा भी बनाता है।

नट को यदि दर्शक राम ही समझता रहे तो उसे रसबोध न हो। उसके लिए रंगमंच के राम और किसी प्रेमी नायक में अन्तर नहीं रहता। इस तरह कला के विशेष पात्र समाज के साधारण जनों की भावनाएँ व्यक्त करते हैं। साहित्य साधारण और असाधारण—जेनरल और पर्टिकुलर—के विरोधी तत्त्वों की एकता प्रकट करता है। यदि दुष्यन्त हर प्रेमी के सामने हो तो वह दुष्यन्त न रह जाए, उसके व्यक्तित्व की अपनी विशेषता न रहे। यदि वह इतना असाधारण हो जाए कि साधारण साहित्य प्रेमियों से समानता न रहे, तो उसके क्रियाकलाप से औरों को चिलचस्पी न रहे। इसीलिए साहित्य की विषयवस्तु साधारण और असाधारण, मौलिक और उधार ली हुई—दोनों होती है।

श्रोता और दर्शक में पहले से रस-ग्रहण की शक्ति न हो तो वह नाटक देख-सुनकर ज्यों-का-त्यों लौट आए। साहित्य का प्रभाव सहृदय मनुष्य पर ही पड़ता है, लेकिन एक बार प्रभाव पड़ने पर उसकी सहृदयता निखरती भी जाती है। साहित्य और पाठक या श्रोता की सहृदयता का यह द्वन्द्वात्मक सम्बन्ध है।

सौन्दर्य और उपयोगिता का भी ऐसा ही सम्बन्ध है। साहित्य मानव-जीवन के लिए आवश्यक कार्यवाही है। साहित्य मनुष्यों को संगठित करने और उनके जीवन को परिवर्तित करने का साधन है। शासकवर्ग प्रयत्न करता है कि इस अस्त्र से जनसाधारण की चेतना को कुन्द कर दे, उसे अफीम की घूँटी देकर उसे न्याय-अन्याय के प्रति अचेत कर दे या उसे झूठे न्याय, झूठे सत्य, झूठी नैतिकता

में फँसाकर उसे अपने शिकंजे में जकड़े रहे। साहित्य-शास्त्र की उपयोगिता यह होगी कि वह साहित्य और जीवन के सम्बन्ध की वास्तविकता प्रकट कर दे, जनता के लिए अहितकर साहित्य और अहितकर साहित्य-शास्त्र से भ्रम का पर्दा उठा दे।

सौन्दर्य का स्रोत जनता है। समाज के भीतर जो जीर्ण और मरणशील तत्त्व हैं; जो जीवन्त और उदीयमान तत्त्व हैं, इनसे बाहर सुन्दर-असुन्दर की सत्ता नहीं है। जो जीर्ण और मरणशील हैं, उनके लिए सुन्दरता मृत्यु में है, अन्याय-अत्याचार को फरेब से ढकने में है, भविष्य से त्रस्त होने और क्षण में ही जीवन की साधें पूरी करने में है। जो जीवित और उदीयमान हैं, उनके लिए सुन्दरता सत्य में है, मृत्यु को जीतने में है, अज्ञान, अत्याचार और अन्याय की दुनिया को दफनाने में है, सुख और शान्ति के उज्ज्वल भविष्य की ओर बढ़ने में है। साहित्य उस मंजिल तक पहुँचने का शक्तिशाली साधन है।

24. अनास्था और अयथार्थ का साहित्य

हिन्दी भाषा को जितना समृद्ध प्रयोगवादी कविता ने किया है, उससे ज्यादा समृद्ध उसे नई कविता के समर्थन में लिखी हुई आलोचना ने किया है। हिन्दी कविता का पाठक चाहे वह प्रसाद, निराला, पंत और महादेवी वर्मा का प्रेमी रहा हो, चाहे दिनकर, बच्चन, सुमन और नरेन्द्र की रचनाओं को प्यार करता हो, चाहे उसने नीरज और वीरेन्द्र मिश्र जैसे कवियों के गीतों में रस लिया हो, अथवा वह इन सभी से कुछ न कुछ साहित्यिक आनन्द पाता रहा हो, 'नई कविता' से वह दूर भागता है। इसलिए आलोचना की लाठी से बार-बार हाँक कर उसे इस अप्रिय अनास्वाद्य प्रयोगशील काव्य-वस्तु की ओर लाना आवश्यक होता है। नई कविता के लिए (उसके विरोध में नहीं, समर्थन में) यह दावा भी किया जाता है कि वह बौद्धिक है। इसलिए भी पाठक की बुद्धि में आलोचना द्वारा ही यह बात बिठाई जा सकती है कि जिसे वह कविता समझने से इनकार करता है, वह कविता ही है और वास्तव में कविता तो बस वही है।

अभी तक नई कविता की व्याख्या करते हुए कुछ लेख अज्ञेय-सम्पादित 'प्रतीक', भारती-सम्पादित 'आलोचना', 'नई कविता' तथा कुछ अन्य पत्रिकाओं में देखने को मिले थे। अब इस कविता को लेकर एक वृहद् शास्त्र भी प्रकाशित हो गया है। उसके दो सौ बानवे पृष्ठों में कही हुई बातें बानवें पृष्ठों में भी आसानी से कही जा सकती थीं किन्तु जब कविता में एक ही बात पचास बार कही जाती है तो आलोचना ही इस नियम का अपवाद क्यों हो? आयाम-प्रतिमान और परिप्रेक्ष्य

वाली भाषा में लिखे हुए ग्रन्थ का वैसे ही रोब पड़ता है, बात घुमा-फिरा कर बार-बार कही जाए तो और भी पुरअसर हो जाती है, वह तथ्य श्री लक्ष्मीकान्त वर्मा लिखित 'नई कविता के प्रतिमान' से आपको भली-भाँति अवगत हो जाएगा।

अभी तक प्रयोगवाद को लोग कुण्ठावाद, पराजयवाद, पलायनवाद, साहित्यिक अराजकतावाद का पर्याय समझा करते थे। यह कहने वाले कम थे कि वह सामाजिक संघर्ष का साहित्य है, उसकी मूल धारा क्रान्तिकारी और यथार्थवादी है और वास्तविक अर्थ में प्रगतिशील साहित्य वही है। अधिक से अधिक अपनी कुण्ठा और घुटन के बारे में कवि यही कहते थे : हम मध्यवर्ग में पैदा हुए हैं; जीवन में कुण्ठा और घुटन भी है, फिर वह साहित्य में क्यों न आए? इसके लिए वे विदेशी कवियों का हवाला भी देते थे कि अगर विलायत के कवि उलटबाँसियों में रोते-झींकते हैं, तो उनके भारतीय शिष्यों को हिन्दी में सिसकने की स्वाधीनता क्यों न हो? यथा श्री धर्मवीर भारती ने 'साहित्य की नई मर्यादा' नाम के निबन्ध में लिखा था, "आज की व्यापक सांस्कृतिक रुग्णता में यह दासत्व भावना और प्रगति-विरोधी निष्क्रियता बहुत सहज सम्भाव्य है, क्योंकि टी.एस. इलियट के शब्दों में हमारा हृदय हमसे अलग जा पड़ा है और हमारा दिमाग प्याज के छिलकों की तरह उतर गया है—क्योंकि हम एक अज्ञात भय से आकुल हैं जिससे हम आँख नहीं मिला सकते।" लेकिन अब प्याज के छिलके सोचने लगे हैं और उनका दावा है कि उनसे ज्यादा क्रान्तिकारी चिन्तन न मार्क्स ने किया है, न लेनिन ने, और इस नए चिन्तन के आधार पर एक नई दुनिया बसाने का समय अब आ गया है।

श्री लक्ष्मीकान्त वर्मा का दावा है कि यथार्थ जीवन से छायावाद और प्रगतिवाद दोनों बचते थे; यथार्थ से आँखें चार करने का श्रेय प्रयोगवाद को है। हिन्दी काव्य-जगत् की इस ऐतिहासिक घटना के बारे में उन्होंने लिखा है, "छायावादी इस यथार्थ को भोगने की अपेक्षा इसे त्याज्य समझता था, इसलिए उसने यथार्थ से पृथक् कल्पनाएँ गढ़कर यथार्थ की अवहेलना करने को सबसे बड़ा मूल्य मान लिया था। प्रगतिवादी यथार्थ के नाम पर साम्प्रदायिक तत्त्वों की संकीर्णताओं में उलझ गया था, इसलिए उसमें भी यथार्थ का साक्षात्कार न कर उसे वहन करने अथवा भोगने की क्षमता नहीं थी। इन दोनों से पृथक् नई कविता ने इस यथार्थ को उसके औचित्य के साथ स्वीकार किया!"

नई कविता की यह यथार्थ-सम्बन्धी उपलब्धि इतनी चमत्कारी है कि स्वयं श्री लक्ष्मीकान्त वर्मा ने अपने वाक्य के अन्त में एक आश्चर्य-चिह्न लगा दिया है! साधारण पाठकों को उस पर आश्चर्य हो तो उनकी भावना के औचित्य को स्वीकार करना ही होगा।

वह यथार्थ कौन-सा है जिसे नई कविता वहन या सहन करती है? उत्तर है, "जीवन और उसके सत्य सबसे बड़े यथार्थ हैं।" और जीवन का सत्य क्या है?

"जीवन निस्सार नहीं, जीने के लिए है, उसे जिया जा सकता है, उसे भोगा जा सकता है, उसके साथ मनुष्य होकर मनुष्य के स्तर पर अनुभूतियों को ग्रहण किया जा सकता है और उनसे ओतप्रोत होकर जीवन की व्यापकता में सौन्दर्य, रस, आनन्द, बोध, अनुबोध के स्तरों को ग्रहण किया जा सकता है—यही नहीं, उन्हें स्वीकार भी किया जा सकता है।"

क्या प्रयोगवादियों से पहले भी किसी ने इस बात को समझा था कि जीवन जीने के लिए है? एक छायावादी काव्य-पुस्तक में पढ़ा था—

तप नहीं केवल जीवन सत्य
करुण यह क्षणिक दीन अवसाद;
तरल आकांक्षा से है भरा
सो रहा आशा का आह्लाद।

सम्भवतः यहाँ जीवन से पलायन करने का उपदेश दिया गया है! उस पुस्तक में यह भी लिखा है—

अपने दुख-सुख से पुलकित
यह मूर्त विश्व सचराचर;
चिति का विराट् वपु गगल
यह सत्य सतत चिर सुन्दर।

यहाँ शायद संसार को नश्वर मानकर वैराग्य लेने का उपदेश दिया गया है! शायद छायावादी कविता में न सौन्दर्य है, न रस है, न आनन्द है! इन सबका आविष्कार सबसे पहले प्रयोगवादियों ने और उनमें भी श्री लक्ष्मीकान्त वर्मा ने किया है!

कठिनाई यह है कि पाठकों को नई कविता में न रस मिलता है, न आनन्द, न उसमें उन्हें सौन्दर्य के दर्शन होते हैं। क्या यह कहना उचित न होगा कि प्रयोगवादी कविता में मूलतः जीवन की अस्वीकृति है, उसके रचयिताओं के लिए जीवन निःसार है, इसीलिए निरुद्देश्य होकर वे रोते-सिसकते हैं, उन्हें सुन्दर की अपेक्षा बीभत्स, रस की अपेक्षा नीरसता, आनन्द की अपेक्षा घुटन तथा बोध-अनुबोध की अपेक्षा अबोध और दुर्बोध शब्दजाल से ही अधिक प्रेम है? यदि ऐसा न होता तो नीरसता, कुण्ठा, अहंवाद, लयहीन बेतुकी रचनाओं की इतनी वकालत करने की जरूरत न पड़ती।

आप विश्वास करें चाहे न करें, लक्ष्मीकान्त जी परम आत्म-विश्वास से कहते हैं कि "आशा का स्वरूप हिन्दी कविता में नई कविता के पूर्व पिछले उल्लास में ही व्यक्त होता हुआ मिलता है।" गहरे उल्लास के साथ आशा का स्वरूप अब व्यक्त

हो रहा है। कितने उल्लास से प्रयोगवाद के जनक ने लिखा था–

मैं ही हूँ वह पदाक्रान्त रिरियाता कुत्ता।

मनुष्य होकर मनुष्य के स्तर पर अनुभूतियों को यों ग्रहण किया गया है कि रिरियाते कुत्ते और कवि का भेद-भाव ही मिट गया है। एक अन्य उदाहरण लीजिए–

बाल बिखरे
गाल पिचके
निष्प्रभ
क्लान्त
आदि से अन्त तक
केवल अतुकान्त
श्रीमान्
श्रीयुत
श्री लक्ष्मीकान्त

अपने को निष्प्रभ और क्लान्त देखकर कवि को कितनी प्रसन्नता होती होगी, साधारण जन इसकी कल्पना नहीं कर सकते। यह नहीं कि शरीर में ही घुन लगा हो और भीतर आत्मा आस्था के मारे दमक रही हो। भीतरी दुनिया की हालत और भी खस्ता है।

'निकष' (तीसरे और चौथे संयुक्त संकलन) में प्रकाशित एक कविता यों आरम्भ होती है–

मेरी कुण्ठा
रेशम के कीड़े-सी ताने-बाने बुनती
स्वर से, शब्दों से, भावों से
और, वाणी से कहती-सुनती
तड़फ-तड़फ कर बाहर आने को सिर धुनती
गर्भवती है–
मेरी कुण्ठा क्वाँरी कुन्ती
बाहर आने दूँ तो लोकलाज मर्यादा
भीतर रहने दूँ तो घुटन
सहन से ज्यादा
मेरा यह व्यक्तित्व
सिमटने पर आमादा

व्यक्तित्व के सिमटने के बारे में आदि प्रयोगवादी शेखर पर उसके रचयिता का लिखा हुआ यह वाक्य याद कर लीजिए : "जिस प्रकार घोंघे के भीतर रहने वाला जीव तभी बाहर निकलता है, जब वह भूखा होता है या जब वह प्रणयी खोजता है, और तृप्त होकर फिर घोंघे के भीतर घुस जाता है, उसी प्रकार असन्तुष्ट और अतृप्त शेखर भी बाहर निकला हुआ था।" नई कविता के यथार्थवाद का मूल सूत्र इस वाक्य में मिल जाता है। वैसे घोंघा गद्य के लिए ठीक है; कविता में सीपी की उपमा ज्यादा सार्थक होगी यथा—

सीपियाँ..................
यह गन्ध-दूषित
मुख-विवर जो किरकिराते रेतकन से
अचकचा कर अधखुला ही रह गया है।

ये सीपियाँ "अपनी घुटन का ले सहारा" मुक्त होना चाहती थीं। किससे? "निस्सीम सागर से"! उसी तरह प्रयोगवादी कवि अपने मर्दित अहं को समाज से, परिवार से, समस्त मानव-सम्बन्धों से मुक्त करना चाहता है। लेकिन मुक्त कैसे हो? कुण्ठावाली कविता देखिए। कुण्ठा 'तड़फ-तड़फ' कर बाहर आने को सिर धुनती है। साथ ही स्वयं भी गर्भवती है। नतीजा यह कि न भीतर रह सकती है और न बाहर आ सकती है। इसीलिए कवि का व्यक्तित्व सिमटने पर आमादा हो जाता है। शायद सिमट नहीं पाता; इसलिए घोंघे-सा या सीपी-सा गन्ध दूषित मुख-विवर खुला ही रह जाता है।

'निकष' (न. 2) में छपी एक कविता देखिए—

सूनी, अँधेरी यह हृदय की गुहा—
बन्द, चारों ओर चट्टानें उठीं संस्कार की,
भाव मन के कुलबुलाते जीव
ज्योति और वातहीन क्षुद्र परिधि में
रेंगते ज्यों गिलगिले अन्धे, मिट्टीखोर केंचुए।
धूप का न नाम है, न नाम हरियाली का।
दुर्गन्ध कड़वी और तीखी सड़ी प्याज-सी
आकांक्षाओं के छाया प्रेत
न-कुछ में बनते और मिटते
भयंकर अ-यथार्थ
स्वार्थ, स्वार्थ।

दुर्गन्ध से भरा हृदय-कूप, केंचुए जैसे बिलबिलाते भाव, आकांक्षाओं के

छायाप्रेत, यह अ-यथार्थ ही प्रयोगवाद का यथार्थ है जिसका पर्यायवाची दूसरा शब्द है—स्वार्थ!

रस, आनन्द, उल्लास, आशा और यथार्थ की बात छोड़कर पता लगाना चाहिए, इस अययार्थ निराशा और नीरसता का कारण क्या है। इस प्रश्न का उत्तर भी श्री लक्ष्मीकान्त की पुस्तक में मिल जाएगा। नई कविता ने व्यक्तित्व का अर्थात् कवि के अहं का अन्वेषण किया है यथार्थ के नाम पर उसके पास अहं के अलावा और कुछ नहीं है। लक्ष्मीकान्त जी के अनुसार अहंवाद और सामाजिक दायित्व में परस्पर बैर नहीं है। कहना चाहिए कि जो जितना ही अहंवादी होता है, वह उतना ही सामाजिक दायित्व भी वहन करता है। "अहंवादी होना दोष नहीं। अहं विकृति नहीं है। इसके विपरीत अहं प्रकृति है, इसलिए कि वह अपने अस्तित्व का समर्थन है।" अमरीकी, अंग्रेज और फ्रांसीसी व्यक्तिवादियों के निरपेक्ष व्यक्ति का हिन्दी रूप यह अहं है। इस अहं से पूछिए, "को हैं माता-पिता तुम्हारे?" किस भाषा में तुमने शिक्षा पाई? कौन तुम्हारे लिए अन्न पैदा करता है, वस्त्र बनाता है? समाज जिन वर्गों में बँटा हुआ है, उनमें तुम किसके सदस्य हो? ऐसा तो नहीं है कि अपने अहं की जड़ें तुमने 'कांग्रेस फॉर कल्चरल फ्रीडम' के कम्पाउंड में गाड़ रखी हैं? इन प्रश्नों का उत्तर लक्ष्मीकान्त जी के यहाँ नहीं है। उन्होंने छायावाद और प्रगतिवाद को जी-भर कोसने के बावजूद एक अकल्पित, अयथार्थ, न-भूतो-न-भविष्यति, निरपेक्ष व्यक्ति की रचना करके एक अभिनव रहस्यवाद की सृष्टि कर डाली है। अन्वेषण का चरम लक्ष्य यह अहं कभी शिलाखंडों से दबा हुआ निर्झर होता है जो कहता है—

तुम दोगे जो मैं सहूँगा।

रवीन्द्रनाथ का निर्झर स्वप्न भंग करके वह चला था; यह अभिनव रहस्यवादी निर्झर केवल भारवाहक है। उसे कब शब्द मिलेंगे, कब वह मुँह खोलेगा—और मुँह खोलने पर बोलेगा भी या मुँह बाए ही खड़ा रहेगा—यह कोई नहीं कह सकता। कभी वह अकेला स्नेहभरा दीप है; शायद स्नेह अपने अकेलेपन से ही है। जो भी हो, यथार्थवाद के नाम पर रहस्यवाद की फीकी प्रतिध्वनि यों सुनाई पड़ती है—

यह प्रकृत स्वयंभू, ब्रह्म, अयुत,
इसको भी शक्ति को दे दो।

अहं और कुण्ठा के परस्पर सम्बन्ध पर एक सूत्र सुन लीजिए। "अहं कुण्ठा को परिष्कृत करता है। कुण्ठा रुग्ण मनःस्थिति की द्योतक है; इसलिए उसमें दृष्टि का अभाव रहता है।" रोग का परिष्कार, दृष्टिहीनता का परिष्कार; निवारण नहीं परिष्कार! शायद कुण्ठावादी अन्धेपन में अहंवाद के कारण कुछ निखार आ जाता है। यह बात सही है कि कुण्ठा का सम्बन्ध रुग्ण मनःस्थिति से है। यह और भी सही

है कि नई कविता में इस कुण्ठा का बोलबाला है और तब से है जब शेखर का जन्म हुआ था। इसीलिए नई कविता का यथार्थ जीवन से कोई सम्बन्ध नहीं है; वह अधिकतर रुग्ण मनःस्थितियों की उपज है या उनकी बचकानी नकल है। हम जीवन से पलायन नहीं करते, हम संघर्षों में जूझते हैं, हम बाधाओं और कठिनाइयों को चुनौती देते हैं, इस डींग के बल पर कविता में अहंवाद की प्रतिष्ठा की जाती है।

मैं उपेक्षित, व्यथित बालक
ज्यों पराए खिलौने को देखकर चुप हो गया सा,
फिर दुखित हो
लौट आता हूँ।
ऐसा है यह वीर अहंवादी। अथवा—
हवा अच्छी नहीं लगती। साँसों को रोको।
सब कुछ तुम्हारी बाँहों में समर्पित है।
मुझे ताप दो—
भ्रूण में रूपाकृत हो जाऊँ,
घुटने मोड़ कर सो जाऊँ।

इस पर दावा यह है कि नई कविता निष्क्रियता से मुक्त है। यह इच्छा जीने की है या भ्रूण बन कर फिर सो जाने की है?

यह बात काफी सही है कि "यथार्थ की नीरसता, तिक्तता, विद्रूपता को सहन करके नई कविता मानव विशिष्टता और विवेक के आधार पर उसके नए स्तरों और सम्भावनाओं को विकसित करती है।" वाक्य का दूसरा भाग अप्रासंगिक है; मुख्य बात यह है कि नई कविता यथार्थ की नीरसता की ओर ही अधिक झुकती है, सरसता, आशा और आनन्द की ओर नहीं। जुलाई-अगस्त 1958 की 'कल्पना' में श्री यज्ञदेव शल्य ने 'नवीन काव्य-प्रवृत्तियाँ' नाम के लेख में श्री लक्ष्मीकान्त वर्मा की 'कली की जड़ें' शीर्षक कविता का हवाला देकर बहुत ठीक लिखा है, "जहाँ तक मैं समझता हूँ, इस कविता में कली को हँसाते रहने का कहीं विश्वास नहीं है, प्रत्युत् कवि जान-बूझ कर निराशा, कुण्ठा और बीभत्सता (बीभत्स रस नहीं) की सृष्टि कर रहा है।" साहित्य में नीरसता का चित्रण वर्जित नहीं है, शर्त यही है कि उसके चित्रण से साहित्य भी नीरस न हो जाए। नई कविता नीरसता और विद्रूपता को सहन ही नहीं करती, उसे वहन भी करती है जिसके फलस्वरूप वह स्वयं नीरस बन जाती है।

लक्ष्मीकान्त जी ने सौन्दर्यबोध के नए तत्त्वों पर एक अध्याय ही लिख डाला है। यह अनावश्यक था। मुख्य बात यह कि आप काव्य-सौन्दर्य को भूल ही जाइए, तभी आप नई कविता को सहन कर सकेंगे। सौन्दर्य के इस अभाव की अनुभूति

श्री लक्ष्मीकान्त को भी हुई है। नई कविता की विशेषताओं में एक यह भी है कि उसकी ''विषयवस्तु और उसका भावस्तर मिथ्या कलाप्रियता की अपेक्षा उस सत्य को कहीं श्रेयस्कर समझता है जो महान् न होते हुए भी मानवीय हो सकता है।'' नई कविता ने किस तरह के सत्य का अन्वेषण किया है, उसके कुछ नमूने हम ऊपर देख चुके हैं। यह सत्य इतना महत्त्वपूर्ण है कि उसके लिए सौन्दर्य को 'मिथ्या कलाप्रियता' कह कर तिलांजलि दे दी गई है। यह नई कविता के अकवित्व का समर्थन है, नीरसता के पक्ष में दी गई दलील है।

लक्ष्मीकान्त जी का कहना है कि ''नई कविता के साथ उसका (अर्थात् नए कवि का) विश्वास उस मानव के प्रति है जो बड़ा भले न हो किन्तु लघु होने के साथ-साथ अपने प्रति जागरूक है।'' यह बात बहुत पहले प्रसाद जी ने छायावाद और यथार्थवाद की चर्चा करते हुए लिखी थी। उस लघु मानव की प्रतिष्ठा 'तितली' में, निराला जी के रेखाचित्रों में, प्रेमचन्द के उपन्यासों में, सुमन, नरेन्द्र आदि की अनेक कविताओं में मिलेगी। निःसंदिग्ध रूप से 'नई कविता' का सम्बन्ध लघुमानव से नहीं है, उसका सम्बन्ध हमारे मध्यवर्ग के कुछ नौजवानों से है जो लघुमानव से बहुत दूर हैं और विदेश के एकाधिकारी पूँजीवाद द्वारा प्रचारित साहित्य और संस्कृति के बहुत निकट हैं।

यह धारणा भी सही नहीं है कि नई कविता में प्रकट होने वाली कुण्ठा आज के मध्यवर्ग की स्थिति प्रतिबिंबित करती है। 'ओ अप्रस्तुत मन!' के लेखक श्री भारतभूषण अग्रवाल ने उसके वक्तव्य में अपनी कविताओं के बारे में लिखा है, वे एक साधारण मध्यवर्गीय मन की सच्ची तस्वीरें हैं। पर उनमें—उनमें से प्रत्येक कविता में—मध्यवर्गीय मन की सच्ची छटपटाहट आपको मिलेगी, इतना दावा मैं जरूर कर रहा हूँ। मध्यवर्ग के लोग कवि-सम्मेलनों में गीतों का रसास्वादन करते हैं। नई कविता के पाठकों में मध्यवर्ग के साधारण जनों की अपेक्षा 'नए कवि' ही अधिक हैं। श्री भारतभूषण अग्रवाल ने लिखा है कि हिन्दी कविता ''सबसे कम पढ़ी जाती है।'' यह बात नहीं है। हिन्दी कविता खूब पढ़ी जाती है, उससे भी ज्यादा सुनी जाती है, लेकिन 'नई कविता' सबसे कम पढ़ी जाती है या प्रायः नहीं पढ़ी जाती, यह सच है।

मध्यवर्ग के साधारण जन इलियट और पाउण्ड के भक्त नहीं हैं, न उनकी चिन्तन-पद्धति उनकी समझ में आती है। अपने जीवन में वे राष्ट्रीय और अन्तर्राष्ट्रीय घटनाओं के बारे में भी सोचते हैं, देश के नवनिर्माण के बारे में सोचते हैं।

वे नए कवियों की तरह अहंवाद के घोंघे में बन्द नहीं रहते। मध्यवर्ग की चर्चा पतनशील पूँजीवाद की संस्कृति—वह भी हिन्दुस्तान का पूँजीवाद नहीं, यूरोप और अमरीका के मरणोन्मुख पूँजीवाद की संस्कृति—को छिपाने के लिए की जाती है। इस कुण्ठा और घुटन का मूल स्रोत वह भय है जो उपनिवेशों के स्वाधीनता आन्दोलन

और समाजवादी देशों के द्रुत विकास से उत्पन्न हुआ है। आज एशिया और अफ्रीका के स्वाधीनता-आन्दोलन अप्रतिहत वेग से आगे बढ़ रहे हैं। श्री सर्वेश्वर दयाल को, श्री लक्ष्मीकान्त वर्मा को, श्री धर्मवीर भारती को, श्री भारतभूषण अग्रवाल और श्री अज्ञेय को इनमें लघुमानव के दर्शन नहीं होते! शताब्दियों से पददलित इन देशों की मानवता आज अपना भविष्य निर्माण करने के लिए बढ़ रही है। लेकिन लघुमानव के हामी इन नए कवियों के अन्ध हृदयकूप में भावों के केंचुए रेंग रहे हैं। उपनिवेशों के स्वाधीनता-आन्दोलनों को समाजवादी शक्तियों का प्रबल समर्थन प्राप्त है। मिस्र में लुटेरे घुसे लेकिन बेआबरू होकर निकलना पड़ा। जोर्डन और लेबनान में घुसे हैं, बेआबरू होकर निकलेंगे। इसलिए साम्राज्यवादियों को समाजवादी देशों का अस्तित्व फूटी आँखों नहीं सुहाता। हमारे नए कवियों को भी समाजवादी देश कला, संस्कृति और मानवता के कठघरे लगते हैं। उन्हें शान्ति-कपोतों से चिढ़ है क्योंकि वे भारत में भी उड़ने लगे हैं। इसलिए अपने कुछ विरल क्षणों में अहं के दायरे से बाहर आकर अन्तर्राष्ट्रीय परिस्थिति का अवलोकन करके नए कवि महोदय कहते हैं—

मुझे इसमें भी एतराज नहीं है
कि शान्ति लिखने के बाद
तुम एक क्षण को भी नहीं रुके,
तुम्हारे सर ऊपर नहीं उठ सके,
तुम्हारे होठों पर मुस्कान नहीं आई
तुम तीर से अलग-अलग दिशाओं में
अपना अपना मुँह छिपा कर चले गए,
जहाँ तुम्हारी फौजें तुम्हारा
इन्तजार कर रही थीं;
महज इसलिए
कि मुझे विश्वास है
कि तुम्हारी आँखों के सामने
पिकासो का शान्ति-कबूतर ही था,
जिसे अगली बार युद्ध क्षेत्रों में
मार्च करते हुए विशाल टैंकों पर
तुम सुन्दरता के साथ
लगाने की बात सोच रहे थे।

प्रयोगवादियों के यथार्थ की परिणति शान्ति-आन्दोलन का विरोध करने में होती है। हर तरह की संगठित और सामूहिक कार्यवाही से इनका अहं पीड़ित हो उठता है और कुण्ठा उसी घुटन के चीत्कार से आसमान गुँजा देती है। इनके

यथार्थवाद में समाजवाद के लिए जनता के संघर्ष को स्थान नहीं, राष्ट्रीय नव-निर्माण को स्थान नहीं, देश-विदेश के स्वाधीनता आन्दोलन और विश्वशान्ति के लिए किए हुए प्रयत्नों को स्थान नहीं, जिस सामाजिक विषयवस्तु का चित्रण प्रेमचन्द, प्रसाद, निराला ने किया है, उसके लिए स्थान नहीं। इनका तथाकथित लघुमानव त्रिशंकु की तरह आसमान में लटका है और ये नीचे से उसकी आरती उतारा करते हैं। इनका क्षुद्र अहंवाद राष्ट्र विरोधी और समाज विरोधी है। दुख और घुटन की बातें बहुत करते हैं लेकिन उसमें गरीबों का दुख शामिल नहीं है। गरीबों के दुख की बात तो प्रगतिवाद हो जाएगी! यदि गरीब मजदूरों, मध्यवर्ग के बेकारों, बेदखल किसानों की बात की तो व्यक्ति की स्वाधीनता का खात्मा ही हो जाएगा ! कुछ अपने ही दुख-सुख की बातें ढंग से करें सो भी नहीं। लक्ष्मीकान्त जी की यह बात एकदम सही है कि "आज के (अर्थात् नई कविता के रचयिताओं के) दृष्टिकोण में विशेषतः बौद्धिक अनुभूति ही प्रधान है।" कुण्ठा और घुटन की अनुभूति भी इन्हें बौद्धिक स्तर पर हुई है। दूसरे शब्दों में पुस्तकें पढ़ कर इन्होंने अपने मन को एक रुग्णावस्था में ढाल लिया है और इस आत्म-सम्मोहन की दशा में 'नई कविता' लिखते हैं।

अस्तु यह सत्य है कि नई कविता का सम्बन्ध अहंवाद से है किन्तु यथार्थ जीवन से यह कविता बहुत दूर है। रस, आनन्द, आशा, और जीवन की स्वीकृति दूसरों को—शायद अपने मन को भी—बहलाने के लिए है। वास्तविकता है, नीरसता, निराशा और कुण्ठा। यह कविता मध्यवर्ग के जीवन से भी असम्बद्ध है। इसीलिए जितने उसके लिखने वाले हैं, लगभग उतने ही उसके पढ़ने वाले भी हैं। वह यथार्थ जीवन का विरोध करने वाली है, वह जीवन की अस्वीकृति और बीभत्स की स्वीकृति है। नए कवि और नई कविता के प्रचारक समाजवाद के विरोधी और व्यक्तिवाद के समर्थक हैं। बेचारों ने व्यक्तित्व की बहुत खोज की लेकिन वही उन्हें न मिला। धरती से अलग होकर हवा में गुलाब का फूल कैसे खिलता? श्री लक्ष्मीकान्त तथा अन्य अतुकान्त मित्रों के लिए 'नई कविता' (अंक दो) में प्रकाशित डॉ. देवराज की यह चेतावनी विचारणीय है। डॉ. देवराज के अनुसार प्रयोगवाद की एक बड़ी कमी है "कवियों में व्यक्तित्व की कमी या अभाव। इस कमी के मूल में पारस्परिक अनुकरण या होड़ की प्रवृत्ति भी है, और गम्भीर साधना का अभाव भी। कवियों की साम्प्रदायिक-जैसी दीखने वाली एकता—शैली अर्थात् मुहावरों, चित्रों, लय-विधान आदि की समानता—जहाँ उन्हें संगठन का बल देती है, वहाँ उनके व्यक्तित्वों को अनिर्दिष्ट भी बना देती है।" कोई भी ईमानदार पाठक इस सत्य को अस्वीकार न करेगा।

25. अनास्थावादी प्रतिमानों की परम्परा

ऊपर से देखने में प्रयोगवादी कविता पुरानी काव्य-परम्पराओं से एकदम विच्छिन्न है। प्रयोगवादी आलोचक उसके समर्थन में यह दलील भी देते हैं कि वर्तमान युग में पुरानी परम्पराएँ टूट गई हैं और नई कविता आधुनिक जीवन की देन है। वास्तव में प्रयोगवादी कविता और आलोचना दोनों की ही एक निश्चित परम्परा है जिसे उन्नीसवीं शताब्दी के उत्तरार्द्ध और बीसवीं शताब्दी के आरम्भ में कुछ पाश्चात्य कवियों ने कायम किया था। नई कविता के सम्बन्ध में सारी दलीलें हिन्दी के प्रयोगवादी मित्रों ने बाहर से उधार ली हैं। इनका खंडन भी अनेक पाश्चात्य लेखकों की रचनाओं में मिल जाएगा।

इंग्लैण्ड की नई कविता का सम्बन्ध प्रथम विश्वयुद्ध से जोड़ा गया था। हिन्दी की नई कविता मुख्यतः द्वितीय महायुद्ध के बाद फूली-फली, इसलिए इसका सम्बन्ध दोनों युद्धों से जोड़ा गया है। एक अंग्रेज आलोचक का कहना है, "प्रथम महायुद्ध में ऊँची-ऊँची आशाएँ करने और कट्टरता से दावे पेश करने के बाद भ्रम टूटे और सन्देहवाद आरम्भ हुआ।" (C.M. Bowra : The Creative Experiment, पृ. 161)। हिन्दी आलोचक ने प्रथम महायुद्ध के साथ दूसरा महायुद्ध जोड़कर लिखा : "इन दोनों महायुद्धों ने किसी विशेष जाति या वर्ग पर ही अपना प्रभाव नहीं छोड़ा है वरन् सीधे या टेढ़े तरीके से उसका प्रभाव मनुष्य और उसके आदर्शों पर समान रूप से पड़ा और एक सैद्धान्तिक भूडोल में नई कविता के स्वर फूटे।" (श्री लक्ष्मीकान्त वर्मा, नई कविता के प्रतिमान, पृ. 28-29)।

महायुद्धों से नई कविता का इतना ही सम्बन्ध है कि इनके बाद पूँजीवादी संस्कृति का संकट और भी विषम होता गया है। प्रथम महायुद्ध के पहले ही जो पतनशील प्रवृत्तियाँ थीं, उन्होंने विकराल रूप धारण कर लिया। यह भी एक तरह का गुणात्मक परिवर्तन है किन्तु पतनशीलता का यह गुण, पहले फ्रांस और फिर इंग्लैण्ड में, प्रथम महायुद्ध से पहले ही, घुन की तरह कविता में लग चुका था। उपर्युक्त अंग्रेज आलोचक बावरा ने नई कविता के पितामह इलियट के लिए लिखा है, "लगता है कि इलियट अकेला, सन्दिग्ध-मन और कभी-कभी अहंकारपूर्ण अवज्ञा प्रकट करने वाला व्यक्ति है। कोई आश्चर्य नहीं कि क्रान्तिकारी आलोचकों ने उसकी रचनाओं में उस सभ्यता का अन्तिम स्वर सुना है जिसे मालूम है कि उसका विनाश निश्चित है और जो सदा के लिए खोए हुए गौरव को, किसी आशा के बिना, फिर पाने का प्रयत्न करती है।" (उप., पृ. 187)।

बावरा ने जिन आलोचकों का उल्लेख किया है, उनकी बात बिल्कुल ठीक है। वह सभ्यता, जो अपना नाश निश्चित समझती है, पूँजीवादी सभ्यता ही है। उसका

अन्तिम स्वर इलियट और उसकी मंडली की रचनाओं में सुना जाता है। उसकी फीकी प्रतिध्वनि श्री जगदीश गुप्त, श्री लक्ष्मीकान्त वर्मा तथा प्रयाग के अन्य प्रयोगवादियों के गद्य-पद्य में सुनी जाती है।

इलियट ने लिखा कि रोमांटिक कविता उन लोगों के लिए है जो कविता में दिवास्वप्न देखते हैं अथवा जो कविता में अपनी निर्मल इच्छाओं और कामवासना का रूपान्तर अथवा जिसे वे भावोत्कर्ष समझते हैं, उसे देखना चाहते हैं। इलियट के लिए बायरन में विषयवस्तु का नितान्त अभाव है, शेली की रचनाएँ असम्बद्ध हैं; इसलिए साहित्य में रोमाण्टिसिज्म का प्रवेश निषिद्ध होना चाहिए।

इलियट ने रोमाण्टिक कविता से 'विद्रोह' किया, इसलिए श्री लक्ष्मीकान्त वर्मा के लिए छायावाद में शिशुवत् जिज्ञासा है, अस्तित्व के प्रति ईमानदारी नहीं है, उसमें सौन्दर्य को आत्मसात् करने की चेष्टा नहीं है, इत्यादि। इन आरोपों का जो भी अर्थ हो, श्री लक्ष्मीकान्त वर्मा ने छायावादी कवियों की सर्वश्रेष्ठ उपलब्धि माना है निरालाजी के कुकुरमुत्ता को! नई कविता के लिए नया भावबोध आवश्यक है और "निराला उनमें सर्वप्रथम थे जिन्होंने इस नये भावबोध के साथ 'कुकुरमुत्ता' की रचना की थी।" यहाँ होनहार प्रयोगवादी श्री लक्ष्मीकान्त वर्मा गुरु इलियट से बाजी मार ले गए हैं।

नई कविता अपनी बौद्धिकता के लिए प्रसिद्ध है। इलियट ने लिखा कि हृदय में ही नहीं, "कपाल-केन्द्र, स्नायुतन्त्र और पाचक नलियों में झाँकना भी जरूरी है।" अब हर हिन्दी प्रयोगवादी कवि बौद्धिकता की दुहाई देने को तैयार है और जो भी उसकी प्रतिभा अस्वीकार करे, उसे बौद्धिकता से खारिज करने पर आमादा हो जाता है। 'नई कविता के प्रतिमान' में इस बौद्धिकता का बखान देखा जा सकता है।

इलियट ने लिखा कि यह समझना भूल होगी कि सभी कविता लयपूर्ण होनी चाहिए; बेसुरेपन का भी अपना स्थान है।

नई कविता के प्रतिमानों में भी दर्ज हो गया कि छन्द-सौन्दर्य, लय आदि कविता के लिए अनावश्यक तत्त्व हैं! नई कविता के हामियों ने अपने बेसुरेपन से आसमान सिर पर उठा लिया और दावा यह करने लगे कि हम युग की आधुनिकता प्रतिध्वनित कर रहे हैं।

इलियट ने लिखा कि वर्तमान सभ्यता के कवियों का दुरूह होना स्वाभाविक है। कारण यह कि सभ्यता में विविधता और पेचीदगी है; इस सभ्यता की छाप कवि के मन पर पेचीदा ही पड़ती है। कवि आवश्यकता पड़ने पर भाषा को धुरीहीन करके आगे अर्थ में फिट करता है ("to dislocate if necessary, language into his meaning.")।

यह धुरीहीनता भाषा ही में नहीं की, भाव, अर्थ, सौन्दर्यबोध सभी क्षेत्रों में है। और इस धुरीहीनता के कारण बेपेंदी के लोटों को सारी दुनिया धुरीहीन दिखाई देती

है। नई कविता की प्रतिमाएँ और उसके प्रतिमान दोनों धुरीहीन हैं। ये नए कवि युग की आधुनिकता व्यंजित करने के लिए असम्बद्ध प्रतीकों का सहारा लेते हैं। इस असम्बद्ध प्रतीक-योजना के बारे में अंग्रेज कवि और आलोचक सिसिल डे लीविस ने लिखा है कि "कवि बहुत-सी खंडित प्रतिमाओं (images) का निर्माण करता है और उन्हें कहता है, ये घर हैं। यही नहीं, वह सचमुच दावा करता है कि यह प्रक्रिया आधुनिक स्थापत्यकला है अथवा उसका जो नतीजा निकलता है, वही आजकल घर कहलाने का अधिकारी है। लेकिन सुन्दर खँडहरों का निर्माण—और इस प्रक्रिया का यही अर्थ निकलता है—मूर्खता है। निरन्तर पेचीदा होती हुई सभ्यता के अनुरूप कविता में पेचीदा मूर्तिविधान का होना न्यायसंगत होगा; जो युग हमें नए विचार-समूह और इन्द्रियबोध देगा, उसके अनुरूप साहस के साथ, नया मूर्तिविधान प्रस्तुत करना होगा। लेकिन इस तर्क से यह परिणाम हर्गिज नहीं निकलता कि भग्न सभ्यता का सही उत्तर भग्न कविता है।" (C. Day Lewis : The Poetic Image, पृ. 117)।

लीविस ने सुन्दर खँडहरों की बात की है। हिन्दी की नई कविता में वे भी नहीं हैं। प्रयोगवादियों ने प्रतीकों और प्रतिमानों का जो ढेर लगाया है, वह खाद का काम ही कर सकता है।

इलियट ने इंग्लैण्ड और अमरीका की स्वस्थ और प्रगतिशील काव्य-परम्परा से नाता तोड़ा। उनके तर्कस के तीरों से नई कविता के प्रतिमान रचकर प्रयोगवादियों ने छायावादी और प्रगतिशील कविता पर वार किए। इलियट ने किसी तरह मेटाफिजिकल कवियों का नाम लेकर और यूरोप के कवियों में दान्ते का नाम स्मरण करके अपने को ईसाई कवियों की परम्परा का अनुयायी घोषित कर दिया। यहाँ श्री लक्ष्मीकान्त वर्मा के हाथ परम्परा के नाम पर 'कुकुरमुत्ता' ही लगा!

इलियट चाहे दान्ते का नाम लें, चाहे मेटाफिजिकल कवियों का, उनकी भावना का स्तर वही है जो फ्रांस और इंग्लैण्ड के रोमाण्टिक कवियों के बाद वहाँ के पतनशील (डेकेडेंट) कवियों का था। निराशा, अकेलापन, कुण्ठा, घुटन—यह सब रोमाण्टिक कवियों में भी हैं। किन्तु यह सब उनके काव्य का एक पक्ष है। उनमें जनसाधारण के प्रति सहानुभूति, प्रकृति-प्रेम, क्रान्ति के लिए आकांक्षा, जीवन के प्रति उल्लास आदि भी हैं। पतनशील कवियों में पहला पक्ष ही अधिक विकसित होता है। निराशावाद और कुण्ठा घनीभूत होकर रोग बन जाते हैं। प्रकृति या सामाजिक जीवन में उन्हें कहीं आनन्द-उल्लास के दर्शन नहीं होते। इन कुण्ठावादियों से इलियट का गहरा सम्बन्ध है। इस प्रकार रोमाण्टिक कविता का निर्बल पक्ष इलियट में आकर नई कविता का एकमात्र पक्ष रह जाता है। इलियट में रोमाण्टिसिज्म का विरोध सतही है; इलियट ने नाता तोड़ा है उसके स्वस्थ पक्ष से। रोमाण्टिक कवियों की निराशा, अकेलेपन की भावना, और इस भावधारा के वारिस पतनशील कवियों

की कुण्ठा और घुटन इलियट की एकमात्र भावनिधि हैं।

हिन्दी की नई कविता की पैंतरेबाजी समझने के लिए उसके पितामह इलियट के कविगुरुओं की परम्परा समझना आवश्यक है। मेटाफिजिकल कवियों पर इलियट लिखित निबन्ध में दो फ्रांसीसी कवियों का उल्लेख है, एक जूल लाफोर्ग, दूसरा त्रिस्तां कोर्बियेर। इलियट के अनुसार किसी भी आधुनिक अंग्रेज कवि की अपेक्षा ये कवि इंग्लैण्ड के मेटाफिजिकल कवियों के निकट थे। इलियट पर इन दोनों कवियों का काफी असर पड़ा है। कोर्बियेर उन्नीसवीं शताब्दी के उत्तरार्द्ध का कवि था। एडमंड विलसन के शब्दों में वह बड़ा सनकी था। (Edmund wilson : Axel's Castle, पृ. 93)। वह दिन भर सोता था और रात्रि में जीवन की अनुभूतियाँ एकत्र करता था और कविताएँ लिखता था। पैरिस में वेश्याओं से उसकी विशेष मैत्री थी क्योंकि अपने समान उन्हें भी वह समाज से बहिष्कृत समझता था। "उदास मन, दिमाग अस्वस्थ, तेजी से काम करता हुआ, कराहता हुआ, अश्लील मजाक करता हुआ कोर्बियेर नम्बरी कैदियों के कपड़े पहनकर अपने को प्रसन्न किया करता था, ग्रामीण गायकों के गायन के विरुद्ध खिड़की से पिस्तौल चलाकर अपना मनोरंजन करता था। एक बार वह रोम गया। शाम की पोशाक में वह निकला। सर पर धर्मगुरुओं का ताज रखा और माथे में दो आँखें चित्रित कीं और एक सुअर को फीतों से सजा कर साथ ले चला।" विलसन ने उसे एक 'रोमाण्टिक व्यक्तित्व' कहा है। उन्नीसवीं सदी के उत्तरार्द्ध में शेली और वायरन के बदले ऐसे ही रोमाण्टिक व्यक्तित्व रह गए थे।

कोर्बियेर का देहान्त तीस वर्ष और लाफोर्ग का देहान्त सत्ताइस वर्ष की अवस्था में हुआ। दोनों ही तपेदिक के मरीज थे। विलसन ने लाफोर्ग की वेदना को उस बीमार शिशु की वेदना कहा है जिसकी अच्छी तरह देखभाल होती हो; उसकी चतुर उक्तियाँ, आस्थाहीनता और बदतमीजी एक होशियार स्कूली लड़के की सी थीं। छायावादी कवियों की शिशुवत् जिज्ञासा का उल्लेख करने से पहले श्री लक्ष्मीकान्त वर्मा को इलियट के कविगुरु लाफोर्ग की बचकानी शरारतों पर ध्यान देना चाहिए था। ये दोनों कवि फ्रांस के प्रतीकवादी आन्दोलन से सम्बद्ध थे और यह प्रतीकवाद पुरानी रोमाण्टिक भावधारा का अस्वस्थ पक्ष लेकर आगे बढ़ा था। इलियट ने कविता में बोलचाल की भाषा के प्रयोगों के साथ व्यंग्य का उपयोग करना इन कवियों से सीखा। इस 'आधुनिकता' का सम्बन्ध किसी महायुद्ध से न था; नई कविता की 'ऐतिहासिक पृष्ठभूमि' तब तक प्रस्तुत न हुई थी लेकिन उस कविता के भाग्यविधाता जन्म ले चुके थे।

एडमंड विलसन ने फ्रांसीसी आलोचक रेने तोपें का उल्लेख किया है जिसने इलियट पर गोतिये के प्रभाव का विवेचन किया है। गोतिये फ्रांस के प्रमुख रोमाण्टिक कवियों में था। विलसन ने इलियट की प्रशंसा करते हुए लिखा है कि

उन्होंने उन्नीसवीं शताब्दी के अन्तिम दशकों की वेदनावादी-व्यंग्यपूर्ण, सांसारिक-सौन्दर्यवादी भावना को प्रतिबिम्बित किया है। साहित्य के विद्यार्थी जानते हैं कि इन दशकों की भावधारा उच्छृंखल और पतनशील थी। इलियट की हृदयवीणा इन्हीं का राग उधार लेकर झंकृत हुई थी। उसकी आधुनिकता का यही स्रोत था।

इलियट को प्रभावित करने वाले एक और सज्जन थे, एजरा पाउण्ड। लाफोर्ग, क़ोर्बियेर, रैम्बो आदि फ्रांसीसी कवियों को इंग्लैण्ड में प्रसिद्ध करने का श्रेय पाउण्ड को था। एक लेखक ने पाउण्ड को अन्तर्राष्ट्रीय आवारागर्द की बहुत सही संज्ञा प्रदान की थी। आगे चलकर इन्होंने मुसोलिनी और फासिस्ट इटली की प्रशंसा में पुस्तकें लिखकर काफी नाम कमाया। पाउण्ड दूसरों की रचनाओं के आधार पर कविता करने में पटु थे; उनकी मौलिक रचनाओं पर उनके प्रशंसक भी कम ध्यान देते हैं। इलियट पर पाउण्ड के प्रभाव का उल्लेख करते हुए सी.एम.बावरा ने लिखा है, "निस्सन्देह पाउण्ड में कोई ऐसी वस्तु है जो हमें उससे दूर ठेलती है। उसका अगाध विद्वत्ता का दावा उसके अपने निदर्शनों से सिद्ध नहीं होता। उसकी कविता में जिस व्यक्तित्व के दर्शन होते हैं, उससे सहानुभूति नहीं होती। उसके पद्य की गति अक्सर कानों को अप्रिय लगने वाली होती है। उसकी रचनाओं पर नकली तड़कभड़क की छाप रहती है जो भद्दी लगती है मानों कवि 'सर्वज्ञ' हो। उसके राजनीतिक विचार विक्षुब्ध और पाशविक होते हैं और इनसे उसे गद्दार का नाम मिला है जिससे किसी को ईर्ष्या नहीं हो सकती।" (C.M. Bowra : The Creative Experiment, पृ. 162)।

पाउण्ड जैसे लेखक पूँजीवादी समाज की वह सड़ाँध हैं जिन्हें इंग्लैण्ड और अमरीका के साधारण पूँजीवादी लेखक भी सहन नहीं कर पाते। ऐसे लेखकों ने इलियट को प्रभावित किया और 'आधुनिकता' को जन्म दिया है।

इलियट की पुस्तक Prufrock and Other Observations, 1917 में प्रकाशित हुई थी। यह युद्धोत्तर रचना नहीं है वरन् युद्धकाल में ही प्रकाशित हुई थी और निःसन्देह उसकी विषयवस्तु युद्ध से पहले की है। इसकी पहली कविता प्रूफ्रौक का प्रणयगीत है। कविता के नायक महोदय अपनी प्रेमिका से साथ चलने को कहते हैं। सन्ध्या मेज पर पड़े रोगी के समान आकाश में फैली है। इनके प्रेम की सबसे बड़ी विशेषता यह है कि इनमें साहस की कमी है। कहते हैं–

And indeed there will be time
To wonder, 'Do I dare?' and, 'Do I dare?'

(और सचमुच इस बात को सोचने के लिए समय रहेगा, क्या मैं साहस कर सकता हूँ?)

Should I, After tea and cakes and ices,
Have the strength to force the movement to its crisis?

(चाय, केक और बर्फ के बाद क्या मुझमें शक्ति होगी कि अवसर आने पर आगे बढ़ूँ?)

प्रूफ्रौक की शक्ति-परीक्षा का क्षण निकल जाता है क्योंकि बेचारे डर गए।

And in short, I was afraid.

(किस्सा कोतह, मुझे डर लगने लगा!)

प्रूफ्रौक के समान हिन्दी का प्रयोगवादी पंछी गाता है—

थके पंखों को समेटे—
आसरे की माँग पर विश्वास की चादर लेपेटे—
चंचुकी उन्मुख विकलता के सहारे
नम रही ग्रीवा उठाए
सिहरता-सा, काँपता-सा, इत्यादि।

पंछी की प्रतीकयोजना के अलावा भी—

बाहु मेरे घेर कर तुमको रुके रहे

ऐसा क्यों हुआ? इसलिए कि

वासना से, याचना से हम परे थे—
सहज अनुरागी।

यह प्रेम का नया सहजिया सम्प्रदाय है जिसका अन्तर्राष्ट्रीय संगठन है। एक छोर पर उसके सदस्य इलियट के प्रूफ्रौक हैं, दूसरे छोर पर हिन्दी के प्रयोगवादी पंछी हैं जो वासना और याचना से परे हैं।

प्रूफ्रौक की कुछ सूक्तियाँ बड़ी मार्मिक हैं। कहते हैं—

It is impossible to say just what I mean!

(मैं ठीक-ठीक क्या कहना चाहता हूँ, यह कहना असम्भव है।)

इसलिए प्रूफ्रौक के छोटे भारतीय भाई बोले—

भाषा अशक्त, भावों को व्यक्त न कर पाई,
वाणी कायर, ओठों पर आकर लौट गई।

जो लज्जा पहले नारी का आभूषण समझी जाती थी, वह अब नई कविता के नायकों का शृंगार है। लज्जा ही नहीं, कायरता काव्य की विषयवस्तु का प्रमुख तत्त्व बन जाती है।

प्रूफ्रौक ने अपने बारे में बहुत ठीक कहा है–

At times, indeed, almost ridiculous—
Almost, at times, the fool

(कभी-कभी तो सचमुच हास्यास्पद हो जाता हूँ, कभी-कभी प्रायः मूर्ख ही बन जाता हूँ।)

हिन्दी प्रयोगवादी ने मूर्खता के प्रतीक को यों चित्रित किया :

निकटतर–धँसती हुई छत, आड़ में निर्वेद
मूत्रसिंचित मृत्तिका के वृत्त में
तीन टाँगों पर खड़ा नतग्रीव
धैर्यधन गदहा।

इलियट का कीर्तिस्तम्भ है 'वेस्ट लैण्ड'। इस कविता में प्रूफ्रौक का पुनः अवतार होता है। पुरानी दन्त कथाओं में एक मछुआ राजा था जिसकी पुरुष-शक्ति अंगभंग होने अथवा रोग से क्षीण हो गई थी। इस कारण उसकी भूमि बंजर और वीरान हो गई थी। दन्त कथाओं के अनुसार भूमि की यह दशा राजा की नपुंसकता का परिणाम थी। इस नपुंसक राजा का देश ही 'वेस्ट लैण्ड' है, वह बंजर धरती जहाँ सूखा पड़ा है और लोगों में शारीरिक ही नहीं मानसिक शक्ति का अभाव है। क्या यहाँ इलियट ने युद्धोत्तर यूरोप की निराशा का चित्रण किया है? बावरा का कहना है, "यह प्रदेश युद्धोत्तर यूरोप के अलावा बहुत कुछ है।" वास्तव में इस प्रदेश का सम्बन्ध युद्धोत्तर यूरोप से खींचतान करके ही जोड़ा जा सकता है। इसमें पुरुषार्थहीनता पर वैसे ही मातम है जैसे प्रूफ्रौक में। युद्धोत्तर यूरोप की किसी समस्या की ओर स्पष्ट संकेत नहीं है। अगर सावन में अन्धे को हरा-हरा ही दिखाई देता है तो 'वेस्ट लैण्ड' के नायक को सारी धरती सूखी और बंजर दिखाई देती है। अपने बंजर होने का इलाज न करा के वह धरती मात्र को ही बंजर मान बैठता है।

प्रूफ्रौक की तरह यहाँ भी एक प्रेमी है जिसमें प्रेम-निवेदन करने का साहस नहीं है।

I could not
Speak, and my eyes failed, I was neither
Living nor dead, and I knew nothing
Looking into the heart of light, the silence.

प्रेमी महोदय कुछ कह न पाए। उनकी निगाह दगा दे गई। वे न मुर्दों में थे, न जीते हुओं में। वे प्रकाश और शान्ति का मर्म परखते रहे और जान कुछ भी न पाए।

इलियट के स्वप्न उस पुरुषार्थहीन व्यक्ति के हैं जिसकी गिनती न जीवित व्यक्तियों में हो सकती है, न मृतकों में। इलियट ने बौद्धिकता की बड़ी हिमायत की है। संकेत से अपने प्रकाण्ड ज्ञान की घोषणा की है। लेकिन इस बंजर प्रदेश से निकलने के लिए सिवा यात्राएँ करने के और कुछ टोटकों के उनके पास कुछ नहीं है। इलियट की तीव्र बुद्धि समस्या के समाजवादी समाधान से आँखें चार नहीं कर पाती। न तो उनकी कविता पूँजीवादी समाज की विषमताओं का चित्रण करने में समर्थ है, न उनकी बौद्धिकता समाजवाद की ओर एक भी कदम उठाने को तैयार है। टोनों-टोटकों से न तो पूँजीवादी समाज का बंजरपन दूर हो सकता है, न शान्तिः शान्तिः कहने से मिस्टर प्रूफ्रौक मर्द बन सकते हैं।

इलियट रुग्ण कल्पना के कवि हैं। उन्हें लन्दन-ब्रिज के ऊपर चलते हुए सब आदमी मुर्दे लगते हैं। इस कल्पना में मानवता-विरोध के विषैले कीटाणु हैं। इस कल्पना के सहारे कहीं भी स्वस्थ जीवन के चिह्न दिखाई दे ही नहीं सकते। एडमंड विलसन के शब्दों में कुछ समय के लिए लन्दन और न्यूयार्क के फैशनेबल इंटलेक्चुअल सूखे समुद्र-तटों, कैक्टस वाले रेगिस्तानों, चूहों से भरे गन्दे कमरों, टूटे काँच और टूटी हड्डियों से प्रेरणा ग्रहण करने लगे। इलियट ने जिस नए मूर्तिविधान से कविता को समृद्ध किया, ये सब उसके विशेष उपकरण थे।

इलियट की दूसरी महान् रचना The Hollow Men 'वैस्ट लैण्ड' का संक्षिप्त संस्करण है। यहाँ भी पुरुषार्थ को लकवा मार गया है—

> Paralysed force, grsture without motion.
> वेस्ट लैण्ड की बंजर धरती के समान
> This is the dead land
> This is cactus land
> (यह मृत प्रदेश है।
> यह कैक्टस-प्रदेश है।)

अब कैक्टस की आमद हिन्दी साहित्य में भी होने लगी है।

'वेस्ट लैण्ड' के जन्तर-मन्तर के बाद इलियट ने खुले रूप में धर्म का सहारा लिया। सौ-सौ चूहे खाकर जैसे ऐतिहासिक बिल्ली हज को चली थी, वैसे ही सारी दुनिया पर अपनी बीमारी आरोपित करके इलियट की बौद्धिकता ने धर्म का सहारा लिया। यह धर्म आत्मा-परमात्मा तक सीमित नहीं है; वह सामाजिक संगठन का आधार भी है। इलियट की राय में "आप ईसाई समाज को तब स्वीकार करेंगे जब और तरह की समाज-व्यवस्थाओं को परख कर छोड़ चुके होंगे।" यह ईसाई समाज किस तरह का है! "यह एक ऐसे छोटे समाज की कल्पना या आदर्श है जिसमें लोगों के व्यक्तिगत सम्बन्ध होंगे।" उन सम्बन्धों की दादापन्थी समाज-व्यवस्था खत्म हो

चुकी है। इलियट को यह मालूम है। वर्तमान समाज किन ईसाई आदर्शों के अनुसार अपना नव संगठन करेगा, इसका निराकरण उनके यहाँ नहीं है।

इलियट से हिन्दी प्रयोगवादियों का कितना गहरा सम्बन्ध है, यह ऊपर के विवेचन से स्पष्ट हो जाएगा। इलियट की तरह बौद्धिकता के इन हामियों ने भी अपनी रुग्ण कल्पना से संसार को देखना शुरू किया है। कल्पना रोगी न हो, तो भी उसे रोगी बनाना फैशन है। इलियट की तरह वे छायावाद और हिन्दी कविता के सभी स्वस्थ तत्त्वों का बहिष्कार करते हैं। इलियट की तरह वे रोमाण्टिक कविता के अस्वस्थ पक्ष—निराशावाद और कुण्ठा—का प्रतिनिधित्व करते हैं। उनके पुरखे मन और शरीर से बीमार व आवारागर्द कवि थे, जो सामाजिक विद्रोह का एक ही अर्थ जानते थे—उच्छृंखलता। एजरा पाउण्ड और टी.एस. इलियट जैसे कवि पूँजीवादी सभ्यता के सबसे विषाक्त रूप को व्यंजित करते हैं। समाजवाद का विरोध करने के लिए, राष्ट्रीय नवनिर्माण में आस्था कुंठित करने के लिए ये धुरीहीन प्रयोगवादी जन-जीवन और सांस्कृतिक परम्परा से बिछुड़ कर कटी हुई पतंग की तरह व्यक्ति की निरपेक्ष स्वाधीनता के आकाश में उड़ रहे हैं। ये बौद्धिकता की डींग हाँकते हैं, सीधे-सादे आदमियों को आतंकित करने के लिए। वास्तव में ये काव्य-सौन्दर्य के ही नहीं अकल के भी दुश्मन हैं। इसीलिए आलोचना की खपच्चियों के सहारे चलने वाला यह प्रयोगवादी आन्दोलन अपने जन्म काल में ही मरणोन्मुख दिखाई देने लगा है। प्रयोगवादी कवियों को अपना भविष्य अन्धकारमय दिखाई दे, तो आश्चर्य ही क्या?

26. अनास्थावादी खंडित कला

नई कविता की व्याख्या में 'बौद्धिक चेतना' पर जोर दिया जाता है। इस चेतना के अनुसार कविता का सरस होना आवश्यक नहीं। रस की स्थिति को स्वीकार करने का अर्थ होगा भावों के सामने बौद्धिक चेतना को उपेक्षित अथवा पराजित मानना। रस सिद्धान्त की इस अभिनव प्रयोगवादी व्याख्या के अनुसार बुद्धि की क्रियाओं पर आवरण डाले बिना रस-निष्पत्ति हो ही नहीं सकती। 'नई कविता' (अंक तीन) में श्री जगदीश गुप्त ने 'अर्थ की लय' पर विचार करते हुए भावों और विचारों में यह अन्तर्विरोध कल्पित किया है।

प्राचीन सरस कविता विचारशून्य नहीं है। उसमें दार्शनिक चिन्तन है, समाज सम्बन्धी विचारधारा है। किन्तु ये विचार भावजगत् से पृथक् नहीं हैं। वे कवि के लिए प्रेरणा बन गए हैं, इसलिए पाठक के लिए भी भावोद्बोधक हैं, उसके हृदय

को प्रभावित करते हैं। इन्द्रियबोध और भावना से पृथक् विचार की सत्ता गद्य में हो सकती है, कविता में नहीं। नई कविता की 'बौद्धिक चेतना' का दोष यह है कि वह विचारों को इन्द्रिय बोध से संयुक्त करने, भावना से अनुप्राणित करने, मार्मिक और प्रभावशाली बनाने के बदले उन्हें कथन मात्र रहने देती है। नया कवि सोच-सोचकर, बहुधा दूसरों की रचनाएँ पढ़कर, विचार ही नहीं लाता, वह भावों को भी सोचता है, सोच कर उनकी भावसत्ता नष्ट कर देता है, किन उपमानों से इन सोचे हुए भावों को सजाए, यह भी सोचता है और इस सोच-विचार में कविता का रस अन्तर्धान हो जाता है। भावानुभूति के बदले उसके पास सोच-विचार ही रह गया है।

यह सही है कि नए कवि केवल बौद्धिकता की माँग नहीं करते; वे भावात्मक सत्ता के साथ बौद्धिक व्यक्तित्व के सन्तुलित समावेश की बात भी करते हैं। किन्तु जोर बौद्धिकता पर ही होता है। यदि नई कविता में गम्भीर चिन्तन होता, अनगढ़ होने पर भी उसमें ऊँचे दार्शनिक विचार होते या व्यक्ति अथवा समाज की समस्याओं का विवेचन होता तो भी साहित्य को उसकी देन महत्त्वपूर्ण होती। कठिनाई यह है कि बौद्धिकता की दुहाई देने पर भी उसमें कच्ची अक्ल के कारनामे ही ज्यादा दिखाई देते हैं, चिन्तन के नाम पर दूर की कौड़ी लाने का प्रयास ही अधिक होता है। सही चिन्तन के लिए थोड़ा-बहुत वाक्य-रचना का ज्ञान, शब्द और अर्थ के सम्बन्ध का ज्ञान आवश्यक है। नई कविता के व्याख्याता गद्य ही ऐसा लिखते हैं कि वाक्य टूटे पहिए की गति से आगे बढ़ते हैं, विचार पतनोन्मुख होकर अनस्तित्व का सागर टटोलते हैं, शब्द और अर्थ असम्पृक्त होकर निर्विकल्प समाधि में लीन हो जाते हैं। जब गद्य का यह हाल है, तब कविता में चिन्तन, 'बौद्धिक चेतना' और विचारों की अवस्था का अनुमान सहज ही किया जा सकता है।

नई कविता के व्याख्याकार जैसे भावों और विचारों के बीच की खाई नहीं पाट पाते, वैसे ही छन्द और अर्थ की लय के भेद से भी वे विचलित हो उठते हैं। उनके लिए शब्द और अर्थ की लय में एक मौलिक अन्तर है; इस कारण वे सोचते हैं कि शब्द की लय को छोड़कर अर्थ की लय को ही ले उड़ें। छन्द-सौन्दर्य और अर्थ-गरिमा का यह अन्तर्विरोध कल्पित है। शब्दों की लय भावोत्कर्ष में सहायक होती है! 'राम की शक्ति पूजा' में सागर की लहरों जैसी गम्भीर घोष वाली पंक्तियाँ, 'पल्लव' के लघु संयत छन्दों की कोमलता, लोकगीतों की करुण मृदुलता—ऐसे अनेक उदाहरणों में हम छन्द-सौन्दर्य को भावोत्कर्ष में सहायक पाते हैं। किन्तु नवीन कविता कानन के वीतराग वनचारी साधकों ने शब्दों की लय का बहिष्कार कर दिया है और शब्दों से परे किसी रहस्यमय अर्थलय की साधना में लीन हो गए हैं।

श्री जगदीश गुप्त सूचित करते हैं कि "शब्द श्रवणीय है, अर्थ बुद्धिग्राह्य।" मानो जो सुना जा सकता है, वह बुद्धिग्राह्य नहीं हो सकता और जो बुद्धिग्राह्य होगा वह सुना न जा सकेगा। किन्तु जो बुद्धिग्राह्य होगा, वह शब्दग्राह्य होगा। श्री जगदीश

गुप्त ने यह भी लिखा है कि साहित्य में "शब्द और अर्थ दोनों अन्योन्याश्रित, असम्पृक्त तथा अभिन्न अवस्था प्राप्त करते हैं।" इस वाक्य में यह स्पष्ट नहीं है कि शब्द और अर्थ अभिन्न होते हुए असम्पृक्त कैसे रहते हैं। क्या 'अन्योन्याश्रिता' और 'अभिन्न' के साथ सानुप्रास पद-रचना के विचार से सम्पृक्त भी असम्पृक्त हो गया है? यदि शब्द और अर्थ सचमुच अभिन्न अवस्था प्राप्त करते हैं तो शब्दों से पूर्णतः स्वतन्त्र अर्थलय की सत्ता भी असम्भव है।

लय चाहे शब्दों की हो, चाहे अर्थ की, पहले प्रश्न यह उठता है कि लय है क्या? श्री जगदीश गुप्त के अनुसार लय "आवृत्तिमूलक और काल-सापेक्ष" होती है। अपने समर्थन में वह मराठी लेखक श्री अरविन्द मारुलकर का हवाला देते हैं जो लय को काल-सापेक्ष मानते हैं। लेकिन गुप्तजी आगे कहते हैं कि "उन्होंने लयतत्त्व को अमूर्त, स्वयंभू और स्वतन्त्र" माना है। पता नहीं लय के अमूर्त और स्वयंभू होने से उसकी कालसापेक्षता कैसे सिद्ध होती है। श्री जगदीश गुप्त "सूक्ष्म अध्ययन के द्वारा लय तत्त्व का जीवन से बहुत घनिष्ठ सम्बन्ध" प्रमाणित करते हैं। "हृद्‌गति, श्वास-प्रश्वास, ऋतुचक्र, दिन-रात आदि का अनुभव तो क्रमिक रूप में होता ही है, जीवविज्ञान में जैविक शक्ति के साधारण क्रिया-कलाप में भी वैज्ञानिकों को लयात्मक रूप 'पैटर्न' की स्थिति परिलक्षित होती है। मानव-मस्तिष्क की प्रक्रिया भी लययुक्त सिद्ध हुई है।"

इस प्रकार लय की एक विश्वव्यापी रहस्यमयी सत्ता है। हृदय की गति से लेकर, ऋतुपरिवर्तन और दिन-रात की मंजिल पार करते हुए मानव-मस्तिष्क तक लौट आइए, हर जगह आपको लय ही लय सुनाई देगी, सुनाई न देगी तो उसकी अनुभूति होगी। सर्वत्र लय की सत्ता है। यदि कहीं नहीं है तो नई कविता के छन्दों में, उसकी शब्द-योजना और पद-रचना में। पाठक को चाहिए कि मूर्त शब्द-लय का मोह त्याग कर अमूर्त अर्थ-लय का अनुसन्धान करे। यह स्मरण रखना चाहिए कि लय आवृत्ति-मूलक होती है। आप पूछेंगे, अर्थ की लय क्या? क्या उसमें अर्थ की आवृत्ति होती है? जी हाँ, नई कविताओं में कुछ विचारों की इतनी आवृत्ति होती है कि आपको मानना पड़ेगा कि वे सब एक ही लय में बँधी हुई हैं।

शब्द-लयहीन 'कविता' के समर्थन में, अर्थ-लय की स्वतन्त्रता सिद्ध करने के लिए श्री जगदीश गुप्त ने कई विद्वानों का हवाला दिया है। आई.ए. रिचार्ड्स के अनुसार "काव्य में लय शब्द तक सीमित नहीं है। पढ़ने वाले पर उसका प्रभाव अर्थ के साथ संयुक्त होकर पड़ता है।" आप इस वाक्य पर विचार कीजिए; सोचिए, उससे स्वतन्त्र अर्थलय की सत्ता कैसे सिद्ध होती है। इसके बाद टी.एस. इलियट के एक वाक्य का टुकड़ा उद्धृत है जिसमें इलियट ने कहा है कि 'संगीतमय कविता' (a 'musical poem') उसे कहते हैं जिसमें नाद का एक संगीतमय 'पैटर्न' होता है और शब्दों के गौण अर्थ का दूसरा संगीतमय 'पैटर्न' होता है। इस वाक्य के अन्तिम अंश

को गुप्तजी ने छोड़ दिया है। उस अंश में इलियट ने यह स्थापना की है कि ये दोनों पैटर्न अभिन्न और एक हैं (''these two patterns are indissoluble and one'')। रिचाईस और इलियट की उक्तियों से अर्थ-लय की स्वतन्त्रता जिस तरह सिद्ध होती है, उसे नई कविता की 'बौद्धिक चेतना' का चमत्कार ही समझना चाहिए। स्पेंडर ने शब्द-शून्य लय की बात की है। लेकिन वह लय तो शब्दशून्य ही नहीं, अर्थशून्य भी होती है क्योंकि शब्दों के बिना विचारों की सत्ता असम्भव है। इस तरह स्पेंडर की उक्ति से भी अर्थ-लय की स्वतन्त्र सत्ता सिद्ध नहीं होती।

नई कविता के व्याख्याकारों में श्री नामवरसिंह का नाम भी उल्लेखनीय है। दिल्ली से प्रकाशित 'कृति' में शमशेर बहादुर सिंह की कविताओं की व्याख्या करते हुए उन्होंने अर्थ की लय को समझने के लिए नए सूत्र दिए हैं। अर्थ की लय शब्दों की लय से तो स्वतन्त्र है ही, अर्थ भी शब्दों से स्वतन्त्र है और स्वयं अर्थ की लय अर्थ से स्वतन्त्र है। नामवरसिंह जी के अनुसार शमशेर सिंह जी ''बिम्बों के सिवा किसी दूसरे माध्यम से बात नहीं करते।'' कविताएँ बिम्बों की चयनिका होती हैं और इन बिम्बों को ''संगीत का सूक्ष्म स्वर एकसूत्रता प्रदान करता है।'' यह स्पष्ट नहीं है कि यह सूक्ष्म स्वर शब्द-संगीत का स्वर है, या अर्थ-संगीत का अथवा इनसे परे किसी अन्य सूक्ष्म तत्त्व का। खैर, शब्द और बिम्ब का सम्बन्ध देखिए। एक बिम्ब के विधायक शब्द सामने आते हैं, फिर थोड़ा अवकाश देकर दूसरे बिम्ब के विधायक शब्द 'छिटक उठते' हैं। अभी तक अर्थ और उसकी लय का पता नहीं है। केवल शब्द और बिम्ब प्रकट और अन्तर्धान होते हैं। किन्तु आगे पढ़िये; ''शब्दों के समाप्त होते ही लय के सहारे अर्थ आगे बढ़ता है और इस लय का सहारा लेकर नया बिम्ब खड़ा होता है।''

यह प्रक्रिया बड़ी ही मार्मिक है और सूक्ष्म चिन्तन से ही समझ में आ सकती है। पहले तो शब्द बिम्बवाहन बनकर छिटकते हैं, फिर वे समाप्त हो जाते हैं। शब्दों का समाप्त होना, उनका लय होना ही है। समझिए, यह हुई शब्दलय। अब रह गया अर्थ। शब्दों के समाप्त होने पर यह अर्थ कहाँ से आया? शायद बिम्ब से प्रकट हुआ हो। जो भी हो, वह लय का सहारा लेकर आगे बढ़ता है। और यह लय कहाँ से उत्पन्न हुई? इसे स्वयंभू और अमूर्त मानना चाहिए क्योंकि शब्द पहले ही समाप्त हो चुके हैं और अर्थ लय के सहारे आगे बढ़ता है, इस कारण लय की सत्ता शब्द और अर्थ दोनों से परे सिद्ध हुई। यह स्वयंभू, अमूर्त, अविनाशी लय न केवल अर्थ को सहारा देती है, वरन् उसका सहारा लेकर नया बिम्ब भी खड़ा हो जाता है। यदि अब भी आप लय में निहित अर्थ से विषय का अर्थ न समझें तो चीनी और जापानी कविता पढ़िए। आपकी सहायता के लिए श्री नामवरसिंह ने संकेत कर दिया है कि ''चीनी और जापानी कविता में इसे 'स्टाक-शार्ट' कहते हैं।''

छन्द-सौन्दर्य और भावोत्कर्ष के अन्तर्विरोध की तरह नई कतिवा के

व्याख्याकारों के लिए बिम्ब और कथन का अन्तर्विरोध है। कुछ लोगों का विचार है कि कविता में 'कथन' न होना चाहिए, बिम्ब कवि के मन की बात स्वयं कहेगा। हिन्दी कविता पर तरस खाकर श्री नामवरसिंह ने लिखा है, "दुर्भाग्य से हमारे यहाँ अभी भी भाषण-युग चल रहा है।" इस भाषण से बचे हैं केवल श्री शमशेर बहादुर सिंह। उनकी "सफलता के साधन हैं बिम्ब" और "हिन्दी के एकमात्र बिम्बवादी कवि" हैं शमशेर।

श्री लक्ष्मीकान्त वर्मा का विचार है कि हम परम्परागत रूप, शिल्प, सज्जा और पूर्वाग्रहों से इतना परिचित हो जाते हैं कि "उनका साधारणीकरण अथवा अविधात्मक शैली भावबोध को स्थिर बना देती है।" साधारणीकरण से रस-सृष्टि होती है। रसमुक्त कविता के लिए असाधारणीकरण आवश्यक है। भावबोध स्थिर हो जाता है साधारणीकरण से "अथवा अविधात्मक शैली" से। इसलिए उसे अस्थिर करने के लिए 'अविधात्मक' के बदले दुविधात्मक शैली ही श्रेयस्कर होती है। किन्तु श्रेयस्कर तक पहुँचने के पहले उपर्युक्त शैली के परिणामों पर विचार कर लीजिए। लक्ष्मीकान्त जी के शब्दों में "अनुभूति और अभिव्यक्ति के स्तरों में एक प्रकार का स्वाभाविक विद्रोह होता है।" कोई किसी के प्रति विद्रोह नहीं करता। अनुभूति अभिव्यक्ति से टकराती है और अभिव्यक्ति अनुभूति से। दोनों के टकराव में अभिव्यक्ति का सर फूटता है और अनुभूति अन्तर्धान हो जाती है।

श्री जगदीश गुप्त शब्द-लय के अभाव और अर्थ-लय की सत्ता का समर्थन करते हुए उन लोगों की आलोचना करते हैं जो 'प्रत्येक छन्दबद्ध कथ्य' को कविता मनवाने का आग्रह करते हैं। इसे वह हीन स्थिति मानते हैं। प्रत्येक छन्दबद्ध कथ्य को कविता मनवाने का आग्रह कोई नहीं करता। दुराग्रह उन लोगों का है जो छन्द से अबद्ध अकथ्य को भी कविता कहते हैं।

नए कवि बिम्बों में ही बात करते हों, कथन का नितान्त बहिष्कार कर दिया हो, यह स्थिति नहीं है। वे दूसरों की रचनाओं को छन्दबद्ध कथ्य कहते हैं; वास्तव में 'नई कविता' से अधिक गद्यात्मकता हिन्दी की शेष सभी कविता में नहीं है। 'नई कविता' (अंक दो) में श्री अज्ञेय ने श्री सर्वेश्वर दयाल सक्सेना की रचनाओं की प्रशंसा करते हुए एक जगह यह भी लिखा है, "उनकी कविता-पंक्तियाँ केवल खंडित गद्य की पंक्तियाँ रह जाती हैं।" नई कविता में अर्थ-लय कितनी है और शब्द-लय कितनी—इस विवाद का निराकरण इन दो सुन्दर शब्दों से हो जाता है : खंडित गद्य। यह दोष किसी एक कवि में नहीं है, यह बात भी श्री अज्ञेय जानते हैं। उन्होंने आगे लिखा है, "यह दोष उस कविता में बहुधा पाया जाता है जिसे नई कविता की अभिधा दी जा रही है।" नई कविता की उपलब्धियों की गणना करते हुए प्रयोगवादी मित्रों को 'खंडित गद्य' न भूल जाना चाहिए।

नई कविता में भावहीन, इन्द्रियबोधहीन कथनों की भरमार है। ये तथ्यकथन

कभी खंडित होते हैं, कभी अखंडित, कभी तुकबन्दी में बँधे होते हैं, कभी बेतुके भटकते फिरते हैं। अखंडित गद्य इस प्रकार का होता है : "सुनते हैं, तुम किसी अवतार में कछुए थे। अपनी इस वज्रोपम पीठ पर तुमने यह धरती टिकाई थी। लेकिन उपयोग क्या किया था सुकोमल मर्मस्थल का?" इन पंक्तियों को तोड़कर छाप दीजिए तो कविता बन जाएगी, एक साथ छाप दीजिए तो अखंडित गद्य प्रस्तुत हो जाएगा। छन्दबद्ध गद्य का नमूना देखिए—

है कुरुक्षेत्र से कुछ भी खबर न आई
जीता या हारा बचा-खुचा कौरव-दल
जाने किसकी लोथों पर जा उतरेगा
यह नरभक्षी गिद्धों का भूखा बादल
अन्तःपुर में मरघट की-सी खामोशी
कृश गान्धारी बैठी हैं शीश झुकाए
सिंहासन पर धृतराष्ट्र मौन बैठे हैं
संजय अब तक कुछ भी संवाद न लाए

तुकबन्दी अच्छी है। कुछ लोकगीतों का रस भी है। किसी लावनी की पंक्तियों में ऊपर की पदावली जोड़ दीजिए, मजे से खप जाएगी, यथा—

गम के गुलाल ने ऐसी धूल उड़ाई।
अब सिवा खुदा के कुछ नहिं देय दिखाई।
है कुरुक्षेत्र से कुछ भी खबर न आई।

नई कविता में भावहीन कथनों की भरमार है। श्री शमशेर बहादुर सिंह के लिए यह दावा किया गया है कि वे बिम्बों द्वारा ही अपनी बात कहते हैं। यह दावा उनकी कविताओं के बारे में स्वतन्त्र चिन्तन द्वारा किया जा सकता है, कविताएँ पढ़कर नहीं।

आओ—ले जाओ
मुझसे मेरा
प्रणय का धन
सर्वः
वह है सब तुम्हारा ही—
म—
वह 'तुम' है।

इसमें कौन-सा बिम्बवाद है?

'नई कविता' में उनकी एक अन्य रचना देखिए—

आज का नहीं दिन
ठीक;
कल जाना,
मीत।

—यह भी पथ है;
तुम भी पथमय;
पन्थी की लय
पथमय।

शमशेर में विचारों को उलझाने, अच्छे-खासे गद्य को खंडित करके कविता बनाने की प्रवृत्ति अधिक है। "आज का दिन ठीक नहीं है। कल जाना, मित्र।" इसे तोड़कर, मित्र की जगह मीत करके छाप दीजिए तो कविता हो जाएगी।

नए कवि नए बिम्बों का प्रयोग करते हैं, इसलिए नहीं कि उन्हें कोई नई बात कहनी है वरन् इसलिए कि पुरानी बातें नए ढंग से कहनी हैं। श्री अजीतकुमार लिखते हैं—

चाँदनी चन्दन सदृश :
हम क्यों लिखें?
मुख हमें कमलों सरीखे क्यों दिखें?

कविता तो चाँदनी पर ही लिखनी है; केवल चाँदनी की तरह न कह कर उसे खोटे रुपये की तरह कहना है। दोपहर की धूप अच्छी लगती है, लेकिन अब वह जार्जेट के पल्ले जैसी लगती है। हरे धान के खेतों पर लिखना है लेकिन वे हरे फौवारों जैसे लगने चाहिए; विन्ध्याचल की श्रेणियाँ हाशिए जैसी होनी चाहिए। नए कवि जिस रूमानीपन की आलोचना करते हैं, वह उनकी रचनाओं में भरा हुआ है। यह रूमानीपन कभी इन्द्रियबोध तक सीमित रहता है, कभी निराश प्रेमी की उदासी से जुड़ जाता है। लोकगीतों से रूमानीपन उधार लेकर उसका कैसा अनगढ़ प्रयोग किया जाता है, इसकी एक मिसाल यह है :

साँझ सकारे
कोयल तोतों के संग हारे
ये रतनारे—
खोजे कूप, बावली झाऊ
बाट बटोही, जमुन कछारे

कहाँ रस के मधु पलास हैं?
बट शाखों पर मिथुन डाकते मेरे मिथुन बटेर के!
पीले फूल कनेर के!!

जब इस रूमानीपन से कवि दूर जाता है, तब उस पर हीन भावना सवार हो जाती है।

हाय, छोटी सी तलैया, बँधी गँदली,
क्या करें? सागर ललकता
जब कि अपने चन्द्रमा को छू न सकता।

यह हीनभावना उस रूमानीपन की ही प्रतिक्रिया है। चाँद नहीं मिलता; गँदली तलैया बेचारी क्या करे? यह हीनभावना नए कवियों के दिमाग में कीटाणुओं की तरह घुस गई है। अर्थ की लय, बिम्बवाद, नए सौन्दर्यबोध आदि को खोकर जो लम्बी-चौड़ी बातें की जाती हैं, वे सब अपनी हीनता को छिपाने के लिए।

श्री नरेश मेहता इस बीमारी के प्रति सजग हैं यद्यपि उनकी रचनाएँ क्रियाओं के भद्दे प्रयोगों और बिम्बों के उलझाव से अलंकृत रहती हैं। उनके विचार से राजनीति कविता को खरीद लेती है। इस गुलामी से बचने के लिए वह कविता के क्षेत्र से राजनीति को निकाल ही नहीं देते वरन् कविता को ऐसा रूप देते हैं जो कुछ कविचिन्तकों के मनोविनोद की ही वस्तु बन जाए। यदि कुछ कवि गलत किस्म की राजनीतिक कविताएँ लिखते हैं तो इसका यह अर्थ नहीं है कि राजनीतिक कविताएँ लिखी ही नहीं जा सकतीं। यह एक अच्छा लक्षण है कि अनेक नए कवि अपने साथियों की रचनाओं के खोखलेपन की खुली घोषणा करते हैं। 'नई कविता' (अंक तीन) में प्रकाशित श्री नरेश मेहता के वक्तव्य के निम्नलिखित वाक्यों पर हर प्रयोगवादी कवि को गम्भीरतापूर्वक विचार करना चाहिए–

"इस नई कविता को साहित्य में आये आज 15 वर्ष होने आए। इतने दिनों के उपरान्त भी यदि हमारी कविताओं की यही दशा है तो निश्चय ही यह कोई श्रेष्ठ स्थिति नहीं है। वस्तुतः हम अपनी कविताओं के खोखलेपन को जानते हैं। यदि न जानते होते तो सम्भावना हो सकती थी कि कभी हम सही मार्ग पर आ सकेंगे। लेकिन दुःख तो यह है कि हम खोखलेपन को जानते हैं तथा उसे छुपाने की कला में निष्णात भी हैं। जिस युग में साहित्य नहीं लिखा जाता, उस युग में उसकी चर्चा सबसे अधिक होती है। यही दशा हमारे युग की कविता की है। इधर के संकलनों को देखकर स्पष्ट हो जाना चाहिए कि कविता में आज अज्ञानता, उच्छृंखलता आदि बातें मौलिक मानी जा रही हैं। परम्परा से हीन होने को आधुनिकता की संज्ञा दी जा रही है। हम नए कवियों की सबसे बड़ी कमजोरी है कि काव्य की रचना से भी

अधिक आवश्यक यह है कि हमारा कवि का व्यक्तित्व ही नहीं है। आर्थिक संकट आदि बातों की आड़ में जिस गरिमाहीन स्वत्वहीन ओछे व्यक्तित्व को हमने अपने में पैदा होने दिया है, वह और कुछ भले ही कर सके साहित्य की सृष्टि नहीं कर सकता है। साहित्य व्यक्ति की अभिव्यक्ति नहीं वरन् व्यक्ति द्वारा बृहत् की अभिव्यक्ति है। वह बृहत् भावना, व्यक्ति सत्य को बाधा देती हो सो भी नहीं, किन्तु जीवन को देखने के लिए वैज्ञानिकता ही एकमात्र दृष्टि है, इसे भी स्वीकार नहीं किया जा सकता। दूसरी ओर भावना की अपेक्षा जिस तर्कचातुर्य को प्रश्रय दिया गया, यह भी ठीक नहीं हुआ। आज की हमारी कविता तथा हमारे व्यक्तियों के बौनेपन को गम्भीर संकट के रूप में अनुभव करना होगा, नहीं तो नई कविता अपनी सारी चमक-दमक से भी कोई महत्त्वपूर्ण कृतित्व एवं कृतिकार नहीं दे पाएगी।''

निष्कर्ष यह निकला कि अपने सिद्धान्तों और व्यवहार में नए कवियों ने इतने उलझाव पैदा किए हैं कि ज्यों-जयों सुरझि भज्यौ चहै, त्यों-त्यों अरुझत जाय। उन्होंने सोचा, अपनी बात इतने स्वाभाविक ढंग से कही जाए कि वह छन्द-सौन्दर्य और शब्दलय के बन्धनों से भी मुक्त हो जाए। उन्होंने छन्द-सौन्दर्य और भावोत्कर्ष का घनिष्ठ सम्बन्ध न समझा। नतीजा यह कि उनकी लयहीन कविताएँ अस्वाभाविक व्यंजना के नमूने बन गईं। उन्होंने शब्द और अर्थ के बीच एक अभेद्य खाई की कल्पना की। रूप को छायावादी भावुकता मानकर उन्होंने उसे ठुकराया और अर्थ-लय का पल्ला पकड़ा। नतीजा यह कि वे अपने आचार्य के ही अनुसार खंडित गद्य के टुकड़े प्रस्तुत करने लगे। उन्होंने भाव और विचार में मौलिक अन्तर्विरोध की कल्पना की, बौद्धिकता की दुहाई दी। साथ ही कविता कथन न हो, इसके लिए बिम्बवाद का सहारा लिया। परिणाम यह कि उनकी रचनाओं में भावहीन कथनों की भरमार हो गई। बिम्ब उन्होंने ऐसे चुने जो पुराने विषयों, पुरानी रूमानी अनुभूतियों को अनोखे ढंग से प्रस्तुत करते थे किन्तु उनमें स्वाभाविकता न थी; बिम्ब और अर्थ के सहज सम्बन्ध के बदले वे दूर की कौड़ी लाने लगे। रूमानीपन से बचते थे तो उन पर हीन भावना सवार हो जाती थी। अपने को बौना कहते थे और सारी दुनिया बौनों से भरी मालूम पड़ती थी। इन अन्तर्विरोधों से वे निकल नहीं पाते क्योंकि वे अपने संकीर्ण व्यक्तित्व के दायरे से बाहर आना नहीं चाहते। उनकी समझ में जनता के लिए कविता लिखना कविता का नाश करना होगा। कविता कहीं राजनीति के निकट पहुँच गई तो क्रीत दासी हो जाएगी। इसलिए न जनता के लिए लिखो, न जनता की समस्याओं पर लिखो, न इस ढंग से लिखो कि कविता का भावबोध, शिल्प-सौन्दर्य आदि जनता के लिए सुबोध हो। प्रयोगवादी मित्र समझते हैं कि उन्होंने काव्यक्षेत्र में क्रान्ति कर दी है, नए मानववाद की नींव डाल दी है, कविता को सभी रूढ़ियों से मुक्त कर दिया है। उनके गलत सिद्धान्त और उनके भ्रष्ट प्रयोग उन्हें उस मंजिल तक ले आए हैं जहाँ कविता के हरे-भरे उद्यान के बदले चारों ओर

खंडित गद्य के टुकड़ों से पटा हुआ रेगिस्तान ही दिखाई देता है। उनमें से कुछ को यह मार्मिक अनुभूति होने भी लगी है कि नई कविता में खोखलापन है और उसे छिपाने में उसके व्याख्याकार निष्णात हैं। जब तक प्रयोगवादियों के सिद्धान्तों और प्रयोगों में मौलिक परिवर्तन नहीं होता, तब तक यही दयनीय स्थिति बनी रहेगी।

27. मार्क्सवाद और आज का भारतीय साहित्य

साहित्य अकादमी की ओर से प्रकाशित 'आज का भारतीय साहित्य' पुस्तक की यथेष्ट चर्चा हिन्दी में हो चुकी है। हिन्दी संस्करण से अधिक पुस्तक के अंग्रेजी संस्करण की चर्चा हुई है। चर्चा का कारण श्री स. ही. वात्स्यायन का लेख रहा है और उसकी इतनी चर्चा हुई है कि अन्य भाषाओं और उनके साहित्य से सम्बन्धित लेखों की ओर आलोचकों का ध्यान कम गया है।

आज की परिस्थितियों में विभिन्न भाषाओं के बोलने वालों का एक दूसरे की साहित्यिक गतिविधि से परिचित होना एक राष्ट्रीय महत्त्व का कार्य हो गया है। देश में अन्ध राष्ट्रवाद और विघटन की शक्तियों का सांस्कृतिक आधार बहुत कुछ अहम्मन्यता और दूसरी भाषाओं का अज्ञान है। इस पुस्तक को पढ़कर कुछ अज्ञान तो दूर होगा ही और लोगों को यह अनुभव भी होगा कि सारे भारत की सामाजिक और सांस्कृतिक परिस्थितियों में बहुत अधिक समानता है, इसलिए हमारी विभिन्न भाषाओं के साहित्य में विविधता के अलावा बहुत-से मूलभूत तत्त्व समान हैं। इसलिए परस्पर स्पर्द्धा और अहंकार की भावनाएँ त्यागकर एक-दूसरे से सीखकर अपने साहित्य द्वारा समग्र भारतीय वाङ्मय को समृद्ध करने का प्रयास श्रेयस्कर होगा।

पुस्तक में साधारणतः प्रत्येक भाषा को बीस-तीस पृष्ठ मिले हैं—तेलुगु को बीस पृष्ठ और हिन्दी को पैंतीस पृष्ठ दिए गए हैं। संस्कृत को सड़सठ पृष्ठ दिए गए हैं जो बहुत अधिक हैं। अन्त में अंग्रेजी का भारतीय साहित्य भी है।

इन लेखों को पढ़कर पहली सचाई यह उभरकर आती है कि देश के स्वाधीनता-आन्दोलन ने हमारी भाषाओं के साहित्य को सबसे अधिक प्रेरणा दी है। अंग्रेजी राज की प्रगतिशील भूमिका को चाहे जितना श्रेय दिया जाए, वास्तविकता यह है कि साहित्य को प्रेरणा अंग्रेजी राज का गुण गाने वालों ने नहीं, उसका विरोध करने वालों ने दी है। कुछ साहित्य-शास्त्री भले ही अव्यक्त कामवासना को साहित्य का स्रोत मानते रहें, भारतीय साहित्य के नवजागरण-युग की कहानी दूसरी ही है।

दूसरी सचाई यह उभरकर आती है कि राष्ट्रीयता के साथ मार्क्सवाद से

प्रभावित प्रगतिशील साहित्यिक आन्दोलन सभी भाषाओं में अपना व्यापक प्रभाव डाल चुका है। साहित्य अकादमी से सम्बन्धित लेखकों द्वारा इस तथ्य की स्वीकृति और भी महत्त्वपूर्ण है। यह तथ्य उन विद्वानों के मनन करने योग्य है जो समझते हैं कि प्रगतिशील साहित्यिक आन्दोलन राजनीतिक प्रचार मात्र था अथवा यह कि उसका प्रभाव साहित्य के इतिहास में क्षणिक सिद्ध हो चुका है। देश के सांस्कृतिक नव-निर्माण में समाजवादी विचारधारा की भूमिका दिनोंदिन निखरती जा रही है। साहित्य पर उसका प्रभाव पड़ना अनिवार्य है। अंग्रेजी के पतनशील और निराशावादी रचनाकारों का प्रभाव भी भारतीय भाषाओं पर पड़ा है किन्तु वह प्रभाव राष्ट्रीयता या समाजवादी विचारधारा के प्रभाव की तुलना में नगण्य है। समूचे भारतीय साहित्य के विकास की उस दिशा पर कुण्ठाप्रेमी मित्रों को ध्यान देना चाहिए।

कश्मीर से लेकर तमिलनाडु तक, बंगाल से लेकर गुजरात तक राष्ट्रीय स्वाधीनता-आन्दोलन ने एक भावना-सूत्र में देश की सभी जातियों और भाषाओं को बाँध दिया था। बहुजातीय राष्ट्रीयता का पाठ हमें अंग्रेजों ने नहीं पढ़ाया। यूनाइटेड किंगडम उर्फ ग्रेट ब्रिटेन में आइरिश, स्काट, वेल्स और अंग्रेज जातियों में काफी कशमकश रही है। इस यूनाइटेड किंगडम की 'यूनिटी' युद्धों और हिंसक दमन द्वारा प्राप्त की गई थी। आयरलैण्ड जैसे भिन्न देश का विभाजन करके उसके एक खण्ड को नकली ढंग से 'यूनाइटेड किंगडम' का अंग बनाया गया है। स्काटलैण्ड अपेक्षाकृत पिछड़ा रहा है और उन्नीसवीं सदी तक अंग्रेज उसे दूसरा देश (प्रदेश नहीं) समझते थे। वेल्स की भाषा अंग्रेजी से भिन्न परिवार की है लेकिन उसे निर्मूल करने में अंग्रेजों ने कुछ उठा नहीं रखा। हमारी राष्ट्रीयता—जिसमें तमिल, कश्मीरी, सिन्धी आदि फलती-फूलती हैं—यूनाइटेड किंगडम की राष्ट्रीयता से दूसरे ढंग की हैं। न हमने संयुक्त राष्ट्र अमरीका की तरह गृहयुद्ध द्वारा उत्तर-दक्षिण को संयुक्त किया है। हमारी बहुजातीय राष्ट्रीयता की नींव अंग्रेजी राज कायम होने से पहले डाली गई थी, यहाँ टीपू सुल्तान और माधवजी सिंधिया ने देश में एकता स्थापित करने का प्रयत्न किया था, यहाँ 1857 में दिल्ली के उस झंडे के नीचे फिर देश को स्वाधीन करने का प्रयत्न किया गया था और 1920 और उसके बाद के व्यापक जन-आन्दोलनों ने इस एकता को दृढ़ किया था। इसलिए भारत की विशाल मानवता के ऐतिहासिक स्वाधीनता-आन्दोलन का प्रभाव विभिन्न भाषाओं के साहित्य पर पड़ना लाजमी था। साहित्य ने राष्ट्रीयता के प्रभाव को प्रतिबिंबित किया—इतना ही सत्य नहीं है। सच तो यह है कि बहुधा राजनीतिक नेताओं से पहले और उनसे अधिक सुसंगत रूप में साहित्यकारों ने राष्ट्रीयता का प्रचार और प्रसार किया है।

असमिया भाषा को सौ-पचास साल पहले लोग बंगला की बोली समझते थे। राष्ट्रीय आन्दोलन ने असमिया लोगों की जातीय चेतना को विकसित और पुष्ट किया। बीसवीं सदी के असमिया साहित्यकारों की चर्चा करते हुए श्री

बिरिंचिकुमार बरुआ ने लिखा है : "आधुनिक असमिया साहित्य के पुनर्जागरण की मूल उत्सा वह राष्ट्रीय चेतना" इन लेखकों द्वारा अभिव्यंजना पाती रही। इन साहित्यकारों ने कोमल भावों वाले गीत लिखे साथ ही 'स्फूर्तिदायक देशभक्तिपूर्ण कविताएँ' भी कीं। दूसरे महायुद्ध के बाद असमिया साहित्य में परिवर्तन हुआ। "तब से हमारे कवि, विशेषतः नए कवि समाजवादी और मार्क्सवादी सिद्धान्तों से अधिकाधिक परिचित होने लगे हैं।" कुछ कवि इलियट आदि अंग्रेज कवियों से प्रभावित हैं; अन्य "अपनी रचनाओं में पूँजीवादी शोषण का उल्लेख करके, वर्ग-संघर्ष और समाज-व्यवस्था में शीघ्र ही आमूलचूल परिवर्तन करने की ओर संकेत करते हैं।" पूँजीवादी व्यवस्था का आधार व्यक्तिगत मुनाफा है। उस व्यवस्था में जनता की समस्याएँ हल नहीं होतीं। न तो सार्वजनिक चुनाव का अधिकार देने से, न लोकसभा में बहस करने से, न शुभकामनाओं से पूर्ण प्रस्ताव पास करने से सामाजिक विषमता कम होती है। वर्गसंघर्ष दिन पर दिन तीखा होता जाता है और लगता है कि मुनाफे का आधार खत्म करके समाजवादी व्यवस्था की स्थापना के बाद ही यह संघर्ष बन्द होगा। इसीलिए असम जैसे छोटे प्रदेश की भाषा में भी इस वर्गसंघर्ष को व्यक्त करने वाली कविताएँ होती हैं। कविता ही नहीं "स्वतन्त्रता के बाद देशभक्ति की विशेष भावना से परिपूर्ण क्रान्तिकारी ढंग के ऐतिहासिक नाटक और भी लिखे गए।" राष्ट्रीयता की भावना और समाजवादी विचारधारा में परस्पर विरोध नहीं है। राष्ट्र में गरीबों की संख्या ही अधिक है और उनका उद्धार करने वाली व्यवस्था का नाम ही समाजवाद है।

असमिया की तरह उड़िया को भी कुछ लोग बंगला की बोली समझते थे। आधुनिक उड़िया साहित्य के पितामह फकीर मोहन सेनापति "आधुनिक उड़िया साहित्य और राष्ट्रीयता के सेनापति बने।" कितना गहरा सम्बन्ध है साहित्य और समाज में। कितने जागरूक थे उड़िया के लेखक जिन्होंने अपने साहित्य को राष्ट्रीय आन्दोलन से अभिन्न रूप में सम्बद्ध कर दिया। फकीर मोहन में राष्ट्रीयता के साथ गहरी जनतांत्रिक भावना भी थी। "जनता के लेखक होने के नाते वे इसी क्षेत्र के (उपन्यास क्षेत्र के) अन्य कई लेखकों के स्फूर्तिदाता और अग्रदूत थे।" बहुत-से हिन्दी आलोचक भारत के हर सांस्कृतिक आन्दोलन को अंग्रेजी की देन मानते हैं। उनकी समझ में हमारी मौलिक चिन्तन की क्षमता नष्ट हो गई है। लेकिन "फकीर मोहन को अंग्रेजी में कोई विधिवत् शिक्षा नहीं मिली थी। यह एक तरह से बड़ा लाभ हुआ। वह मुख्यतः जनता के आदमी थे। जनसाधारण की घरेलू सशक्त भाषा, जिसमें कि गाँवों की गलियों की सही गन्ध आती हो, धान के खेत और तालाब जहाँ कि गाँव की स्त्रियाँ अपने कपड़े लेकर धोने के लिए और दैनिक गपशप के लिए आन जुटती हों, यह सब फकीर मोहन के स्वाभाविक विषय थे।"

फकीर मोहन का यह वर्णन पढ़कर हिन्दी पाठकों को स्वभावतः प्रेमचन्द का

स्मरण हो आएगा। भारतीय साहित्य में लोकप्रिय और यथार्थवादी साहित्य की धारा ऐसे ही लेखकों ने बहाई और वह धारा ही हमारे साहित्य की भागीरथी है। इसी प्रकार कवि राधाकान्त ने अपनी रचनाओं में देश की गरिमा को प्रकट किया। उड़िया पर मार्क्सवाद का प्रभाव भी पड़ा। पहले शायद लोग समझते थे कि यह भी एक फैशन है जो कुछ दिन बाद खत्म हो जाएगा "परन्तु अब तो वामपक्षी विचारधारा साहित्यिकों का सामान्य विषय हो गया है।" इसे कोई पसन्द करे चाहे नापसन्द; सामाजिक जीवन से उत्पन्न होने वाली इस विचारधारा के प्रभाव को कोई रोक नहीं सकता।

राष्ट्रीय जागरण के साथ कन्नड़ भाषा में स्वर्णयुग आरम्भ हुआ। श्री वि. कृ. गोकाक ने आधुनिक कन्नड़ साहित्य के परिचय में लिखा है, "1920 के बाद आधुनिक कन्नड़ साहित्य अपने स्वर्णयुग में प्रवेश कर रहा है।" नए कवियों ने इस स्वर्णयुग को अवतरित करने में अग्रदल का कार्य किया। "उन्होंने ऐसी कविताएँ लिखीं जिनमें कि धरती का प्रेम और जिस युग में वे थे उसकी बढ़ती हुई राष्ट्रीयता का पूरा भावलोक व्यक्त हुआ है।" राष्ट्रीयता के साथ उसके सहज विकास के रूप में प्रगतिशील साहित्य की धारा अग्रसर हुई। श्री गोकाक ने लिखा है, "अगली धारा 1939 के लगभग शुरू हुई। उसी वर्ष दूसरा महायुद्ध भी छिड़ गया और सन् 30 (सन् 36) में जिस 'प्रगतिशील' आन्दोलन का सूत्रपात हुआ था, इस समय तक वह और भी जोर पकड़ गया और इस युग के साहित्य पर उसने गहरा प्रभाव डाला। वह मानो नवीन तरुण साहित्यिक पीढ़ी के उदय का एक धुरी-बिन्दु बन गया।" कन्नड़ साहित्य पर विश्व के फासिस्ट-विरोधी अभियान का गहरा असर पड़ा। कन्नड़ भाषा के जागरूक कवियों ने हिरोशिमा के नरसंहार के बारे में "बहुत ही तीखी करुणा से लिखा है," उन्होंने गाँधीजी की हत्या से आन्दोलित होकर "राष्ट्रपिता को अपनी श्रद्धांजलि एक मार्मिक गीतसंग्रह के रूप में अर्पित की।" प्रगतिशील साहित्यकारों के बारे में श्री गोकाक ने लिखा है कि उनमें "एक सशक्त सामाजिक चेतना राष्ट्रीय और अन्तर्राष्ट्रीय रूप में है।"

तमिल भाषा को आधुनिक भारत के श्रेष्ठ देशभक्त गायक भारती के गीतों का माध्यम होने का श्रेय है। देश की अन्य भाषाओं में राष्ट्रीय चेतना की जो धाराएँ बह रही थीं, वे भारती में मानों संयुक्त होकर अप्रतिहत वेग से आगे बढ़ चलीं। श्री ति. पी. मीनाक्षिसुन्दरम् पिल्ले ने बिल्कुल ठीक लिखा है, "20वीं सदी एशिया के जागरण की सदी है। राष्ट्रीय स्वतन्त्रता का आन्दोलन और पुनर्जीवन इसकी विशेष घटनाएँ हैं। आधुनिक तमिल साहित्य की सर्वोत्तम कृतियाँ राष्ट्रीय गीत हैं।" तमिल साहित्यकारों ने अपनी भाषा के प्रति प्रेम के गीत गाए, उन्होंने प्राचीन संस्कृति के पुनरुत्थान का प्रयत्न किया, इन सब धाराओं का मूल प्रेरणास्रोत थी राष्ट्रीय चेतना। अन्य भाषाओं की तरह तमिल में भी "आधुनिक धारा जनतान्त्रिक है। उसमें

आधुनिकता पर आग्रह है। भारत के विभिन्न भागों और दुनिया के सम्पर्क से, विशेषतः पश्चिम के सम्पर्क से, वैज्ञानिक और बुद्धिवादी धारा तमिल में बराबर विकसित हो रही है।''

आधुनिक तेलुगु साहित्य ने काव्य में नए भाव-सौन्दर्य की प्रतिष्ठा की। श्री के. रामकोटीश्वर राव के अनुसार ''इस युग के कवियों के मुख्य विषय प्रेम और प्रकृति थे। परन्तु राष्ट्रीयता, विशेषतः विदेशी राज्य के विरुद्ध संघर्ष, के दिनों में, उनकी भावनात्मक मनोघटना एक महत्त्वपूर्ण तत्त्व थी।'' फिर ''1935 के बाद तेलुगु कविता में वामपक्षी विचारों की ओर झुकाव हुआ। श्रीरंगम् श्रीनिवास राव (श्री श्री) ने रोमाण्टिक आन्दोलन के विरुद्ध विद्रोह शुरू किया, जिसका आरम्भ राय प्रोलु सुब्बाराव से हुआ था। श्रीनिवास राव अपनी कविता में लिखते हैं कि अब ऐसी नई दुनिया बन रही है जिसमें पसीने और मेहनत का फल यह होना चाहिए कि किसानों और मजदूरों के अधिकार उन्हें पूरी तरह प्राप्त हो जाएँ।'' यह नई चेतना तेलुगु साहित्य में निरन्तर विकसित हो रही है।

गाँधीजी के प्रदेश गुजरात में साहित्य पर राष्ट्रीयता का प्रभाव पड़ना ही था। अंग्रेजों के दमन से गुजराती साहित्यकार क्षुब्ध हुए; उन्होंने जनता के प्रतिरोध तथा विदेश की साम्राज्यविरोधी घटनाओं—जैसे रूसी क्रान्ति—से प्रेरणा और साहस ग्रहण किया। श्री मनसुखलाल झवेरी ने लिखा है, ''गाँधीजी, होमरूल आन्दोलन और जलियाँवाला बाग तथा देश के बाहर प्रथम महायुद्ध, उसके परिणाम और रूस की क्रान्ति इत्यादि घटनाओं ने गुजरात के भावजीवन के अन्तरतम को छू लिया। केवल राजनीतिक स्वतन्त्रता ही नहीं परन्तु धार्मिक, आर्थिक, सामाजिक और साहित्यिक सभी क्षेत्रों में सारे गुजरात की आत्मा स्वतन्त्रता की भावना से भर उठी। गुजरात नवीन जीवन से स्पन्दित हो उठा।'' राष्ट्रीयता की भावना व्यक्त करने में कवियों ने पहल की। ''उनकी कविता का मुख्य स्वर स्वतन्त्रता था।'' साथ ही गुजराती साहित्यकार ने अपने समाज के अन्तर्विरोधों को भी देखा। ''आर्थिक विषमता के कारण समाज की जो असह्य स्थिति थी, वह उसे खटकती थी।'' गाँधीजी से प्रेरणा पाकर ''धनिक वर्ग की ओर से उनकी दृष्टि हटकर गरीब और अशिक्षित देहाती जनता की ओर मुड़ गई।''

महाराष्ट्र में सामाजिक सुधारों से सन्तोष करने वाला दल राष्ट्रीयता की लहर के सामने टिक न सका। श्री मंगेश विट्ठल राजाध्यक्ष ने लिखा है कि ''बीसवीं शती के दूसरे दशक के उत्तरार्द्ध की निराशा, मजदूर-आन्दोलन का उत्थान और इससे भी अधिक 1930-31 में गाँधीजी के नेतृत्व में राष्ट्रीय संघर्ष ने ये अल्प-तुष्टि की दीवारें जड़ से हिला दीं।'' इसके बाद अनेक लेखकों ने ''साहित्य को सार्वत्रिक ह्रासोन्मुखता से बचाने का यत्न किया।'' रवि-किरण-मंडल के कवियों का ''प्रयत्न था कि कविता को सामान्य जीवन के निकट लाया जाए।'' इसी प्रकार ''1936 के

करीब मलयालम कविता ने नया मोड़ लिया।'' श्री सी. कुंजन राजा के अनुसार 'वामपक्षी राजनीति' से प्रभावित ''इस धारा ने जो कविता निर्मित की वह बहुत उच्च नहीं थी, परन्तु कहानी और उपन्यास के क्षेत्र में उनकी सफलता निःसन्देह बहुत है। परन्तु यह मानना चाहिए कि प्रायः सभी प्रमुख लेखकों पर इस 'वाद' का प्रभाव पड़ा। उन्होंने उसे एक नया दृष्टिकोण दिया विशेषतः बल्लत्तोल और शंकर कुरुप्प पर 'प्रगतिवादी' विचारों का प्रभाव बहुत स्पष्ट है।'' मलयालम में प्रगतिशील साहित्य अपने प्रदेश की राष्ट्रीय और जनवादी परम्परा से विच्छिन्न हो कर विकसित नहीं हुआ वरन् उससे उसने घनिष्ठ नाता जोड़ा। इस विषय में श्री कुंजन राजा के ये वाक्य ध्यान देने योग्य हैं। ''यद्यपि यह सही तौर पर कहा जा सकता है कि गए 20 वर्षों में ऐसा कोई भी कवि नहीं है, जिसे कि 'प्रगतिवादी' विचारों ने अनजाने रूप से ही क्यों न हो, प्रभावित न किया हो। फिर भी मलयालम कविता का मूल प्रवाह उसकी प्रमुख धारा से अलग नहीं हुआ। तरुण पीढ़ी के तीन प्रसिद्ध कवियों के नाम हम दे सकते हैं। वैलोप्पल्ली श्रीधर मेनन, वेण्णिकुलम् गोपाल कुरुप्प और पालाई नारायणन नायर। ये मलयालम-कविता की सच्ची परम्परा में हैं, यद्यपि वे प्रगतिशील विचारों से अधिक प्रभावित हैं।'' केरल में आज जो नवीन जन-जागरण दिखाई दे रहा है, उसके लिए बहुत कुछ श्रेय वहाँ के लेखकों को देना उचित होगा।

सुदूर उत्तर में ''विगत ढाई दशकों की कश्मीरी कविता में कश्मीर के सामाजिक-राजनीतिक जागरण का प्रतिबिम्ब बहुत अच्छी तरह दिखाई देने लगा। इस कविता में सामन्ती जुल्मों के नीचे दबी हुई जनता की आजादी के लिए महान् संघर्ष का भी चित्र मिलता है।'' महजूर ने कश्मीरी कविता में युगान्तर उत्पन्न किया। श्री पृथ्वीनाथ 'पुष्प' के अनुसार ''उनकी देश-भक्तिपूर्ण राष्ट्रीय कविता ने कश्मीरी कविता को नया स्वर ही नहीं, किन्तु एक नया दृष्टिकोण भी दिया।'' नए कवियों में 'जनवादी विषयों के प्रति' विशेष आग्रह देखा जाता है। ''विगत कुछ वर्षों में लोक साहित्य की विधाओं के प्रति विशेष प्रेम प्रदर्शित करने वाली एक और जो लोकप्रिय धारा प्रवाहित हुई उससे फसल के सामूहिक गान, पालने और लोरी के गीत तथा मजदूरों के गाने इत्यादि का स्वर और भी तेजी से गूँजा। रोशन ने कश्मीर की चित्रोपम ऋतुओं पर कई सुन्दर कविताएँ और कल्पना चित्र लिखे हैं, इन चित्रों में जनसाधारण अपने सब तरह के काम करते हुए शान्ति और समृद्धि की ओर मजबूती से कदम उठाते हैं। प्रेमी ने भी मजदूरों की जिन्दगी के कई पहलू अपनी कविता में आँके हैं। विशेष आनन्ददायक तो वे गीत हैं, जिनमें कि उन किसानों के चित्र हैं, जो खेती पर गोड़ाई, बुआई तथा निराई करते हैं, और जो घास-फूस उखाड़ कर फेंकते हैं, जो फसल काटते हैं, जो केसर चुनते हैं।'' कश्मीर से लेकर कन्याकुमारी तक भारतीय साहित्य की धारा जनसाधारण के जीवन के चित्रण की ओर बढ़ रही है। यह प्रवाह पसन्द हो चाहे नापसन्द, उसके अस्तित्व से इनकार करना असम्भव है।

पंजाबी कवि मोहनसिंह के बारे में श्री खुशवन्तसिंह ने लिखा है, ''उनकी बाद की रचनाएँ विशेषतया 'कुछ सच', जो कि देश के विभाजन के बाद प्रकाशित हुईं, ऐसी हैं कि उनमें वामपक्ष की ओर जबर्दस्त झुकाव है। इनमें राजनीतिक भावनाओं को काव्य रूप से भी अधिक महत्त्व दिया गया है और यह बीमारी ऐसे बहुत-से नौजवान लेखकों को लग गई है जो कि अपने आपको 'प्रगतिवादी' कहते हैं।'' लेखक के अनुसार मोहनसिंह में मार्क्सवाद के प्रति पहले जैसा उत्साह नहीं है, ''अब उनमें दलितों का नेतृत्व करने की इच्छा और कर्म के लिए प्रेरणा के रूप में ही यह मार्क्सवाद बाकी है।'' किसी भी मार्क्सवादी लेखक को इस स्थिति से असन्तोष न होना चाहिए, विशेषकर इसलिए कि दलितों का नेतृत्व करने की इच्छा के बावजूद इसी रफ्तार से लिखने पर ''वे हमारी भाषा के सर्वश्रेष्ठ कवि जरूर बन जाएँगे।'' तथास्तु। वर्तमान पंजाबी के वे श्रेष्ठ कवि हैं, इसमें तो अभी भी सन्देह नहीं है। भारत के सिन्धीभाषियों का अपना प्रदेश छूट गया। वे विभिन्न नगरों में फैले हुए हैं। सिन्धी भाषा के शिक्षण आदि की समुचित व्यवस्था नहीं है। फिर भी ''1947-57 के दशक के साहित्य के बारे में दो बातें प्रधान हैं, एक तो हरेक लेखक में अपनी भाषा और साहित्य विशेषतः शाह के बारे में गहरा प्रेम है और मनुष्य और वस्तुओं के प्रति यथार्थवादी; 'प्रगतिवादी' दृष्टिकोण है।'' श्री अजवाणी के उपर्युक्त वाक्य से सिन्धी लेखकों के साहस और आत्मविश्वास का पता चलता है। इसके लिए वे हमारे आदर और बधाई के पात्र हैं। हमें विश्वास है कि सिन्धी भाषा के शिक्षण की उचित व्यवस्था होने पर इस रोचक भाषा का साहित्य और भी तेजी से उन्नति करेगा।

बंगला जैसी समृद्ध भाषा के साहित्य से हिन्दी-भाषी अपेक्षाकृत अधिक परिचित हैं। काजी अब्दुल बदूद ने रवीन्द्रनाथ ठाकुर के बारे में एक मार्के की बात लिखी है, ''अब उनका हिन्दू या भारतीय राष्ट्रवाद सीमित न रहकर स्वदेशी आन्दोलन के निकट सम्पर्क में आने के बाद व्यापक बन गया।'' इस प्रकार रहस्यवादी कवि भी राष्ट्रीयता से प्रभावित हुए और उनका दृष्टिकोण अधिक व्यापक बन गया। वामपक्षी लेखकों में बदूद ने मानिक वन्द्योपाध्याय, अमरेन्द्र घोष, समरेश बसु, गुलाम कुद्दूस, गोपाल हालदार, सुकान्त भट्टाचार्य आदि का उल्लेख किया है। इनमें से अनेक के लिए श्री बदूद ने लिखा है कि वे वामपक्षी से अधिक मानवतावादी दिखाई देते हैं। इसमें कोई आश्चर्य नहीं। मार्क्सवादी विचारधारा मानवतावाद की धारा है, ऐसी धारा जो मुनाफे के लिए व्यक्तिगत सम्पत्ति को आधार नहीं मानती वरन् शोषणमुक्त समाज में सभी को विकास की सुविधाएँ देने का लक्ष्य सामने रखती है।

राष्ट्रीयता और मार्क्सवाद का प्रभाव हिन्दी के समान उर्दू पर भी पड़ा है,। दोनों एक ही प्रदेश की सामान्य भाषा की दो साहित्यिक शैलियाँ हैं। श्री ख्वाजा अहमद फारुकी के अनुसार प्रगतिशील आन्दोलन में पहले कट्टरपन था, फिर वह ''उर्दू

साहित्य को एक नई प्रेरणा, संजीवन और स्वतन्त्र चेतना दे गया।'' उर्दू के प्रगतिशील कवियों में ''एक चिरन्तन सप्राणता और सशक्त यथार्थवाद है।'' ''गरीबी, गुलामी और शोषण के जमाने की एक उत्कट भावपूर्ण अभिव्यंजना'' उर्दू की प्रगतिशील कविता में ही मिलती है।

राष्ट्रीय चेतना का प्रसार, उसका विकसित होकर व्यापक जनतांत्रिक रूप लेना, समाजवादी उद्देश्य के प्रति लेखकों का उन्मुख होना—यह रूपरेखा भारत की प्रायः हर भाषा के साहित्य की है। अंग्रेजी तो प्रगतिशील विश्वभाषा है ही; उसमें राष्ट्रीय और समाजवादी चेतना के उद्‌भव की बात ही क्या करना, संस्कृत में भी, जिसका सम्बन्ध रूढ़िवाद से विशेष माना जाता है,—साहित्यकार ''राजनैतिक आन्दोलनों से प्रभावित हुए और इस युग के संस्कृत लेखन में नवयुग का प्रभाव स्पष्ट है। वस्तुतः इस नई भावना से अनुप्राणित साहित्य ही समकालीन संस्कृत का सबसे बड़ा भाग है।''

राष्ट्रीय आन्दोलन का यह प्रभाव देखकर अपने साहित्यकारों पर गर्व होता है। उन्होंने साहित्य-सेवा के साथ देशसेवा भी की। हर भाषा और साहित्य में इस नई चेतना की लहरों ने प्रवेश करके हमारी संस्कृति को समृद्ध किया और राष्ट्रीय एकता को दृढ़ किया। स्थायी भावों के गढ़ संस्कृत साहित्य में भी वर्तमान युग में 'नई भावना' से अनुप्राणित साहित्य उस भाषा के वाङ्‌मय का सबसे बड़ा भाग बन गया। इस अखिल-भारतीय, देशी-विदेशी, जीवित-अजीवित भाषाओं की परिस्थितियों से भिन्न किसी भाषा की दशा है तो वह हिन्दी की। श्री स. ही. वात्स्यायन ने अज्ञेय के बारे में क्या लिखा और शमशेरबहादुर सिंह का नाम लिया या नहीं लिया, इससे अधिक महत्त्वपूर्ण प्रश्न यह है कि उन्होंने राष्ट्रीय आन्दोलन के प्रभाव को स्वीकार किया या नहीं किया। श्री वात्स्यायन के अनुसार हिन्दी ने पहले महायुद्ध के बाद आधुनिक काल में प्रवेश किया। इस आधुनिक काल का जो भी अर्थ हो, लगता है इस आधुनिकता की विशेषताओं में राष्ट्रीयता की गणना नहीं की जा सकती। पहले विद्वान् लेखक ने अन्य देशों पर दृष्टि डालकर सूचित किया है कि आलोचकों ने वहाँ सम्भ्रान्ति युग और चिन्ता के युग की चर्चा की है (भ्रान्तियुग क्यों नहीं? और 'चिन्ता' के साथ 'नदी के द्वीप' का युग भी हो सकता था! नहीं, उचित नाम है कुण्ठा का युग! सुनिए)—''इतना ही नहीं, दोनों महायुद्धों के काल को हिन्दी के सन्दर्भ में एक और भी नाम दिया जा सकता है—यदि इससे भ्रम उत्पन्न होने की आशंका न होती (!!!)—कुण्ठा युग।'' भ्रम उत्पन्न न हो, इसलिए सम्भ्रान्ति युग के प्रेमी ने कुण्ठित कण्ठ से दो महायुद्धों के बीच के हिन्दी साहित्य को—प्रेमचन्द, प्रसाद, निराला, रामचन्द्र शुक्ल के साहित्य को—कुण्ठा के युग का साहित्य कहा है। कहना चाहिए, युग कुण्ठा का है, साहित्य अकुण्ठित रहा, इसलिए वह युग का प्रतिनिधित्व न कर पाया। ''भारतेन्दु हरिश्चन्द्र के रचनात्मक साहित्य को आज कदाचित् बहुत

उच्चकोटि का नहीं समझा जाएगा।" भारतेन्दु जी अकुण्ठित निकल गए। वैसे भी बेचारे सम्भ्रान्ति युग के पहले ही अवतरित हो गए थे।

छायावाद "रोमाण्टिकवाद और वेदान्तवाद का समन्वय था।" इसीलिए उसमें भी कुण्ठा, चिन्ता और सम्भ्रान्ति की उचित अभिव्यक्ति नहीं हुई। छायावाद और प्रगतिवाद में कौन ज्यादा गुस्ताख है, यह कहना कठिन है। दोनों में व्यक्तिपूजा की भरमार है। "अतएव हिन्दी में यह स्वाभाविक ही है कि छायावाद और प्रगतिवाद की नायकपूजा का स्थान एक वैज्ञानिक मानववाद ले ले।" हैं निकम्मे दोनों। कुण्ठा के बदले नायकों का (नायिकाओं का भी नहीं!) चित्रण करते हैं। हिन्दी में "आधुनिक वैज्ञानिक सिद्धान्त स्वीकार और आत्मसात् कर लिया गया है।" यह वैज्ञानिक सिद्धान्त जो भी हो, उसकी स्वीकृत का अर्थ है व्यक्तित्व की खोज! और खोज का फल है कुण्ठा! जहाँ तक प्रगतिशील लेखकों का सम्बन्ध है, "प्रगतिवादी पक्ष के अनेक लेखकों ने मानव जाति के अपमान और उत्पीड़न के जो लोमहर्षक वर्णन किए, उनमें मूलतः उसी प्रकार की अस्वस्थ मनोवैज्ञानिक भावना का पर्याप्त अंश था जो कि पश्चिम के उत्तरकालीन रोमाण्टिकवादी (डिकेडेंट) में लक्षित होता था।"

इस प्रकार स. ही. वात्स्यायनजी ने न तो राष्ट्रीय चेतना की भूमिका को स्वीकार किया है, न समाजवादी विचारधारा के प्रभाव को। अपने 'लोमहर्षक' निबन्ध में उन्होंने अस्वस्थ मनोवैज्ञानिक भावना की ओर संकेत करके एक महान् चमत्कार अवश्य उत्पन्न किया है। मानो अस्वस्थ मनोवैज्ञानिक भावनाओं के लिए अज्ञेय-साहित्य के घेरे से बाहर जाना भी आवश्यक हो! इसके बाद उनका एक बहुत सुन्दर वाक्य है—पता नहीं अंग्रेजी से उन्होंने स्वयं अनुवाद किया है या किसी दूसरे ने—इस प्रकार : "मार्क्सवाद की क्रमशः लम्बी होती हुई जो छाया पश्चिमी रोमाण्टिकवाद पर पड़ी थी, और जिसके कारण (उदाहरणतया) वर्ड्सवर्थ और शेली, बायरन और स्विनबर्न सभी के रोमाण्टिक होते हुए भी प्रथम दोनों और अन्तिम दोनों में एक मौलिक अन्तर आ गया था, उसका या उसी ढंग का प्रभाव हिन्दी में भी लक्षित हुआ।"

मार्क्सवाद की छाया पश्चिमी रोमाण्टिकवाद पर पड़ी। इन रोमाण्टिक कवियों में पहला जोड़ा वर्ड्सवर्थ और शेली का, दूसरा जोड़ा बायरन और स्विनबर्न का। दोनों में मौलिक अन्तर है। कारण? मार्क्सवाद की लम्बी होती हुई छाया! शायद यह छाया वर्ड्सवर्थ के समय छोटी थी, बायरन के समय तक लम्बी हो गई। जिस समय मार्क्स का जन्म हुआ था (1818), उस समय तक अपने कवि-जीवन का श्रेष्ठ भाग बिताकर कविवर वर्ड्सवर्थ 48 वर्ष के हो चुके थे। जिस समय शेली की मृत्यु हुई (1822), उस समय मार्क्स केवल चार वर्ष के थे और जब लार्ड बायरन स्वर्ग सिधारे (1824), उस समय मार्क्स चार से बढ़कर छह वर्ष के हुए थे। लेकिन प्रतिभाशाली पुरुष थे; उस उम्र में भी अंग्रेजी कवियों को प्रभावित कर डाला हो तो क्या आश्चर्य!

मार्क्स ने तीस वर्ष की अवस्था में एंगेल्स के साथ 1848 में अपनी ऐतिहासिक पुस्तक 'कम्युनिस्ट घोषणापत्र' प्रकाशित की थी। उसमें उन्होंने यूरोप के उन दकियानूसी राजनीतिज्ञों का जिक्र किया था जिन्हें कम्युनिज्म का भूत सताता था। सम्भ्रान्तियुग के कलाकार श्री स. ही. वात्स्यायन 'अज्ञेय' इस भूत से आज भारत भूमि में बुरी तरह पीड़ित हैं। इसीलिए उन्हें इंग्लैण्ड के रोमाण्टिक कवि भी मार्क्सवाद की लम्बी छाया की लपेट में आते दिखाई देते हैं। फिर हिन्दी में प्रगतिवाद "एक कट्टर सिद्धान्तवादी कम्युनिस्ट आन्दोलन" बन गया हो, तो आश्चर्य क्या!

'आज का भारतीय साहित्य' में पहली बार इतने बड़े पैमाने पर आधुनिक भारतीय साहित्य का विहंगावलोकन किया गया है। यह विहंगावलोकन काफी शिक्षाप्रद है। दरबारों की नायिका भेदी-चमत्कारवादी परम्परा अब नष्ट हो गई है। राष्ट्रीय स्वाधीनता आन्दोलन के साथ आगे बढ़ने वाले हमारे महान् साहित्यकारों ने भारत की विभिन्न भाषाओं में व्यापक परिवर्तन उत्पन्न कर दिया है। उसी परम्परा को जनता के हित में विकसित करने वाली प्रगतिशील विचारधारा भी अखिल भारतीय पैमान पर दृढ़मूल हो चुकी है। आन्दोलन के असंगठित होने पर भी युग की माँग के अनुसार समाजवादी उद्देश्य से अनुप्राणित साहित्य तेजी से बढ़ रहा है। 'आज का भारतीय साहित्य' में एकाध लेख विशेष मनोरंजक हैं। उनमें भारतीय साहित्य ही नहीं, विदेशी साहित्य के बारे में भी अभिनव तथ्य उद्‌घाटित किए गए हैं। इस मनोरंजक अनुसन्धान का कारण भारतीय राष्ट्रीयता से पराङ्मुख होना है, कांग्रेस फार कल्चरल फ्रीडम के झंडे की सिकुड़ती हुई छाया में हिन्दी साहित्य के प्रकाश को समेटने का विफल प्रयास है। इस पुस्तक को पढ़कर भारतीय राष्ट्रीयता और जनतन्त्र की शक्ति में हमारी आस्था दृढ़ होती है और यह पता चल जाता है कि साहित्य की प्रमुख जनहितैषी धारा का विरोध करने वाले सज्जन कितने एकाकी हैं। उनके व्यक्तित्व की खोज का यथार्थ जीवन से अब कोई सम्बन्ध नहीं रह गया।

28. नई कविता : प्रगतिवाद और प्रयोगवाद

नई कविता के विवेचन में जो उलझन पैदा होती है, उसका मुख्य कारण भिन्न और परस्पर विरोधी काव्य-प्रवृत्तियों को नई कविता की संज्ञा देना है।

सन् 1938 में 'रूपाभ' के प्रकाशन के साथ आरम्भ होने वाली नई कविता प्रगतिशील कविता है जो मार्क्सवाद से प्रभावित है। यथार्थवादी रुझान जिसमें प्रबल है, जिसमें कुण्ठा और अतृप्ति से संघर्ष करने की आकांक्षा है। सन् 1947 में 'प्रतीक' के प्रकाशन से शुरू होने वाली नई कविता प्रयोगवादी कविता है जो समाजपरक

प्रगतिशीलता का विरोध करती है, जो कुण्ठा और घुटन से संघर्ष को आवश्यक न मानकर उन्हें जीवन मूल्यों के रूप में स्वीकार करती है। सन् 1954 में 'नई कविता' के प्रकाशन से शुरू होने वाली नई कविता अस्तित्ववादी कविता है जो छायावादी 'शिशु आस्था' के विरुद्ध व्यक्तिनिष्ठ विवेक पर बल देती है, जो मानव को लघु मानव बनाकर उसकी विवशता और पराजय के भोगने को कवि की परम उपलब्धि मानती है। सन् 1958 में 'कृति' के प्रकाशन से शुरू होने वाली नई कविता क्रमशः उस पराजित पीढ़ी की कविता बनती जाती है जो व्यक्तिनिष्ठ मूल्यों के बदले मूल्यहीनता का झण्डा लेकर आगे बढ़ती है। भूखी पीढ़ी, नंगी पीढ़ी, अकविता आदि की अनेक संक्षिप्त अर्ध-विक्षिप्त पीढ़ियाँ इसी मूल्यहीनता के झण्डे के नीचे एक-दूसरे को ललकारती हैं। इस ललकारने की क्रिया के बावजूद इन सबमें आन्तरिक संगति है, क्योंकि वे सभी साहित्य और राजनीति के प्रगतिशील तत्त्वों को अस्वीकार करती हैं। सन् 1938 से शुरू होने वाले, सबसे पहले, दौर की नई कविता छायावाद के प्रगतिशील तत्त्वों को अपने में समेटकर आगे बढ़ी। इस कविता के समर्थन में जिस आलोचना का विकास हुआ, वह छायावाद की सीमाओं को स्वीकार करती हुई भी उसकी प्रगतिशील भूमिका पर गर्व करती थी। वह प्रगतिवाद के विरोध में आगे आने वाली काव्य-धाराओं का डटकर मुकाबला करती थी।

किसी समय नामवर सिंह छायावाद के प्रशंसक, प्रगतिवाद के समर्थक और प्रयोगवाद के विरोधी थे। उनका विचार था कि प्रयोगवादी कविता का सारा रूपविधान "केवल समाजनिरपेक्ष मध्यवर्गीय व्यक्ति की मानसिक बीमारियों का सहानुभूतिपूर्ण और मोहक अलंकरण है।" (कल्पना, अक्टूबर 1952)। प्रयोगवाद "उत्तर छायावाद की समाजविरोधी अतिशय व्यक्तिवादी मनोवृत्ति" का प्रसार है। (आधुनिक साहित्य की प्रवृत्तियाँ, 1954, पृ. 103)। समाज-विरोधी और समाज-हितैषी का भेद तब साफ दिखाई देता था। नागार्जुन जैसे कवियों में 'स्वस्थ सामाजिकता' है तो प्रयोगवादियों में 'कुण्ठित वैयक्तिकता' (उप., पृ. 77)। प्रेम, सुख-दुख, आशा-निराशा, जिस पर भी कविता लिखी जाए, प्रगतिवादी-प्रयोगवादी दृष्टियों का भेद साफ हो जाता था। प्रगतिशील कविता में, "स्वस्थ सामाजिक-पारिवारिक प्रेम व्यक्त हुआ है," "स्वैराचार और कुण्ठा भरे प्रेम काव्य" में वैसा प्रेम नहीं है। (पृ. 82)। प्रगतिवादी कवि भी दुख और निराशा की कविता लिखता है किन्तु "प्रगतिशील कवि की निराशा में भी आशा की दीप्ति होती है। प्रयोगवादी कवि की तरह वह दुख या सुख सब कुछ अकेले-अकेले नहीं झेलना चाहता है।" (पृ. 88)। प्रगतिशील कवि भी स्वप्नदर्शी होता है किन्तु उसका स्वप्न "उसे संघर्ष करने की शक्ति देता है" जबकि प्रयोगवादी का दिवास्वप्न "प्रायः रुग्णता और पलायन के भावों से भरा होता है।" (पृ. 86)। दोनों की कला में भी अन्तर है "प्रयोगवाद की कटी-छँटी नई कविता" के सामने प्रगतिशील कविताएँ "प्रायः अनगढ़, बेतरतीब उगी हुई घासों और फूलों की तरह"

हैं जिनके ''उस जंगलीपन में भी आकर्षण है।'' (पृ. 86)।

प्रगतिवाद और प्रयोगवाद का अन्तर स्पष्ट था। फिर पता नहीं क्या हुआ—कहाँ आग लग गई, कहाँ गोली चल गई—यह अन्तर अचानक अवास्तविक, अस्वाभाविक और अनावश्यक जान पड़ने लगा। 'कविता के नए प्रतिमान' (1968) में नामवर सिंह कहते हैं, ''छायावादोत्तर काल की यह सर्जना उस नई कविता के गिर्द हुई है जो इस काल की मुख्य काव्य-धारा रही है। स्पष्ट ही यहाँ नई कविता से आशय प्रगति और प्रयोग दोनों की कल्पित कगारों को तोड़ती हुई समग्र नई काव्यधारा से है।'' (पृ. 67)। नई कविता की त्रिवेणी में गंगा, यमुना, सरस्वती सब मिलकर एक हो गईं। मानसिक बीमारियों और स्वस्थ मन में कोई अन्तर न रहा, प्रगतिशील कविता और प्रयोगवादी कविता में कोई अन्तर न रहा।

इससे किसी को यह न समझना चाहिए कि नामवर सिंह प्रगतिशील साहित्य की भूमिका अस्वीकार करते हैं। नहीं, उनका अब भी विचार है कि ''प्रगतिशील साहित्य की इस यथार्थवादी भूमिका की उपेक्षा करके 1938 के संक्रमण-युग को समझना असम्भव है'' और 'तार सप्तक' के भीतर-बाहर के कवि जो हिन्दी कविता को ''नया मोड़ देने का प्रयास कर रहे थे'' वे ''सभी किसी न किसी रूप में उस प्रगतिशील चेतना से अपने को सम्बद्ध अनुभव करते थे।'' (पृ. 90)।

प्रगतिशील साहित्य की भूमिका को एकदम नकारने की बात नहीं है। समस्या दूसरी है। समस्या है, द्वन्द्व को भूलकर, उस पर पर्दा डालकर, दो विरोधी प्रवृत्तियों में सन्तुलन कायम करने की! अगर हम कहें कि ''छायावाद के बाद सबसे मूल्यवान रचनाएँ 'नई कविता' के साथ आईं'' (पृ. 57), तो आप अटकल लगाते रहेंगे कि इसमें कितनी कविता प्रगतिशील चेतना से सम्बद्ध थी, कितनी उसके विरुद्ध थी। 'प्रयोगशील कृतियाँ' गिनाते हुए यदि हम 'हरी घास पर क्षण भर' के साथ 'नाश और निर्माण', 'युग की गंगा' और 'धरती' का नाम लें तो आप मानेंगे कि 'अज्ञेय' के साथ, सन् 1947 के बाद वाले 'अज्ञेय' के साथ, गिरिजाकुमार माथुर, केदारनाथ अग्रवाल और त्रिलोचन की पटरी बिठाने की कोशिश की जा रही है।

इस सन्तुलन के नाटक की विशेषता यह है कि नामवर सिंह के न चाहने पर भी कहीं-कहीं प्रगतिशील कविता और प्रयोगवादी-अस्तित्ववादी कविता का भेद प्रकट हो ही जाता है। जैसे ''प्रगतिशील चेतना के बिना यदि 'कुरुक्षेत्र' की रचना असम्भव थी तो नई कविता के बिना 'उर्वशी' की कल्पना भी कठिन थी।'' (पृ. 66)। इस वाक्य में प्रगतिशील चेतना और नई कविता की चेतना में भेद हो गया है जो सम्भवतः लेखक को अभीष्ट नहीं था। लेकिन यह कहना भी गलत होगा कि नामवर सिंह प्रगतिशील कविता और उससे भिन्न कविता में भेद नहीं करते या भेद करना नहीं चाहते। भेद न हो तो सन्तुलन का नाटक कैसे हो। दिलचस्प बात यह है कि इस सन्तुलन में घाटा प्रगतिवादी कविता को होता है, नफा होता है विरोधी नई

कविता को। 'प्रयोगशील' शब्द से नामवर सिंह को परहेज नहीं है। उसका प्रयोग वह अज्ञेय, भारतभूषण अग्रवाल, प्रभाकर माचवे, त्रिलोचन, केदारनाथ अग्रवाल के लिए हिचके बिना कर सकते हैं। हिचकते हैं प्रगतिवाद और प्रगतिशील शब्दों को लेकर।

मूर्तिमत्ता की चर्चा करते हुए वह "कुछ प्रगतिवादी कहे जाने वाले कवियों" को याद करते हैं। (पृ. 130)। और इनमें पहला नाम जो उन्हें याद आता है, वह है नागार्जुन का। वह नागार्जुन का नाम छोड़ नहीं सकते, साथ ही उन्हें प्रगतिवादी कहने में कुछ लज्जा या ग्लानि का अनुभव भी करते हैं। लेकिन प्रश्न किसी शब्द-विशेष के प्रयोग का नहीं है।

हिन्दी कविता के विकास में पहले छायावाद आया, फिर उत्तर छायावाद "इसके बाद प्रगतिवाद का दौर, जिसने अपनी ईमानदारी में शक जरूर किया; प्रगति के पथ पर कदम रखने वाले कवि को अपनी ईमानदारी का भी पूरा विश्वास न था।" (पृ. 99)। इस वाक्य के दोनों हिस्से तर्क की बहुत ही विचित्र कड़ी से जोड़े गए हैं। प्रगतिवाद ने दूसरों की ईमानदारी पर शक किया। क्यों? इसलिए कि प्रगतिवादी लेखक को अपनी ईमानदारी का विश्वास नहीं था।

प्रश्न किसी शब्द-विशेष के प्रयोग का नहीं है। प्रश्न यह है कि नामवर सिंह को—बहैसियत एक प्रगतिवादी लेखक के—अपनी ईमानदारी का विश्वास था या नहीं।

उनका विचार है कि प्रगतिवाद ने प्रयोगवादी कवियों पर अनुचित दबाव डाला। प्रगतिवादी दूसरों की नीयत पर शक न करते, तो उनकी देखा-देखी प्रयोगवादी भी दूसरों को बेईमान न समझते। नामवर सिंह कहते हैं, "प्रयोगशीलता के बीच से उत्पन्न होने वाली नई कविता के कवि प्रगतिवाद की इसी पृष्ठभूमि में आए और उन्हें एकबारगी यह महसूस हुआ कि प्रगतिवाद के दबाव के कारण कविता से ईमानदारी गायब हो गई है।" (पृ. 199)। अब इस बात का प्रायश्चित्त करने के लिए कुछ प्रगतिवादी आलोचक प्रयोगवाद और नई कविता का दबाव स्वीकार कर लें तो इसमें आश्चर्य की कोई बात नहीं है।

रामस्वरूप चतुर्वेदी ने मुक्तिबोध की पुस्तक 'कामायनी : एक पुनर्विचार' के सिलसिले में मार्क्सवाद का सवाल उठाया था। नामवर सिंह का कहना है : "वस्तुतः यहाँ खामखाह के लिए मार्क्सवाद को घसीटना अप्रासंगिक है।" (पृ. 181)। मुक्तिबोध ने मार्क्सवादी दृष्टि से ही 'कामायनी' पर पुनर्विचार का बीड़ा उठाया था। इसलिए उनकी पुस्तक के सिलसिले में मार्क्सवाद की चर्चा प्रासंगिक ही थी। किन्तु नामवर सिंह ने यह तय किया है कि वह मुक्तिबोध को आदर्श नए कवि के रूप में प्रस्तुत करेंगे, ऐसे नए कवि के रूप में जो मार्क्सवादी प्रतिमानों से परे हो। जब मुक्तिबोध को या स्वयं को मार्क्सवादियों से अलग करना हो, तब उसी 'कामायनी'

की चर्चा में मार्क्सवाद का उल्लेख प्रासंगिक हो जाता है। कहते हैं, "इस मामले में मुक्तिबोध की दृष्टि इतनी विशद थी कि वह कुछ मार्क्सवादी बन्धुओं की भ्रान्त धारणाओं के निराकरण से भी अपने को रोक न पाए।" (पृ. 82)। ये भ्रान्त धारणाएँ कौन-सी थीं? कुछ मार्क्सवादी आलोचकों ने 'कामायनी' में द्वन्द्वात्मक भौतिकवाद की छाया देख ली। मुक्तिबोध ने दिखा दिया कि वह मार्क्सवाद की द्वन्द्वात्मकता नहीं है बल्कि उसका सम्बन्ध भाववाद से है।

मार्क्सवादी बन्धुओं ने लिखा था कि "प्रसादजी के साहित्य में कहीं-कहीं भाववाद (आइडियलिज्म) की छाप हो तो आश्चर्य नहीं," और चेतना, पदार्थ, प्रकृति के बारे में प्रसादजी और द्वन्द्वात्मक भौतिकवाद के दृष्टिकोण का अन्तर बतलाया था। (लोकजीवन और साहित्य, पृ. 44-45)। किन्तु मार्क्सवादी आलोचकों से अपने को अलग दिखाने की आकांक्षा नामवर सिंह के मन पर इतना दबाव डाल रही है कि 'भाववाद की छाप' उनके लिए द्वन्द्वात्मक भौतिकवाद की छाया बन जाती है।

यहाँ तक आपने प्रयोगवाद और प्रगतिवाद के सम्बन्ध में नामवर सिंह के परिवर्तित दृष्टिकोण का नक्शा देखा। अब देखिए छायावाद के प्रति उनका दृष्टिकोण किस तरह बदल रहा है। जिस समय वह प्रगतिवाद के समर्थक थे, उस समय वह छायावाद के प्रगतिशील तत्त्वों का विश्लेषण इस प्रकार करते थे : "छायावाद का व्यक्ति-स्वातन्त्र्य सामन्ती मर्यादाओं के विरुद्ध बहुत बड़ा कदम था।... राजनीतिक और आर्थिक रूप में यही व्यक्ति-स्वातन्त्र्य शोषित कृषकों का पक्ष लेकर विप्लव के बादल का आह्वान करता था।... सामन्ती रूढ़ियों से नारी को मुक्त करके भी छायावादी कवि ने राष्ट्रीय आन्दोलन में सहयोग किया।... जहाँ तक साम्राज्य-विरोधी मोर्चे का सवाल है, इस पर छायावादी कवि ने स्पष्ट रूप से अंग्रेजों का विरोध तो नहीं किया लेकिन परोक्ष रूप से साम्राज्यवाद के विरुद्ध देश-प्रेम, जागरण तथा आत्मगौरव का गान गाया।" (आधुनिक साहित्य की प्रवृत्तियाँ, पृ. 29)। यह बात नहीं है कि नामवर सिंह उस समय छायावाद के पलायनवादी पक्ष से अपरिचित थे। किन्तु वह समग्र आन्दोलन को एक ऐतिहासिक विकास-क्रम में देखते थे, उसे "खड़ी बोली कविता के स्वाभाविक विकास की चरम परिणति" मानते थे। (पृ. 81)। उनका विचार था कि जैसे "मध्ययुगीन सांस्कृतिक पुनरुत्थान का चरमोत्कर्ष सोलहवीं सदी के भक्ति काव्य में हुआ," वैसे ही "आधुनिक जागरण का चरमोत्कर्ष बीसवीं सदी के छायावादी काव्य तथा प्रेमचन्द के उपन्यासों में हुआ।" (पृ. 32)।

नामवर सिंह को छायावाद इतना प्रिय था कि उन्होंने उस पर एक स्वतन्त्र पुस्तक लिखी थी। संक्षेप में उसका निष्कर्ष भी यही है कि "जो उस युग में समाज की प्रगतिशील शक्ति थे उन्होंने छायावाद को अपना समझा।" (छायावाद, 1954, पृ. 142)। वह प्रसाद पर विशेष रूप से मुग्ध थे, क्योंकि "उनकी 'कामायनी'

छायावाद का प्रतिनिधि काव्य है।'' (पृ. 145)। प्रगतिशील आलोचक नामवर सिंह उन दिनों भारतीय साहित्य की सजीव परम्परा से छायावाद का सम्बन्ध जानते थे। प्रसाद के विचार, उनकी समझ में, अवैज्ञानिक थे, फिर भी 'कामायनी' में एक अन्तर्गठन है जो उसे वह शक्ति देता है, जिससे ''वह छायावाद की अनेक बिखरी रचनाओं के बीच स्तम्भ के समान खड़ी है।'' (पृ. 146)। इस अन्तर्गठन की शक्ति का स्रोत क्या है? उत्तर है, ''सम्भवतः प्रसाद के इस अन्तर्गठन का कारण उनका गठित व्यक्तित्व है, जिसकी जड़ें बहुत गहराई से परम्परा में गई थीं। परम्परा का यह जीवित बोध ही है जिसने प्रसाद को संगठन शक्ति दी और वे छायावाद के बिखरे यत्नों को एक जीवनसत्य में पिरोकर 'कामायनी' जैसी कृति दे सके।'' (पृ. 146)।

किन्तु अब नामवर सिंह को छायावाद शब्द से चिढ़ हो गई है और छायावाद में भी खासकर 'कामायनी' से। कविता के नए प्रतिमानों की शुरुआत होती है छायावाद विरोध से, उनका खात्मा होता है इसी विरोध से। हिन्दी कविता, हिन्दी आलोचना में जितने दोष हैं, उन सबके लिए जिम्मेदार है छायावाद। नई कविता ने चुपचाप छायावाद से समझौता कर लिया है। जगदीश गुप्त और लक्ष्मीकान्त नई कविता के सूत्रधार हैं, वे छायावाद से ग्रस्त हैं। अज्ञेय प्रयोगवादी हैं, वह भी ग्रस्त हैं। नगेन्द्र रसवादी हैं, वह भी। रामविलास शर्मा मार्क्सवादी—वह तो विशेष। रामचन्द्र शुक्ल लोकमंगल वाले—वह भी छायावाद के प्रच्छन्न समर्थक निकल आए। उन्होंने हिन्दी साहित्य का इतिहास छायावादी ढंग से लिखा जिसका परिणाम यह हुआ कि ''आज तक हिन्दी कविता का पुनर्मूल्यांकन नहीं किया गया।'' (नए प्रतिमान, पृ. 32)। छायावादी कवियों ने कबीर में विशेष रुचि नहीं दिखाई और ''आचार्य शुक्ल के छायावादी संसर्ग दोष का ज्वलन्त उदाहरण है कबीर को कविरूप में मान्यता न देना।'' (पृ. 33)। कबीर ही नहीं, ''आचार्य शुक्ल तुलसीदास को (भी) काव्य के स्तर पर प्रतिष्ठित नहीं कर सका।'' (पृ. 35)। ऐसी स्थिति में नामवर सिंह ने अकेले कविता के नए प्रतिमानों का जो द्रोणाचल उठाया है, उसके लिए उनकी जितनी प्रशंसा की जाए, थोड़ी है।

छायावादी कुसंस्कार फैलाने में प्रसाद सबसे आगे हैं। 'कामायनी' में अन्तर्गठन कहाँ? उसमें असंगति ही अधिक है। ''कामायनी में असंगति का अनुभव किसी न किसी स्तर पर प्रायः सभी सूक्ष्मद्रष्टा समीक्षकों ने महसूस किया है।'' (पृ. 79) जो बात नहीं महसूस की है, वह यह कि ''छायावाद के प्रतिक्रियावादी मूल्यों के खिलाफ संघर्ष करना अपना कर्तव्य'' है (पृ. 81)। यह काम मुक्तिबोध ने किया। उन्होंने 'मार्क्सवादी बन्धुओं की भ्रान्त धारणाओं' का निराकरण किया। (पृ. 82) और 'उर्वशी' के बारे में मुक्तिबोध और रामविलास शर्मा के भिन्न मतों से सिद्ध हो गया कि नई कविता का 'आत्मसजग भावबोध' क्या है और 'पिछली रूमानियत का अवशिष्ट रंग' क्या है। (पृ. 75)।

नामवर सिंह की आलोचना की विशेषता यह है कि वह साहित्य के उपेक्षितों की तलाश में रहते हैं। यदि ये उपेक्षित स्वर्गीय व्यक्ति हों तो उनकी बुद्धि और भी उत्तेजित हो जाती है। कुछ वर्ष पहले उन्होंने लिखा था, "समीक्षकों द्वारा उपेक्षित तथा अकाल ही धरती से उठ जाने वाले कवि बर्त्वाल ने प्रतिभा के अनेक जौहर दिखाए।" (आलोचना, सं. 4, 52)। कुछ दिन बाद वे बर्त्वाल को भूल गए। आशा है, मुक्तिबोध उन्हें कुछ अधिक दिन तक याद रहेंगे।

नामवर सिंह का विचार है कि मुक्तिबोध ने रूपवादी मूल्यांकन की सीमा लाँघकर 'कामायनी' की आलोचना 'मूल्य केन्द्रिक' दृष्टि से की। जो भी दृष्टि हो, मुक्तिबोध 'कामायनी' को बहुत उत्कृष्ट काव्य समझते थे। 'उर्वशी' प्रसंग में भगवतशरण उपाध्याय ने 'कामायनी' को दो-चार उल्टी-सीधी सुना दी थीं। इस पर मुक्तिबोध ने काफी क्षुब्ध होकर लिखा था, "हिन्दी के साहित्य पण्डित भले ही 'कामायनी' की दार्शनिकता के कारण उसे महत्त्व दें, इससे यह सिद्ध नहीं होता कि 'कामायनी' उत्कृष्ट काव्य न होकर 'निकृष्ट', 'घटिया' काव्य है। (भगवतशरणजी के उक्त कथन को मैं अत्यन्त दुर्भाग्यपूर्ण समझता हूँ)। 'कामायनी' अपनी काव्यात्मकता के लिए, जीवन-समस्याओं के काव्यात्मक चित्रण के लिए, हमेशा प्रसिद्ध रहेगी। उसमें उत्कृष्ट काव्यात्मकता है। उसका दर्शन जीवन-समस्याओं पर जबर्दस्त चिन्तन के फलस्वरूप है।... यह कहना कि 'कामायनी' में काव्यात्मकता नहीं है, तत्सम्बन्धी अपने अज्ञान का ही प्रदर्शन करता है।" (कल्पना, जनवरी, 1954)।

नामवर सिंह विचार करें कि मुक्तिबोध जिस काव्यात्मकता की प्रशंसा कर रहे हैं, वह रूपवादी है, या जीवनमूल्यों पर आधारित है। मुक्तिबोध का नाम लेते ही मन में जिस भावुकता का उद्रेक होता है, उसके सहारे न चलकर नामवर सिंह विवेक से उनके आत्मसंघर्ष को समझने की कोशिश करते तो वह छायावाद पर अस्त्र चलाने के लिए उनकी आड़ में कभी न खड़े होते। खैर, मुक्तिबोध के नाम से तो भावुकता का उद्रेक होता है, उनके नाम का इस्तेमाल किया जाना समझ में आता है। किन्तु छायावाद का विरोध करने के लिए हजारीप्रसाद द्विवेदी का नाम क्यों इस्तेमाल किया गया, यह स्पष्ट नहीं है। 'कामायनी' के बारे में द्विवेदी जी का मत है, "विषय और भाषा का इतना प्रौढ़ सामंजस्य वर्तमान हिन्दी कविता में दुर्लभ है।" (विचार और वितर्क, पृ. 73)। यह दृष्टि शुक्लजी की छायावादी दृष्टि से किस प्रकार भिन्न है?

नामवर सिंह का कहना है कि छायावादी कवियों को कबीर की भाषा नापसन्द थी, द्विवेदीजी को पसन्द है। अनगढ़ भाषा के कारण शुक्लजी ने उन्हें कवि न माना किन्तु शुक्लजी कबीर की प्रतिभा के कायल थे। उनका विचार था कि "भाषा बहुत परिष्कृत और परिमार्जित न होने पर भी कबीर की उक्तियों में कहीं-कहीं विलक्षण प्रभाव और चमत्कार है। प्रतिभा उनमें बड़ी प्रखर थी, इसमें सन्देह नहीं।"

कहीं कबीर भी तो छायावाद से प्रभावित नहीं थे जो शुक्लजी उनकी इतनी तारीफ कर गए?

हो सकता है शुक्लजी कबीर के रहस्यवाद की तारीफ कर रहे हों। बात है कबीर के व्यंग्य की जो छायावादियों को बहुत नापसन्द था। लेकिन शुक्लजी कबीर के व्यंग्य की भी तारीफ कर गए हैं। लिखा है : "यद्यपि वे पढ़-लिखे न थे पर उनकी प्रतिभा बड़ी प्रखर थी, जिससे उनके मुँह से बड़ी चुटीली व्यंग्य-चमत्कारपूर्ण बातें निकलती थीं।" नामवर सिंह का विचार है कि किसी की बातों को 'बड़ी चुटीली' कहना उसकी निन्दा करना है।

वैसे द्विवेदीजी भी कबीर के व्यंग्य की प्रशंसा दबी जबान से ही करते हैं। "गुमराह लोगों की गलती दिखाने में उन्हें एक तरह का रस मिलता था।" व्यंग्य के अवसरों पर "वे उग्र थे, कठोर थे, और आक्रामक थे।" वैसे "सर्वत्र उन्होंने एकसमता (बैलेंस) रखी थी। केवल कुछ थोड़े-से विषयों में वह समता खो गए थे।" (कबीर, पृ. 169) ये वही विषय हैं, जहाँ कबीरदास ने व्यंग्य किया है। वहीं उनका बैलेंस बिगड़ गया है।

कबीर पर द्विवेदीजी की पुस्तक से स्पष्ट है कि उन्हें कबीर का रहस्यवादी रूप ही सर्वाधिक प्रिय है। उनकी निगाह में वह पहुँचे हुए फकीर थे। उन्होंने जो रहस्यवाद लिखा, "वह उनकी अनधिकार चर्चा नहीं थी। वह समाधिगम्य परम पुरुष का साक्षात्कार कर चुके थे।" (उप., पृ. 156)। शुक्लजी इससे जरूर असहमत होते। उनका विचार था कि जो कुछ है, इसी लोक में है, लोक से परे कुछ नहीं है। नामवर सिंह ने द्विवेदीजी के रहस्यवाद-प्रेम की आलोचना न करके शुक्लजी के छायावादी संस्कारों पर जो हल्ला बोला है, वह बहुत अनुचित नहीं है। औसत हिन्दी पाठकों पर अब भी अधिक प्रभाव शुक्लजी का ही है। इसलिए समस्या उस प्रभाव को खत्म करने की है।

एक समय था जब शुक्लजी के बारे में नामवर सिंह का मत यह था : "उन्होंने अपने सजग सौन्दर्यबोध और गहरी रसग्राहिणी शक्ति के द्वारा लेखकों और पाठकों के मन में उच्चकोटि के साहित्य-संस्कार अथवा रुचि का बीज-वपन किया।... उन्होंने अपने सौन्दर्यबोध तथा रसानुभूति को शुद्ध आनन्द की स्थिति से ऊपर उठाकर लोकमंगल की उदात्त सामाजिक पृष्ठभूमि पर प्रतिष्ठित किया।... उन्होंने तुलसीदास के साहित्य को सूरदास की रचना से श्रेष्ठ ठहराया क्योंकि उनके विचार से तुलसी में सूर की अपेक्षा लोकमंगल की भावना अधिक थी। शुद्ध आनन्द वाले साहित्य को वे 'लोकमंगल की सिद्धावस्था' कहते थे और सामाजिक कल्याण वाले साहित्य को 'लोकमंगल की साधनावस्था'। अपनी इस स्थापना के द्वारा शुक्लजी ने समीक्षा को निष्क्रिय व्याख्या से आगे बढ़ाकर सक्रिय परिवर्तनकारी सामाजिक शक्ति के रूप में प्रतिष्ठित किया।" (आधुनिक साहित्य की प्रवृत्तियाँ, पृ. 93)।

वह जमाना दूसरा था। यह मूल्यों के विघटन का युग है। कविता के नहीं, आलोचना के नए प्रतिमान सामने आ रहे हैं जो बहुत ही लचीले हैं। उनके सहारे आलोचक कब कहाँ कौन-सा मूल्य स्थापित कर देगा, यह कोई नहीं कह सकता। कारण यह है कि "ईमानदारी की प्रकृति द्वन्द्वात्मक होती है।" मतलब यह कि "ईमानदारी समझदारी का दूसरा नाम है।" (नए प्रतिमान, पृ. 200)। और नामवर सिंह बहुत समझदार आदमी हैं।

29. यशपालजी और अश्लीलता

जब यशपालजी का पहला उपन्यास 'दादा कामरेड' निकला था, तब से 'झूठा सच' तक मैंने उनकी रचनाओं पर अनेक बार लिखा है। इसलिए मेरी ओर से इस बात का विवेचन अप्रासंगिक न होगा कि उन्होंने प्रगतिवादी आलोचकों के बारे में जो बातें कही हैं, वे सही हैं या गलत हैं।

प्रगतिवादी आलोचक यशपालजी की आलोचना क्यों करते थे? इस प्रश्न का उत्तर यशपालजी ने यह दिया है, "प्रगतिवादी आलोचकों का तकाजा था कि मैं इस देश में आसन्न समाजवादी क्रान्ति के लिए श्रेणी-संघर्ष की ललकार का ही साहित्य लिखूँ। मध्यवर्ग और निम्न-मध्यवर्ग के रूढ़िगत संस्कारों, व्यवहारों और उनके जीवन के अन्तर्विरोधों को छोड़कर केवल मजदूर और किसानों के जीवन को प्रतिबिम्बित करने के लिए लिखूँ।"

यदि यह बात सही है तो इससे कई महत्त्वपूर्ण नतीजे निकलते हैं। प्रगतिवादी आलोचकों की पहली गलती यह थी कि वे समझते थे कि समाजवादी क्रान्ति होने ही वाली है। अंग्रेजों की गुलामी खत्म नहीं हुई, समाजवादी क्रान्ति की तैयारी पहले से ही करने लगे! विदेशी साम्राज्यवाद की गुलामी खत्म किए बिना जनता से समाजवादी क्रान्ति करने की बात करने का मतलब क्या होता है? इसका मतलब होता है; साम्राज्य-विरोधी संग्राम को कमजोर करना, अप्रत्यक्ष रूप से दुश्मन की मदद करना। राजनीति में संकीर्णतावाद का यह जघन्यतम रूप है।

इस गलती के अलावा दूसरी गलती प्रगतिवादी आलोचकों ने यह की कि उन्होंने यशपालजी पर भी दबाव डाला कि वे इसी संकीर्णतावादी राजनीति का अनुसरण करें। सत्तारूढ़ होने से पहले ही कम्युनिस्टों ने साबित कर दिया कि वे सहयात्री लेखकों पर किस तरह बेजा दबाव डालते हैं।

तीसरी गलती यह कि इनके लिए जनता का अर्थ है केवल किसान और मजदूर। मध्यमवर्ग और निम्नमध्यमवर्ग को ये जनता में गिनते ही नहीं! यह भी

राजनीतिक संकीर्णतावाद का ही एक रूप है जो जनता के संगठन और उसके साम्राज्य विरोधी मोर्चे को कमजोर करता है।

वर्तमान समय में मार्क्सवादी लेखकों की एकता बहुत जरूरी है। इस एकता के कायम होने पर ही मार्क्सवादी और गैरमार्क्सवादी लेखकों की विशद एकता कायम हो सकती है। ऐसा न होने पर मार्क्सवादी अमृतरायजी गैरमार्क्सवादी बालकृष्ण रावजी के साथ एक तरह का संयुक्त मोर्चा बनाएँगे, और मार्क्सवादी लेखक यशपाल जी गैरमार्क्सवादी कलाकार भगवतीचरणजी वर्मा के साथ दूसरी तरह का संयुक्त मोर्चा बनाते हैं।

मार्क्सवादी लेखकों की एकता जरूरी है किन्तु वह किन्हीं सिद्धान्तों के आधार पर ही कायम हो सकती है। झूठे और भ्रामक प्रचार के बल पर एकता कायम नहीं हो सकती; और चाहे जो कायम हो जाए।

प्रगतिवादी आलोचकों का तकाजा था कि यशपालजी इस देश में आसन्न समाजवादी क्रान्ति के लिए श्रेणी संघर्ष की ललकार का ही साहित्य लिखें—यह बात सही है या झूठ?

यशपालजी ने अपनी बात के प्रमाण में किसी प्रगतिवादी आलोचक का नाम नहीं लिया, किसी आलोचक के लेख या पुस्तक का हवाला नहीं दिया। मैंने उनसे सम्बन्धित जो आलोचनाएँ पढ़ी हैं, उनमें इस तरह का तकाजा कहीं दिखाई नहीं दिया। मैंने यशपालजी पर अन्य प्रगतिवादी आलोचकों की अपेक्षा अधिक लिखा है, इसलिए शायद इस तरह का तकाजा मेरे लेखों में किया गया हो! मैं क्रमशः संयुक्त प्रान्तीय और अखिल भारतीय प्रगतिशील लेखक संघ का मन्त्री भी रह चुका हूँ। इसलिए एक हद तक मेरी आलोचनाएँ उस समय की प्रगतिवादी मान्यताओं का प्रतिनिधित्व करने वाली मानी जा सकती हैं। इसके अलावा संकीर्णतावादी आलोचक के रूप में जितनी ख्याति मुझे प्राप्त हुई है, उतनी अन्य किसी प्रगतिवादी आलोचक को नहीं। इसलिए आसन्न समाजवादी क्रान्ति से सम्बन्धित साहित्य लिखने का तकाजा मेरे लेखों में न होगा, तो और कहाँ होगा?

जो लोग यशपालजी के उपर्युक्त कथन से सहमत हों वे, और स्वयं कथाकार यशपालजी, यदि मेरे लेखों से एक भी वाक्य उद्धृत कर दें जो उस कथन की पुष्टि करता हो तो मैं उनका हृदय से आभार मानूँगा।

दुर्भाग्य से यशपालजी ने कहानियाँ और उपन्यास ही नहीं लिखे, राजनीतिक लेख और पुस्तकें भी लिखी हैं। इस बात का पता लगाना कठिन नहीं है कि आसन्न समाजवादी क्रान्ति के प्रति उनकी मान्यताएँ—'सारिका' में प्रकाशित लेख से पहले क्या रही हैं।

उन्होंने एक पुस्तक लिखी है—'गाँधीवाद की शव परीक्षा'। यह पुस्तक अगस्त 1941 में प्रकाशित हुई थी। इसमें उनकी स्थापना है कि देश की जनता के दो शोषक

हैं, एक तो विदेशी साम्राज्यवाद और दूसरा देशी पूँजीवाद। ये दोनों शोषक एक-दूसरे की सहायता करते हैं। क्रान्ति का भय दोनों को है। इसलिए आपस में होड़ करते हुए भी वे क्रान्ति का विरोध करते हैं। "इनमें से एक हिस्सेदार के मिटने का अर्थ होगा, इस व्यवस्था का अन्त और नई व्यवस्था का आ जाना।" अर्थात् साम्राज्यवाद मरेगा तो देशी पूँजीवाद उसके साथ ही सती हो जाएगा; चाहे इसको मारो, चाहे उसको मारो, चिता दोनों की साथ ही जलेगी। इसके बाद आएगी समाजवादी व्यवस्था। इस प्रकार साम्राज्य विरोधी क्रान्ति और पूँजीवाद विरोधी क्रान्ति अलग-अलग न होकर एक साथ होगी। 'आसन्न समाजवादी क्रान्ति' इसके अलावा और क्या होती है?

शायद मैं बहुत चतुराई से यशपालजी के वाक्यों को तोड़-मरोड़कर उनका गलत अर्थ करके पाठकों को गुमराह कर रहा हूँ?

आइए, पूरा पैराग्राफ पढ़ लीजिए! "ब्रिटिश साम्राज्यशाही इस देश की मालिक-श्रेणी के हाथ से सब अधिकार छीनकर अकेले यहाँ शासन नहीं कर सकती। इस देश की सम्पत्ति की मालिक श्रेणी के लिए भी ब्रिटिश साम्राज्यशाही के नियन्त्रण को सहसा तोड़कर अपना एकछत्र अधिकार कायम कर लेना सम्भव नहीं। इन दोनों ही अवस्थाओं में व्यवस्था को पलट देने वाली क्रान्ति का भय है। देश की आम जनता के शोषण करने के अधिकार को यह दोनों ही शक्तियाँ अपने हाथ में रखना चाहती हैं, इसलिए इन दोनों में होड़ और मुकाबिला है। इस मुकाबिले के बावजूद वे एक-दूसरे की सहायता से ही अपना अस्तित्व कायम रखे हुए हैं। अकेले दोनों में से कोई भी इस व्यवस्था को कायम रखने में सफल नहीं हो सकता। इनमें से एक हिस्सेदार के मिटने का अर्थ होगा, इस व्यवस्था का अन्त और नई व्यवस्था का आ जाना। इस नई व्यवस्था में इस देश की जनता पैदावार के साधनों को अपने हाथ में कर आत्मनिर्णय का अधिकार अपने हाथ में रखेगी। आत्मरक्षा और स्वार्थ के विचार से ब्रिटिश साम्राज्यशाही और इस देश की शोषक श्रेणी एक-दूसरे के अस्तित्व को बनाए रखने के लिए मजबूर है। यह दोनों शक्तियाँ अपने स्वार्थों को जिस प्रकार सटा सकें वही वैधानिक आन्दोलन और समझौते का मार्ग है जिसका दरवाजा गाँधीवाद सदा खुला रखता है।" (पृ. 174-5)

व्यवस्था को पलट देने वाली क्रान्ति किसे कहते हैं? क्या यह समाजवादी क्रान्ति से भिन्न होती है? नई व्यवस्था आने पर क्या होगा? जनता पैदावार के साधनों को अपने हाथ में करेगी। समाजवाद में और क्या होता है?

कहा जा सकता है—यह समाजवादी क्रान्ति की बात हो सकती है, 'आसन्न' समाजवादी क्रान्ति की बात कैसे हुई?

यह आसन्न समाजवादी क्रान्ति इसलिए हुई कि जनता पैदावार के साधनों को अपने हाथ में पहले करती है, आत्मनिर्णय का अधिकार हाथ में रखने का काम बाद में करती है। समाजवादी क्रान्ति 'आसन्न' है, इसलिए कि साम्राज्यवादी गुलामी

के साथ ही पूँजीवादी गुलामी खत्म होगी और साम्राज्यवाद से आजाद होने का मतलब होगा, तत्काल पूँजीवाद से आजाद होना।

इससे सन्तोष न हो तो, एक पैराग्राफ और पढ़िए। सारे संसार में समाजवादी क्रान्ति की लपटें फैल रही हैं। भारत भी बाकी दुनिया के साथ समाजवादी होगा। गाँधीवाद की मुख्य कमजोरी यह नहीं है कि वह साम्राज्यवाद के खिलाफ पूरी ताकत से जनता को एक करके नहीं लड़ता। उसकी कमजोरी यह है कि वह समाजवादी क्रान्ति में बाधक है, इसलिए उसकी तुलना नाजीवाद और फैसिस्टवाद से की गई है—भेद केवल साधनों में है।

सुनिए—"कोई भी राष्ट्र या देश इस युग में अन्य देशों के प्रभाव से अलग नहीं रह सकता। भारतवर्ष के लिए भी ऐसा करना सम्भव नहीं। संसार इस समय परिवर्तन के द्वार पर खड़ा है और व्यवस्था की नई मंजिल पर कदम रखना चाहता है। शोषण की मौजूदा व्यवस्था में शासन का अधिकार रखने वाली श्रेणी इस परिवर्तन को रोकने का यत्न कर रही है। इस श्रेणी के अलावा शेष मनुष्य समाज नई व्यवस्था लाने का प्रयत्न कर रहा है। नई व्यवस्था को रोक कर शोषक और मालिक श्रेणी के अधिकारों की रक्षा करने का प्रयत्न नाजीवाद और फैसिस्टवाद के रूप में प्रगट हो रहा है। भारतवर्ष में यह प्रयत्न अहिंसा का चोला पहन कर गाँधीवाद के रूप में चल रहा है। गाँधीवाद समाज की जिस व्यवस्था और पद्धति में पैदा हुआ, उसकी रक्षा का प्रयत्न वह कर रहा है। इस व्यवस्था के कारण जिस श्रेणी का पीड़न और शोषण हो रहा है, जो श्रेणी इस व्यवस्था को बदलना चाहती है, उसका गाँधीवाद से सहयोग नहीं हो सकता।" (पृ. 175-6)।

आशा है, इन उद्धरणों को पढ़ने से यशपालजी को भी विश्वास हो जाएगा कि जिस समय भारत पर ब्रिटिश साम्राज्यवाद हावी था, उस समय उन्हें समाजवादी क्रान्ति में आस्था ही नहीं थी, वरन् असाधारण और उच्चकोटि की आस्था थी।

अब यशपालजी के कथा-साहित्य की जो प्रगतिवादी आलोचना की गई, उसका विवरण देखिए।

'दादा कामरेड' के प्रकाशित होने पर मैंने उसकी आलोचना लखनऊ के साप्ताहिक पत्र 'संघर्ष' में की थी। वह मेरे निबन्ध संग्रह 'विराम चिह्न' के पृष्ठ 170 पर देखी जा सकती है।

शैल के निरावरण होने के प्रसंग में इस आलोचना में कहा गया है—"भूमिका में लेखक ने लिखा था कि 'सृजनवृत्ति' भी एक मानवीय वृत्ति है। परन्तु इस वृत्ति का उपभोग करने के लिए हरीश को अर्द्ध विक्षिप्त जैसा क्यों दिखाया गया है? जब वह अपने पूरे होश में है तब शैल को नंगा देखता है और उसे पूर्ण तृप्ति होती है। इस प्रकार नैतिक आचार की दृष्टि से भी हरीश का चरित्र विकृत मनोदशाओं का अधिक परिचय देता है, 'स्वस्थ सृजन वृत्ति' का कम। शैल के नग्न सौन्दर्य में हरीश

को जो आकर्षण है, वह उस अवस्था का द्योतक है जिसे हम लड़कपन कहते हैं। नारी के प्रति एक विस्मय, एक जिज्ञासा का भाव ही उसमें प्रधान है, सृजनवृत्ति का नहीं।''

'सारिका' वाले लेख में यशपाल जी ने लिखा है, ''साहित्य में किशोर-कौतूहल को उकसाने के लिए आवरण हटा देना मैं भी उचित नहीं समझता।'' मेरी आलोचना में इसी किशोर कुतूहल का विरोध किया गया है। हरीश में किशोर कुतूहल है या नहीं? यशपालजी कहते हैं—''हरीश के मन में भी नारी के प्रति स्वाभाविक आकर्षण है। उसके कौतूहल को पूरा कर सकने के लिए शैल अपने कपड़े उतारने को तैयार हो जाती है।'' यह किशोर कुतूहल नहीं, नई तरह का 'क्रान्तिकारी कुतूहल' है।

और भी बारीक बात यह है कि शैल के कपड़े उतारने के बाद ''हरीश नारी के अंगों को नहीं देख पाता, समुच्चय नारी शरीर के प्राकृतिक आकर्षण की ही झलक पाता है।'' अश्लीलता अंग-प्रत्यंग को निहारने में है, समुच्चय नारी की झलक पाने में नहीं। अश्लीलता दरकिनार, यह आत्मसंयम का उत्कृष्ट उदाहरण है! कहते हैं, ''यह चित्र अश्लीलता की उच्छृंखलता है या आत्मदमन के कठिन संयम का।''

शैल गर्भवती हो जाती है, शायद हरीश के आत्मदमन के कारण!

आत्मदमन के तर्क पर स्वयं यशपालजी का मन नहीं जमा, इसलिए उन्होंने दूसरा तर्क दिया है—हरीश की जिज्ञासा में उस भावना की छाया भी पाई जा सकती है, जिससे प्रेरित होकर ''वीनस की संसार-प्रसिद्ध निरावरण मूर्ति बनाई गई थी।''

मेरी आलोचना में इस निरावरण वीनस के व्यवाहर के बारे में लिखा है—''कथा से स्पष्ट है शैल तृप्ति चाहती है। सोफे पर साथ बैठकर, गोदी में लुढ़क कर, छाती पर सिर रखकर आदि-आदि तरीकों से वह बिना जाने अपने प्रिय में उस वृत्ति को (सृजनवृत्ति को) जगाना चाहती है।'' हाड़-मांस की वीनस और पत्थर की वीनस में यही अन्तर है। पत्थर की वीनस बुत बनी खड़ी रहती है। हाड़-मांस की वीनस गोद में लुढ़कती और मित्र के सीने पर सिर रखती है।

अब लीजिए मजदूरों के चित्रण की समस्या को। आलोचना में कहा गया था, ''उपन्यास का सबसे कमजोर हिस्सा वही है जिसका सम्बन्ध मजदूरों की हड़ताल से है। शैल की प्रेम कहानी में आत्मचरित्र जैसी सजीवता मिलती है, उसका यहाँ अभाव है। समाजवादी आदर्श की पूर्ति के लिए शेष कहानी कल्पना से गढ़ी हुई जान पड़ती है।''

यशपालजी से यह माँग नहीं की गई कि वे केवल मजदूरों पर लिखें; कहा यह गया है कि उन्होंने मजदूरों पर जो कुछ लिखा है, वह कल्पना के आधार पर लिखा है, इसलिए वह उपन्यास का सबसे कमजोर हिस्सा है!

'दादा कामरेड' के बाद यशपालजी का दूसरा उपन्यास आया 'देशद्रोही'। मैंने 'हंस' में इसकी आलोचना की; वह मेरे निबन्ध संग्रह 'संस्कृति और साहित्य' में देखी

जा सकती है। मेरी आलोचना, विशेषकर यशपालजी के सम्बन्ध में, संकीर्णतावादी ही नहीं एकांगी भी होती है, इसके प्रमाणस्वरूप मैं यहाँ 'देशद्रोही' पर अपने निबन्ध के अन्तिम दो पैराग्राफ उद्धृत करता हूँ। यशपालजी की आलोचना अश्लीलता के प्रश्न को लेकर ही की गई थी, या किसी अन्य समस्या को लेकर, यह भी स्पष्ट हो जाएगा। 'सारिका' में उनके लेख को पढ़कर लगता है कि प्रगतिवादी आलोचक केवल अश्लीलता के प्रश्न को लेकर उनकी आलोचना करते थे, उन्हें न यशपालजी की रचनाओं में कोई अच्छाई दिखाई देती थी, न अन्य किसी समस्या का विवेचन आवश्यक जान पड़ता था।

'देशद्रोही' की आलोचना करते हुए मैंने लिखा था, "इसमें सन्देह नहीं कि गृहस्थ जीवन की समस्याओं में यशपाल को बहुत बड़ी सफलता मिली है। राजाराम का चरित्र कुशल लेखनी का प्रमाण है। व्यंग्य और हास्य पर उनका अधिकार है। अजाने प्रदेशों को भी कल्पना और पुस्तकों के सहारे उन्होंने सजीव और सचित्र कर दिया है। फिर भी मध्यमवर्ग के असफल और अस्वस्थ नवयुवकों की बीमारी पर हँसा जा सकता है, आँसू बहाना असम्भव है। लेखक अपने व्यंग्य और हास्य के तीर खन्ना (उपन्यास के बहुनारी प्रेमी) को बचाकर छोड़ता है, अथवा खन्ना को देखकर वह अपने व्यंग्य-तीर छोड़ना भूल ही जाता है।"

यह एक पैराग्राफ हुआ। दूसरा पैराग्राफ उद्धृत करने से पहले खन्ना की प्रेम-कहानी की ओर ध्यान आकर्षित करना उचित होगा। हरीश अब बड़ा हो गया है। उसे एक नहीं अनेक शैल चाहिए।—"और यह प्रेम कहानी भी कैसी है? एक ऐसे निकम्मे आदमी की है जिसे नालायक भी कहें तो बेजा न होगा। नर्गिस से प्रेम करता है; फिर एक दिन ऊब कर, उसे छोड़ कर चल देता है। मर्द का क्या यही काम है? यह नहीं कि नर्गिस से प्रेम करके उसने गलती की हो और अब वह इससे बचा रहेगा। श्रीकान्त की तरह वह स्त्रियों के साथ आकर्षण का खेल छोड़ कर और करता क्या है? नर्गिस से भागे तो कहीं खातून मिल गई, तो कहीं गुलशां, तो कहीं चन्दा। औरत के नजदीक आने पर वह भाग खड़ा होता है; दूर होने पर प्रेम करता है। कारण यह है कि वह आध्यात्मिक प्रेम में विश्वास करता है—शायद बिना जाने ही। गोद में सुख से लेटना चाहता है लेकिन चन्दा को उसके दुष्ट पति से छुटकारा दिलाने के लिए वह एक कदम आगे नहीं बढ़ता।"

खन्ना की प्रेम कहानी एक अनैतिक और मानसिक रूप से अस्वस्थ आदमी की प्रेम कहानी है। यहाँ प्रश्न अश्लीलता का नहीं वरन् उसके कमजोर अनैतिक आचरण का है। इस आचरण की आलोचना करना इसीलिए जरूरी था कि यशपाल जी ने उसे आदर्श कम्युनिस्ट क्रान्तिकारी के रूप में पेश किया था।

अपने लेख के अन्तिम पैराग्राफ में पुस्तक की समस्त आलोचना का सारांश देते हुए मैंने लिखा था, "तात्पर्य यह कि शरत् की छाया हिन्दी साहित्य पर अब

भी गहरी है। यशपाल जैसे लेखक पर भी उसका प्रभाव स्पष्ट है। 'देशद्रोही' को 'श्रीकान्त' के साथ या उससे ऊँचा रखना आज के लेखक के लिए प्रशंसा की बात नहीं हो सकती। यशपालजी के पास व्यंग्य और हास्य के पैने अस्त्र हैं जो शरत् बाबू के पास नहीं थे। तर्क और बुद्धि की दृष्टि से वह समाजवादी हैं। फिर भी कथासाहित्य में वह घरेलू जीवन की परिधि के बाहर नहीं निकल पा रहे। एक पत्नी, एक पति और एक मित्र—यह सनातन त्रिकोण उनकी रचनाओं में बार-बार उभर कर आता है। आज के सामाजिक जीवन में भी यह त्रिकोण है लेकिन वह त्रिकोण ही नहीं, और भी बहुत-सी बातें हैं। निकम्मे नवयुवकों का चित्रण किया जाए, लेकिन तटस्थता से, व्यंग्य अस्त्र साध कर। 'देशद्रोही' पढ़ कर साधारण पाठकों को यह भ्रम हो सकता है कि आदर्श युवक क़िसी न किसी की गोद में सिर रखकर सो रहने के लिए बड़े उत्सुक रहते हैं। जिस कष्ट सहिष्णुता, अथक परिश्रम और उत्कट लगन से एक कम्युनिस्ट का निर्माण होता है, या होना चाहिए, उनका आभास पाठक को इस उपन्यास में नहीं मिलता। यह उसकी बहुत बड़ी कमजोरी है।''

'देशद्रोही' के नायक की अनैतिक प्रेम कहानी के बारे में यशपालजी का क्या विचार है? वह कहते हैं, ''मैं तो पुरानी परम्पराओं पर प्रहार करता हूँ लेकिन प्रगतिवादी आलोचक मुझे अश्लील साहित्य का रचयिता कहते हैं, इसका कारण यह है कि मैंने उनके आदर्श का पालन करके आसन्न समाजवादी क्रान्ति के लिए श्रेणी संघर्ष की ललकार का साहित्य नहीं लिखा।''

निकम्मे नवयुवकों का चित्रण किया जाए लेकिन तटस्थता से—इस आलोचना के बारे में यशपालजी क्या कहते हैं? वह कहते हैं कि ये प्रगतिवादी आलोचक चाहते हैं कि मैं मध्यवर्ग और निम्नमध्यवर्ग को बिल्कुल छोड़ दूँ।

'देशद्रोही' की आलोचना के बाद से 'प्रगतिशील साहित्य की समस्याएँ' लिखने तक मैंने यशपालजी पर कोई आलोचना प्रकाशित नहीं कराई। जो आलोचना की, उनके मुँह पर, उनके घर पर। इससे वे बहुत नाराज हुए और लिखित रूप में अपनी नाराजगी जाहिर की।

यशपालजी ने एक पुस्तक मार्क्सवाद पर लिखी थी। इसमें उन्होंने मार्क्सवाद के बारे में कई बातें गलत लिखी थीं। मैंने इस पुस्तक की आलोचना भी की थी जिससे वह नाराज जरूर हुए लेकिन उत्तर एक बात का भी न दे सके।

यौन सम्बन्धों के बारे में अपने गलत अनैतिक दृष्टिकोण को सही ठहराने के लिए उन्होंने लेनिन का गलत हवाला अपने एक लेख में दिया था। लेनिन ने उन लोगों का विरोध किया था जो कहते थे कि जैसे किसी स्वच्छ गिलास से पानी पीने में हानि नहीं है, वैसे ही किसी स्वस्थ नारी से यौन सम्बन्ध कायम करने में हानि नहीं है, यशपालजी ने इसका ठीक उल्टा अर्थ लगाकर 'स्वतन्त्र प्रेम' के समर्थन में लेनिनवाद को प्रस्तुत कर दिया। अपने उपन्यास 'मनुष्य के रूप' में उन्होंने

भारतीय साम्यवादियों को इस क्रान्तिकारी परम्परा का अनुयायी भी बना दिया। मनोरमा अपने नपुंसक पति को तलाक देकर आती है। कम्युनिस्ट पार्टी के नेता और कार्यकर्त्ता उसे घेर लेते हैं। "बहुत से कामरोड अपनी-अपनी जगह छोड़ संकोच से सिमटी जाती मनोरमा को घेर कर खड़े हो गए। उमेश ने गर्दन ऊँची कर बहुत जोर से पुकार कर कहा—'तो फिर अब।' और प्रोत्साहन की मुद्रा से हृदय पर हाथ रख लिया। पारो ने उमेश को कन्धे से धक्का देकर फटकारा—हट पागल! मंगल बोला—आखिर कोई तो आशा कर सकता है। न्यू बस हैज कम (नई गाड़ी चल रही है।)"

यहाँ प्रश्न अश्लीलता का नहीं है। यहाँ न अंग-प्रत्यंग का प्रदर्शन है, न समुच्चय नारी-रूप का। निरावरण शरीर से न यहाँ रस-बोध कराया गया है, न समाज की जघन्यता प्रकट की गई है। यशपाल का जो अपना अनैतिक दृष्टिकोण रहा है, उसे उन्होंने बार-बार अपने क्रान्तिकारी पात्रों पर आरोपित किया है। उनके 'चक्कर क्लब' के विचारक रवीन्द्रनाथ की रचनाओं और घटिया बाजारू गीतों को एक तराजू से तौलते हुए कहते हैं, "किसी की तृप्ति कवि रवीन्द्र की कविता में कामिनी को समीप बैठाकर हो जाती है तो किसी की साहित्यिक तृप्ति अंगिया दबाने की चर्चा किए बिना नहीं होती। क्यों जी, सिर खुजलाते हुए कामरेड की ओर देखकर उन्होंने पूछा—'क्या है वह गीत, न ताको जोबन सरकारी है, बचके रहो जी'।"

यही अनैतिक, अवसरवादी, टुटपुँजिया, गैर-जिम्मेदार दृष्टिकोण 'पार्टी कामरेड', 'मनुष्य के रूप' आदि उपन्यासों में प्रकट हुआ है। इसका समर्थन उन्होंने लेनिन का गलत हवाला देकर किया। यह सब वह समाज की जघन्यता प्रकट करने के लिए नहीं लिखते; यौन सम्बन्धों की इस गिरावट को वे पुरानी मान्यताओं का विरोध समझते हैं। वे भूल जाते हैं कि यौन उच्छृंखलता जिसे 'फ्री लव' (स्वतन्त्र प्रेम) का नाम दिया जाता है, पूँजीपतियों और सामन्तों की संस्कृति की विशेषता है। श्रमिक संस्कृति की विशेषता है—स्थायी सम्बन्ध कायम करना, न कि हर साल छहः महीने में उन्हें तोड़ देना।

'प्रगतिशील साहित्य की समस्याएँ' (1954) में मैंने उनकी राजनीति के बारे में लिखा था, "बुनियादी तौर से यशपाल की समस्याएँ वही हैं जो अज्ञेय और जैनेन्द्र की हैं। उपन्यास का 'हीरो' आत्मपीड़ा के जरिए नारी—एक या अधिक—की करुणा जगाता है और यह नाटक ही उसके जीवन की सबसे महत्त्वपूर्ण क्रिया है। प्रेमचन्द को छोड़ दीजिए, वृन्दावनलाल वर्मा, अमृतलाल नागर, नागार्जुन आदि के कथा-साहित्य के पात्रों से यशपाल के नायकों की तुलना करें तो मालूम हो जाएगा कि जिस राजनीति का अनुसरण करने का वह दम्भ भरते हैं, वह इसके लिए एक नारा भर है। वह राजनीति जनता के जीवन की समझ-बूझ से पैदा नहीं हुई, वह 'सुनीता' की परम्परा पर चिपकाई हुई कागज की स्लिप मात्र है, जो हवा में इधर-उधर

खड़खड़ाया करती है। यशपाल का सबसे प्रभावशाली उपन्यास 'दिव्या' है, कारण कि यहाँ राजनीति की स्लिप खड़खड़ाती नहीं है। 'पार्टी कामरेड' या 'देशद्रोही' से उनके नायकों का रोमांस निकाल दीजिए, उपन्यास का ढाँचा चरमरा कर बैठ जाएगा।''

यहाँ न आसन्न समाजवादी क्रान्ति की बात है, न मजदूर-किसानों का चित्रण करने का आह्वान। यहाँ एक बहुत ही घटिया किस्म के रोमांस को छोड़ने की बात है। यहाँ कथाकार से नई राजनीति नहीं, उसकी अपनी राजनीति को ही उपन्यास में कलात्मक ढंग से जमाने की बात कही गई है।

यशपालजी 1962 में लिखते हैं कि उनकी आलोचना करने वाले प्रगतिवादी आलोचक निम्न मध्यवर्ग को जनता का अंग ही न मानते थे। 1954 में उनकी आलोचना करते हुए मैंने उपर्युक्त पुस्तक में लिखा था, ''सवाल यह है कि यशपाल और उन जैसे उपन्यासकारों में यह सेक्स-सज्जा इस भोंडे रूप में क्यों प्रकट होती है। इसका कारण स्पष्ट है। प्रेमचन्द और उनकी परम्परा के कथाकारों से यशपाल की तुलना करने पर बात साफ हो जाएगी। ये कथाकार बुनियादी तौर से अपने पात्र जन-साधारण से चुनते हैं और जन-साधारण में किसान मजदूर ही नहीं मध्यमवर्ग के भी लोग हैं। यशपाल के पात्र जन-जीवन के प्रतिनिधि नहीं हैं। वे उस वर्ग के लोग हैं, जिनके लिए सेक्स और आत्म-पीड़ा की समस्याएँ प्रधान हैं। इसलिए उनके साथ गलत या सही राजनीति जोड़ देने से ही वे प्रगतिशील नहीं हो जाते।''

आलोचना यह है कि यशपालजी के उपन्यासों के पात्र अक्सर मध्यमवर्ग का प्रतिनिधित्व भी नहीं करते। उपन्यास में उनका वर्ग-रूप चाहे जो दिखाया गया हो, उनकी संस्कृति अवकाशभोगी निकम्मे लोगों की है।

यशपालजी में आत्म-सम्मान की भावना यथेष्ट है। हर साहित्यकार में आत्म-सम्मान होना ही चाहिए। चाहे पूँजीवादी व्यवस्था हो, चाहे समाजवादी, केवल आलोचकों के दबाव से अपनी बात को गलत न कह देना चाहिए। लेकिन यदि मन में विश्वास हो जाए कि हमारी बात गलत थी, तो अपनी गलती मान लेने में कोई बुराई भी नहीं है। अब यशपालजी के मन में क्या है, इसे उनके अलावा कौन जान सकता है? किन्तु उनके अमल को देखकर कुछ नतीजे निकाले जा सकते हैं।

उनका उपन्यास 'झूठा सच' देखिए। कथावस्तु में 'अश्लीलता' के लिए बेहिसाब गुंजाइश थी। उससे लाभ न उठाकर यशपालजी ने दरअसल बड़े संयम से काम लिया है। इस उपन्यास में उन्होंने सचमुच समाज की जघन्यता प्रकट की है। मैंने इस उपन्यास के बारे में अनेक पाठकों से बात की है और सभी की यह राय रही है कि इससे यशपाल का दृष्टिकोण बदल गया है। इस अश्लीलता के प्रश्न से अधिक महत्त्वपूर्ण बात यह है कि अपने नायक के प्रति उनका दृष्टिकोण बदला हुआ है। 'झूठा सच' का पुरी, 'दादा कामरेड' का हरीश, 'देशद्रोही' के खन्ना की बिरादरी का ही है। लेकिन यहाँ उसे आदर्श रूप में चित्रित न करके यशपालजी ने तटस्थ

होकर उसकी कमजोरियों का चित्रण किया है। यहाँ उन्होंने सचमुच पुरानी मान्यताओं पर प्रहार किया है, सामन्ती-पूँजीवादी संस्कारों को मार्क्सवादी पोशाक नहीं पहनाई।

कुछ लोगों का विचार है कि प्रगतिशील लेखकों में जो विवाद चले हैं, वे व्यक्तिगत राग-द्वेष के कारण चले हैं। इस वाद-विवाद का सम्बन्ध सिद्धान्तों से नहीं है, सम्बन्ध है व्यक्तिगत ईर्ष्या, कलह और द्वेषभाव से। ऐसे लोगों की सेवा में 'झूठा सच' की अपनी आलोचना से कुछ अंश उद्धृत करना अप्रासंगिक न होगा।

"इस उपन्यास का राजनैतिक महत्त्व यह है कि वह जनता को देश की प्रतिक्रियावादी शक्तियों का घृणित रूप दिखलाता है, उनसे जनता को सावधान रहना सिखलाता है। ये शक्तियाँ अभी समाप्त नहीं हुई वरन् धर्म और संस्कृति के नाम पर अब भी जनता के कुछ हिस्सों को गुमराह करती हैं और हत्या, दंगे, नरमेध संगठित करने में सफल हो जाती हैं।... इस उपन्यास का सामाजिक महत्त्व यह है कि वह वर्तमान समाज में नारी की पराधीनता, उसकी घुटन और अपमान, व्यक्तिगत सम्पत्ति की तरह उसके क्रय-विक्रय की जघन्यता को स्पष्ट करता है।... इस उपन्यास में यथेष्ट करुणा है। भयानक और बीभत्स दृश्यों की कमी नहीं है। शृंगार को यथासम्भव मूल कथावस्तु की सीमाओं में बाँधकर रखा गया है। हास्य और व्यंग्य ने कथा को रोचक बनाया है और उपन्यासकार के उद्देश्य को निखारा है।"

यशपालजी के खिलाफ प्रगतिवादी आलोचकों ने जो लिखा था, उसे कई वर्ष हो गए। अश्लीलता के सम्बन्ध में इस समय लिखने की जरूरत क्यों पड़ी? उनके लेख से स्पष्ट है कि उनके पाठक उन्हें काफी परेशान करते हैं। लिखा है–

"अश्लीलता और नग्नता का आरोप मुझे बहुत सुनना पड़ा।" अगर आरोप सुनाने वाले प्रगतिवादी आलोचक ही होते तो 'बहुत सुनना पड़ा' की नौबत न आती। वह विद्यार्थियों की एक गोष्ठी में गए। "एक विद्यार्थी ने तुरन्त पूछ लिया, 'दादा कामरेड' उपन्यास में हरीश के अनुरोध पर आपने शैल का निरावरण हो जाना क्यों दिखाया? क्या यह उचित था?" वह विद्यार्थी प्रगतिवादी आलोचक न था। निश्चय की उसने 'दादा कामरेड' पर लिखी हुई किसी प्रगतिवादी आलोचक की आलोचना न पढ़ी होगी। यशपालजी ने उत्तर देने से पहले विद्यार्थियों से और प्रश्न करने का अनुरोध किया। "तीन-चार विद्यार्थियों ने घुमा-फिरा कर यही प्रश्न पूछ लिया।"

यह गोष्ठी यशपालजी के अनुसार हुई 1950-51 में। तब से गोष्ठियों का क्रम बन्द नहीं हुआ। यशपालजी जहाँ भी जाते हैं, उन्हें इस तरह के प्रश्नों का उत्तर देना पड़ा है। इसलिए अपने पुराने कथा-साहित्य के समर्थन में उन्हें 1962 में लेख लिखना पड़ा। सबसे आसान तरीका है–प्रगतिवादी आलोचकों को दोष देना। यशपालजी तो प्राचीन मान्यताओं पर प्रहार करते हैं और प्रगतिवादी आलोचक उन्हें प्रतिक्रियावादी कहते हैं; और तो और, जो कहानी कम्युनिस्ट पार्टी के पत्र में छपी,

उसे कुछ वर्षों बाद निस्सार और निरर्थक बता दिया गया।

यहाँ यह बिल्कुल स्पष्ट कर देना उचित है कि कम्युनिस्ट पार्टी या कम्युनिस्ट लेखकों की ओर से कभी भी—सन् '50 के पहले या बाद को—यह फैसला नहीं किया गया, कोई प्रस्ताव पास नहीं किया गया कि उनकी अमुक रचनाएँ प्रतिक्रियावादी हैं अथवा कुल मिलाकर स्वयं यशपालजी प्रगतिवादी हैं या नहीं। उन पर जो भी आलोचनाएँ निकली हैं, वे लेखकों ने अपनी जिम्मेदारी पर लिखी हैं। पार्टी या प्रगतिशील लेखक संघ के किसी निर्णय से उनका सम्बन्ध नहीं है। यशपालजी ने जो संकेत किया कि पहले उनकी रचनाओं को प्रगतिशील माना जाता था, बाद को किसी निर्णय के कारण वह मान्यता बदल दी गई और सभी प्रगतिवादी आलोचक उन्हें प्रतिक्रियावादी कहने लगे—यह बात गलत और बेबुनियाद है।

वर्तमान युग में आलोचना खूब लिखी गई है। गलत-सही हर तरह की लिखी है। विचारधारा के संघर्ष से सत्य-असत्य का फैसला करने में सुविधा होती है, इसलिए सभी आलोचना को निरर्थक नहीं कहा जा सकता। यशपालजी ने 1957 में इलाहाबाद के एक लेखक सम्मेलन में भाषण दिया। इसमें उन्होंने आचोचकों के विरुद्ध कई क्रान्तिकारी बातें कहीं; उन्हें क्रोध था प्रगतिवादी आलोचकों पर लेकिन उन्होंने सोचा कि आलोचना की जड़ ही काट दी जाए तो अच्छा। न रहेगा बाँस, न बजेगी बाँसुरी। उन्होंने घोषित किया—आलोचना साहित्य का मूल्यांकन करती है; इसलिए स्वयं साहित्य नहीं होती। हिन्दी में परीक्षा सम्बन्धी पुस्तकों के कारण आलोचना की भरमार है। आलोचक जनता का रुख देखकर अपनी राय कायम करते हैं। इसलिए उनका मूल्यांकन भरोसे का नहीं होता। निष्कर्ष यह कि पिछले दिनों हिन्दी में जो आलोचना लिखी गई, वह न लिखी गई होती तो साहित्य का लाभ ही होता, हानि न होती।

यशपालजी के ज्ञाननेत्र काफी देर में खुले। एकाध पुस्तक पर उन्होंने इस अदना आलोचक की सम्मति भी छापी है। अर्थात् कथाकार यशपालजी ने अपनी किसी पुस्तक पर आलोचक रामविलास शर्मा की सम्मति छापी है।

यही नहीं किसी समय उन्हें आलोचना से इतना प्रेम था कि आप न लिखें, तो वे आपको याद दिलाते थे कि आलोचना लिखिए, आपसे ही न कहते थे कि लिखिए वरन आपके मित्रों, परिचितों से भी लिखने का तकाजा करते थे। मौखिक तकाजों की बात नहीं, यशपालजी के लिखे हुए कुछ पत्र पढ़िए।

5 अगस्त 1943 के कार्ड में लिखा था—"बम्बई में एस. जहीर को एक कार्ड द्वारा 'पिपुल्सबार' में रिव्यू के लिए रिमाइण्ड करा दो तो शायद कुछ बन ही जाए। आशा है 19 को आते समय लेख पूरा हो चुका होगा।" लेख का मतलब है 'देशद्रोही' की आलोचना। 4 सितम्बर '43 को उन्होंने फिर लिखा, " 'देशद्रोही' पर वह लेख जो आप लिख रहे थे, आशा है पूरा हो गया होगा और 'हंस' को—जैसा कि आपका

विचार था–चला गया होगा।" 14 सितम्बर '43 को उन्होंने फिर लिखा, "इसके पूर्व भी एक पत्र लिख चुका हूँ (1) उत्तर नहीं मिला। विश्वास है जिन्दा तो होंगे ही, फिर उत्तर न दे सकने का कारण क्या? यह भी आश्चर्य है कि इतने दिन में रेडियो के सिलसिले में जनाब का आना इधर नहीं हुआ! असल बात यह है कि 'देशद्रोही' की समालोचना जानने की विशेष उत्सुकता है। 'तर्क का तूफान' समाप्त हो गई है। नई पुस्तक की बात सोच रहा हूँ। समालोचनाओं या आलोचनाओं की ओर मैं ध्यान देता हूँ यानि (यानी) लाभ उठाता हूँ। इधर अनेक जगह देखी है, आपकी भी सामने आ जाए तो अच्छा है (2) इसके अतिरिक्त उससे यों भी मुझे कुछ लाभ होने की आशा है। 'हंस' के बजाय यदि देशदूत में छपे तो क्या हर्ज है। या 'हंस' में ही सही। 'स्वदेश रक्षक' निकल रहा है यदि उसमें अधिक विलम्ब न हो तो उसमें ही सही।"

नैतिकता के दोहरे मानदण्डों के बदले एक से ही काम किया जाए जो ज्यादा अच्छा हो।

30. प्रगतिशील साहित्यिक आन्दोलन, मार्क्सवाद और मेरी किताबें

मेरी पहली किताब छपी प्रेमचन्द पर, जिसे मैंने 1939-40 में लिखा था। यह किताब 1941 के आरम्भ में छपी। इसकी पृष्ठभूमि यह है। 1939 से पहले प्रेमचन्द पर कई तरह के आक्रमण हो रहे थे। एक आक्रमण तो उन पुरानपन्थियों का था जो कहते थे कि प्रेमचन्द घृणा के प्रचारक हैं और ब्राह्मणों के विरोधी हैं। यह मजेदार बात है कि हमारे यहाँ ब्राह्मणत्व का प्रश्न बहुत ही महत्त्वपूर्ण रहा है। प्रेमचन्द ब्राह्मण-विरोधी हैं, शुक्लजी ब्राह्मणवादी हैं, इस मुद्दे को लेकर यहाँ बहस होती रही जिसकी लपेट में काफी मार्क्सवादी भी आए। प्रेमचन्द पर आक्रमण एक ओर तो इन लोगों की तरफ से हो रहा था, दूसरी ओर कुछ छायावाद के समर्थक लेखक थे, जैसे नन्ददुलारे वाजपेयी। उनका कहना था कि प्रेमचन्द तात्कालिक समस्याओं पर साहित्य लिखते हैं और यह साहित्य कभी स्थायी नहीं हो सकता। विशेष रूप से वे शरच्चन्द्र को प्रेमचन्द के मुकाबले में पेश करते थे। वे कहते थे कि शरच्चन्द्र मानव-हृदय की गहराइयों और उसकी वेदना का जैसा गहरा चित्रण करते हैं, वह किसानों के संघर्ष में कैसे सम्भव है? आक्रमण उन लोगों की तरफ से भी था जो अपने आपको मार्क्सवादी कहते थे। इसकी वजह यह थी कि 1926 से लेकर (जब भारतीय

कम्युनिस्ट पार्टी का जन्म हुआ) 1934 तक यहाँ मार्क्सवादियों की मुख्य विचारधारा सर्वहारा क्रान्ति को लक्ष्य रूप में मानने वाली रही। यानी हम साम्राज्यवाद और पूँजीवाद को एक साथ परास्त करेंगे—यह धारणा यहाँ प्रचलित थी। इस धारणा के अनुरूप वे मानते थे कि भारत में पूँजीपति वर्ग की कोई प्रगतिशील भूमिका नहीं है, इस वर्ग की सीमित प्रगतिशील भूमिका भी नहीं है, अभी मार्क्सवाद का प्रसार नहीं हुआ है, इसलिए मार्क्सवादी लेखन हो ही नहीं सकता। इसलिए जितने गैर-मार्क्सवादी लेखक हैं, वे या तो घोर प्रतिक्रियावादी हैं (इनमें वे छायावादियों को सबसे आगे रखते थे) या अर्द्ध प्रतिक्रियावादी हैं—सुधारवादी हैं। भारतीय क्रान्ति के लिए या भारतीय प्रगतिशील साहित्यिक आन्दोलन के लिए इनका कोई महत्त्व नहीं है। मार्क्सवादियों द्वारा लिखे गए ऐसे लेख प्रकाशित हुए जिनमें कहा गया कि प्रेमचन्द विश्व-साहित्य के बड़े और अग्रणी लेखकों से बहुत दूर हैं, विश्व-साहित्य में इनका कोई स्थान नहीं है, भारतीय साहित्य में इनका कोई महत्त्व नहीं है।

यह 1939 से पहले की बात है। इसके बाद हंस में एक लेख प्रकाशित हुआ जिसमें यह स्थापना थी कि प्रेमचन्द पुराने पड़ गए हैं और हम उनसे बहुत आगे (पाँच सौ कदम आगे या पाँच हजार कदम आगे, यह मैं भूल गया) आ चुके हैं। यह लेख तो मेरी किताब के बाद में छपा होगा, लेकिन ये बातें मैं पहले भी सुना करता था। यह सारी पृष्ठभूमि है जिसमें मैंने प्रेचमन्द पर अपनी पहली किताब लिखी।

उसकी भूमिका में मैंने यह स्पष्ट कर दिया था कि प्रगतिशील साहित्यिक आन्दोलन कहाँ से शुरू होना चाहिए। आशय यह था कि प्रेमचन्द को दोहराने की जरूरत नहीं। प्रेमचन्द कहाँ तक साहित्य को ले गए, पहले आप यह समझ लीजिए। आपको उसे आगे बढ़ाने की जरूरत है। इस पहली किताब में मैंने मार्क्सवादी ढंग से प्रेमचन्द का विश्लेषण करने की कोशिश की। मार्क्सवादी विश्लेषण का मैंने यह अर्थ लगाया कि प्रेमचन्द ने विभिन्न वर्गों, समाज के विभिन्न स्तरों, समाज के मुख्य शत्रुओं के बारे में जो कुछ लिखा है, उस पर ध्यान केन्द्रित करना चाहिए। जैसे साम्राज्यवाद और महाजनी सभ्यता पर मैंने लिखा है कि यह हमारा मुख्य शत्रु है। साम्राज्यवाद के बारे में प्रेमचन्द की समझ, सोवियत संघ के बारे में प्रेमचन्द की समझ, साम्राज्यवाद के जो समर्थक रहे हैं, उनके बारे में प्रेमचन्द की समझ क्या है? यहाँ बड़े-बड़े जमींदार, बड़े-बड़े साहूकार, बड़े-बड़े सूदखोर थे; उनकी भूमिका क्या रही है, उसके बारे में मैंने लिखा है। फिर किसानों के बारे में, उन किसानों के विभिन्न स्तर कैसे-कैसे रहे हैं, इस बारे में मैंने लिखा। अछूतों के बारे में उन्होंने क्या लिखा, इस पर मैंने विचार किया। यानी 'भारतीय स्वाधीनता आन्दोलन में किसानों की भूमिका' यह वास्तव में उस किताब का प्रतिपाद्य है और यह किताब उस समय के मार्क्सवादियों को लक्ष्य करके लिखी गई थी, मुख्यतः उन लोगों के लिए लिखी गई थी जो उस समय प्रगतिशील साहित्यिक आन्दोलन के भीतर थे। अभी मैं

प्रगतिशील साहित्यिक आन्दोलन से बाहर वाले कम्युनिस्टों को नहीं देख रहा हूँ। हालाँकि मुझे मालूम है कि इनकी पृष्ठभूमि वही है लेकिन मेरा ध्यान साहित्यिक आन्दोलन पर ही केन्द्रित है।

प्रेमचन्द पर मेरी दूसरी किताब 1952 में प्रकाशित हुई 'प्रेमचन्द और उनका युग'। यह किताब उस समय लिखी गई जब मैं प्रगतिशील साहित्यिक आन्दोलन से अलग होने को था। 1950 और 1952 के बीच कम्युनिस्ट पार्टी के भीतर जो आन्तरिक संघर्ष चला, उसका स्वाभाविक परिणाम था कि प्रगतिशील लेखक संघ के भीतर भी विवाद चले। इस दूसरी किताब की पृष्ठभूमि में यही विवाद है। इसमें मैंने जो नया रास्ता अपनाया, वह यह कि वर्गों का अलग-अलग विश्लेषण करने के बदले कृतियों का विश्लेषण किया जाए। पहली किताब में मुझे यह कमी मालूम होती थी। उसमें वर्गों के बारे में प्रेमचन्द की समझ की स्थिति तो मालूम हो जाती है, लेकिन उनकी किसी कृति के बारे में, उसकी सम्पूर्णता के बारे में, उनका कोई मूल्यांकन नहीं होता। इसलिए इस किताब में मैंने मुख्यतः जो प्रेमचन्द के बड़े-बड़े उपन्यास हैं, उन पर ध्यान केन्द्रित किया। मैंने यह पाया कि उन्होंने अपने उपन्यासों में भारतीय समाज का गहरा विश्लेषण किया है और अपने हर उपन्यास में उन्होंने कोई नई जमीन खोजी है। इस क्रम में समकालीन राजनीति और समकालीन साहित्य के लिए जो नतीजे, प्रत्यक्ष और अप्रत्यक्ष रूप से, निकलते हैं, उनको मैंने रेखांकित किया। इस तरह यह किताब, पहली किताब की अपेक्षा प्रगतिशील साहित्यिक आन्दोलन के भीतर चल रहे तत्कालीन विवादों में बहुत सीधे रूप में सम्बद्ध है।

जब इसका दूसरा संस्करण हुआ तब प्रेमचन्द पर बाएँ बाजू की तरफ से फिर आक्रमण हो रहे थे। सन् 1939 से पहले के आक्रमणों की लगभग आवृत्ति हो रही थी। तर्क कुछ अधिक विस्तार से दिए जा रहे थे। तब मैंने इसमें एक अध्याय और जोड़ दिया। बाएँ बाजू के लोग प्रेमचन्द पर आक्षेप कर रहे थे कि वे सुधारवादी हैं, होरी आखिर में हार जाता है, क्रान्ति नहीं होती, वगैरह, वगैरह। इन बातों का मैंने उसमें जवाब दिया था। इस तरह प्रेमचन्द पर मेरी ये दो किताबें हैं, जिनका सम्बन्ध प्रगतिशील साहित्यिक आन्दोलन और मार्क्सवाद से है।

प्रेमचन्द पर पहली के बाद मैंने दूसरी किताब लिखी 'भारतेन्दु युग'। यह किताब 1943 में प्रकाशित हुई। भारतेन्दु युग की ओर मेरे आकर्षित होने का कारण यह था कि अब मैं सामाजिक-राजनीतिक आन्दोलन की तरफ अधिक सजग था, मेरी दृष्टि साहित्यिक आन्दोलन तक सीमित न थी। इस युग के साहित्यकारों में जो चीज मुझे सर्वाधिक आकर्षित करती थी वह यह कि इन्होंने सामान्य जनता में सामाजिक चेतना या राजनीतिक चेतना फैलाने के लिए किस तरह से साहित्यिक रूपों को इस्तेमाल किया, किस तरफ की भाषा लिखी, गद्य में किस तरह अनेक विधाओं का उपयोग किया और यह सब इस बात की चिन्ता के बिना किया कि

यह शाश्वत मूल्यों वाला साहित्य है कि नहीं। हमारे सामने यह एक बहुत ही सजीव समस्या थी कि कम्युनिस्ट पार्टी के अन्दर और बाहर जो लोग देश को आगे बढ़ाना चाहते हैं, जनता को बहुत कुछ सिखाना चाहते हैं, वे स्वयं किससे सीखें? भाषा लिखना कहाँ से सीखें? साहित्यिक रूप कहाँ से लाएँ? मुझे लगा कि भारतेन्दु युग में बहुत बड़ा खजाना है और लोगों ने इस ओर ध्यान नहीं दिया है।

इस सिलसिले में एक दिलचस्प बात यह है कि जिस समय सन् 1942 की छुट्टियों में मैं भारतेन्दु युग के लिए सामग्री एकत्रित कर रहा था तब मैं शिवदान सिंह चौहान और त्रिलोचन शास्त्री के साथ ही ठहरा था। मैं नोट्स लिखकर लाता और इन लोगों को सुनाता था कि गद्य ऐसे लिखना चाहिए। इस समस्या के ऊपर भारतेन्दु ने इस ढंग से लिखा—हमें ऐसे लिखना चाहिए। स्वभावतः उनसे बहस भी होती थी कि यह अच्छा नहीं लिखा गया, यह उथला साहित्य है, साहित्य को गम्भीर होना चाहिए, वगैरह, वगैरह। लेकिन त्रिलोचन से हमारी दोस्ती उसी समय से है। हमारी उनकी पटरी बैठती थी और वे हमारा बहुत जोरों से समर्थन करते थे कि बिलकुल ठीक कह रहे हो। अपनी भाषा को संस्कृत गर्भित करके कुछ लोग समझते हैं कि हम बहुत ऊँचे विचार दे रहे हैं। इस तरह दरअसल हम जनता तक नहीं पहुँच पाते।

यही नहीं कि 'भारतेन्दु युग' की पृष्ठभूमि में प्रगतिशील साहित्यिक आन्दोलन था, प्रत्यक्ष रूप में प्रगतिशील लेखक मेरे सामने थे और किताब लिखने से पहले ही इस पर बहस शुरू हो गई थी कि यह हमारे काम की चीज है या नहीं।

भारतेन्दु युग में दूसरी चीज जो मैंने पकड़ी थी वह यह कि यहाँ जो मुख्य अन्तर्विरोध रहा है, वह साम्राज्यवाद के अलावा सामन्तवाद का भी है। सामन्तवाद का जो साहित्यिक प्रतिबिम्ब है, साहित्यिक प्रतिनिधि है, वह है रीतिवाद। रीतिवाद से निकले बिना आधुनिक साहित्य विकसित नहीं हो सकता। जैसे राजनीतिक रूप से सामन्तविरोधी क्रान्ति किए बिना आप आगे नहीं बढ़ सकते, उसी तरह साहित्य में रीतिवाद से मुक्त हुए बिना, उसके शास्त्र से, उसकी व्यंजना पद्धतियों से, सारा उसका जो दृष्टिकोण है, उससे मुक्त हुए बिना, समाज से अपना नया नाता जोड़ ही नहीं सकते। यह बात मुझे भारतेन्दु युग में बहुत ही साफ दिखाई देती थी। स्वभावतः उस युग पर रीतिवाद का काफी प्रभाव था और मैंने उसका उल्लेख भी किया है। लेकिन उस रीतिवादी प्रभाव से मुक्त होने का रास्ता भी वे दिखा रहे हैं। उनमें कुछ मध्यवर्ती लोग हैं। कुछ दक्षिणवर्ती हैं तो कुछ वामवर्ती लोग भी हैं। उन सबमें बालकृष्ण भट्ट ने मुझे बहुत आकर्षित किया, इसलिए कि भारतेन्दुकालीन आन्दोलन के वे बायाँ बाजू हैं। भारतेन्दु केन्द्र में हैं, लेकिन वे इतने बड़े कलाकर हैं कि जो रास्ता वे दिखा रहे हैं, वह गद्य लेखक के लिए सबसे बढ़िया रास्ता है। वे व्यवहार से बताते हैं कि देखो, इस तरह से काम करना चाहिए। भारतेन्दु पूर्णतः रीतिमुक्त

नहीं थे, फिर भी मैंने सबसे ज्यादा उन्हीं से सीखा और मेरी समझ में अब भी उनसे सीखने को बहुत काफी है।

भारतेन्दु हरिश्चन्द्र पर मैंने एक छोटी-सी किताब और लिखी। एक बार किसी साहित्यिक यात्रा के सिलसिले में पटना गया। वहाँ मेरे प्रगतिशील लेखक संघ के एक मित्र थे—कन्हैया। वे खड्गविलास प्रेस मेरे साथ गए। खड्गविलास प्रेस में भारतेन्दु युग का बहुत सारा साहित्य पड़ा हुआ था। उसमें कोई चीज ढूँढ़ निकालना बहुत मुश्किल काम था। 'कवि वचन सुधा' की कुछ पुरानी जिल्दें मुझे मिल गईं। उनको देखने से मुझे लगा कि इनमें कुछ ऐसी सामग्री है जो काम में लाई जा सकती है और जिस पर हम लोगों ने ध्यान नहीं दिया। दो-तीन दिन में मुझसे जितना बन पड़ा, मैं बोलकर कन्हैया को लिखाता रहा। पटना से आने के बाद आगरा में मैंने यह 'भारतेन्दु हरिश्चन्द्र' किताब लिखी।

भारत में जनवादी क्रान्ति हो या न हो? जनवादी क्रान्ति का मुख्य तत्त्व क्या होना चाहिए और साहित्य में उसका प्रतिफलन कैसे हो? ये तमाम समस्याएँ हमारे आन्दोलन के सामने आ रही थीं। जो भी 'भारतेन्दु हरिश्चन्द्र' पुस्तक पढ़ेगा, वह आसानी से पहचान लेगा कि समकालीन समस्याओं से मैं भारतेन्दु हरिश्चन्द्र को कैसे जोड़ रहा हूँ। कुछ-कुछ इसी तरह की समस्याएँ उनके सामने भी थीं। उनके गद्य के आधार पर मैंने यह साबित करने की कोशिश की कि वे अपने जमाने की सामाजिक-सांस्कृतिक समस्याओं के प्रति जितना सचेत थे, उसका पता उनकी कविताओं या नाटकों को पढ़कर हमें नहीं लगता। उनके गद्य को ध्यान में रखना बहुत जरूरी है। इसका भी मूल सूत्र वही रीतिवाद-विरोध है।

इस सिलसिले में 'रामचन्द्र शुक्ल और हिन्दी आलोचना' वाली पुस्तक का मैं जिक्र करूँ। यह पुस्तक 1953 के बाद लिखी गई जब मैं प्रगतिशील लेखक संघ से अलग हो गया था। वह 1956 में प्रकाशित हुई। इस समय रामचन्द्र शुक्ल पर बहुत ही कड़े आक्रमण हो रहे थे। यह मजे की बात है कि इन आक्रमणकारियों में एक तरफ रीतिवाद के समर्थक हैं, जैसे नगेन्द्र और दूसरी तरफ मार्क्सवाद के समर्थक, यानी जो अपने को मार्क्सवाद का समर्थक मानते थे। ये लोग आचार्य शुक्ल को ब्राह्मणवादी कहकर उनकी आलोचना करते थे। 1983 के सन्दर्भ में भी आप इस चीज को बराबर ध्यान में रखें कि आज जो लोग शुक्लजी पर आक्रमण कर रहे हैं, वे कहीं रीतिवाद के समर्थक तो नहीं हैं। रीतिवादी और ये तथाकथित मार्क्सवादी जो सर्वहारा सुसंस्कृति के नाम पर अपनी प्रगतिशील सांस्कृतिक परम्परा का विरोध करते हैं, इनका गठबन्धन बहुत पुराना है। आप इस पर ध्यान दें कि आचार्य शुक्ल और आचार्य महावीर प्रसाद द्विवेदी, ये दो ऐसे आचार्य थे जिन्होंने बड़े सचेत रूप से रीतिवाद का विरोध किया था। तो शुक्लजी पर जो पुस्तक लिखी है, उसकी पृष्ठभूमि में उस समय के तमाम लेख हैं जो प्रगतिशील लेखकों द्वारा लिखे जाते थे

और अधिकतर आचार्य शुक्ल के विरोध में लिखे जाते थे और प्रत्यक्ष रूप से रीतिवाद का समर्थन नहीं करते थे। लेकिन शुक्लजी के जो रीतिवादी आलोचक थे, वे तो रीतिवाद का समर्थन करते ही थे। इन दोनों का खण्डन मैंने इस पुस्तक में किया है। इसके अलावा उन्होंने जो 'विश्व प्रपंच' की भूमिका लिखी थी और जिसमें उस समय के वैज्ञानिक साहित्य और भारतीय दर्शन का जो विश्लेषण उन्होंने किया, उस तरह का विश्लेषण बाद में किसी ने नहीं किया और आज 1983 तक किसी ने नहीं किया। मैं उसे एक बहुत ही महत्त्वपूर्ण कृति मानता हूँ। शुक्लजी में जो प्रगतिशील दृष्टिकोण था, वह साधारण जनवादी लेखकों का-सा ही नहीं है बल्कि वे भौतिकवाद की बहुत-सी समस्याएँ भी समझते थे। वे बहुत सुसंगत भौतिकवादी नहीं थे यह मैंने आगे स्पष्ट कर दिया था लेकिन लॉक के भौतिकवाद ने ऐडीसन को प्रभावित किया था, और ऐडीसन पहले अंग्रेज लेखक हैं, जिन्होंने भौतिकवादी दृष्टिकोण से सौन्दर्यशास्त्र पर लिखा, उनके लेखों से आचार्य शुक्ल बहुत प्रभावित हुए और उनका हिन्दी में अनुवाद भी किया। यह अपने आप में एक बहुत ही अद्‌भुत घटना है। 'प्लेज़र्स ऑफ इमेजिनेशन' से उन्होंने क्या लिया और क्या नहीं लिया, इस बात को ध्यान में रखते हुए यह मैंने आचार्य शुक्ल वाली किताब लिखी। इसका लक्ष्य भी एक तरह से वही है जो प्रेमचन्द वाली पहली किताब का है। प्रेमचन्द यहाँ तक हमारे साहित्य को ले आए हैं, इसके आगे गहराई से अपने समकालीन किसान आन्दोलन का चित्रण करो, तब तुम प्रगतिशील लेखक कहलाने के हकदार होगे। शुक्लजी, यहाँ तक हिन्दी आलोचना को ले आए हैं, इसके आगे बढ़ो, तब तुम शुक्लजी के उत्तराधिकारी अथवा प्रगतिशील कहलाने के अधिकारी होंगे। अगर तुम शुक्लजी के समकक्ष हो तब भी तुम कुछ आगे नहीं बढ़े और अगर पीछे चले जाते हो, तब तो तुम्हारे नाम के सामने कोई भी बिल्ला लगा हो, तुम प्रगतिशील नहीं हो।

मैंने इसी सिलसिले में 'महावीर प्रसाद द्विवेदी और हिन्दी नवजागरण' वाली पुस्तक लिखी थी। यह पुस्तक 'निराला की साहित्य साधना' का दूसरा खण्ड लिखने के बाद लिखी गई थी। इसमें भी मैंने इस बात पर जोर दिया है कि महावीर प्रसाद द्विवेदी ने रीतिवाद-विरोध का अभियान चलाया था। जो हिन्दी नवजागरण है, उसमें यह सामन्तविरोधी आन्दोलन है। इसके महत्त्व को हमें पहचानना चाहिए। उन्होंने राष्ट्रीय खेमे के मैथिलीशरण गुप्त वगैरह इन तमाम लेखकों को लेकर एक बहुत बड़ा मोर्चा कायम किया था। द्विवेदीजी के विरोधियों में वे तमाम तरह के लोग थे जो बिलकुल पुरानपंथी थे और जो यह समझते थे कि नायिकाभेदी साहित्य से आगे बढ़ने की जरूरत नहीं है। 'भारतेन्दु युग', 'भारतेन्दु हरिश्चन्द्र', 'आचार्य शुक्ल और हिन्दी आलोचना' और 'महावीर प्रसाद द्विवेदी और हिन्दी नवजागरण' ये चारों पुस्तकें रीतिवाद विरोध से जुड़ी हुई हैं। इनमें और बहुत-सी बातें भी हैं लेकिन इनके अन्दर एक सूत्र है जो इन सबको जोड़ता है। इसलिए मैंने इनका एक साथ उल्लेख किया।

'भारतेन्दु युग' के बाद जो मैंने तीसरी पुस्तक लिखी वह निराला पर थी। इसे मैंने 1946 में लिखा और शायद वह 1947 के आरम्भ में प्रकाशित हुई। इसकी पृष्ठभूमि यह है कि जितने रीतिवादी थे, वे तो निराला पर आक्रमण करते ही थे, बहुत-से तथाकथित राष्ट्रवादी भी यह समझते थे कि हमारा 'महाकवि' वाला आसन, निराला छीने ले रहे हैं। वास्तव में ये सुधारवादी लोग थे जो एक ही साँस में गाँधीजी और जार्ज पंचम की जय बोलते थे। राष्ट्रीय जागरण का मतलब इनके लिए बहुत कुछ हिन्दू नवजागरण था। निराला पर वे ही लोग आक्रमण कर रहे थे जो प्रेमचन्द पर करते थे। दुर्भाग्य से इनके साथ कुछ मार्क्सवादी भी थे जो आगे चलकर 'प्रयोगवादी' के रूप में प्रसिद्ध हुए। इन्होंने नई कविता का आन्दोलन चलाया। ये सब छायावाद की प्रगतिशील विरासत का विरोध करते थे और व्यवहार में छायावाद की तलछट, जो समाज से अलग होने की पलायनवादी प्रवृत्ति है, उसको अपनी कविता में प्रतिष्ठित करते थे। ये उसके बिलकुल घटिया पक्ष की नकल करते थे और ऊपर से बताते थे कि हम छायावाद से हिन्दी कविता को मुक्त कर रहे हैं। इसलिए छायावाद पर लिखना बहुत जरूरी था। यह पहली वाली पुस्तक मैंने इसी सन्दर्भ में लिखी। आगे चलकर 'निराला की साहित्य साधना' के पहले खण्ड में मैंने निराला की जीवनी लिखी। जीवनी की पृष्ठभूमि में जो सारा विचारधारात्मक संघर्ष है उसमें आप देख सकते हैं कि उनके शत्रु कौन हैं, उन पर आक्रमण करने वाले कौन हैं, इलाहाबाद में जहाँ नुमाइश का वर्णन है, वहाँ प्रगतिशील लेखक कैसे एकत्रित होते हैं और निराला के साथ कैसा व्यवहार करते हैं। मैंने यह दिखाने की कोशिश की है कि निराला की गाथा हमारे हिन्दी साहित्य के आन्तरिक संघर्ष की गाथा है। जो सारी शक्ति हमारी हिन्दी भाषा और साहित्य की है, वह निराला में आकर जैसे केन्द्रित हो गई है। वे उसके एकमात्र प्रतिनिधि नहीं हैं पर वे उसके सबसे बड़े प्रतिनिधि हैं। जितने वर्णाश्रम धर्म के समर्थक हैं, जितने स्त्रियों को दबाकर रखने वाले लोग हैं, जितने हिन्दू राष्ट्रवादी हैं, मुस्लिम राष्ट्रवाद के समर्थक हैं, जितने सुधारवादी हैं, जितने नायिकाभेद के समर्थक हैं और एक हद तक जितने रहस्यवादी हैं, वे सब मिलकर निराला पर आक्रमण करते हैं। पद्मसिंह शर्मा ने लिखा—"रहस्यवाद तो मैं समझता हूँ पर यह निराला क्या लिखता है?"

रहस्यवाद निराला की मूल धारा नहीं है। निराला बहुत बड़े दार्शनिक थे। दर्शन की पुस्तकों में जो न मिलेंगी, वे उद्भावनाएँ निराला साहित्य में हैं, यह बताने के लिए मुझे दूसरा खण्ड लिखना पड़ा। ये सब बातें जीवनी में नहीं आ सकती थीं। दूसरे खण्ड में मैंने विस्तार से बताया है कि निराला का दार्शनिक पक्ष क्या है और उसमें रहस्यवाद की भूमिका कितनी है। यह नहीं है कि निराला में रहस्यवाद हो ही नहीं, लेकिन निराला पर रवीन्द्रनाथ और विवेकानन्द के प्रभाव को लेकर लोगों ने इतना लिखा है कि खुद निराला की मौलिक उद्भावनाओं पर किसी ने ध्यान नहीं

दिया, उनकी व्याख्या करने की कोशिश नहीं की। 'गीतिका' के अस्सी फीसदी गीत प्रकृति के अद्वैत पर लिखे गए हैं। उन पर सबसे पहले जयशंकर प्रसाद ने ध्यान दिया और भूमिका में उसका उल्लेख भी किया। प्रसादजी कोई विस्तृत आलोचना करने नहीं बैठे थे। उन्होंने संकेत भर किया है। किसी ने इस ओर ध्यान नहीं दिया। मतलब यह कि निराला की जय बोलो या निराला मुर्दाबाद बोलो, लेकिन निराला के विचारों का विश्लेषण मत करो। इसके सिवा लोगों ने एक पुराणकथा भी रची थी कि सारे छायावादी पलायनवादी हैं, इनका सामाजिक आन्दोलन से कोई सम्बन्ध नहीं है। मैंने आरम्भ में निराला के गद्य का विश्लेषण करके बताया कि निराला ने साम्राज्यवाद के बारे में, स्त्रियों की दशा के बारे में, वर्णाश्रम धर्म के बारे में क्या-क्या लिखा है। निराला की विचारधारा क्या थी, वह कहाँ सामन्त-विरोधी और साम्राज्य-विरोधी थी, यह मैंने दूसरे खण्ड में बताने की कोशिश की। मैंने यह भी बताने की कोशिश की कि निराला के कलात्मक सौन्दर्य का गहराई से विश्लेषण करने पर मार्क्सवादी सौन्दर्यशास्त्र को किन समस्याओं का सामना करना पड़ेगा।

जब 'समालोचक' पत्र निकला, तब कुछ लोग छायावाद के प्रगतिशील पक्ष पर आक्रमण कर रहे थे। और उसकी तलछट को नई कविता के रूप में प्रतिष्ठित कर रहे थे। इसके सिवा यूरोप और अमरीका के पतनशील साहित्य से प्रभावित होकर कविताएँ लिखी जा रही थीं। सबसे अधिक अस्तित्ववाद का प्रभाव बढ़ रहा था और उसे मार्क्सवाद की जगह प्रतिष्ठित करने की कोशिशें हो रही थीं। इस सन्दर्भ में मैंने 'समालोचक' में अनेक सम्पादकीय लेख लिखे थे। वे लेख 'आस्था और सौन्दर्य' वाले संग्रह में मौजूद हैं। इसी का अगला विकास नई कविता वाले वे लेख हैं, जो मैंने साप्ताहिक हिन्दुस्तान और धर्मयुग में लिखे थे। ये लेख 'अस्तित्ववाद और नई कविता' वाले संकलन में मौजूद हैं। इनका सीधा सम्बन्ध प्रगतिशील लेखक संघ के अन्दर जो संघर्ष चल रहा था, उससे है। मूल विषय है अस्तित्ववाद बनाम मार्क्सवाद का संघर्ष।

इस सिलसिले में 'प्रगतिशील साहित्य की समस्याएँ' का जिक्र करूँ। इसे मैंने 1953 में लिखा। इसकी भाषा तेज है और मैंने इसमें कई लोगों पर आक्रमण किए हैं। ऐसे आक्रमण करना चाहिए या नहीं, इस बारे में मुझे कुछ नहीं कहना है। मैं सिर्फ इतना कहना चाहूँगा कि केवल रामविलास शर्मा पर नहीं किन्तु तुलसीदास पर, वाल्मीकि पर, भारत की समूची सांस्कृतिक परम्परा पर, मार्क्सवाद पर 'झिल्ली झींगुरों की झनकार' कहकर जो आक्षेप और आक्रमण किए गए हैं, जरा आप उन्हें भी देखिए। आप अगर इनका जवाब देते तो मुझे लिखने की जरूरत ही न पड़ती। लेकिन लोग मार्क्सवाद पर, हिन्दी और भारतीय साहित्य की समूची परम्परा पर आक्रमण कर रहे हैं। आप समझते हैं कि हम चुपचाप बैठे रहें, तो हम यह बर्दाश्त करने वाले नहीं हैं। मेरी इस किताब का प्रगतिशील साहित्य में चल रहे विवादों से

नाता है।

प्रगतिशील लेखक संघ में काम करते हुए यह स्वाभाविक था कि मार्क्सवाद की अनेक सैद्धान्तिक समस्याएँ और भारतीय समाज के विकास की समस्याएँ बार-बार मेरे सामने आईं। इन समस्याओं के बारे में सोचना और लिखना केवल साहित्यिक आन्दोलन के लिए जरूरी नहीं था, वरन् व्यापक रूप से जो यहाँ का मार्क्सवादी आन्दोलन है, यानी मार्क्सवाद से प्रभावित जो जन-साधारण का आन्दोलन है, उसके लिए भी इन पर लिखना जरूरी था। यह बात नहीं कि मैंने समझा कि मेरे लिखने से ये समस्याएँ हल हो जाएँगी या लोग प्रभावित होंगे। लेकिन मुझे स्वयं अपना दृष्टिकोण इनके बारे में साफ करना था।

मैं प्रगतिशील लेखक संघ के भीतर रहूँ, चाहे बाहर, यह लेखकों की उदारता है कि वे मुझसे बात करते रहे हैं। इसकी मिसाल विश्वम्भरनाथ उपाध्याय हैं जो 'समालोचक' में मेरे सहयोगी थे और जिन्होंने मेरे खिलाफ बहुत कुछ लिखा था। अब भी बहुत-सी बातों पर उनसे मेरी सहमति नहीं हुई। लेकिन इस तरह के, और दूसरे बहुत से, लोग मुझसे बराबर इन समस्याओं पर बातचीत करते रहते थे। इसलिए मेरा इन पर लिखना बहुत जरूरी था। इस सिलसिले में मेरी कई किताबें हैं। उन सबका उल्लेख मैं एक साथ करता हूँ। सबसे पहले मैंने 'मानव सभ्यता का विकास' लिखी थी, जो एक तरह से मार्क्सवाद पर पुस्तक है। इसमें मेरा अपना कुछ नया और विशेष नहीं है। मार्क्स और एंगेल्स ने जो बातें इतिहास के बारे में लिखी हैं, उन्हीं को मैंने हिन्दी पाठकों के लिए लिखा है। दो बातें मैंने विशेष रूप से इसमें कही हैं, एक यह कि दास-प्रथा सामन्तवाद के पहले आई, यह स्थिति सही नहीं है। इस पर मैंने बाद में भी काफी कुछ लिखा है। दूसरी बात यह कि औद्योगिक पूँजीवाद से पहले, व्यापारिक पूँजीवाद की मंज़िल होती है जो पुराने सामाजिक ढाँचे को बदलती है और पूँजीवादी सम्बन्ध विकसित होते हैं। यह स्थापना इस पुस्तक में है। जब मैं प्रगतिशील लेखक संघ में सक्रिय था तब मेरे सामने सवाल था कि हिन्दी-उर्दू दो स्वतन्त्र भाषाएँ हैं या मूलतः एक हैं। हिन्दी-उर्दू लेखक अलग-अलग अपनी मींटिगें करते हैं। एक अखिल भारतीय हिन्दी प्रगतिशील लेखक सम्मेलन हो रहा है तो एक अखिल भारतीय उर्दू प्रगतिशील लेखक सम्मेलन हो रहा है। सन् '47 के पहले कोई कल्पना नहीं करता था कि हिन्दी-उर्दू अलग-अलग हैं। मार्क्सवादी और काँग्रेसी लोग इस बात को मानते थे कि कौम एक है। वह धर्म के आधार पर जुदा नहीं होती और हिन्दी-उर्दू मूलतः एक भाषा है। कैसे इन्हें मिलाया जाए, इस बारे में बहुत मतभेद था लेकिन ये दो भाषाएँ हैं—यह सिद्धान्त कोई न मानता था। काँग्रेस लीग एक हो, इस नारे का व्यवहारपक्ष यह सामने आया कि उर्दू मुसलमानों की भाषा है और हिन्दी हिन्दुओं की। तब स्वभावतः हिन्दी का सम्मेलन अलग होना चाहिए और उर्दू का अलग।

अगर हिन्दी-उर्दू एक जाति की भाषा है, तो इस जाति का निर्माण कब हुआ, यह सवाल मेरे सामने आया। सन् '49 में 'कम्युनिस्ट' में मेरा एक लेख प्रकाशित हुआ, उसमें मैंने यह स्थापना रखी थी कि 16वीं सदी में हमारे यहाँ हिन्दीभाषी का जाति का विकास हुआ। हिन्दी क्षेत्र के जनपद अलग-अलग जातियों के प्रदेश हैं, यह धारणा गलत है, यह बात मैंने वहाँ कहीं। इस बात को मैंने 'मानव सभ्यता के विकास' में दोहराया है। 'भाषा और समाज' में मैंने दिखाया है कि हिन्दी जाति का विकास कैसे हुआ। 'भारत में अंग्रेजी राज और मार्क्सवाद' में मैंने बहुत विस्तार से भारत के सामाजिक विकास की समस्या को लिया है। ये सभी पुस्तकें परस्पर सम्बद्ध हैं। सन् '57 की राज्य क्रान्ति पर इस बीच मैंने एक पुस्तक लिखी थी क्योंकि मैं समझता था कि इस क्रान्ति का सीधा सम्बन्ध हमारे हिन्दीभाषी प्रदेश से है। सन् '57 के संग्राम पर उस समय पूँजीवादी लेखक ही आक्रमण न करते थे, अन्य लोग भी उसे क्रान्तिविरोधी आन्दोलन कहते थे। कुछ मार्क्सवादी लेखक ऐसे थे जो मार्क्स का हवाला देकर कहते थे कि भारत ग्राम समाजों का देश है। यहाँ पर अंग्रेजों के आने के बाद ही सामाजिक परिवर्तन हुआ। जो लोग अंग्रेजी राज का विरोध करते थे, वे प्रतिक्रियावादी थे। इस बात का जवाब मैंने सन् '57 की 'राज्य क्रान्ति' पुस्तक में दिया। एक हद तक 'निराला की साहित्य साधना' और 'भारत में अंग्रेजी राज और मार्क्सवाद' में भी यही स्थापना है। मेरी ये पुस्तकें मार्क्सवाद और समकालीन सामाजिक समस्याओं तथा भारतीय इतिहास पर हैं।

इधर मैंने एक पुस्तक लिखी है 'मार्क्स और पिछड़े हुए समाज'। पिछड़े हुए समाज से मतलब है—औद्योगिक क्रान्ति से पहले के समाज। ये समाज यूरोप में कैसे हैं और भारत में कैसे हैं, इनकी तुलना करने से हमारे लिए महत्त्वपूर्ण नतीजे निकलते हैं। मार्क्स ने जिस ऐतिहासिक भौतिकवाद का विकास किया, उसमें उन्होंने कई समाजों का तुलनात्मक अध्ययन प्रस्तुत किया। ऐतिहासिक अध्ययन और तुलनात्मक अध्ययन, ये दोनों चीजें हैं परस्पर जुड़ी हुई। यह पुस्तक पूरी हो गई है और आशा है अगले साल तक छप जाएगी। इसमें मैंने यूरोपियन समाज और भारतीय समाज का तुलनात्मक अध्ययन किया है। मैं समझता हूँ कि तुलनात्मक अध्ययन मार्क्सवाद को समझने के लिए जरूरी है। कुछ लोग पूछते हैं, पिछड़े हुए समाज से क्या भारत की पिछड़ी हुई जातियों से आशय है? यह आशय नहीं है। आशय है औद्योगिक क्रान्ति के पहले दास-प्रथा वाले समाज से, सामन्ती और कबीलाई समाजों से। कबीलाई समाज, दास-प्रथा वाले समाज के अलावा पुनर्जागरण काल का यूरोपियन समाज भी पिछड़ा हुआ है। उसका अध्ययन 16वीं सदी के भारत को समझने के लिए बहुत जरूरी है।

16वीं सदी 17वीं सदी का इंग्लैण्ड अभी सामन्तवाद से पूरी तरह मुक्त नहीं हुआ है। वहाँ औद्योगिक पूँजीवाद अभी नहीं आया है। इंग्लैण्ड में 17वीं सदी में

गृहयुद्ध हुआ। गृहयुद्ध मुख्यतः व्यापारियों और जमींदारों के बीच हुआ। यदि वहाँ पूँजीवादी क्रान्ति हो गई थी तो यह गृहयुद्ध क्यों हुआ? उसके बाद फ्रांस में राज्यक्रान्ति हुई। हर आदमी जानता था कि यह बहुत बड़ी पूँजीवादी क्रान्ति थी। इसमें पूँजीपतियों का नेतृत्व था और सामन्तवाद के खिलाफ लड़ाई हुई थी। 18वीं सदी के अन्त तक ऐसा नहीं था कि फ्रांस में नवजागरण शुरू नहीं हुआ, फ्रांसीसी जाति का निर्माण नहीं हुआ। फ्रांसीसी जाति का निर्माण हो चुका था किन्तु सामन्ती ढाँचा मौजूद था। 16वीं सदी में व्यापारिक पूँजीवाद का सामन्तवादी खोल—यह मुख्य बात है जिसकी मैंने विवेचना की है। पिछड़े हुए समाज में पुनर्जागरण—सामन्ती सम्बन्ध ढीले पड़ गए हैं लेकिन अभी कायम हैं। वहाँ पूँजीवादी सम्बन्ध विकसित हो रहे हैं। ये पूँजीवादी सम्बन्ध औद्योगिक पूँजीवाद वाले नहीं हैं, बल्कि व्यापारिक पूँजीवाद वाले हैं। इसलिए हिन्दुस्तान के बारे में अध्ययन करना चाहिए कि व्यापार का विकास हमारे यहाँ किस हद तक हुआ, यहाँ के जनपद एक-दूसरे के नजदीक कहाँ तक आए, यहाँ के शहर बड़े-बड़े राजाओं नवाबों की छावनियाँ हैं या व्यापार के बहुत बड़े केन्द्र हैं।

16वीं सदी का यूरोप और 16वीं सदी का भारत—खास तौर से हिन्दीभाषी प्रदेश—इनकी सामाजिक-सांस्कृतिक दृष्टि से तुलना करने से मार्क्सवाद ज्यादा समझ में आएगा। यह काम मैंने एक हद तक 'मार्क्स और पिछड़े हुए समाज' में किया है, इसका अगला चरण होगा 'भारतीय साहित्य की भूमिका'। यहाँ समाजों के साथ साहित्यों का तुलनात्मक अध्ययन भी होगा। हमें अखिल भारतीय साहित्य का अध्ययन क्यों करना चाहिए? यहाँ की भाषाओं का आपस में आदान-प्रदान कितना हुआ? समूचे राष्ट्र के स्तर पर इन भाषाओं के साहित्य में कौन-सी चीजें सामान्य हैं, और कौन-सी चीजें अलग-अलग हैं, अथवा उनकी अपनी विशेषता क्या हैं? यह सारी प्रक्रिया किस सामाजिक आधार पर विकसित हो रही है? अंग्रेजी राज कायम होने के बाद यह प्रक्रिया आगे बढ़ी या पीछे हटी? इन समस्याओं का विवेचन होगा 'भारतीय साहित्य की भूमिका' में।

मैं तुलनात्मक पद्धति की बात कर रहा था। समाजों का तुलनात्मक अध्ययन, साहित्यों का तुलनात्मक अध्ययन और भाषाओं का तुलनात्मक अध्ययन। ऐतिहासिक भाषा विज्ञान की शुरुआत ही यहाँ से हुई है कि वह भाषाओं का तुलनात्मक अध्ययन करता है। विवेचक भाषा परिवारों का तुलनात्मक अध्ययन नहीं करते, जैसे इण्डो-यूरोपियन परिवार और द्रविड़ परिवार, इनका तुलनात्मक अध्ययन उन्होंने नहीं किया। अधिक-से-अधिक उन्होंने यह खोज की है कि संस्कृत में द्रविड़ भाषाओं का कितना प्रभाव है। वे यह मानकर चलते हैं कि यहाँ के आदिवासी द्रविड़ थे और आर्य आक्रमणकारी थे और उन्होंने आकर द्रविड़ों को जीता। 'भारत के प्राचीन भाषा परिवार और हिन्दी' पुस्तक में मैं यह मानकर चला हूँ कि इन भाषा परिवारों

के आपसी सम्बन्धों का अध्ययन बिना किसी शर्त के करना चाहिए। पहले से धारणा नहीं बनानी चाहिए कि यहाँ द्रविड़ रहते थे, उन्हें आर्यों ने जीता अथवा आर्य रहते थे, उन्हें द्रविड़ों ने जीता। पहले से कोई आग्रह न करके इन भाषा परिवारों के जो आदिम-से-आदिम मूल तत्त्व मिल सकते हैं, उनका तुलनात्मक अध्ययन करना चाहिए। मैं इस नतीजे पर पहुँचा कि भारत के जो चार मुख्य भाषा परिवार हैं, आर्य, द्रविड़, कोल और नाग, इनके विकास की कोई मंजिल ऐसी नहीं है, जब ये आपस में घनिष्ठ रूप से सम्बद्ध न रहे हों। दूसरी बात यह कि इनकी सम्बद्धता को समझकर ही हम यूरोप और एशिया के समस्त भाषाई विकास को समझ सकते हैं, एशिया का कोई भाषा परिवार ऐसा नहीं है, जो भारत से कहीं-न-कहीं जुड़ा हुआ न हो। इण्डो-यूरोपियन परिवार तो यहीं से प्रसार पाते हुए यूरोप और पश्चिम एशिया तक चला गया है।

मेरे निष्कर्षों से कोई सहमत हो या न हो, इस समस्या पर विचार करना चाहिए कि भारत के प्रमुख भाषा परिवार आपस में किस हद तक सम्बद्ध हैं और इनके मूल तत्त्व कौन-कौन से हैं। इनकी वाक्य रचना और इसके मूल शब्दभंडार, दोनों पर ध्यान देने की जरूरत है।

'भाषा और समाज' में मुख्यतः मार्क्सवाद की कुछ व्यावहारिक समस्याओं और हिन्दी की कुछ व्यावहारिक समस्याओं पर मैंने विचार किया था, उसमें एक स्थापना यह है कि कबीलाई समाज और पूँजीवादी युग की जातियों के बीच एक मंजिल और है, लघु जातियों वाली। जिन्हें हम जनपद कहते हैं, जैसे बुन्देलखण्डी जनपद, अवध जनपद, भोजपुरी जनपद या आन्ध्रप्रदेश में तैलंगाना, ये जनपद सामन्ती युग की लघु जातियों के प्रदेश हैं। पूँजीवाद कुछ सामाजिक घटकों को मिलाकर जाति (नेशन) का निर्माण करता है। सवाल यह है कि पूँजीवाद जिन सामाजिक घटकों को मिलाकर एक करता है, उनका नाम क्या है? यह समस्या मार्क्सवाद में लगभग अविवेचित है। वहाँ कबीलाई समाज है या फिर सीधे पूँजीवाद जातियाँ। सामन्तवाद में कबीलाई संगठन होता नहीं। कबीलों के विघटन के बाद ही सामन्ती समाज का निर्माण होता है। प्रश्न है, सामन्ती समाज के विघटन के बाद जिस सामाजिक गठन का निर्माण होता है, उसका नाम क्या है? मैंने उसे लघु जाति का नाम दिया है। लघु जातियों को आप कोई भी नाम दे दीजिए, लेकिन इन लघु जातियों के निर्माण के बाद ही पूँजीवादी युग की जातियों का निर्माण होता है, यह 'भाषा और समाज' का मुख्य विवेच्य है।

तुलनात्मक पद्धति मैंने तीन क्षेत्रों में लागू की : समाजों का तुलनात्मक अध्ययन, साहित्यों का तुलनात्मक अध्ययन (यह पुस्तक लिखी जाने को है) और भाषा परिवारों का तुलनात्मक अध्ययन। लगभग हर पुस्तक में मैंने मार्क्सवाद के किसी सैद्धान्तिक पक्ष पर ध्यान दिया और उसके ऊपर लिखा है। जैसे 'मानव

सभ्यता का विकास' में मैंने दास-प्रथा को लेकर कुछ स्पष्ट बातें लिखी हैं। ऐसे ही 'भारत में अंग्रेजी राज और मार्क्सवाद' में मैंने किसान और पराधीन देशों के बारे में मार्क्स की मान्यताएँ कैसे बदलीं, इसके बारे में विस्तार से लिखा है। इन मान्यताओं से भारतीय इतिहास और भारतीय आन्दोलन, राजनीतिक-सामाजिक आन्दोलन, का बहुत गहरा सम्बन्ध है। इसी तरह 'भारत के प्राचीन भाषा परिवार' के तीसरे खण्ड में एक निबन्ध 'भाषा विज्ञान और भौतिकवाद' पर है। भारत में भौतिकवादी परम्परा कितनी पुरानी है? द्वन्द्ववाद की परम्परा पुरानी है कि नहीं? उससे हमें क्या सीखना चाहिए? और सबसे अधिक एंगेल्स ने 19वीं सदी के प्रकृति विज्ञान की जो आलोचना की है, उससे क्या सीखें, इस पर मैंने लिखा है। क्या आप समझते हैं कि प्रकृति विज्ञान में लोग गल्तियाँ कर रहे थे और भाषा विज्ञान में सब सही रास्ते पर चले जा रहे थे? एंगेल्स ने प्रकृति विज्ञान की जो आलोचना की है, वह भाषा विज्ञानियों के लिए बहुत ही महत्त्वपूर्ण है। सैद्धान्तिक पक्ष में मैंने यह दलील दी है कि जो लोग समझते हैं कि मार्क्सवाद नियतिवाद है, वे भाषाई विकास की व्याख्या कर ही नहीं सकते। भाषा से अधिक मनुष्य की रचनात्मक क्षमता और कहीं दिखाई नहीं देती। भाषा किसी चीज की नकल नहीं है कि कहीं कोयल बोल रही हो, कहीं कौआ बोल रहा हो, उसकी आपने नकल की हो। वह मनुष्य की रचनात्मक क्षमता का बहुत बड़ा प्रमाण है। 19वीं सदी के प्रकृति विज्ञान की जो सीमाएँ हैं, वे एंगेल्स द्वारा स्पष्ट की गई हैं। वैज्ञानिकों के लिए दर्शनशास्त्र के अध्ययन पर उन्होंने एण्टी डूयरिंग में बहुत जोर दिया है। यह सब मार्क्सवाद का सैद्धान्तिक पक्ष है। 'मार्क्स और पिछड़े हुए समाज' के लगभग हर अध्याय में मार्क्सवाद की किसी न किसी सैद्धान्तिक समस्या की चर्चा है। एक का उल्लेख यहाँ कर दूँ। इतिहास दर्शन पर हीगल ने एक पुस्तक लिखी थी, उसमें भारत के बारे में उन्होंने पुरानी मान्यताएँ दोहराईं। उनकी आवृत्ति लोग आजकल भी करते हैं। हीगल ने यूरोप के दर्शन का भी एक इतिहास लिखा था। उसकी बहुत सटीक आलोचना लेनिन ने की है। मैंने उसकी विवेचना करते हुए बताया है कि जो दर्शन इनका अपना क्षेत्र है, वहाँ वह किस तरह की बेईमानी करते हैं, लेनिन इसके गवाह हैं। बेईमानी की बात लेनिन कह रहे हैं, उसे आप ध्यान से पढ़िए।

इन पुस्तकों के अलावा कुछ निबन्धों के संकलन हैं जो समय-समय पर लिखे गए थे। इन संकलनों में शायद ही कोई ऐसा हो जिसका सम्बन्ध (रीतिवाद विरोध से था। छायावाद के गलत विरोध सें) वैदिक काल से अब तक की सांस्कृतिक परम्परा पर किए गए आक्षेपों से न हो। मेरे लेखों में परम्परा की रक्षा और उसके विकास पर काफी जोर है। मैंने यह बताने की कोशिश की है, कि परम्परा रूढ़िवाद नहीं है। रूढ़ियों को छोड़ना बहुत जरूरी होता है। मैं अनुकरण पर जोर नहीं देता। ज़ोर सीखने पर है, प्रेमचन्द, शुक्लजी, भारतेन्दु से सीखकर आगे बढ़ना चाहिए। यदि

हम इनसे नहीं सीखते तो फिर इंग्लैण्ड, फ्रांस या अमेरिका के पूँजीवादी साहित्य से प्रभावित होंगे। अक्सर होता यही है। इसे हम आधुनिकता बोध मान लेते हैं।

मैं हीगल के बारे में और भी विस्तार से लिखना चाहता हूँ। यहाँ जो वेदान्तियों का अद्वैतवाद है, जैनियों का अनेकान्तवाद है, बौद्धों का शून्यवाद है, इन सबमें द्वन्द्ववाद के बहुत ही महत्त्वपूर्ण तत्त्व हैं, जिनका तुलनात्मक अध्ययन बहुत जरूरी है। भारत में भौतिकवाद बहुत पुराना है। लोकायत दर्शन की शुरुआत दक्षिणा रंजन शास्त्री ने ऋग्वेद से मानी है, उस पर विचार करना जरूरी है। 'मार्क्स और पिछड़े हुए समाज' में मैंने इस बात पर जोर दिया है कि यूनानी भौतिकवाद का सीधा सम्बन्ध इंग्लैण्ड के 17वीं सदी के भौतिकवाद से है। यही भौतिकवाद फ्रांस पहुँचकर राज्य क्रान्ति को प्रभावित करता है। इस भौतिकवादी दर्शन का विकास आगे मार्क्स और एंगेल्स तक होता है।

मार्क्स के सामने यूनान के और फ्रांसीसी राज्य क्रान्ति से पहले के भौतिकवाद की विरासत थी। मार्क्स और एंगेल्स ने स्पष्ट किया है कि भौतिकवाद से भिन्न भाववादी दर्शन की भी उस समय एक सकारात्मक भूमिका थी। वे जानते थे कि पुराने भौतिकवाद की सीमाएँ कौन-सी हैं और मनुष्य की चेतना के विकास के लिए भाववादी दर्शन को एक अलग इकाई मानकर उसका विकास करना क्यों जरूरी हो गया था। भाववाद के प्रति उन्होंने पूरी तरह से नकारात्मक रुख नहीं अपनाया।

हमारे देश में जो भाववादी दर्शन है और उससे भिन्न जो भौतिकवादी दर्शन है, दोनों पर सोचना जरूरी है। चिन्तन की जो द्वन्द्ववादी पद्धति हमारे यहाँ है, उस पर लिखना जरूरी है। हमारे यहाँ लोकायतवादी काफी सक्रिय रहे हैं, वे सामाजिक समस्याओं के बारे में लिखते रहे हैं। चार्वाक की बहुत-सी धारणाएँ हैं जो कबीर में मिलती हैं, दूसरे सन्तों के साहित्य में मिलती हैं। जो निर्गुण पन्थ के विशेषज्ञ हैं, वे कभी चार्वाक का नाम नहीं लेते, लेकिन चार्वाक दर्शन सामाजिक आलोचना से भरपूर है।

यह सब अभी धुँधली-सी तस्वीर है। इसे कर पाऊँगा या नहीं, यह समय पर निर्भर है।

31. मार्क्सवाद और प्रगतिशील साहित्य

1. वामपक्ष और राष्ट्रीय स्वाधीनता

यह बात सन् '30-'40 के बीच अक्सर सुनने को मिलती थी कि स्वाधीनता आन्दोलन का नेतृत्व करने के लिए कांग्रेस काफी है। कम्युनिस्ट, सोशलिस्ट जैसी

वामपक्षी पार्टियों की कोई जरूरत नहीं है। जनवरी 1984 में एक मार्क्सवादी प्रोफेसर का यह तर्क सुन कर मुझे काफी आश्चर्य हुआ कि कम्युनिस्ट पार्टी की न पहले जरूरत थी, न आज जरूरत है। और पार्टी बन ही गई तो आखिर उसने क्या कर लिया? देश उसी रास्ते पर जा रहा है जिस रास्ते पर कांग्रेस उसे ले जाना चाहती है।

यह मार्क्सवादी प्रोफेसर राजनीतिशास्त्र के ही प्रोफेसर हैं।

भारत में कई बार स्वाधीनता आन्दोलन चलाया गया—सन् '20, '30 और '42 में। पहली दो बार आन्दोलन की बागडोर कांग्रेस के हाथ में थी, तीसरी बार उसकी बागडोर कांग्रेसी नेताओं के हाथ से निकलकर सोशलिस्ट पार्टी, फारवर्ड ब्लाक जैसे गैरकम्युनिस्ट वामपक्षी दलों के हाथ में पहुँच गई। चौथी बार जो स्वाधीनता आन्दोलन चला, उसकी चर्चा राजनीतिक लेखन में जरा कम होती है। यह आन्दोलन सन् '45 से सन् '47 तक चला; सन् '46 का पूर्वार्ध इसका उत्कर्षकाल है। कांग्रेसी नेता न तो ऐसा आन्दोलन चलाने के पक्ष में थे, न वह उनके नियन्त्रण में था। इसमें कम्युनिस्ट और गैर-कम्युनिस्ट सभी वामपक्षी शामिल थे और उनके साथ बहुत-से कांग्रेसी कार्यकर्त्ता भी थे। कांग्रेसी नेता बिलकुल न चाहते थे कि यह आन्दोलन चलाया जाए, पर वे अंग्रेजों पर इस आन्दोलन का दबाव डाल कर ज्यादा से ज्यादा अधिकार भी पाना चाहते थे। भारत की आजादी का सीधा और निकटतम सम्बन्ध इस गैर-कांग्रेसी जन-आन्दोलन से है। इस आन्दोलन की बदौलत कांग्रेसी नेताओं ने वह सब पाया जो औपनिवेशिक स्वराज्य के दायरे से बाहर था। भारत की स्थिति संसार में पाकिस्तान या श्रीलंका जैसे देशों से भिन्न है, उसकी स्वाधीनता का स्वरूप इन देशों की स्वाधीनता के स्वरूप से भिन्न है, इसका कारण अंग्रेजी राज पर सन् '46 के क्रान्तिकारी आन्दोलन का दबाव है। कम्युनिस्ट पार्टी और वामपक्ष की सार्थकता का यह प्रमाण है।

देश का विभाजन हुआ, साम्प्रदायिक जनसंहार संगठित करके अंग्रेजों ने जवाबी हमला किया, कांग्रेसी नेताओं ने अंग्रेजों से समझौता किया। इससे क्या साबित होता है? साबित यह होता है कि वामपक्ष अधिक मजबूत होता तो वह विभाजन को रोक सकता था, साम्प्रदायिक जनसंहार का जवाब वह क्रान्तिकारी आन्दोलन से दे सकता था, अंग्रेजों से कांग्रेसी नेताओं के समझौते को विफल कर सकता था। सन् '47 से सन् '84 तक के भारतीय इतिहास में जो बात प्रत्यक्ष दिखाई देती है, वह यह कि वामपक्ष को मजबूत बनाना आज की सबसे बड़ी आवश्यकता है, और इस वामपक्ष का मुख्य कार्य होगा—सन् '45-'47 की अधूरी क्रान्ति को पूरा करना।

एशियाई देशों की गरीबी पर अपनी प्रसिद्ध पुस्तक में गुन्नार मिर्डल ने लिखा है, "इस क्षेत्र में अपनी राजनीतिक प्रभुता छोड़ने का जो फैसला ब्रिटेन ने किया,

उसका फल यह निकला कि भारत और पाकिस्तान में वह अपनी वित्तीय, औद्योगिक और व्यापारिक स्थिति लगभग ज्यों की त्यों बनाए रहा।" (Asian Drama, पृ. 152) ब्रिटेन और भारत के पूँजीपतियों का सामान्य हित इस बात में था कि ब्रिटेन की जो वित्तीय, औद्योगिक, व्यापारिक स्थिति यहाँ लगभग ज्यों की त्यों बनी रही, उसे पर्दे के पीछे छिपाए रहें। इस तरह साम्राज्यवाद से अन्तर्विरोध के बावजूद भारतीय पूँजीवाद ने उससे नाता नहीं तोड़ा, वह उसके प्रभावक्षेत्र में बना रहा। कामनवेल्थ सम्मेलन जैसी घटनाएँ पुराने अटूट सम्बन्धों की याद दिलाने के काम आती हैं। 19 नवम्बर 1983 के टाइम्स ऑफ इण्डिया ने सम्पादकीय रूप से इन सम्बन्धों के बारे में लिखा था–

"There is moreover a solid economic, cultural and technological base to the Indo-British friendship that overrides irritation and occasional political differences.:" ("इसके सिवा भारत और ब्रिटेन की मैत्री का ठोस आर्थिक, सांस्कृतिक और प्रौद्योगिक आधार है। यह आधार यदाकदा के राजनीतिक मतभेदों और नाराजगी पर काबू पा लेता है।")

भारतीय पूँजीपति वर्ग के एक प्रतिनिधि पत्र की यह राय है कि दोनों देशों के आर्थिक, सांस्कृतिक सहयोग का ठोस आधार बना हुआ है। कामनवेल्थी देशों के अध्यक्षों का सम्मेलन हुआ। उन्होंने आर्थिक मामलों पर जो बयान दिया, उसमें इस तथ्य की मानों पुष्टि की। विकसित और विकासशील देशों में परस्पर मतभेद हैं; इन्हें दूर करने में कामनवेल्थी देश महत्त्वपूर्ण भूमिका निबाह सकते हैं। कारण यह है–

"We believe we can be particularly effective when as a representative group of developing and developed nations, we can speak with a common voice to the rest of the world." ("हमारा विश्वास है कि हम खास तौर से कारगर हो सकते हैं क्योंकि विकासशील और विकसित देशों के प्रतिनिधि गुट के रूप में हम शेष संसार से एक ही स्वर में बात कर सकते हैं।")

कामनवेल्थ की विशेषता यह है कि इसमें एक विकसित, अर्थात् साम्राज्यवादी, देश ब्रिटेश के प्रतिनिधि हैं, और ब्रिटेन द्वारा सताए हुए भारत जैसे देशों के प्रतिनिधि भी हैं। ये सब एक ही स्वर में बोल सकते हैं, बाकी दुनिया से शान्तिपूर्वक विकास करने के लिए मतभेद दूर करने की बात कह सकते हैं। अमरीका के निकटतम सहयोगी ब्रिटेन के लिए इससे अच्छा प्रमाणपत्र और क्या हो सकता है? भारत कामनवेल्थ का प्रमुख सदस्य है और वह तटस्थ देशों का नेता भी है। कामनवेल्थ और तटस्थ देशों में क्या अन्तर है?

कामनवेल्थ में ब्रिटेन है, तटस्थ देशों में वह नहीं है। कामनवेल्थ में भारत ब्रिटेन के साथ है, तटस्थ देशों की जमात में वह ब्रिटेन से अलग है। कामनवेल्थ में ऐसे देश भी हैं जो ब्रिटेन ही नहीं, अमरीका के साथ भी हैं; आर्थिक-राजनीतिक

मामलों में ही नहीं, सैनिक मामलों में भी उसके साथ हैं। जिन कैरीबिअन देशों ने अमरीकी फौज के साथ ग्रेनाडा में अपने सैनिक दस्ते भेजे थे, उन्होंने अपनी कामनवेल्थी सदस्यता बरकरार रखी है। अमरीकी नीति के समर्थक देश तटस्थतावादी समुदाय में हैं, अमरीका से प्रत्यक्ष गठबन्धन करने वाले देश कामनवेल्थ में हैं। ब्रिटेन से सैनिक सम्बन्ध भारत के भी हैं।

11 नवम्बर 1983 के टाइम्स ऑफ इण्डिया में यह समाचार छपा कि सुरक्षा सम्बन्धी मुद्दों के विकास में ब्रिटेन भारत से सहयोग करेगा।

एलाक्ट्रोनिकी आदि के क्षेत्र में दोनों देशों के विशेषज्ञ मिलकर शोधकार्य करेंगे। ब्रिटेन में चार दिन की सरकारी यात्रा के बाद भारत के सुरक्षा मंत्री वेंकटरमन ने कहा कि सुरक्षा सम्बन्धी शोध और विकास के कार्य में ब्रिटेन सहयोग करने को राजी है। "ब्रिटिश विशेषज्ञ शोध और विकास की उन सुविधाओं से खूब सन्तुष्ट हैं, जो हिन्दुस्तान एअरोनाटिक्स लिमिटेड में सुलभ हैं।" यदि सुरक्षा सम्बन्धी मुद्दों के शोध और विकास में ब्रिटेन सहयोग करता है, तो स्पष्ट है कि इस क्षेत्र की बहुत-सी गोपनीय बातें उसे मालूम होंगी। यह जानकारी भारत पर दबाव डालने के काम में आ सकती है, युद्धकाल में उसके लिए घातक हो सकती है। इसके अलावा सुरक्षा सम्बन्धी गोपनीय तथ्यों की बिक्री का धन्धा भी यहाँ चालू है। 15 नवम्बर 1983 के टाइम्स ऑफ इण्डिया में इन्दर मलहोत्रा ने लिखा है, "कुछ हफ्ते पहले तक भी कौन सोच सकता था कि मेजर जनरल और एयर वाइस मार्शल जैसे पदों पर प्रतिष्ठित अफसर गुप्त सैनिक तथ्यों की निर्लज्ज और व्यवस्थित बिक्री में लगे होंगे?" विदेशी शस्त्रप्रतिष्ठानों से हथियार खरीदने की सलाह जो लोग देते हैं, वे अक्सर भारतीय फौज के अवकाश प्राप्त अफसर होते हैं, वे विदेशी प्रतिष्ठानों के वेतनभोगी सम्पर्क अधिकारी बन जाते हैं। इन्दर मलहोत्रा ने वी. शंकर का उदाहरण दिया है। "सुरक्षा सचिव के पद से अवकाश ग्रहण करने के बाद वह इस देश में वर्षों तक विदेशी फौजी सामान के डसोल्ट और बोफोर्स जैसे शक्तिशाली आपूरकों के प्रतिनिधि रहे। वह इसी हैसियत से काम रहे थे, जब श्री मोरारजी देसाई ने उन्हें प्रधानमन्त्री का मुख्य सचिव बनने को आमन्त्रित किया।" स्पष्ट है कि आर्थिक सम्बन्धों की तरह विकसित देशों से भारत के अनेक प्रकार के सैनिक सम्बन्ध भी कायम हैं।

जहाँ तक ब्रिटेन से भारत के राजनीतिक सम्बन्धों का प्रश्न है, कामनवेल्थी सम्मेलन के दौरान ब्रिटेन की महारानी भारत में विद्यमान थीं, अध्यक्षों के भोज में उपस्थित थीं, और उन्होंने भारत की प्रधानमन्त्री के नाम सन्देश में कहा था : कामनवेल्थ के शासनाध्यक्षों और उनके प्रतिनिधियों ने जो प्रिय सन्देश (kind message) भेजा है, उससे मुझे गम्भीर सन्तोष हुआ है (I deeply appreciate) और कामनवेल्थ की मुखिया के रूप में (as head of the common wealth) मुझे प्रसन्नता

है कि आपके सम्मेलन के समय मैं यहाँ नई दिल्ली में हूँ। (टाइम्स ऑफ इण्डिया, 26 नवम्बर 1983)। कुछ वामपक्षी विचारकों ने कामनवेल्थी सम्मेलन को तमाशा कहा है। यह तमाशा अचानक कुछ लोगों की सनक के कारण नहीं दिखाया गया; ब्रिटेन से भारत के पुराने राजनीतिक सम्बन्ध पूरी तरह कभी टूटे नहीं, यह सम्मेलन इस स्थिति का एक नया प्रमाण था। किसी भी देश की राजनीति उसकी अर्थनीति से पूरी तरह स्वतन्त्र नहीं होती। भारत की विदेश नीति पूरी तरह साम्राज्य-विरोधी हो और अर्थनीति उसे साम्राज्यवाद पर निर्भर बनाती हो, यह सम्भव नहीं है। भारत की विदेश नीति पूरी तरह प्रगतिशील हो और उसकी घरेलू नीति—आर्थिक विकास की नीति—पूरी तरह प्रतिक्रियावादी हो, यह भी सम्भव नहीं है। विदेश नीति के समान भारतीय पूँजीवाद की घरेलू नीति भी अंशतः प्रगतिशील है। पाकिस्तान की सैनिक तानाशाही से भिन्न उसने पूँजीवादी जनतन्त्र कायम रखा है और अंग्रेजी राज के किसी भी दौर की तुलना में उसने अधिक आर्थिक प्रगति की है। किन्तु माउण्ट बेटिन समझौते के फलस्वरूप उसने जो राजनीतिक चौखटा विरासत में पाया, उसे वह तोड़ नहीं सका और जिन अलगाववादी प्रवृत्तियों के कारण वह राजनीतिक संकट का सामना कर रहा है, उनका सीधा सम्बन्ध उस चौखटे से है। आर्थिक प्रगति के साथ उसकी जो परनिर्भरता बढ़ी है, उसका सम्बन्ध भी भारत में विदेशी पूँजी की स्थिति से है। इस स्थिति के कारण विकास के लिए उसने विदेशी बैंकों से अधिकाधिक कर्ज लेना शुरू किया और कर्ज के बोझ से उबरने तथा आर्थिक सहायता पाने के लिए वह साम्राज्यवादी देशों से—पुरानी कांग्रेसी परम्परा के अनुरूप—अपीलें करने के सिवा और कुछ नहीं कर सकता। यह कहना सही न होगा कि देश की वर्तमान समस्याएँ विकास की पूँजीवादी राह पर चलने का परिणाम हैं। विकास की यह राह साम्राज्यवादी दबाव से कभी पूरी तरह मुक्त नहीं थी; उसमें सामन्ती अवशेषों के रूप में जो रुकावटें थीं, उन्हें कभी दूर नहीं किया गया। स्वाधीनता आन्दोलन के साम्राज्य-विरोधी, सामन्त-विरोधी कार्य पूरे किए बिना यह देश अपना स्वतन्त्र विकास नहीं कर सकता। ये कार्य वामपक्ष को पूरे करने हैं। यह वामपक्ष की ऐतिहासिक आवश्यकता है।

1983 के अन्तिम चरण में दिल्ली में तीन महत्त्वपूर्ण समारोह हुए।

पहला—विश्व हिन्दी सम्मेलन। इसमें कांग्रेसी नेताओं और उनके सहयोगियों ने हिन्दी को विश्वभाषा बनाने का बीड़ा उठाया।

दूसरा—कामनवेल्थ के शासनाध्यक्षों का सम्मेलन। इसमें भारत समेत सभी कामनवेल्थी देशों के अध्यक्षों ने अंग्रेजी को विश्वभाषा के रूप में स्वीकार किया।

तीसरा—ज्ञानपीठ पुरस्कार समारोह। इसमें ब्रिटेन की प्रधानमन्त्री मारगरेट थैचर ने अपने हाथों से हिन्दी कवयित्री महादेवी वर्मा को पुरस्कार दिया और उन्हें लन्दन से साथ लाया हुआ विलायती शाल ओढ़ाया।

ब्रिटेन से जैसे भारत के आर्थिक और राजनीतिक सम्बन्ध हैं, वैसे ही सांस्कृतिक सम्बन्ध हैं। सांस्कृतिक सम्बन्धों की अटूट कड़ी है अंग्रेजी भाषा। भारतीय पूँजीपति हिन्दी को राष्ट्रभाषा और विश्वभाषा मानते हैं—सिद्धान्त रूप में। व्यवहार में उनके लिए राष्ट्रभाषा और विश्वभाषा अंग्रेजी है। भारत के बड़े राष्ट्रीय दैनिक अंग्रेजी में निकलते हैं और इनके मालिक भारत के बड़े पूँजीपति हैं। भारत की शिक्षा संस्थाओं में, शोध प्रतिष्ठानों में ज्ञान-विज्ञान की भाषा अंग्रेजी है। जैसे विदेशी पूँजी में ब्रिटेन के अलावा अमरीका ने इजाफा किया है, वैसे ही अंग्रेजी की स्थिति को सुदृढ़ बनाने में अमरीका ने जोर लगाया है। ज्ञानपीठ समारोह जैसे अवसरों पर भारत और ब्रिटेन के सांस्कृतिक सम्बन्ध अचानक समस्त भारतवासियों की आँखों के सामने जगमगा उठते हैं। मारगरेट थैचर ने महादेवी वर्मा की प्रशंसा करके "थोड़ी देर के लिए लोगों के मन से हिन्दी अंग्रेजी भेद की दीवार को ध्वस्त कर दिया।" (दिनमान, 4-10 दिसम्बर, 1983)।

ब्रिटिश प्रधानमन्त्री ने ज्ञानपीठ समारोह में भाग लेकर पुरातन प्रीति को और दृढ़ किया। "वेशभूषा, भाषा और संस्कृति की भिन्नता के बावजूद श्रीमती थैचर ने महादेवीजी और भारतीय संस्कृति के प्रति अपनी आत्मीयता व्यक्त करके सुधीजन से खचाखच भरे सभागार में अपने व्यक्तित्व की अमिट छाप छोड़ी।" श्रीमती महादेवी वर्मा ने 'ब्रिटेन से अहिंसक संघर्ष' की याद दिलाते हुए कहा, "हमारा संघर्ष कितना द्वेष, हिंसा आदि से रहित था, यह उसी का प्रमाण है कि स्वतन्त्र भारत और स्वतन्त्र ब्रिटेन आज मित्रता के सूत्र में आबद्ध हैं।" राजनीति में भारत भले ही तटस्थ हो, सांस्कृतिक स्तर पर तो वह मित्रता के पाश में बँधा हुआ है। यह मित्रता का पाश अहिंसक संघर्ष का अनिवार्य परिणाम है। ज्ञानपीठ के प्रबन्धन्यासी अशोक जैन ने इस तथ्य की व्याख्या इन शब्दों में की, "स्वतन्त्रता संघर्ष के दौरान भी भारतवासियों ने ब्रितानी संस्कृति के प्रति घृणा की भावना नहीं रखी थी।" (उप.)। स्वतन्त्रता संघर्ष निहायत सुसंस्कृत संघर्ष था; उसमें ब्रिटिश साम्राज्यवाद से घृणा के लिए गुंजाइश ही न थी। जब राजनीति इतनी उदार थी, तब संस्कृति के अनुदार होने का प्रश्न ही नहीं है। वैदिक ऋचाएँ स्मरण करते हुए हिन्दी कवयित्री महादेवी वर्मा ने कहा, "मेरी कामना अपनी आर्षवाणी में यही है—**संगच्छध्वं संवदध्वं संवो मनांसि जानताम्**। हमारी गति साथ हो, हमारी वाणी समान हो और हम एक-दूसरे के मन को जानें।" तुलनीय है कामनवेल्थी अध्यक्षों की घोषणा—

"We can speak with a common voice to the rest of the world."

भारत और ब्रिटेन के सांस्कृतिक सम्बन्ध अनेक प्रकार के हैं; अनेक स्तरों पर हैं। भारतीय ज्ञानपीठ के अध्यक्ष श्रेयांस प्रसाद जैन ने श्रीमती थैचर को 'स्वतन्त्र भारत और ग्रेट ब्रिटेन की मित्रता की प्रतीक' कहा, उनकी 'सांस्कृतिक अभिरुचि और जीवनमूल्यों की पहचान' की प्रशंसा की और बताया, "भारतीय विद्याभवन के

लन्दन केन्द्र की गतिविधियों से आपका सम्पर्क रहा है। अप्रैल सन् 1981 में बम्बई में आपने विद्याभवन के अन्तर्गत 'श्रेयांस प्रसाद जैन इन्स्टीट्यूट ऑफ मैनेजमेण्ट एण्ड रिसर्च' का शिलान्यास किया था।'' सांस्कृतिक सम्बन्धों के जिस भव्य प्रासाद का शिलान्यास स्वयं मारगरेट थैचर करें, उसके अडिग और अडोल होने में किसे सन्देह हो सकता है?

राजनीति में भारत-ब्रिटेन मैत्री की कुछ ईंटें भले खिसक गई हों, सांस्कृतिक भवन की सब ईंटें यथास्थान हैं।

हिन्दी प्रदेश की जनता में व्यापक निरक्षरता, विश्वविद्यालयों में ऐंग्लो-अमरीकी अध्ययन-अध्यापन की प्रतिष्ठा—**संगच्छध्वं संवदध्वं** की वास्तविक स्थिति यह है। कम्युनिस्ट पार्टी, वामपक्ष, प्रगतिशील लेखक संघ की जरूरत है इस स्थिति को बदलने के लिए।

2. प्रगतिशील लेखक संघ और प्रेमचन्द

(क) बयान मुल्कराज आनन्द का

1936 में तीन महत्त्वपूर्ण रचनाएँ प्रकाशित हुईं : प्रेमचन्द का निबन्ध **महाजनी सभ्यता**, जयप्रकाश नारायण की पुस्तिका **समाजवाद ही क्यों**? और जवाहरलाल नेहरू की **आत्मकथा**। प्रेमचन्द का निबन्ध हिन्दी में था; शेष दो कृतियाँ मूलरूप में अंग्रेजी में थीं। लन्दन में आयोजित गोलमेज सम्मेलन की असफलता के बाद भारतीय जनमत तेजी से वामपक्ष की ओर झुक रहा था। उस समय मार्क्सवाद और सोवियत संघ का समर्थन किए बिना कोई राजनीतिज्ञ लोकप्रिय होने की आशा न कर सकता था। हिन्दी साहित्य में मार्क्सवाद और सोवियत संघ का यह समर्थन 1917 के बाद से व्यापक रूप में दिखाई देता रहा था।

1936 में प्रेमचन्द ने लखनऊ में अखिल भारतीय प्रगतिशील लेखक सम्मेलन की अध्यक्षता की।

इससे एक साल पहले भारतीय अंग्रेजी लेखक मुल्कराज आनन्द ने लन्दन में इण्डियन प्रोग्रेसिव राइटर्स एसोसिएशन की स्थापना की थी। जैसे एक कम्युनिस्ट पार्टी की स्थापना कानपुर में हुई और उससे पहले एक अन्य कम्युनिस्ट पार्टी की स्थापना ताशकन्द में हो चुकी थी, वैसे ही एक प्रगतिशील लेखक संघ की स्थापना लखनऊ में हुई, उससे पहले एक अन्य प्रगतिशील लेखक संघ की स्थापना लन्दन में हो चुकी थी। भारतीय स्वाधीनता आन्दोलन के लिए जितना महत्त्व ताशकन्द पार्टी के संस्थापक एम.एन. राय का है, भारतीय साहित्य के लिए लगभग उतना ही महत्त्व लन्दन लेखक संघ के संस्थापक मुल्कराज आनन्द का है।

मुल्कराज आनन्द और उनके सहयोगियों ने भारतीय प्रगतिशील लेखक संघ

की ओर से एक पत्र निकाला New Indian Literature। 1939 में इसका एक अंक निकला, फिर पत्र बन्द हो गया। इस अंक में मुल्कराज आनन्द का एक महत्त्वपूर्ण लेख प्रकाशित हुआ On the Progressive writer's Movement। इस लेख की सबसे बड़ी खूबी यह है कि इसमें लन्दन के लेखक संघ का उल्लेख है, लखनऊ के प्रगतिशील लेखक सम्मेलन का उल्लेख नहीं है। साहित्य सम्बन्धी विवेचन में देश-विदेश के बहुत-से लेखकों का नाम लिया गया है, प्रेमचन्द का नाम एक बार भी नहीं लिया गया।

चार साल पहले लन्दन में बिताए हुए दिन याद करते हुए मुल्कराज आनन्द ने लिखा था–

"It is almost uncanny to look back upon those dark, foggy November days of the year 1935 in London when after the disillusionment and disintegration of years of suffering in India and conscious of the destruction of most of our values through the capitalist crisis of 1931, a few of us emerged from the slough of despond of the cafe's and garrets of Bloomsbury and formed the nucleus of the Indian Progressive Writer's Association."

जाड़े की शुरुआत थी। चारों तरफ कुहरा और अँधेरा छाया हुआ था। भारत में रहते-रहते मुल्कराज आनन्द जैसे लोग टूट चुके थे, उनका मोहभंग हो चुका था। disintegration of years of suffering कलात्मक गद्य लेखन का बढ़िया नमूना है। विघटन मुसीबत वाले वर्षों का नहीं, वर्षों तक मुसीबत सहने वाले व्यक्ति का हुआ था। अभिव्यक्ति में वक्रता लाने के लिए मुसीबत वाले वर्षों के विघटन की बात कही गई। इस विघटन से पहले मोहभंग—disillusionment—की बात है। यह मोहभंग अंग्रेजी राज से हो सकता है, भारतीय जनता और उसकी संस्कृति से भी। आगे 1931 के पूँजीवादी संकट का उल्लेख है, यह संकट ब्रिटिश पूँजीवाद का है, भारतीय पूँजीवाद का नहीं। इस संकट में 'हमारे अधिकांश मूल्यों के नष्ट होने' की बात है। भारतीय पूँजीवाद अभी इतना बड़ा न हुआ था कि वह एक बार कहने-सुनने लायक मूल्यों का निर्माण करे, फिर संकट में पड़कर उनका नाश भी कर दे। 'हमारे मूल्य' ब्रिटिश लेखकों और नागरिकों के मूल्य हैं, मुल्कराज तादात्म्य इन ब्रिटिश लेखकों और नागरिकों से स्थापित किए हैं, भारतीय लेखकों और जनता से नहीं। निराशा के जिस दलदल से वह बाहर आए थे, वह लन्दन के ब्लूम्सबरी मोहल्ले में था। अंग्रेजी बोलने और लिखने के बावजूद लन्दन में लोग उन्हें इण्डियन ही कहते थे, इसलिए उन्होंने लेखक संगठन का नाम इण्डियन प्रोग्रेसिव राइटर्स एसोसिएशन रखा। उन्हें जो नया ज्ञान प्राप्त हुआ था, उसका प्रकाश वह भारत में भी फैलाना चाहते थे।

यह ज्ञान काफी पुराना था। इसे पूँजीपन्थी उदारतावाद (बुर्जुआ लिबरलिज़्म)

कहा जाता था। इस उदारतावाद की विशेषता यह थी कि वह मानव कल्याण की बड़ी-बड़ी बातें करता था पर भारत जैसे पराधीन देशों के शोषण के बारे में चुप रहता था। मुल्कराज आनन्द का विचार था कि इंग्लैण्ड में उदारतावाद ने नए साहित्यिक आन्दोलनों के लिए जमीन तैयार कर दी थी, भारत में ऐसे उदारतावाद का अभाव था, इसलिए यहाँ बाबा आदम के जमाने की घिसी-पिटी रूढ़ियों का बोलबाला था। बंगाल में बंकिमचन्द्र चटर्जी, रवीन्द्रनाथ ठाकुर और शरत् चटर्जी ने महत्त्वपूर्ण काम किया था किन्तु बंगाल के मध्यमवर्गी बुद्धिजीवी वहाँ की धरती पर अपने पाँव नहीं रोप पाए। फिर भी वहाँ एक नई पीढ़ी सामने आ चुकी है, वह सांस्कृतिक संकट पहचानती है, इसलिए उसने लन्दन का घोषणापत्र थोड़े हेर-फेर से बहुत जल्दी स्वीकार कर लिया। किन्तु बंगाल में किसी कविता-संग्रह का एक संस्करण पाँच-छः सौ प्रतियों का ही होता है, इधर इकबाल या हफीज जालन्धरी का एक कविता संग्रह बीस-बीस हजार प्रतियों का होता है और शीघ्र बिक जाता है।

हिन्दी और हिन्दुस्तानी साहित्य में बँगला जैसी विचार-समृद्धि नहीं है, फिर भी भाषा की संरचना को व्यापारिकता और छापेखाने ने अभी पूरी तरह प्रभावित नहीं किया। व्यापारिकता और छपाई का प्रभाव भाषा के व्यवहार पर पड़ता है किन्तु मुल्कराज मानते हैं कि इसका प्रभाव भाषा की संरचना पर पड़ता है। यह बात सही हो तो छापेखाने का चलन होने तक भाषाओं की संरचनाओं में कहीं कोई परिवर्तन हो ही नहीं। भाषाई संरचना से साहित्यिक रूपों का अटूट सम्बन्ध कायम करके मुल्कराज ने निष्कर्ष यह निकाला कि भारत में पद्यकथाओं की तो जीवन्त परम्परा है किन्तु गद्यरूपों का विकास अभी शैशव अवस्था में है (the development of prose forms is still in its infancy)। अपनी इस धारणा के अनुरूप मुल्कराज ने 'इण्डियन लिटरेचर' के इसी अंक में सज्जाद जहीर के उपन्यास 'लन्दन की एक रात' की समीक्षा करते हुए लिखा था, "उत्तर भारत में लगभग अटूट सामन्ती परम्परा के दौरान सही अर्थ में कोई उपन्यास लिखा नहीं गया। इसका कारण यह है कि पश्चिमी यूरोप में उपन्यास का जो रूप विकसित हुआ है, वह व्यापारिकता और छापेखाने की देन है। भारत में जब आधुनिक व्यापारिक समाज का अभ्युदय हुआ, तब उसके साथ ही छापेखाने के काम की शुरुआत नहीं हुई, अथवा यों कहें कि अरबी लिपि की आवश्यकताओं के अनुरूप शीघ्र छपाई की व्यवस्था न की गई। उर्दू किताब का आधार अरबी लिपि है। लिथो की छपाई कला ने उर्दू पत्रकारिता को जितना भी सीमित किया हो, यह निश्चित है कि छपाई की इस पद्धति ने उत्तर भारत में कथा-साहित्य की किसी महान् परम्परा को उभरने से रोका है, और जो थोड़ा-बहुत लिखा भी गया है, उसमें ऐसे बड़े दोष पैदा कर दिए हैं कि जो सबसे महत्त्वूपर्ण कृतियाँ हैं, वे गम्भीर विवेचन के लगभग अयोग्य सिद्ध होती हैं।"

यद्यपि प्राचीन यूनान में गद्य का इतना विकास हुआ था कि उद्योग प्रधान

यूरोप के लेखक बहुत दिन तक उससे गद्य लिखना सीखते रहे, फिर भी मुल्कराज ने यान्त्रिक ढंग से गद्य लेखन को छापे के कौशल से जोड़ दिया है। फिर उत्तर भारत में उर्दू को जनता की एक मात्र साहित्यिक भाषा मान कर उन्होंने लिथो की छपाई से कथा साहित्य के विकास को अवरुद्ध होते देखा है। प्रेमचन्द का अधिकांश लेखन हिन्दी में है, इससे उन्हें वास्ता नहीं है। परिणाम यह कि गम्भीर विवेचन के योग्य उत्तर भारत में अभी तक एक भी उपन्यास नहीं लिखा गया। यहाँ अभी सामन्ती परम्परा लगभग अटूट बनी हुई है। इसे पहले-पहल एक हद तक तोड़ा है सज्जाद जहीर के उपन्यास **लन्दन की एक रात** ने! इस विवरण से पाठक समझ सकेंगे कि प्रगतिशील लेखक आन्दोलन पर अपने लेख में मुल्कराज आनन्द ने लन्दन की लेखक गोष्ठी का जिक्र किया, लखनऊ के प्रगतिशील लेखक सम्मेलन का उसमें प्रेमचन्द की अध्यक्षता का जिक्र नहीं किया, इसका कारण क्या है। प्रेमचन्द के उपन्यास गम्भीर विवेचन के अयोग्य हैं।

लन्दन की एक रात का नायक अपनी गोरी प्रेमिका से दगा करता है। इसका कारण "उसके चरित्र की वह कमजोरी है जो सामन्ती परिवार में उसके लालन-पालन से उत्पन्न हुई है। संयुक्त परिवार उसके बड़े हो जाने पर भी उसे उसकी माँ के पल्लू से (शब्दशः उसकी माँ के नाभिनाल से) बाँधे रहता है और अपने खर्च के लिए बाप पर निर्भर बनाए रहता है। यह स्थिति उसे अपनी यूरोपियन कामरेड प्रेमिका से अनिवार्यतः दूर खींच ले जाती है।" ऐसा लगता है मानों यह बात मुल्कराज ने सज्जाद जहीर के बारे में लिखी हो, न कि उनके उपन्यास के हीरो के बारे में। उत्तर भारत में ऐसे बहुत-से लेखक थे जिनका लालन-पालन गरीब परिवारों में हुआ था। वे सामन्ती संस्कारों से मुक्त थे। लन्दन जाकर प्रेम करने, फिर प्रेमिका से दगा करने की सुविधा उन्हें नहीं थी। पर इनकी ओर, इनके पात्रों की ओर ध्यान देने का समय मुल्कराज के पास नहीं था।

भारतीय साहित्य में सामन्ती परम्परा अटूट है! रामचन्द्र शुक्ल, प्रेमचन्द और जयशंकर प्रसाद के सामने बनारस की गोष्ठी में कुछ ऐसी ही बातें जवाहरलाल नेहरू ने भी कही थीं। उन दिनों जवाहरलाल नेहरू प्रगतिशील लेखक संघ के सदस्य थे (मुल्कराज के अनुसार 'Jawaharlal Nehru, also a member of the Indian Progressive Writer's Association.')।

भारतीय भाषाओं में गद्य लिखने से जितना सरोकार मुल्कराज आनन्द को था, उतना ही जवाहरलाल नेहरू को था।

यद्यपि उर्दू की तरह बंगला लिथो की छपाई पर निर्भर न थी, फिर भी मुल्कराज ने उसमें केवल विकास की क्षमता स्वीकार की है, विकसित भाषा उसे नहीं माना। एक ओर पंजाबी और पश्तो, दूसरी ओर बंगला और मराठी, इनका साहित्यिक वजन एक-सा मानते हुए मुल्कराज ने लिखा था, "गुजराती और बंगला, तमिल और मराठी,

पंजाबी और पश्तो में यह निगूढ़ क्षमता है कि वे आधुनिक भाषाओं की ऊँचाई तक उठ सकें। (potentially capable of rising to the stature of modern languages)।" और सभी भारतीय भाषाओं की एक सामान्य लिपि होनी चाहिए—इंडोरोमन लिपि। लिपि की समस्या मुख्य रूप से उर्दू के लिए थी किन्तु उर्दू यदि अरबी लिपि छोड़े तो अन्य भारतीय भाषाएँ अपनी लिपि क्यों अपनाए रहें?

मुल्कराज आनन्द ने भारतीय भाषाओं और भारतीय साहित्य के समस्त विकास के प्रति निषेधात्मक रवैया अपनाया था। वह तुलसीदास से ही अपरिचित नहीं थे, वह प्रेमचन्द के युगान्तरकारी महत्त्व से भी एकदम अनभिज्ञ थे। वह हिन्दी-उर्दू के विकास, इनके अलगाव के कारणों से भी अपरिचित थे। वह नागरी लिपि की जगह रोमन लिपि के माध्यम से भारतीय किसानों को साक्षर बनाने, उनमें लोकप्रिय साहित्य का प्रसार करने की योजनाएँ बना रहे थे। वह अपने व्यवहार से सभी भारतीय भाषाओं पर अंग्रेजी का प्रभुत्व कायम रखने में सहायता कर रहे थे। इस प्रभुत्व के खिलाफ मेरा भाषण सुनकर मई 1949 के प्रगतिशील लेखक सम्मेलन में मुल्कराज आनन्द ने घोषणा की थी कि वह आगे से अंग्रेजी में नहीं, पंजाबी में लिखेंगे। जोरों से ताली बजाकर सभी लेखकों ने उस समय उनकी इस घोषणा का स्वागत किया था। किन्तु घोषणा पर अमल करने की नौबत कभी न आई।

प्रगतिशील साहित्य में संकीर्णतावाद—हिन्दी में इस विषय की पर्याप्त चर्चा हुई है। जहाँ तक याद है, इस सिलसिले में किसी ने मुल्कराज आनन्द का नाम नहीं लिया। वह और सज्जाद जहीर उस समय बहुत-से नौजवान लेखकों को प्रभावित कर रहे थे। इस प्रभाव के कारण ये लेखक अपने पुराने और आधुनिक साहित्य की उपलब्धियों को तुच्छ मानकर स्वयं को बहुत बड़ा लेखक समझने लगे थे, प्रेमचन्द से कुछ सीखने के बदले वे उनसे हजार कदम आग बढ़ने का दावा करते थे। प्रगतिशील लेखकों का यह आदिम संकीर्णवावदी रुझान 1938 के संशोधित घोषणापत्र में मौजूद है। उसमें कहा गया है—

"Indian literature, since the breakdown of classical culture, has had the fatal tendency to escape from the actualities of life. It has tried to find a refuge from reality in baseless spiritualism and ideality. The result is that it has become anaemic in body and mind and has adopted a rigid formalism and a banal and perverse ideology."

क्लासिकल संस्कृति अर्थात् संस्कृत के माध्यम से व्यक्त होने वाली संस्कृति के विघटन के बाद भारतीय साहित्य यथार्थ जगत् से दूर भागने लगा। उसने निराधार अध्यात्मवाद और आदर्शप्रियता में शरण ली। परिणाम यह कि इस साहित्य का तन और मन दोनों रक्तहीन हैं। वह कठोर रूपवाद तथा घिसीपिटी और विवेकशून्य विचारधारा अपनाए हुए है।

भारतीय लेखकों के लिए अपने साहित्य की साम्राज्य-विरोधी, सामन्त-विरोधी परम्परा की रक्षा करना क्यों जरूरी था, प्रगतिशील लेखकों में इस परम्परा को लेकर क्यों इतना विवाद हुआ, यह उक्त घोषणापत्र से समझ में आ जाना चाहिए। मुल्कराज और उनके सहयोगियों के लिए भारतीय जनता और उसके साहित्यकारों ने न कभी साम्राज्यवाद का विरोध किया था, न सामन्तवाद का। भारतीय साहित्य यथार्थ जगत् से दूर भागकर निकम्मा और निर्जीव बन गया था। उसे पुनर्जीवित करने का भार मुल्कराज और उनके सहयोगियों ने उठाया था। प्रगतिशील लेखकों की इस धारणा को बदलना जरूरी था। यह काम मई 1949 में बम्बई के प्रगतिशील लेखक सम्मेलन ने किया। उसने घोषित किया, "प्रगतिशील लेखक प्राचीन साहित्य और संस्कृति के सच्चे उत्तराधिकारी हैं और मानव सभ्यता की सर्वश्रेष्ठ परम्पराओं को आगे ले जाते हैं। वे आज के समाज के ऐतिहासिक विकास की पृष्ठभूमि में अपनी प्राचीन सांस्कृतिक निधि का आलोचनात्मक दृष्टि से लेखा लिखा करते हैं (लेखा-जोखा प्रस्तुत करते हैं)। वे संस्कृति को साम्राज्यलिप्सा और थोथे रहस्यवाद का पर्याय बनाने से इनकार करते हैं और जो लोग ऐसी कोशिश करते हैं, उनका वे पर्दाफाश करते हैं और दिखलाते हैं कि ऐसा करने में उनका असल उद्देश्य क्या है। उनका तर्क है कि अपने साहित्य में अतीतमुखी प्रवृत्तियों को न आने दें।" (रेखा अवस्थी, **प्रगतिवाद और समान्तर साहित्य**, पृ. 324)। भारत में ऐसे प्रतिक्रियावादियों की कमी नहीं है जो संस्कृति के नाम पर वर्ण और सम्प्रदाय से सम्बन्धित रूढ़ियों की रक्षा करते हैं। ऐसे लोग प्राचीन संस्कृति में सामन्तवाद के पोषक तत्त्व खोजते हैं, नहीं मिलते तो उन्हें आरोपित करते हैं और संस्कृति के सामन्तविरोधी तत्त्वों को बराबर अस्वीकार करते हैं। साम्राज्यवादियों का दृष्टिकोण भी कुछ इसी तरह का होता है। वे प्रचार करते हैं कि भारत मध्यकालीन रूढ़ियों में जकड़ा हुआ था; उसे इनसे मुक्त करने का काम यूरोप के सभ्य लोगों ने किया। पराधीन देशों के लिए सांस्कृतिक विरासत विशेष मूल्यवान होती है। वह उनमें राष्ट्रीय आत्मसम्मान की भावना जगाती है, उन्हें स्वाधीनता संघर्ष में प्रेरणा देती है। इस विरासत में कला और साहित्य की उपलब्धियाँ ही नहीं हैं उसमें जनता के वीरतापूर्ण संघर्ष भी हैं। इन संघर्षों की स्मृति राष्ट्रीय अस्मिता का अभिन्न अंग होती है, देशी-विदेशी प्रतिक्रियावादी इस स्मृति को मिटाने के लिए निरन्तर प्रयत्नशील रहते हैं।

इतिहास में अठारह सौ सत्तावन और साहित्य में तुलसीदास, इन दो पर विवेचकों की विशेष कृपा रही है। अठारह सौ सत्तावन ढहते हुए सामन्तवाद की सुरक्षा का प्रयत्न था, रामचरितमानस वर्ण-व्यवस्था का पोषक ग्रन्थ है; इन दो स्थापनाओं के आधार पर हिन्दी जनता का मनोबल तोड़ा जा सकता है। अंग्रेज न आते तो भारत में पूँजीवादी विकास कैसे होता? साहित्य में आधुनिकता बोध की प्रतिष्ठा कैसे होती? यह अलग बात है कि अठारह सौ सत्तावन की याद ने भारतीय

क्रान्तिकारियों को सदा प्रेरित किया है और आधुनिक हिन्दी के सर्वश्रेष्ठ कवि निराला की एक भव्य रचना **तुलसीदास** है। हिन्दी के तीन महान् कवि–कबीर, सूर और तुलसी एक-दूसरे के पूरक हैं, परस्पर विरोधी नहीं। कबीर शहरी कारीगरों के, सूर पशुपालकों के, तुलसी किसानों के जीवन से जुड़े हुए हैं। दार्शनिक मतवाद की छानबीन में विवेचक इनके भौतिक परिवेश की विशेषताएँ भूल जाते हैं। तीनों महाकवियों का परिवेश एक-सा नहीं है, किसान जीवन के चित्र कबीर और सूर के काव्य में नहीं हैं, वे तुलसी के काव्य की विशेषता हैं। और तुलसीदास के बाद किसान जीवन के सन्दर्भ में सबसे पहले प्रेमचन्द का नाम आता है। भारत में और भारत के बाहर प्रेमचन्द से बड़े कलाकर हुए हैं; उनकी-सी आत्मीयता से किसानों का चित्रण करनेवाला दूसरा कलाकार नहीं है।

(ख) बयान स. ही. वात्स्यायन अज्ञेय का

प्रगतिशील लेखक संघ के भीतर और उसके बाहर इस बात के लिए बराबर प्रयत्न हुए हैं कि लेखक प्रेमचन्द का रास्ता छोड़कर व्यक्तिवाद के दायरे में अपनी कला का विकास करें। अज्ञेय मानते हैं कि प्रेमचन्द ''समाज सुधार और आदर्शवाद के गलियारों से गुजरते हुए राजनीतिक चिन्तन की ओर आए थे'' किन्तु राजनीतिक चिन्तन के विकास के साथ ''उनके अन्त तक अछूत भोलेपन की विलक्षणता भी सामने रखनी चाहिए।'' (स्मृतिलेखा, पृ. 49)। भोलेपन में किसकी छूत न लगी जो वह अछूता बना रहा?

ऐसी राजनीति की जिसका सम्बन्ध जनता के संघर्ष से हो। तोल्स्तोय और चेखोव की तरह ''प्रेमचन्द के लिए भी साहित्य का बुनियादी मूल्य संघर्ष नहीं बल्कि समवेदना था–या उसे और भी सही नाम दें तो महाकरुणा था।'' (उप., पृ. 55)। गोदान का होरी ''इस करुणा का प्रतीक पुरुष'' है, वह चाहकर भी क्रोध नहीं कर पाता। और होरी की तरह ''प्रेमचन्द भी शायद रोष करना चाहते हैं लेकिन कर नहीं पाते क्योंकि वह भी मानव मात्र को प्यार करते हैं–वैसा व्यापक प्यार जिसके लिए करुणा ही सही नाम हो जाता है।'' (उप.)। किन्तु प्रेमचन्द की राय थी, ''निन्दा, क्रोध और घृणा ये सभी दुर्गुण हैं, लेकिन मानव-जीवन में से अगर इन दुर्गुणों को निकाल दीजिए, तो संसार नरक हो जाएगा।'' (हंस, दिसम्बर 1933)। संसार नरक इसलिए हो जाएगा कि अज्ञेय की महाकरुणा शोषक और शोषित का भेद छिपाएगी, मनुष्य अन्याय के प्रति उत्तेजित होकर लड़ना भूल जाएगा। प्रेमचन्द के विचार से ''पाखण्ड, धूर्तता, अन्याय, बलात्कार और ऐसी ही अन्य दुष्प्रवृत्तियों के प्रति हमारे अन्दर जितनी ही प्रचण्ड घृणा हो, उतनी ही कल्याणकारी होगी।'' (उप.)।

किन्तु अज्ञेय का विचार है कि प्रेमचन्द को कभी-कभी यह चिन्ता ग्रस लेती थी कि ''उनके राजनीतिक विचारों के कारण उनका इस्तेमाल किया जा रहा है।'' (**स्मृतिलेखा**, पृ. 49)। उनका इस्तेमाल करने वालों में एक तो आर्यसमाजी थे, दूसरे

थे प्रगतिशील लेखक। लाहौर में आर्यसमाज सम्मेलन के लिए उन्होंने भाषण लिखा। वहाँ उन्होंने लिखित भाषण जेब से निकाला भी नहीं, दूसरा ही भाषण दिया क्योंकि "तब भी उन्हें अहसास था कि अपने जो विचार वह लिखकर लाए हैं, उन्हें उस समाज में प्रस्तुत करना उनका दुरुपयोग हो जाने देना होगा।" शतं वद मा लिख! लिखने से विचार पकड़ में आ जाएँगे, बोलने से कौन उनका दुरुपयोग कर सकेगा? मानो प्रेमचन्द को स्पष्ट बात कहने से डर लगता था! या जो लिखकर लाए थे, उसमें विचार एक तरह के थे, जो कुछ बोले उसमें विचार दूसरी तरह के थे!

किसी भी लेखक से यह छिपा नहीं है कि लिखित निबन्ध पढ़ने से लोग उतना प्रभावित नहीं होते जितना वक्ता के मौखिक सम्बोधन से। यह बिल्कुल सम्भव है कि अपने विचारों को व्यवस्थित करने के लिए प्रेमचन्द ने पहले उन्हें लिखा हो, फिर अपने लिखे के आधार पर बोले हों। किन्तु यह सम्भावना अज्ञेय के दिमाग में प्रवेश नहीं करती क्योंकि वह संघर्ष वाली राजनीति से प्रेमचन्द के भोलेपन की रक्षा करने पर तुले हुए हैं। अतः विचारों के दुरुपयोग का भय सघन होता गया, प्रेमचन्द सम्मेलनों में जाते रहे, भाषण लिखते रहे, और उन्हें जेब से निकाले बिना वक्तृता देते रहे। बड़ी मनोवैज्ञानिक सूझबूझ से अज्ञेय ने लिखा, "ऐसा ही भाव, लेकिन कुछ और भी सघन रूप में, उनके मन में लखनऊ के प्रगतिशील सम्मेलन के अवसर पर उठा था, जिसके लिए एक अध्यक्षीय भाषण उन्होंने लिख कर तैयार किया था। यह भाषण भी उन्होंने वहाँ पढ़ा नहीं; एक स्वतन्त्र और प्रत्युत्पन्न भाषण ही उन्होंने दिया। अर्थात् जो भाषण उस 'सम्मेलन का अध्यक्षीय भाषण' माना जाता है, वह वास्तव में उन्होंने कभी दिया ही नहीं। वहाँ दिए जाने के लिए वह उन्होंने लिखा जरूर था; शायद उसमें अनन्तर कुछ परिवर्तन भी किए थे।" (उप., पृ. 50)।

यदि प्रेमचन्द ने अपने लिखित भाषण में–उस सम्मेलन के बाद–कुछ परिवर्तन किए थे तो इससे सिद्ध यह होता है कि भाषण उन्होंने प्रकाशित करने के विचार से लिखा था, काफी सोच-विचार के बाद लिखा था, वह उसे एक महत्त्वपूर्ण दस्तावेज मानते थे। उसे साहित्य के बारे में प्रेमचन्द का सुचिन्तित निबन्ध मानना चाहिए, सम्मेलन में उसे उन्होंने पढ़ा हो चाहे न पढ़ा हो। सम्मेलन में जाते समय उनके मन में जो भाव उठा था, कवि होने के नाते उसे पढ़ने का पूरा अधिकार अज्ञेय को है किन्तु अज्ञेय की कविताएँ पढ़कर प्रेमचन्द ने उन्हें जो कुछ लिखा था, उसे कविवर कभी भूले नहीं। प्रेमचन्द की राय बहुत स्पष्ट थी, "इतनी स्पष्ट और इतनी संक्षिप्त कि मुझे आज भी जबानी याद है (हाँ, इतना जरूर है कि उस पोस्टकार्ड को मैंने कई बार पढ़ा।)" (उप.)। प्रेमचन्द की वह ऐतिहासिक राय इस प्रकार है–

"भाई अज्ञेय,

मुझे तो कविता ऐसी पसन्द है जैसा इकबाल का यह शेर :

जिस खेत से दहकाँ को मयस्सर न हो रोटी,
उस खेत के हर गोशए गन्दुम को जला दो!

तुम्हारा
प्रेमचन्द''

पाठक विचार करें, प्रेमचन्द की यह राय उनके अध्यक्षीय भाषण से मेल खाती है या नहीं, इकबाल के शेर में जो तेवर हैं, वे प्रेमचन्द-लिखित निबन्ध में हैं या नहीं। उस निबन्ध में प्रेमचन्द ने ऐसा साहित्य रचने पर जोर दिया था, "जो हममें गति, संघर्ष और बेचैनी पैदा करे, सुलाए नहीं; क्योंकि अब और ज्यादा सोना मृत्यु का लक्षण है।" यहाँ गति, संघर्ष और बेचैनी की बात है, उतनी ही स्पष्ट जितनी अज्ञेय की कविताओं के बारे में उनकी राय। यह सब जानते हुए भी अज्ञेय कहते हैं कि प्रेमचन्द के लिए "साहित्य का बुनियादी मूल्य संघर्ष नहीं समवेदना था... महाकरुणा था।"

उदारपन्थी पूँजीवादी लेखकों और प्रेमचन्द में यही अन्तर है कि वह समवेदना और करुणा का तानाबाना रचकर उसमें मनुष्य के दुख और उत्पीड़न को छिपाते नहीं हैं; जिस व्यवस्था में मनुष्य पीड़ित और दुखी हैं, उसे बदलने के लिए संघर्ष करने पर जोर देते हैं। उसी निबन्ध में उन्होंने लिखा था, "हम जब ऐसी व्यवस्था को सहन न कर सकेंगे कि हजारों आदमी कुछ अत्याचारियों की गुलामी करें, तभी हम केवल कागज के पृष्ठों पर सृष्टि करके ही सन्तुष्ट न रह जाएँगे, किन्तु उस विधान की सृष्टि करेंगे जो सौन्दर्य, आत्मसम्मान और मनुष्यता का विरोधी न हो।" बेशक प्रेमचन्द में करुणा थी; यह करुणा हजारों आदमियों को अत्याचारियों की गुलामी करते देखकर तिलमिला उठती थी। वह संघर्षविमुख करुणा नहीं है, इसलिए वह रोषमुक्त नहीं है।

प्रेमचन्द इतने बड़े लेखक हैं और अब भी इतने लोकप्रिय हैं कि उनका सीधे विरोध करने से घाटा होने की सम्भावना है। उनके नाम का सदुपयोग उनकी नई मूर्ति गढ़कर ज्यादा अच्छी तरह किया जा सकता है। यह मूर्ति रोष, घृणा जैसे लौकिक भावों की छाया से दूर होगी—प्रेमचन्द अवलोकितेश्वर की मुद्रा में, महाकरुणा से द्रवित, धर्मवीर उपासकों की रक्षा के लिए दाहिना हाथ उठाए हुए; शिल्पी—स. ही. वात्स्यायन अज्ञेय!

जहाँ तक प्रगतिशील लेखक संघ से प्रेमचन्द के सम्बन्ध का सवाल है, उन्होंने सितम्बर 1936 के हंस में लिखा था, "गत नौ और दस अप्रैल को लखनऊ में उसने अपना वार्षिक अधिवेशन इन पंक्तियों के लेखक के सभापतित्व में मनाया था, जिसमें भारत के सभी प्रान्तों के कलाकारों ने भाग लिया था। यह निर्विवाद साहित्य में प्रगतिमान परिवर्तन का द्योतक था।" अज्ञेय का सारा प्रयत्न इस निर्विवाद सचाई

को नकारने के लिए है।

प्रगतिशील लेखक संघ की स्थापना के बारे में अहमद अली ने **हंस** के प्रेमचन्द स्मृति अंक में लिखा था, "मुंशी दयानारायण निगम को इस सम्बन्ध में कुछ निराशा और कुछ सन्देह सा हो रहा था, लेकिन प्रेमचन्द जी ने उस समय एक बहुत मार्के की बात यह कही कि प्रगतिशील लेखकों के आन्दोलन के लिए हमारा देश तैयार हो गया है और हम लोग एक बहुत ही उपयुक्त और शुभ अवसर पर इस एसोसिएशन का आरम्भ कर रहे हैं।"

प्रेमचन्द प्रगतिशील लेखकों के आन्दोलन को आवश्यक मानते थे, इसीलिए उन्होंने उनके सम्मेलन की अध्यक्षता की थी; सम्मेलन में वह मात्र दर्शक बन कर शामिल न हुए थे।

प्रेमचन्द समाज-सुधार और आदर्शवाद के गलियारों से गुजरते हुए राजनीतिक चिन्तन की ओर आए थे। सही बात है। "उनके विचार या सिद्धान्त चरित्रों पर आरोपित किए जाकर उन्हें पुतलियों की तरह नहीं नचाते, बल्कि चरित्र ही मंच पर आकर अपना जीवन जीते हुए अपने विचारों तक पहुँचते हैं अथवा अपने पाए हुए विचार निरूपित किए जाने के लिए उपन्यासकार को सौंप देते हैं।" (स्मृतिलेखा, पृ. 55)। यह बात भी सही है। एक उदाहरण पर्याप्त होगा। **गबन** में जिस देवीदीन के दो बेटे अंग्रेजी राज से लड़ते हुए शहीद हो चुके हैं, वह भारत के भविष्य के बारे में सोचते हुए एक नेताजी से कहता है, "साहब, सच बताओ, जब तुम सुराज का नाम लेते हो, उसका कौन-सा रूप तुम्हारी आँखों के सामने आता है? तुम भी बड़ी-बड़ी तलब लोगे; तुम भी अंग्रेजों की तरह बंगलों में रहोगे, पहाड़ों की हवा खाओगे, अंग्रेजी ठाठ बनाए घूमोगे; इस सुराज से देश का क्या कल्याण होगा? तुम्हारी और तुम्हारे भाईबन्दों की जिन्दगी भले आराम और ठाठ से गुजरे पर देश का तो कोई भला न होगा।" **गबन** उस समय लिखा गया था जब लन्दन में निराशा के दलदल से निकलने का विचार मुल्कराज आनन्द के दिमाग में न आया था। सन् '30 के आन्दोलन की असफलता के बाद बहुत-से लोग देवीदीन की तरह सोचने लगे थे कि ये नेता लोग कैसा सुराज लाएँगे, उससे देश का भला होगा या ये अपना घर भरते रहेंगे।

भारत में वामपक्ष और प्रगतिशील लेखक संघ की जरूरत इसलिए थी कि यहाँ सुराज का वह रूप न हो जो आज दिखाई दे रहा है। 1937 में कांग्रेसी मन्त्रिमण्डल बने। अनेक प्रान्तों में नए शासकों ने किसानों और मजदूरों के आन्दोलन का दमन किया। जिन्होंने उन दिनों का दमन देखा होगा या उसका हाल पढ़ा होगा, उन्हें 1948-49 या उसके बाद के सरकारी दमन पर आश्चर्य न होगा। प्रेमचन्द ने यह सब न देखा था किन्तु कांग्रेसी नेताओं के रंगढंग देखकर उन्होंने इसकी कल्पना कर ली थी। गबन के देवीदीन ने कहा था, "अभी तुम्हारा राज नहीं है, तब तो तुम

भोगविलास पर इतना मरते हो; जब तुम्हारा राज हो जाएगा, तब तो तुम गरीबों को पीस कर पी जाओगे।'' कुछ गलत कहा था?

सन् '48-'49 के जन-आन्दोलन में अनेक खामियाँ थीं। उसे किसान संगठन का व्यापक आधार देना, राष्ट्रीय एकता की समस्या से जोड़ना जरूरी था। उसके आलोचकों ने खामियों को दूर करने का प्रयत्न किया होता तो आन्दोलन और भी शक्तिशाली ढंग से आगे बढ़ता। पर वे आन्दोलन चलाने को ही संकीर्णतावाद मानते थे। स्वाभाविक है कि वे प्रगतिशील लेखक संघ को भी फालतू चीज समझते थे। कम्युनिस्ट पार्टी और प्रगतिशील लेखक संघ में ऐसे बुद्धिजीवियों की कमी नहीं थी जो साहित्य को जनसंघर्ष से दूर रखना चाहते थे। 1953 के बाद ये सब नई कविता, नई कहानी, नई समीक्षा के अभिनय में शामिल हो गए।

शमशेर बहादुरसिंह ''बहुत अच्छे आदमी हैं, मेरे आपके जैसे। वह भी मेरी तरह लोकयुद्ध दफ्तर में जा फँसे हैं। जब तक वहाँ हैं, तब तक अपने आपको चेष्टापूर्वक बोल्शेविक बनाए बिना और Collective functioning के आगे सिर झुकाए बिना उनके लिए क्या चारा है!'' यह सूचना नेमिचन्द्र जैन ने 1-11-45 के पत्र में गजानन माधव मुक्तिबोध को दी थी। उस समय कम्युनिस्ट पार्टी के महामन्त्री पूरनचन्द जोशी थे और प्रगतिशील लेखक संघ के महामंत्री सज्जाद जहीर थे। पता नहीं कौन-सी विवशता थी जिससे नेमिचन्द्र जैन लोकयुद्ध के दफ्तर में जा फँसे थे। मुक्तिबोध यह तय न कर पाए थे कि अपने कविता-संग्रह की भूमिका अज्ञेय से लिखाएँ या रामविलास से। नेमिचन्द्र ने राय दी, ''वात्स्यायन लिखें तो अवश्य कुछ न्याय की सम्भावना है'' किन्तु रामविलास? ''रामविलास का तो मेरी राय में प्रश्न ही नहीं उठना चाहिए। आपकी कविता की भूमिका लिखने के लिए रामविलास से अधिक अयोग्य व्यक्ति दूसरा कोई नहीं हो सकता।'' नेमिचन्द्र जैन की राय एकदम सही थी लेकिन सवाल केवल रामविलास का नहीं था। भूमिका किसी से न लिखाएँ तो सबसे अच्छा। ''छपने के बाद आलोचना के लिए वात्स्यायन को, मुझे free रहने दीजिए।... विशेषकर प्रगतिशीलों के चक्कर में मत पड़िए। वे लोग साहित्य-वाहित्य कुछ नहीं समझते!'' (पाया पत्र तुम्हारा, पृ. 75)। नतीजा यह कि जो लोग साहित्य समझते थे, नेमिचन्द्र जैन उनके साथ मिलकर काम करने लगे।

1947 में अज्ञेय ने प्रतीक निकाला। अभी वह मानते थे कि संघर्ष भी साहित्य की मौलिक प्रेरणा है; अभी उन्होंने प्रेमचन्द की संघर्षविमुख महाकरुणामयी मूर्ति न गढ़ी थी। लेकिन उन्होंने साहित्य को सामाजिक संघर्ष की भूमि से थोड़ा-सा खिसकाते हुए कहा, ''संस्कृति, साहित्य, कला आदि तो उतने प्रत्यक्ष संघर्ष के क्षेत्र नहीं हैं''। प्रतीक के दूसरे अंक में नेमिचन्द्र जैन ने सामाजिक संघर्ष से ही नहीं सामाजिक चेतना से भी साहित्य को दूर ले जाते हुए लिखा कि यह तथाकथित सामाजिक चेतना का साहित्य ''प्रायः सारा का सारा अस्वीकार का साहित्य है,

बचकाना और जैसे किसी साँचे में ढला हुआ। उसमें प्रचलित नारों और घिसे-पिटे विचारों की भरमार है।" इसके विपरीत अन्तर्मुखी साहित्य में "एक प्रकार की तीखी तीव्रता है जो प्रायः पाठक को अवसन्न छोड़ देती है क्योंकि स्वयं लेखक की छाती पर ही एक कटार रखी हुई है या उसकी पुकार किन्ही खँडहरों में खो चुकी है।"

मूल सूत्र अज्ञेय के थे, अपने भाष्य में उन्हें पुष्पित और पल्लवित नेमिचन्द्र जैन ने किया। उल्लेखनीय है कि प्रतीक निकालने के दस साल बाद जब अज्ञेय ने साहित्य अकादमी के संकलन आज का भारतीय साहित्य के लिए हिन्दी साहित्य का विवेचन प्रस्तुत किया, तब वह प्रारम्भिक उदार प्रगतिवाद और उत्तरकालीन कट्टर प्रगतिवाद में भेद करते थे। पहले दौर में प्रगतिवाद उदार, प्रगतिशील प्रवृत्तियों का सहयोग चाहता रहा था। उसका "उद्देश्य लेखक की सामाजिक सहानुभूतियों का क्षेत्र विस्तृत करना था"। यहाँ से "आरम्भ करके प्रगतिवादी आन्दोलन क्रमशः एक कट्टर सिद्धान्तवादी कम्युनिस्ट आन्दोलन बनता गया और एक-एक करके उदार प्रगतिशील परम्परा के उन लेखकों का तिरस्कार एवं बहिष्कार करता गया जिन्होंने आरम्भ में उसका समर्थन किया था।" मानना चाहिए कि उदार प्रगतिशील परम्परा के जिन लेखकों ने प्रगतिवादी आन्दोलन का समर्थन किया था, उनमें प्रेमचन्द भी थे। शक की गुंजाइश नहीं है क्योंकि अज्ञेय के अनुसार व्यापक, उदार, प्रगतिशील दृष्टि का "उत्तम उदाहरण प्रेमचन्द हैं"। यदि यह बात सही है तो अज्ञेय जैसे समझदार लोगों का कर्तव्य था कि वह कट्टरता की जगह उदार प्रगतिशील परम्परा को प्रतिष्ठित करते। किन्तु इसी निबन्ध में अज्ञेय ने दो महायुद्धों के बीच वाले कालखण्ड को कुण्ठा का युग कहा है। यही कालखण्ड प्रेमचन्द का रचनाकाल है। या तो प्रेमचन्द कुण्ठायुग के प्रतिनिधि साहित्यकार हैं या फिर वह उस युग का प्रतिनिधित्व नहीं करते, उनका साहित्य 'तथाकथित सामाजिक चेतना का साहित्य' है। अज्ञेय के अनुसार उक्त कालखण्ड को 'सम्भ्रान्ति युग' और 'चिन्ता का युग' कहा गया है। इनके अतिरिक्त "दोनों महायुद्धों के बीच के काल को हिन्दी के सन्दर्भ में एक और भी नाम दिया जा सकता है—यदि इससे भ्रम उत्पन्न होने की आशंका न होती—कुण्ठा का युग। वास्तव में ये तीनों नाम एक स्वतन्त्र व्यक्तित्व की उस खोज के तीन अलग-अलग और अनिवार्य पक्षों के नाम थे जो कि जाने-अनजाने इस काल के साहित्य की, और उसकी कटुता और उड़ान, झल्लाहट और तन्मयता की मूल प्रेरणा रही।" (**आज का भारतीय साहित्य**, पृ. 384)

आज का भारतीय साहित्य के प्रायः सभी लेखकों ने अपनी भाषाओं के साहित्य का विवेचन करते हुए पहले स्वाधीनता आन्दोलन, फिर मार्क्सवाद की प्रेरणा स्वीकार की है। कटुता, उड़ान, झल्लाहट, तन्मयता को भारतीय साहित्य की मूल प्रेरणा बनाना अज्ञेय की प्रतिभा का चमत्कार है। उन्होंने जीवन के गहनतर स्तरों को उज्ज्वलतर आलोक से जब विशदतर रूप में उद्भासित किया, तब प्रेमचन्द का

युग बन गया कुण्ठा का युग। इसी कुण्ठा का विकास आगे चलकर महाकरुणा में हुआ। विकास की इस मंजिल में सामाजिक संघर्ष से साहित्य का नाता पूरी तरह टूट गया, प्रेमचन्द अंग्रेजी राज और उसके सहायक जमींदारों, सूदखोर महाजनों के प्रति घृणा और रोष से पूरी तरह मुक्त हो गए। स्वतन्त्र व्यक्तित्व की खोज करने वाला कलाकार राष्ट्रीय स्वाधीनता की समस्या को बगली देकर आगे निकल गया। साहित्य का इतिहास नए सिरे से लिखा गया। उदार, प्रगतिशील दृष्टि के साहित्यकार न पहले कभी प्रगतिशील लेखकों के आन्दोलन के साथ थे, न बाद को रहे। लोगों ने प्रेमचन्द के भोलेपन से लाभ उठाकर उनके राजनीतिक विचारों का दुरुपयोग किया। अज्ञेय बहुत घुमा-फिराकर बात कहते हैं। सीधी बात बहुत पहले नेमिचन्द्र जैन ने कह दी थी, "प्रगतिशीलों के चक्कर में मत पड़िए। वे लोग साहित्य-वाहित्य कुछ नहीं समझते।"

प्रगतिशीलों के चक्कर से मुक्त साहित्य के समझदारों का क्या हाल है? नेमिचन्द्र जैन के ही शब्दों में उनकी पुकार "किन्हीं खँडहरों में खो चुकी है।" तथास्तु। हम यदि इन खँडहरों से बाहर रहना चाहें तो आप बुरा न मानें।

3. संकीर्णतावाद और विसर्जनवाद

प्रगतिशील साहित्य में संकीर्णतावाद पर बहुत कुछ लिखा गया है, जितना लिखा गया है, उससे ज्यादा सभा-सम्मेलनों में कहा गया है; विसर्जनवाद के बारे में बहुत कम लिखा गया है, बहुत कम कहा गया है। साहित्य और राजनीति में यों दोनों प्रवृत्तियाँ पुरानी हैं; कम्युनिस्ट पार्टी और प्रगतिशील लेखक संघ के जन्मकाल से हैं, इस बात की ओर शायद ही किसी ने ध्यान दिया हो। कम्युनिस्ट पार्टी की दूसरी कांग्रेस में सुधारवाद की आलोचना की गई थी। यह आलोचना उपयोगी थी पर वह युद्धकाल तक सीमित थी; उसके साथ संकीर्णतावाद की आलोचना न की गई थी। सन् '50 के बाद संकीर्णतावाद पर ध्यान केन्द्रित करना फैशन हो गया और इसमें जरा भी सन्देह नहीं कि इस फैशन से विसर्जनवाद को छिपाने में सुविधा होती थी। मार्क्सवादी विचारधारा से प्रभावित राजनीति और साहित्य की स्वतन्त्र भूमिका समाप्त कर दी जाए तो इससे शासक वर्ग को लाभ होता था और ऐसी राजनीति तथा साहित्य के लिए मार्ग प्रशस्त होता था जो देशी-विदेशी पूँजीवाद की पोषक थीं। इसलिए विसर्जनवाद पर भी ध्यान देना जरूरी था।

पहले संकीर्णतावाद। इसकी जड़ में यह धारणा थी कि भारतीय समाज हजारों साल से अपरिवर्तित बना रहा है और उसकी जड़ता को पहले-पहल अंग्रेजी राज ने तोड़ा। इस धारणा का प्रभाव राजनीति और साहित्य दोनों पर था। राजनीति में श्रीपाद अमृत डांगे ने 1857 के सन्दर्भ में उसे कम्युनिस्ट पार्टी के जन्म के 50 साल बाद दोहराया था। डांगे का नाम सुधारवाद के सिलसिले में लिया जाता है। सुधारवादी

और संकीर्णतावादी प्रवृत्तियाँ आपस में कितने गहरे जुड़ी हैं इसका प्रमाण डांगे का अंग्रेजी राज और 1857 सम्बन्धी मूल्यांकन है। साहित्य में इसकी अभिव्यक्ति प्रगतिशील लेखकों के 1936 के घोषणा-पत्र में, फिर 1938 में इस घोषणापत्र के संशोधित रूप में है।

1936 के घोषणापत्र में कहा गया है, "भारतीय साहित्य पुरानी सभ्यता के नष्ट हो जाने के बाद से जीवन की यथार्थताओं से भागकर उपासना और भक्ति की शरण में जा छिपा है। नतीजा यह हुआ कि वह निस्तेज और निष्प्राण हो गया है, रूप में भी और अर्थ में भी।" (प्रगतिवाद और समानान्तर साहित्य, पृ. 315)। साहित्य की इस निस्तेज निष्प्राण धारा में कबीरदास, सूरदास, तुलसीदास सभी समेट लिए गए हैं; उत्तर, दक्षिण, पूर्व, पश्चिम का सारा भक्ति आन्दोलन समेट लिया गया है। मजे की बात यह है कि भक्ति और वैराग्य का उल्लेख है, दरबारी साहित्य का उल्लेख नहीं है। ग्राम समाजों के अपरिवर्तनशील भारत वाली धारणा को साहित्य में लागू किया जाए तो उससे वही निष्कर्ष निकलेगा जो घोषणापत्र में दर्ज है।

भारत में जो लोग व्यापारिक पूँजीवाद का विकास अस्वीकार करते हैं, वे अंग्रेजी राज की प्रगतिशील भूमिका से बच नहीं सकते। अंग्रेजी राज ने पुराने सामाजिक ढाँचे को तोड़ा, औद्योगिक विकास के लिए प्रेरणा दी। राजा राममोहन राय को जो लोग पुनर्जागरण का एकमात्र अग्रदूत मानते हैं, वे खुल्लम-खुल्ला अंग्रेजी राज की इस प्रगतिशील भूमिका की घोषणा करते हैं। उनके लिए यदि अंग्रेजी राज से पुनर्जागरण नहीं हुआ तो फिर पुनर्जागरण हुआ ही नहीं। शक्तिशाली अंग्रेज मूढ़ भारतीय जनता को न जगा सके तो उसे और कौन जगा सकता था? साहित्य में भारतीय जनता की साम्राज्यविरोधी सामन्तविरोधी चेतना जिस हद तक भी प्रतिबिम्बित हुई थी, उसका भारी अवमूल्यन करते हुए उक्त घोषणापत्र में कहा गया था, "आज हमारे साहित्य में भक्ति और वैराग्य की भरमार हो गई है। भावुकता का ही प्रदर्शन हो रहा है, विचार और बुद्धि का एक तरह से बहिष्कार कर दिया गया है। पिछली दो सदियों में विशेषकर इसी तरह का साहित्य रचा गया है जो हमारे साहित्य का लज्जास्पद काल है।" तात्पर्य यह कि जो रूढ़िवाद बहुत पुराने समय से चला आ रहा था, वह 19वीं या 20वीं सदी में टूटा नहीं। प्रथम महायुद्ध के बाद, रूसी क्रान्ति के बाद, सन् 20 और 30 के आन्दोलनों के बावजूद वह अटूट बना रहा। भारतीय इतिहास का लज्जास्पद कालखंड अपने अखंड विराट रूप में सचमुच अद्वितीय है।

अंग्रेजी राज इतना शक्तिशाली था कि उसके आगे भारत के स्वदेशी आन्दोलन की कोई बिसात न थी। सत्याग्रह, विदेशी वस्तुओं के बहिष्कार जैसी चीजों से भारत के औद्योगिक विकास का कोई सम्बन्ध न हो सकता था। जो औद्योगिक विकास होगा, वह अंग्रेजों की कृपा से होगा। अतः भारत के औद्योगिक पूँजीवाद और ब्रिटिश

साम्राज्यवाद में कोई अन्तर्विरोध भी नहीं हो सकता। इससे निष्कर्ष यह निकलेगा कि कांग्रेस द्वारा संचालित स्वाधीनता आन्दोलन से कम्युनिस्ट पार्टी द्वारा संचालित मजदूर आन्दोलन में कोई समझौता नहीं हो सकता। ब्रिटिश साम्राज्यवाद और भारतीय पूँजीवाद को समान रूप से शत्रु मानकर दोनों को एक साथ परास्त करना जरूरी होगा। इस तरह की धारणाएँ 1935 में प्रचलित थीं जब मुल्कराज आनन्द ने लन्दन वाला घोषणापत्र तैयार किया था, 1936 में प्रचलित थीं जब लन्दन वाला घोषणापत्र मूल स्थापनाओं सहित पुनः प्रचारित किया गया, 1937 में प्रचलित थीं जब शिवदान सिंह चौहान ने 'विशाल भारत' में प्रगतिशील साहित्य की आवश्यकता पर लेख लिखा था, वे 1938 में प्रचलित थीं जब कलकत्ते से लन्दन-लखनऊ वाला घोषणापत्र थोड़े से हेर-फेर के साथ पुनः प्रचारित किया गया था। यद्यपि 1935 के बाद कम्युनिस्ट पार्टी के नेतृत्व ने कांग्रेस के साथ संयुक्त मोर्चा बनाने की नीति स्वीकार की थी, फिर भी पुरानी धारणाएँ अब भी बहुतों को मान्य थीं। यशपाल ने **गाँधीवाद की शवपरीक्षा** इन्हीं धारणाओं के प्रभाव से लिखी थी। न तो गाँधीवाद की, न किसी नए-पुराने साहित्यकार की आलोचना करना गलत था। गलत था भारतीय पूँजीवाद को ब्रिटिश साम्राज्यवाद के समान ही शत्रु मानना, भारतीय साहित्य में रूढ़िवाद के प्रभुत्व को अखण्ड मानना।

1948-49 में कम्युनिस्ट पार्टी की नीति का संकीर्णतावादी पक्ष यह नहीं था कि उसने कांग्रेसी सरकारों के विरुद्ध आन्दोलन चलाया था वरन् यह था कि उसने ब्रिटिश साम्राज्यवाद और भारतीय पूँजीवाद के अन्तर्विरोध को कम करके आँका था। यह दिलचस्प बात है कि 1937 में शिवदान सिंह चौहान ने जो बातें छायावाद के बारे में कही थीं, वैसी ही बातें 1949 में कम्युनिस्ट नेता भवानी सेन ने रवीन्द्रनाथ ठाकुर के बारे में कही थीं। चौहान ने लिखा था, "इस छायावाद की धारा ने हिन्दी के साहित्य को जितना धक्का पहुँचाया, उतना शायद ही हिन्दू महासभा या मुस्लिम लीग ने भारत को पहुँचाया हो।" (विशाल भारत, मार्च 1937)। कालान्तर से कुछ वाक्य उद्धृत करने के बाद भवानी सेन ने, रवीन्द्र गुप्त के छद्मनाम से, 'मार्क्सवादी' में लिखा था, "बोला बाहुल्य हिन्दू महासभा एवं राष्ट्रीय सेवक संघेर मतेर संगे रवीन्द्रनाथेर एइ मतेर कोनो पार्थक्य नेइ।" (धनंजय दास सम्पादित **मार्क्सवादी साहित्य** वितर्क, पृ. 90)। रवीन्द्रनाथ के मत में और हिन्दूसभा तथा राष्ट्रीय स्वयं सेवक संघ के मत में कोई भेद न था! रवीन्द्रनाथ के साथ बंगला साहित्य की सारी परम्परा को प्रतिक्रियावादी बताते हुए भावनी सेन ने उसी निबन्ध में लिखा था, "राममोहन-बंकिम-विवेकानन्देर आन्दोलनइ छिल प्रतिक्रियाशील, कारन तार फल होलो विदेशी शासनेर गाए आसतर लागिए ताके शक्तिशाली करा।" (उप., पृ. 73)।

बंगाल के नवजागरण की सीमाएँ और अन्तर्विरोध बताने के बदले यह आलोचना समस्त नवजागरण को ब्रिटिश साम्राज्यवाद का पोषक बना देती है। जब

तक भारत में विभिन्न भाषाएँ बोलने वाली जातियों के विकास का अध्ययन न किया जाएगा, तब तक हिन्दू-मुस्लिम समस्या के बारे में भ्रान्तियाँ बराबर बनी रहेंगी। ये भ्रान्तियाँ मार्क्सवादी विचारकों में जड़ जमाए रही हैं, गैर-मार्क्सवादी विचारकों की तो बात ही दूर है। बंगाल के क्रान्तिकारी आन्दोलन के बारे में मुजफ्फर अहमद ने लिखा है, "बंगाल का आतंकवादी क्रान्तिकारी आन्दोलन निश्चित रूप से ब्रिटिश विरोधी था किन्तु वह हिन्दू पुनरुत्थानवादी आन्दोलन भी था। उसका उद्देश्य हिन्दू शासन को बहाल करना था।" (Muzaffar Ahmad, Myself and the Communist Party of India, पृ. 12)। आगे लिखा है कि यही काम मुसलमान पहले कर चुके थे। वे मुस्लिम शासन को बहाल करना चाहते थे। किन्तु उनका आन्दोलन अधिक व्यापक था। वे हथियार लेकर सिख शासन और अंग्रेजों के खिलाफ लड़े थे। उसमें किसान भी शामिल हुए थे, उन्होंने ज्यादा कुर्बानियाँ दी थीं। (उप., पृ. 13)। यहाँ भारतीय इतिहास सिख, हिन्दू, मुस्लिम विभागों में बँटा हुआ है, पंजाबी, बंगाली या हिन्दी जाति का पता नहीं है।

किसी क्रान्तिकारी ने प्रश्न किया था, बंगाल के हिन्दू क्रान्तिकारियों की तरह मुस्लिम क्रान्तिकारियों ने अपना दल क्यों न बनाया था? मुजफ्फर अहमद ने जवाबी सवाल किए, "जिन्होंने अपने हाथों से अंग्रेजों को सत्ता छीनते देखा था, क्या वे इसके बदले अंग्रेजों को गले लगा सकते थे? क्या यह कभी भी सम्भव है?" (उप., पृ. 478)। यहाँ फिर हिन्दू इतिहास और मुस्लिम इतिहास के विभाजन की पुष्टि होती है। भारत के शासक मुसलमान थे, अंग्रेजों ने उनसे शासन छीना। उसे पाने के लिए मुसलमान लड़े, हिन्दू शासन कायम करने के लिए हिन्दू लड़े। वर्गों और जातियों की भूमिका नगण्य है। मुजफ्फर अहमद ने बंगाल के 'आतंकवाद' को विशुद्ध हिन्दू आन्दोलन माना है, मुसलमानों को उससे अलग रखा है। राज्य छिन गया "किन्तु उन्होंने आतंकवाद का सहारा न लिया।" (उप.)। 'आतंकवाद' के एक प्रतिनिधि कवि थे नजरुल इस्लाम। इनकी रचनाएँ जिन सैकड़ों क्रान्तिकारियों को प्रिय थीं, उनके एक प्रतिनिधि थे यतीन्द्रनाथ दास। अनशन से शरीर जर्जर हो गया था। उनके भाई किरन दास उनके लिए बिस्कुटों का एक पैकेट लाए थे। शिव वर्मा ने लिखा है, "दास ने अपने हाथ से एक-एक बिस्कुट सबको बाँट दिया। बोले, 'हम लोग अनशन नहीं तोड़ रहे हैं...' फिर उन्होंने किरन दास से काजी नजरुल इस्लाम का 'बेलो वीर, चिर उन्नत मम शीर' गाना सुना।" (शिव वर्मा, **संस्मृतियाँ**, पृ. 135)

स्पष्ट ही मुजफ्फर अहमद ने इतिहास में सम्प्रदायवाद की जो विभाजक रेखा खींची थी, वह अवास्तविक थी। भवानी सेन ने बंगाल के नवजागरण की साम्प्रदायिक प्रवृत्तियों को अतिरंजित रूप में प्रस्तुत किया था पर उनके विवेचन का एक सकारात्मक पक्ष यह था कि उन्होंने 1857 के विद्रोह तथा अन्य साम्राज्यविरोधी संघर्षों की भूमिका पर ध्यान केन्द्रित किया था। भवानी सेन की संकीर्णतावादी भूल

से लाभ उठाकर सुधारवादियों ने पुराने संघर्षों की, विशेष रूप से अठारह सौ सत्तावन के स्वाधीनता संग्राम की भूमिका अस्वीकार की, अंग्रेजी राज की प्रगतिशील भूमिका की पुष्टि की। हिन्दी में भारतेन्दु हरिश्चन्द्र और उनके युग को हिन्दी का शैशव काल कहने वालों की कमी नहीं है। प्रेमचन्द की रचनाएँ साहित्य की स्थाई सम्पत्ति नहीं हैं, न उनमें कोई क्रान्तिकारी तत्त्व है। तुलसीदास, रामचन्द्र शुक्ल आदि ब्राह्मणवाद के पोषक हैं। इस तरह की बातें सन् '50 के बाद खासतौर से कही गईं जब 'संकीर्णतावाद' के खिलाफ अभियान जोरों पर था। इसके बाद अभिनव रहस्यवाद की प्रवृत्तियों का व्यापक प्रसार हुआ और इनके बारे में संकीर्णताविरोधी विद्वान या तो चुप रहे या फिर उन्हें प्रगतिवाद का विकास मानने लगे।

'संकीर्णतावाद' के विरोधियों के सामने न तो कम्युनिस्ट पार्टी और वामपक्ष की भूमिका स्पष्ट थी, न प्रगतिशील लेखक संघ की।

भारत में कम्युनिस्ट पार्टी और वामपक्ष की जरूरत इसलिए थी कि सुराज का वह रूप न हो जो आज दिखाई दे रहा है। यदि भारत में वामपक्ष मजबूत होता तो यहाँ ऐसा जनतन्त्र कायम होता जिसमें पूँजीवाद नियन्त्रित होता, सत्ता पर पूँजीपतियों और उनके प्रतिनिधियों का इजारा न होता, शासनतन्त्र श्रमिक जनता के हित में कार्य करता। इस वामपक्षी राजनीतिक आवश्यकता के अनुरूप यहाँ सांस्कृतिक आवश्यकता की पूर्ति के लिए प्रगतिशील लेखकों का संगठन जरूरी था। यह आवश्यकता 15 अगस्त सन् '47 के बाद समाप्त नहीं हो गई।

सन् '47 के एक निबन्ध 'स्वाधीनता आन्दोलन और साहित्य' में मैंने लिखा था, "प्रेमचन्द का स्वाभाविक विकास भारत के नए जनतन्त्र की ओर हो रहा था। सन् '30 के आन्दोलन के बाद उनकी यह धारणा पुष्ट हो गई कि अंग्रेजों के जाने के बाद हिन्दुस्तान में जनसाधारण का राज कायम होना चाहिए।" और–हिन्दुस्तान से अंग्रेजों के जाने के बाद दूसरी मंजिल यह थी कि "एक ऐसा जनतन्त्र कायम किया जाए जिसमें कोई नंगा या भूखा न रहे, जिसमें जमीन किसानों की हो और बड़े-बड़े कारखानों पर राज्य का अधिकार हो!" ऐसा जनतन्त्र कायम करने के लिए जहाँ भी जनता ने संघर्ष किया, राज्यसत्ता ने आतंक के जरिए उसे दबाया। जैसा कि प्रगतिशील लेखकों ने मई 1949 के घोषणापत्र में कहा था, "भारतीय पूँजीपति वर्ग और उसकी प्रतिनिधि सरकार जनता पर आतंक का राज कायम करने की कोशिशें कर रही है।" (**प्रगतिवाद और समानान्तर साहित्य**, पृ. 322)। इससे लेखक आतंकित नहीं हुए। रेखा अवस्थी ने ठीक लिखा है, "प्रगतिशील आन्दोलन के भिवंडी के सम्मेलन में जो आह्वान किया गया था, उसका जनता, सांस्कृतिक कार्यकर्त्ता तथा लेखकों ने पूरी ताकत से समर्थन किया और अधिकांश लोग शान्ति, स्वाधीनता और जनवाद के इस नए संघर्ष में जुट गए।" (उप., पृ. 73)। इसी दौर में, जुलाई 1950 में, राजस्थान, दिल्ली और पंजाब के प्रगतिशील लेखकों का सम्मेलन

दिल्ली में हुआ। इसमें राजस्थान के लेखक थोड़े थे, पंजाब के ज्यादा थे और सबसे अधिक संख्या दिल्ली के लेखकों की थी। 3 जुलाई, 1950 के हिन्दुस्तान (दैनिक) के अनुसार "दिल्ली, पंजाब और राजस्थान के 1000 से अधिक प्रतिनिधियों ने भाग लिया।"[1] यहाँ सम्भवतः 100 की जगह 1000 छपा है; हंस में प्रकाशित विवरण के अनुसार सौ प्रतिनिधियों ने भाग लिया था। रेखा अवस्थी को इस संख्या पर विश्वास नहीं है। "जहाँ सम्मेलन हो रहा था, वहाँ सरकारी आतंक का साया जबर्दस्त था, संगीनधारी पुलिस का घेरा पड़ा हुआ था। अतः इतने प्रतिनिधियों का जाना सन्दिग्ध प्रतीत होता है।" (उप., पृ. 77)। कोई आन्दोलन जब विघटित होकर बिखर जाता है, तब लोगों के लिए उसके संगठित जुझारू रूप की कल्पना करना कठिन होता है। 1950 में प्रगतिशील लेखकों के तेवर कुछ दूसरे थे। जन-आन्दोलन से भारत सरकार जितना आतंकित थी, उतना प्रगतिशील लेखक नहीं थे। उसके आतंकित होने का एक प्रमाण यह है कि उसने सोवियत लेखकों को भारत में आने के लिए प्रवेशपत्र न दिया था। **हिन्दुस्तान** के अनुसार "भारत सरकार द्वारा रूसी लेखक संघ के एक शिष्ट-मंडल को प्रवेशपत्र न देने की सम्मेलन में निन्दा की गई। एक प्रस्ताव में कहा गया कि भारत सरकार ने भारत और रूस की मित्रता को ढीला कर दिया है। सम्मेलन ने जनता से यह अपील की कि वह भारत सरकार की कार्रवाई के विरुद्ध विरोध प्रदर्शन करे।" प्रगतिशील लेखक उस समय उत्तर भारत के बुद्धिजीवियों से अलग-थलग नहीं थे। उनके अलग-थलग होने का प्रचार बाद का है। दिल्ली सम्मेलन की सफलता के लिए जिन लोगों ने शुभ कामना सन्देश भेजे थे, उनमें भारत के भावी राष्ट्रपति जाकिर हुसैन भी थे।

संकीर्णतावाद की तरह सुधारवाद की प्रवृत्ति भी पुरानी है। यह प्रवृत्ति 1937 के बाद कांग्रेसी मन्त्रिमण्डलों के अतिरंजित समर्थन में दिखाई दी थी। ये मन्त्रिमण्डल 1935 के काले कानून के अनुसार बने थे। अनेक कांग्रेसी नेता मन्त्रिमण्डल बनाने के विरुद्ध थे। किन्तु कम्युनिस्ट पार्टी के कुछ नेताओं ने उन्हें लोकप्रिय मन्त्रिमण्डल की संज्ञा दी। इन मन्त्रिमण्डलों के बनने से अंग्रेजों की जो भेदनीति अमल में आ रही थी, उसके बारे में वे चुप रहे। युद्धकाल में प्रगतिशील लेखक संघ का अपना कोई स्वरूप न रहा। न केवल कांग्रेस के, वरन् मुस्लिम लीग के समर्थक लेखकों के लिए उसके द्वार खुले हुए थे। कांग्रेस-लीग की एकता के बल पर सुराज मिलेगा, इस नीति को साहित्य में लागू किया जाए तो यही परिणाम निकलेगा। फिर भी प्रगतिशील लेखक संघ की कार्यवाही में भाग लेने वाले साहित्यकारों की संख्या बहुत कम थी। 1943 में डांगे ने अखिल भारतीय प्रगतिशील लेखन सम्मेलन की अध्यक्षता की। इससे यह सिद्ध नहीं होता कि भारतीय भाषाओं

---

1. हिन्दुस्तान के उद्धृत अंशों के लिए मैं वीर भारत तलवार का आभारी हूँ।

के तमाम देशभक्त लेखक इस सम्मेलन में हाजिर थे और उन्होंने डांगे को महान् साहित्यकार मानकर उन्हें अध्यक्ष बनाया था। इस सम्मेलन में जोश मलीहाबादी को शायरे-इन्कलाब कह कर काफी उछाला गया था। बँटवारे के कुछ दिन बाद वह पाकिस्तान चले गए। बँटवारे से पहले कांग्रेसी नेताओं ने जो कम्युनिस्टविरोधी अभियान चलाया था, उससे विचलित होकर अनेक लेखक प्रगतिशील लेखक संघ से अलग हो गए थे। अलग होने वालों की पंक्ति में सबसे आगे थे सुमित्रानन्दन पन्त। इस्लाम के राष्ट्रीयकरण की माँग करने वाले महापण्डित राहुल सांकृत्यायन को 1947 के उत्तरार्ध में कम्युनिस्ट पार्टी से निकाल दिया गया था। लन्दन की एक रात के यशस्वी लेखक, अखिल भारतीय प्रगतिशील लेखक संघ के महामन्त्री सज्जाद जहीर 1948 में पाकिस्तान चले गए थे। पाठक कल्पना कर सकते हैं कि 1949 में प्रगतिशील लेखकों का संगठन किस तरह विघटित हो चुका था। साहित्य में मार्क्सवादी लेखकों की स्वतन्त्र भूमिका समाप्त कर दी जाए तो प्रगतिशील लेखक संघ को विघटन से कोई भी शक्ति बचा नहीं सकती।

कम्युनिस्ट पार्टी के लिए कांग्रेस के साथ संयुक्त मोर्चा बनाना न तो 1947 से पहले गलत था, न उसके बाद गलत था। जब तक साम्राज्यवाद से देशी पूँजीवाद का अन्तर्विरोध बना रहता है, तब तक ऐसा संयुक्त मोर्चा अस्थायी रूप में आवश्यक होता है। किन्तु यह संयुक्त मोर्चा साम्राज्यवाद के विरोध के लिए आवश्यक होता है, उससे समझौता करने के लिए नहीं। यदि देशी पूँजीवाद साम्राज्यवाद से समझौता करे तो उसका जमकर विरोध करना आवश्यक होगा। देशी पूँजीवाद के जो अंश इस समझौते से बाहर हों, साम्राज्यविरोधी की राह पर चलने को तैयार हों, उनके साथ स्पष्ट ही संयुक्त मोर्चा कायम किया जा सकता है। साहित्य में मार्क्सवादी और गैर-मार्क्सवादी लेखकों का संयुक्त मोर्चा 1947 से पहले सम्भव था, अब भी सम्भव है। किन्तु इस मोर्चे की सार्थकता उसके सुसंगत रूप से साम्राज्यविरोधी होने में है। भारत की वर्तमान परिस्थिति में देखा यह जाता है कि जो लोग मार्क्सवाद के विरोधी हैं, वे साम्राज्यवाद के प्रकट या प्रच्छन्न समर्थक हैं। ऐसे लोगों का विरोध करने से प्रगतिशील (या जनवादी) लेखकों का संगठन कमजोर न होगा। इसके साथ ही नए वामपक्ष के नाम पर मार्क्सवाद का सुसंगठित अन्तर्राष्ट्रीय विरोध जारी है। बाहर क्रान्तिकारी तेवर, भीतर साम्राज्यवाद के सामने आत्मसमर्पण, ऐसे वामपक्ष का खण्डन अत्यन्त आवश्यक है।

किसी स्पष्ट राजनीतिक उद्देश्य को स्वीकार करके यदि लेखक संगठित हों तो इसका यह अर्थ न होगा कि उनका संगठन राजनीतिक कार्यवाही तक सीमित है।

यदि वह साहित्यकारों का संगठन है तो उसका मुख्य कार्य साहित्य रचना होगा। साहित्य का दायरा राजनीति के दायरे से बड़ा है; सारा साहित्य राजनीतिक हो, न तो यह सम्भव है, न वांछनीय है। किन्तु इस बहाने राजनीति को साहित्य

के दायरे से निकालना गलत है। सबसे महत्त्वपूर्ण बात है साहित्य में श्रमिक जनता का चित्रण।

प्रगतिशील साहित्य में संकीर्णतावादी और विसर्जनवादी प्रवृत्तियों की चर्चा को लेखकों के संगठन की समस्या तक सीमित करना गलत है। उसे सबसे पहले साहित्य रचना की समस्या से जोड़ना चाहिए। सबसे बड़ा संकीर्णतावाद है श्रमिक जनता के चित्रण की उपेक्षा करके आत्मगत क्रान्तिकारी उद्‌गारों को प्रस्तुत करना; सबसे बड़ा विसर्जनवाद है आत्मानुभूति की सचाई के सामने श्रमिक जनता के जीवन यथार्थ को साहित्य से बाहर रखना।

मई 1949 में प्रगतिशील लेखकों ने अपने घोषणापत्र में कहा था, "इस दौर में तमाम प्रगतिशील साहित्य में जो सबसे बड़ी कमजोरी रही है, वह यही कि प्रगतिशील लेखकों का लगाव जनता से, जिसकी अगुवाई मजदूर श्रेणी कर रही है, काफी नहीं रहा है। यही कारण है कि किसानों और मजदूरों के जीवन और संघर्ष से सम्बन्ध रखने वाला रचनात्मक साहित्य परिमाण में इतना थोड़ा है।" (**प्रगतिवाद और समानान्तर साहित्य,** पृ. 325)। पैंतीस साल में यह स्थिति बदल गई हो तो बहुत अच्छा है, न बदली हो तो उसे बदलने के लिए प्रयत्न करना चाहिए।

32. कम्युनिस्ट पार्टी और प्रगतिशील लेखक संघ

1. प्रगतिशील लेखक संघ और ब्रिटिश नीति

प्रगतिशील लेखक संघ की स्थापना कम्युनिस्ट पार्टी की पहल से हुई थी। भारत की ब्रिटिश सरकार का चिन्तित होना स्वाभाविक था। केन्द्रीय सरकार के गृह सचिव एम. जी. हैलेट ने प्रान्तीय सरकारों के गृह विभागों को लिखा था, "हालाँकि संघ के घोषित उद्देश्यों से यही लगता है कि उसका दायरा लेखकों और पत्रकारों तक ही सीमित है और वह प्रगतिशील प्रकृति के साहित्य को विकसित करने के लिए है। लेकिन इसकी प्रेरणा व इसके सम्पर्क उन संगठनों और व्यक्तियों से हैं जिनमें से कई तो सक्रिय कम्युनिस्ट हैं तथा दूसरे भी कम्युनिस्टों जैसी नीतियों की वकालत करते हैं। इस संघ में उन बुद्धिजीवियों की रुचि पैदा हो रही है तथा उनका समर्थन भी इसे मिल रहा है जिनकी साम्यवादियों के प्रति या अन्य क्रान्तिकारी सिद्धान्तों के प्रति कोई सहानुभूति नहीं है। यह संघ कम्युनिस्ट इण्टरनेशनल द्वारा अपनाई हाल की उस नीति के एक तरीके का उदाहरण है जो कम्युनिस्ट आजकल सभी देशों में अपना रहे हैं।

इस तरीके के अनुसार कुछेक पक्के और प्रशिक्षित कम्युनिस्ट उन सभी प्रकार के संगठनों और संस्थाओं से सम्पर्क स्थापित करते हैं जो बौद्धिक, सांस्कृतिक और सामाजिक विषयों में रुचि रखती हैं। इसके द्वारा वे कम्युनिज्म का प्रचार करके नए लोगों को अपने साथ मिलाते हैं। यह कहने का अर्थ यह नहीं है कि भारतीय प्रगतिशील लेखक संघ एक क्रान्तिकारी संस्था है, लेकिन ऊपर दिए गए कारणों की वजह से यह जरूरी है कि उसके विकास पर निगरानी रखी जानी चाहिए और उन लोगों को इसके प्रति सतर्क करना चाहिए जो वामपन्थी राजनीति से सम्बद्ध नहीं हैं। इसलिए मैं सुझाव देना चाहूँगा कि मुख्यतः बातचीत के द्वारा उन पत्रकारों, शिक्षाविदों तथा दूसरे लोगों को उस संघ के बारे में सावधान कर देना चाहिए जो उसके लुभाने वाले कार्यक्रम की तरफ आकर्षित हो सकते हैं।

यद्यपि अंग्रेजी राज की कृपा से भारत की अधिकांश जनता निरक्षर थी, फिर भी सरकार को उन थोड़े-से पढ़े-लिखे लोगों से डर था जो साम्यवाद से प्रभावित हो सकते थे। कम्युनिस्ट इण्टरनेशनल ने 1935 में पराधीन देशों के बारे में अनेक वर्गों का व्यापक साम्राज्यविरोधी मोर्चा बनाने की नीति अपनाई थी। अंग्रेज इस नीति के प्रति चौकन्ने थे और उसकी काट के लिए अपना सांस्कृतिक मोर्चा तैयार कर रहे थे। ऊपर के उद्धरण में अन्तिम वाक्य ध्यान देने योग्य है। मुख्यतः बातचीत के द्वारा पत्रकारों, शिक्षाविदों तथा दूसरे लोगों को उस संघ के बारे में सावधान कर देना उचित होगा। यह काम कौन करेगा? जाहिर है कि गृहविभागों के सचिव या थानेदार यह काम न करेंगे। यह काम सादी पोशाक वाले सी.आई.डी. के कर्मचारी और उनके गैर सी. आई. डी. सहयोगी करेंगे। प्रगतिशील लेखक संघ की बैठकों, अधिवेशनों आदि की कार्यवाही की रिपोर्टें रखना, संघ के विरुद्ध प्रचार अभियान आयोजित करना, यह ब्रिटिश सरकार की नीति थी।

ऊपर के उद्धरणों के साथ दस्तावेज की संख्या, तारीख, आदि देना मेरे लिए सम्भव नहीं है। प्रगतिशील लेखक संघ के बारे में कर्णसिंह चौहान ने काफी सामग्री एकत्र की है—नेहरू विश्वविद्यालय के पूरनचन्द्र जोशी संग्रहालय से और सरकारी अभिलेखागार से। वह सामग्री उन्होंने मुझे देखने के लिए दी है। इस निबन्ध में, उनके प्रति आभार प्रकट करते हुए, उसी का उपयोग कर रहा हूँ। उक्त दस्तावेज जिस रूप में मुझे सुलभ है, उसमें तारीख, संख्या आदि नहीं हैं। यह सामग्री सुसम्बद्ध या पूर्ण नहीं है, फिर भी कम्युनिस्ट पार्टी और प्रगतिशील लेखक संघ के सम्बन्धों को समझने के लिए उसके कई दस्तावेजों से सहायता मिलती है। इस सिलसिले में आगे कुछ कहने से पहले इस बात की ओर ध्यान दिलाना जरूरी है कि 15 अगस्त 1947 के बाद भारत सरकार ने प्रगतिशील लेखक संघ के प्रति ब्रिटिश नीति जारी रखी; सन् '47 के बाद प्रगतिशील लेखक आन्दोलन का जितना ही प्रसार हुआ, उतना ही उस नीति में इजाफा भी हुआ। लेखक संघ के खुले अधिवेशनों में पुलिस

कर्मचारी मौजूद रहते थे; थोड़े-से लेखकों की बैठकों में जो कार्यवाही होती थी, उसकी सूचना भी किसी न किसी सूत्र से उन्हें मिल जाती थी।

प्रगतिशील लेखक संघ के गठन और संचालन में कम्युनिस्ट लेखकों की भूमिका प्रमुख रही है। कम्युनिस्ट लेखक अखिल भारतीय और प्रान्तीय स्तरों पर अपनी विशेष समितियों में विचार-विमर्श के बाद सामान्य नीति निर्धारित करते थे। कम्युनिस्ट पार्टी के सदस्य होने के नाते वे पार्टी अनुशासन में काम करते थे और पार्टी की प्रान्तीय और केन्द्रीय संस्थाएँ उनकी सहायता करती थीं, उनके काम का लेखाजोखा रखती थीं। साहित्य और संस्कृति के बारे में पार्टी की नीति क्या थी, यह दिलचस्प सवाल है। पार्टी-कांग्रेसों के प्रस्ताव देखे जाएँ तो इस नीति के बारे में कोई विशेष जानकारी प्राप्त न होगी।

अधिकांश प्रगतिशील लेखकों ने मार्क्सवाद का अध्ययन स्वयं करके उससे यथामति कुछ सीख कर साहित्य लिखने का प्रयास किया है।

2. पार्टी लेखकों की बैठक—अक्तूबर 1946

अक्तूबर 1946 में पार्टी के केन्द्रीय नेतृत्व के कहने पर हिन्दी के पार्टी लेखकों की बैठक लखनऊ में हुई। इससे पहले की किसी ऐसी बैठक का विवरण उक्त दस्तावेजों में नहीं है। इस बैठक में संयुक्त प्रान्त की पार्टी शाखा के सचिव महमूदुज्जफर उपस्थित थे। उन्होंने उस बैठक की रिपोर्ट लिखी थी। इसमें यशपाल और शिवमंगल सिंह सुमन, औपचारिक रूप से सदस्य न होते हुए भी, नजदीकी साथी होने के कारण शामिल थे। इसमें पहाड़ी, महादेव साहा, शिवदानसिंह चौहान, प्रकाशचन्द्र गुप्त, शील, नेमिचन्द्र जैन, हंसराज रहबर, शमशेर बहादुर सिंह, राजीव सक्सेना आदि लेखक मौजूद थे। रहबर हिन्दी लेखक की हैसियत से शामिल थे। उर्दू से कोई पार्टी लेखक इस बैठक में नहीं था। महमूदुज्जफर लेखक नहीं थे; उनकी पत्नी रशीद जहाँ उर्दू लेखिका थीं पर वह आमन्त्रित नहीं थीं। अक्तूबर 1946 में पार्टी जन संघर्षों की राह पर आगे बढ़ रही थी पर कांग्रेस लीग को मिलाने की नीति के अवशेष बाकी थे। यह नीति हिन्दी-उर्दू को दो पृथक् भाषाएँ मानती आई थी। उसी का परिणाम यह था कि एक ही प्रदेश के, हिन्दी-उर्दू के पार्टी लेखक एक साथ बैठकर अपनी समस्याओं पर विचार न कर रहे थे। पार्टी लेखकों की बैठक की रिपोर्ट पर विचार करने से पहले प्रगतिशील लेखक संघ की संयुक्त प्रान्तीय समिति के कुछ प्रस्तावों का जिक्र कर देना उचित होगा। (प्रस्तावों की प्रतिलिपि में समिति के अधिवेशन की तारीख नहीं है।) सम्भवतः यह अधिवेशन 1944 या 45 में हुआ था। राजनीतिक लाइन यह थी; यह समिति "गाँधी-जिन्ना वार्ता की असफलता पर दुःख प्रकट करती है...हमारा विचार है कि समझौते के लिए पुनः प्रयत्न करना चाहिए, दोनों महान्

नेताओं को पुनः एक-दूसरे से मिलना चाहिए और आत्मनिर्णय के आधार पर समझौता करना चाहिए।'' राष्ट्रीय स्तर पर यह विघटन की नीति थी। प्रादेशिक स्तर पर विघटन की नीति इस प्रकार थी : ''जनपदीय भाषाओं के स्वतन्त्र विकास से इन प्रदेशों की स्वतन्त्र संस्कृतियों और निजी विशेषताओं का प्रस्फुटन होगा।''

अब अक्तूबर 1946 वाली पार्टी लेखकों की बैठक लें। मुख्य रिपोर्ट रमेश सिन्हा ने प्रस्तुत की। इसमें 1936 से '46 तक पूरे दशक के प्रगतिशील लेखक आन्दोलन (हिन्दी) पर विचार किया गया। रमेश सिन्हा की रिपोर्ट का ब्यौरा इस दस्तावेज में नहीं है। महमूदुज्जफर के विवरण के अनुसार उसमें तीन चीजों पर विशेष बल दिया गया था : (1) हिन्दी साहित्य में विभिन्न चरणों में उत्थान, विशेषकर आज; (2) इसमें पार्टी की महत्त्वपूर्ण भूमिका; (3) युद्ध के समय उपस्थित साहित्य का संकट तथा साम्राज्यवाद और बुर्जुआ राष्ट्रीय नेतृत्व की नीतियों के परिणामस्वरूप आज साहित्य में गहराता विघटन। तीसरी स्थापना में युद्धकाल, फिर युद्धोत्तर काल के साहित्य संकट की बात कही गई है। यह साहित्य संकट उस राजनीतिक संकट का प्रतिरूप था जो कम्युनिस्ट पार्टी के नेतृत्व के अनुसार कांग्रेस और मुस्लिम लीग में समझौता न होने से पैदा हो गया था।

रमेश सिन्हा की रिपोर्ट में जो नई बात थी, वह यह कि साम्राज्यवाद के साथ बुर्जुआ राष्ट्रीय नेतृत्व की भी आलोचना की गई थी। इस आलोचना को और विकसित करके कुछ ठोस निष्कर्ष निकाले जा सकते थे। रिपोर्ट पर पहले प्रान्तीय ''पार्टी सांस्कृतिक समिति (हिन्दी) में विचार किया गया और बाद में उसे पूरी बैठक में रखा गया।'' अब यह ऐतिहासिक महत्त्व की बात है कि शिवदानसिंह चौहान ने रमेश सिन्हा पर कुत्सित समाजशास्त्रीय दृष्टिकोण अपनाने का आरोप लगाया था। ''का. शिवदानसिंह चौहान को पूरी रिपोर्ट से ही असहमति थी। उनके अनुसार इस रिपोर्ट में साहित्य के प्रति जो दृष्टिकोण अपनाया गया है, वह कुत्सित समाजशास्त्रीय दृष्टिकोण है। लेकिन विचार करने के बाद पार्टी लेखकों की इकाई ने निर्णय लिया कि रिपोर्ट को ज्यों का त्यों सम्पूर्ण बैठक के सामने रख कर उस पर विचार किया जाए।'' अन्य पार्टी लेखक चौहान से सहमत नहीं थे, पर वे रमेश सिन्हा से भी सहमत नहीं थे। सम्पूर्ण बैठक में रिपोर्ट पर बहस के दौरान ''मोटे तौर से दो विचार-दृष्टियाँ उभरकर सामने आईं।'' इन दो विचार-दृष्टियों का भेद खूब अच्छी तरह समझ लेना चाहिए। एक दृष्टि साहित्य को जन-आन्दोलनों से जोड़नेवाली थी, अन्य उसे उनसे विलग करने वाली थी।

पार्टी लेखकों में एक हिस्सा उन लोगों का था जिन्होंने ''साहित्यिक प्रवृत्तियों को देश के राजनीतिक आन्दोलनों से सीधे-सीधे जोड़ने का विरोध किया। इनके विचार से पार्टी साहित्य के प्रति बहुत ही 'संकुचित' और ठेठ 'राजनीतिक' रवैया अपना रही है जिससे साहित्य के आवश्यक और गम्भीर मूल्यों की उपेक्षा होती है

तथा लेखकों को या तो हतोत्साहित किया जाता है या उन्हें दबाया जाता है या पार्टी द्वारा चुप करा दिया जाता है।" जब तक कांग्रेस-लीग एकता की बात थी, हिन्दी प्रदेश को छोटे-छोटे स्वतन्त्र जनपदों में बाँटने की बात थी, तब तक किसी ने सीधे राजनीति से साहित्य का सम्बन्ध जोड़ने पर आपत्ति न की थी। जहाँ इस विघटनकारी नीति से हटकर पार्टी ने जनसंघर्षों की ओर रुख किया, वहीं साहित्य के गम्भीर मूल्यों की बात होने लगी। पार्टी लेखकों को हतोत्साहित करती है, उन्हें दबाती है, उन्हें चुप करा देती है, साहित्य के प्रति बहुत ही संकुचित रवैया अपनाती है, यह कोलाहल कम्युनिस्ट पार्टी के भीतर उस समय जोरों पर था जिस समय कांग्रेसी नेताओं के विरोध की परवाह न करके पार्टी साम्राज्यविरोधी संघर्षों का नेतृत्व कर रही थी।

"दूसरे वे लोग थे जिनका कहना था, पार्टी के राजनीतिक आन्दोलनों, विशेषकर जन-आन्दोलनों ने साहित्य को एक नई प्रेरणा और शक्ति प्रदान की है। इनके अनुसार आवश्यकता इस बात की है कि पार्टी साहित्य के लिए और अधिक ठोस निर्देश दे, साहित्य की समस्याओं पर और अधिक खुली बहसें हों तथा साहित्य रचना के लिए और अधिक संगठित योजनाएँ बनाई जाएँ, आदि।" ये दूसरे लोग खुली बहस की माँग कर रहे थे, जिनसे मतभेद था, उनसे चुप रहने को न कर रहे थे, वे साहित्य रचना के लिए संगठित योजनाएँ बनाने की बात कह रहे थे, पार्टी से ठोस निर्देश पाने की अपेक्षा करते थे। महमूदुज्जफर ने ढुलमुल रवैया अपनाया। साम्राज्यवाद के दाँवपेंच और जनसंघर्षों का उल्लेख एक बार भी न करके उन्होंने कहा कि रमेश सिन्हा "सम्पूर्ण साहित्य की बहुत ही सतही और स्केची तस्वीर ही प्रस्तुत कर पाए। लेकिन उन्होंने यह स्पष्ट कर दिया कि साहित्यिक कृतियों का मूल्यांकन करना उनकी रिपोर्ट का प्रमुख उद्देश्य नहीं है।" नतीजा क्या निकला? महमूदुज्जफर की अपनी टिप्पणी का अन्तिम अंश इस प्रकार है—

"पार्टी साहित्य के प्रति कठमुल्लापन का रवैया अपना रही है जिसका सबूत है रमेश की रिपोर्ट। यह इस कारण होता है कि हम नए साहित्यिक उभार की प्रगतिशील वस्तु को ठीक से देख-समझ नहीं पा रहे हैं। हम साहित्यिक क्षेत्र में चारों ओर बुर्जुआजी को ही बढ़ा-चढ़ा कर देख रहे हैं।"

महमूदुज्जफर ने जिस नए साहित्यिक उभार की बात कही थी, वह हिन्दी साहित्य का उभार था; वे हिन्दी के पार्टी लेखकों की बैठक में हिस्सा ले रहे थे, और वे हिन्दी साहित्य से अपरिचित थे; उनकी तुलना में सज्जाद जहीर और अब्दुल अलीम हिन्दी साहित्य से अधिक परिचित थे। पार्टी के प्रान्तीय नेतृत्व ने हिन्दी लेखकों की बैठक में भाग लेने के लिए महमूदुज्जफर को भेजा, इससे साबित यह होता है कि उसे अपने नेतृत्व की रस्म पूरी करनी थी; साहित्य से उसे कुछ भी लेना-देना न था। उधर केन्द्रीय नेतृत्व से महमूदुज्जफर की शिकायत बिलकुल सही थी : "प्रान्तीय समिति को बहुत देर से इसकी सूचना दी गई थी कि इस तरह की

बैठक होने जा रही है जिसमें का. नक्वी (शफीक नक्वी—दूसरे प्रान्तीय सचिव) या मुझमें से किसी एक को उपस्थित रहना चाहिए। यदि प्रान्तीय संगठनात्मक समिति की बैठक स्थगित न हो गई होती तो शायद हममें से कोई भी इस बैठक में नहीं आ पाता।'' अपनी रिपोर्ट के अन्त में उन्होंने फिर दर्द से लिखा, ''यह बेहतर होता अगर केन्द्र प्रान्त को मुख्य प्रस्ताव और सुझाव भेज सकता और यदि का. रमेश के साथ का. सज्जाद जहीर भी आ सकते।'' यह उस समय की स्थिति है जब पूरनचन्द्र जोशी कम्युनिस्ट पार्टी के महासचिव थे।

प्रान्तीय स्तर पर प्रगतिशील लेखक संघ के कार्य संचालन के लिए चार पार्टी लेखकों की समिति थी। ''यह निश्चित किया गया कि हिन्दी के लिए पुरानी चार सदस्यी समिति को ही बनाए रखा जाए—

1. रामविलास शर्मा
2. अमृत राय
3. प्रकाशचन्द्र गुप्त
4. शिवदानसिंह चौहान

इसके सचिव प्रकाशचन्द्र गुप्त होंगे।''

पार्टी लेखकों में बुनियादी से लेकर गैर-बुनियादी तक बहुत से मसलों पर तीव्र मतभेद थे। इन पर पत्र-पत्रिकाओं में खुली बहस की जाए या नहीं? ''पार्टी के लेखकों को विभिन्न महत्त्वपूर्ण मुद्दों पर स्पष्ट होने के लिए विभिन्न हिन्दी पत्र-पत्रिकाओं में अपनी साहित्यिक समस्याओं को उठाने की स्वतन्त्रता दी गई। हालाँकि का. सिन्हा सहित अनेक साथियों ने पार्टी लेखकों को इस प्रयोग में निहित खतरों से सतर्क किया। खास कर उस स्थिति में जबकि हमारा विरोधी पूँजीवादी प्रेस हमारे मतभेदों को हमारे विरुद्ध इस्तेमाल करेगा।'' पार्टी लेखक आपसी मतभेदों पर खुली बहस चला सकते हैं, यह फैसला उन्होंने स्वयं 1946 में किया था।

उक्त बैठक में ''**नया साहित्य** को प्रगतिशील लेखक संघ का मुखपत्र बनाने का निर्णय लिया गया'' तथा ''हंस के लेखों के स्तर में गिरावट के लिए, उसमें सोवियत साहित्य को उचित स्थान न दिए जाने के लिए तथा लेखकों को समय पर मानदेय न देने के लिए हंस की आलोचना की गई।'' बैठक में एक सवाल यह सामने आया था कि पार्टी लेखक प्रगतिशील लेखक संघ में कम्युनिस्ट पार्टी की भूमिका स्वीकार करें या न करें। इस सम्बन्ध में, विवरण के अनुसार, मैंने यह कहा था : ''मुझे इस बात पर गर्व है कि अपने लेखकों को संगठित करने में हमने पहल की। इसमें सन्देह नहीं कि हमारे विरोधी बहुत ही शक्तिशाली हैं। लेकिन सभी जगह यही स्थिति थी। लेनिन ने हमें सिखाया है कि हम पतनशील और उभरती प्रगतिशील शक्तियों को देख सकें। हम एक उभरती हुई प्रगतिशील शक्ति हैं। हमें साहित्य को जनता से जोड़ना होगा। साहित्य को नियन्त्रित हम नहीं हमारे विरोधी करते हैं। अभी

तक हम अपने दायरे को छोटा समझते थे लेकिन यहाँ आकर हमने देखा कि वह कितना व्यापक है।" योजना बनाकर पार्टी लेखकों को विभिन्न विषयों पर लिखना चाहिए, इस कार्य-पद्धति की शुरुआत अक्तूबर 1946 में इस बैठक से हुई थी। "अन्त में उपस्थित सभी लेखकों से विचार-विमर्श करने के बाद अगले वर्ष के लिए साहित्य रचना का विस्तृत कार्यक्रम बनाया गया। इसमें अनुवाद (क्लासिक और सुगम साहित्य के), ऐतिहासिक, समाजशास्त्रीय, राजनीतिक साहित्य की रचना, उपन्यास, कहानियाँ, कविताएँ, आल्हा और समीक्षा सभी कुछ शामिल था।"

संगठनात्मक दृष्टि से प्रगतिशील लेखक संघ की बहुत थोड़ी शाखाएँ सक्रिय थीं। इसलिए "संयुक्त प्रान्त, बिहार, मध्य प्रदेश तथा अन्य केन्द्रों में प्रगतिशील लेखक संघ को पुनरुज्जीवित करने का निर्णय लिया गया।" संघ को **पुनरुज्जीवित** करने का प्रश्न अक्तूबर 1945 में दरपेश था, यह बात शोधकर्ता नोट कर लें। हिन्दी लेखकों को अलग संगठित करने की नीति का परिणाम यह था : "साथ ही फरवरी या मार्च में अखिल भारतीय हिन्दी लेखकों का सम्मेलन इलाहाबाद में बुलाने का निर्णय लिया गया।" हिन्दी लेखकों का सम्मेलन अलग, उर्दू लेखकों का सम्मेलन अलग।

3. इलाहाबाद सम्मेलन–1947

1947 में–भारत के स्वाधीन होने के बाद–इलाहाबाद में हिन्दी के प्रगतिशील लेखकों का अखिल भारतीय सम्मेलन हुआ। भारत को पूर्ण स्वाधीनता मिल गई है–यह स्थापना इस घोषणापत्र में नहीं है। इसके विपरीत लेखकों और जनता को सावधान किया गया है कि "प्रत्यक्ष रूप से राजनीतिक स्वाधीनता देने पर भी साम्राज्यवाद आशा करता है कि इन सहयोगी शक्तियों (भारत की प्रतिक्रियावादी शक्तियों) के भरोसे वह हमारे सामाजिक और सांस्कृतिक जीवन पर पहले की ही भाँति अपना प्रभुत्व कायम रख सकेगा।" साम्राज्यवाद ने प्रत्यक्ष रूप से स्वाधीनता दी थी किन्तु परोक्ष रूप से वह पहले की ही भाँति सहयोगी शक्तियों के भरोसे यहाँ के सामाजिक-सांस्कृतिक जीवन पर हावी रहना चाहता था। स्पष्ट ही साम्राज्यविरोधी क्रान्ति के सारे कार्य पूरे न हुए थे, उन्हें पूरा करना बाकी था। साम्राज्यवाद की सहयोगी-शक्तियाँ कौन थीं, साम्राज्यविरोधी क्रान्ति के कार्य पूरे नहीं हुए तो इन्हें कौन पूरा करेगा, प्रत्यक्ष रूप से आजादी पाने और परोक्ष रूप से साम्राज्यवादी हितों को बनाए रखने में भारतीय पूँजीपति वर्ग के राजनीतिक प्रतिनिधियों की भूमिका किस तरह की थी, इन प्रश्नों का उत्तर घोषणापत्र में नहीं था। घोषणापत्र का मूल उद्देश्य हिन्दू-मुस्लिम दंगे कराने वालों के विरुद्ध लेखकों को एकजुट करना था। इसके लिए सबसे पहले जरूरी यह था कि हिन्दी-उर्दू के प्रगतिशील लेखक एक मंच

पर इकट्ठे हों। यहाँ उसका उल्टा हो रहा था। इसके सिवा साम्राज्यवाद से भारतीय प्रतिक्रियावादियों के गठबन्धन को साफ-साफ समझे बिना, इस गठबन्धन के खिलाफ जन-संघर्ष चलाए बिना साम्प्रदायिक दंगे समाप्त न किए जा सकते थे। साम्प्रदायिकता के खिलाफ कारगर कदम उठाने के लिए याद रखना चाहिए :

(1) साम्प्रदायिक दंगों—फासिस्ट, आतंकवादी कार्यवाहियों—का सीधा सम्बन्ध उन सामन्ती अवशेषों से है जो साम्राज्यवाद का मुख्य सामाजिक आधार रहे हैं।

(2) इनके सहायक बहुत से व्यापारी हैं जिनका सम्बन्ध मुख्यतः विदेशी माल की बिक्री से है।

(3) भारतीय पूँजीपति वर्ग के राजनीतिक प्रतिनिधियों ने साम्राज्यवाद के दबाव से मुस्लिम लीग से समझौता किया; इस समझौते से भारत में रहने वाले विशाल मुस्लिम समुदाय की समस्याएँ हल नहीं हुईं। इसके विपरीत देश के विभाजन से साम्प्रदायिक घात-प्रतिघात का जो लम्बा सिलसिला शुरू हुआ, वह दिन-दिन और भी विनाशकारी रूप धारण करता गया।

(4) पूँजीवादी पार्टी या पार्टियों की ढुलमुल नीति के कारण जनता में असन्तोष बढ़ा; प्रतिक्रियावादियों ने उससे लाभ उठाकर देश को अराजकता और विघटन की ओर ठेला।

(5) जब तक मजदूर वर्ग के नेतृत्व में किसान तथा अन्य सभी वर्गों के देशभक्त मिलकर साम्राज्यविरोधी सामन्तविरोधी क्रान्ति के अधूरे कार्य पूरे नहीं करते, तब तक भारत वर्तमान संकट से उबर न पाएगा, उल्टा यह संकट गहरा होता जाएगा।

एक मुद्दे पर आगे चल कर काफी बहस हुई। इलाहाबाद के घोषणापत्र में उसका उल्लेख इस प्रकार था : "हमें विश्वास है कि देश में जनता की राष्ट्रीय सरकार संस्कृति के निर्माण कार्य में अपनी पूरी शक्ति लगाएगी और इस तरह के सभी कार्यों में उससे सहयोग करना हम अपना कर्तव्य समझेंगे।" यदि इस बात को ऊपर की उस स्थापना के साथ पढ़ें जिसमें प्रत्यक्ष रूप से स्वाधीनता देने किन्तु प्रतिक्रियावादियों के सहयोग से अपना प्रभुत्व कायम रखने की बात साम्राज्यवाद के लिए कही गई है तो नतीजा यह निकलेगा कि साम्राज्यविरोधी कार्यों में ही सरकार से सहयोग करना उचित है, उसके जन-विरोधी कार्यों में नहीं। उस स्थापना को छोड़ देने का परिणाम यह होगा कि सरकार के सभी कार्य राष्ट्रीय हितों के पोषक होंगे और उससे सहयोग करना सभी प्रगतिशील लेखकों का कर्तव्य होगा।

4. पार्टी लेखकों की बैठक—दिसम्बर 1948

इलाहाबाद में प्रगतिशील लेखक सम्मेलन के अवसर पर यह तै हुआ कि पार्टी लेखकों की समिति की बैठक इलाहाबाद में क्रिसमस (1947) के अवसर पर हो। इस

कार्यक्रम में परिवर्तन करके पार्टी लेखकों की एक बड़ी बैठक दिसम्बर 1948 के अन्तिम सप्ताह में लखनऊ में हुई। प्रान्तीय पार्टी समिति की ओर से इसमें सम्भवतः महमूदुज्जफर शामिल हुए। बैठक के विवरण के साथ किसी का नाम नहीं है। इसमें कुल 18 लेखकों ने भाग लिया। इस बैठक में उर्दू लेखक भी थे, उनमें कृश्न चन्दर का नाम उल्लेखनीय है। नागार्जुन को बिहार पार्टी ने एक महीने के लिए सदस्यता से निलम्बित कर दिया था। इस बैठक में वह थे। भाषा समस्या के अलावा इसमें मैंने यशपाल, अमृतराय और शिवदानसिंह चौहान के लेखन पर अपनी रिपोर्टें प्रस्तुत कीं।

भाषा समस्या पर मैंने जो कुछ कहा, वह अगले साल पार्टी की केन्द्रीय पत्रिका **कम्युनिस्ट** में प्रकाशित हुआ; वह निबन्ध मेरी **भारत की भाषा समस्या** पुस्तक में संकलित है। इसकी तीन मुख्य स्थापनाएँ थीं : (1) बहुजातीय पूँजीवादी देश में अनिवार्य राजभाषा जातीय उत्पीड़न का साधन बनती है; (2) हिन्दी-उर्दू मूलतः एक ही भाषा हैं; (3) हिन्दी प्रदेश की जनपदीय बोलियाँ स्वतन्त्र जातीय भाषाएँ नहीं हैं; (4) हमें पिछड़ी हुई अर्ध कबीलाई जातियों की भाषाओं को उनके उचित अधिकार दिलाने के लिए प्रयत्न करना चाहिए। छोटी-बड़ी जातियों के अन्तर्विरोधों पर कम्युनिस्ट पार्टी में यहाँ पहली बार ध्यान केन्द्रित किया गया था। इन अन्तर्विरोधों को मैंने बढ़ा-चढ़ा कर पेश किया था किन्तु आगे चलकर जिन लोगों ने मेरी स्थापनाओं का विरोध किया, उन्होंने इन अन्तर्विरोधों को पूर्णतः अस्वीकार किया। रिपोर्ट में अंग्रेजी के प्रभुत्व को खत्म करने पर आवश्यक जोर नहीं था और उसकी सबसे बड़ी कमजोरी यह थी कि राष्ट्रीय स्तर पर मजदूर वर्ग की एकता—फिर किसानों और मजदूरों की एकता—के लिए, जनवादी क्रान्ति की सफलता के लिए, हिन्दी के आवश्यक प्रयोग पर कुछ भी न कहा गया था। हिन्दी-उर्दू की बुनियादी एकता की बात हिन्दू-मुस्लिम अलगाववाद की पुरानी नीति के खिलाफ कही गई थी और सही थी। जनपदीय अलगाववाद की नीति के खिलाफ हिन्दी जाति की एकता का सवाल भी पहली बार विचार-विमर्श के लिए प्रस्तुत किया गया था। भाषा सम्बन्धी बहस में अब्दुल अलीम ने दो मुख्य बातें कहीं : (1) जारशाही रूस की परिस्थितियाँ भारत से भिन्न थीं; कोई भी राज्यसत्ता हो, केन्द्रीय भाषा के बिना उसका काम न चलेगा; (2) पाकिस्तान बन जाने के बाद प्रान्तीय स्वायत्तता का सवाल पीछे छूट गया है; संविधान सभा में मजबूत केन्द्र की माँग की गई है और इस तरह एक केन्द्रीय पूँजीपति गुट के उभरने की सम्भावना है।

एहतेशाम हुसेन ने अस्वस्थ होने के कारण अपनी टिप्पणी लिख भेजी थी। उनका विचार था कि सारे भारत में एक ही संयुक्त जातीयता है; आदिवासियों की भाषा का सवाल महत्त्वपूर्ण नहीं है। प्रकाशचन्द्र गुप्त ने कहा कि भारत में जारशाही रूस की तरह एक जाति का प्रभुत्व नहीं है किन्तु पूँजीपति वर्ग को ऐसे हथियार

न देने चाहिए जिन्हें वह आगे चलकर पिछड़ी हुई जातियों के खिलाफ इस्तेमाल कर सके। नागार्जुन ने कहा, दरभंगा महाराज और उनके गुट की भाषा पंडिताऊ मैथिली है। जनता की मैथिली उससे भिन्न है। "देहात में व्यापक शिक्षा प्रसार के कारण लोग हिन्दी अच्छी तरह समझ लेते हैं। पूरे बिहार में लोग भोजपुरी भी समझ लेते हैं। बिहारियों के लिए लादी हुई हिन्दी ठीक अंग्रेजी की तरह है। (Imposed Hindi for Biharies is just like English)।" (नागार्जुन ने अपनी बातें हिन्दी में कही थीं; बैठक का विवरण अंग्रेजी में तैयार किया गया था।) हंसराज रहबर ने कहा, समझ में नहीं आता कि हिन्दी में लिखूँ या उर्दू में; पंजाबी में गीत रचे गए हैं जिन्हें आम जनता समझ लेती है।

भाषा समस्या के अनेक पक्षों पर मार्क्सवादी लेखकों ने पहली बार एक साथ बैठकर विचार किया था। यह समस्या सारे भारत की थी और इसमें पार्टी नेतृत्व से पहल की आशा की जा सकती थी किन्तु केन्द्रीय या प्रान्तीय स्तर पर पार्टी नेतृत्व ने कोई दस्तावेज तैयार न किया था। विचार-विमर्श से इस समस्या के प्रति जागरूकता उत्पन्न हुई, सभी पक्षों के बारे में तुरत आम सहमति कायम हो जाए, यह सम्भव न था।

यशपाल के उपन्यासों और मार्क्सवाद पर उनकी पुस्तक की जो आलोचना मैंने की, उसकी मुख्य बातें मेरी पुस्तक **प्रगतिशील साहित्य की समस्याएँ** (अब **मार्क्सवाद और प्रगतिशील साहित्य**) में प्रकाशित हैं। प्रकाशचन्द्र गुप्त ने कहा कि अश्लील चित्रण की प्रवृत्तियों से लोगों को प्रगतिशील लेखक आन्दोलन का विरोध करने के लिए एक अस्त्र मिल जाता है। ऐसी प्रवृत्तियों को समाप्त करना चाहिए। एहतेशाम हुसेन ने यह समस्या पेश की कि जो लेखक 25 फीसदी प्रगतिशील हैं और 75 फीसदी अश्लीलतापन्थी हैं, उन्हें हम कहाँ तक अपने साथ लाएँ। वे रचनात्मक लेखक हैं, उनसे यह आशा न करनी चाहिए कि वे हर कहानी या कविता में मार्क्सवाद की व्याख्या करेंगे। यशपाल ने कहा, "रामविलास को मेरी आलोचना करने को कोई बहाना चाहिए। मैंने पात्रों का चित्रण उनकी कमजोरियों के साथ किया है। हो सकता है, कम्युनिस्ट अपनी जैसी तस्वीर देखना चाहते हैं, वैसी उन्हें यहाँ न मिले। जिन कहानियों का उल्लेख किया गया है, उनमें अश्लीलता नहीं है। वे पूँजीवादी और सामन्ती यौन सम्बन्धों का पर्दाफाश करती हैं। उपन्यास से कैसा प्रभाव पड़ा, इसका सबसे अच्छा पारखी आलोचक नहीं है। मैंने अपने पाठकों की राय का ध्यान रखा है। रिपोर्ट में कोई तर्क नहीं है, सिर्फ फतवे हैं। कुछ लोग कुछ कहानियों से चिढ़ते हैं और उनका चिढ़ना उन कहानियों की सफलता है। मेरी पुस्तक मार्क्सवाद दोषों से मुक्त नहीं है लेकिन रामविलास ने जो गलतियाँ बताई हैं, उन्हें मैं स्वीकार नहीं करता। किसी पुस्तक की परख उसके उद्देश्य और ध्वनि के अनुसार होनी चाहिए। मेरी पुस्तक से हजारों पाठक मार्क्सवाद की ओर आकर्षित

हुए हैं लेकिन किसी के दिमाग में वे बातें नहीं आईं जिनका जिक्र अब रामविलास ने किया है।"

प्रकाशचन्द्र गुप्त ने कहा, जिन दिनों सुधारवाद का असर गहरा था, उन दिनों जो साहित्य लिखा गया, उसका आलोचनात्मक पुनर्मूल्यांकन जरूरी है। रहबर ने कहा, यशपाल द्वैतवाद से पीड़ित हैं। वह पार्टी के हमदर्द हैं और लेखक भी हैं। यह चीज डायलेक्टिक्स के खिलाफ है। कला कल्पना का खेल नहीं है जैसा कि वह कहते हैं; उसका सम्बन्ध जीवन से है।

गणेश (पत्रकार, उस समय पार्टी के सदस्य) ने कहा, यशपाल की किताबें पढ़कर हजारों आदमी पार्टी के पास आए हैं। उनमें शब्दावली आदि की कुछ तकनीकी गलतियाँ हैं। गुरुदत्त (सोलंकी) ने कहा, जिन लड़कों ने **मार्क्सवाद** पुस्तक पढ़ी है, वे व्यक्ति और साम्यवाद, गाँधीवाद और साम्यवाद को लेकर उलझन में पड़ गए हैं। अब्दुल अलीम ने कहा, यशपाल ने रामविलास की रिपोर्ट को सही भाव से ग्रहण नहीं किया। हमारी आलोचना में विश्लेषण तीखा हो सकता है पर भाषा वैसी न होनी चाहिए। इसके बाद मैंने अपनी मुख्य बातें फिर दोहरा दीं। "तय हुआ कि यशपाल की मार्क्सवाद पुस्तक पर और यौन सम्बन्धों के अश्लील चित्रण पर रिपोर्टें विचार-विमर्श के लिए घुमाई जाएँ।"

"साहित्यिक आलोचना में अमृतराय के सुधारवादी दृष्टिकोण पर अपनी रिपोर्ट में रामविलास ने बताया कि उन्होंने मार्क्सवादी आलोचना को पूँजीवादी सौन्दर्यशास्त्र के बराबर कर दिया है। उनके लिए मार्क्सवादी आलोचना और रामचन्द्र शुक्ल के साधारणीकरण में कोई अन्तर नहीं है। उन्होंने लेनिन और महादेवी वर्मा को एक साथ उद्धृत किया है—महादेवी वर्मा पर लेनिन का प्रभाव दिखाने के लिए। उन्होंने अज्ञेय जैसे पतनशील लेखक के उपन्यास शेखर की तारीफों के पुल बाँध दिए हैं। मजदूर वर्ग के बारे में उनकी (अमृतराय की) कहानियों में जनता से वह नजदीकी सम्पर्क नहीं दिखाई देता जिसकी माँग वह (हंस के) सम्पादकीय लेखों में करते हैं।"

"अमृतराय ने ये गलतियाँ स्वीकार कीं किन्तु उन्होंने मानवतावाद और कलात्मक आकर्षण का सवाल उठाया। कुछ मानवतावादी मूल्य होने चाहिए जैसे जीवन का आनन्द, उत्पीड़न से नफरत इत्यादि। इनसे क्लासिकी साहित्य की लोकप्रियता बढ़ी है।

"रामविलास ने उत्तर दिया कि हर विचारधारा का सामाजिक, वर्गीय आधार होता है। विवेक, न्याय, समानता आदि के समान जीवन का आनन्द आदि अस्पष्ट अर्थों वाली शब्दावली है। एंगेल्स ने दिखाया है कि 18वीं सदी के पूँजीवादी लेखक ऐसी शब्दावली का व्यवहार करते थे तो उसकी वर्गीय विषयवस्तु क्या होती है। सौन्दर्यशास्त्र भी विचारधारा है और उसका सामाजिक आधार होता है। इसलिए

क्लासिकी साहित्य की लोकप्रियता के कारणस्वरूप मानवतावाद के शाश्वत मूल्यों को पेश करना गलत है। हम उसे इसलिए पसन्द करते हैं कि उसमें तत्कालीन समाज के क्रान्तिकारी परिवर्तन व्यंजित हुए हैं। ये परिवर्तन और उनके द्वारा रचे हुए मूल्य हमें आज भी प्रिय हैं। हम आलोचनात्मक दृष्टि से उसका (क्लासिकी साहित्य का) पुनर्मूल्यांकन करते हैं और उसके आधार पर भावी संस्कृति का निर्माण करते हैं।

"अमृतराय ने रिपोर्ट के सहानुभूतिपूर्ण स्वर को सराहा (appreciated the sympathetic tone of the report) और कहा कि जो शक-शुबहे बहुत दिनों से उन्हें परेशान कर रहे थे, वे दूर हो गए हैं।

"अन्तिम दिन यह तय हुआ कि गर्मियों में पटना में एक सम्मेलन किया जाए। इसमें रामविलास इन विषयों पर रिपोर्टें पेश करेंगे : (1) पार्टी थीसिस (दूसरी पार्टी कांग्रेस का राजनीतिक प्रस्ताव) और सांस्कृतिक मोर्चे के लिए उसके परिणाम; (2) साहित्य पर लेनिन के विचार; (3) सोवियत संघ में साहित्य समालोचना; (4) कौडवेल, फौक्स तथा अन्य (मार्क्सवादी सिद्धान्तकारों) की कृतियों का पुनर्मूल्यांकन; (5) सोवियत संघ में भाषा समस्या। यह भी तय हुआ कि संयुक्त प्रान्त के हिन्दी-उर्दू लेखकों का सम्मेलन अप्रैल (1949) में किया जाए। रामविलास भाषा समस्या और हिन्दी साहित्य पर और अब्दुल अलीम उर्दू साहित्य पर रिपोर्टें पेश करेंगे।"

यह भी तय हुआ कि **नया साहित्य** बनारस से निकाला जाएगा; नरोत्तम नागर उसका सम्पादन करेंगे। अमृतराय **हंस** निकालते रहेंगे। "प्रमुख साथियों ने इलाहाबाद में जितने लेखनकार्य का जिम्मा लिया था, उससे ज्यादा ही कर लिया है। अगले चार महीने के लिए उन्होंने नए लेखन कार्य का जिम्मा लिया।"

फरवरी 1948 में कम्युनिस्ट पार्टी की दूसरी कांग्रेस हुई थी। उसके बाद लखनऊ में पार्टी लेखकों और पार्टी के नजदीकी हमदर्द लेखकों की यह ऐसी बैठक थी जिसका विवरण सुलभ है। ये लेखक किस तरह विचार-विमर्श करते थे और लेखन तथा लेखक संगठन से सम्बन्धित कार्यभार सँभालते थे, यह उक्त विवरण से स्पष्ट हो जाएगा। (इससे पहले अक्तूबर 1948 में एक बैठक इलाहाबाद में हुई थी। उसका संक्षिप्त उल्लेख आगे होगा।)

5. पार्टी लेखक की बैठक–अप्रैल 1949

अप्रैल 1949 में हिन्दी-उर्दू के प्रगतिशील लेखकों का सम्मेलन लखनऊ में हुआ। इसमें पार्टी के प्रान्तीय नेतृत्व और पार्टी लेखकों की भूमिका के बारे में एक रिपोर्ट इस्माइल (अर्थात् महमूदुज्जफर) ने तैयार की थी। इस रिपोर्ट के अनुसार यह तै हुआ था कि "भाषा समस्या पर रा. वि. (रामविलास) के निबन्ध को विचार-विमर्श का

प्रारम्भ बिन्दु और आधार बनाया जाए। कारण यह कि इस समस्या पर और कोई दस्तावेज था नहीं और फ्रैक्शन (पार्टी लेखकों की समिति) ने (इलाहाबाद और लखनऊ की) दो बैठकों के बाद रा. वि. द्वारा प्रस्तुत मुख्य स्थापनाएँ आमतौर से स्वीकार कर ली थीं। रियासत (अब्दुल अलीम) से कहा गया था कि राष्ट्रभाषा समस्या पर वह अपना नोट तैयार करें।...उन्होंने अपना यह नोट लिखा नहीं।" तीन साल बाद ऐसा ही काम अलीम को कलकत्ते में फिर सौंपा गया और उन्होंने फिर उसे नहीं किया।

यह स्थिति केवल अलीम की न थी। अध्ययन और संगठन के काम में अनेक साथी उचित योगदान न कर पा रहे थे। महमूदुज्जफर ने पार्टी लेखक समिति को "सावधान किया कि वह एकांगी होती जा रही है। काम और अध्ययन का बोझ रा. वि. के कन्धों पर डाला जा रहा है। दूसरे साथी मार्क्सवाद या सांस्कृतिक समस्याओं की ओर उसी तरह ध्यान नहीं दे रहे। नतीजा यह कि न तो रा.वि. की उचित आलोचना की जा सकी थी, न उनकी सहायता की जा सकी थी। पार्टी लेखक समिति के सदस्य न तो सामूहिक रूप से, न व्यक्तिगत रूप से, आम लेखकों को उचित नेतृत्व प्रदान कर सके थे। काम का बँटबारा करना जरूरी था; उसका कुछ हिस्सा दूसरे सदस्य सँभालें, यह जरूरी था। लोग इससे सहमत थे। फिर भी कौन-कौन क्या-क्या करेगा, ठोस तरीके से काम का बँटवारा (समय की कमी और पहले से योजना न बनाने के कारण) न हो सका और यह मसला जुलाई की बैठक के लिए स्थगित कर दिया गया।"

लखनऊ में अलीम और दूसरे स्थानीय लेखकों ने प्रगतिशील लेखक सम्मेलन की तैयारी की। उन्होंने तै किया कि अध्यक्ष मण्डल में जोश मलीहाबादी, कृश्न चन्दर, यशपाल, भगवतशरण उपाध्याय और शिवमंगलसिंह सुमन रहें। महमूदुज्जफर के विचार से जोश और भगवतशरण उपाध्याय को शामिल करना ठीक न था। उन्होंने अलीम और अन्य स्थानीय लेखक साथियों से सम्पर्क किया तो मालूम हुआ कि "सम्मेलन में क्या करना चाहिए, इसके बारे में उनकी धारणाएँ बहुत ही अस्पष्ट हैं।" जहाँ तक अध्यक्षमण्डल का सवाल है, उसके सदस्य "या तो आ नहीं सके या लखनऊ से भाग खड़े हुए थे (यशपाल और उपाध्याय)। पाँच में से एक भी न आया।" किन्तु इलाहाबाद, बनारस, कानपुर, गोरखपुर, बस्ती, मेरठ आदि से काफी प्रतिनिधि आए थे और इनमें कुछ गैर पार्टी लेखक भी थे।

महमूदुज्जफर ने लेखक सम्मेलन से पहले पार्टी लेखक समिति के सामने राजनीतिक परिस्थिति का विवेचन किया। उन्होंने कहा कि साम्राज्यवादी युद्ध की तैयारियाँ (imperialist war preparations) हो रही हैं (आशय यह था कि साम्राज्यवादी देश सोवियत संघ तथा अन्य समाजवादी देशों के खिलाफ युद्ध की तैयारी कर रहे हैं।) भारत उसकी लपेट में है। भारत समेत समूचे पूँजीवादी विश्व

में जनता के खिलाफ फासिस्ट अभियान जारी है। जनवादी शक्तियाँ पहले से ज्यादा मजबूत हैं। उनकी प्रगति को रोकने के लिए यह सब किया जा रहा है। इस परिस्थिति में यह सम्मेलन हो रहा है। भाषा समस्या भी आज तीखे वर्ग संघर्ष का अंग बन गई है—इस बात की व्याख्या की गई लेकिन बहुत सरसरी तरह क्योंकि महमूदुज्जफर ने "तैयारी न की थी और समय बहुत कम था।" उन्होंने घोषणापत्र और नागरिक अधिकारों पर प्रस्ताव के मसौदे तैयार किए थे। पार्टी लेखक समिति में इन मसौदों की आलोचना हुई।

घोषणापत्र के मसौदे के बारे में कुछ लेखकों ने कहा कि वह साधारण राजनीतिक घोषणापत्र है। उसमें संस्कृति की बातें होनी चाहिए थीं। (अमृतराय)। अन्य लेखकों ने कहा कि राजनीतिक रूप से वह काफी तीखा नहीं है; उसमें साफ-साफ बातें नहीं कही गईं। नेहरू सरकार की भूमिका, उसके वर्ग चरित्र को और स्पष्ट करना चाहिए था। (लक्ष्मणशास्त्री तथा अन्य)। पार्टी लेखक समिति ने तै किया कि महमूदुज्जफर उसे दुबारा लिखें और सांस्कृतिक पक्ष पर जोर दें। (पाठक नोट करें, जो लेखक पार्टी के सदस्य थे, वे भी पार्टी-नेता की राय मानने को बाध्य नहीं थे। उल्टा उन्होंने पार्टी नेता को बाध्य किया था कि वह अपना मसौदा, समिति के बहुमत का ध्यान रखते हुए, फिर तैयार करें।) पार्टी लेखक समिति ने नागरिक अधिकारों वाले प्रस्ताव का मसौदा भी स्वीकार न किया; "शायद उस पर विचार भी न किया गया और पार्टी लेखक समिति की सहमति से रा.वि. ने उसे दुबारा लिखा।" समिति में विचार हुआ हो चाहे न हुआ हो, उसे घोषणापत्र का मसौदा ही स्वीकार न था तो यह प्रस्ताव कैसे स्वीकार होता? महमूदुज्जफर से समिति का, खास तौर से मेरा, मतभेद बढ़ रहा था। "रा.वि. ने कैफियत दी कि इस्माइल के मसौदे का उद्देश्य नेहरू सरकार का 'पर्दाफाश' करना था। प्रान्तीय पार्टी लेखक समिति के सदस्यों की राय थी कि इस सम्मेलन में हमें जनता में दमन का अहसास पैदा करना है। परिणाम यह कि नागरिक अधिकारों पर प्रस्ताव के नए मसौदे में दमन का संक्षिप्त और सामान्य विवरण दिया गया और कहा गया कि 'पूँजीवादी चौखटे' में जनता की समस्याओं का समाधान सम्भव नहीं है।"

महमूदुज्जफर की राय में झिझक और ढुलमुलपन प्रान्तीय लेखक समिति में अब भी है। "यह इससे जाहिर है कि नागरिक अधिकारों वाले प्रस्ताव को नरम बनाया गया और घोषणापत्र के मसौदे की आलोचना की गई।" महमूदुज्जफर और इस दौर के अनेक पार्टी-नेताओं को कुछ पता न था कि जनता और लेखक क्या सोचते हैं। साहित्य में क्या हो रहा है इसका पता उन्हें और भी न था। महमूदुज्जफर के लिए यह नया अनुभव था कि उनके दो मसौदों को पार्टी लेखक अस्वीकार कर रहे थे।

उल्लेखनीय है कि "पार्टी लेखक समिति पिछले काम की समीक्षा करने और

अगले काम की योजना बनाने के लिए प्रतिदिन कुछ देर को इस्माइल के साथ बैठती थी।'' इस तरह पार्टी की देखरेख में प्रगतिशील लेखक सम्मेलन का संचालन होता था। पहले दिन के खुले अधिवेशन में 400 लोग थे; मुशायरे में 4000 से 5000 तक श्रोता थे। खुले अधिवेशन में अलीम और नरोत्तम नागर के भाषण हुए; लोगों की राय थी कि उन्होंने समस्याएँ सही ढंग से पेश कीं और भाषणों का अच्छा असर हुआ। मुशायरे के बारे में लोगों की राय थी कि कवियों ने अवसर से पूरा लाभ नहीं उठाया। अलीम ने उर्दू साहित्य पर रिपोर्ट पेश की। उस बहस में 14-15 लोगों ने हिस्सा लिया। (यह खुले अधिवेशन की बात है।) उनकी रिपोर्ट की आलोचना के तीन मुद्दे थे : (1) उन्होंने प्रवृत्तियों का विवेचन किया था, व्यक्तियों को छोड़ दिया था; (2) उन्होंने आगे के कार्य स्पष्ट नहीं बताए; (3) उन्होंने ज्यादातर 15 अगस्त 1947 से पहले का साहित्य लिया था, जबकि उन्हें मुख्यतः पिछले दो साल के साहित्य पर बोलना चाहिए था। उन्होंने यह आलोचना स्वीकार की पर कहा कि लोग व्यक्तियों के मूल्यांकन में उलझ जाते, इसलिए उन्होंने जान-बूझकर उन्हें छोड़ा था। भाषा समस्या और हिन्दी साहित्य पर मेरी रिपोर्टों के बारे में विवरण में लिखा है, "रा.वि. की रिपोर्टों ने बहुत ज्यादा दिलचस्पी पैदा की (aroused very great interest)। भाषा वाली रिपोर्ट की मुख्य आलोचना यह थी कि उसमें बोलियों की समस्या का विवेचन काफी स्पष्टता से न हुआ था। रा.वि. की रिपोर्टों की आलोचना पर विचार करने के लिए प्रान्तीय पार्टी लेखक समिति के पास समय नहीं था।'' सम्मेलन के बाद पार्टी लेखक समिति की बैठक में महमूदुज्जफर ने ये बातें कहीं :

पिछले दिसम्बर में समिति की बैठक से अब तक के जन-आन्दोलन को कम करके आँका गया है। "यद्यपि दिसम्बर में रेलवे हड़ताल की पूर्व वेला थी, पर हमने अपने सम्मेलन की रूपरेखा जन-आन्दोलन के सन्दर्भ में बनाई ही न थी।'' (रेलवे हड़ताल असफल हुई थी। वास्तव में पार्टी के नेता और अधिकांश पार्टी सदस्य जन-आन्दोलन को बहुत बढ़ा-चढ़ा कर देख रहे थे।) एक ओर युद्ध और फासिस्टवाद की शक्तियाँ, दूसरी ओर शान्ति और जनतन्त्र की शक्तियाँ—इस नए सन्दर्भ को सामने रखने की जरूरत हमने सम्मेलन के अवसर पर महसूस की। जो घोषणापत्र तुर्तफुर्त तैयार किया गया था, उसे बहुत पहले तैयार करके घुमाना और लोकप्रिय बनाना चाहिए था। हमने जनता के असन्तोष को कम करके आँका। "प्रगतिशील लेखक संघ को मजदूर वर्ग की ओर उन्मुख करने, मजदूर वर्ग को अपना आधार बनाने में अब भी हमारी झिझक बनी हुई है।'' (महमूदुज्जफर मजदूर वर्ग के नेतृत्व में एक बहुवर्गीय मोर्चे की कल्पना न कर रहे थे। दूसरी पार्टी कांग्रेस के प्रस्ताव में ऐसे मोर्चे की कल्पना है यद्यपि वह मोर्चा और व्यापक हो सकता था। संयुक्त मोर्चे को मजदूर वर्ग तक सीमित कर

देना—लेखकों के मोर्चे को केवल मजदूर वर्ग पर आधारित बनाना—गलत था और यह नीति पार्टी लेखकों को स्वीकार न थी।)

यह महमूदुज्जफर की मान्यता थी कि हमें सर्वहारा बुद्धिजीवियों का भरोसा करना चाहिए। इस सम्बन्ध में उनसे मेरा तीव्र मतभेद था। उन्होंने किस तरह मेरी आलोचना की, उसका विवरण उन्हीं के शब्दों में इस प्रकार है : ''इस्माइल (महमूदुज्जफर) ने रा.वि. की इस स्थापना की तीखी आलोचना की कि जनवादी क्रान्ति (इससे उनका जो भी आशय हो) के सम्पन्न हो जाने से पहले सर्वहारा बुद्धिजीवी समुदाय (proletarion intelligentsia) अस्तित्व में नहीं आता और हमें निम्न पूँजीवादियों (रा.वि. की सबसे बाद की स्थापना है—गरीब निम्न पूँजीवादियों) को अपना आधार बनाना चाहिए; हमारा आन्दोलन मध्यवर्गीय है। रा.वि. ने यह साबित करने को कि जनवादी क्रान्ति हुए बिना कोई सामाजिक परिवर्तन नहीं हो सकता, लेनिन, क्लासिक ग्रन्थों (मार्क्स एंगेल्स की रचनाओं), और कौमिनफॉर्म (यूरोपियन कम्युनिस्ट पार्टियों की सूचना समिति के मुखपत्र) से उद्धरण दिए। इसलिए निम्न-पूँजीवादी वर्ग ही वह मुख्य आधार होगा जिससे बुद्धिजीवी समुदाय के सदस्य प्राप्त किए जाएँगे; वहीं संस्कृति की लड़ाई लड़ी जाएगी। इस्माइल की आलोचना इतनी विस्तृत और ब्यौरेवार नहीं थी कि ये सब उलझनें दूर हो जातीं लेकिन उससे रा.वि. की स्थापनाओं के खतरनाक और गलत परिणामों के प्रति साथी अवश्य सचेत हुए। तब उन्होंने यह स्थिति स्वीकार की कि हम अपने कार्यकर्ता मध्यवर्ग से तो अवश्य प्राप्त करेंगे और वहाँ पूँजीपति वर्ग के विरुद्ध विचारधारात्मक संघर्ष चलाएँगे, पर हमें मध्यवर्ग को सर्वहारा की ओर उन्मुख करना चाहिए और संघर्ष के दौरान स्वयं सर्वहारा वर्ग से कार्यकर्ता विकसित हों, इसमें वास्तविक सहायता करनी चाहिए। परिप्रेक्ष्य यह होगा कि संस्कृति की लड़ाई में सर्वहारा वर्ग की और ज्यादा दिलचस्पी हो, उसका और ज्यादा हस्तक्षेप हो।''

महमूदुज्जफर का यह विवरण बहुत महत्त्वपूर्ण है। न उनका कोई मसौदा स्वीकार किया गया था, न बुद्धिजीवियों के सामाजिक उद्गम के बारे में उनकी स्थापना स्वीकार की गई थी। उनका वामपन्थी अवसरवाद स्पष्ट था और वह उसे पार्टी लेखकों से मंजूर कराने में असफल हुए थे। यदि आगे चलकर दक्षिणपन्थी अवसरवाद ने प्रगतिशील लेखक संघ को भीतर से न तोड़ दिया होता तो इस वामपन्थी अवसरवाद को नियन्त्रित करने की शक्ति पार्टी लेखकों में थी। अप्रैल 1949 में प्रान्तीय और केन्द्रीय स्तरों के नेता दूसरी पार्टी कांग्रेस की सही बातों से दूर हटते जा रहे थे और उसकी गलत बातों को विस्तार देते जा रहे थे। पार्टी कांग्रेस के राजनीतिक प्रस्ताव में एक अनुभाग का शीर्षक है : 'जनवादी क्रान्ति का कार्यक्रम'। किन्तु महमूदुज्जफर की समझ में न आ रहा था कि जनवादी क्रान्ति से रा.वि. का आशय क्या है। इस क्रान्ति के फलस्वरूप जो सरकार बनती, वह

"मजदूरों, मेहनतकश किसानों और उत्पीड़ित निम्न पूँजीवादियों की प्रतिनिधि" होती। उत्पीड़ित निम्न पूँजीवादियों और गरीब निम्न पूँजीवादियों में विशेष अन्तर हो, ऐसी बात न थी। हमारे पार्टी-नेता को इस समय सर्वहारा वर्ग के आगे और कोई वर्ग दिखाई न देता था। पार्टी कांग्रेस के प्रस्ताव में जनवादी क्रान्ति से सर्वहारा क्रान्ति को मिला देनेवाली स्थापना भी थी। "जनता की जनवादी क्रान्ति को सम्पन्न करना है जनवादी क्रान्ति के अधूरे कार्य पूरे करने के लिए और उसके साथ-साथ समाजवाद के निर्माण के लिए (the simultaneous building up of Socialism)।" समाजवाद का निर्माण समाजवादी क्रान्ति के फलस्वरूप ही होगा। एक तरफ जनवादी क्रान्ति के कार्य पूरे होंगे, दूसरी तरफ साथ-साथ समाजवाद का निर्माण होगा अर्थात् दोनों क्रान्तियाँ एक साथ सम्पन्न होंगी। इनमें जनवादी क्रान्ति पीछे छूट गई, मंच पर रह गई केवल सर्वहारा क्रान्ति। इसलिए महमूदुज्जफर केवल मजदूर वर्ग को प्रगतिशील लेखकों का सामाजिक स्रोत बनाने की बात कह रहे थे। बुद्धिजीवी समुदाय के सामाजिक उद्‌भव, वर्गीय दृष्टि आदि के बारे में अपने विचार मैंने 'जन-आन्दोलन और बुद्धिजीवी वर्ग' नाम के निबन्ध में स्पष्ट कर दिए थे।

पार्टी लेखक समिति में इन दिनों भारतभूषण अग्रवाल भी थे।

मैंने मार्क्सवाद के अध्ययन के लिए जो मुद्दे पेश किए थे, उनके बारे में महमूदुज्जफर की राय थी कि वह चतुराई से लेखकों को जनसंघर्षों से दूर रखने का तरीका था; इस मोर्चे के पार्टी सदस्य अमूर्त अध्ययन में उलझे रहें और पूँजीपतियों से केवल सैद्धान्तिक लड़ाई लड़ते रहें।

यह समझना कठिन है कि अध्ययन के लिए प्रस्तावित किस विषय पर महमूदुज्जफर को आपत्ति थी। (1) पार्टी थीसिस और सांस्कृतिक मोर्चे के लिए उसके परिणाम—पार्टी लेखक अपनी पार्टी का राजनीतिक प्रस्ताव न पढ़ें, सांस्कृतिक मोर्चे के लिए उससे जो भी परिणाम निकलते हों, उन पर विचार न करें, इससे अधिक आश्चर्य की बात और क्या होगी? (2) साहित्य पर लेनिन के विचार, (3) सोवियत संघ में साहित्य समालोचना और (4) कौडवेल, फौक्स आदि (मार्क्सवादी सिद्धान्तकारों) की कृतियों का अध्ययन—इस पर उसी को आपत्ति हो सकती थी जो साहित्य के सन्दर्भ में मार्क्सवाद के अध्ययन को ही अनावश्यक समझता हो। (5) सोवियत संघ में भाषा समस्या—इस विषय पर क्यों आपत्ति हो जब स्वयं महमूदुज्जफर यह अनुभव करने लगे थे कि भाषा समस्या वर्ग संघर्ष की समस्या से जुड़ी हुई है? इन विषयों के बदले अन्य किन्हीं विषयों का अध्ययन करना चाहिए या नहीं, उन्होंने नहीं बताया।

पार्टी लेखक जो समस्याएँ बार-बार बहस के लिए सामने ला रहे थे, उनके निराकरण के लिए मैंने कुछ निश्चित सुझाव दिए थे। इतिहास (वास्तव में सांस्कृतिक इतिहास) के प्रति हमारा दृष्टिकोण क्या हो, इसके लिए एंगेल्स की

पुस्तक **लुडबिग फायरबाख** पढ़ें। जो लोग शाश्वत मूल्यों की बातें बहुत करते थे, वे एंगेल्स की पुस्तक **ऐण्टी डूयरिंग** पढ़ें। प्रेम की धारणा शाश्वत है या परिवर्तनशील, यह जानने के लिए एंगेल्स की पुस्तक **परिवार, व्यक्तिगत सम्पत्ति और राज्यसत्ता का उद्‌भव** पढ़ें। अमरीकी और ब्रिटिश प्रतिक्रियावादियों का पर्दाफाश कैसे किया जाता है, यह समझने के लिए 'सोवियत लिटरेचर' पत्रिका पढ़ें। यदि यह नियम बना दिया जाता कि कोई पार्टी लेखक सांस्कृतिक विरासत, शाश्वत मूल्यों और प्रेम के सवालों पर बहस न करेगा और अमरीकी ब्रिटिश प्रतिक्रियावादियों का पर्दाफाश न करेगा, तब इस अध्ययन की कोई जरूरत न होती। प्रसन्नता की बात है कि महमूदुज्जफर ने प्रान्तीय पार्टी-नेताओं के लिए अध्ययन की आवश्यकता पहचानी थी। उनका सुझाव था कि "प्रान्तीय सचिव मण्डल के सभी सदस्यों को पिछले एक साल के **हंस, विप्लव, नया साहित्य** और **नया अदब** (उर्दू पत्रिका) के अंक पूरी तरह (thoroughly) पढ़ने चाहिए। उन्हें भाषा–(समस्या) पर रा.वि. का निबन्ध (अंग्रेजी में उसका संक्षेप) तथा हिन्दी-उर्दू साहित्य पर रा.वि. और अलीम की रिपोर्टें पढ़नी चाहिए।...उन्हें ये चीजें भी पढ़नी चाहिए–

–नौ पार्टियों के सम्मेलन में मलेंकोव की रिपोर्ट (बौद्धिक मोर्चे पर काम से सम्बन्धित अंश);

–ज्दानोव की रिपोर्ट और 'सोवियत बुद्धिजीवियों के कार्य';

–कौमिन फौर्म"।

यदि प्रान्तीय नेता इस सुझाव के अनुसार कार्य करते तो निस्सन्देह उनका बौद्धिक स्तर ऊँचा होता, उन्हें सांस्कृतिक मोर्चे पर ही नहीं, राजनीतिक मोर्चे पर भी अपने काम में मदद मिलती। पर यह सब होने वाला नहीं था। आठ महीने बाद कम्युनिस्ट पार्टी के भीतर भयंकर आन्तरिक संघर्ष छिड़ने वाला था। पर उससे पहले मई 1949 में भिवंडी (बम्बई) में अखिल भारतीय प्रगतिशील लेखक सम्मेलन हुआ। इसमें पार्टी नेतृत्व और पार्टी लेखकों के काम का कोई विवरण प्राप्त नहीं है पर कुछ बातें याद हैं। उन्हें लिख देना उचित होगा। यह सम्मेलन केन्द्रीय पार्टी नेतृत्व की देखरेख में हुआ। पौलिट ब्यूरो की ओर से डा. गंगाधर अधिकारी सारे काम की देखभाल करते थे। वह महमूदुज्जफर से बिलकुल भिन्न कोटि के व्यक्ति थे। सम्मेलन से पहले और बाद को भी वे मुझे अध्ययन के लिए प्रोत्साहित करते रहे। उनके साथ काम करना मेरे लिए बहुत रुचिकर था। सम्मेलन के समय वह भूमिगत थे; किसी पार्टी सदस्य के माध्यम से पत्राचार होता था। उन्होंने अपनी ओर से घोषणापत्र या अन्य किसी दस्तावेज का मसौदा बना कर नहीं भेजा; हर चीज पर निगाह रखते थे पर सारा काम उन्होंने पार्टी-लेखक-समिति पर छोड़ दिया था। इस समिति में अब्दुल अलीम और बम्बई के कुछ साथी थे; मैं भी था। संगठन का काम मुख्य रूप से कैफी आजमी करते थे।

बम्बई में सम्मेलन पर बैन लगा दिया गया था; इसलिए गुप्त रूप से वह भिवंडी में किया गया था। उसमें मुख्य रूप से हिन्दी-उर्दू, बंगला, मराठी, और तेलगू के लेखक शामिल हुए थे। किसी कालेज या स्कूल का बड़ा हॉल था जिसमें सम्मेलन हुआ था। गुप्त रूप से सम्मेलन करने पर भी हॉल लेखकों और दर्शकों से भरा हुआ था। सम्मेलन के बाद उसमें हमारे काम की कोई आलोचना पौलिट ब्यूरो ने की हो, मुझे याद नहीं।

6. प्रान्तीय नेतृत्व और पार्टी लेखक

प्रान्तीय स्तर पर पार्टी लेखक समिति की जो बैठकें हुई थीं, महमूदुज्जफर ने अक्तूबर 1949 में उनका विवरण तैयार किया। इसमें इस महत्त्वपूर्ण तथ्य का उल्लेख है कि पिछले डेढ़ साल में गोरखपुर, बस्ती, मेरठ, झाँसी, रामपुर आदि स्थानों में प्रगतिशील लेखक संघ की नई शाखाएँ खोली गईं; कानपुर, अलीगढ़, इलाहाबाद, लखनऊ जैसे स्थानों में "(दमन के बावजूद) कार्यवाही फिर चालू की गई (revival of activities)"। भिवंडी सम्मेलन के बाद, 1949 के उत्तरार्द्ध में प्रगतिशील लेखक संघ खूब सक्रिय था, पहले से कहीं अधिक सक्रिय था। जहाँ पुरानी शाखाओं का काम ठप पड़ा था, वहाँ उसे फिर चालू किया गया; जहाँ शाखाएँ नहीं थीं, वहाँ लेखकों के नए संगठन बनाए गए। इन शाखाओं में जनपदीय कवियों की खासी संख्या थी; किसान आन्दोलन से इनका घनिष्ठ सम्बन्ध था। यह सारा प्रसार इस कारण सम्भव हुआ कि पार्टी-नेतृत्व प्रगतिशील लेखक संघ की आवश्यकता महसूस करता था और प्रान्त तथा जिले के स्तर पर पार्टी सदस्य मानते थे कि प्रगतिशील लेखक संघ की शाखाओं का गठन और कार्य-संचालन उनकी जिम्मेदारी है।

प्रान्तीय पार्टी लेखक समिति के बारे में महमूदुज्जफर का कहना था कि वह आन्दोलन की आवश्यकताओं और सम्भावनाओं के अनुरूप आगे न बढ़ रही थी। उसने अभी तक अपने काम की कोई आत्मालोचनात्मक रिपोर्ट पेश न की थी। इस समिति के सदस्य और अधिकांश पार्टी लेखक निम्न पूँजीवादी वर्ग के हैं। (स्वयं महमूदुज्जफर अभिजात वर्ग के सदस्य थे।) "इस निम्न पूँजीवादी नेतृत्व का अतीत गहरा दक्षिणपन्थी सुधारवादी रहा है और जन-संघर्षों का उसे कोई अनुभव नहीं है।" (जून 1939 के मासिक न्यू एज में महमूदुज्जफर ने लिखा था, "मुस्लिम लीग आज एक वास्तविक जन संगठन है। आम मुस्लिम जनता यह विश्वास करती है कि उसे अपनी आजादी ब्रिटिश साम्राज्यवाद और हिन्दू पूँजीवाद से प्राप्त करनी है।" देखें **भारत में अंग्रेजी राज और मार्क्सवाद, खण्ड 1, पृ. 396**)। ज्यादा दिलचस्प बात आगे है, "रा.वि. को छोड़कर किसी ने नए सिरे से मार्क्सवादी शिक्षा के लिए गम्भीर प्रयत्न नहीं किया। दूसरी पार्टी कांग्रेस के बाद अब तक जो काम किया गया है,

उसके सिलसिले में, लगता है किसी ने भी आत्मालोचना नहीं की, रा.वि. ने भी नहीं। इससे पता चलता है कि दूसरी पार्टी कांग्रेस के बाद यह चेतना नहीं के बराबर है कि दक्षिणपन्थी सुधारवाद की जड़ें कितनी गहरी रही हैं और कितनी निर्ममता से उससे लड़ना है और उसे निर्मूल करना है, कैसे इस नए दौर में अन्य मोर्चों की तरह सांस्कृतिक मोर्चे पर भी नेतृत्व की वर्गीय संरचना में आमूल परिवर्तन करना पड़ेगा।'' इसे हम वामपन्थी विसर्जनवाद कह सकते हैं। राजनीतिक मोर्चे पर ही सर्वहारा उद्भव के नेता न मिल रहे थे, सांस्कृतिक मोर्चे के लिए उन्हें प्राप्त करना और भी कठिन था। महमूदुज्जफर का बस चलता तो वह पार्टी लेखक समिति को भंग कर देते; जब अध्ययन नहीं करना, साहित्य नहीं लिखना, केवल जन-संघर्षों में भाग लेना है तब लेखक संघ, लेखक समिति जैसी चीजों की जरूरत क्या है? यह वामपन्थी विसर्जनवाद की लाइन थी। इसे वह अमल में नहीं ला पाए, इसका एक कारण यह था कि ''साथी बार-बार 'अकेले पड़ जाने' (isolation) के भय की बात करते थे, नई लाइन 'अति वामपन्थी (ultra leftist)' है, इस भय की बात करते थे।'' सांस्कृतिक मोर्चे पर, उस समय के संयुक्त प्रान्त में, अधिकांश पार्टी लेखक दुःसाहसिक कार्यवाही के लिए तैयार न थे, 'अति वामपन्थी' लाइन के खतरे के बारे में वे सतर्क थे, यह तथ्य महत्त्वपूर्ण है।

पार्टी लेखकों की एक बैठक इलाहाबाद में अक्तूबर 1948 में हुई थी। इसका अलग से विवरण सुलभ नहीं है। किन्तु, अक्तूबर 1949 की रिपोर्ट में उसका उल्लेख है। मार्क्सवादी लेखक कृपया उसे ध्यानपूर्वक पढ़ें—

''अक्तूबर 1948 में इलाहाबाद की बैठक के लिए प्रान्तीय सचिव मण्डल ने एक नोट भेजा था। उसमें पार्टी लेखक समिति का आह्वान किया गया था कि साहित्य को पक्षधर बनाए, लेखक जनसंघर्षों में पक्षधर बनें। यह नोट औपचारिक रूप से स्वीकार कर लिया गया। लेकिन कामरेड रा.वि. ने, जो बैठक में विचार-विमर्श का नेतृत्व कर रहे थे, कहा कि प्रान्तीय सचिव मण्डल ने केवल लेनिन और ज्यानोव को दोहरा दिया है, उसका अपना कोई नया योगदान नहीं है। इससे पता चलता है (महमूदुज्जफर कह रहे हैं) कि दूसरी पार्टी कांग्रेस की लाइन के बारे में पार्टी लेखक समिति की समझ कितनी औपचारिक और सतही थी, उसके सदस्य खुद अपने सुधारवाद के बारे में, जन-संघर्षों से अपने विलगाव के बारे में कितने गैर-आलोचनात्मक थे।

(इस गहरे सुधारवाद के बावजूद उस बैठक से लेखकों—और नेताओं—को महत्त्वपूर्ण उपलब्धि होती दिखाई दी तो यह चमत्कार ही था!)

''बेशक पार्टी लेखक समिति की इस बैठक ने कुछ बहुत अच्छी चीजें कीं। आज संसार में जो परस्पर तीव्र रूप से भिन्न दो विचारधारात्मक शिविर हैं, उन्हें उसने प्रस्तुत किया; हिन्दी साहित्य में जो प्रतिक्रियावादी प्रवृत्तियाँ हैं और जिन रूपों में

दक्षिणपन्थी सुधारवाद साहित्य में व्यंजित हो रहा था, उन्हें स्पष्ट चिह्नित किया। उसका कहना था : 'साहित्य में दक्षिणपन्थी सुधारवादी भटकाव रूपवाद के वेश में और प्रतिक्रियावादी पूँजीवादी लेखकों के समर्थन में व्यंजित होता है। दोनों ही रूपों में वह प्रगतिशील लेखन के विकास में बाधा डालता है। वह साहित्य के पक्षधर स्वरूप को अस्वीकार करता है और मार्क्सवादी आलोचना की धार को कुन्द कर देता है।' पार्टी-लेखक-समिति ने राष्ट्रभाषा के सवाल पर बहुत उपयोगी और समयोचित बहस की शुरुआत भर की। इस तरह सांस्कृतिक मोर्चे की महत्त्वपूर्ण समस्याओं के सिलसिले में पार्टी लेखक समिति ने स्वयं को मार्क्सवादी थ्योरी पर आधारित करने का गम्भीर प्रयत्न किया। इसका मुख्य श्रेय रा.वि. को है।

"फिर भी कोई आत्मालोचना नहीं हुई, कोई क्रान्तिकारी परिप्रेक्ष्य नहीं देखा गया, न (आगे के लिए) कार्य निश्चित किए गए। आम जनता और उसके संघर्ष से अलगाव खत्म करने का कोई सचेत प्रयास नहीं किया गया।"

महमूदुज्जफर को पार्टी लेखक समिति से, और मुझसे, किन कामों की अपेक्षा थी, यह उन्होंने उस समय साफ-साफ हमें कभी नहीं बताया।

दिसम्बर 1948 में पार्टी लेखक समिति की बैठक में भाषा समस्या पर अलीम की धारणाओं की आलोचना करते हुए मैंने कहा था, "वह भाषा-के सवाल पर उदारपन्थी पूँजीवादी और मार्क्सवादी दृष्टिकोण में भेद नहीं करते।" इस पर महमूदुज्जफर ने अपनी रिपोर्ट में लिखा था, "कुल मिलाकर यह आलोचना सही थी। लेकिन कामरेड रा.वि. रियासत (अलीम) द्वारा व्यंजित रुझान को तीखे ढंग से चिह्नित नहीं करते। ठीक है, हमें मार्क्सवादी और उदारपन्थी पूँजीवादी थ्योरी में भेद करना चाहिए। लेकिन आज सभी पूँजीवादी थ्योरी **प्रतिक्रियावादी** है। यदि वह उदारपन्थी भेस में हो तो और भी खतरनाक है।" (शब्दों पर जोर उन्हीं का है।) महमूदुज्जफर ढुलमुल पूँजीवादी नीति और सुसंगत प्रतिक्रियावादी नीति में भेद न कर रहे थे। साम्राज्यवाद और देशी पूँजीवाद दोनों को एक साथ खत्म करना था, इसलिए दोनों की नीति भी समान रूप से प्रतिक्रियावादी थी। उन्हें शिकायत थी कि भाषा समस्या पर सारी बहस अमूर्त सैद्धान्तिक ढंग से हुई थी और इस सिलसिले में प्रगतिशील लेखक संघ के ठोस कार्य निश्चित न किए गए थे। भाषा समस्या पर केन्द्रीय नेतृत्व ने अभी कोई नीति निर्धारित न की थी। इस विवरण में स्वीकार किया गया है, "यह सही है कि समस्या अभी विचार-विमर्श के दौर में थी और कामरेड रा.वि. की थीसिस पर केन्द्र से कोई अन्तिम राय प्राप्त न हुई थी, अतः इस मामले में वास्तविक कठिनाई थी।" फिर भी पार्टी लेखकों को आन्दोलन के लिए ठोस कार्य निश्चित कर लेने चाहिए थे! "इस बैठक ने एक बार फिर दिखा दिया कि पार्टी लेखक समिति जन-संघर्षों से कितनी दूर है।" इसका एक प्रमाण यह था कि रेल कर्मचारी आम हड़ताल करने वाले थे और लेखकों की "कार्यसूची में उसे शामिल

न किया गया था।"

पार्टी लेखक समिति के सदस्य विभिन्न जिलों के थे। इन जिलों की पार्टी समितियों को यह पता न था कि लेखकों को प्रान्तीय या राष्ट्रीय स्तर पर क्या काम करना है। वे अपने आए दिन के कामों में इन्हें लगाना चाहते थे। कोई लेखक उनकी बात न माने तो वे इसे सुधारवाद का लक्षण समझ बैठते थे। हम लोगों ने यह स्थिति प्रान्तीय नेताओं के सामने रखी थी। उस समय कोई स्पष्ट उत्तर न मिला था पर इस नोट में अमृतराय, प्रकाशचन्द्र गुप्त, अलीम, रा.वि.—सभी की शिकायतों का उल्लेख है। महमूदुज्जफर का निष्कर्ष यह है कि सांस्कृतिक मोर्चे पर पार्टी नेतृत्व निम्न पूँजीवादी है, स्वयं को मार्क्सवाद और मजदूर वर्ग पर आधारित नहीं करता, "पार्टी सदस्य की सामान्य जिम्मेदारियों से बचने का अधिकार चाहता है।" इस स्थिति को बदलने के लिए उनका पहला सुझाव यह था, "कामरेड रा.वि. को पार्टी लेखक समिति के वास्तविक सचिव की तरह काम करना चाहिए (ऐसा कोई पद नहीं था, न उस पर मेरी नियुक्ति हुई थी) और इस काम को प्राथमिकता के आधार पर अधिक समय देना चाहिए। प्रान्तीय सचिव मण्डल से उनका और नजदीकी सम्पर्क होना चाहिए और जो एक दो अधिक महत्त्वपूर्ण केन्द्र हैं, वहाँ उन्हें जाना चाहिए। अन्य केन्द्रों से पत्र व्यवहार करना चाहिए या वहाँ की परिस्थिति पर बातचीत के लिए साथियों को अपने पास बुला लेना चाहिए।"

पार्टी के प्रान्तीय सचिव मण्डल ने इस प्रस्ताव पर कोई फैसला किया या नहीं, मुझे नहीं मालूम। किन्तु जिले के स्तर पर पार्टी लेखक जिला समिति के अनुशासन में काम करते थे। उन्हें बुलाने या किसी काम में लगाने का अधिकार पार्टी की प्रान्तीय समिति को ही था। पार्टी संगठनों की शृंखला में पार्टी लेखक समिति जैसी चीज का कोई स्वतन्त्र अस्तित्व न था। महमूदुज्जफर एक तरफ चाहते थे कि लेखक समिति का हर सदस्य जिला पार्टी के आदेशानुसार आए दिन के पार्टी कामों में भाग ले, दूसरी तरफ वह चाहते थे कि समिति के सदस्य—विशेष रूप से उसके सचिव के रूप में रा.वि.—स्वतन्त्र रूप से काम करें। इस घपलेबाजी का मुख्य कारण यह था कि पार्टी के प्रान्तीय नेताओं ने संगठन की इन समस्याओं पर कभी गम्भीरता से विचार न किया था।

7. पार्टी में आन्तरिक संघर्ष

यूरोप की कम्युनिस्ट पार्टियों की सूचना समिति की ओर से एक पत्र निकलता था—**स्थायी शान्ति के लिए, जनता के लोकतन्त्र के लिए** (For a lasting Peace, For a Peoples Democracy)। इस पत्र के 27 जनवरी 1950 के अंक में एक सम्पादकीय लेख छपा—'उपनिवेशों और पराधीन देशों के राष्ट्रीय स्वाधीनता आन्दोलन में जबर्दस्त प्रगति।' इस लेख के प्रकाशन के बाद भारतीय कम्युनिस्ट

पार्टी में विकट आन्तरिक संघर्ष आरम्भ हुआ। उस समय के पार्टी नेतृत्व के खिलाफ जितने लोगों ने संघर्ष चलाया, उन सबने इस सम्पादकीय लेख को अपना आधार बनाया। प्रगतिशील लेखक संघ का आन्तरिक संघर्ष पार्टी के इसी व्यापक आन्तरिक संघर्ष का एक भाग था। आगे चलकर इन लोगों ने इस सम्पादकीय लेख की आधारभूत बातें छोड़ दीं किन्तु पहले दौर में 'वामपक्षी संकीर्णतावाद' की आलोचना करने में उन्होंने इसी लेख को अपना आधार बनाया था। इस लेख में दूसरे महायुद्ध के बाद पराधीन देशों के स्वतन्त्रता आन्दोलनों में हथियारबन्द लड़ाई चलाने पर विशेष जोर दिया गया था। इस सन्दर्भ में चीन, वियतनाम, मलाया, दक्षिण कोरिया, इण्डोनेशिया के सशस्त्र संघर्षों की मिसाल दी गई थी। भारत के कम्युनिस्टों का कर्तव्य यह था कि चीन तथा अन्य देशों के राष्ट्रीय स्वाधीनता आन्दोलनों के अनुभव से लाभ उठाते हुए सभी किसानों के साथ मजदूर वर्ग का गठबन्धन मजबूत करें, अति आवश्यक कृषि सुधारों के लिए लड़ें, और "अपने देश की राष्ट्रीय स्वाधीनता और आजादी के लिए सामान्य संघर्ष के आधार पर उसका उत्पीड़न करने वाले ब्रिटिश अमरीकी साम्राज्यवादियों के खिलाफ और उनसे सहयोग करने वाले प्रतिक्रियावादी बड़े पूँजीपतियों और सामन्ती नरेशों के खिलाफ उन सभी वर्गों, पार्टियों, गुटों और संगठनों को एकताबद्ध करें जो भारत की राष्ट्रीय स्वाधीनता और आजादी की रक्षा करने को तैयार हों।"

इस लेख के आधार पर काफी समय तक कम्युनिस्ट पार्टी ने इस धारणा का प्रचार किया कि भारत आजाद नहीं हुआ। ब्रिटिश अमरीकी साम्राज्यवादी भारत का उत्पीड़न कर रहे हैं, इसलिए भारतीय जनता को अपनी स्वाधीनता के लिए लड़ना है। पिछले दिनों कई 'मार्क्सवादी' और पूँजीवादी लेखकों ने कम्युनिस्ट पार्टी की आलोचना इस बात के लिए की है कि जो बात सबको दिखाई दे रही थी—भारत आजाद हो गया है—वह कम्युनिस्ट पार्टी को दिखाई न दे रही थी। ऐसे लेखकों को पहले अपनी आँखें ठीक करानी चाहिए जो उन्हें भारत में 1947 के बाद सुरक्षित चली आती ब्रिटिश पूँजी और भारतीय भाषाओं पर अंग्रेजी भाषा का प्रभुत्व नहीं दिखाई देता। ऐसे लोगों के लिए जनवादी क्रान्ति के अधूरे कार्य पूरे करने का सवाल ही पैदा नहीं होता। उनके सामने दो वैकल्पिक मार्ग हैं : (1) जनवादी क्रान्ति के सभी कार्य पूँजीवादी नेताओं ने पूरे कर लिए हैं, इसलिए अब समाजवादी क्रान्ति के लिए आगे बढ़ना चाहिए; (2) जनवादी क्रान्ति के सभी कार्य पूरे करने के बाद पूँजीवादी नेता स्वाधीन विकास के मार्ग पर आगे बढ़ रहे हैं, इसलिए देशी-विदेशी प्रतिक्रियावादियों के खिलाफ उनका समर्थन करना सभी प्रगतिशील जनों का कर्तव्य है। ये दोनों रास्ते गलत हैं।

1945-47 में कम्युनिस्ट पार्टी तथा अन्य गैर-कांग्रेसी गुटों, नेताओं ने साम्राज्य-विरोधी आन्दोलन चलाया; इसमें शामिल न होकर, उसका खुलकर विरोध

न करके पूँजीवादी नेताओं ने उससे लाभ उठाया, अंग्रेजों पर उसका दबाव डालकर राजनीतिक स्वाधीनता प्राप्त की। इसके साथ ही मुस्लिम सम्प्रदायवाद की मदद से अंग्रेजों ने जवाबी हमला किया, देश का बँटवारा किया और अपने आर्थिक हित यहाँ सुरक्षित बनाए रहे। परिस्थिति के इन दोनों पक्षों पर ध्यान दिए बिना सही नीति निर्धारित न की जा सकती थी। कम्युनिस्ट पार्टी की दूसरी कांग्रेस के प्रस्ताव में भारतीय राज्यसत्ता को साम्राज्यवाद के मातहत मानते हुए भी उसे पूँजीपति वर्ग की सत्ता कहा गया था, केवल बड़े पूँजीपतियों की सत्ता नहीं; जनता और उसके संघर्षों के सन्दर्भ में 15 अगस्त के परिवर्तन को ''राष्ट्रीय पूँजीपति वर्ग की स्थिति में भारी परिवर्तन'' माना गया था; दूसरे महायुद्ध के बाद क्रान्तिकारी उभार ने ''साम्राज्यवाद को बाध्य किया था कि अपनी रणनीति बदले... साम्राज्यवाद पूँजीपति वर्ग को भारी रियायतें देता है और उसे शासन सत्ता सौंपता है कि वह अपने संकीर्ण स्वार्थी हितों में भारतीय जनता पर हुकूमत करे।'' पार्टी कांग्रेस के प्रस्ताव में पूँजीवादी नेताओं पर हिन्दू-मुस्लिम दंगों का दबाव डालने और भारत का बँटवारा करने की बात भी साम्राज्यवाद के लिए कही गई थी। **स्थायी शान्ति के लिए, जनता के लोकतन्त्र के लिए**—इस पत्र के सम्पादकीय स्तम्भ में 1945-47 के क्रान्तिकारी उभार, पूँजीवादी नेताओं द्वारा उसके उपयोग, साम्राज्यवाद के जवाबी हमले और भारत के विभाजन का उल्लेख नहीं था। इसलिए उस दस्तावेज के आधार पर सही ढंग से आन्तरिक पार्टी संघर्ष भी न चलाया जा सकता था। वास्तव में यह दस्तावेज पार्टी कांग्रेस के प्रस्ताव से दो कदम पीछे थे। यह मेरी आज की समझ है; उस समय मैं उसे सही मानता था।

उक्त सम्पादकीय लेख के प्रकाशित होने के बाद जुलाई 1950 में दिल्ली, राजस्थान और पंजाब के प्रगतिशील लेखकों का सम्मेलन दिल्ली में हुआ। इस सम्मेलन के लिए पार्टी केन्द्र से हमें कोई निर्देश न मिले थे। सम्मेलन के लिए पहल दिल्ली के पार्टी लेखकों ने की थी और उसकी तैयारी में गैर-पार्टी लेखकों ने भी सहायता की थी। पार्टी सदस्यों की भूमिका के बारे में किसी ने कोई रिपोर्ट लिखी हो तो मुझे मालूम नहीं। सम्भवतः इस सम्मेलन के कुछ दिन बाद मैंने प्रगतिशील लेखक संघ की एक स्थानीय शाखा में 'साम्राज्यवाद और संस्कृति' विषय पर भाषण दिया। यह भाषण लखनऊ में हुआ था। प्रान्तीय नेताओं में किसी ने इस भाषण पर 'प्रसाद' नाम से नोट लिखा था। मैं नहीं जानता 'प्रसाद' नाम से यह नोट किसने लिखा था। उनके साथ प्रान्तीय समिति के और सदस्य भी रहे होंगे क्योंकि लिखा है, ''भाषण में खास तौर से मैं, कामरेड मसूद, कामरेड टैट (Tat) और कामरेड चौधरी उपस्थित हुए क्योंकि हम यह देखना चाहते थे कि डॉ. साहब ने नई समझ को कैसे ग्रहण किया है और उसे कैसे लागू कर रहे हैं।'' मुझे मालूम नहीं, ये उनके वास्तविक नाम थे या छद्‌म नाम थे, छद्‌म नाम थे तो वास्तविक नाम क्या थे। भाषण पर नोट

लिखने वाला व्यक्ति प्रान्तीय नेतृत्व की ओर से बोल रहा है, यह स्पष्ट है। दस्तावेज पर ऊपर 1950/277 लिखा है। इसके अलावा स्थान या तारीख की और कोई सूचना नहीं है।

इस भाषण में मेरी स्थापना है : ''राजनीतिक क्षेत्र में और अन्तर्राष्ट्रीय परिस्थिति में साम्राज्यवाद कमजोर पड़ा है पर साहित्य में और हमारी सांस्कृतिक कार्यवाही में उसने गहरी घुसपैठ की है। वह जमकर बैठ गया है, उसे हटाना बहुत कठिन है और हटाने का विरोध होगा।'' भारत में साम्राज्यवाद और सामन्तवाद जनता के मुख्य शत्रु हैं, भाषण में यह स्थापना भी थी। साम्राज्यवाद मुख्य रूप से सामन्ती पुनरुत्थानवादियों का भरोसा करता है। ''डॉ. रामविलास साहब ने ग्रियर्सन की कृतियों, कर्जन के भाषणों तथा अन्य ब्रिटिश साम्राज्यवादी नौकरशाहों से यह दिखाने के लिए उदाहरण दिए कि फूट डालो और राज करो की इस नीति को धार्मिक अन्ध मतवाद को मजबूत करने की नीति को, साम्राज्यवादियों ने सावधानी से 'नीम वैज्ञानिक' व्यवस्था के रूप में विकसित किया था।'' प्रगतिशील लेखक संघ में उन तमाम लेखकों को शामिल करना चाहिए जो जनता की सेवा करने के उद्देश्य से साहित्य रचें और साम्राज्यवाद तथा सामन्तवाद के विरोधी हों।

मेरे भाषण की आलोचना करते हुए 'प्रसाद' ने लिखा कि रा.वि. ने ठीक से तैयारी न की थी। उनका भाषण निहायत सतही और इधर-उधर की अनावश्यक बातों से भरा हुआ था। 'प्रसाद' के नोट में तीन बातें खासतौर से मजेदार थीं। पहली ये कि अभी साम्राज्यवाद और संस्कृति जैसे विषय पर भाषण करना ही न चाहिए क्योंकि पार्टी ने इस बारे में अपनी समझ निश्चित नहीं की। ''साहित्य में संयुक्त मोर्चे के लिए नारे देने के उद्देश्य से ऐसा विवादास्पद विषय चुनना डॉ. रामविलास के लिए उचित न था। इन मसलों पर पार्टी की समझ अभी स्पष्ट और एकताबद्ध नहीं है।''

(कब तक हो जाएगी? 1982 में मैं लिख रहा था, ''यदि कम्युनिस्ट पार्टियाँ अपनी कांग्रेसों में देश की सांस्कृतिक स्थिति के बारे में चुप रहती हैं, तो इससे साबित यह होता है कि वे साम्राज्यवाद के सांस्कृतिक दबाव से बेखबर हैं, उसके राजनीतिक परिणामों से बेखबर हैं।'' **भारत में अंग्रेजी राज और मार्क्सवाद, खण्ड 2**, पृ. 24)। दूसरी दिलचस्प बात यह थी कि जनता की सेवा करने का उद्देश्य यान्त्रिक था, काफी व्यापक नहीं था क्योंकि वह ''बहुत से उन निम्न पूँजीवादी बुद्धिजीवियों को बाहर रखता है जो कला कला के नारे से बहुत गहरे प्रभावित हैं।'' (यह दक्षिणपन्थी विसर्जनवाद था। प्रगतिशील साहित्य के लिए किसी भी सामाजिक उद्देश्य की शर्त लगाना गलत है, जनता की सेवा जैसे वर्गमुक्त, अराजनीतिक उद्देश्य की भी नहीं! यदि सामाजिक उद्देश्य से प्रेरित लेखक उसी संगठन में होंगे जिसमें कला कला के लिए का सिद्धान्त मानने वाले होंगे तो उसे **प्रगतिशील** लेखक संघ

कहना खासा मजाक होगा।)

तीसरी दिलचस्प बात यह थी कि यद्यपि साम्राज्यवाद और संस्कृति के बारे में पार्टी नेताओं की समझ साफ नहीं थी, फिर भी वे साहित्य में संकीर्णतावाद के खिलाफ अभियान चलाना बहुत जरूरी समझते थे। "ईमानदारी और गम्भीरता से आत्मालोचना की जाए, यह जरूरी है। पूरी बहस जरूरी है...साम्राज्यवाद विरोध की व्याख्या सावधानी से करनी चाहिए। इस नारे की व्याख्या करते समय एक बड़े **विचारधारात्मक संघर्ष** की जरूरत को, धैर्यपूर्वक सुसंगत रूप से पर्दाफाश करने की जरूरत को, और पिछली वामपन्थी नीति के मौजूदा परिणामों को, ध्यान में रखना जरूरी है। इस सारे मसले पर हम अभी अध्ययन कर रहे हैं और अभी काफी स्पष्ट नहीं है। इसलिए मैं अभी ठोस वैकल्पिक नारे नहीं दे सकता।" आशय यह कि साम्राज्यवाद के बारे में हमें अभी चुप रहना चाहिए।

दिलचस्प बात है कि साम्राज्यवाद के बारे में अखिल भारतीय प्रगतिशील लेखक संघ का प्रथम घोषणापत्र भी चुप था। 1950 में पार्टी नेतृत्व के लिए मैंने एक नोट तैयार किया था—'प्रगतिशील लेखक संघ सम्बन्धी दो भटकाव'। इसमें मैंने उस घोषणापत्र के बारे में लिखा था कि लेखकों को साम्राज्यविरोधी और साम्राज्यसमर्थक शिविरों में बाँटने के बदले उन्हें बुद्धिवादी और अबुद्धिवादी, प्रगतिवादी और प्रतिक्रियावादी शिविरों में बाँटा गया था। मेरे नोट का आधार **स्थायी शक्ति के लिए, जनता के लोकतन्त्र के लिए** पत्र का 27 जनवरी 1950 का सम्पादकीय लेख था। यह मानते हुए कि वामपन्थी भटकाव मुख्य है, मैंने लिखा था कि सम्पादकीय लेख के अनुसार हमें चीन तथा अन्य देशों के मुक्ति आन्दोलन के अनुभव से लाभ उठाना चाहिए, सभी किसानों से मजदूर वर्ग की एकता कायम करनी चाहिए, अति आवश्यक कृषि-सुधार लागू करने के लिए संघर्ष करना चाहिए, उन सभी संगठनों, पार्टियों, व्यक्तियों से एकता कायम करनी चाहिए जो राष्ट्रीय स्वाधीनता की रक्षा के लिए संघर्ष करने को राजी हों—ये सब काम नहीं किए गए और इसका कारण वामपन्थी भटकाव था। उन दिनों वामपन्थी संकीर्णतावाद की चर्चा जोरों पर थी। मैंने अपने नोट में दक्षिणपन्थी भटकाव की ओर भी ध्यान आकर्षित किया था।

पार्टी नेतृत्व के विरुद्ध पूरनचन्द्र जोशी जोरदार अभियान चला रहे थे। उन्हें लक्ष्य करके मैंने लिखा था, "**स्थायी शान्ति के लिए** वाले सम्पादकीय लेख के प्रकाशन के बाद पूरनचन्द्र जोशी ने जो मत प्रकाशित किया है और पार्टी के कुछ हलकों पर तथा पार्टी-हमदर्दों पर उसका जो प्रभाव पड़ रहा है, पार्टी के काम करने के ढंग पर उन्होंने जो आतंकवाद के आरोप लगाए हैं, वे सरकार के लिए एक बहाना पेश करते हैं कि वह पार्टी पर बैन लगाए और सभी जनवादी कार्यवाही का दमन करे। इस सबसे खतरा यह पैदा होता है कि एक भटकाव छोड़कर हम दूसरा अपना लें, अगस्त 1947 की रणनीति और कार्यनीति की ओर लौट चलें।" आगे प्रगतिवाद

और प्रगतिशील लेखक संघ के बारे में मैंने लिखा था, "प्र. ले. सं. में 'प्रगतिशील'–शब्द अनेक गलत धारणाओं और भ्रान्तियों का स्रोत रहा है। अखिल भारतीय प्र. ले. सं. का पहला घोषणापत्र पढ़ते हुए हमें लगता है कि यह नाम किसी उद्देश्य से चुना गया है। घोषणापत्र के अनुसार जो लेखक प्र. ले. सं. में शामिल होना चाहें, उनके लिए बुनियादी शर्त बुद्धिवाद (rationalism) की है। उसके मत से क्लासिकी साहित्य के 'विघटन' के बाद, प्र. ले. सं. से पहले का मध्यकालीन साहित्य, आधुनिक साहित्य भी, बंजर, निर्जीव और अबुद्धिवादी हो गया था। इसलिए उसके उद्धार के लिए उसने लेखकों का आह्वान किया। अतः उसमें लेखकों के दो शिविरों की धारणा निहित है; दो शिविर साम्राज्यविरोधी और साम्राज्यसमर्थक लेखकों के नहीं हैं वरन् बुद्धिवादी और अबुद्धिवादी, प्रगतिवादी और प्रतिक्रियावादी लेखकों के हैं।... हममें कई लोग साहित्य में प्रगतिवाद नाम की एक विशेष धारा का प्रतिपादन करने लगे। समकालीन साहित्य की अन्य सभी धाराएँ इससे बाहर कर दी गई थीं। सभी देशभक्त लेखकों का संगठन बनने के बदले वह अनेक धाराओं में केवल एक धारा का प्रतिनिधि बना। प्र. ले. सं. की बैठकों में इस बात पर लम्बी बहसें हुईं कि कौन-सा लेखक या लेखन प्रगतिशील है और कौन-सा नहीं है। विश्वविद्यालयों की परीक्षाओं के प्रश्नपत्रों में अब प्रगतिवाद पर प्रश्न होते हैं। पाठकों की चेतना में वह साहित्य की एकान्त **मार्क्सवादी** धारा है। साहित्य में मार्क्सवादी धारा की स्थापना करने में और उसका संचालन करने में कुछ भी गलत नहीं है पर इस धारा को पूरे संगठन से एकरूप कर दिया गया था। 1939-41 में कुछ लोगों ने उन लेखकों को मार्क्सवादी सिद्ध करने का प्रयत्न किया जो गैर-मार्क्सवादी थे, जो मार्क्सवादी नहीं थे। यह केवल इस कारण कि उनके लिए 'प्रगतिशील' शब्द के व्यवहार को उचित ठहराया जा सके।

"अब हम उन सभी वर्गों, गुटों और धाराओं के समस्त लेखकों का संघ बनाना चाहते हैं जो देश की स्वाधीनता के लिए साथ मिल कर काम करने को तैयार हों; इसलिए यह आवश्यक है कि 'प्रगतिवाद' शब्द से सम्बन्धित भ्रान्ति दूर कर दी जाए। हम संगठन के जिस नए स्वरूप की कल्पना करते हैं, उसके अनुरूप, मेरी समझ में, हमें उसका नाम बदल कर अखिल भारतीय जनवादी लेखक संघ या परिसंघ (A.I. Union or Federation of Democratic Writers) कर देना चाहिए। अखिल भारतीय प्र. ले. सम्मेलन जैसे किसी उपयुक्त अवसर पर हमें यह करना चाहिए।"

इस नोट में एक खामी यह है कि उसमें नए-पुराने साम्राज्यविरोध में फर्क नहीं किया गया। एक है पूँजीवादी साम्राज्यविरोध जिसकी परिणति हुई देश के विभाजन में; दूसरा है सर्वहारा नेतृत्व में संगठित साम्राज्यविरोध जिसकी परिणति होगी जनवादी क्रान्ति में, राष्ट्र के नए स्तर पर एकीकरण में। मार्च 1953 के अखिल भारतीय प्र. ले. सम्मेलन में संगठन का नाम नहीं बदला गया पर उसमें अपनी रिपोर्ट

प्रस्तुत करते हुए मैंने पूँजीवादी देशभक्ति और जनता की देशभक्ति में भेद स्पष्ट कर दिया था। यह भी स्पष्ट है कि जो लोग समझते हैं कि साम्राज्यविरोधी क्रान्ति के कार्य 1947 में पूरे हो गए थे; उनके लिए जनवादी लेखकों के संगठन का प्रश्न व्यर्थ है। पूँजीवादी क्रान्ति पूरी हुई, मंजिल समाजवादी क्रान्ति की आई। तब संगठन समाजवादी लेखकों का होना चाहिए।

अक्तूबर 1951 में कलकत्ते में कम्युनिस्ट पार्टी की कान्फ्रेंस हुई। पार्टी के कार्यक्रम का नया मसौदा प्रकाशित हुआ था। उस पर विचार करते समय "अनेकों प्रादेशिक कान्फ्रेंसों ने सुझाव दिया कि पार्टी के कार्यक्रम में संस्कृति के बारे में एक परिच्छेद जोड़ा जाए जिसमें सांस्कृतिक क्षेत्र में पार्टी की नीति की व्याख्या की जाए। ...(उक्त पार्टी कान्फ्रेंस में) इस पर विचार करके निर्णय किया गया कि इस विषय पर पार्टी के कार्यक्रम में एक परिच्छेद जोड़ा जाना चाहिए।" 1951 में सांस्कृतिक कार्यों के प्रति आम पार्टी सदस्यों की गहरी दिलचस्पी थी। इसी कारण प्रादेशिक कान्फ्रेंसों से यह माँग पेश हुई थी कि पार्टी कार्यक्रम में एक परिच्छेद संस्कृति पर हो।

"इस तरह कार्यक्रम में धारा 30 जोड़ी गई जिसमें कला, साहित्य और संस्कृति के सम्बन्ध में पार्टी की नीति के बारे में कहा गया :

'ऐसे साहित्य, कला और संस्कृति को आगे बढ़ाने और विकसित करने के लिए ठोस कदम उठाए जाने चाहिए जो :

—आदिवासियों समेत सभी जातियों के लोगों को अपनी तरफ से अपनी भाषा और संस्कृति का विकास करने में मदद करें। यह विकास सम्पूर्ण देश की जनतान्त्रिक जनता की आम इच्छाओं की संगति में होना चाहिए।

—देश की जनतान्त्रिक जनता को अपने जीवन की स्थिति को सुधारने तथा जीवन की समृद्धि के लिए संघर्षों में मददगार हों।

—शोषित जनता को जातिगत और साम्प्रदायिक घृणा और दूसरे पूर्वाग्रहों, भय तथा अन्धविश्वासों से मुक्त करें, जो भूस्वामी बुर्जुआ वर्गों ने एक लम्बे समय के दौरान उसमें पैदा किए हैं।

—समस्त जनता में सारी दुनिया के शान्तिप्रिय लोगों के प्रति भाईचारे की भावनाएँ जगाएँ तथा नस्लवादी विचारों और जातीय घृणा के विचारों को खत्म करने में मददगार हों।

—साम्राज्यवाद के युद्ध-प्रचार पर प्रहार करें तथा जनता में शान्ति और स्वतन्त्रता की भावना जाग्रत करें।' "

साहित्य और संस्कृति के क्षेत्रों से आम पार्टी सदस्यों की गहरी दिलचस्पी के कारण पार्टी कान्फ्रेंस द्वारा उक्त धारा कार्यक्रम में शामिल की गई थी। पार्टी का आन्तरिक संघर्ष अभी समाप्त न हुआ था किन्तु कुल मिलाकर पार्टी जन-संघर्षों की

लाइन पर चल रही थी। प्रगतिशील लेखक संघ इस समय एक जुझारू लोकप्रिय संगठन था। उसे अपनी लोकप्रियता का एक शानदार प्रमाणपत्र **हिन्दुस्तान टाइम्स** से प्राप्त हुआ। 22 मार्च 1951 के अंक में उसने अपने सम्पादकीय स्तम्भ में लिखा, "Of all the organisations which the Communists are utilising for their own ulterior objectives, the most dangerous is the Progressive Writers Association. (अपने इतर उद्देश्यों के लिए कम्युनिस्ट जितने भी संगठनों का उपयोग कर रहे हैं, उनमें सबसे खतरनाक है प्रगतिशील लेखक संघ।)" तत्कालीन प्रगतिशील लेखक संघ के सभी सदस्य इस प्रमाणपत्र पर गर्व पर सकते हैं।

8. पार्टी कार्यकर्ता सम्मेलन–अप्रैल 1952

अप्रैल 1952 में कम्युनिस्ट पार्टी के सांस्कृतिक कार्यकर्ताओं का एक सम्मेलन कलकत्ते में हुआ। इसमें पार्टी कांग्रेस द्वारा (सांस्कृतिक मोर्चे की देखभाल के लिए) निर्वाचित समिति की ओर से पूरनचन्द्र जोशी ने एक रिपोर्ट पेश की। इसमें उन्होंने पार्टी की केन्द्रीय समिति से सिफारिश की कि वह सांस्कृतिक मोर्चे के बारे में एक नीति-सम्बन्धी वक्तव्य जारी करे। उसमें इन बातों पर विशेष ध्यान दिया जाए–

"(1) मार्क्सवादी दृष्टिकोण से हमारी सांस्कृतिक परम्परा का मूल्यांकन।

(2) हमारे सांस्कृतिक जीवन में साम्राज्यवादी घुसपैठ और उसके द्वारा भारतीय संस्कृति के प्रतिगामी पक्षों का गुणगान।

(3) हमारी संस्कृति को प्रतिक्रियावादी, पुनरुत्थानवादी मोड़ देने की शासक वर्ग की नीति।

(4) हमारे अतीत की गौरवशाली देशभक्ति (-पूर्ण) और जनवादी परम्परा के सच्चे उत्तराधिकारी के रूप में उभर रहे नए सांस्कृतिक आन्दोलन का मूल्यांकन और एक नव सांस्कृतिक जागरण के प्रवर्तक के रूप में पार्टी की भूमिका।"

इनमें दूसरी बात वक्तव्य की धुरी है। यह धुरी मेरे साम्राज्यवाद और संस्कृति वाले भाषण में विद्यमान है। पहली और तीसरी बातें इससे जुड़ी हुई हैं। चौथी बात–नए सांस्कृतिक जागरण में पार्टी की भूमिका–अक्तूबर 1946 में पार्टी के हिन्दी लेखकों की बैठक में विवेचित हुई थी।

कलकत्ते के उस सम्मेलन में सांस्कृतिक मोर्चे से सम्बन्धित एक रिपोर्ट चिन्मोहन सेहानबीस ने प्रस्तुत की। उनके अनुसार जनवादी राष्ट्रीय सांस्कृतिक मोर्चे में ऐसे लोग भी होंगे जिनका साम्राज्यविरोध सामन्तविरोध सुसंगत न होगा। "उनके प्रति मित्रतापूर्ण बहस का रवैया अपनाना होगा।" ऐसे लेखकों की इन प्रवृत्तियों की "दृढ़ता से पर मित्रतापूर्वक आलोचना करनी होगी–

1. 'कला कला के लिए' के सभी रूपों की;

2. रूपवादी भटकावों की;
3. बुर्जुआ राष्ट्रवादी प्रवृत्तियों की;
4. फ्रायडवादी प्रवृत्तियों की;
5. जनता और वर्गसंघर्ष से घबराने वाली प्रवृत्ति की;
6. अवास्तविक आदर्शवादी प्रवृत्तियों की।''

लखनऊ से कलकत्ते तक पार्टी के अन्दर ऐसे लेखक थे जो प्रगतिशील लेखक संघ के लिए किसी भी सामाजिक उद्देश्य की शर्त रखना गलत समझते थे। जो बात 'साम्राज्यवाद और संस्कृति' वाले मेरे भाषण के सन्दर्भ में 'प्रसाद' ने कही थी, वही यहाँ चिन्मोहन सेहानबीस ने दोहराई थी। कला कला के लिए का सिद्धान्त मानने वाले लेखक उसमें होंगे, रूपवादी लेखक, बुर्जुआ राष्ट्रवादी और फ्रायडवादी प्रवृत्तियों के प्रतिनिधि उसमें होंगे। केवल वर्गसंघर्ष से नहीं, जनता से घबराने वाले लोग भी राष्ट्रीय जनवादी मंच में शामिल होंगे। उनके मंच से बाहर रहने पर भी उनकी मित्रतापूर्ण आलोचना की जा सकती थी। पर इन सबको मार्क्सवादी लेखकों के साथ संयुक्त मोर्चे में शामिल करना था। स्पष्ट ही यह दक्षिणपन्थी विसर्जनवादी लाइन थी। किन्तु यह साधारण विसर्जनवादी लाइन न थी। ऐसा नहीं था कि मार्क्सवादी लेखकों ने देशी पूँजीवाद के सांस्कृतिक प्रतिनिधियों के साथ मोर्चा बनाया और उसमें वे क्षीण होकर विलीन हो गए। यह संयुक्त मोर्चा विदेशी पूँजीवाद के सांस्कृतिक प्रतिनिधियों और उनके देशी अनुचरों के साथ बनाया जा रहा था। कला कला के लिए का सिद्धान्त मानने वालों से एकता कायम करनी है, लोकोत्तर आनन्द वाले रसवादियों से नहीं। रूपवादी भटकाव पश्चिम से यहाँ आ रहे थे और वे कविता-कहानी से लेकर आलोचना के हर स्तर को प्रभावित कर रहे थे। ये भटकाव जितना गैरमार्क्सवादियों में थे, उससे ज्यादा स्वयं मार्क्सवादियों की एक जमात में थे। जो खुद भटक रहे थे, वे दूसरों की दृढ़तापूर्वक आलोचना करके उन्हें राह पर ले आते, यह असम्भव था। सबसे पहले मार्क्सवादियों के अपने शिविर को दुरुस्त रखना था। जनता से दूर भागने वालों, फ्रायड को मार्क्स का विकल्प मानने वालों से समझौता करने का मतलब था, साधारण देशभक्त और जनवादी लेखक—हिन्दी प्रदेश के अधिकांश गैरमार्क्सवादी लेखक—जहाँ तक पहुँचे थे, वहाँ से आगे बढ़ने के बदले और पीछे लौट जाना। बहुत जल्दी इन लेखकों में 'मार्क्सवादी' मित्रों को अन्तर्विरोधों की भरमार दिखाई देने वाली थी; उधर पतनकालीन पूँजीवाद की सांस्कृतिक प्रवृत्तियाँ आधुनिकता का पर्याय बनने वाली थीं। इस विसर्जनवाद के साथ एक राजनीतिक लाइन जुड़ी हुई थी : विदेशी पूँजीवाद—ब्रिटिश साम्राज्यवाद—से हमारे आर्थिक-राजनीतिक सम्बन्ध पूरी तरह टूट चुके हैं। अब तै केवल यह करना है कि समाजवादी व्यवस्था का निर्माण अपनी पंचवर्षीय योजनाओं द्वारा पूँजीवादी सरकार करेगी या सर्वहारा क्रान्ति के बाद 'मार्क्सवादी' करेंगे। साहित्य और राजनीति

में विसर्जनवाद के दक्षिण और वाम दोनों रूप थे।

कलकत्ते के सम्मेलन में चिन्मोहन सेहानबीस के अलावा दूसरी रिपोर्ट मेरी थी। विवरण के अनुसार–

"डॉ. रामविलास शर्मा ने एक ऐसे मंच की रूपरेखा प्रस्तुत की जिसमें ये चीजें होंगी–

(1) **हमारी सांस्कृतिक परम्परा**–इस सम्बन्ध में हमें अपनी अतीत की राष्ट्रीय संस्कृति पर गर्व करना सीखना होगा।

(2) **वस्तु** (साहित्य की विषयवस्तु)–यह राष्ट्रीय (जातीय), देशभक्त (देशभक्तिपूर्ण), अन्तर्राष्ट्रीय (अन्तर्राष्ट्रीयतावादी अर्थात् अन्धराष्ट्रवाद से मुक्त, अन्तर्राष्ट्रीय भाईचारे की भावना को विकसित और पुष्ट करने वाली), और सामन्तविरोधी तथा साम्राज्यविरोधी होनी चाहिए।

(3) **रूप** (साहित्य का रूप; भाषा, छन्द, मूर्तिविधान आदि) राष्ट्रीय (जातीय) और जनप्रिय।

(4) **सौन्दर्यशास्त्र**–रूप और सौन्दर्य का शोध करने वाला (बोध कराने वाला; अर्थात् साहित्य के कलात्मक सौन्दर्य के प्रति सचेत रहना चाहिए)।

(5) **जातीयताएँ** (जातियाँ) **और उनकी भूमिका**–विभिन्न जातीयताओं (जातियों) के बीच मित्रता को बढ़ाना होगा (अर्थात् भारत की विभिन्न जातियों की मैत्री के आधार पर राष्ट्रीय एकता को सुदृढ़ करना होगा)।

इन रिपोर्टों पर हुई बहस अधूरी रही।"

कान्फ्रेंस ने एक प्रस्ताव यह पास किया : "यह कान्फ्रेंस केन्द्रीय समिति को सुझाव देती है कि वह हिन्दुस्तानी भाषाभाषी क्षेत्र के पार्टी के सांस्कृतिक कार्यकर्ताओं की एक कान्फ्रेंस बुलाए जिसमें हिन्दी-उर्दू के विवाद पर बातचीत की जाए। साथ ही यह कान्फ्रेंस डॉ. रामविलास शर्मा और डॉ. अब्दुल अलीम की एक द्विसदस्यीय समिति निर्माण करती है जो इस समस्या पर एक रिपोर्ट तैयार करके केन्द्रीय समिति के सामने रखे।" डॉ. अलीम ने रिपोर्ट लिखने का काम मुझ पर छोड़ दिया। मेरी लिखी रिपोर्ट **इण्डियन लिटरेचर** में छपी; कुछ संक्षेप में वह **भारत की भाषा समस्या** में है। उसकी स्थापनाएँ अधिक विस्तार से **भाषा और समाज** में हैं। हिन्दुस्तानी जाति के निर्माण पर केन्द्रीय समिति ने कभी विचार किया हो तो मुझे इसकी जानकारी नहीं है।

पूरनचन्द्र जोशी ने अपनी रिपोर्ट में सुझाव दिया था कि अखिल भारतीय स्तर पर पार्टी सदस्यों का एक सांस्कृतिक आयोग गठित किया जाए, और उसी तरह के आयोग राज्यों के स्तर पर गठित हों। "इन आयोगों का फौरी कार्य होगा पार्टी के सांस्कृतिक कार्यकर्ताओं को शिक्षित करना और उन्हें एकबद्ध (एकताबद्ध) करना। यह दो तरीके से होगा–(1) हमारी सांस्कृतिक परम्परा पर मार्क्सवादी दृष्टिकोण से

रिपोर्ट तैयार करना। हमारी पार्टी के बीच इस पर काफी मतभेद उभरकर सामने आए हैं। हमारा विचार है कि इस विषय पर पार्टी के पत्रों में व सांस्कृतिक पत्रों में खुली बहस चलाई जानी चाहिए। (2) सांस्कृतिक आन्दोलन में पार्टी की भूमिका के बारे में रिपोर्ट तैयार करना तथा विभिन्न सांस्कृतिक क्षेत्रों में कम्युनिस्ट कार्यकर्ताओं के कार्य तय करना।" दिसम्बर 1948 में संयुक्त प्रान्त के पार्टी लेखकों ने ग्रीष्मकालीन सम्मेलन का जो कार्यक्रम बनाया था, उसका उद्देश्य पार्टी के सांस्कृतिक कार्यकर्ताओं का शिक्षण ही था। 1949 की गर्मियों में अखिल भारतीय प्रगतिशील लेखक सम्मेलन के कारण वह कार्यक्रम अमल में न लाया जा सका लेकिन बम्बई के साथियों ने अपने लिए उससे मिलता-जुलता कार्यक्रम बनाया था और उस सिलसिले में मुझे दो-एक बार बम्बई जाना पड़ा था। सांस्कृतिक परम्परा तथा अन्य मुद्दों पर खुली बहस हो, यह फैसला अक्तूबर 1946 में हिन्दी के पार्टी लेखकों ने अपनी बैठक में किया था। सांस्कृतिक आन्दोलन में पार्टी की भूमिका पर भी उस बैठक में विचार हुआ था। इस तरह पूरनचन्द्र जोशी के सुझाव नए नहीं थे। हिन्दी-उर्दू के पार्टी लेखक जो काम करते आए थे, उसी के आधार पर—काम को और व्यवस्थित करने के लिए—ये सुझाव दिए गए थे। प्रान्त या राज्य के स्तर पर जो काम पार्टी लेखक समिति करती आई थी, प्रायः वही काम सांस्कृतिक आयोग को करना था। अखिल भारतीय लेखक सम्मेलन के अवसर पर पौलिट ब्यूरो की देखरेख में जो पार्टी लेखक समिति काम कर चुकी थी, वही कुछ फेरबदल के साथ केन्द्रीय सांस्कृतिक आयोग बनने वाली थी।

पूरनचन्द्र जोशी की रिपोर्ट में "पार्टी के अन्दर सांस्कृतिक कार्यकर्ताओं की सांगठनिक समस्याओं, उनकी शिक्षा की समस्या, अन्तर्राज्यीय सांस्कृतिक आदान-प्रदान के सम्बन्ध में सुझाव पेश करते हुए पार्टी की केन्द्रीय समिति को सुझाव दिया गया था कि वह विभिन्न भाषाओं और क्षेत्रों में कला, साहित्य और संस्कृति की गतिविधियों को संगठित करने के लिए एक सांस्कृतिक पत्रिका का प्रकाशन करे।" पार्टी के कार्यकर्ताओं की संगठन सम्बन्धी समस्याओं को हल करना जरूरी है, उन्हें शिक्षित करना जरूरी है। कारण यह कि इनके बिना प्रगतिशील लेखक संघ का काम चल नहीं सकता। कम्युनिस्ट पार्टी और प्रगतिशील लेखक संघ का सम्बन्ध ऐसा ही था।

कम्युनिस्ट पार्टी के इतिहास में अप्रैल 1952 का कलकत्ता सम्मेलन अपूर्व घटना थी, उसका महत्त्व असन्दिग्ध था। सांस्कृतिक क्षेत्र के इतने कार्यकर्ता अपनी समस्याओं पर विचार-विमर्श के लिए अखिल भारतीय स्तर पर इससे पहले कभी एकत्र न हुए थे। कम्युनिस्ट पार्टी का एक सांस्कृतिक मोर्चा है, पार्टी नेतृत्व को उसकी ओर ध्यान देना होगा—डंके की चोट पर होने वाली ऐसी ही घोषणा यह सम्मेलन बन गया। रिपोर्टों पर बहस अधूरी रही, फिर भी—"पार्टी की पौलिट ब्यूरो

ने कान्फ्रेंस के सुझावों को स्वीकार करके एक केन्द्रीय सांस्कृतिक आयोग का निर्माण किया। इस आयोग को आदेश दिया गया कि वह **इण्डियन लिटरेचर** नाम की एक सांस्कृतिक पत्रिका का प्रकाशन करे।" इस समय पार्टी का केन्द्रीय नेतृत्व पुरानी लाइन को ठोंक-पीटकर दुरुस्त कर रहा था। पार्टी के भीतर विसर्जनवादी प्रवृत्तियाँ बढ़ रही थीं पर अभी वे नेतृत्व पर हावी न हुई थीं। वह पार्टी के सांस्कृतिक कार्यकर्ताओं को संगठित करने, प्रगतिशील लेखक संघ के कार्यसंचालन में सहायता करने को तैयार था। अभी किसी के दिमाग में यह बात न आई थी कि प्रगतिशील लेखक संघ नाम के संगठन को भंग कर देना उचित हो सकता है। कलकत्ता-सम्मेलन में पूरनचन्द्र जोशी और श्रीपाद अमृत डांगे मौजूद थे। उन्होंने या किसी भी पार्टी सदस्य ने यह न कहा था कि प्रगतिशील लेखक संघ से लाभ की अपेक्षा हानि अधिक हुई है।

9. पार्टी नेतृत्व और विसर्जनवाद

इण्डियन लिटरेचर नाम की पत्रिका प्रकाशित हुई। उसके कई अंक निकले। केन्द्रीय आयोग गठित हुआ, उसकी कई बैठकें हुईं। एकाध बैठक में उसके अध्यक्ष डांगे भी उपस्थित हुए। मार्च 1953 के प्रथम सप्ताह में दिल्ली में अखिल भारतीय प्रगतिशील लेखक सम्मेलन का आयोजन हुआ। इन दिनों 'संकीर्णतावाद' के खिलाफ अभियान जोरों पर था। मैंने सम्मेलन के लिए रिपोर्ट तैयार की; उसमें 1936, 1938 के घोषणापत्रों का उल्लेख करते हुए मैंने संकीर्णतावाद के इतिहास की रूपरेखा प्रस्तुत की। पौलिट ब्यूरो की ओर से सम्मेलन में पार्टी लेखकों के काम का निर्देशन नम्बूद्रिपाद कर रहे थे। उन्होंने रिपोर्ट देखकर कहा, पुराने संकीर्णतावाद पर लिखने की जरूरत नहीं है; इधर जो कुछ हुआ है, उसी पर लिखना चाहिए। मैंने रिपोर्ट नए सिरे से लिखी और उन्हें दिखाई। उन्होंने उसे प्रस्तुत करने की अनुमति दी। यह अनुमति सहमति नहीं थी; रिपोर्ट मैं पेश कर सकता हूँ, केवल इस कार्य के लिए अनुमति थी। खुले अधिवेशन से पहले पार्टी लेखकों की बैठक में नम्बूद्रिपाद ने अजय घोष का एक पत्र पढ़कर सुनाया। यह पत्र पार्टी लेखकों के नाम नहीं था, नम्बूद्रिपाद के नाम था। उसकी दो स्थापनाएँ मुझे याद हैं : (1) प्रगतिशील लेखक संघ से लाभ की अपेक्षा हानि अधिक हुई है; (2) उसे चलाते रहें, यह तै करने से पहले साथियों को कई बार सोच लेना चाहिए।

मैंने पूछा, यह राय पौलिट ब्यूरो की है या अजय घोष की व्यक्तिगत राय है? नम्बूद्रिपाद ने कहा, यह उनकी व्यक्तिगत राय है। मैंने पूछा—इस बारे में आपकी क्या राय है? उन्होंने कहा—मेरी कोई राय नहीं है। पार्टी लेखकों में से किसी ने भी उस समय यह न कहा था कि प्रगतिशील लेखक संघ को भंग कर देना चाहिए।

खुले अधिवेशन में किसी ने भी उसे भंग करने की बात नहीं कही। सम्मेलन में नई कार्यकारिणी चुनी गई, कृश्न चन्दर महासचिव नियुक्त हुए। **इण्डियन लिटरेचर** में मेरी रिपोर्ट प्रकाशित हुई। फिर यह पत्रिका बन्द हो गई। केन्द्रीय सांस्कृतिक आयोग इससे पहले निरस्त हो चुका था। प्रगतिशील लेखक संघ की कार्यवाही भी समाप्त हो गई।

किसी समय कम्युनिस्ट पार्टी ने कांग्रेस के साथ संयुक्त मोर्चा बनाया था। दूसरे महायुद्ध से पहले, कांग्रेसी मन्त्रिमण्डलों के समय, कम्युनिस्ट पार्टी की स्वतन्त्र भूमिका क्रमशः क्षीण होती गई थी। दूसरे महायुद्ध के बाद, 1946 का गौरवशाली वर्ष छोड़कर, कांग्रेस से तमाम मतभेदों के बावजूद, कम्युनिस्ट पार्टी का नेतृत्व यह मानकर चल रहा था कि कांग्रेस और मुस्लिम लीग में समझौता हो जाएगा तो अंग्रेज भारत को आजादी दे देंगे। कांग्रेस ने लीग से समझौता कर लिया और अंग्रेजों ने भारत को आजादी दे दी। कम्युनिस्ट पार्टी इस समझौते का–अर्थात् देश के विभाजन का–विरोध न कर पाई क्योंकि कांग्रेस के साथ रहते हुए उसने अपनी स्वतन्त्र भूमिका का विकास न किया था। पुराना विसर्जनवाद 1953 में नई ताकत से उभर रहा था। पार्टी की स्वतन्त्र भूमिका न भारत की स्वाधीनता के लिए जरूरी थी, न स्वतन्त्र हो जाने के बाद जनवादी क्रान्ति के अधूरे कार्य पूरे करने के लिए जरूरी थी। तब प्रगतिशील लेखक संघ जैसे संगठन की ही क्या जरूरत थी?

पार्टी के सांस्कृतिक कार्यकर्ताओं के कलकत्ता-सम्मेलन के बाद 1952 में इलाहाबाद में उत्तर प्रदेश के प्रगतिशील लेखकों का सम्मेलन हुआ। आशाराम का लिखा हुआ इसका विवरण **इण्डियन लिटरेचर** के पहले अंक में प्रकाशित हुआ। इसमें एक बड़े मार्के की बात यह कही गई है कि जो लोग प्रगतिशील साहित्यिक आन्दोलन के विरोधी थे, वे प्रगतिशील लेखक संघ के भीतर विसर्जनवादियों का भरोसा कर रहे थे। "विरोधी तत्त्व हमारी कमजोरियों और मतभेदों से लाभ उठाना चाहते थे। वे जानते थे कि हमारे बीच ऐसे लोग हैं जो इस संगठन को समाप्त कर देने के पक्ष में हैं। (They knew that there are men amongst us who stand for the liquidation of the organization.)।" ये लोग बराबर प्रचार कर रहे थे कि प्रगतिशील लेखक संघ की आवश्यकता नहीं है। मार्च 1953 के बाद जब संघ निष्क्रिय हो गया, तब इन लोगों ने यह प्रचारित किया कि आपसी मतभेदों के कारण, विशेष रूप से रा.वि. की संकीर्णतावादी लाइन के कारण संघ टूट गया। जो लोग यह जानना चाहते हैं कि संघ क्यों निष्क्रिय हो गया, उन्हें पता लगाना चाहिए कि सन् 46, 48, 49, 52, 53 में पार्टी लेखक समितियों की जो बैठकें होती रही थीं, वे मार्च 1953 के बाद क्यों बन्द हो गईं। सन् '46 में पार्टी के महासचिव पूरनचन्द्र जोशी थे, '48-'49 में बी.टी. रणदिवे और 1952-53 में अजय घोष थे। पता लगाना चाहिए कि पार्टी के सांस्कृतिक कार्यकर्ताओं के कलकत्ता-सम्मेलन के जिन सुझावों

को पौलिट ब्यूरो ने स्वीकार किया था, उन पर कुछ समय के लिए अमल हुआ; मार्च 1953 के बाद उन पर अमल बन्द क्यों हो गया? केंद्रीय स्तर पर और राज्यों के स्तर पर सांस्कृतिक आयोग गठित करने का फैसला निरस्त कैसे हो गया? उसे निरस्त करने में पार्टी कार्यकर्ताओं का कोई हाथ न था; उनसे इस बारे में किसी ने कोई पूछताछ न की थी। यह मान भी लें कि प्रगतिशील लेखक संघ अनावश्यक हो गया था तो इससे यह नतीजा कैसे निकलता है कि सांस्कृतिक क्षेत्र में पार्टी की हर तरह की कार्यवाही अनावश्यक हो गई थी? यदि किसी भी तरह की कार्यवाही आवश्यक थी तो उसके लिए पार्टी कार्यकर्ताओं का संगठन जरूरी था। फ्रैक्शन, पार्टी लेखक समिति, सांस्कृतिक आयोग—उस संगठन को कोई भी नाम दिया जाए, संगठन तो जरूरी था। इस संगठन को खत्म करके पार्टी नेतृत्व सांस्कृतिक क्षेत्र में अपनी हर तरह की भूमिका समाप्त कर रहा था। प्रगतिशील लेखक संघ को पुनर्जीवित करने के प्रयास अजय घोष की मृत्यु के बाद—कई साल बाद—हुए। तब तक एक पार्टी की जगह दो पार्टियाँ बन चुकी थीं।

पार्टी कार्यकर्ताओं के कलकत्ता-सम्मेलन के बाद इलाहाबाद में जो प्रगतिशील लेखक सम्मेलन हुआ, उसका विवरण शिक्षाप्रद है। हिन्दी-उर्दू लेखकों का वैसा सम्मेलन उत्तर भारत में फिर नहीं हुआ। सम्मेलन से पहले प्रचार किया गया कि उसमें हिन्दी का विरोध होगा, प्रगतिशील लेखक संघ पर कम्युनिस्टों का प्रभुत्व है, उसे भंग कर देना चाहिए, नए सिरे से सदस्य बनाने चाहिए। इलाहाबाद में अमरीकी प्रचार के तीन अड्डे थे, ऐग्रीकल्चरल कालेज, अर्विंग क्रिश्चियन कालेज और हौलैण्ड हाल। लेखक सम्मेलन के विरुद्ध प्रचार में इनसे सम्बद्ध लोगों का हाथ था। आशाराम के अनुसार, "यह देखकर हमें दुख हुआ कि हमारे कुछ दोस्त भी ऐसे बयानों के लिए अपने नाम दे रहे हैं।" अमरीकी साम्राज्यवाद के हमदर्दों को इस बात से गहरी दिलचस्पी थी कि प्रगतिशील लेखक संघ टूट जाए, यह बात ध्यान में रखनी चाहिए। इलाहाबाद के साथियों ने इस प्रचार का मुकाबला जम कर किया।

सम्मेलन में लगभग 200 प्रतिनिधियों ने भाग लिया। दिल्ली, राजस्थान, मध्य प्रदेश और बिहार से भी भाईचारा प्रदर्शित करने वाले लेखक आए थे। सम्मेलन की सफलता के लिए पण्डित सुन्दरलाल, अमरनाथ झा, राहुल सांकृत्यायन, डॉ. सलामतुल्ला, मखदूम मुहीउद्दीन, नागार्जुन, विष्णु प्रभाकर की शुभकामनाएँ प्राप्त हुईं। हिन्दी साहित्य सम्मेलन के सभापति जयचन्द्र विद्यालंकार, सुमित्रानन्दन पन्त और अली सरदार जाफरी ने स्वयं उपस्थित होकर सम्मेलन का अभिनन्दन किया। सम्मेलन के अध्यक्ष मण्डल में यशपाल, भगवतशरण उपाध्याय और अब्दुल अलीम थे; स्वागताध्यक्ष उपेन्द्रनाथ अश्क थे। सम्मेलन में हिन्दी उर्दू साहित्य पर प्रकाशचन्द्र गुप्त, नेमिचन्द्र जैन और आले अहमद सरूर द्वारा प्रस्तुत रिपोर्टों पर विचार-विमर्श हुआ। सम्मेलन की कार्यवाही में नरेन्द्र शर्मा, उदयनारायण तिवारी, रघुपति सहाय

फिराक ने भाग लिया। कवि सम्मेलन-मुशायरे में सुमित्रानन्दन पन्त, नरेन्द्र शर्मा, शील, प्रेम धवन, वामिक जौनपुरी, मजरूह सुल्तानपुरी, अली सरदार जाफरी शामिल हुए। डॉ. उदयनारायण तिवारी का कहना था कि साहित्य सम्मेलन के पुराने कार्यकर्ता होने के नाते उन्हें लेखक सम्मेलनों का काफी अनुभव है; वह विश्वास के साथ कह सकते हैं कि प्रगतिशील लेखक सम्मेलन में "विचार-विमर्श का स्तर बहुत ऊँचा था।"

प्रगतिशील लेखकों के इस सम्मेलन की सफलता का श्रेय कम्युनिस्ट पार्टी के कार्यकर्ताओं को है; मार्च 1953 के बाद प्रगतिशील लेखक संघ को समाप्त करने का श्रेय कम्युनिस्ट पार्टी के नेतृत्व को है।

परिशिष्ट-1

प्रगतिशील लेखकों का अखिल भारतीय सम्मेलन

—मार्च 1953

(मार्च 1953 में प्रगतिशील लेखकों का अखिल भारतीय सम्मेलन दिल्ली में हुआ। उसमें प्रगतिशील साहित्यिक आन्दोलन की स्थिति, प्रगतिशील लेखकों के कार्यों, उनके संगठन की समस्याओं पर मैंने एक विवरण प्रस्तुत किया था। उसे किंचित् संक्षिप्त रूप में यहाँ दे रहा हूँ।)

अब से सत्रह वर्ष पहले लखनऊ में भारतीय प्रगतिशील लेखकों का पहला सम्मेलन प्रेमचन्द की अध्यक्षता में हुआ था। किसी साहित्यिक आन्दोलन की प्रगति के लिए सत्रह वर्ष का समय कोई बड़ा कालखण्ड नहीं है, खास तौर से जब देश की जनता पराधीन रही हो। इस थोड़े समय में भी प्रगतिशील लेखकों के आन्दोलन ने भारतीय जनता के सांस्कृतिक जीवन में अपने लिए जगह बना ली है। देश में अन्य किसी साहित्यिक आन्दोलन की तुलना में वह तेजी से बढ़ा और फैल गया है। आज साहित्य की धनी भारत की कोई भाषा नहीं है जिसमें एक प्रगतिशील साहित्यिक धारा विकसित न हो रही हो। इसके साथ ही जो कुछ भी हमारी राष्ट्रीय संस्कृति की प्रगति में बाधक है, इस धारा के प्रति उसका शत्रुभाव भी बढ़ा है। प्रगतिशील लेखकों का आन्दोलन हमारी जनता के सांस्कृतिक जीवन में प्राणवन्त शक्ति है। अपने जन्मकाल से उसने ब्रिटिश साम्राज्यवादियों की, बाद को कांग्रेसी सरकारों की ओर से विरोधी आलोचना का ही नहीं, दमन का सामना भी किया है। इसके बावजूद वह बराबर आगे बढ़ता रहा है। उसकी शक्ति का स्रोत जनता से प्रगतिशील लेखकों का घनिष्ठ सम्पर्क है।

प्रगतिशील लेखकों का बुनियादी कार्य साहित्य रचना द्वारा राष्ट्रीय संस्कृति की रक्षा करना और उसे समृद्ध करना है। हम सबसे पहले ब्रिटिश साम्राज्यवादियों की भ्रष्ट संस्कृति के प्रभाव से उसकी रक्षा करते हैं। इन साम्राज्यवादियों की संस्कृति धोखाधड़ी और छल-कपट से पूर्ण है। ब्रिटिश कामनवेल्थ के भीतर जातियों की समानता और भाइचारे की बातें कह कर यह संस्कृति जनता को धोखा देती है किन्तु

जनवादी चीन और सोवियत संघ के विरुद्ध प्रचार करके जातियों के बीच घृणा फैलाती है; एकतन्त्रवाद से जनतन्त्र की रक्षा करने के नाम पर वह कोरिया और मलाया के राष्ट्रीय स्वाधीनता आन्दोलनों को दबाने का प्रयास करती है। ब्रिटिश आक्रमणकारियों के विरुद्ध हमारे राष्ट्रीय प्रतिरोध की पूरी गाथा को छिपाए रख कर उसने हमारे अतीत को झुठलाया है, सांस्कृतिक इतिहास को तोड़मरोड़ कर पेश करते हुए उसने भारतीय जनता के राष्ट्रीय स्वाभिमान को नष्ट करना चाहा है। साम्प्रदायिकता और झूठी नस्लपन्थी धारणाओं का ज़हर फैला कर वह अपने उद्देश्य में एक हद तक सफल भी हुई है। यह संस्कृति हमेशा भारतीय रूढ़िवाद की सहयोगी रही है।

अंग्रेजों की बनाई हुई सारी शिक्षा-व्यवस्था, उनकी रची हुई पाठ्यपुस्तक नौजवानों के चिन्तन की दिशा निर्धारित करती हैं। पादरियों, पादरी-संस्थाओं, पत्रिकाओं, पुस्तकालयों, फिल्मों, रेडियो, चुने हुए आदमियों के लिए ब्रिटेन में शिक्षण की व्यवस्था करके और अन्य ऐसे ही उपायों से साम्राज्यवादी हमारी राष्ट्रीय संस्कृति को अपने नागपाश में कसे रहते हैं। अंग्रेजी भाषा यहाँ अपनी शाही स्थिति बनाए हुए है। हमारे देश में कुछ लोग ऐसे हैं जो समझते हैं कि सारी प्रगति अंग्रेजी भाषा के साथ सम्बद्ध है। उनकी राय में शिक्षा का स्तर इसलिए गिर रहा है कि अंग्रेजी में लोगों की काबलियत कम होती जा रही है। हमारे यहाँ जनता सर्वत्र यह माँग कर रही है कि शिक्षा की हर मंजिल में उसकी अपनी भाषा के माध्यम से उसे शिक्षा दी जाए। उदाहरण के लिए पंजाब के छात्रसंघ ने वार्षिक सम्मेलन में माँग की कि विश्वविद्यालय तक अंग्रेजी के स्थान पर प्रादेशिक भाषाओं का व्यवहार हो।

राष्ट्रीय संस्कृति के विकास में बाधा डालने का एक ब्रिटिश तरीका था, एक ही भाषा बोलने वाले लोगों को अनेक प्रान्तों या राज्यों में विभाजित कर देना। कांग्रेस के नेतृत्व ने किसी समय भाषाओं के आधार पर प्रान्तों के पुनर्गठन की माँग का समर्थन किया था। इस तरह के पुनर्गठन से समान भाषा और संस्कृति वाले जनों की सामंजस्यपूर्ण इकाइयाँ बनतीं और इससे उनकी सांस्कृतिक प्रगति में सहायता मिलती। जनता के विविध स्तरों से भाषावार प्रान्त बनाने की माँग सामने आई है। यह देश की एकता को सुदृढ़ करने की माँग है, उसे विघटित करने की माँग नहीं है। हम अमरीकी युद्धवादियों से अपनी राष्ट्रीय संस्कृति की रक्षा करते हैं। इनकी संस्कृति का अर्थ है नग्न और निर्लज्ज युद्ध-प्रचार। कोरिया में स्त्रियों और बच्चों की हत्या करने के लिए, यूरोप और एशिया की जातियों को गुलाम बनाने के लिए, अमरीका में शान्ति आन्दोलन के कार्यकर्ताओं के बर्बर दमन के लिए, नीग्रोजनों के नस्लपन्थी उत्पीड़न के लिए यह संस्कृति एक मुखौटा है।

हम भारतीय रूढ़िवाद से भी अपनी राष्ट्रीय संस्कृति की रक्षा करते हैं। रूढ़िवादी शक्तियों ने विदेशी प्रभुत्व के खिलाफ हमारी वीर जनता के राष्ट्रीय प्रतिरोध

को सदा कमजोर किया है। पुरोहितों और जमींदारों की इस संस्कृति को इतिहास ने सैकड़ों साल पहले खारिज कर दिया था। जनता की निरक्षरता के सहारे वह पुनर्जीवित होकर शिक्षा और विज्ञान के प्रसार को रोक लेना चाहती है। वह जाति-बिरादरी और मतमतान्तर के आधार पर जनता को विभाजित करना चाहती है, भाग्यवाद और अकर्मण्यता के भाव जगाकर वह उसे पिछड़ी हुई अवस्था में रखना चाहती है, राजाओं और जमींदारों को धर्मरक्षक बताकर वह उनके विशेषाधिकारों को बनाए रखना चाहती है।

हमारी राष्ट्रीय संस्कृति मानवतावादी है, वह आक्रमण और उत्पीड़न के विरुद्ध वीरतापूर्ण प्रतिरोध की संस्कृति है, वह जातियों के बीच शान्ति और मैत्री की संस्कृति है। जन-जीवन से इस संस्कृति का घनिष्ठ सम्पर्क है, वह लोकप्रिय और जनवादी संस्कृति है। हम इस संस्कृति की रक्षा करना चाहते हैं, उसे और समृद्ध करना चाहते हैं। हमारी संस्कृति की मानवतावादी जनवादी परम्परा जहाँ मन्द पड़ गई हो अथवा साम्राज्यवादियों ने जहाँ उसका दमन किया हो, वहाँ हम उसे पुनर्जीवित करना चाहते हैं। जनता की स्मृति में सुरक्षित महाकाव्यों के वीर नायकों की कथाएँ, सन्त कवियों की निःस्वार्थ सेवा भावना, कबीर जैसे कवियों का तीखा व्यंग्य, सुब्रह्मण्य भारती और रवीन्द्रनाथ ठाकुर की ज्वलन्त देशभक्ति—इस सब को हम पुनर्जीवित करना चाहते हैं। सुखी भविष्य के लिए जनता की आकांक्षाओं को, संघर्ष में उसके त्याग और साहस को हम चित्रित करना चाहते हैं। प्रगतिशील साहित्य के विकास में हम पुराने साहित्यिक गुरुजनों से सीखते हैं और देश की समृद्ध लोक संस्कृति से भी सीखते हैं। हमारे साहित्य में यथार्थवादी धारा पुष्ट हो रही है। हमारे साहित्यकार अधिकाधिक वास्तविक व्यक्तियों को चित्रित करने लगे हैं; जन जीवन में जो गम्भीर परिवर्तन हो रहे हैं, प्रगतिशील साहित्य उन्हें प्रतिबिम्बित करने लगा है। अपनी संस्कृति की राष्ट्रीय और जनवादी परम्परा के अनुरूप साहित्य का विकास करना, जनजीवन से उसका घनिष्ठ सम्पर्क बनाए रखना, लोकप्रिय और सुन्दर साहित्य का सृजन करना—यह हमारा बुनियादी कार्य है।

शान्ति और जनवादी अधिकारों की सुरक्षा का उद्देश्य, राष्ट्रीय स्वाधीनता और जनता के सुखी-समृद्ध जीवन के लिए संघर्ष करने का उद्देश्य सामने रख कर ही हम अपनी संस्कृति की राष्ट्रीय और जनवादी परम्परा की रक्षा कर सकते हैं, उसे पुनर्जीवित और समृद्ध कर सकते हैं। संयुक्त राज्य अमरीका की सरकार एशिया में युद्धक्षेत्र का विस्तार करने पर तुली हुई है। अभी भी कोरिया, मलाया और वियतनाम में लाखों आदमी प्राण गँवा चुके हैं। जीविक अस्त्रों के प्रयोग से सन्तुष्ट न होकर अमरीकी युद्धवादी एशियाई जनता के खिलाफ ऐटम बम भी इस्तेमाल करना चाहते हैं। वे जापान को हथियारबन्द कर रहे हैं, मध्यपूर्व में सैनिक गठबन्धन कायम कर रहे हैं और तथाकथित तकनीकी सहायता के नाम पर वे भारत सरकार

पर अपना दबाव बढ़ा रहे हैं। ब्रिटिश-अमरीकी युद्ध-प्रचार का मुख्य स्वर है—सोवियत संघ में आजादी नहीं है। महाकवि रवीन्द्रनाथ ठाकुर ने वहाँ जाकर सब कुछ देखा था और हमें सचाई बता दी थी। पिछले दिनों वल्लत्तोल ने सोवियत संघ की यात्रा की थी और कहा था, "यदि यह गुलामी है तो मुझे यही चाहिए; वहाँ की आजादी मुझे न चाहिए।" भारतीय शान्ति आन्दोलन का प्रतिनिधि मण्डल अभी सोवियत संघ गया था। उसका कहना है, "सोवियत जनता हमारे साथ घनिष्ठ और मैत्रीपूर्ण सम्बन्ध विकसित करने को अत्यन्त उत्सुक है। वह व्यापार और सांस्कृतिक आदान-प्रदान का विकास चाहती है।" साम्राज्यवादी ऐसे व्यापार और सांस्कृतिक आदान-प्रदान के मार्ग में रुकावटें खड़ी करना चाहते हैं। कुछ लेखक जो स्वयं को प्रगतिशील भी कहते हैं, भारत में बढ़ते हुए युद्ध-प्रचार के प्रति तटस्थ रहते हैं। वे प्रगतिशील साहित्य की आलोचना करते हैं पर युद्धवादियों और उनके कलमनवीसों के बारे में चुप रहते हैं।

शान्ति के लिए संघर्ष हमारे राष्ट्रीय सम्मान और राष्ट्रीय स्वाधीनता के पवित्र उद्देश्य से जुड़ा हुआ है। कल्पना कीजिए कि भारत का तिरंगा झण्डा कोरिया में एक ब्रिटिश पल्टन की पताका के साथ फहरा रहा है! 30 अगस्त 1952 को कोरिया से पी.टी. आई. और रायटर ने यह समाचार भेजा है, "भारत, आस्ट्रेलिया और न्यूजीलैण्ड के झण्डे श्रौपशायर पल्टन की अपनी पताका के साथ फहरा रहे थे। परेड में मार्च करते हुए सैनिकों से जनरल कैसेल्स ने सलामी ली। श्रौपशायर के बैण्डमास्टर ने 'कामनवेल्थ डिवीजन' नाम से विशेष धुन रची थी।" (स्टेट्समैन, 2 सितम्बर 1952)। साम्राज्यवादियों के खूनी झण्डे के साथ हमारा राष्ट्रीय झण्डा फहराता हो, ब्रिटिश बैण्डमास्टर की धुन पर भारतीय सैनिक मार्च करें, हमारी जनता के लिए इससे अधिक अपमानजनक और क्या होगा? इसीलिए प्रगतिशील लेखकों ने हमेशा कहा—साम्राज्यवादियों से साँठगाँठ मत करो; ब्रिटिश कामनवेल्थ से नाता तोड़ो।

प्रगतिशील साहित्य को शान्ति और राष्ट्रीय स्वाधीनता के उद्देश्य से सम्बद्ध करने के खिलाफ विचित्र तर्क पेश किए जाते हैं। कुछ लोगों का कहना है, यह सब राजनीति है, साहित्य राजनीति से परे है। इनके साहित्य की अपनी गन्दी राजनीति है। जिस उद्देश्य का सम्बन्ध सभी देशवासियों के सुख और जीवन से है, उसके प्रति इनका शत्रुभाव है। कुछ अन्य लोगों का दावा है कि यह तो कम्युनिस्ट पार्टी का कार्यक्रम है, संकीर्णतावादी कार्यक्रम है और सभी लेखकों को एकताबद्ध नहीं करता। यदि कम्युनिस्ट शान्ति और स्वाधीनता के लिए काम करते हैं तो उनके स्पर्श से ये उद्देश्य अपवित्र नहीं हो जाते। पत्र-पत्रिकाओं में लेख प्रकाशित कराए जाते हैं कि प्र. ले. सं. को कम्युनिस्ट पार्टी के प्रभुत्व से मुक्त करना चाहिए। इन लेखों में साम्राज्यवादियों, जमींदारों, बड़े पूँजीपतियों के प्रभुत्व का जिक्र नहीं होता, राष्ट्रीय संस्कृति को इनके प्रभुत्व से मुक्त करने की माँग नहीं होती। कम्युनिस्ट पार्टी के

प्रभुत्व की चर्चा इसीलिए की जाती है कि गैर-कम्युनिस्ट लेखक कम्युनिस्ट लेखकों के साथ मिलकर काम न करें। लेखक चाहे कम्युनिस्ट हों चाहे गैर-कम्युनिस्ट, यहाँ परस्पर विचार-विमर्श द्वारा ही कोई फैसला किया जाता है।

राष्ट्रीय संस्कृति के पूर्ण विकास के लिए जनता को वर्तमान गरीबी और निरक्षरता की स्थिति से उबरना है। भारत के बड़े पूँजीपतियों और जमींदारों को इस बात से दिलचस्पी है कि जनता पिछड़ी हुई हालत में रहे, वे उसका शोषण करते रहें; उसके आर्थिक और सांस्कृतिक विकास में रुकावट डालें। जनवादी अधिकारों के बिना जनता की प्रगति सम्भव नहीं है। इसलिए प्रगतिशील लेखक ऐसे अधिकारों की रक्षा के लिए लड़ते हैं, स्वाधीनतापूर्वक विचार व्यक्त करने के लिए स्वयं अपने अधिकार के लिए लड़ते हैं। बड़े पूँजीपतियों के अखबारों में प्रगतिशील लेखकों के खिलाफ, साम्यवाद और सोवियत संघ के खिलाफ धुआँधार प्रचार जारी है। वे जनता को समझाना चाहते हैं कि उसके जनवादी अधिकारों को खतरा आज नहीं है, कल होगा। किन्तु प्रेस बिल और नजरबन्दी कानून दूसरी ही कहानी कह रहे हैं।

प्रगतिशील साहित्य जनता की सेवा करता है, उसके उत्पीड़कों—साम्राज्यवादियों, सामन्तों और पूँजीपतियों—की सेवा नहीं करता। जनता के उत्पीड़कों की सेवा करने वाला साहित्य प्रतिक्रियावादी है। कुछ लेखकों के विचार से साहित्य सभी की समान रूप से सेवा करता है, अतः इस तरह का भेद साहित्य के नियमों के विरुद्ध है। क्या कबीर और तुलसीदास ने उन्हीं की सेवा की थी जिनकी सेवा दरबारी कवि करते थे? क्या रवीन्द्रनाथ ने उन्हीं की सेवा की थी जिनकी सेवा रुडयार्ड किपलिंग ने की थी? जो लोग साम्राज्यवाद और सामन्तवाद के समर्थक साहित्य और जनवादी साहित्य में भेद नहीं करते, वे साहित्य में विचारों का महत्त्व अस्वीकार करते हैं। उनके लिए उत्पीड़न और उत्पीड़न से मुक्ति, दोनों बातों के भेद का कोई महत्त्व नहीं है। उनका सरोकार बस साहित्य के रूपवादी पक्ष से है, कला कला के लिए से है।

प्रगतिशील साहित्य झूठी देशभक्ति के साहित्य से भी भिन्न है। जवाहरलाल नेहरू ने **डिस्कवरी आफ इण्डिया** में भारत पर दो इंग्लैण्डों के प्रभाव की बात कही: "इन दो इंग्लैण्डों में कौन भारत आया? शेक्सपियर और मिल्टन का इंग्लैण्ड, श्रेष्ठ भाषण, लेखन और वीरतापूर्ण कर्म, राजनीतिक क्रान्ति और स्वाधीनता संग्राम, विज्ञान की स्वतन्त्रता और तकनीकी प्रगति का इंग्लैण्ड अथवा भयानक दण्डसंहिता, जमे हुए सामन्तवाद और प्रतिक्रियावाद के पाशविक व्यवहार का इंग्लैण्ड? क्योंकि इंग्लैण्ड दो थे, वैसे ही जैसे राष्ट्रीय चरित्र और सम्भ्यता के दो पक्ष होते हैं।" क्या हमारे देश में भी राष्ट्रीय चरित्र और सभ्यता के दो पक्ष नहीं हैं? एक ओर श्रेष्ठ भाषण, लेखन और वीरतापूर्ण कर्म का भारत है, राजनीतिक क्रान्ति और स्वाधीनता संग्राम का भारत है जो अपनी राष्ट्रीय संस्कृति के नवीन उत्थान के लिए प्रयत्नशील है, दूसरी ओर प्रेस कानून और नजरबन्दी कानून का भारत है, जेल और गोलीबार, जमे हुए

सामन्तवाद और प्रतिक्रियावाद का भारत है। प्रगतिशील साहित्य राष्ट्रीय चरित्र और सभ्यता के पहले पक्ष को प्रतिबिम्बित करता है, प्रतिक्रियावादी साहित्य उसके दूसरे पक्ष को। प्रगतिशील साहित्य ऐतिहासिक रूप से आवश्यक है क्योंकि वह हमारी संस्कृति के वास्तविक राष्ट्रीय स्वरूप की रक्षा करता है, झूठी देशभक्ति के साहित्य का विरोध करता है। इस तरह वह जनता की अपरिहार्य आवश्यकता की पूर्ति करता है। वह साहित्य की जनवादी विषयवस्तु के आधार पर स्वयं को प्रतिक्रियावादी साहित्य से अलग करता है। वह साहित्य के रूप का महत्त्व स्वीकार करता है किन्तु वह साहित्य के जातीय और लोकप्रिय कलात्मक रूप का समर्थन करता है।

वह रूप को विषय वस्तु के अधीन मानता है और रूप के आधार पर सभी साहित्य को प्रगतिशील नहीं मानता। वैज्ञानिक दृष्टिकोण से वह अपना मार्ग पहचानता है। जो साहित्य विवेक को अस्वीकार करता है और सहजबोध के गुण गाता है, उसका वह विरोध करता है। दो तरह के साहित्य का भेद विद्यमान है, अतः केवल लेखक संघ न होकर हमारा संगठन प्रगतिशील लेखक संघ है।

देशभक्त लेखकों का काफी बड़ा समुदाय है जो प्रगतिशील लेखक संघ में नहीं है। वह प्रतिक्रियावादी नहीं है। इन लेखकों के साथ हम प्रगतिशील लेखक संघ के भीतर और बाहर एकता कायम करना चाहते हैं। हमें विश्वास है कि एक साथ काम करने से उन्हें और हमें दोनों को लाभ होगा। जनता के लिए स्वाधीन और सुखी जीवन की उपलब्धि, राष्ट्रीय संस्कृति की सुरक्षा और समृद्धि के उद्देश्यों के आधार पर व्यापक एकता सम्भव है। इस आधार पर विषयवस्तु और रूप की अमित विविधता सम्भव है और वांछनीय है। प्रगतिशील लेखक संघ के सदस्य सामान्य उद्देश्यों की पूर्ति के लिए किसी भी साहित्यिक, सांस्कृतिक संस्था के साथ मिलकर काम करने को तैयार हैं। हमारी एकता केवल एकता के लिए नहीं है; यह एकता जनता के लिए है। जिन देशभक्त लेखकों से साहित्य के उद्देश्य या कला के प्रति दृष्टिकोण को लेकर मतभेद है, उनके साथ हम मिलकर काम करेंगे। हमारा लक्ष्य होगा कि सभी देशभक्त लेखकों का एक ही संगठन बन सके।

प्रगतिशील साहित्य के बारे में कुछ मिथ्या धारणाएँ प्रचलित हैं। हमसे अनेक लेखकों के सहयोग में वे बाधक हैं। कहा जाता है कि जो लेखक जनता के आर्थिक कष्टों के बारे में लिखते हैं या मजदूरों से हड़ताल करने को कहते हैं, वही प्रगतिशील हैं। (ऐसा नहीं है।) जनता के जीवन में जो कुछ भी महत्त्वपूर्ण है, उसका प्रेम, सुख, दुख, उस सबको प्रगतिशील साहित्य प्रतिबिम्बित करता है। प्रकृति सम्बन्धी कविता, प्रगीत काव्य, ऐतिहासिक उपन्यास, जनता के नैतिक गुणों को व्यक्त करने वाली रचनाएँ–ये सब प्रगतिशील साहित्य का जीवन्त अंश हैं।

कुछ लेखकों का दावा है कि प्रगतिशील साहित्य सांस्कृतिक विरासत का विरोध करता है। बात इससे उल्टी है। हम मानते हैं कि सांस्कृतिक विरासत

जनता की प्रगति की जबर्दस्त प्रेरक शक्ति है। हम उन पुनरुत्थानवादियों का विरोध करते हैं जो जाति-बिरादरी, साम्प्रदायिकता और अन्धविश्वासों के गीत गाते हैं। हमारी राष्ट्रीय संस्कृति को बहुत दिनों तक ब्रिटिश साम्राज्यवाद का दबाव सहना पड़ा था। हम उसका मुक्त विकास चाहते हैं, जनता में राष्ट्रीय गर्व की भावना जगाना चाहते हैं।

प्रगतिशील साहित्य विदेशी साहित्य का अनुकरण है, अराष्ट्रीय है, यह प्रचार मिथ्या है। हम दूसरे देशों के प्रगतिशील साहित्य से सीखते हैं। हमारे महान् लेखकों में ऐसा कौन है जिसने यह नहीं किया? किन्तु प्रगतिशील साहित्य जनता की राष्ट्रीय और लोकप्रिय परम्पराओं के अनुसार विकसित होता है, वह जनता के हित प्रतिबिम्बित करता है। अतः वह उत्कृष्ट रूप से राष्ट्रीय जनवादी है। जो लोग जातियों में घृणा फैलाते हैं, युद्ध-प्रचार करते हैं, अश्लील और निराशावादी साहित्य रचते हैं, वे अवश्य पश्चिम के पतनशील लेखकों का अनुकरण करते हैं। जो साहित्य अतीतमुखी है, भविष्य से जिसे भय है, जो साम्प्रदायिक द्वेषभाव का प्रचारक है, वह अराष्ट्रीय है।

प्रगतिशील साहित्य यौन सम्बन्धों का नग्न वर्णन करता है जिससे किसी भी तरह का नैतिक प्रतिबन्ध न रहे, यह भी मिथ्या प्रचार है। प्रगतिशील लेखक सामन्ती दासता से नारी की मुक्ति का समर्थन करते हैं, किन्तु दरबारी कवियों या पश्चिम के नग्न श्रृंगारवादियों की नकल करना उनका उद्देश्य नहीं है। प्रगतिशील साहित्य को सिर्फ रोटी के सवाल से मतलब है, जीवन के ऊँचे मूल्यों से उसे सरोकार नहीं है, यह प्रचार झूठा है। मनुष्य रोटी के लिए ही नहीं जीता, पर वह रोटी के बिना भी नहीं जीता। प्रगतिशील साहित्य मनुष्य की भौतिक और सांस्कृतिक दोनों तरह की आवश्यकताओं की पूर्ति के लिए संघर्ष करता है। यह धारणा गलत है कि प्रगतिशील साहित्य केवल विषयवस्तु पर जोर देता है और रूप की उपेक्षा करता है। लोकप्रिय कलात्मक रूप के बिना साहित्य प्रभावशाली न होगा। प्रगतिशील साहित्य के लिए रूपगत सौन्दर्य आवश्यक है।

प्रगतिशील लेखक संघ के संदस्य केवल कम्युनिस्ट हो सकते हैं, यह प्रचार निराधार है। जुलाई 1950 में दिल्ली में प्रगतिशील लेखक सम्मेलन हुआ। उसमें **प्रीत लड़ी** के सम्पादक सरदार गुरुबख्श सिंह, **टाइम्स आफ इण्डिया** के उप-सम्पादक शामलाल, **नवभारत टाइम्स** के मातादीन भगेरिया, उसी पत्र के सम्पादक मण्डल के सदस्य हरिदत्त शर्मा ने भाग लिया। सभी जानते हैं कि ये लेखक कम्युनिस्ट नहीं हैं। प्रगतिशील लेखक बनने के लिए नास्तिक होना जरूरी है—यह भी झूठा प्रचार है। प्रगतिशील लेखक संघ के उद्देश्यों में कहीं भी नास्तिकता का उल्लेख नहीं है। संघ की सदस्यता के लिए मार्क्सवादी होने की शर्त भी नहीं है। मार्क्सवाद प्रगतिशील साहित्य को प्रभावित करता रहा है, यह ऐतिहासिक तथ्य है, पर वह संघ की

सदस्यता की शर्त नहीं है।

कुछ लोगों की राय है कि प्रगतिशील लेखकों की देन महत्त्वपूर्ण नहीं है, जो कुछ महत्त्वपूर्ण लिखा गया है, वह प्रगतिशील लेखक संघ के बावजूद लिखा गया है। यह सही नहीं है। (बंगला में) मानिक बनर्जी, गोपाल हालदार, (उर्दू में) राजेन्द्रसिंह बेदी, इस्मत चुगताई, (मराठी में) अण्णाभाऊ साठे, (तेलुगू में) श्री श्री, सुंकर सत्यनारायण, (पंजाबी में) नवतेज सिंह, (हिन्दी में) शिवमंगलसिंह सुमन आदि कुछ नाम याद करते ही समझ में आ जाएगा कि भारतीय साहित्य में प्रगतिशील लेखकों ने किस तरह का परिवर्तन किया है। प्र. ले. सं. की कार्यवाही के कारण साहित्य को एक नई लोकप्रिय दिशा प्राप्त हुई है, प्रतिक्रियावादी साहित्य का प्रभाव नियन्त्रित हुआ है। बंगाल के अकाल के दिनों में, साम्प्रदायिक दंगों के दौर में, शान्ति, स्वाधीनता और भूमि के लिए संघर्ष के दौर में प्रगतिशील लेखक जनता के साथ रहे हैं, इससे महत्त्वपूर्ण लेखन में उन्हें सहायता मिली है।

प्रगतिशील लेखक संघ एकमात्र ऐसा संगठन है जिसमें विभिन्न भारतीय भाषाओं के लेखक मिलकर काम करते हैं। वह एकमात्र ऐसा संगठन है जिसमें हिन्दी-उर्दू लेखक साथ-साथ काम करते हैं। अन्य संगठनों में हिन्दी-उर्दू समस्या का उपयोग जनता को विभाजित करने के लिए होता है। इस संगठन का स्वरूप ही ऐसा है कि वह जनता को एकताबद्ध करता है, उसकी मैत्री को सुदृढ़ करता है। इस संगठन की शक्ति विभिन्न भाषाओं और प्रदेशों में अलग-अलग स्तर की है। जहाँ उसमें शहरों के लेखकों के अलावा गाँवों के कवि और कलाकार शामिल हैं, वहाँ प्रगतिशील साहित्यिक आन्दोलन जनता का जातीय साहित्यिक आन्दोलन बन गया है। इस दृष्टि से आन्ध्र लोगों का प्रगतिशील साहित्यिक आन्दोलन सबसे आगे है। इसके बाद ऐसी भाषाएँ हैं जिनमें यह आन्दोलन बहुत कुछ शहरों तक सीमित है; यह धारा साहित्य की प्रमुख धारा है पर गाँवों में नहीं फैली। मलयालम, बंगला, हिन्दी-उर्दू आदि भाषाओं में स्थिति न्यूनाधिक ऐसी ही है।

तीसरी तरह की भाषाओं में प्रगतिशील साहित्यिक धारा तो है पर उसके अनुरूप लेखक संगठन नहीं है। यह स्थिति पंजाबी की है। चौथे वर्ग में तमिल और मराठी जैसी भाषाएँ हैं। इनमें व्यापक प्रगतिशील साहित्यिक आन्दोलन के विकास की सम्भावनाएँ मौजूद हैं लेकिन आन्दोलन का कोई संगठित रूप नहीं हैं। पाँचवें वर्ग में आर्थिक रूप से पिछड़े हुए लोग हैं। इनके यहाँ निकट भविष्य में विशुद्ध साहित्यिक आन्दोलन का विकास हो, इसकी सम्भावना कम है पर कवियों और कलाकारों के सांस्कृतिक आन्दोलन की सम्भावना अवश्य है। भारत के कबीलाई और अर्ध कबीलाई लोग इस श्रेणी के हैं। अन्त में काफी लेखक अंग्रेजी भाषा के हैं। ये किसी भारतीय भाषा से सम्बद्ध नहीं हैं। कभी वे किसी एक भाषा के लेखक संघ के साथ मिलकर काम करते हैं, कभी संघ से उनका कोई संगठनात्मक सम्बन्ध

नहीं होता।

पिछले अनुभव से ज्ञात होता है कि लेखक जब सामान्य उद्देश्यों के लिए संगठित होते हैं तब प्रगतिशील साहित्यिक आन्दोलन का विकास तेजी से होता है। अपनी एकता को मजबूत करना, संगठन को सुदृढ़ करना, प्रगतिशील लेखकों का कर्तव्य है। इसके लिए जरूरी है कि हम प्रगतिशील लेखक संघ को मार्क्सवादी लेखकों की बिरादरी समझना छोड़ दें। हमारा उद्देश्य यह होना चाहिए कि हम उसे सभी देशभक्त और जनवादी लेखकों का राष्ट्रीय संगठन बना दें। कुछ लोग मतभेद बर्दाश्त नहीं कर सकते। वे उन्हीं के साथ काम करना चाहते हैं जो उनसे हर बात में सहमत हों। अन्य लोग ऐसे हैं जो किसी के विरुद्ध कुछ कहना ही नहीं चाहते, भले ही कोई सामन्ती-साम्राज्यवादी जहर घोल रहा हो। धैर्य से काम करने पर ही प्र. ले. सं. क्रमशः सुदृढ़ होगा। हमारे संगठन की परम्परा रही है कि कोई रचना सुनने के बाद लोग उस पर विचार-विमर्श करते हैं। इस तरह बहुत से नौजवान लेखकों के लिए प्र. ले. सं. शिक्षण-केन्द्र-सा बन गया था। सिद्धान्तहीन आलोचना, कानाफूसी वाला प्रचार, परस्परं प्रशंसन्ति वाली गुटबन्दी आन्दोलन के लिए हानिकारक है। संगठन को मजबूत करने के लिए केवल शहरी बुद्धिजीवियों के सहारे न रहकर गाँवों के लोककवियों को उसमें समेटना चाहिए।

कहीं-कहीं एक ही भाषा के लेखकों के अनेक प्रान्तीय संगठन हैं, उनका एक जातीय संगठन नहीं है क्योंकि उनका भाषाई क्षेत्र कई प्रान्तों में बँटा हुआ है। प्रगतिशील लेखक संघ की प्रान्तीय शाखाओं को भाषाई आधार पर पुनर्गठित करना आवश्यक है। विशाल आन्ध्र के सांस्कृतिक कार्यकर्ताओं का जातीय सम्मेलन संगठन का सही उदाहरण है। हिन्दी-उर्दू लेखकों के जातीय संगठन की समस्या के कुछ खास पहलू हैं। इनके संगठन के, और हिन्दी-उर्दू भाषा समस्या के, हर पहलू पर विचार करने के लिए इस सम्मेलन में एक आयोग गठित करना उचित होगा। दिल्ली में पंजाबी के लेखक हैं, बम्बई और कलकत्ते में हिन्दी-उर्दू लेखक हैं, मद्रास में तेलुगु लेखक हैं। अल्पसंख्यक समुदायों के ऐसे लेखक बहुसंख्यक समुदाय के लेखक संगठन के अन्तर्गत काम करें तो सुविधाजनक होगा। हर भाषाई क्षेत्र की अपनी सांस्कृतिक विशेषताएँ हैं, साथ ही सभी क्षेत्रों की कुछ सामान्य विशेषताएँ हैं। साहित्य का जातीय रूप भिन्न होगा पर जनवादी विषयवस्तु में बहुत समानता होगी। इसलिए प्रगतिशील लेखकों का अखिल भारतीय केन्द्र आवश्यक है। हर भाषा के लेखकों को केवल अपनी भाषा के साहित्य से मतलब है, अखिल भारतीय केन्द्र अनावश्यक है—यह धारणा गलत है। इस केन्द्र का मुख्य काम निर्देशन का नहीं वरन् विभिन्न भाषाओं के लेखकों के बीच सहयोग स्थापित करना होगा।

सज्जाद जहीर के पाकिस्तान जाने से, प्र. ले. सं. के महासचिव अली सर्दार जाफरी की गिरफ्तारी से, दंगों से, सरकारी दमन से, संगठन की केन्द्रीय और प्रान्तीय

कार्यवाही में अनेक कठिनाइयाँ पैदा हुईं। बहुत-सी बातों पर बहस हुई और वह अभी जारी है। बहस के खत्म होने तक बैठे रहना ठीक न होगा। सामान्य उद्देश्यों के बारे में सहमति के आधार पर संगठन को मजबूत करना चाहिए। प्र. ले. सं. में उन व्यक्तियों के लिए भी स्थान है जो स्वयं लेखक नहीं हैं पर लेखन से जिन्हें गहरी दिलचस्पी है। लेखक कभी-कभी लिखना बन्द कर देते हैं और लेखन से दिलचस्पी रखने वाले लिखना शुरू कर देते हैं। इसलिए प्र. ले. सं. में उन साहित्यप्रेमियों के लिए जगह होनी चाहिए जो उसके उद्देश्यों से सहमत हैं पर लेखक नहीं हैं। हमारे संगठन में कलात्मक साहित्य रचने वालों के साथ पत्रकार भी हैं। पत्रकारिता भी कलात्मक हो सकती है। जन-नाट्य संघ और प्रगतिशील लेखक संघ के सदस्यों में घनिष्ठ सम्पर्क रहा है जो उचित है।

इस सम्मेलन के सामने सबसे महत्त्वपूर्ण कार्य है प्रगतिशील लेखकों के एकताबद्ध होकर काम करने के लिए अल्पतम आधार प्रस्तुत करना। भाषाओं के स्तर पर और केन्द्रीय स्तर पर संगठन को मजबूत करने के लिए सम्मेलन को आवश्यक कदम उठाने हैं। प्रतिक्रियावादी लेखकों को भरोसा है कि प्रगतिशील लेखकों में फूट बनी रहेगी। यह सम्मेलन एकता सम्मेलन होगा और संगठन का बुरा चाहने वालों को उचित उत्तर देगा।

परिशिष्ट-2

कांग्रेस फॉर कल्चरल फ्रीडम और हिन्दी के प्रयोगवादी लेखक

('कम्युनिस्ट पार्टी और प्रगतिशील लेखक संघ' लेख में इलाहाबाद के प्रगतिशील लेखक सम्मेलन (1952) के विवरण का हवाला दिया गया है। उस विवरण के लेखक आशाराम इलाहाबाद विश्वविद्यालय में राजनीति शास्त्र के अध्यापक थे और अपने शहर में अमरीकी प्रचारकेन्द्रों की गतिविधि से भलीभाँति परिचित थे। यह गतिविधि विश्वव्यापी अभियान के अन्तर्गत थी। उस गतिविधि का एक माध्यम कांग्रेस फॉर कल्चरल फ्रीडम थी। हिन्दी के कुछ प्रयोगवादी लेखक और नई कविता के समर्थक विचारधारात्मक रूप से—और कुछ संगठनात्मक रूप से भी—कांग्रेस फॉर कल्चरल फ्रीडम से जुड़े हुए थे। 1955 में प्रकाशित मेरे इस लेख से पाठक प्रयोगवाद और नई कविता की अन्तर्राष्ट्रीय पृष्ठभूमि अंशतः पहचान सकेंगे। 'मार्क्सवाद और प्रगतिशील साहित्य' निबन्ध में प्रेमचन्द के बारे में मुल्कराज आनन्द और अज्ञेय की धारणाओं की चर्चा है। यहाँ उनसे प्रेमचन्द-सम्बन्धी धर्मवीर भारती के विचार तुलनीय हैं। 1950-53 में मार्क्सवादी लेखकों में जो बहस चल रही थी, उसे समझने में इस लेख से सहायता मिलेगी। विसर्जनवाद के फलस्वरूप जब प्रगतिशील लेखक संघ निष्क्रिय हो गया, तब प्रगतिविरोधी प्रवृत्तियों को पनपने और फैलने का अवसर मिला।

साहित्य में संयुक्त मोर्चा खूब व्यापक बनाया जाए, इतना व्यापक कि उसमें मार्क्सवादी लेखक अमरीकी सांस्कृतिक मंच से सहयोग कर सकें! प्रगतिशील लेखक संघ के अवसान के बाद यह सहयोग—शशिमुख पर घूँघट डाले—अभिसार के अनेक कलात्मक रूपों में प्रकट हुआ। कुछ रूपों का साक्षात्कार प्रस्तुत संग्रह के निबन्धों में भी है।)

जून सन् '50 में बर्लिन नगर में एक सम्मेलन हुआ जिसका नाम था—'कांग्रेस फॉर कल्चरल फ्रीडम'। इसमें फासिस्टों के दोस्त जूलियन अमेरी, 'कम्युनिज्म की निकट पराजय' के लेखक जेम्स बर्नहम, सोवियत-विरोधी पुस्तकों

के ख्यातनामा रचयिता केस्टलर, अमरीकी अणुशक्ति कमीशन के भूतपूर्व सभापति डैविड लिलियेन्थाल, अमरीकी 'फेडरेशन ऑफ लेबर' के प्रतिनिधि ब्राउन जैसे बुद्धिजीवियों ने भाग लिया। इस सम्मेलन का एक संक्षिप्त विवरण अमरीकी सूचना-विभाग ने छापकर इस देश में भी वितरित किया। विवरण का शीर्षक है : 'फ्रीडम टेक्स दि ऑफेन्सिव' (स्वाधीनता का हमला शुरू)। यह स्वाधीनता का हमला सोवियत संघ और दूसरे समाजवादी देशों के विरुद्ध है। स्वाधीनता का असली रूप वह है जो अमरीका में पाया जाता है; समाजवादी देशों में जनता गुलाम है, उसे आजाद करने के लिए यह हमला है।

इस सम्मेलन के प्रमुख सिद्धान्तकार आर्थर केस्टलर महोदय थे। इन्होंने बतलाया कि आज की दुनिया में समाजवाद और पूँजीवाद जैसे शब्दों का परस्पर विरोध निरर्थक हो गया है। इस महत्त्वपूर्ण तथ्य का उद्‌घाटन करने की जरूरत यों पड़ी कि केस्टलर महोदय के अनुसार समाजवाद और पूँजीवाद, वामपन्थी और दक्षिण पन्थी जैसे शब्द निरर्थक होते हुए भी लोगों को आकर्षित कर लेते हैं और लोक साम्यवादी विचारधारा को ही प्रगतिशील विचारधारा मान बैठते हैं। ऐसे ही शान्ति की रक्षा आदि भ्रामक शब्द हैं जिनसे आकर्षित होकर लोग अनजान में प्रतिक्रियावाद के—अर्थात् समाजवादी देशों के—मित्र बन जाते हैं। वर्तमान संसार की गति ऐसी है कि वर्गों का आपसी संघर्ष मिट गया है और उसके बदले वर्गों से परे एक अस्थिर संघर्ष कायम हो गया है।

"But in fact, recent developments have abolished the static trench-warfare between the classes and have transformed it into a fluid war of movement."

आप यह न समझें कि केस्टलर को समाजवाद से नफरत है या पूँजीवाद से प्रेम है। उन्होंने स्पष्ट कर दिया कि उनका मतलब किसी का पक्ष न लेकर इतना ही है कि पूँजीवाद या समाजवाद सस्ते समाधान हैं। ये सब 19वीं सदी की धारणाएँ हैं जबकि 20वीं सदी की दुनिया बदल चुकी है। तब असली समाधान क्या है? असली समाधान है स्वाधीनता। स्वाधीनता का मतलब यह नहीं कि मनुष्य को खाने-कपड़े की चिन्ता न हो। अभी तक लोग किसी विशेष अन्याय या उत्पीड़न के खिलाफ लड़ते आए हैं। केस्टलर साहब की स्वाधीनता इतनी व्यापक है कि वह स्वयं भी उसकी कल्पना नहीं कर सकते, न बता सकते हैं कि वह कहाँ मिलेगी। लेकिन रक्षा इसी स्वाधीनता की करनी है—

"And I don't mean by that, freedom from want, freedom from fear, and the rest. Since the dawn of civilisation people have fought under the slogan of freedom; but it was always freedom from some particularly irksome oppression, freedom in a restricted, negative sense. I mean freedom in a much deeper and fuller sense than we can conceive to-day or see realised anywhere in organic nature."

मतलब यह कि किसी विशेष अन्याय या उत्पीड़न के खिलाफ लड़ना, स्वाधीनता को संकीर्ण बनाना, उसे नकारात्मक रूप देना है। केस्टलर साहब इसे तकदीर की चुनौती (डेस्टिनीज चैलेंज) समझते हैं कि मानवता को इस व्यापक स्वाधीनता के लिए लड़ना है।

इस स्वाधीनता की लड़ाई को कैसे चलाया जाएगा, इसे और वक्ताओं ने और साफ-साफ बतलाया। मिसाल के लिए अमरीकी लेखक जेम्स टी. फैरेल ने कहा कि आजकल मास्को अधिनायकशाही की राजधानी है। वहाँ का समाज गुलामों की मेहनत पर निर्भर है। अधिनायकशाही का प्रचार लाखों नर-नारियों की आत्मा को मारे डाल रहा है। बोरिस निकोलायेव्स्की नाम के एक सज्जन के अनुसार जब तक मास्को स्वाधीन नहीं है तब तक पश्चिमी देशों की स्वाधीनता भी खतरे में है। जेम्स बर्नहम ने केस्टलर की तरह शब्दों के भ्रामक प्रयोग से फिर सावधान किया और वामपंथियों के प्रचार को रहस्यवाद बतलाया। इनके अनुसार संसार का शान्ति आन्दोलन सोवियत साम्राज्यवाद के प्रसार का साधन है और इसलिए वह सोवियत संघ में बने हुए अणुबमों के खिलाफ हैं और अमरीकी बमों के पक्ष में!

"I am against those bombs, new stored or to be stored later in Siberia or the Caucasus, which are designed for the destruction of Paris, London, Rome, Brussels, Stockholm, New York, Chicago, Berlin and of Western civilisation generally. But I am—yesterday and to-day at any rate—for those bombs made in Los Alamos, Hanford, and Oak Ridge, and guarded, I know not where, in the Rockies or American deserts."

ये अमरीकी बम स्वाधीनता की रक्षा के लिए हैं और सोवियत बम उसके विनाश के लिए!

बर्लिन में एकत्र इन विद्वानों ने एक घोषणापत्र निकाला जिसमें उन्होंने समाजवादी देशों को (दि टोटेलीटेरियन स्टेट्स) मानवजाति के लिए सबसे बड़ा खतरा बतलाया और बुद्धिजीवियों को सचेत किया कि इस खतरे के प्रति उदासीन रहना मानवजाति के बुनियादी मूल्यों के प्रति विश्वासघात करना होगा। हम इस खतरे का सामना किस तरह करते हैं, इसी पर यह निर्भर है कि मनुष्य स्वाधीन जीवन बिताएगा या कीड़ों-मकोड़ों की तरह जिएगा।

मतलब यह कि अमरीकी युद्ध-प्रचार और युद्ध की तैयारियों में हिस्सा बँटाओ, वर्ना सांस्कृतिक स्वाधीनता, मानवजाति के बुनियादी मूल्यों के प्रति विश्वासघात करोगे।

इस सम्मेलन ने तय किया कि सांस्कृतिक स्वाधीनता की रक्षा के लिए एक

अन्तर्राष्ट्रीय कमेटी बनाई जाए और वह विभिन्न देशों में ऐसी स्वाधीनता के लिए लड़नेवालों की नैतिक और भौतिक सहायता करे। इसी सम्मेलन की ओर से लन्दन से 'एनकाउण्टर' नामक पत्रिका निकाली गई है जिसके एक सम्पादक स्टीफेन स्पेण्डर कुछ दिन हुए भारत का दौरा कर गए थे।

पाठकों को स्मरण होगा कि बम्बई में स्वनामधन्य सच्चिदानन्द हीरानन्द वात्स्यायन के नेतृत्व में जो 'कांग्रेस फॉर कल्चरल फ्रीडम' हुई थी, वह भी इसी अन्तर्राष्ट्रीय अमरीकी अभियान का एक अंग थी। उस अभियान का अगला कदम है : दिल्ली की 'आलोचना' का सम्पादकीय स्तम्भ। इस स्तम्भ की आधारशिला हैं धर्मवीर भारती।

केस्टलर और बर्नहम की तरह भारती के लिए भी भाषा दूषित हो गई है। वर्तमान परिस्थितियों ने "भाषा को सबसे अधिक क्षत-विक्षत किया है।" ('आलोचना', अप्रैल, 54, में भारती का लेख 'साहित्य की नई मर्यादा')। इसी भाषा के द्वारा समाजवाद का विरोध करके सांस्कृतिक स्वाधीनता की रक्षा करनी है। "इतनी दूषित भाषा के द्वारा इतना जटिल दायित्व पूरा करना है।" (उप.)। बर्लिन के घोषणापत्र की तरह भारती की स्वाधीनता भी किसी विशेष अन्याय या विशेष उत्पीड़न के विरुद्ध नहीं है। मानव अस्तित्व का 'बुनियादी प्रतिमान' उसका स्वातन्त्र्य है। ('आलोचना', अप्रैल 1955; 'साहित्यकार का वैयक्तिक स्वातन्त्र्य और सामाजिक दायित्व')। पूँजीवादी समाज भी खराब है; समाजवादी व्यवस्था भी खराब है। इन दोनों से भिन्न आलोचना के सम्पादक किस तरह की समाज व्यवस्था में अपनी स्वाधीनता सिद्ध करेंगे, यह वह नहीं बतलाते। इसका कारण यह है कि मूल उद्देश्य समाजवादी व्यवस्था का विरोध करना है, पूँजीवादी शोषण से मुक्ति पाना नहीं। वह तो समस्या का सस्ता समाधान है।

भारती का आग्रह है कि हम उनके बुनियादी प्रतिमानों पर तुरन्त आचरण करें देखिए, खतरा कहाँ है। लिखते हैं, "यदि हम ऐसा नहीं करते और भविष्य के किसी अदृश्य वर्गहीन समाज की स्थापना के नाम पर मानववादी मूल्यों का तिरस्कार करते हैं तो हम प्रगति की आस्था को आन्तरिक रूप से पराजित करके एक प्रकार के नए भाग्यवाद को प्रश्रय देने लगते हैं।" (भारती का उपर्युक्त लेख, 'साहित्य की नई मर्यादा')।

सबसे बड़ी मुसीबत इसी वर्गहीन समाज के स्वप्न की है। यह स्वप्न जनता के हृदय में घर कर गया है। यहाँ तक कि शासकों को भी समाजवादी ढाँचे की चर्चा करनी पड़ती है। अब तक सैकड़ों की तादाद में लोग रूस और चीन जाकर उस व्यवस्था को अपनी आँखों से देख भी आए हैं। तीस साल में साम्राज्यवादियों ने झूठ की जो दीवारें खड़ी की थीं, वे तीन साल में ढह तो गईं ही, समाजवादी भविष्य में भारतीय जनता की आस्था और भी दृढ़ हो गई। करोड़ों आदमियों को आज समाजवाद

की विजय अनिवार्य दिखाई दे रही है। वह अनिवार्यता धर्मवीर भारती और उनके धर्मगुरुओं को नियतिवाद मालूम होती है। इसलिए अंग्रेजी 'एनकाउण्टर' और हिन्दी 'आलोचना' में इस 'मार्क्सीय' नियतिवाद पर काफी कोप प्रकट किया जाता है। समाजवादी रूस से नफरत करने में 'आलोचना' के सम्पादक अपने अमरीकी धर्मगुरुओं के भी कान काट लेते हैं। जनवरी, '55 की 'आलोचना' के ये सम्पादकीय वाक्य दर्शनीय हैं, "यूरोप के साहित्य में जर्मनी, फ्रांस, इंगलैण्ड आदि में कभी भी उपयोगितावाद का इतना आग्रह नहीं था। यह धारा रूस से आई है, इसलिए कि रूस को कभी भी मुक्त विचारों की प्रतिद्वन्द्विता का स्वाद नहीं मिला। सोवियत क्रान्ति के बाद यह परम्परागत पूर्वाग्रह और भी प्रबल हो गया।"

अमरीकी युद्ध-प्रचार और 'आलोचना' के सम्पादकीय नोटों में कितना घनिष्ठ सम्बन्ध है, पाठक सहज ही देख सकते हैं। अन्तर इतना है कि अमरीकी युद्ध-प्रचारक सोवियत रूस को ही कोसते हैं जबकि 'आलोचना' के सम्पादक रूस मात्र को स्वाधीनता का—और इसलिए मानवता का—शत्रु समझते हैं।

कुछ लोगों में सोवियत-विरोध ने दिमागी बीमारी का रूप ले लिया है। यूरोप और अमरीका के इजारेदार पूँजीपति महसूस करते हैं कि उनके पैरों तले से जमीन खिसक रही है। उनके चारण मानव मूल्यों के विघटन और अपने अपाहिज होने का रोना रोते हैं। कहावत है कि पीलिया के रोगी को सब कुछ पीला ही पीला दिखाई देता है। यही हालत इलियट-स्पेण्डर सम्प्रदाय के देशी नक्कालों की है। अक्तूबर, '53 की आलोचना में इस बात का रोना है, कि "जैसे आज का जीवन अपने मूल्यों की दिशा में अनिश्चित, अस्पष्ट और उलझा हुआ है, वैसी ही आज के साहित्य की मान्यताएँ भी हैं।" औरों के साहित्य पर यह बात चाहे लागू न होती हो, 'आलोचना' की सम्पादकीय टिप्पणियाँ अनिश्चित, अस्पष्ट और उलझी मान्यताओं की मिसाल जरूर हैं।

अप्रैल 1954 की 'आलोचना' का सम्पादकीय यों शुरू होता है : "सम्भवतः भविष्य के इतिहासकार कहेंगे कि हम ऐसे युग में पैदा हुए जब भारतवासी एक रहस्यवादी आस्था, वेदना और शायद विनाश-भय की मिली-जुली भावनाओं के साथ अपने ऐतिहासिक व्यक्तित्व के अन्वेषण में लगे हुए थे।" विनाश-भय भारतवासियों को नहीं है, उन इजारेदारों को है जो एशिया को गुलाम बनाकर अब तक अपनी तिजोरियाँ भरते रहे थे। भारतवासियों को अपने भविष्य में आस्था है जिसका आधार रहस्यवाद नहीं, प्रत्यक्ष अनुभव और अपनी शक्ति की पहचान है। युद्धकाल में स्टीफेन स्पेण्डर ने 'कवि और समाज' एक किताब लिखी थी, जिसमें अंग्रेजी साहित्य की यह व्याख्या की थी कि सभी महान् साहित्यकार जीवन के प्रति केवल प्रश्न करते रहे थे। स्पेण्डर से चार कदम आगे बढ़कर 'आलोचना' के सम्पादक उसी टिप्पणी में कहते हैं : "यह भी असम्भव नहीं है कि कोई

साहित्यकार अपना सारा जीवन केवल इसी अन्वेषण में बिता दे कि प्रश्न असल में क्या है और किस रूप में पूछा जा रहा है।" बात सही है। आप एक जीवन तो क्या सात जनम में भी इस बात का जवाब नहीं दे सकते कि पूँजीवाद के बाद समाजवाद के अलावा वह कौन-सी व्यवस्था होगी जिसमें केस्टलर-भारती की सांस्कृतिक स्वाधीनता सुरक्षित रहेगी।

'साहित्य की नई मर्यादा' में धर्मवीर भारती संसार पर एक बार निगाह डाल कर फरमाते हैं : "हमारी मानव संस्कृति में आज पूरे देश, पूरी जातियाँ, पूरे सम्प्रदाय, पूरी चिन्तन-धाराएँ और पूरे के पूरे साहित्यिक निकाय इस मूल्यहीनता से, इस पक्षपात से अशक्त होकर प्रगति और विकास की दिशाओं में भटक गए हैं।" अब सोचिए, कितना बड़ा दायित्व भारती जैसे लेखकों के कन्धों पर है। समूचे देशों को, पूरी जातियों, सम्प्रदायों, चिन्तनधाराओं और साहित्यिक निकायों को उबार कर सांस्कृतिक स्वाधीनता के स्वधर्म में दीक्षित करना है; और यह काम तब करना है जब इस दायित्व को न समझने के कारण 'कितने ही चिन्तक, लेखक और कलाकार इस दासता के तथाकथित कायरतापूर्ण सरल समाधान को जुए की तरह स्वीकार करके इस भय के शिकार बन चुके हैं।' सरल समाधान है शोषण का विरोध। बहुत-से लेखकों ने कायरतावश उसका जुआ स्वीकार कर लिया है। इससे अधिक दुख की बात और क्या होगी? इसी चिन्ता से 'आलोचना' के सम्पादक दुबले हैं, बार-बार बुनियादी मूल्यों की दुहाई देते हैं, कारवाँ की घण्टी सुनते हैं, जनवाद को कोसते हैं, ईमानदारी और हिम्मत की सौगन्ध खाते हैं, फिर भी उन्हें विश्वास नहीं होता कि उनकी सांस्कृतिक स्वाधीनता की प्रतिष्ठा होगी।

टी. एस. इलियट ने 'ईस्ट कोकर' नाम की कविता में लिखा है–

"I said to my soul, be still,
and wait without hope;
For hope would be hope for the wrong thing;
wait without love.
For love would be love of the wrong thing,
there is yet faith.
But the faith and the love and the hope
are all in the waiting.
Wait without thought, for you are
not ready for thought.
So the darkness shall be the light
and the stillness—the dancing."

("मैंने अपने मन से कहा, शान्त हो जाओ, और बिना आशा के राह देखो, क्योंकि आशा गलत चीज की आशा होगी; बिना प्यार के राह देखो क्योंकि प्यार गलत चीज का प्यार होगा; आस्था अभी बाकी है, लेकिन आस्था और प्यार और आशा सभी राह देख रहे हैं। बिना चिन्तन के राह देखो क्योंकि तुम चिन्तन के लिए तैयार नहीं हो; इसलिए अँधेरा ही प्रकाश होगा और नीरवता नाचेगी।")

अनिश्चित, सन्देह में पड़े हुए, आशा-आस्था-प्रेम से छूंछे पश्चिम के पतनशील बुद्धिजीवियों की दशा इलियट की पंक्तियों में अच्छी तरह प्रतिबिम्बित हुई है। भारती के विलाप की भी यही टेक है। लेकिन अपना इलाज कराने के बदले भारती को रोगी दिखाई देती है बाकी सारी दुनिया। 'साहित्य की नई मर्यादा' में कहते हैं : "आज की व्यापक सांस्कृतिक रुग्णता में यह दासत्व भावना और प्रगति-विरोधी निष्क्रियता बहुत सहज सम्भाव्य है क्योंकि टी.एस. इलियट के शब्दों में हमारा हृदय हमसे अलग जा पड़ा है और हमारा दिमाग प्याज के छिलकों की तरह उतर गया है—क्योंकि हम एक अज्ञात भय से आकुल हैं जिससे हम आँख नहीं मिला सकते।" हालत तो यह है कि दिल और दिमाग दुरुस्त नहीं हैं लेकिन सस्ते समाधानों से बचने की चेतावनी दे रहे हैं दूसरों को। भय और कायरता छाए हैं इन पर, और हिम्मत और ईमानदारी का पाठ पढ़ा रहे हैं सारी दुनिया को। इनके लिए बीमार इस युग के लोग ही नहीं हैं वरन् साहस के अनेक काम करने के बावजूद "अक्सर ऐतिहासिक निर्णय के क्षणों में मनुष्य ने कायरता ही दिखाई है, उसने स्वातन्त्र्य अस्वीकार किया है, दासता स्वीकार की है," भाषा दूषित, मानवता दूषित, इतिहास दूषित, इसलिए कि मनुष्य ने केस्टलर-भारती की स्वाधीनता की रक्षा नहीं की!

धर्मवीर भारती को प्रगतिशील लेखकों से खास शिकायत है क्योंकि ये शोषण का खुला विरोध करने का पाप करते हैं। वे सस्ता समाधान ढूँढ़ते हैं, शार्ट-कट तलाश करते हैं। लेकिन जहाँ मानवमात्र ने ऐतिहासिक क्षणों में कायरता दिखाई हो, वहाँ प्रगतिशील लेखकों की क्या बिसात? इनका दृष्टिकोण तो सतही और छिछला है ही। हिन्दी ने भी कोई बहुत बड़े उपन्यासकार नहीं पैदा किए। अपने घर में प्रेमचन्द की तारीफ कर लीजिए लेकिन "जिस बिन्दु पर स्थित होकर हमने मनुष्य को समझने का प्रयास किया है, विश्व-उपन्यास की तुलना में वह बिन्दु काफी सतही है। यह बात प्रेमचन्द के बारे में भी उसी तरह लागू होती है, यह स्वीकार करने में हमें कोई हिचकिचाहट नहीं होनी चाहिए।" ('आलोचना', अक्तूबर '54, सम्पादकीय)। और भी—"इस युग का प्रश्न उतना अनपढ़ नहीं है। वह सुधरा और अधिक आकर्षक बन गया। और उत्तर भी उसी मात्रा में सुधरा और सीधा दिया गया। लेकिन यह बराबर लगता है जैसे 'शार्टकट' का प्रयोग किया जा रहा हो। प्रेमचन्द भी इसके अपवाद नहीं हैं।" (आलोचना, अप्रैल '54, सम्पादकीय)।

प्रेमचन्द को 'शार्टकट' का दोषी बताना भारती के आलोचनाशास्त्र का प्रमुख सूत्र है। इसका कारण यह है कि जिस पतनशील धारा की तलछट धर्मवीर भारती हैं, उससे ठीक उलटी राष्ट्रीय और जनवादी धारा के सबसे ज्वलन्त प्रतीक हैं, प्रेमचन्द। प्रेमचन्द को सतही दृष्टिकोण का लेखक साबित करने के लिए भारती यूरोप के उपन्यासकारों को याद करते हैं, जैसे सोवियत उपन्यासकारों को नीचा दिखाने के लिए वह 19वीं सदी के रूसी उपन्यासकारों का नाम लेते हैं। लेकिन जब प्रेमचन्द निगाह के सामने नहीं होते तब 19वीं सदी के पश्चिमी साहित्यकारों की स्थापनाएँ भी थोथी जान पड़ती हैं। सुनिए : "कहा गया है कि मशीन युग की बढ़ती हुई सभ्यता और सम्भावनाओं के साथ मूल्यगत आस्था के अभाव में सांस्कृतिक उपलब्धियों का सन्तुलन अस्थिर हो गया है। युग की परिस्थिति का यह स्वाभाविक परिणाम है। पर इस सन्तुलन की रक्षा का प्रयत्न भी 19वीं सदी के मानववादियों ने किया। इन्होंने वैज्ञानिक युग के साथ समझौता करते हुए तर्क, प्रयोजन आदि के आधार पर मानव जीवन के आचरणात्मक मूल्यों को स्थापित करने की कोशिश की है। इन्होंने व्यक्तिगत विवेकमात्र किया है। पर बिना पर्याप्त प्रेरक शक्ति की सही व्याख्या किए मानववादी मूल्यों की स्थापनाएँ थोथी जान पड़ती हैं।" ('आलोचना', अक्तूबर '53, सम्पादकीय)। 19वीं सदी के पश्चिमी उपन्यासकारों ने मानवीय मूल्यों को स्थापित करने की कोशिश जरूर की लेकिन प्रेरक शक्ति का अभाव था—अमरीकी साम्राज्यवाद और केस्टलर-बर्नहम सम्प्रदाय का अभाव था—इसलिए उनकी स्थापनाएँ भी थोथी रह गईं।

ऐतिहासिक क्षणों में मानवता कायर, उसके महान् लेखकों का दृष्टिकोण थोथा और सतही—संक्षेप में मानव-संस्कृति की यह 'भारती' व्याख्या है (भारतीय व्याख्या नहीं।)

मानव-संस्कृति के प्रति यह दृष्टिकोण रखनेवाले अपने को चाहे जितना असतही और लौंग-कट वाला समझें, यह दृष्टिकोण है उन लोगों का जो युद्ध द्वारा दुनिया को गुलाम बनाना चाहते हैं। उनके लिए न केवल इस युग की संस्कृति जर्जर है वरन् पिछले युगों की संस्कृति भी थोथी और सतही है। भारती ने जिस अमरीकी 'कांग्रेस फ़ॉर कल्चरल फ्रीडम' का हिन्दी प्रतिनिधि होना स्वीकार किया है, उससे इस तरह का मानवद्रोही, संस्कृतविरोधी दृष्टिकोण सहज सम्भाव्य है।

फासिज्म, साम्राज्यवाद और युद्ध-प्रचार के विरोध में मार्क्सवादी सबसे आगे रहे हैं। इसलिए भारती का कोप भी उन पर विशेष है। भारती को शिकायत है कि "मार्क्सवाद साम्प्रदायिक हो गया है : 'सम्प्रदायगत' ईसाइयत और सम्प्रदायगत कम्युनिज्म में बाहरी विरोध होते हुए भी मार्क्सीय आन्दोलनों के अर्थ समझने के लिए कलाकारों ने जीसस की बलिदान कथा के ही प्रतीकों को चुना।" ('साहित्य की नई मर्यादा') जीसस की बलिदान कथा को प्रतीक चुनना इस बात का सबूत

है कि कम्युनिज्म सम्प्रदायगत हो गया है। इस अकाट्य तर्क पर विश्वास न हो तो "आज का आधुनिकतम इतिहासवेत्ता हर्बर्ट बटरफील्ड" गवाह है। एक तो वह आज का इतिहासवेत्ता है, उस पर आधुनिकतम है। और वह भी 'अपनी नवीनतम कृति' में क्या कहता है, उसकी साखी भारती पेश करते हैं। श्रीयुत बटरफील्ड का विचार है कि 17वीं सदी में जिस तरह जेनेवा में कैलविन सम्प्रदाय आतंककारी सिद्ध हुआ, उसी तरह आज का 'मास्को में केन्द्रित स्तालिनवाद'। कितनी मौलिक खोज है! यद्यपि बात उतनी ही पुरानी है जितनी कि वर्तमान सोवियत व्यवस्था और उसे कोसनेवाले चर्चिल से लेकर हिटलर तक सैकड़ों 'इतिहासवेत्ता' रहे हैं। फिर भी भारती के लिए है वह नवीनतम!

भारती विश्वास दिलाते हैं कि वह सम्प्रदायगत मार्क्सवाद के विरुद्ध हैं, मार्क्सवाद मात्र के नहीं। मार्क्स को वह 'गुड कॉन्डक्ट' का यह सर्टिफिकेट देते हैं, "मार्क्स द्वारा स्थापित प्रगति की मर्यादा में कोई ऐसा मौलिक अभाव नहीं था जो उससे प्रेरित साहित्य को मानववादी उत्कृष्ट साहित्य बनने से रोक देता।" (उप.)। और भी—"मार्क्स के सामाजिक दर्शन में मानव-व्यक्तित्व को जीवन की उपलब्धि और सौन्दर्य का प्रमुख आधार मानता है।" ('आलोचना', अप्रैल '55, सम्पादकीय)। लेकिन यह उदारता ज्यादा टिकाऊ साबित नहीं होती। उसका उपयोग परिस्थिति-विशेष में समाजवादी व्यवस्था और मार्क्सवादी लेखकों की साम्प्रदायिकता सिद्ध करने के लिए है। मार्क्स हैं तो बुनियादी तौर से नियतिवादी। उसके नियतिवाद को किस-किस ने बेबुनियाद साबित नहीं कर दिया? "पदार्थ-विज्ञान के सापेक्षतावाद, क्वान्टम सिद्धान्त, इलेक्ट्रॉन सिद्धान्त ने भौतिकवाद की मान्यताओं पर तीव्र आघात पहुँचाया है जिस पर मार्क्स का यान्त्रिक नियतिवादी दर्शन आधारित था।" ('साहित्य की नई मर्यादा')।

मार्क्सवाद के जन्मदाता का ही दृष्टिकोण यान्त्रिक था; खोट उसके अनुयायियों में ही हो, यह बात नहीं है। जिस व्यक्ति का कहना था कि दर्शनशास्त्र का ध्येय संसार को समझाना ही नहीं है, उसे बदलना भी है, उसे धर्मवीर भारती और उनके ऐंग्लो-अमरीकी धर्मगुरु नियतिवादी कहते हैं। उनके इस आरोप का कारण यह है कि मार्क्स ने मजदूर वर्ग और तमाम शोषितों को सामाजिक विकास के नियम बतलाए, उन परिस्थितियों को समझना बतलाया जिनमें मनुष्य अपना इतिहास निर्मित करता है। भारती इतिहास-निर्माण की बात करते हैं लेकिन उन परिस्थितियों का उल्लेख नहीं करना चाहते जिनमें मनुष्य यह इतिहास-निर्माण का काम पूरा करता है। व्यक्ति और परिस्थिति के सम्बन्ध को गलत पेश करके भारती मार्क्सवाद पर नियतिवाद का आरोप करते हैं। इसमें दोष मार्क्सवाद का नहीं है।

भारती के लिए मार्क्स का दर्शन खोटा है, उसका अर्थशास्त्र भी खोटा है। उसी लेख में वे कहते हैं : "उसके अर्थशास्त्र को स्वतः क्रोचे ने अस्वीकृत कर

दिया जो किसी समय मार्क्सवादियों के इतना निकट था कि कम्युनिस्ट पत्र उसे कामरेड क्रोचे कहते थे।'' मार्क्स के अर्थशास्त्र की व्यर्थता का इससे बड़ा प्रमाण और क्या होगा कि सौन्दर्यशास्त्री क्रोचे ने भी उसे अस्वीकृत कर दिया? फिर वह अर्थशास्त्र कैन्तन से लेकर प्राग तक एशिया और यूरोप के विराट भूभाग में नई समाज-व्यवस्था के निर्माण में किस तरह मार्ग दर्शन कर रहा है, यह देखने की क्या जरूरत।

भारती को प्रगतिशील शब्द मार्क्सवाद का ही रूपान्तर मालूम होता है, इसलिए इस दूषित शब्द से भी वह सख्त नाराज हैं। वह प्रेमचन्द की इस उक्ति को दोहराते नहीं थकते कि प्रगतिशील साहित्य—यह नाम ही गलत है। लेकिन सांस्कृतिक स्वाधीनता का अमरीकी संस्करण प्रगतिशील है, यह कहने में संकोच नहीं है। समाजवाद के लिए जो लोग व्यक्तिगत स्वाधीनता की कल्पित बलि देते हैं, उन्हें सावधान करते हुए भारती कहते हैं : ''किन्तु यह भाग्यवादी रुग्ण दृष्टिकोण है, प्रगतिशील स्वस्थ दृष्टिकोण नहीं।'' ('साहित्य की नई मर्यादा') तात्पर्य यह कि तुम प्रगतिशील-अप्रगतिशील का भेद करो तो गलत, हम करें तो ठीक। भारती और उन जैसों को यह याद दिलाना भी अप्रासंगिक न होगा कि प्रेमचन्द ने साहित्य के पतनशील रुझानों का बार-बार खण्डन किया था। उनके लिए सभी साहित्य प्रगतिशील नहीं था। प्रेमचन्द का कहना था : ''हमारे लिए कविता के वे भाव निरर्थक हैं, जिनसे नश्वरता का आधिपत्य हमारे हृदय पर और दृढ़ हो जाए, जिनसे हमारे हृदय में नैराश्य छा जाए। वे प्रेम-कहानियाँ, जिनसे हमारे मासिक पत्रों के पृष्ठ भरे रहते हैं, हमारे लिए अर्थहीन हैं अगर वे हममें हरकत और गर्मी नहीं पैदा करतीं।'' भारती के लिए यह सतही दृष्टिकोण हो सकता है, हमारे लिए यही एक सही दृष्टिकोण है।

भारती को जनशब्द, जनवादी शब्द से भी चिढ़ है। जहाँ कहीं जनवादी साहित्य की चर्चा होती है, उन्हें कम्युनिस्ट पार्टी अपना राजनीतिक स्वार्थ सिद्ध करती दिखाई देती है। लेकिन प्रगतिशील की तरह वह जनवादी शब्द का मोह भी नहीं छोड़ सकते। प्रेमचन्द की तरह जिन लोगों ने सस्ते समाधानों से सन्तोष नहीं किया, उन दिग्गजों की चर्चा करते हुए कहते हैं : ''किन्तु इतना सत्य है कि हमारी जनवादी आस्था, और साथ ही विश्वमानव की पीड़ा, इसके बीच न तो आज के साहित्यकार ने आँख मूँदने का प्रयास किया है और न सीधा सरल समन्वय निकालकर ही सन्तोष किया है।'' ('आलोचना', अप्रैल '54, सम्पादकीय)। तात्पर्य यह कि सांस्कृतिक स्वाधीनता के अमरीकी रूप को मानो, मार्क्सवाद को नियतिवाद और समाजवादी व्यवस्था को गुलामी कहो तो तुम जनवादी हो, वरना तुम्हारा जनवाद साम्प्रदायिक है, कम्युनिस्ट पार्टी की स्वार्थसिद्धि का साधन है!

कोई आश्चर्य नहीं कि हिन्दी के वे लेखक भी जो मार्क्सवाद से सहमत नहीं

हैं, भारती सम्प्रदाय के स्वाधीनता प्रेम से चौंकने लगे हैं। फ्रांस के उन लेखकों का हवाला देते हुए जो व्यक्ति की स्वाधीनता के नाम पर अपना देश नाजियों को सौंप बैठे थे, श्री इलाचन्द्र जोशी कहते हैं : "इन ज्वलन्त दृष्टान्तों से शिक्षा लेने के बजाय आज हमारे राष्ट्र के कुछ तरुण कलाकार अपने कवि कल्पना-प्रसूत व्यक्ति-स्वातन्त्र्य के नारों से साहित्य के आकाश को गुँजा देना चाहते हैं और सामाजिक तथा राष्ट्रीय दायित्व के प्रश्न को पृष्ठभूमि में छोड़ देने के लिए कटिबद्ध हो रहे हैं। इन लक्षणों को मैं शुभ नहीं मानता—विशेषकर उस स्थिति में जबकि आज हमारे राष्ट्र के ऊपर वैसा ही खतरा मँडरा रहा है जैसा कि पिछले महायुद्ध में फ्रांस पर।" ('साहित्यकार', जून 1955, 'वैयक्तिक स्वतन्त्रता बनाम सामाजिक चेतना')। निःसन्देह जोशी जी की यह चेतावनी सामयिक और उपयोगी है।

सारांश यह कि भारती की सांस्कृतिक स्वाधीनता का नारा वही है जो अमरीकी 'कांग्रेस फॉर कल्चरल फ्रीडम' का है। उसका संस्कृति से यह सम्बन्ध है कि वह प्रेमचन्द जैसे साहित्यकारों के दृष्टिकोण को भी सतही समझता है और 19वीं सदी के पश्चिमी उपन्यासकारों की स्थापनाओं को भी थोथा कहता है। स्वाधीनता के नाम पर वह समाजवाद का विरोधी है, लेकिन किस सामाजिक व्यवस्था में यह अखण्ड स्वाधीनता फूले-फलेगी, यह भारती-सम्प्रदाय के प्रोग्राम में कहीं नहीं लिखा। वास्तव में सांस्कृतिक स्वाधीनता का यह विराट आयोजन अमरीकी साम्राज्यवाद के हितों की सुरक्षा का ही एक अंग है। लेकिन धनबल और नैतिक साधनों की प्रचुरता के बावजूद इस संस्कृति-विरोधी दल के लोग दर्द से छटपटा रहे हैं। उनका मुख्य स्वर निराशा और पराजयवाद का है। इनके लिए "मानवता की अपराध भावना भी हमारी चेतना में कौंध गई।" ('आलोचना', अप्रैल '54, सं.)। मानवता को दोष देने का अर्थ है, यह अपराध-भावना इन्हीं की चेतना में कौंध गई है। अपने सम्प्रदाय के लिए ये कहते हैं, "इतिहास का सारा आघात सीधे इन्हीं के सीनों पर आ पड़ा।" (उप.)। एक तो दर्द से छटपटाते हुए सीने, उस पर इतिहास का सारा आघात! इन्होंने "नया रास्ता निकालने का बोझिल उत्तरदायित्व झेलने का निश्चय किया" है। इसी से यह गुण भी उनमें पैदा हो गया है कि "तमाम लांछनों और आरोपों के बावजूद सीधी रीढ़ के साथ खड़े हो सकें।" (उप.)। एक तरफ सीने पर सीधे आघात, दूसरी तरफ रीढ़ सीधी करने की समस्या। उस पर चारों ओर अन्धकार। और—"इस अन्धकार को भेदने के लिए साहस की आवश्यकता है, जो सम्भवतः सम्मान और विवेक को भी दाँव पर लगाने को तैयार हो।" (उप.)। इन्होंने सम्मान और विवेक को दाँव पर लगाया ही नहीं है, उन्हें खो भी चुके हैं। वरना प्रेमचन्द और रवीन्द्रनाथ के देश में केस्टलर और बर्नहम के अनुकरण पर 'कांग्रेस फॉर कल्चरल फ्रीडम' के प्रचारक बनते! रही विवेक की बात, उसका अभाव 'आलोचना' की हर सम्पादकीय टिप्पणी में स्पष्ट है। शब्दों के घटाटोप के बावजूद, पचीसों नामों की तालिका के